Nießbrauch → Fall 7 (S. 3r)
Erlass 24.7. 1988

Realteilung
Vorweggenommene Erbfolge

Steuer-Seminar

Bilanzsteuerrecht

95 praktische Fälle

von

Prof. Reimar Zimmermann

Steuerberater und Rechtsanwalt
Prorektor a. D. der Hochschule für öffentliche Verwaltung
und Finanzen, Ludwigsburg

und

Professor Jürgen Hottmann

Prodekan der Hochschule für öffentliche Verwaltung
und Finanzen, Ludwigsburg

13. Auflage
2011

efv ERICH FLEISCHER VERLAG · ACHIM

Bibliografische Information Der Deutschen Bibliothek

Die Deutsche Bibliothek verzeichnet diese Publikation in der Deutschen Nationalbibliografie; detaillierte bibliografische Daten sind im Internet über http://dnb.dbb.de abrufbar.

ISBN: 978-3-8168-3043-6

© 2011 Erich Fleischer Verlag, Achim.

Gesamtherstellung: Graphischer Betrieb Gieseking GmbH & Co. KG, Bielefeld.

Vorwort zur 13. Auflage

Die monatlich im ERICH FLEISCHER VERLAG erscheinende Fachzeitschrift STEUER-SEMINAR enthält praktische Fälle aus den verschiedensten Steuerrechtsgebieten mit unterschiedlichen Schwierigkeitsgraden. In Ergänzung dieses Angebots werden in einer besonderen Reihe des Steuer-Seminars systematische Fallsammlungen aus einzelnen Rechtsgebieten veröffentlicht.

Der vorliegende Band Bilanzsteuerrecht enthält keine Sammlung außergewöhnlicher oder besonders schwieriger Steuerrechtsfälle, er soll vielmehr ein Lehrbuch des Bilanzsteuerrechts für Leser sein, die über gewisse Grundkenntnisse verfügen. Gerade eine schwierige Rechtsmaterie ist von praktischen Beispielen ausgehend besser zu begreifen und zu erlernen als anhand einer nur theoretischen Abhandlung.

Aus der Zwecksetzung folgt die Auswahl und Einordnung der Fälle. Wir sind von Sachverhalten ausgegangen, die nach unseren in Lehr- und Vortragstätigkeit gewonnenen Erfahrungen besonders geeignet sind, als Ausgangspunkt einer Erörterung der Grundlagen des Bilanzsteuerrechts zu dienen. Die Beispielsfälle sind, soweit dies möglich war, systematisch geordnet.

Wir hoffen, dass nicht nur der Studierende und Auszubildende, sondern auch der Praktiker aus diesem Buch Hinweise und neue Erkenntnisse zu gewinnen vermag. Besonders seiner Information sollen die zahlreichen Hinweise auf Rechtsprechung und Schrifttum dienen.

Aufgrund des Bilanzrechtsmodernisierungsgesetzes (BilMoG vom 25.05.2009, BGBl 2009 I S. 1102) wurde das Verhältnis zwischen Handelsbilanz und Steuerbilanz erheblich geändert. Der Maßgeblichkeitsgrundsatz der Handelsbilanz für die Steuerbilanz ist stark eingeschränkt worden. Wir haben diese Problematik in mehreren Fällen ausführlich dargestellt.

Für Kritik und Anregungen werden wir weiterhin dankbar sein.

Ludwigsburg, im April 2011

Reimar Zimmermann   Jürgen Hottmann

Rechtsgrundlagen:

EStG i. d. F. vom 08.10.2009 (BGBl 2009 I S. 3366, BStBl 2009 I S. 1346), zuletzt geändert durch das Restrukturierungsgesetz vom 09.12.2010 (BGBl 2010 I S. 1900)

EStDV 2000 i. d. F. vom 10.05.2000 (BGBl 2000 I S. 717, BStBl 2000 I S. 595), zuletzt geändert durch das Gesetz vom 08.12.2010 (BGBl 2010 I S. 1864)

EStR 2008 i. d. F. vom 18.12.2008 (BStBl 2008 I S. 1017), unter Berücksichtigung der Hinweise aus dem amtlichen Einkommensteuer-Handbuch 2010 (EStH 2010) des BMF

HGB vom 10.05.1897 (RGBl 1897 S. 219), zuletzt geändert durch Jahressteuergesetz 2010 vom 08.12.2010 (BGBl 2010 I S. 1768)

Inhaltsübersicht

III. Besondere Bilanzposten

1. Rechnungsabgrenzungsposten   (Hottmann)

2. Rückstellungen   (Hottmann)

3. Rücklagen   (Hottmann)

Crash 24

27 ○

III. Herstellungskosten   (Zimmermann)

Abschnitt C: Wechsel der Gewinnermittlungsart (Zimmermann)

**Abschnitt D: Nicht- oder beschränkt abzugsfähige
Betriebsausgaben** (Hottmann)

Abschnitt E: Besonderheiten bei Personengesellschaften
(Hottmann)

Abschnitt F: Gemischte Schenkung – Erbauseinandersetzung – Vorweggenommene Erbfolge (Zimmermann)

Anmerkung: Die mit * gekennzeichneten Fälle sind etwas schwieriger. Ein Leser, der am Beginn seiner Ausbildung steht, sollte sich zuerst die nicht gekennzeichneten Fälle erarbeiten!

Abschnitt A:
Aktivierung – Passivierung

I. Wirtschaftsgüter

Fall 1

Begriff des Wirtschaftsguts – materielle und immaterielle Wirtschaftsgüter – AfA bei immateriellen Wirtschaftsgütern

Sachverhalt

Der bilanzierende Bauunternehmer Graber hat sich auf ein besonderes Bauverfahren spezialisiert, das von anderen Unternehmen nicht durchgeführt werden kann. Am 30.09.03 endete das Arbeitsverhältnis eines der fähigsten bei Graber angestellten Ingenieure. Graber zahlte ihm beim Ausscheiden 80.000 Euro. Dafür verpflichtet sich der Ingenieur, Graber während der folgenden 8 Jahre weder durch selbständige noch durch unselbständige Tätigkeit Konkurrenz zu machen.

Frage

Wie muss Graber die Zahlung an den ausscheidenden Angestellten buchmäßig behandeln?

Antwort

Der Betrag ist zu aktivieren und linear abzuschreiben; Buchwert zum 31.12.03: 77.500 Euro.

Begründung

Aufwendungen sind steuerrechtlich insbesondere zu aktivieren, wenn sie zum Erwerb oder zur Herstellung von Wirtschaftsgütern gemacht werden (§ 4 Abs. 1, § 5 Abs. 2, § 6 Abs. 1 EStG). Nach Handelsrecht sind demgegenüber in den Bilanzen des Kaufmanns „Vermögensgegenstände" anzusetzen (§§ 240, 246 Abs. 1, § 252 Abs. 1, § 253 HGB). Die Begriffe Wirtschaftsgut und Vermögensgegenstand werden von der steuerlichen Rechtsprechung jedoch als identisch betrachtet (BFH vom 26.11.1998, BStBl 1999 II S. 547, und vom 07.08.2000, BStBl 2000 II S. 632).

Wirtschaftsgüter können körperlich bzw. materiell sein (z. B. Grundstücke, Maschinen, Fahrzeuge) oder unkörperlich bzw. immateriell (z. B. Forderungen, Urheberrechte). Die Gliederungsvorschrift des § 266 Abs. 2 HGB nennt als immaterielle Vermögensgegenstände des Anlagevermögens neben

Geschäfts- oder Firmenwert und geleisteten Anzahlungen „Konzessionen, gewerbliche Schutzrechte und ähnliche Rechte und Werte sowie Lizenzen an solchen Rechten und Werten".

Im Beispielsfall kommt der Ansatz eines körperlichen Wirtschaftsguts nicht infrage. Der Vorteil aus dem Wettbewerbsverbot, das mit dem ausscheidenden Ingenieur vereinbart wurde, kann für Graber nur einen immateriellen Wert darstellen. Ob dieser als Wirtschaftsgut anzusehen ist, muss geprüft werden.

Der BFH hat in ständiger Rechtsprechung den Begriff „Wirtschaftsgut" weit gefasst. Er versteht darunter nicht nur Gegenstände i. S. des bürgerlichen Rechts (Sachen und Rechte), sondern auch tatsächliche Zustände, konkrete Möglichkeiten und sämtliche Vorteile für den Betrieb, deren Erwerb der Kaufmann sich etwas kosten lässt, die einen wesentlichen und über die Dauer des einzelnen Steuerabschnitts hinausreichenden Wert für das Unternehmen haben, zumindest mit dem Betrieb übertragen werden können und gesondert bewertbar sind (BFH vom 09.07.1986, BStBl 1987 II S. 14, vom 16.02.1990, BStBl 1990 II S. 794, vom 19.06.1997, BStBl 1997 II S. 808, vom 07.08.2000, BStBl 2000 II S. 632, und vom 20.03.2003, BStBl 2003 II S. 878).

Ein zu aktivierendes immaterielles Wirtschaftsgut ist demnach anzunehmen, wenn folgende Voraussetzungen gegeben sind:

a) Es muss sich um einen wesentlichen, über die Dauer des einzelnen Steuerabschnitts hinausreichenden betrieblichen Vorteil handeln, der nach der Verkehrsauffassung einer besonderen Bewertung zugänglich ist (einer besonderen Bewertung zugänglich sind allgemein Rechte und rechtsähnliche Positionen, nicht bewertbar sind bloße Chancen und Erwartungen, wie sie z. B. an Werbemaßnahmen geknüpft werden).

b) Es müssen abgrenzbare und eindeutig zurechenbare Kosten für diesen Vorteil angefallen sein.

c) Bei den dem Anlagevermögen zuzurechnenden immateriellen Werten müssen diese, um in der Steuerbilanz aktiviert werden zu können, entgeltlich erworben worden sein (§ 5 Abs. 2 EStG).

Diese Voraussetzungen sind hier erfüllt.

Der mit dem ausgeschiedenen Ingenieur geschlossene Vertrag ist für den Betrieb des Graber für längere Zeit von erheblichem Vorteil. Graber steht das Recht zu, von dem Ingenieur zu fordern, während der nächsten 8 Jahre jede konkurrierende Tätigkeit zu unterlassen. Ein solcher Rechtsanspruch ist nach der Verkehrsauffassung einer besonderen Bewertung zugänglich. Um diesen Vorteil zu erlangen, sind abgrenzbare und eindeutig zurechenbare Kosten entstanden.

Da das Wettbewerbsverbot auf Dauer dem Betrieb des Graber dienen soll, handelt es sich um ein Anlagegut (vgl. zum Begriff des Anlageguts § 247

Abs. 2 HGB). Die Aktivierungsvoraussetzung des § 5 Abs. 2 EStG ist gegeben. Zur Annahme eines entgeltlichen Erwerbs ist es nicht erforderlich, dass das Wirtschaftsgut bereits vor dem Abschluss des darüber geschlossenen Rechtsgeschäfts bestanden hat, es kann auch erst durch den Abschluss des Geschäfts entstanden sein (BFH vom 01.06.1989, BStBl 1989 II S. 830; R 5.5 Abs. 2 Satz 3 EStR). Wesentlich ist, dass der Berechtigte von einem Dritten das Recht gegen Entgelt eingeräumt bekommen hat. Das ist hier der Fall.

Da ein aktivierungsfähiges immaterielles Wirtschaftsgut gegeben ist, muss Graber es steuerlich bilanzieren.

Zur Frage, ob Absetzungen für Abnutzung von den zu aktivierenden Kosten vorzunehmen sind, ist es von Bedeutung, ob das Anlagegut der Abnutzung unterliegt (§ 6 Abs. 1 Nr. 1 EStG). Bei immateriellen Gütern ist allerdings, anders als bei körperlichen Wirtschaftsgütern (z. B. Maschinen), eine technische Abnutzung nicht möglich. Jedoch vermag auch ein nur wirtschaftlicher Wertverzehr die Abnutzbarkeit zu begründen. Einem solchen laufenden Wertverzehr unterliegt das Wettbewerbsverbot. Es wird innerhalb von 8 Jahren verbraucht. Die aufgewendeten Kosten sind deshalb innerhalb dieser Zeit abzuschreiben (vgl. BFH vom 14.02.1973, BStBl 1973 II S. 580, und vom 28.05.1998, BStBl 1998 II S. 775).

Die Absetzung für Abnutzung ist bei immateriellen Werten stets linear zu bemessen, da nur körperliche Anlagen bewegliche Wirtschaftsgüter i. S. des § 7 Abs. 2 EStG sein können (R 7.1 Abs. 1, Abs. 2 Satz 1 EStR). Eine degressive Absetzung für Abnutzung nach § 7 Abs. 2 EStG ist daher ausgeschlossen.

Graber muss für das Jahr 03 eine Absetzung für Abnutzung i. H. von 2.500 Euro vornehmen (die Jahres-AfA beträgt $1/8$ von 80.000 Euro = 10.000 Euro, davon $1/4$ für Oktober 03 bis Dezember 03 = 2.500 Euro).

Fall 2

Abgrenzung materielles und immaterielles Wirtschaftsgut – Behandlung der Herstellungskosten immaterieller Wirtschaftsgüter

Sachverhalt

Erwin Neu betreibt einen Handel mit elektronischer Hard- und zum Teil selbst hergestellter Software. Von eigenen Arbeitskräften lässt er

1. für seine betriebliche EDV-Anlage ein den betrieblichen Erfordernissen entsprechendes umfassendes Programm erarbeiten und auf DVDs speichern;

2. zum Verkauf umfangreiche Buchführungs-Programme erarbeiten und auf DVDs speichern.

Frage

Wie sind die für die Programmerstellung anfallenden Kosten buchmäßig zu behandeln?

Antwort

Die Aufwendungen für das im eigenen Betrieb einzusetzende Programm dürfen handelsrechtlich aktiviert werden (§ 248 Abs. 2 HGB); steuerrechtlich besteht ein Aktivierungsverbot, die Aufwendungen sind sofort als Betriebsausgaben abzuziehen (§ 5 Abs. 2 EStG). Die zum Verkauf bestimmten Programme sind, soweit am Bilanzstichtag noch vorhanden, mit den Herstellungskosten zu aktivieren.

Begründung

Eine Aktivierung der anfallenden Kosten kommt insbesondere infrage, wenn diese aufgewendet worden sind, um Wirtschaftsgüter zu schaffen. Wirtschaftsgüter können körperlich bzw. materiell sein (z. B. Grundstücke, Maschinen, Fahrzeuge) oder unkörperlich bzw. immateriell (z. B. Lizenzen, Forderungen, Firmenwerte).

Obwohl EDV-Programme auf DVDs oder anderen körperlichen Medien gespeichert sind, müssen sie grundsätzlich als immaterielle Güter betrachtet werden (BFH vom 05.10.1979, BStBl 1980 II S. 16 und 17, vom 03.07.1987, BStBl 1987 II S. 728 und 787, vom 28.07.1994, BStBl 1994 II S. 873; BMF vom 18.11.2005, BStBl 2005 I S. 1025 zu ERP-Software; ebenso z. B. für Filme BFH vom 20.09.1995, BStBl 1997 II S. 320; Bücher und Schallplatten sollen jedoch, entsprechend der Verkehrsauffassung, körperliche Wirtschaftsgüter sein, BFH vom 05.10.1979, BStBl 1980 II S. 16). Dies trifft auch für die hier geschaffenen problemorientierten Programme zu. Die DVDs sind nur ein Speichermedium, dessen Bedeutung neben der seines ideellen Inhalts völlig zurücktritt.

Als materielle Wirtschaftsgüter können nur einfache Trivialprogramme, wenn der Wert des Programmträgers nicht neben dem Wert des Programminhalts zurücktritt (BFH vom 03.07.1987, BStBl 1987 II S. 728; nach R 5.5 Abs. 1 Satz 3 EStR sind Computerprogramme, deren Anschaffungskosten nicht mehr als 410 Euro betragen, stets als Trivialprogramme zu behandeln), und Programme, die lediglich allgemein bekannte Daten enthalten und somit Ähnlichkeit mit Sachen, insbesondere mit Büchern, haben (BFH vom 05.02.1988, BStBl 1988 II S. 737; vgl. aber BFH vom 02.09.1988, BStBl 1989 II S. 160, wonach wegen der besonderen betrieblichen Verhältnisse erstellte elektronische Dateien wie Kundenkarteien und Archive immaterielle Wirtschaftsgüter sein sollen), angesehen werden. Derartige Gegebenheiten liegen im Beispielsfall nicht vor. Die hier zu wertenden Programme stellen immaterielle Wirtschaftsgüter dar.

Das für den Betrieb des Neu zur Verwendung in seiner EDV-Anlage bestimmte Programm soll auf Dauer dem Betrieb dienen. Es ist daher als Wirtschaftsgut des Anlagevermögens zu betrachten. Dieses immaterielle Anlagegut ist nicht erworben, sondern im Betrieb des Neu hergestellt worden. Nach § 248 Abs. 2 HGB besteht ein Wahlrecht, wonach selbst geschaffene immaterielle Vermögensgegenstände des Anlagevermögens in der Handelsbilanz aktiviert werden können. Demgegenüber gilt gem. § 5 Abs. 2 EStG ein Aktivierungsverbot für die Steuerbilanz; die angefallenen Kosten sind dann sofort abzuziehende Aufwendungen.

Die zum Verkauf bestimmten Programme gehören hingegen zum Umlaufvermögen. Für dieses gelten die besonderen Regelungen des § 5 Abs. 2 EStG und des § 248 Abs. 2 HGB nicht. Sie sind deshalb – wie allgemein Wirtschaftsgüter des Betriebsvermögens – mit den Herstellungskosten zu aktivieren (BFH vom 20.09.1995, BStBl 1997 II S. 320).

Fall 3

Patent als immaterielles Wirtschaftsgut – latente Steuern

Sachverhalt

Die A-GmbH ist ein Zulieferbetrieb, der für einen Kraftfahrzeughersteller Einzelteile für dessen Kraftfahrzeuge herstellt. Im Jahr 01 erhielten einige in der GmbH als Arbeitnehmer in der Forschungsabteilung beschäftigte Ingenieure von ihrem Arbeitgeber den Auftrag, ein Verfahren zu entwickeln, mit dem Kraftfahrzeuge umweltfreundlicher betrieben werden können. Die Ingenieure waren erfolgreich und stellten im Jahr 02 ein Verfahren vor. Daraufhin erhielten Ingenieure aus der Entwicklungsabteilung den Auftrag, aus diesem Verfahren eine Serienproduktion zu entwickeln. Auch dieser Auftrag endete im Jahr 03 mit einem Erfolg. Das Verfahren wurde noch im Jahr 04 zum Patent angemeldet und bereits Ende 04 vom Patentamt ins Patentregister eingetragen. Ab dem Jahr 05 wurden mit diesem Verfahren Spezialteile von der A-GmbH hergestellt und an den Kraftfahrzeughersteller veräußert, der diese Spezialteile wiederum in die von ihm erstellten Kraftfahrzeuge einbaute.

Der GmbH sind für die Entwicklung dieses Spezialteils folgende Aufwendungen entstanden:

In 01: Forschungskosten i. H. von 500.000 €

In 02: Forschungskosten i. H. von 300.000 €, Entwicklungskosten i. H. von 400.000 €

In 03: Entwicklungskosten i. H. von 200.000 €

In 04: Kosten für die Eintragung der Erfindung ins Patentregister i. H. von 25.000 €

Es ist davon auszugehen, dass bereits am Ende des Jahres 02 das zu entwickelnde Verfahren die Vermögensgegenstandseigenschaft besitzt und das Patent im Januar 05 fertig gestellt ist.

Frage

1. Stellt das ins Patentregister eingetragene Verfahren einen immateriellen Vermögensgegenstand bzw. ein immaterielles Wirtschaftsgut dar?
2. Muss oder kann dieser immaterielle Vermögensgegenstand in der Handelsbilanz bzw. dieses immaterielle Wirtschaftsgut in der Steuerbilanz aktiviert werden?
3. Wie hoch sind im Falle einer Aktivierung die zu aktivierenden Herstellungskosten und wie ist das Patent an den einzelnen Bilanzstichtagen zu bewerten?
4. Muss die A-GmbH, deren Steuerbelastung 30 % beträgt, einen passiven latenten Steuerposten bilanzieren?
5. Besteht für die A-GmbH im Falle einer Aktivierung eine Gewinnausschüttungssperre?

Antwort

1. Das von den Arbeitnehmern der GmbH entwickelte patentierte Verfahren stellt einen immateriellen Vermögensgegenstand bzw. ein immaterielles Wirtschaftsgut dar.
2. Der selbst hergestellte immaterielle Vermögensgegenstand kann nach § 248 Abs. 2 HGB in der Handelsbilanz aktiviert werden; das selbst hergestellte immaterielle Wirtschaftsgut unterliegt dagegen nach § 5 Abs. 2 EStG einem Aktivierungsverbot in der Steuerbilanz.
3. Die Herstellungskosten des Patents betragen insgesamt 625.000 Euro. Davon können im Jahr 02 400.000 Euro, im Jahr 03 600.000 Euro und im Jahr 04 625.000 Euro aktiviert werden. Das Patent ist ein abnutzbarer immaterieller Vermögensgegenstand, der auf die Nutzungsdauer von höchstens 8 Jahren abzuschreiben ist.
4. Die A-GmbH muss nach § 274 Abs. 1 HGB einen passiven latenten Steuerposten bilanzieren.
5. Aktiviert die A-GmbH das selbst geschaffene Patent, so darf sie Gewinne nach § 268 Abs. 8 HGB nur ausschütten, wenn die nach der Ausschüttung verbleibenden frei verfügbaren Rücklagen zuzüglich eines Gewinnvortrags und abzüglich eines Verlustvortrags mindestens den insgesamt angesetzten Beträgen abzüglich der hierfür gebildeten passiven latenten Steuern entsprechen.

Begründung

1. Wie bereits im Fall 1 ausgeführt, fallen nach der Rechtsprechung des BFH (zuletzt vom 20.03.2003, BStBl 2003 II S. 878) unter den Begriff Wirtschaftsgut (und damit auch unter den Begriff Vermögensgegenstände) nicht nur Gegenstände im Sinne des bürgerlichen Rechts (Sachen und Rechte), sondern auch tatsächliche Zustände, konkrete Möglichkeiten und sämtliche Vorteile für den Betrieb, deren Erwerb der Kaufmann sich etwas kosten lässt, die einen wesentlichen und über die Dauer des einzelnen Geschäfts- bzw. Wirtschaftsjahres hinausreichenden Wert für das Unternehmen haben, zumindest mit dem Betrieb übertragen werden können und gesondert bewertbar sind. Diese Voraussetzungen sind hier auf jeden Fall ab dem Jahr 04 erfüllt, weil in diesem Jahr die Entwicklung ins Patentregister ein- getragen wurde und ein Patent ein Recht darstellt. Darüber hinaus gehören unbestritten zu den immateriellen Vermögensgegenständen auch Erfindun- gen, die nicht ins Patentregister eingetragen worden sind, und gewerbliche Verfahren. Somit liegt ein immaterieller Vermögensgegenstand bzw. Wirt- schaftsgut vor.

2. Während **entgeltlich** erworbene immaterielle Vermögensgegenstände (abgesehen von Firmen- oder Geschäftswert; s. § 255 Abs. 4 HGB a. F.) schon immer aktiviert werden mussten **(Aktivierungsgebot)**, bestand für die **selbst geschaffenen** immateriellen Vermögensgegenstände bisher ohne Ausnahme ein **Aktivierungsverbot**. Dieselbe Regelung galt auch im Steuer- recht, denn nach § 5 Abs. 2 EStG ist für immaterielle Wirtschaftsgüter des Anlagevermögens ein Aktivposten nur anzusetzen, wenn sie entgeltlich erworben wurden.

Seit Inkrafttreten des Bilanzrechtsmodernisierungsgesetzes **können** nach § 248 Abs. 2 Satz 1 HGB **selbst geschaffene** immaterielle Vermögensgegen- stände des Anlagevermögens als Aktivposten in die Handelsbilanz aufge- nommen werden **(Aktivierungswahlrecht)**. Das Aktivierungswahlrecht ist nach § 248 Abs. 2 Satz 2 HGB ausgeschlossen für selbst geschaffene Mar- ken, Drucktitel, Verlagsrechte, Kundenlisten oder vergleichbare immate- rielle Vermögensgegenstände des Anlagevermögens. Das von den Arbeit- nehmern der GmbH entwickelte – und damit selbst hergestellte – Verfahren fällt eindeutig nicht unter dieses Verbot und kann folglich in der Handels- bilanz mit seinen Herstellungskosten aktiviert werden. Dagegen ist das EStG nicht geändert worden. Folglich dürfen selbst geschaffene immate- rielle Wirtschaftsgüter nach wie vor nach § 5 Abs. 2 EStG in der **Steuer- bilanz nicht aktiviert** werden. Das bedeutet, die Handelsbilanz weicht in diesem Fall dann von der Steuerbilanz ab, wenn die Herstellungskosten für diesen immateriellen Vermögensgegenstand in der Handelsbilanz aktiviert werden. In der Steuerbilanz müssen die Aufwendungen zwingend im Jahr ihrer Entstehung als sofort abzugsfähige Betriebsausgaben gewinnmin- dernd erfasst werden.

Zu beachten ist noch die neu ins HGB aufgenommene Vorschrift des § 246 Abs. 3 HGB. Danach sind die auf den vorhergehenden Jahresabschluss angewandten Ansatzmethoden beizubehalten **(Grundsatz der Bilanzie- rungsstetigkeit)**. Nur in begründeten Ausnahmefällen kann davon abgewichen werden. Erfolgt somit für sog. Entwicklungskosten eines selbst erstellten immateriellen Vermögensgegenstands eine Aktivierung, müssen entsprechende Kosten anderer Entwicklungen auch zukünftig und innerhalb des Jahresabschlusses einheitlich aktiviert werden. Auf eine Gleichartigkeit der Entwicklungen kommt es nicht an.

3. Sofern die A-GmbH die Herstellungskosten für den selbst geschaffenen immateriellen Vermögensgegenstand Patent aktivieren möchte, stellt sich die Frage nach dem zeitlichen Beginn der Aktivierung. Ausgehend von § 246 Abs. 1 Satz 1 HGB, wonach eine Aktivierung nur für Vermögensgegenstände in Betracht kommt, ist für jeden Einzelfall gesondert zu prüfen, ob das selbst erstellte Gut die Vermögensgegenstandseigenschaft besitzt. Davon ist auszugehen, wenn dieses Gut nach der Verkehrsauffassung einzeln verwertbar ist, also durch ein Geschäft mit Dritten in Geld umgewandelt werden kann. Allerdings ist nach der Gesetzesbegründung zu § 255 Abs. 2a HGB eine Aktivierung nicht erst dann vorzunehmen, wenn ein selbst geschaffener immaterieller Vermögensgegenstand des Anlagevermögens vorliegt, sondern bereits in der Entwicklungsphase. Da aber in der Entwicklungsphase noch nicht sichergestellt ist, ob das Entwicklungsverfahren erfolgreich verläuft, und somit am Bilanzstichtag nicht gewährleistet ist, dass hieraus tatsächlich ein Vermögensgegenstand entsteht, können künftig auch Beträge aktiviert werden, die noch gar keinen Vermögensgegenstand verkörpern. Der Gesetzgeber versucht dieses Problem dadurch einzuschränken, dass er die Aktivierung erst zu einem Zeitpunkt erlaubt, ab dem mit hoher Wahrscheinlichkeit davon ausgegangen werden kann, dass ein **einzeln verwertbarer immaterieller Vermögensgegenstand des Anlagevermögens zur Entstehung gelangt.** Diese Vorgehensweise entspricht der Regelung bei materiellen Vermögensgegenständen, denn auch dort müssen die „Anlagen im Bau" bereits im Anlagevermögen ausgewiesen werden. Da der Gesetzgeber jedoch keine Kriterien zur Verfügung gestellt hat, wann dies bei immateriellen Vermögensgegenständen vorliegt, muss der Unternehmer dies im Rahmen einer Zukunftsprognose selbst nach eigenem subjektivem Ermessen am konkreten Einzelfall beurteilen. Orientierungshilfe sind dabei die Kriterien des IAS 38.57. Danach müsste der Vermögensgegenstand technisch realisierbar sein (Nachweis mit Hilfe eines Prototyps oder Modells), das Unternehmen müsste die Absicht haben, den Vermögensgegenstand fertig zu stellen und dazu über ausreichende Ressourcen verfügen (Wertaufhellung durch Weiterführung der Entwicklung!), das Unternehmen müsste fähig sein, den immateriellen Vermögenswert zu nutzen oder zu verkaufen und den Nachweis des künftigen wirtschaftlichen Nutzens erbringen.

Auch wenn diese Voraussetzungen vorliegen, ist die Aktivierung eines selbst geschaffenen immateriellen Vermögensgegenstands nur möglich, wenn die **Forschung** und **Entwicklung** verlässlich voneinander **unterschieden** werden können (§ 255 Abs. 2a Satz 4 HGB), denn nach dem Willen des Gesetzgebers sind nach § 255 Abs. 2a Satz 1 HGB Herstellungskosten eines

selbst geschaffenen immateriellen Vermögensgegenstands des Anlagevermögens die bei dessen Entwicklung anfallenden Aufwendungen nach § 255
Abs. 2 HGB. Nach § 255 Abs. 2 Satz 4 HGB dürfen aber Forschungskosten
nicht in die Herstellungskosten einbezogen werden. Aus diesem Grund
definiert der Gesetzgeber in § 255 Abs. 2a Satz 2 HGB den Begriff **Entwicklung** und in § 255 Abs. 2a Satz 3 HGB den Begriff **Forschung.** Danach ist

- **Entwicklung** die Anwendung von Forschungsergebnissen oder von
  anderem Wissen für die Neuentwicklung von Gütern oder Verfahren
  oder die Weiterentwicklung von Gütern oder Verfahren mittels wesentlicher Änderungen und

- **Forschung** die eigenständige und planmäßige Suche nach neuen
  wissenschaftlichen oder technischen Erkenntnissen oder Erfahrungen
  allgemeiner Art, über deren technische Verwertbarkeit und wirtschaftliche Erfolgsaussichten grundsätzlich keine Aussagen gemacht
  werden können.

Dies führt im vorliegenden Fall zu folgendem Ergebnis: Der immaterielle
Vermögensgegenstand „Umweltfreundliches Verfahren" kann (erst) mit
dem Beginn der Entwicklung im Jahr 02 als „Anlage im Bau" aktiviert werden. Der Vermögensgegenstand ist nach § 255 Abs. 2a Satz 1 HGB mit seinen bei der Entwicklung anfallenden Aufwendungen nach § 255 Abs. 2
HGB und damit ohne die Forschungskosten zu aktivieren. Es gilt der allgemeine Herstellungskostenbegriff, d. h., zwingend zu aktivieren sind die
Materialeinzel- und Materialgemeinkosten, die Fertigungslöhne und die
Fertigungsgemeinkosten sowie die Sonderkosten der Fertigung. In der
Handelsbilanz zum 31.12.02 ist der in der Herstellung befindliche Vermögensgegenstand mit den bisher angefallenen Herstellungskosten von
400.000 Euro zu bewerten. In der Bilanz zum 31.12.03 sind die in diesem
Geschäftsjahr angefallenen Herstellungskosten von 200.000 Euro zu aktivieren, sodass der Bilanzansatz 600.000 Euro beträgt. Im Jahr 04 kommen
die restlichen Herstellungskosten von 25.000 Euro hinzu. Die gesamten
Herstellungskosten belaufen sich somit auf 625.000 Euro.

Der immaterielle Vermögensgegenstand „Patent" ist abnutzbar und damit
planmäßig abzuschreiben. Die Bewertung richtet sich nach § 253 Abs. 3
HGB. Mit der AfA kann aber erst nach der Fertigstelllng und damit im
Jahr 05 begonnen werden. Obwohl die Schutzfrist eines Patents 18 Jahre
beträgt, entspricht dies nicht seiner betriebsgewöhnlichen Nutzungsdauer,
weil auch die wirtschaftliche Abnutzung (technischer Fortschritt) zu
berücksichtigen ist. Aus diesem Grund ist der BFH bereits im Jahr 1970 von
einer Nutzungsdauer von 8 Jahren ausgegangen (BFH vom 05.06.1970,
BStBl 1970 II S. 594). Im Hinblick auf den seither beschleunigten technischen Fortschritt kann auch ein kürzerer Zeitraum von 3 bis 5 Jahren in
Betracht kommen (Schmidt/Kulosa, § 7 EStG, Rn. 109). Bei einer angenommenen Nutzungsdauer von 5 Jahren beträgt die AfA im Jahr 05

125.000 Euro (volle Jahres-AfA, da Fertigstellung im Januar), der Buchwert des Patents folglich 500.000 Euro.

4. Die unterschiedliche bilanzielle Behandlung des selbst geschaffenen Patents in Handelsbilanz und Steuerbilanz führt in den Jahren 02 bis 04 zu einem Mehrgewinn in der Handelsbilanz. Die Steuerrückstellungen in der Handelsbilanz sind damit – bezogen auf das Ergebnis in der Handelsbilanz – zu niedrig. Folglich muss gem. § 274 Abs. 1 HGB für die sich daraus ergebende künftige Steuerbelastung ein selbständiger passiver latenter Steuerposten (§ 266 Abs. 3 E. HGB) gebildet werden. Dieser beträgt in der Handelsbilanz zum 31.12.02 30 % von 400.000 Euro = 120.000 Euro und führt zu einer Gewinnminderung in der Handelsbilanz. Dieser latente Steuerposten erhöht sich in der Handelsbilanz zum 31.12.03 um 30 % von 200.000 Euro = 60.000 Euro auf 180.000 Euro. In der Handelsbilanz zum 31.12.04 beträgt der Gewinnunterschied zwischen Handelsbilanz und Steuerbilanz + 25.000 Euro. Der latente Steuerposten ist folglich in der Handelsbilanz um 30 % von 25.000 Euro = 7.500 Euro gewinnmindernd zu erhöhen. Der Buchwert des latenten Steuerpostens beträgt 187.500 Euro und vermindert sich in den folgenden 5 Jahren um jährlich 30 % von 125.000 Euro = 37.500 Euro und beträgt somit am Ende der Nutzungsdauer des Patents ebenfalls 0 Euro.

In der Steuerbilanz ist die Bildung eines latenten Steuerpostens von vornherein ausgeschlossen, weil die steuerliche Belastung immer dem Steuerbilanzergebnis entspricht und folglich kein Unterschied auftreten kann.

5. Zur Sicherstellung eines hinreichenden Gläubigerschutzes ist die Aktivierung selbst erstellter immaterieller Vermögensgegenstände des Anlagevermögens in § 268 Abs. 8 HGB an eine **Gewinnausschüttungssperre** gekoppelt. Danach dürfen Gewinne nur ausgeschüttet werden, wenn die nach der Ausschüttung verbleibenden frei verfügbaren Kapital- und Gewinnrücklagen zuzüglich eines Gewinnvortrags und abzüglich eines Verlustvortrags mindestens den insgesamt angesetzten Beträgen abzüglich der hierfür gebildeten passiven latenten Steuern entsprechen.

Im vorliegenden Fall muss die Summe der frei verfügbaren Rücklagen + Gewinnvortrag bzw. ./. Verlustvortrag an den einzelnen Bilanzstichtagen mindestens betragen:

- Am 31.12.02   400.000 € ./. 120.000 € = 280.000 €
- Am 31.12.03   600.000 € ./. 180.000 € = 420.000 €
- Am 31.12.04   625.000 € ./. 187.500 € = 437.500 €
- Am 31.12.05   500.000 € ./. 150.000 € = 350.000 €
- Am 31.12.06   375.000 € ./. 112.500 € = 262.500 €
- Am 31.12.07   250.000 € ./. 75.000 € = 175.000 €
- Am 31.12.08   125.000 € ./. 37.500 € = 77.500 €
- Am 31.12.09   0 €

Darüber hinaus besteht nach § 285 Nr. 22 HGB die Verpflichtung, im Fall der Aktivierung der selbst geschaffenen immateriellen Vermögensgegenstände des Anlagevermögens den Gesamtbestand der Forschungs- und Entwicklungskosten des Geschäftsjahres sowie den davon auf die selbst geschaffenen immateriellen Vermögensgegenstände des Anlagevermögens entfallenden Betrag im **Anhang** anzugeben. Als davon-Vermerk sollte angegeben werden, welcher Betrag davon im jeweiligen Jahr aktiviert wurde. Wird keine Aktivierung von selbst erstellten immateriellen Vermögensgegenständen des Anlagevermögens vorgenommen, sind keine Angaben zu den angefallenen Forschungs- und Entwicklungskosten der Berichtsperiode vorzunehmen. Beachte: Kleine Kapitalgesellschaften sind gem. § 288 Abs. 1 HGB von der Anhangangabe des § 285 Nr. 22 HGB auch bei Aktivierung von selbst geschaffenen immateriellen Vermögensgegenständen befreit.

Außerdem müssen gem. § 289 Abs. 2 Nr. 3 HGB bei einer Aktivierung der Entwicklungskosten neben den Anhangangaben im Lagebericht weitere Erläuterungen zu den Forschungs- und Entwicklungsaktivitäten, die für die Beurteilung der Zukunftsaussichten des Unternehmens und damit für die Lagebeurteilung von Bedeutung sind, getätigt werden.

Fall 4

Immaterielles Wirtschaftsgut

Sachverhalt

Eine AG, die auf dem Gebiet der Energieversorgung tätig ist, hat ihre Gaslieferungen auf Erdgas umgestellt. Sie zahlt einer Vielzahl von Kunden, die ihre Gasgeräte deshalb umbauen lassen mussten, dazu kleinere Beträge als Zuschuss.

Frage

Muss die AG steuerlich die Kundenzuschüsse aktivieren?

Antwort

Nein, es handelt sich nicht um aktivierungsfähige Aufwendungen.

Begründung

Die Zuschüsse könnten nur in der Bilanz eingestellt werden, wenn die mit ihrer Zahlung erlangten Vorteile – die Erhaltung der Geschäftsbeziehungen mit den einzelnen Kunden – als aktivierungsfähige immaterielle Wirtschaftsgüter anzusehen wären. Die Voraussetzungen dazu (vgl. Fall 1) sind jedoch nicht gegeben (zum gleichen Ergebnis, wenn auch aus zum Teil rechtlich überholten Erwägungen, gelangt der BFH mit Urteil vom 13.08.1957, BStBl 1957 III S. 350).

Vorteile, die nach der Verkehrsauffassung einer besonderen Bewertung zugänglich sind, können nicht angenommen werden. Die AG wendet die Beträge nur auf, um ihren bisherigen Geschäftswert zu erhalten (vgl. dazu BFH vom 31.03.1976, BStBl 1976 II S. 475). Zudem ist die Erwartung, dass die durch Zuschüsse unterstützten Abnehmer weiterhin Kunden der AG bleiben, zu wenig fundiert, um die Annahme, es seien über die Dauer eines Steuerabschnitts hinausreichende Werte gegeben, zu rechtfertigen.

Es erscheint ferner fraglich, ob die durch die Zahlungen erlangten Vorteile für den Betrieb der AG von wesentlichem Wert sind. Die Zahlungen sind nicht für einen als Einheit anzusehenden Vorteil „Erhaltung des Kundenstammes" geleistet. Die Zuschüsse werden vielmehr gezielt einzelnen Kunden gewährt, zu aktivieren wäre daher allenfalls eine Vielzahl einzelner Güter. Deren Bestand und Werthaltigkeit zu überwachen, wäre zudem unverhältnismäßig aufwändig und kaum zumutbar.

Schließlich wären die durch Zahlung der Zuschüsse erlangten Vorteile nur bei entgeltlichem Erwerb aktivierungsfähig, da die Erhaltung der Geschäftsbeziehungen mit den einzelnen Kunden als Anlagewert anzusehen wäre. Auch ein entgeltlicher Erwerb ist nicht anzunehmen. Die nur als Veräußerer in Betracht kommenden Zuschussempfänger wenden ihrerseits der AG nichts zu. Die Erwartung der AG, dass die Geschäftsbeziehungen erhalten bleiben, gründet nur auf ihrem freigebigen Verhalten, nicht auf einem Erwerbsgeschäft (vgl. auch BFH vom 03.08.1993, BStBl 1994 II S. 444).

Fall 5

Zuschuss als immaterielles Wirtschaftsgut

Sachverhalt

Der bilanzierende Fabrikant Franz Ferdinand, dessen Betrieb einen sehr hohen Strombedarf hat, zahlt am 30.09.03 dem ihn mit Strom versorgenden Kraftwerksunternehmen einen „verlorenen Zuschuss" von 10.000 Euro. Das Kraftwerksunternehmen hatte einen zusätzlichen, nur zur Stromversorgung des Betriebs des Ferdinand bestimmten Transformator am 01.07.03 in Betrieb genommen. Ferdinand hatte sich verpflichtet, dazu den genannten Betrag beizusteuern. Es kann damit gerechnet werden, dass der Betrieb des Ferdinand für die Dauer von insgesamt 20 Jahren über diesen Transformator mit elektrischer Energie versorgt werden kann.

Frage

Wie muss Ferdinand den Zuschuss buchmäßig behandeln?

Antwort

Der Betrag ist zu aktivieren und linear abzuschreiben; Buchwert am 31.12.03: 9.750 Euro.

Begründung

Ferdinand kann zwar in seiner Bilanz nicht das dem Kraftwerksunternehmen gehörende körperliche Wirtschaftsgut „Transformator" ausweisen, er hat aber mit dem Zuschuss ein zu aktivierendes immaterielles Anlagegut erworben (BFH vom 26.06.1969, BStBl 1970 II S. 35).

Allerdings sind die Kosten einer erstmaligen Erschließung eines Grundstücks zur Strom-, Wasser- und Abwasserversorgung grundsätzlich den Anschaffungskosten des Grund und Bodens zuzurechnen (die Erschließungskosten für eine Privatstraße zur Anbindung eines Grundstücks an das öffentliche Straßennetz sind jedoch für ein selbständiges abnutzbares Wirtschaftsgut angefallen, BFH vom 19.10.1999, BStBl 2000 II S. 257). Nicht für die erstmalige Erschließung angefallene, lediglich der Erhaltung, Erneuerung oder technischen Verbesserung der vorhandenen Anlagen dienende Beiträge sind grundsätzlich sofort abzugsfähige Erhaltungsaufwendungen (vgl. z. B. BFH vom 04.11.1986, BStBl 1987 II S. 333; vom 12.01.1995, BStBl 1995 II S. 632, und vom 07.11.1995, BStBl 1996 II S. 89). Etwas anderes gilt hingegen, wenn die Aufwendungen sich auf eine besondere, über das Maß des Üblichen hinausgehende betriebliche Nutzung des Grundstücks beziehen. Solche Beiträge oder Zuschüsse sind entweder zum Erwerb eines immateriellen Wirtschaftsguts gezahlt und damit möglicherweise aktivierungspflichtig oder – wenn die Voraussetzungen hierfür nicht gegeben sind – sofort abzugsfähig (vgl. z. B. BFH vom 25.08.1982, BStBl 1983 II S. 38, und vom 15.02.1989 X R 6/86, BFH/NV 1989 S. 494).

Hier ist ein besonderer Strombedarf gegeben. Auch die Voraussetzungen zur Annahme eines aktivierungspflichtigen immateriellen Wirtschaftsguts liegen vor.

Ferdinand hat gegenüber dem Kraftwerksunternehmen eine zumindest rechtsähnliche Position. Dieses ist verpflichtet, den Transformator zur Versorgung des Betriebs des Ferdinand mit elektrischer Energie einzusetzen. Für Ferdinand bedeutet das mehr als eine bloße Chance, nach der eine bessere Stromversorgung nur erhofft werden kann. Nach der Verkehrsauffassung ist dieser Vorteil einer besonderen Bewertung zugänglich.

Wenn durch die Zahlung eines Zuschusses die Befugnisse des Gebers wegen des Gegenstandes, für den der Zuschuss verwendet werden soll, nicht erweitert werden, ist hingegen ein bewertungsfähiges Gut nicht anzunehmen. So ist z. B. der Zuschuss für die Verbesserung einer öffentlichen Straße, deren Anlieger der Zuschussgeber ist, nicht aktivierungsfähig (BFH vom 26.02.1980, BStBl 1980 II S. 687). Das Gleiche gilt wegen des Zuschusses zum Ausbau einer städtischen Kläranlage, die zwar damit die beim

Zuschussgeber anfallende Abwassermenge aufnehmen kann, zu deren Nutzung dem Zuschussgeber jedoch keine Sonderrechte eingeräumt sind (BFH vom 25.08.1982, BStBl 1983 II S. 38). Auch der von einem Gewerbetreibenden an ein Elektrizitätswerk geleistete Beitrag für Anschlusskosten ist nicht zu aktivieren, wenn der Geber dafür keine besondere Leistungszusage des Elektrizitätswerks erhält (BFH vom 13.12.1984, BStBl 1985 II S. 289, vom 22.10.1987 IV R 4/85, BFH/NV 1988 S. 229, und vom 15.02.1989 X R 6/86, BFH/NV 1989 S. 494). Allerdings begründet der BFH seine im Ergebnis zu den genannten Fällen richtige Auffassung mit der kaum verständlichen Behauptung, diese Nutzungsvorteile seien originär geschaffen worden, Kosten für die bloße Mitbenutzung gehörten nicht zu den aktivierbaren Aufwendungen für einen abgeleiteten Erwerb. Auch R 5.5 Abs. 2 Satz 4 EStR hebt zur Annahme eines bewertungsfähigen Wirtschaftsguts beim Zuschussgeber darauf ab, ob der besondere Vorteil nur für diesen wirksam ist. Ein Wirtschaftsgut ist jedoch selbst dann gegeben, wenn der Vorteil – hier der Einsatz des Transformators – auch Dritten zugutekommt, dem Zuschussgeber aber eine besondere Vorrangstellung oder eine Mindestleistung zugesichert ist (vgl. BFH vom 24.08.1971 VIII R 17/66, BFHE 103, 416). Auch die Rechtsprechung zur Behandlung von Straßenerschließungsbeiträgen geht davon aus, dass zwar die Kosten der Ersterschließung stets als nachträgliche Anschaffungskosten des Grund und Bodens zu aktivieren seien, die Kosten der Zweiterschließung aber nur, wenn sich der Wert des Grundstücks durch eine Erweiterung der Nutzbarkeit erhöhe (BFH vom 12.01.1995, BStBl 1995 II S. 632, und vom 11.12.2003, BStBl 2004 II S. 282).

Im vorliegenden Fall sind auch die weiteren Voraussetzungen einer Aktivierung gegeben.

Die angefallenen Kosten sind eindeutig abgrenzbar und heben sich von den laufenden Aufwendungen ab. Die als Anlagegut anzusehende Position des Ferdinand gegenüber dem Kraftwerksunternehmen ist auch, wie es § 5 Abs. 2 EStG fordert, entgeltlich erworben. Für die Leistung des Zuschusses ist Ferdinand eine Rechtsposition gegen den Empfänger eingeräumt worden.

Da das Wirtschaftsgut sich innerhalb von 20 Jahren verbrauchen wird, unterliegt es der Abnutzung. Beim immateriellen Wirtschaftsgut ist die AfA linear zu bemessen (vgl. Fall 1). Der Beginn der AfA hängt nicht vom Zeitpunkt der Zahlung des Zuschusses ab, sondern von dem Zeitpunkt, zu dem die als Wirtschaftsgut anzusehende Rechtsposition eingeräumt wurde. Da die mit der Gewährung des Zuschusses zusammenhängenden Abreden schon bestanden, als der Transformator für das Unternehmen des Ferdinand in Betrieb genommen wurde, sind vom 01.07.03 an Abschreibungen erforderlich (AfA 03 = $^6/_{12}$ von 5 % aus 10.000 Euro = 250 Euro).

Fall 6

Betriebliche Bauten auf Grundstücken, die nicht im Eigentum oder Alleineigentum des Betriebsinhabers stehen (Nutzungsbefugnis)

Sachverhalt

Der bilanzierende Inhaber einer Werkstätte für Zahntechnik, Ott, ist zusammen mit seiner Ehefrau Eigentümer eines bisher nicht betrieblich genutzten Grundstücks mit Gebäude (Bruchteilsgemeinschaft, Anteile je 50 %). Die Eheleute leben im gesetzlichen Güterstand der Zugewinngemeinschaft.

Ott lässt im Einverständnis mit seiner Ehefrau für 300.000 Euro das Gebäude um ein weiteres Geschoss aufstocken. Den neu errichteten Teil (42 % des umbauten Raums des ganzen Gebäudes) nutzt er künftig für seinen Betrieb. Das restliche Gebäude (58 % des umbauten Raums) ist zu fremden Wohnzwecken vermietet.

1. Alternative:

Ott hat die Kosten der Erweiterung getragen. Er verzichtet darauf, jetzt oder künftig Ersatzansprüche nach §§ 951, 812 BGB gegen seine Ehefrau geltend zu machen. Frau Ott ist mit einer kostenlosen Nutzung des neuen Geschosses durch ihren Ehemann einverstanden.

2. Alternative:

Ott hat die Kosten der Erweiterung getragen. Die Eheleute Ott schließen über den Anteil der Frau Ott am neu errichteten Geschoss einen ernsthaft vereinbarten und durchgeführten Mietvertrag.

3. Alternative:

Frau Ott hat die Kosten der Erweiterung getragen. Sie verlangt hierfür keinen Ersatz und ist mit einer kostenlosen Nutzung des neuen Geschosses durch ihren Ehemann einverstanden.

4. Alternative:

Die Eheleute Ott haben die Kosten der Erweiterung jeweils zur Hälfte getragen. Frau Ott ist mit einer kostenlosen Nutzung des gesamten neuen Geschosses durch ihren Ehemann einverstanden.

Frage

1. Wie muss Ott nach der 1. Alternative die Herstellungskosten des neuen Geschosses behandeln?

2. Wie muss Ott nach der 2. Alternative die Herstellungskosten des neuen Geschosses behandeln?

3. Wie muss Ott nach der 3. Alternative den Vorfall buchmäßig behandeln?

4. Wie muss Ott nach der 4. Alternative den Vorfall buchmäßig behandeln?

5. Welchen Teil des Grund und Bodens muss Ott nach den verschiedenen Alternativen aktivieren?

6. Welche steuerlichen Folgen ergeben sich nach der 1. Alternative, wenn nach einigen Jahren die betriebliche Nutzung des neu errichteten Geschosses beendet wird und künftig eine private Nutzung durch beide Ehegatten erfolgt?

Antwort

1. Ott muss nach der 1. Alternative die gesamten Herstellungskosten aktivieren. Soweit der neu entstandene Gebäudeteil ihm bürgerlich-rechtlich zuzurechnen ist (50 %), ist die AfA nach den für Gebäude geltenden Bestimmungen vorzunehmen. Soweit der neu errichtete Gebäudeteil seiner Ehefrau bürgerlich-rechtlich zuzurechnen ist, betrifft der aktivierte Kostenteil nur seine Nutzungsbefugnis, also einen immateriellen Wert, der allgemein nach § 7 Abs. 1 EStG abzuschreiben ist. Die Rechtsprechung nimmt – wie zuvor schon die Finanzverwaltung – im vorliegenden Fall allerdings an, die ertragsteuerliche Behandlung der Nutzungsbefugnis, auch zur AfA, richte sich nach den für Gebäude geltenden Vorschriften.

2. Ott muss nach der 2. Alternative die Hälfte der angefallenen Herstellungskosten aktivieren und nach den für Gebäude geltenden Bestimmungen abschreiben.

3. Soweit ihm der neu entstandene Gebäudeteil bürgerlich-rechtlich zuzurechnen ist (50 %), muss Ott die darauf entfallenden Herstellungskosten als Einlage aktivieren und nach den für Gebäude geltenden Bestimmungen abschreiben. Soweit dieser Gebäudeteil Frau Ott zuzurechnen ist, besteht diese Möglichkeit nicht. Die hierfür angefallenen Herstellungskosten können in keiner Weise steuermindernd geltend gemacht werden.

4. Ott muss die gesamten von ihm aufgewendeten Herstellungskosten (die Hälfte der gesamten Herstellungskosten) aktivieren und nach den für Gebäude geltenden Bestimmungen abschreiben.

5. Nach allen Alternativen sind 21 % des Grund und Bodens zu aktivieren.

6. Ott hat mit Beendigung der betrieblichen Nutzung nach der 1. Alternative den ihm zuzurechnenden Grundstücksteil entnommen. Wegen seines Nutzungsrechts hat er den Restbuchwert gewinnmindernd abzusetzen. Sein Gewinn wird jedoch um den Wert seines als privat entnommen anzusehenden Ausgleichsanspruchs gegen Frau Ott erhöht.

Begründung

1. Bei der 1. Alternative sind die Eheleute Ott bürgerlich-rechtlich auch Miteigentümer zu je 50 % des neu errichteten Gebäudeteils. Soweit Ott das betrieblich genutzte Obergeschoss bürgerlich-rechtlich und damit auch steuerlich zuzurechnen ist, stellt es notwendiges Betriebsvermögen dar. Die in § 8 EStDV genannte Wertgrenze ist überschritten (Herstellungskostenanteil 150.000 Euro). Dieser Gebäudeteil ist daher nicht von untergeordneter Bedeutung, und die darauf entfallenden Herstellungskosten müssen aktiviert werden. Die AfA richtet sich nach den für die Abschreibung von Gebäudewerten maßgebenden Bestimmungen.

Der seiner Ehefrau bürgerlich-rechtlich zuzurechnende Teil des neuen Obergeschosses ist auch wirtschaftlich nicht als im Eigentum des Ott stehend zu betrachten. Die Annahme wirtschaftlichen Eigentums erfordert, dass der bürgerlich-rechtliche Eigentümer durch vertragliche Vereinbarungen oder aus anderen Gründen auf Dauer von der Einwirkung auf das Wirtschaftsgut ausgeschlossen ist. Das ist im vorliegenden Fall nicht anzunehmen. Allein mit dem Einverständnis zur Aufstockung des Gebäudes und zur betrieblichen Nutzung des neuen Geschosses hat die Ehefrau sich noch nicht auf Dauer der ihr zudem ohne die Verpflichtung zur Zahlung von Ausgleichsleistungen zustehenden Befugnis zur Ausübung ihrer Eigentumsrechte begeben (BFH vom 20.05.1988, BStBl 1989 II S. 269, und vom 06.03.1991 X R 6/88, BFH/NV 1991 S. 525; vgl. aber BFH vom 07.10.1987 VIII R 63/95, BFH/NV 1998 S. 1202, wonach vom Mieter errichtete Bauten auf gemietetem Grundstück diesem zuzurechnen sind, wenn sich deren betriebsgewöhnliche Nutzungsdauer und die Mietdauer annähernd decken; ferner BFH vom 14.05.2002, BStBl 2002 II S. 741, wonach auch das Bestehen eines Anspruchs des Nutzers auf Entschädigung für seine Bauaufwendungen bei Beendigung der Nutzung wirtschaftliches Eigentum des Nutzers begründet).

Nach der Rechtsprechung des BFH hat der zur kostenlosen betrieblichen Nutzung Berechtigte auch die Herstellungskosten zu aktivieren, die auf den ihm nicht gehörenden und ihm auch wirtschaftlich nicht zuzurechnenden Gebäudeteil entfallen (BFH vom 26.02.1975, BStBl 1975 II S. 443, vom 13.07.1977, BStBl 1978 II S. 6, vom 31.10.1978, BStBl 1979 II S. 399, vom 22.01.1980, BStBl 1980 II S. 244, vom 11.12.1987, BStBl 1988 II S. 493, vom 17.03.1989, BStBl 1990 II S. 6, vom 20.09.1989, BStBl 1990 II S. 368, vom 10.04.1997, BStBl 1997 II S. 718, und vom 10.03.1999, BStBl 1999 II S. 523). Allerdings kann, wie im BStBl 1979 II S. 399 und 507 ausgeführt ist, dieser Aktivposten nur ein immaterielles Wirtschaftsgut, nämlich die dem Betriebsinhaber vom Miteigentümer eingeräumte Nutzungsmöglichkeit, betreffen (vgl. auch BFH vom 23.11.1995, BStBl 1996 II S. 193). Der Aktivierung stünde aber damit § 5 Abs. 2 EStG entgegen, weil ein entgeltlicher Erwerb nicht stattgefunden hat. Dem wird von der Rechtsprechung des

BFH ein materieller Gehalt beigemessen und angenommen, auch Nutzungsrechte für nicht im Eigentum des Betriebsinhabers stehende, von ihm errichtete Bauten auf fremdem Grund und Boden könnten von ihm wie materielle Wirtschaftsgüter aktiviert werden (BFH vom 30.01.1995, BStBl 1995 II S. 281, und vom 29.04.2008, BStBl 2008 II S. 749).

Die AfA für die auf den Anteil der Ehefrau entfallenden Herstellungskosten ist nicht wie sonst bei immateriellen Wirtschaftsgütern nach § 7 Abs. 1 EStG zu bemessen. Da die Nutzungsbefugnis wie das materielle Wirtschaftsgut Gebäude zu behandeln ist, gilt dies auch hinsichtlich der AfA. Diese ist nach den für Gebäude geltenden Vorschriften vorzunehmen (BFH vom 30.01.1995, BStBl 1995 II S. 281; BMF vom 05.11.1996, BStBl 1996 I S. 1257). Die Nutzungsdauer richtet sich nach dem Zeitraum, in dem voraussichtlich der Anteil der Ehefrau von Ott genutzt werden kann. Dabei ist grundsätzlich von dem AfA-Satz des § 7 Abs. 4 EStG auszugehen, im vorliegenden Fall somit von 3 % (§ 7 Abs. 4 Satz 1 Nr. 1 EStG). Ist der Zeitraum einer technischen oder wirtschaftlichen Abnutzung des Obergeschosses kürzer, richtet sich die Nutzungsdauer hiernach (§ 7 Abs. 4 Satz 2 EStG).

2. Bei der 2. Alternative sind die Herstellungskosten, die auf den bürgerlich-rechtlich Ott zuzurechnenden Teil des neuen Obergeschosses entfallen, – wie nach der 1. Alternative – von ihm zu aktivieren und in der Folgezeit nach den für Gebäude geltenden Vorschriften abzuschreiben.

Den anderen Teil des Obergeschosses darf Ott nicht ohne weiteres nutzen, obwohl er auch hierfür die Herstellungskosten getragen und deren Ersatz von seiner Ehefrau nicht gefordert und nicht erhalten hat. Ott nutzt diesen Teil aufgrund eines mit seiner Ehefrau abgeschlossenen Mietvertrages. Daraus folgt, dass Ott die für die Herstellung dieses Teils aufgewendeten Beträge seiner Ehefrau geschenkt hat. Aufwendungen zur Schaffung eines besonderen Nutzungsrechts liegen nicht vor. Das sich aus dem Mietverhältnis ergebende Nutzungsrecht ist nach den Regeln über die Behandlung schwebender Geschäfte nicht zu aktivieren (vgl. BFH vom 19.06.1997, BStBl 1997 II S. 808, wonach auch eine Maklerprovision, die für den Abschluss eines Mietvertrages gezahlt ist, nicht zu aktivieren ist).

Ein sich auf das gesamte Obergeschoss beziehender Mietvertrag zwischen Frau Ott als Vermieterin und Herrn Ott als Mieter wäre steuerlich jedoch nicht anzuerkennen, weil Frau Ott, auf deren Rechnung der Bau nicht errichtet worden ist, damit hinsichtlich des ihr nicht zuzurechnenden Gebäudeteils auch nicht über ein Vermögensrecht verfügt, das Gegenstand einer entgeltlichen Gebrauchsüberlassung sein könnte (BFH vom 06.03.1991 X R 6/88 und X R 7/88, BFH/NV 1991 S. 525 und 528).

Frau Ott erzielt aus der Vermietung ihres anteiligen zivilrechtlichen Eigentums am Gebäude Einkünfte aus Vermietung und Verpachtung. Sie erhält die lineare AfA gem. § 7 Abs. 4 Satz 1 Nr. 2 EStG (2 %), denn sie hat für die

Erstellung des Gebäudeteils eigene Aufwendungen, wenn auch aus geschenkten Mitteln, getragen.

3. Soweit der von Ott betrieblich genutzte Gebäudeteil ihm bürgerlich-rechtlich zuzurechnen ist, muss er ihn als notwendiges Betriebsvermögen mit den von seiner Ehefrau als geschenkt anzusehenden Herstellungskosten aktivieren. Weil die Schenkung aus privaten Gründen und damit im privaten Bereich erfolgte, liegt eine Privateinlage der aufgewendeten Beträge vor. Nicht als eingelegt kann hingegen der Ott zuzurechnende Gebäudeteil betrachtet werden. Diese Bauten gingen unmittelbar in sein Eigentum über und wurden damit, weil die Absicht betrieblicher Nutzung bestand, sofort und unmittelbar notwendiges Betriebsvermögen. Die AfA ist daher wie zur 1. Alternative zu bemessen.

Problematisch erscheint das buchmäßige Vorgehen hinsichtlich des Frau Ott zuzurechnenden neuen Gebäudeteils. Eine Aktivierung der hierauf entfallenden Herstellungskosten durch Ott als Bau auf fremdem Boden (vgl. die Begründung zur 1. Alternative) oder ein sofortiger Abzug dieses Betrages als Betriebsausgaben kommt nicht infrage, weil Ott die Herstellungskosten nicht getragen hat (BFH vom 31.10.1978, BStBl 1979 II S. 399, vom 30.01.1995, BStBl 1995 II S. 281, und vom 23.11.1995, BStBl 1996 II S. 193). Folgerichtig erhält Ott – anders als beim Bestehen eines Mietverhältnisses – auch keine AfA für diesen Teil der Herstellungskosten. Auch Frau Ott kann keine AfA als Werbungskosten oder Betriebsausgaben abziehen, weil sie aus diesem Grundstücksteil keine Einkünfte bezieht und damit Liebhaberei vorliegt (so BFH vom 21.01.1980, BStBl 1980 II S. 244, vom 20.11.1980, BStBl 1981 II S. 68, vom 23.11.1995, BStBl 1996 II S. 193; vgl. auch BFH vom 23.08.1999, BStBl 1999 II S. 782 und 787).

4. Soweit das von Ott genutzte Obergeschoss ihm zuzurechnen ist (zur Hälfte), ist es von ihm als notwendiges Betriebsvermögen zu aktivieren. Anzusetzen sind die (halben) Herstellungskosten, die von ihm aufgewendet worden sind (BFH vom 23.11.1995, BStBl 1996 II S. 193; vgl. auch BFH vom 30.01.1995, BStBl 1995 II S. 281, und vom 10.03.1999, BStBl 1999 II S. 523). Alle zur Herstellung von ihm getragenen Kosten sind als auf die ihm gehörende Geschosshälfte entfallend anzusehen. Sie sind in der Folgezeit nach den für Gebäude geltenden Vorschriften abzuschreiben.

Die von Frau Ott aufgewendeten Kosten, die als auf ihre Geschosshälfte entfallend anzusehen sind, können – wie zu 3. ausgeführt – von Ott nicht steuermindernd berücksichtigt werden.

5. Soweit ein Gebäudeteil zum notwendigen Betriebsvermögen gehört, hat Ott auch einen entsprechenden Teil des Grund und Bodens zu aktivieren (R 4.2 Abs. 7 Satz 2 EStR). Nach allen Alternativen sind 21 % des im zivilrechtlichen Eigentum des Ott stehenden Gebäudes, damit auch nur 21 % des Grund und Bodens, als Betriebsvermögen zu erfassen. Die Aktivierung einer Nutzungsbefugnis verpflichtet und berechtigt nicht zum Ansatz eines

Anteils am Grund und Boden in der Bilanz (BFH vom 31.10.1978, BStBl 1979 II S. 399).

6. Nach der genannten Alternative ist der Ott hälftig zuzurechnende bisher betrieblich genutzte Grundstücksteil notwendiges Privatvermögen des Ott geworden. Er muss deshalb eine mit dem Teilwert zu bewertende (§ 6 Abs. 1 Nr. 4 EStG) Entnahme buchen. Dies führt zu einer Aufdeckung der hälftigen stillen Reserven des bisher betrieblich genutzten Gebäudeteils.

Dies müsste auch wegen des bürgerlich-rechtlich seiner Ehefrau gehörenden Anteils geschehen, wenn dieser Ott wirtschaftlich zuzurechnen gewesen wäre. Steuerlich hätte er dann auch das materielle Wirtschaftsgut Grundstücksteil entnommen. Allerdings konnte ihm nach der Rechtsprechung (BFH vom 14.05.2002, BStBl 2002 II S. 741) wegen des Verzichts auf seinen Ausgleichsanspruch dieser Teil des Anbaus nicht zugerechnet werden. Ott war nur Inhaber des immateriellen Wirtschaftsguts „Nutzungsrecht". Diese Befugnis besteht nicht mehr, ihr Restbuchwert ist gewinnneutral über Entnahmen auszubuchen (BFH vom 29.04.2008, BStBl 2008 II S. 749).

Fall 7

Betrieblich verwerteter, im privaten Bereich bestellter Nießbrauch nach Entnahme des dann belasteten Gegenstandes

Sachverhalt

Der bilanzierende Möbelhändler Mack überträgt zum 01.01.09 das Eigentum an seinem Betriebsgrundstück (Buchwert: Grund und Boden 50.000 Euro, Gebäude 112.000 Euro; bisher degressive AfA [§ 7 Abs. 5 Satz 1 Nr. 1 EStG – Baugenehmigungsantrag vor dem 01.01.1994]; Teilwerte: Grund und Boden 90.000 Euro, Gebäude 160.000 Euro) unentgeltlich auf seinen Sohn. Zugleich lässt er sich unentgeltlich einen lebenslangen Nießbrauch an diesem Grundstück bestellen (gemeiner Wert nach einem Schätzungsgutachten: 100.000 Euro) und nutzt es weiterhin für seinen Betrieb.

Frage

Wie muss Mack diesen Vorgang buchmäßig behandeln?

Antwort

Das Grundstück ist als privat entnommen auszubuchen. Die Differenz zwischen dem Gesamtbuchwert und Gesamtteilwert des Grundstücks ist als sonstiger betrieblicher Ertrag zu erfassen. Eine Einlage des Nießbrauchs mit dem Teilwert ist in einem solchen Fall nach der Rechtsprechung jedoch nicht möglich. Mack kann lediglich seine eigenen Aufwendungen absetzen, d. h., er kann die AfA für das Gebäude wie ein Eigentümer abziehen. Die Bemessungsgrundlage für die AfA ist der Entnahmewert; der Satz beträgt linear 2 %, wenn die betriebsgewöhnliche Nutzungsdauer des Gebäudes nicht mit weniger als 50 Jahren anzunehmen ist.

Begründung

Die Schenkung des Betriebsgrundstücks aus privaten Gründen an den Sohn des Mack stellt bilanzsteuerlich eine Privatentnahme des Grundstücks dar, die nach § 6 Abs. 1 Nr. 4 EStG mit dem Teilwert anzusetzen ist. Die stillen Reserven sind daher als Erlös auszuweisen und zu versteuern (die Vergünstigung des § 6b EStG gilt für Mack schon deshalb nicht, weil eine Entnahme und nicht die von dieser Vorschrift vorausgesetzte Veräußerung gegeben ist; BFH vom 23.06.1981, BStBl 1982 II S. 18; R 6b. 1 Abs. 1 Satz 4 EStR).

Weil Mack das Grundstück weiterhin betrieblich nutzt und damit den von ihm durch einen privaten Vorgang erlangten Nießbrauch im Betrieb verwertet, müsste der Nießbrauch als eingelegtes immaterielles Wirtschaftsgut des betrieblichen Anlagevermögens zu aktivieren sein. Das Aktivierungsverbot in § 5 Abs. 2 EStG steht dem nicht entgegen, es gilt bei der Einlage immaterieller Wirtschaftsgüter nicht (BFH vom 22.01.1980, BStBl 1980 II S. 244, vom 16.12.1988, BStBl 1989 II S. 763; R 5.5 Abs. 3 Satz 3 EStR). Die Rechtsprechung (BFH vom 16.12.1988, BStBl 1989 II S. 763, vom 20.09.1989, BStBl 1990 II S. 368, und vom 30.01.1995, BStBl 1995 II S. 281) verneint jedoch im Hinblick auf den Zweck der Einlagenregelung die Möglichkeit einer Einlage, jedenfalls mit dem Teilwert des Nutzungsrechts. Sie geht davon aus, dass der Nießbraucher lediglich seine eigenen Aufwendungen für die belastete Sache, insbesondere die abschreibbaren Anschaffungs- und Herstellungskosten, absetzen kann. Da bei der Entnahme des Grundstücks die Differenz von Teilwert und den fortgeschriebenen Anschaffungs- oder Herstellungskosten zu einer Steuerbelastung bzw. -entlastung geführt hat, ist nunmehr der Entnahmewert die AfA-Bemessungsgrundlage.

Mit den Fragen, ob die AfA für ein Wirtschaftsgut „Nutzungsrecht an einem Grundstück" nach § 7 Abs. 1 EStG oder nach den Vorschriften über die Gebäude-AfA vorzunehmen und wie gegebenenfalls der AfA-Satz zu ermitteln ist, hatten sich die zitierten Entscheidungen nicht auseinanderzusetzen. Es ist nur ausgeführt, die AfA des Nutzungsberechtigten könne grundsätzlich im Ergebnis nicht höher sein als die AfA auf den genutzten Gegenstand. Nach dieser Rechtsprechung ist jedoch nicht der Wert des Nutzungsrechts auf die voraussichtliche Dauer des Bestehens dieser Befugnis zu verteilen. Es ist vielmehr ein Gebäudewert abzuschreiben. Daher müssen auch die Bestimmungen über die Gebäude-AfA herangezogen werden.

Da nach der Entnahme und Schenkung für das Gebäude § 7 Abs. 5 EStG nicht mehr anwendbar ist (R 7.4 Abs. 10 Nr. 1 EStR), wird auch zur Nutzungsmöglichkeit die Vergünstigung des § 7 Abs. 5 EStG nicht in Anspruch genommen werden können. Wenn die Restnutzungsdauer des Gebäudes nicht weniger als 50 Jahre beträgt, erscheint weiter fraglich, ob eine lineare AfA nach § 7 Abs. 4 Satz 1 Nr. 1 EStG (3 %) oder nach § 7 Abs. 4 Satz 1 Nr. 2 EStG (2 %) vorzunehmen ist. Wir halten nur eine Absetzung nach § 7 Abs. 4 Satz 1 Nr. 2 EStG für statthaft. Die höhere AfA für Betriebsgebäude nach § 7 Abs. 4 Satz 1 Nr. 1 EStG ist nur dann gerechtfertigt, wenn ein dadurch erzielter steuerlicher Vorteil im Fall der Veräußerung oder Entnahme wieder ausgeglichen wird. Die Aufhebung oder Beendigung des Nießbrauchs bzw. die Beendigung des Nießbrauchs für den Betrieb kann jedoch nicht zu einem Gewinn oder Verlust führen (BFH vom 16.12.1988, BStBl 1989 II S. 763). Ein Ausgleich für eine wirtschaftlich nicht gerechtfertigte AfA entfällt daher im vorliegenden Fall, sodass auch eine Rechtfertigung für die nicht an der voraussichtlichen Nutzungsdauer orientierte AfA nach § 7 Abs. 4 Satz 1 Nr. 1 EStG nicht gegeben ist.

Im Ergebnis entspricht daher die AfA der, die der private Eigentümer des Grundstücks vornehmen könnte. Mack kann im Beispielsfall wegen des Nutzungsrechts jedenfalls jährlich 2 % aus 160.000 Euro absetzen.

Ob wegen des Nießbrauchs der Nutzende jährlich Einlagen in Höhe der AfA, die er in dem betreffenden Jahr in Anspruch nimmt, buchen muss oder bei Nießbrauchsbestellung ein dem voraussichtlichen gesamten AfA-Volumen entsprechender Betrag zu aktivieren ist, folgt aus der zitierten Entscheidung nicht. Es wird dem Steuerpflichtigen – dessen Steuerbilanz oft auch zu nichtsteuerlichen Zwecken wesentlich ist – jedoch auch steuerlich nicht verwehrt werden können, wenigstens diesen Betrag für sein Nießbrauchsrecht auszuweisen. Bei vorzeitiger Beendigung der betrieblichen Verwendung des Nutzungsrechts ist der Restbuchwert gewinnneutral über Entnahmen auszubuchen.

Fall 8

Mietereinbauten – Mieterumbauten

Sachverhalt

Der bilanzierende Sanitärgroßhändler Karl betreibt sein Unternehmen auf einem für unbestimmte Zeit gemieteten Grundstück mit Gebäude. Im Einverständnis mit dem Eigentümer nimmt er folgende bauliche Änderungen vor:

1. Er lässt eine Rolltreppe einbauen, die ihrer Konstruktion nach leicht wieder ausgebaut und anderweitig verwendet werden kann. Karl ist berechtigt, nach Ablauf der Mietzeit die dann voraussichtlich technisch noch nicht verbrauchte Rolltreppe herauszunehmen.

2. Er lässt im Erdgeschoss des gemieteten Gebäudes die Mauer durchbrechen und eine Garage errichten. Im Zeitpunkt der Beendigung des Mietverhältnisses hat ihm der Vermieter hierfür eine dem Bauzustand der Garage entsprechende Entschädigung zu zahlen.

3. Karl lässt aus einer Mauer einen zur Belüftung der Ausstellungsräume, die stark von Publikum besucht sind, notwendigen Schacht herausbrechen. Er erhält hierfür weder jetzt noch künftig eine Entschädigung vom Vermieter, ist allerdings auch nicht verpflichtet, den alten Bauzustand wiederherzustellen.

4. Er lässt in das Dach Isoliermaterial einbauen, um Heizkosten zu sparen. Er erhält hierfür weder jetzt noch künftig eine Entschädigung vom Vermieter, ist allerdings auch nicht verpflichtet, den alten Bauzustand wiederherzustellen.

Frage

Wie muss Karl die für diese Einbauten oder Umbauten aufgewendeten Beträge behandeln?

Antwort

1. Karl muss die Aufwendungen für die Rolltreppe als Herstellungskosten eines beweglichen, der Abnutzung unterliegenden Wirtschaftsguts des Anlagevermögens aktivieren. Absetzungen für Abnutzung sind nach § 7 Abs. 1 oder 2 EStG vorzunehmen. Die Nutzungsdauer richtet sich nach der Zeit der technischen Nutzungsmöglichkeit der Treppe.

2. Karl muss die Aufwendungen für die Garage als Herstellungskosten eines ihm wirtschaftlich zuzurechnenden Gebäudeteils aktivieren und nach den für die Abschreibung bei Gebäuden geltenden Bestimmungen abschreiben. Die Nutzungsdauer ist nicht durch die voraussichtliche Mietzeit beschränkt. Maßgebend ist die betriebsgewöhnliche wirtschaftliche oder technische Nutzungsdauer.

3. Karl hat die Aufwendungen für den Schacht als Herstellungskosten eines materiellen Wirtschaftsguts des Anlagevermögens zu aktivieren und nach § 7 Abs. 1 EStG abzuschreiben. Die Nutzungsdauer ist begrenzt durch die voraussichtliche Mietzeit, weil der Einbau unmittelbar den besonderen betrieblichen Zwecken des Mieters dient und mit dem Gebäude nicht in einem einheitlichen Nutzungs- und Funktionszusammenhang steht. Die wirtschaftliche betriebsgewöhnliche Nutzungsdauer ist jedoch maßgeblich, wenn sie kürzer ist.

4. Die Aufwendungen für die Isolierung stellen einen sofort abzugsfähigen Aufwand dar.

Begründung

Zur bilanzsteuerlichen Behandlung von Mietereinbauten und Mieterumbauten hat die Rechtsprechung Grundsätze entwickelt (vgl. insbesondere BFH vom 28.07.1993, BStBl 1994 II S. 164, vom 15.10.1996, BStBl 1997 II S. 533, vom 11.06.1997, BStBl 1997 II S. 774, und vom 07.10.1997 VIII R 63/95, BFH/NV 1998 S. 1202). Danach können die Mietereinbauten und Mieterumbauten (zu denen Erhaltungsaufwendungen nicht zu zählen sind; BFH vom 21.02.1978, BStBl 1978 II S. 345, und vom 28.07.1993, BStBl 1994 II S. 164) je nach der Baumaßnahme und dem rechtlichen Gehalt des Mietverhältnisses wie folgt eingeteilt werden:

a) Betriebsvorrichtungen (die allerdings zugleich z. B. Scheinbestandteile sein können),

b) Scheinbestandteile nach § 95 BGB,

c) sonstige Mietereinbauten und Mieterumbauten, die

   – im wirtschaftlichen Eigentum des Mieters stehen,

   – nicht dem Mieter als wirtschaftliches Eigentum zuzurechnen sind, aber in einer unmittelbaren sachlichen Beziehung zum Betrieb oder Beruf des Mieters stehen,

   – nicht dem Mieter als wirtschaftliches Eigentum zuzurechnen sind und nicht in unmittelbarer sachlicher Beziehung zu dessen Betrieb oder Beruf stehen.

Dies bedeutet im Einzelnen:

Betriebsvorrichtungen sind Maschinen und sonstige Vorrichtungen, die zu einer Betriebsanlage gehören (§ 68 Abs. 2 Nr. 2 BewG). Diese zählen steuerlich – auch einkommensteuerlich (R 7.1 Abs. 3 EStR) – selbst dann zu den beweglichen Wirtschaftsgütern, wenn sie wesentliche Bestandteile eines Grundstücks sind. Wenn der Mieter die mit dem gemieteten Grundstück verbundene Betriebsvorrichtung erstellt, ist diese ihm allgemein als bewegliches Wirtschaftsgut zuzurechnen. Die Abschreibung richtet sich nach § 7 Abs. 1 oder 2 EStG.

Scheinbestandteile nach § 95 BGB sind solche Sachen, die nicht zu den Bestandteilen eines Grundstücks gehören, weil sie nur zu einem „vorübergehenden Zweck" mit diesem verbunden sind (vgl. auch R 7.1 Abs. 4 EStR). Diese Voraussetzungen sind bei Mietereinbauten und Mieterumbauten gegeben, wenn dem Mieter das Recht auf Herausnahme des eingefügten Bauwerks zusteht und zu erwarten ist, dass von diesem Herausnahmerecht auch tatsächlich Gebrauch gemacht wird. Eine spätere Herausnahme ist zu erwarten, wenn die Nutzungsdauer der eingefügten Sachen länger als die voraussichtliche Mietdauer ist und wenn die eingefügten Sachen nach

ihrem Ausbau nicht nur einen Schrottwert, sondern noch einen beachtlichen Wiederverwendungswert repräsentieren.

Bürgerlich-rechtlich und steuerrechtlich ist bei dem Einfügen von Schein-
bestandteilen durch den Mieter eines Grundstücks der Mieter auch der
Eigentümer dieser beweglichen Wirtschaftsgüter. Die AfA ist nach § 7
Abs. 1 oder 2 EStG vorzunehmen. Die Nutzungsdauer der eingefügten
Sache ist nicht von der zu erwartenden Mietdauer abhängig.

Sonstige Mietereinbauten und -umbauten, die nur **wirtschaftlich** als **Eigentum des Mieters** zu betrachten sind, liegen vor, wenn

– die eingebaute Sache während der voraussichtlichen Mietdauer technisch oder wirtschaftlich verbraucht sein wird oder

– der Mieter verpflichtet ist, nach Beendigung des Mietverhältnisses die
  eingebaute Sache zu entfernen, den ursprünglichen Zustand wiederherzustellen, oder

– der Mieter bei Beendigung des Mietverhältnisses vom Vermieter die
  Erstattung mindestens des noch verbliebenen Werts des Einbaus oder
  Umbaus verlangen kann.

Das dem Mieter zuzurechnende Wirtschaftsgut ist ein Gebäudeteil. Die AfA
ist nach den für die Abschreibung von Gebäuden geltenden Vorschriften zu
bemessen (BFH vom 30.01.1995, BStBl 1995 II S. 281, und vom 30.07.1997,
BStBl 1998 II S. 402). Die Nutzungsdauer ist mit der voraussichtlichen Mietdauer identisch, wenn innerhalb dieser Zeit die eingebaute Sache technisch
oder wirtschaftlich verbraucht sein wird oder wenn sie der Mieter nach
Ablauf der Mietzeit ohne weitere Verwendungsmöglichkeit entfernen bzw.
dem Vermieter kostenlos überlassen muss. Wenn jedoch nach Ablauf der
Mietzeit dem Einbau oder Umbau noch voraussichtlich ein nicht unerheb-
licher Wert zukommen wird und dieser vom Vermieter zu ersetzen ist, ist
die Abschreibungsdauer nach der weiter gehenden wirtschaftlichen oder
technischen Nutzungsdauer zu bemessen (vgl. z. B. Schmidt/Kulosa, § 7
Rn. 72 mit weiteren Nachweisen zur geplanten oder üblichen Veräußerung
von Anlagegütern vor Ablauf des Zeitraums, in dem eine betriebliche
Nutzung wirtschaftlich oder technisch möglich ist).

Sonstige Mietereinbauten und Mieterumbauten, die nicht Betriebsvorrichtungen und bzw. oder Scheinbestandteile sind, die nach den oben genannten Kriterien dem Mieter auch wirtschaftlich nicht zugerechnet werden
können, sind nicht als dessen Gebäudeteile zu aktivieren. Der Nutzungsvorteil des Mieters ist jedoch in diesen Fällen, obwohl kein abgeleiteter
Erwerb vorliegt, nach der höchstrichterlichen Rechtsprechung beim Mieter
„wie ein materielles Wirtschaftsgut" zu aktivieren, wenn die Einbauten
oder Umbauten **in einer unmittelbaren sachlichen Beziehung zum Betrieb
oder Beruf des Mieters** stehen, sodass der daneben bestehende Zusammenhang mit dem gemieteten Gebäude nebensächlich erscheint (BFH vom
26.02.1975, BStBl 1975 II S. 443, und vom 15.10.1996, BStBl 1997 II S. 533).

Obwohl es sich bei dem zu aktivierenden Wirtschaftsgut um einen immateriellen Wert handelt, ist die AfA nicht nach § 7 Abs. 1 EStG, sondern nach den für Gebäude geltenden Bestimmungen vorzunehmen (BFH vom 30.01.1995, BStBl 1995 II S. 281, und vom 15.10.1996, BStBl 1997 II S. 533).

Die Herstellungskosten von **sonstigen Mietereinbauten oder Mieterumbauten,** die nicht Betriebsvorrichtungen und Scheinbestandteile sind, die dem Mieter auch nicht wirtschaftlich zugerechnet werden können, stellen sofort abzugsfähige Aufwendungen dar, wenn sie **nicht in einer** unmittelbaren **sachlichen Beziehung zum Betrieb des Mieters** stehen. Es handelt sich hierbei um Baumaßnahmen, die, ohne einen besonderen Bezug zum Betrieb des Mieters zu haben, allgemein der Nutzung des Gebäudes dienen; die eher durch die baulichen Gegebenheiten als durch besondere Erfordernisse des Betriebs bedingt sind.

Die dem Mieter auch in diesen Fällen zustehende Nutzungsbefugnis ist nicht aktivierungsfähig, weil sie nicht entgeltlich erworben ist (§ 5 Abs. 2 EStG, § 248 Abs. 2 HGB).

Im vorliegenden Sachverhalt ergeben sich danach folgende Lösungen:

1. Die Rolltreppe ist – ebenso wie Personenaufzüge, anders hingegen Lastenaufzüge – keine Betriebsvorrichtung (BFH vom 05.03.1971, BStBl 1971 II S. 455, und vom 07.10.1977, BStBl 1978 II S. 186). Sie ist aber als Scheinbestandteil nach § 95 BGB anzusehen, weil Karl ein Herausnahmerecht zusteht, von dem voraussichtlich Gebrauch gemacht werden wird. Die Treppe ist technisch leicht ausbaubar. Es ist auch anzunehmen, dass sie nach dem Ende der Mietzeit noch technisch und wirtschaftlich einsetzbar ist. Die AfA für das bewegliche Anlagegut „Rolltreppe" ist nach § 7 Abs. 1 oder 2 EStG vorzunehmen. Die Nutzungsdauer der auch nach Ablauf der Mietzeit nutzbaren Rolltreppe ist nicht durch die voraussichtliche Mietzeit begrenzt.

2. Die in das Gebäude eingebaute Garage ist weder eine Betriebsvorrichtung noch (weil eine Herausnahme weder möglich noch gestattet ist) ein Scheinbestandteil. Karl ist aber wirtschaftlicher Eigentümer der Garage, weil ihm bei Beendigung des Mietverhältnisses ein Ersatzanspruch zusteht. Die Herstellungskosten sind von Karl steuerlich zu aktivieren. AfA steht ihm nach § 7 Abs. 4 EStG zu. Wegen des Wertersatzanspruchs ist die Nutzungsdauer der Garage nicht auf die voraussichtliche Mietdauer beschränkt. Die AfA richtet sich nach der wirtschaftlichen oder technischen Nutzungsdauer der Garage.

3. Der als Schacht dienende Gebäudeteil ist nicht als Betriebsvorrichtung anzusehen. Einen Scheinbestandteil nach § 95 BGB oder einen Karl wirtschaftlich zuzurechnenden Gebäudeteil stellt der Schacht ebenfalls nicht dar. Der Schacht steht jedoch in einer unmittelbaren sachlichen Beziehung zum Betrieb des Karl. Er dient der Bewältigung des gerade durch diesen Betrieb veranlassten besonders starken Publikumsverkehrs. Karl hat daher

die angefallenen Herstellungskosten wie die eines materiellen Wirtschaftsguts zu aktivieren. Abzuschreiben ist die ihm zustehende Nutzungsbefugnis nach den für Gebäude geltenden Bestimmungen. Weil der Nutzungsvorteil jedenfalls mit dem Ende des Mietverhältnisses für Karl erlischt, ist die
Nutzungsdauer durch die voraussichtliche Mietzeit beschränkt. Wenn die
wirtschaftliche und technische Nutzungsdauer des Schachtes kürzer ist,
muss dieser Zeitraum der AfA zugrunde gelegt werden.

4. Das eingefügte Isoliermaterial stellt keine Betriebsvorrichtung dar. Da
Karl kein Herausnahmerecht hat, scheidet auch die Annahme eines Schein-
bestandteils nach § 95 BGB oder eines wirtschaftlich Karl zuzurechnenden
Gebäudeteils aus. Der Nutzungsvorteil des Karl ist ebenfalls nicht aktivierungsfähig, weil die Isolierung in keinem besonderen Bezug zum Betrieb
des Karl steht. Sie fördert allgemein die Nutzung des Gebäudes, gleichgültig ob dieses betrieblichen oder anderen Zwecken, z. B. Wohnzwecken,
dient. Die angefallenen Kosten stellen damit sofort abzugsfähigen Aufwand
dar.

II. Betriebsvermögen

Fall 9

**Bedeutung – handelsrechtlicher und steuerlicher Unterschied –
notwendiges und gewillkürtes Betriebsvermögen – notwendiges
Privatvermögen – Abschreibung einer Forderung – Entnahme von
notwendigem Betriebsvermögen**

Sachverhalt

Der bilanzierende Unternehmer Werner Gutmann betreibt ein Elektrogroß-
handelsgeschäft. Ihm entsteht durch den Verkauf eines Elektrogeräts an
Arnold eine Forderung i. H. von 3.000 Euro (ohne USt). Als dieser in erhebliche Zahlungsschwierigkeiten gerät, schreibt Gutmann die Forderung in
der Bilanz zum 31.12.01 (erstellt im März 02) auf 1 Euro ab. Im April 02 entnimmt Gutmann die Forderung mit 1 Euro ins Privatvermögen. Aufgrund
einer besonderen Vereinbarung überweist Arnold ihm im November 02
einen Betrag i. H. von 2.000 Euro (ohne USt) auf sein privates Girokonto für
die noch offene Forderung. Damit ist nach der Abrede die ganze Angelegenheit erledigt. (Aus Vereinfachungsgründen ist die USt nicht zu berücksichtigen.)

Frage

1. Welche Bedeutung hat die Zurechnung der einzelnen Wirtschaftsgüter zum Betriebsvermögen?
2. Ist der Begriff des steuerlichen Betriebsvermögens mit dem Begriff des handelsrechtlichen Betriebsvermögens identisch?
3. Welche Arten des steuerlichen Vermögens sind zu unterscheiden?
4. Welcher Art Vermögen ist die Forderung des Gutmann?
5. Welche bürgerlich-rechtliche Wirkung hat die besondere Vereinbarung?
6. Hat Gutmann die Angelegenheit bilanzsteuerlich richtig behandelt?

Antwort

1. Die Frage der Zugehörigkeit zum Betriebsvermögen ist von entscheidender Bedeutung für die richtige Gewinnermittlung. Sie ist auch im vorliegenden Fall wesentlich.
2. Der Begriff des steuerlichen Betriebsvermögens ist mit dem des Handelsrechts nicht identisch.
3. Steuerlich voneinander zu unterscheiden sind:
   a) das notwendige Betriebsvermögen,
   b) das notwendige Privatvermögen,
   c) das gewillkürte Betriebsvermögen.
   d) Eine Zerlegung einzelner Wirtschaftsgüter ist grundsätzlich nicht möglich. Bei Grundstücken gibt es allerdings viele Ausnahmen.
4. Die Forderung des Gutmann gehört zum notwendigen Betriebsvermögen. Die Abschreibung ändert daran nichts.
5. Durch die Vereinbarung wird bewirkt, dass die Forderung i. H. von 1.000 Euro (Rest) erlassen ist. Im Übrigen ist sie durch die Zahlung getilgt.
6. Gutmann hat sich steuerlich nicht richtig verhalten. Er hätte die Forderung im Jahr 02 nicht entnehmen dürfen, da sie Betriebsvermögen blieb. Eine Abschreibung war jedoch zulässig.

Begründung

1. Die ertragsteuerliche Bedeutung der Zurechnung der einzelnen Wirtschaftsgüter zum Betriebsvermögen liegt darin, dass die **Werte** dieser Wirtschaftsgüter bei der Gewinnermittlung zu beachten sind. Durch den einkommensteuerrechtlichen Begriff des Gewinns als Unterschiedsbetrag zwischen dem Betriebsvermögen am Schluss des Wirtschaftsjahres und dem Betriebsvermögen am Schluss des vorangegangenen Wirtschaftsjahres (unter Berücksichtigung von Entnahmen und Einlagen) werden Gewinne und Verluste, die bei der Veräußerung von Wirtschaftsgütern des Betriebsvermögens entstehen, bei der Ermittlung des Einkommens erfasst (vgl. § 4

Abs. 1 EStG). Alle realisierten Wertsteigerungen einzelner Wirtschaftsgüter des Betriebsvermögens erhöhen den Gewinn, alle betrieblichen Vermögensverluste bezüglich einzelner Wirtschaftsgüter gehen zulasten des Gewinns. Die steuerliche Gewinnermittlung erfordert deshalb eine klare Abgrenzung der Wirtschaftsgüter des Betriebsvermögens von denen des Privatvermögens.

Nur das Betriebsvermögen darf und muss bilanziert werden. Das Inventar und die Bilanz dürfen daher Privatvermögen nicht erfassen. Ist fälschlicherweise Privatvermögen in einer Bilanz ausgewiesen, muss es ausgebucht werden (BFH vom 09.09.1980, BStBl 1981 II S. 125), und steht Betriebsvermögen außerhalb der Bilanz, muss es eingebucht werden. Hierbei entstehen häufig Probleme im Hinblick darauf, welche Art von Vorgang vorliegt (Einlage, Entnahme, Bilanzberichtigung, Bilanzänderung), welche Werte jeweils anzusetzen sind (Teilwert, Buchwert, gemeiner Wert) und zu welchen Zeitpunkten die Buchungen vorzunehmen sind.

Völlig losgelöst von der Frage, ob ein Wirtschaftsgut bilanziert werden muss und ob sein **Wert** steuerlich eine Rolle spielt, ist die Frage, wie bei gemischt genutzten Wirtschaftsgütern entstehende Aufwendungen aufgeteilt werden müssen (vgl. hierzu Fälle 12 und 13). Hier gilt der Grundsatz, dass betriebliche Aufwendungen Betriebsausgaben und private Aufwendungen private Ausgaben sind.

2. Das Handelsrecht wird entscheidend vom Grundsatz des Gläubigerschutzes beherrscht. Der Kaufmann soll daher nach herrschender Auffassung in seiner Handelsbilanz das Vermögen ausweisen, mit dem er seinen Gläubigern haftet. Da er auch mit seinem Privatvermögen haftet, soll er verpflichtet sein, sein gesamtes Vermögen, also auch sein Privatvermögen, in seiner Handelsbilanz auszuweisen. § 240 Abs. 1 HGB spricht u. a. von **seinen** Grundstücken, **seinen** Forderungen und Schulden.

Da es aber der Wirtschaft heute genügt, wenn der Kaufmann nur das Geschäftsvermögen bilanziert, weist heute fast jeder Kaufmann in der Praxis bilanzmäßig sein Privatvermögen nicht mehr aus (vgl. Baumbach/Hopt, Komm. zum HGB, § 238 Rn. 7).

Das steuerliche Betriebsvermögen wird zur Erzielung von Einkünften eingesetzt. Steuerlich dient der Ausweis des Betriebsvermögens ausschließlich der Ermittlung des steuerlichen Gewinns. Die Zweckbestimmung der steuerlichen Bilanz ist daher eine andere. Damit weicht aber auch der steuerrechtliche Begriff des Betriebsvermögens von dem des Handelsrechts ab. „Während im Handelsrecht die Interessen der Gesellschafter und der Schutz der Gläubiger der Gesellschaft im Vordergrund stehen, spielt im Bilanzsteuerrecht die vollständige und periodengerechte Erfassung des Betriebsgewinns die Hauptrolle." Diese unterschiedliche Auffassung der Handelsbilanz gegenüber der Steuerbilanz ist ein ausreichender Grund, auch den Begriff des Betriebsvermögens für beide Bilanzen verschieden abzugrenzen, um dadurch zu einer richtigen Besteuerung zu kommen (BFH vom 29.01.1965, BStBl 1965 III S. 179).

In diesem Zusammenhang ist daher besonders festzustellen, dass das Privatvermögen – im Gegensatz zur Handelsbilanz – in der Steuerbilanz nicht ausgewiesen werden darf.

3. a) Zum **notwendigen Betriebsvermögen** gehören einmal die Wirtschaftsgüter, die ihrer **Art** und **Natur** nach mit dem Betrieb so eng verbunden sind, dass sie für die Führung des Betriebs wesentlich, notwendig oder gar unentbehrlich sind (BFH vom 30.04.1975, BStBl 1975 II S. 582, vom 26.04.2001, BStBl 2001 II S. 798, und vom 31.05.2001, BStBl 2001 II S. 828). Dies wären z. B. die Waren, die Warenforderungen, die Maschinen, die Rohstoffe und die Fabrikgrundstücke (BFH vom 11.09.1969, BStBl 1970 II S. 317). Diese können im Wesentlichen nur betrieblich genutzt werden.

Zusätzlich gehören zum notwendigen Betriebsvermögen auch die Wirtschaftsgüter, die nach ihrer **Zweckbestimmung** und tatsächlichen **Verwendung** dem Betrieb unmittelbar dienen oder ihm objektiv zu dienen bestimmt sind (BFH vom 06.03.1991, BStBl 1991 II S. 829, und vom 01.02.2001, BStBl 2001 II S. 546). In diesen Urteilen meint der BFH, Wirtschaftsgüter sind notwendiges Betriebsvermögen, wenn und soweit sie unmittelbar für eigene betriebliche Zwecke genutzt werden. Sie müssen objektiv erkennbar zum unmittelbaren Einsatz im Betrieb selbst bestimmt sein. Hier ist eine Privatnutzung an sich möglich. Eine Lösung vom Betrieb, d. h. eine Entnahme, ist aber nur denkbar, wenn die Zweckbestimmung, die wirtschaftliche Funktion, des Wirtschaftsguts entscheidend verändert wird. Hierzu zählen z. B. der betriebliche PKW oder ein unbebautes Grundstück, das als betrieblicher Park- oder Lagerplatz genutzt wird.

Ein Wirtschaftsgut, das notwendiges Betriebsvermögen ist, ist es daher nicht wegen seiner buch- und bilanzmäßigen Behandlung, sondern wegen seiner Art oder seiner tatsächlichen Beziehung zum einzelnen Betrieb.

b) Wirtschaftsgüter, die ihrer **Art** oder **Natur** nach eine solche Beziehung zum privaten Bereich haben, dass sie, auch wenn der Steuerpflichtige es wollte, grundsätzlich davon nicht gelöst werden können, gehören zum **notwendigen Privatvermögen** (BFH vom 11.03.1980, BStBl 1980 II S. 740). Hierzu gehören etwa privater Schmuck, Hausrat und Kleidung. Daneben gehören aber auch die Wirtschaftsgüter zum notwendigen Privatvermögen, die dem privaten Bereich des Steuerpflichtigen in einer solchen Weise dienen, dass man diese Beziehung nur lösen kann, wenn man die **Funktion** des Wirtschaftsguts entscheidend verändert, indem man z. B. den privaten PKW jetzt betrieblich nutzt oder das selbst bewohnte Einfamilienhaus jetzt dem Prokuristen des Betriebs vermietet.

c) Wirtschaftsgüter, die nicht notwendiges Betriebsvermögen sind, können als **gewillkürtes Betriebsvermögen** behandelt werden, wenn noch ein wirtschaftlicher Zusammenhang mit dem Betrieb besteht, wenn sie objektiv

„betriebsdienlich" sind (BFH vom 24.02.2000, BStBl 2000 II S. 297, und vom 31.05.2001, BStBl 2001 II S. 828; R 4.2 Abs. 1 EStR). Sie sind weder durch ihre Art, ihre Natur oder ihre Zweckbestimmung dem notwendigen Betriebsvermögen zuzuordnen. Der Steuerpflichtige hat hier ein eingeschränktes Wahlrecht, H 4.2 Abs. 1 (gewillkürtes Betriebsvermögen) EStH. Entschließt er sich für eine Zuführung zum (gewillkürten) Betriebsvermögen, dann muss jedoch diese Zuführung in einer eindeutigen und klaren Handlung, nämlich einer Buchung, zum Ausdruck kommen (BFH vom 02.07.1969, BStBl 1969 II S. 617, und vom 27.06.2006, BStBl 2006 II S. 874). Wenn ein Steuerpflichtiger z. B. Wertpapiere oder fremdvermietete Grundstücke durch eine Einlagebuchung ins Betriebsvermögen einbringt, dann sind diese Wirtschaftsgüter dadurch zum gewillkürten Betriebsvermögen geworden, wenn noch ein wirtschaftlicher Zusammenhang mit dem Betrieb besteht und diese Wirtschaftsgüter dem Betrieb zu dienen bzw. ihn zu fördern bestimmt und geeignet sind (vgl. BFH vom 28.04.1970, BStBl 1970 II S. 621, vom 30.04.1975, BStBl 1975 II S. 582, vom 23.07.1975, BStBl 1976 II S. 180, vom 21.10.1976, BStBl 1977 II S. 150, vom 06.12.1977, BStBl 1978 II S. 330, vom 11.10.1979, BStBl 1980 II S. 40, vom 15.04.1981, BStBl 1981 II S. 618, vom 01.10.1986, BStBl 1987 II S. 113, vom 24.02.2000, BStBl 2000 II S. 297, und R 4.2 Abs. 1 und 9 EStR).

Entschließt sich der Steuerpflichtige nicht, diese Wirtschaftsgüter dem Betriebsvermögen zuzuführen, bleiben sie Privatvermögen (man sollte sie zweckmäßigerweise als **sonstiges Privatvermögen** bezeichnen). Hierzu zählen auch die Wirtschaftsgüter, die deshalb nicht zum gewillkürten Betriebsvermögen gezogen werden können, weil ihnen die besondere wirtschaftliche Beziehung zum Betrieb fehlt. Der BFH (vom 02.10.2003, BStBl 2004 II S. 985) unterscheidet innerhalb des Privatvermögens nicht. Er geht daher von einer Dreiteilung aus (notwendiges und gewillkürtes Betriebsvermögen sowie notwendiges Privatvermögen). In der Literatur wird dies zum Teil anders gesehen (vgl. Wassermeyer, Deutsche Steuerjuristische Gesellschaft – DStJG – 3, 1980, S. 315 ff., und Schmidt/Heinicke, § 4 Rn. 108).

d) Die einzelnen Wirtschaftsgüter können steuerlich grundsätzlich nicht in einzelne Teile zerlegt werden. Sie sind vielmehr für die steuerliche Gewinnermittlung als Einheit zu behandeln. Da aber viele dieser Wirtschaftsgüter sowohl privat als auch betrieblich genutzt werden, ist die Frage zu entscheiden, welchem Vermögen sie zuzurechnen sind.

Nach ständiger Rechtsprechung (z. B. BFH vom 23.05.1991, BStBl 1991 II S. 798, und vom 02.10.2003, BStBl 2004 II S. 985) gehören die Wirtschaftsgüter in vollem Umfang zum notwendigen Betriebsvermögen, die überwiegend, d. h. zu mehr als 50 %, betrieblich genutzt werden. Überwiegt die private Nutzung, können sie als gewillkürtes Betriebsvermögen behandelt werden, wenn die betriebliche Nutzung mindestens 10 % beträgt (BFH vom 02.10.2003, BStBl 2004 II S. 985; R 4.2 Abs. 1 Satz 4 bis 6 EStR).

Bei ganz unbedeutender betrieblicher Nutzung, d. h. unter 10 %, gehören sie zum notwendigen Privatvermögen (BFH vom 02.10.2003, BStBl 2004 II S. 985; R 4.2 Abs. 1 Satz 5 EStR).

Im Rahmen dieser Grundsätze gibt es eine sehr wichtige Ausnahme. Grundstücke können – wegen ihres meist hohen wirtschaftlichen Werts und ihrer großen Bedeutung – bilanzsteuerlich in einzelne Teile aufgeteilt werden. Unter besonderen Voraussetzungen werden dann einzelne Teile bilanziert, während andere Teile als Privatvermögen behandelt werden (BFH vom 13.07.1977, BStBl 1978 II S. 6, und R 4.2 Abs. 3 bis 10 EStR). Dabei ist jedoch wichtig, dass die einzelnen Gebäudeteile auch als einzelne Wirtschaftsgüter behandelt werden (vgl. hierzu Fälle 13 und 8).

4. Die Forderung des Gutmann gegen Arnold gehört zum notwendigen Betriebsvermögen. Sie ist betrieblich entstanden. Außerdem sind Warenforderungen mit dem Betrieb so eng verbunden, dass sie wesentlich, ja notwendig sind, um den Betrieb überhaupt führen zu können (vgl. hierzu im Einzelnen BFH vom 22.07.1966, BStBl 1966 III S. 542).

Obwohl Gutmann zum 31.12.01 die Forderung auf 1 Euro abgeschrieben hat und durch die Buchung „Forderungsverluste an Forderungen" im Jahr 01 auch einen Aufwand angesetzt hat, bleibt die Forderung notwendiges Betriebsvermögen. Sie gilt durch die Abschreibung nicht als in das Privatvermögen entnommen. Denn einmal kann sie grundsätzlich als notwendiges Betriebsvermögen nicht in das Privatvermögen entnommen werden (vgl. unten zu 6.) und zum anderen hat sie Gutmann durch den Ansatz des Erinnerungswerts von 1 Euro zum 31.12.01 auch richtig im Betriebsvermögen belassen.

5. Bürgerlich-rechtlich existiert die Forderung jedoch nach wie vor in voller Höhe, denn sie erlischt bürgerlich-rechtlich nur durch die echten Erlöschenstatbestände (z. B. durch Bezahlung, Erlass oder Aufrechnung), die alle bei Abschreibung noch nicht gegeben sind. Wie bei den **schwebenden Geschäften,** bei denen bürgerlich-rechtlich echte Verträge vorliegen, aus steuerlichen und buchungstechnischen Gründen jedoch nichts gebucht wird (z. B. Kauf einer Maschine vor Lieferung und Bezahlung), gehen hier das bürgerliche Recht und die Bilanzierung verschiedene Wege.

Auch eine besondere Vereinbarung kann bürgerlich-rechtlich eine Forderung zum Erlöschen bringen. Im vorliegenden Fall hat diese Vereinbarung die Wirkung, dass die noch ausstehende Forderung i. H. von 3.000 Euro als erfüllt gilt, soweit Arnold 2.000 Euro zahlt. Durch die Zahlung selbst wird daher ein Teil der Forderung, nämlich i. H. von 2.000 Euro, durch Leistung erfüllt, § 362 BGB. Der andere Teil der Forderung i. H. von 1.000 Euro wird dem Arnold durch Gutmann erlassen, § 397 BGB.

6. Die Abschreibung der Forderung mit der Buchung „Forderungsverluste an Forderungen" i. H. von 2.999 Euro war zulässig, ja geboten, da Arnold in erhebliche Zahlungsschwierigkeiten geriet und Gutmann dadurch mit einem Ausfall der Forderung zum damaligen Zeitpunkt rechnen musste. Im Rahmen des § 5 EStG gelten die handelsrechtlichen Grundsätze ordnungsmäßiger Buchführung. Danach gilt beim Umlaufvermögen das sog. strenge Niederstwertprinzip (§ 253 Abs. 4 HGB). Ein Kaufmann darf sich nicht reicher machen, als er ist. Seine Gläubiger sollen geschützt sein vor falschen, zu hohen aktiven Wertansätzen.

Die Entnahme der Forderung mit dem Erinnerungswert von 1 Euro (Buchung: „Privat an Forderungen 1 Euro") war dagegen nicht zulässig. Wirtschaftsgüter des notwendigen Betriebsvermögens können grundsätzlich nicht ins Privatvermögen entnommen werden. Dies ist nur dann möglich, wenn sie spätestens gleichzeitig mit der Entnahme ihre Zweckbestimmung ändern und daher künftig nicht mehr dem Betrieb dienen. Da die Forderung des Gutmann aber ihre Zweckbestimmung nie geändert hat – nur ihre Einziehung hat sich erschwert –, war die Entnahme unzulässig, ja völlig willkürlich geschehen. Gutmann hätte die Forderung im Betriebsvermögen belassen müssen.

Hätte Gutmann die Forderung i. H. von 1 Euro nicht entnommen, hätte er bei Eingang der 2.000 Euro auf einem betrieblichen Bankkonto mit der Buchung: „Bank an sonstige betriebliche Erträge 2.000 Euro" den zum 31.12.01 ausgewiesenen Verlust im November 02 i. H. von 2.000 Euro wieder rückgängig gemacht. Hierzu wäre er verpflichtet gewesen, da die Annahme des Ausfalls der Forderung sich nachträglich als falsch erwies. Da durch die Vereinbarung die ganze Angelegenheit erledigt war – der Restbetrag war nun endgültig ausgefallen –, hätte er in diesem Zusammenhang auch den Erinnerungswert mit der Buchung: „Forderungsverluste an Forderungen 1 Euro" ausbuchen müssen.

Durch die Entnahme der Forderung und die Überweisung der 2.000 Euro auf ein privates Konto hat Gutmann aber den angesetzten Verlust im Betrieb nicht rückgängig gemacht. Da die Forderung jedoch Betriebsvermögen blieb, muss dies nachgeholt werden. Gutmann müsste buchen: „Privat 2.000 Euro an sonstige betriebliche Erträge 1.999 Euro und Forderungen 1 Euro". Die Berichtigung der Buchführung hätte spätestens bei den Umbuchungen zum Bilanzstichtag 31.12.02 zu erfolgen.

Fall 10

Privatvermögen – privater oder betrieblicher Kauf und Verkauf –
Zugehörigkeitsvermutung – Einlage und Entnahme von Waren –
Änderung der Zweckbestimmung

Sachverhalt

Tim W. Dornis betreibt ein Juweliergeschäft. Er ermittelt seinen Gewinn
nach § 5 EStG. Am 05.02.01 kauft er unter Ausnutzung seiner Geschäftsbeziehungen für 2.000 Euro in bar einen wertvollen Ring. Er bewahrt ihn in
einem gesonderten Schließfach seiner Wohnung auf und verkauft ihn am
20.06.01 für 3.000 Euro in bar. In seiner betrieblichen Buchhaltung sind
weder der Kauf noch der Verkauf irgendwie erfasst. (Aus Vereinfachungsgründen ist die USt nicht zu berücksichtigen.)

Frage

1. Konnte Dornis Kauf und Verkauf privat behandeln?

2. Welche steuerlichen Auswirkungen sind gegeben?

3. Wie wäre es, wenn Dornis den Ring betrieblich angeschafft, ihn jedoch
   am 05.02.01, also sofort, zur eigenen privaten Nutzung entnommen und
   ihn später, am 20.06.01, privat verkauft hätte?

4. Wie wäre es, wenn Dornis den Ring am 05.02.01 privat angeschafft, ihn
   auch sofort selbst getragen und ihn später, am 20.06.01, privat verkauft
   hätte?

Antwort

1. Nein; Kauf und Verkauf sind betriebliche Vorgänge. Dornis musste den
   Ring als Betriebsvermögen behandeln.

2. Der Differenzbetrag zwischen Anschaffungskosten und Verkaufserlös ist
   als Ertrag zu erfassen.

3. Der Ring ist mit Beginn der privaten Nutzung mit dem Teilwert aus dem
   Betriebsvermögen zu entnehmen. Zum Zeitpunkt des privaten Verkaufs
   ist der Ring wieder in das Betriebsvermögen einzulegen, und zwar mit
   dem Teilwert zum Zeitpunkt der Entnahme, nicht der Einlage. Die Differenz zum Verkaufspreis ist Ertrag.

4. Der Ring ist bis zum Verkauf notwendiges Privatvermögen. Durch den
   Verkauf wird er Betriebsvermögen. Er ist zu diesem Zeitpunkt mit den
   Anschaffungskosten einzulegen. Die Differenz zum Verkaufspreis ist
   Ertrag.

Begründung

1. Trägt ein Juwelier einen Ring selbst, dann ist dieser Ring wie bei jeder anderen Person notwendiges Privatvermögen. Der Ring wird aus privaten Gründen genutzt. Nimmt der Juwelier den Ring in seinen betrieblichen Warenbestand auf, ist dieser als Teil des Warenbestandes notwendiges Betriebsvermögen.

Da Dornis den Ring weder privat nutzt noch ihn seinem betrieblichen Warenbestand zuführt, ist die Frage der Zugehörigkeit zum Privat- oder Betriebsvermögen nicht eindeutig zu entscheiden. Andere Gesichtspunkte müssen herangezogen werden.

Nach § 344 Abs. 1 HGB gelten die von einem Kaufmann vorgenommenen Rechtsgeschäfte **im Zweifel** als zum Betrieb seines Handelsgewerbes gehörig. Die ihnen zugrunde liegenden oder durch sie entstandenen Wirtschaftsgüter sind Betriebsvermögen. Daraus hat die Rechtsprechung eine **Zugehörigkeitsvermutung** entwickelt, wonach die Geschäfte eines Kaufmanns regelmäßig dann zum Gewerbebetrieb gehören, wenn sie sich auf Waren beziehen, die für den Betrieb mittelbar oder unmittelbar von wesentlicher Bedeutung sind. Diese Zugehörigkeitsvermutung wird insbesondere bei branchengleichen Wirtschaftsgütern angenommen. Begründet wird dies mit der Nähe der Tätigkeit zum gewerblichen Betrieb und der Schwierigkeit, einzelne Geschäfte oder Wirtschaftsgüter dann als Privatangelegenheit auszusondern. Vergleiche hierzu Urteile des BFH vom 27.03.1974, BStBl 1974 II S. 488 an Kunden eines Reisebüros vermietete Eigentumswohnungen des Unternehmers, vom 21.05.1976, BStBl 1976 II S. 588, vom 19.01.1977, BStBl 1977 II S. 287, vom 18.03.1982, BStBl 1982 II S. 587 Wertpapiere beim Bankier und Privatpersonen, vom 26.02.1988, BStBl 1988 II S. 615 Aufwandsentschädigung bei ehrenamtlicher Tätigkeit, vom 23.01.1991, BStBl 1991 II S. 519 Einfamilienhaus beim Grundstückshandel, vom 06.03.1991, BStBl 1991 II S. 631 Rentenwerte beim Rentenhändler, und vom 13.11.1996, BStBl 1997 II S. 247 Ferienwohnung eines Immobilienmaklers. Siehe auch Schmidt/Heinicke, § 4 Rn. 148, und Schmidt/Wacker, § 15 Rn. 126 ff.

Allerdings führen Branchenkenntnisse und die Ausnutzung von Geschäftsbeziehungen allein nicht dazu, dass in solcher Art und Weise erworbene Wirtschaftsgüter immer notwendiges Betriebsvermögen werden. Außerhalb des Betriebs, d. h. privat, kann der Kaufmann jedoch mit diesen Wirtschaftsgütern keinen Handel anfangen.

Dornis hat den Ring verkauft und vorher nicht privat genutzt. Somit war es eindeutig falsch, ihn nicht als Betriebsvermögen zu behandeln. Die Zugehörigkeitsvermutung kommt hier zum Tragen.

2. Da der Ring beim Kauf sofort Betriebsvermögen wurde und dies auch später blieb, hat Dornis den Gewinn, die Differenz zwischen Anschaffungs-

und Verkaufspreis, voll im Rahmen seiner gewerblichen Einkünfte nach § 15 EStG zu versteuern.

Hätte Dornis den Ring von vornherein richtig als Betriebsvermögen behandelt, hätte er – da kein betriebliches Geldkonto berührt wurde – beim Kauf „Wareneinkaufskonto an Privateinlage 2.000 Euro" und beim Verkauf „Privatentnahme an Warenverkaufskonto 3.000 Euro" buchen müssen. Beim Abschluss der Warenkonten hätte sich dann aus diesem Vorgang ein Gewinn i. H. von 1.000 Euro ergeben. Umsatzsteuerliche Fragen sollen außer Betracht bleiben. Aus Vereinfachungsgründen wäre nur beim Verkauf auch folgende Buchung möglich: „Privatentnahme an Warenverkaufskonto oder sonstige betriebliche Erträge 1.000 Euro".

Hätte Dornis in der Zeit vom 05.02.01 bis zum 20.06.01 eine Bilanz zu erstellen – bei abweichendem Wirtschaftsjahr wäre dies denkbar –, wäre diese Bilanz zu berichtigen und der Ring mit den Anschaffungskosten aufzunehmen. Die Gegenbuchung wäre wie oben auf dem Privateinlagekonto vorzunehmen.

3. Es ist ohne jede Beanstandung richtig, wenn Dornis am 05.02.01 den Ring betrieblich anschafft, ihn in seiner Buchführung erfasst und ihn dem betrieblichen Warenlager zuführt; Buchung: „Wareneinkaufskonto an Privateinlage 2.000 Euro".

Fraglich ist, ob dieser Ring aus dem Betriebsvermögen zur eigenen Nutzung entnommen werden kann. Dies hängt davon ab, ob bei einem Kaufmann der zum Umsatz bestimmte Warenbestand als solcher oder auch jede darin enthaltene Ware nicht entnehmbares notwendiges Betriebsvermögen ist. Da man einem Kaufmann jedoch nicht verwehren kann, einzelne ihrer Art nach zum Privatgebrauch oder -verbrauch geeignete Waren für sich, seinen Haushalt oder für andere Zwecke außerhalb des Betriebs zu verwenden, geht die Rechtsprechung davon aus, dass nur der jeweilige Warenbestand eines Betriebs zum notwendigen Betriebsvermögen gehört. Will daher ein Kaufmann die Zweckbestimmung einer Ware ändern, kann er sie entnehmen. So kann z. B. der Bäcker Backwaren zum eigenen Verzehr oder der PKW-Händler einen PKW als Geschenk für seinen Sohn aus dem Betriebsvermögen entnehmen. Dornis war es daher möglich, den Ring zur eigenen Nutzung zu entnehmen. Die Entnahme hat mit dem Teilwert zu erfolgen, § 6 Abs. 1 Nr. 4 EStG. Da dies am 05.02.01, also am Anschaffungstag, geschah, dürfte der Teilwert den Anschaffungskosten entsprechen. Die Buchung wäre daher: „Privatentnahme an Wareneinkaufskonto 2.000 Euro".

Der Ring ist für Dornis als Juwelier eine Ware. Er konnte nur durch die Änderung der Zweckbestimmung entnommen werden. Er verlor jedoch dadurch nicht völlig seinen ehemaligen Charakter. Dies zeigt sich in der Zugehörigkeitsvermutung des § 344 Abs. 1 HGB. Daraus folgt, dass Dornis den Ring nicht privat verkaufen kann. Es wird immer ein gewerblicher, ein betrieblicher Verkauf sein. Wäre dies anders, könnte mancher Kaufmann durch kurze oder längere private Zwischennutzungen seinen betrieblichen Gewinn erheblich manipulieren.

Waren, die zum Umsatz oder betrieblichen Verbrauch bestimmt sind – wie hier der Ring –, sind nicht zu verwechseln mit solchen Wirtschaftsgütern, die nur durch ihre betriebliche Benutzung zum notwendigen Betriebsvermögen gehören. Wird bei ihnen die Benutzungsart entscheidend geändert, wird ihre Beziehung zum Betriebsvermögen so stark gelöst, dass ein späterer privater Verkauf nicht betrieblich erfasst werden muss. Wenn ein Kaufmann, der nicht mit PKWs handelt, z. B. einen bisher als notwendiges Betriebsvermögen behandelten PKW nun nur noch für private Fahrten benutzt, muss er ihn entnehmen und kann ihn dann später auch privat veräußern (vgl. R 4.3 Abs. 3 Satz 4 EStR).

Muss Dornis nun den Verkauf des Rings betrieblich erfassen, ist zwingend notwendig, dass dieser Ring – wenn auch nur für eine logische Sekunde – wieder in den Betrieb eingelegt wird. Einlagen sind gem. § 6 Abs. 1 Nr. 5 EStG mit dem Teilwert für den Zeitpunkt der Zuführung anzusetzen; jedoch höchstens mit den Anschaffungs- oder Herstellungskosten, wenn das zugeführte Wirtschaftsgut innerhalb der letzten drei Jahre vor dem Zeitpunkt der Zuführung angeschafft oder hergestellt worden ist. Der Ring ist am 05.02.01 angeschafft worden und muss am 20.06.01 eingelegt werden; die Dreijahresfrist ist daher nicht abgelaufen. Dass der Ring am 05.02.01 schon einmal im Betriebsvermögen war, spielt keine Rolle. Die Grundlage der Beschränkung in § 6 Abs. 1 Nr. 5 Buchst. a EStG auf die ursprünglichen Anschaffungskosten, nämlich Gewinnmanipulationen zu verhindern, liegt auch hier vor. Nach § 6 Abs. 1 Nr. 5 Satz 3 EStG gilt in diesem Fall als Anschaffungskosten der Teilwert im Zeitpunkt der Entnahme.

Dornis muss daher beim Verkauf des Rings die zwischenzeitliche Wertsteigerung betrieblich erfassen; die Buchungen lauten: „Wareneinkaufskonto an Privateinlage 2.000 Euro" und „Privatentnahme 3.000 Euro an Warenverkaufskonto 3.000 Euro" oder vereinfacht „Privatentnahme an Warenverkaufskonto oder sonstige betriebliche Erträge 1.000 Euro".

Hätte Dornis den Ring länger als drei Jahre privat genutzt, wäre die einschränkende Ausnahme des § 6 Abs. 1 Nr. 5 Buchst. a EStG nicht zur Anwendung gekommen. Dornis hätte dann den Ring mit dem Teilwert zum Zeitpunkt des Verkaufs einlegen müssen und daher nur die dann eventuell vorhandene Differenz zwischen Teilwert und Verkaufspreis, nicht jedoch die mögliche gesamte Wertsteigerung zwischen Anschaffung und Verkauf versteuern müssen.

4. Der private Kauf und die eigene private Nutzung des Rings zeigen, dass Dornis dieses Wirtschaftsgut nicht zum Betriebsvermögen ziehen wollte. Nach der von Dornis gewählten Zweckbestimmung ist der Ring beim Kauf und späterer Nutzung nicht geeignet, dem Betrieb zu dienen. Er ist daher notwendiges Privatvermögen.

Fraglich ist, ob der Ring nicht durch den Verkauf zu notwendigem Betriebsvermögen wird. Es gibt Ansichten in der Literatur, wonach es für die
Zurechnung zum notwendigen Privat- oder Betriebsvermögen nur auf die
ursprüngliche Zweckbestimmung ankommt. Nach dieser Auffassung bliebe
der Ring daher auch beim Verkauf notwendiges Privatvermögen. Diese
Ansicht ist u. E. falsch. Ändert sich die Funktion, die Zweckbestimmung
eines Wirtschaftsguts nachhaltig, ändert sich auch die Zurechnung. Wenn
bei den nicht zum Umsatz oder Verbrauch bestimmten Wirtschaftsgütern
allein die Änderung der Nutzungsart zu einer Änderung der Zurechnung
zum Privat- oder Betriebsvermögen führt – der private PKW wird jetzt
betrieblich genutzt, vgl. oben unter 3. –, muss bei den anderen Wirtschaftsgütern bei Änderung ihrer Zweckbestimmung ebenfalls eine Änderung der
Zurechnung eintreten.

Da es sich bei dem Ring um eine branchengleiche Ware handelt, ist mit ihm
nur ein betrieblicher Handel denkbar (vgl. oben unter 1.). Die Zugehörigkeitsvermutung des § 344 Abs. 1 HGB kommt zum Tragen. Der Ring wird
beim Verkauf für eine logische Sekunde notwendiges Betriebsvermögen.
Dornis hat daher den Ring gem. § 6 Abs. 1 Nr. 5 Buchst. a EStG mit den
Anschaffungskosten einzulegen und die Differenz zum Verkaufspreis zu
versteuern; Buchung vereinfacht: „Privatentnahme an Warenverkaufskonto
oder sonstige betriebliche Erträge 1.000 Euro."

Damit scheidet übrigens zwingend eine Besteuerung gem. § 23 Abs. 1
Satz 1 Nr. 2 EStG aus.

Fall 11

Bilanzsteuerliche Auswirkung einer privaten Sicherungsübereig-
nung von Betriebsvermögen, der Abholung durch den Sicherungs-
nehmer und der Versteigerung

Sachverhalt

Der bilanzierende Unternehmer Hans Kandler übereignet im Februar 01
eine mit 16.000 Euro buchmäßig ausgewiesene betriebsnotwendige Verlademaschine seines Anlagevermögens der X-Bank zur Sicherung eines
privaten Kredits seines Freundes Ludwig Binz. Als Binz in Zahlungsschwierigkeiten gerät und auch Kandler nicht bezahlen will, lässt die X-Bank im
August 01 die Maschine bei Kandler abholen und im November 01 für
17.400 Euro versteigern. Der Teilwert der Maschine betrug im Februar 01
18.000 Euro, im August 01 17.500 Euro und im November 01 17.000 Euro.

Frage

1. War die X-Bank bürgerlich-rechtlich befugt, die Maschine abholen und versteigern zu lassen?

2. Welche bilanzsteuerlichen Auswirkungen haben

   a) die Sicherungsübereignung,

   b) die Abholung durch die X-Bank und

   c) die Versteigerung durch die X-Bank?

Antwort

1. Die X-Bank war befugt, die Maschine abholen und versteigern zu lassen.

2. a) Die Sicherungsübereignung hat keine bilanzsteuerliche Auswirkung.

   b) Die Abholung hat ebenfalls keine bilanzsteuerliche Auswirkung.

   c) Die Versteigerung bewirkt, dass die Maschine zu diesem Zeitpunkt als verkauft und der Versteigerungserlös als entnommen gilt.

Begründung

1. Die Sicherungsübereignung verschafft bürgerlich-rechtlich dem Sicherungsnehmer, hier der X-Bank, ein volles und nicht nur ein eingeschränktes Eigentumsrecht an der Maschine. Aufgrund dieses Eigentums könnte die X-Bank über die Maschine in jeder Richtung bürgerlich-rechtlich verfügen, d. h., sie könnte sie veräußern, mit einem Pfandrecht belasten, verschrotten, versteigern lassen usw.

Der jeder Sicherungsübereignung zugrunde liegende obligatorische Vertrag enthält im Allgemeinen jedoch die Einschränkung, dass diese Verfügungsmöglichkeiten dem Sicherungsnehmer erst dann gestattet sind, wenn bestimmte Voraussetzungen vorliegen; z. B. dass trotz mehrmaliger Mahnung die Tilgungsraten des Darlehens nicht rechtzeitig entrichtet wurden oder dass erst ein rechtskräftiges Urteil zur Rückzahlung des Darlehens verkündet wurde. Die Nichteinhaltung solcher Bedingungen im obligatorischen Geschäft führen jedoch nur zu einer Schadensersatzleistung des Sicherungsnehmers, nicht dazu, dass etwa eine Veräußerung des Sicherungsguts, hier der Maschine, oder eine sonstige Verfügung über das Eigentum unwirksam wäre. Denn die Nichteinhaltung der Bedingungen des obligatorischen Geschäfts berührt das Verfügungsgeschäft überhaupt nicht.

Daraus folgt, dass die X-Bank aufgrund ihres Eigentums die Maschine versteigern lassen konnte. Und da sowohl Binz als auch Kandler nicht rechtzeitig zahlten, dürfte – bei Vorliegen nur in der Praxis üblichen Einschränkungen – eine Schadensersatzpflicht nicht entstanden sein.

2. a) Obwohl die Maschine durch die Sicherungsübereignung jetzt der X-Bank gehört, bleibt sie notwendiges Betriebsvermögen des Kandler. In

§ 39 Abs. 2 Nr. 1 AO ist aus wirtschaftlichen Gründen bestimmt, dass sicherungsübereignete Wirtschaftsgüter dem Sicherungsgeber zugerechnet werden. Er ist wirtschaftlicher Eigentümer. Dies ist verständlich, wenn man bedenkt, dass der Veräußerer das Wirtschaftsgut im Allgemeinen weiter wie ein Eigentümer nutzen darf und dass der Sicherungsnehmer oder Käufer an einer Bilanzierung in seinem Betrieb nicht das geringste Interesse hat. Außerdem bleibt eine Verbindlichkeit, die beim Erwerb des Wirtschaftsguts vielleicht entstanden ist, auch nach der Sicherungsübereignung beim Veräußerer in voller Höhe bilanziert.

Dieser Zurechnung an den Veräußerer, hier Kandler, steht nicht entgegen, dass die Sicherungsübereignung nur aus privaten Gründen vorgenommen wurde. Denn durch die Sicherung allein verliert die Maschine nicht ihre Beziehung zum Betrieb. Die enge Verbindung mit dem Betrieb aufgrund ihrer Art, ihrer Zweckbestimmung und ihrer tatsächlichen Verwendung wird durch die reine Übertragung des Eigentums an die X-Bank nicht einmal gelockert.

Dass die Sicherungsübereignung zugunsten eines Dritten, des Binz, vorgenommen wurde, ändert an der weiteren Zurechnung der Maschine an Kandler ebenfalls nichts. Denn auch hierdurch verliert die Maschine nicht ihre Beziehung zum Betrieb.

b) Auch die Abholung der Maschine durch die X-Bank ändert an der steuerlichen Zurechnung an Kandler nichts. Zwar ist jetzt die tatsächliche Verwendung im Betrieb des Kandler nicht mehr möglich. Da die Verlademaschine jedoch zum notwendigen Betriebsvermögen der Art nach gehört – sie ist für die Führung des Betriebs wesentlich, und eine Privatnutzung ist kaum denkbar –, kann allein der Entzug der Verwendungsmöglichkeit sie nicht zu Privatvermögen machen. Eine Entnahme müsste völlig eindeutig vorliegen, was der Fall wäre, wenn sie Kandler irgendwie privat einsetzen könnte und dies auch täte. So aber wird sie nach dem Abholen nicht privat, sondern überhaupt nicht genutzt. Nur von der Nutzung her müsste die Frage der Zugehörigkeit zum Betriebsvermögen oder Privatvermögen neutral beantwortet werden. Damit fehlt es jedoch an einem eindeutigen Entnahmeakt.

c) Mit der Versteigerung geht das Eigentum bürgerlich-rechtlich ohne jede Einschränkung auf einen Dritten, auf den Ersteher, über. Da der Ersteher nicht an irgendeinen obligatorischen Vertrag gebunden ist, hat der ursprüngliche Eigentümer, hier Kandler, keinerlei Rechte mehr.

Durch die Versteigerung wird daher auch die Bindung zum Betrieb gelöst. Es fragt sich, ob dadurch, dass die Versteigerung wegen einer privaten Verbindlichkeit des Kandler erfolgt, eine logische Sekunde vor dem Zuschlag das Wirtschaftsgut als entnommen angesehen werden muss. Oder muss die Versteigerung als letzter betrieblicher Akt bezüglich dieses Wirtschaftsguts gewertet werden mit der Folge, dass eine betriebliche Veräußerung vorliegt mit einer daran anschließenden zwangsweisen Entnahme des Versteigerungserlöses? Die Frage ist höchstrichterlich noch nicht entschieden, kann aber Bedeutung erlangen, wenn der Teilwert – etwa bei einem speziell für die Belange eines Betriebs gefertigten Wirtschaftsgut – höher ist als der Versteigerungserlös.

Der zweiten Lösung ist zu folgen. Die Maschine ist nicht wegen der drohenden Versteigerung zu notwendigem Privatvermögen des Kandler geworden. Lediglich der Versteigerungserlös, der zur Tilgung der privaten Schuld verwendet werden soll, hat einen Bezug zur Privatsphäre des Kandler. Auch betriebliche Waren, die ein Unternehmer veräußert, um Barmittel zur privaten Verwendung zu erhalten, gehen deshalb nicht in das Privatvermögen über. Da auch eine Entnahmehandlung des Kandler fehlt, bleibt die Maschine bis zum Verlust des bürgerlich-rechtlichen Eigentums Betriebsvermögen des Kandler. Die Versteigerung ist damit eine betriebliche Veräußerung. Der Versteigerungserlös, d. h. die darauf gerichtete Forderung des Kandler, geht durch die Verrechnung mit der privaten Verbindlichkeit des Kandler in dessen Privatvermögen über.

Fließt kein Geld, wird z. B. ein betriebliches Wirtschaftsgut gegen ein privates Wirtschaftsgut getauscht, liegt eine andere Situation vor. Dann wird das betriebliche Wirtschaftsgut zwingend entnommen (BFH vom 23.06.1981, BStBl 1982 II S. 18).

Da der Versteigerungserlös niedriger ist als der Buchwert der Maschine, muss Kandler noch einen Aufwand ansetzen. Umsatzsteuerlich liegt eine Lieferung vor; die USt ist daher mit 19 % herauszurechnen. Der Verkaufspreis beträgt 17.400 Euro, die darin enthaltene USt (× 15,97 %) 2.778 Euro. Das Netto-Entgelt beträgt 14.622 Euro (17.400 Euro : 1,19), damit der Aufwand 1.378 Euro (14.622 Euro ./. 16.000 Euro). Buchung: „Privat 17.400 Euro und sonstige betriebliche Aufwendungen 1.378 Euro an Maschinenkonto 16.000 Euro und USt 2.778 Euro".

Fall 12

Teilweise betriebliche, teilweise private Nutzung bei beweglichen Wirtschaftsgütern – Betriebsvermögen – Unternehmensvermögen – Vorsteuerabzug – Kostenaufteilung

Sachverhalt

Wiard Byl betreibt auf Borkum die Pension „Unterm Reetdach". Er ermittelt seinen Gewinn gem. § 5 EStG. Am 20.01.01 erwirbt er mit betrieblichen Mitteln eine Waschmaschine für 1.200 Euro zzgl. 228 Euro USt und bilanziert sie. Die Waschmaschine hat eine Nutzungsdauer von 6 Jahren und soll linear abgeschrieben werden. An laufenden Kosten fallen monatlich 30 Euro an (Strom, Wasser). Im Jahr 03 muss er die Waschmaschine für 100 Euro + 19 Euro USt reparieren lassen. Die AfA und die Kosten hat er als Aufwand gebucht. Byl nutzt die Waschmaschine zu 40 % betrieblich und zu 60 % privat. Die Aufteilung hat das Finanzamt akzeptiert. Die Vorsteuer macht er beim Finanzamt voll geltend.

Frage

1. Ist die Waschmaschine bilanzsteuerlich in einen betrieblichen und in einen privaten Teil zu zerlegen?

2. Konnte Byl die Waschmaschine bilanzieren? Wie ist sie umsatzsteuerlich zu behandeln?

3. Wie hoch sind die Betriebsausgaben in den Jahren 01, 02 und 03?

4. Ändern sich die Betriebsausgaben, wenn die Waschmaschine zu 70 % betrieblich genutzt wird?

5. Ist es für die Betriebsausgaben von Bedeutung, ob die Waschmaschine bilanziert ist oder nicht?

6. Inwieweit kann ein Vorsteuerabzug vorgenommen werden und wie ist die Privatnutzung umsatzsteuerlich zu behandeln?

Antwort

1. Nein, die Waschmaschine ist als bewegliches Wirtschaftsgut eine Einheit.

2. Die Waschmaschine durfte einkommensteuerlich als Betriebsvermögen bilanziert werden (Wahlrecht). Sie kann umsatzsteuerlich dem Unternehmensvermögen zu 40 % oder zu 100 % oder überhaupt nicht zugerechnet werden.

3. Die abzugsfähigen Betriebsausgaben betragen in den Jahren 01 und 02 je 224 Euro und im Jahr 03 264 Euro.

4. Jetzt betragen die Betriebsausgaben in den Jahren 01 und 02 je 392 Euro und im Jahr 03 462 Euro.

5. Die Bilanzierung spielt für den Abzug der Betriebsausgaben keine Rolle.

6. Die Vorsteuern können voll abgezogen werden, wenn Byl sich dazu entschließt. Er kann aber auch nur 40 % der Vorsteuern geltend machen. Zieht er die Vorsteuern voll ab, hat er als Ausgleich die private Verwendung zu versteuern.

Begründung

1. Einzelne **bewegliche** Wirtschaftsgüter können **bilanzsteuerlich** nicht in einen betrieblichen und in einen privaten Teil zerlegt werden. Sie sind vielmehr für die steuerliche Gewinnermittlung als Einheit zu behandeln (R 4.2 Abs. 1 EStR und oben Fall 9 zu 3. d). Eine Bilanz muss sowohl nach Handels- als auch nach Steuerrecht klar und übersichtlich sein (§ 243 Abs. 2 HGB). Dies wäre jedoch nicht der Fall, könnten die bilanzierenden Unternehmer nur Teile von beweglichen Wirtschaftsgütern dem Betriebsvermögen zurechnen. Ausnahmen sind denkbar. Wird z. B. ein Wirtschaftsgut bei mehreren Einkunftsarten genutzt, ist eine Aufteilung unumgänglich. Dies gilt gleichermaßen, wenn das Wirtschaftsgut nur im Betrieb eines Ehegatten genutzt wird, das im Eigentum beider Ehegatten steht (Schmidt/Heinicke, § 4 Rn. 207).

Das Aufteilungsverbot gilt jedoch von vornherein nicht für Grundstücke. Wegen ihres meist hohen wirtschaftlichen Werts und ihrer großen Bedeutung können sie bilanzsteuerlich in einzelne Teile aufgeteilt werden. Unter besonderen Voraussetzungen werden dann einzelne Teile als **besondere Wirtschaftsgüter** bilanziert, während andere als Privatvermögen behandelt werden (BFH vom 21.07.1967, BStBl 1967 III S. 752, und vom 13.07.1977, BStBl 1978 II S. 6; R 4.2 Abs. 3 EStR; Fälle 9 und 13).

2. Nach ständiger Rechtsprechung (z. B. BFH vom 23.05.1991, BStBl 1991 II S. 798) gehören die beweglichen Wirtschaftsgüter in vollem Umfang **bilanzsteuerlich** zum notwendigen Betriebsvermögen, die überwiegend, d. h. zu mehr als 50 %, betrieblich genutzt werden. Überwiegt die private Nutzung, können sie als gewillkürtes Betriebsvermögen behandelt werden, wenn die betriebliche Nutzung mindestens 10 % beträgt. Bei ganz unbedeutender betrieblicher Nutzung, d. h. unter 10 %, gehören sie zum notwendigen Privatvermögen (BFH vom 02.10.2003, BStBl 2004 II S. 985; R 4.2 Abs. 1 EStR und Fall 9).

Da die Waschmaschine zu 40 % betrieblich genutzt wird, hat Byl ein **Wahlrecht.** Er kann sie im Privatvermögen belassen oder sie als gewillkürtes Betriebsvermögen bilanzieren (vgl. Fall 9). Da er sich zur Bilanzierung entschlossen hat, gehört die Waschmaschine **einkommensteuerlich** zum Betriebsvermögen.

Umsatzsteuerrechtlich kann die Waschmaschine dem Unternehmensbereich von Byl voll hinzugerechnet werden. Bei der USt hat sich hierbei der Begriff des Unternehmensvermögens herausgebildet (vgl. hierzu BFH vom 31.07.2002, BStBl 2003 II S. 813, und vom 28.02.2002, BStBl 2003 II S. 815, sowie Lippross, Tz. 2.10.4.3 b)). Macht Byl beim Erwerb der Waschmaschine gem. § 15 UStG die Vorsteuer voll geltend, hat er die Waschmaschine voll zum Unternehmensvermögen gezogen (BFH vom 25.03.1988, BStBl 1988 II S. 649). Gemäß § 15 Abs. 1 Satz 2 UStG ist dies nur dann nicht möglich, wenn die Waschmaschine zu weniger als 10 % unternehmerisch genutzt wird.

Darüber hinaus hat der Unternehmer bei Gegenständen, die sowohl im unternehmerischen als auch im nichtunternehmerischen Bereich verwendet werden sollen, die Möglichkeit, die Gegenstände nur anteilig (entsprechend der unternehmerischen Nutzung) dem Unternehmensvermögen zuzuordnen (EuGH vom 04.10.1995, BStBl 1996 II S. 392, und Abschn. 15.2 Abs. 21 UStAE; vgl. auch Lippross, Tz. 2.10.4.3 b)).

Byl hat also umsatzsteuerlich ebenfalls ein **Wahlrecht**. Er kann die Vorsteuer voll oder nur zu 40 % geltend machen. Bei voller Geltendmachung – wie vorliegend – gehört die Waschmaschine voll zum Unternehmensvermögen. Wird die Vorsteuer nur zu 40 % geltend gemacht, ist die Waschmaschine nur zu 40 % Unternehmensvermögen, d. h. zu 60 % umsatzsteuerlich Privatvermögen.

Ob der Unternehmer auch die Möglichkeit hat, den gemischt genutzten Gegenstand **insgesamt dem nichtunternehmerischen Bereich** zuzuordnen, war lange Zeit umstritten. Der EuGH hat mit seiner Entscheidung vom 08.03.2001, UR 2001 S. 149, diese Frage bejaht. Vergleiche auch BFH vom 31.01.2002, BStBl 2003 II S. 813. In diesem Fall gehört die Waschmaschine umsatzsteuerlich zum Privatvermögen.

Die Zugehörigkeit von Gegenständen zum Unternehmensvermögen richtet sich nicht nach ertragsteuerlichen Kriterien, also nach der Einordnung als Betriebs- oder Privatvermögen (BFH vom 19.04.1979, BStBl 1979 II S. 420). Denn das USt-Recht geht von Tätigkeitsarten aus. Maßgebend ist allein, ob eine unternehmerische oder nichtunternehmerische Betätigung vorliegt, die mit dem Gegenstand in einem ausreichenden Sachzusammenhang steht (Lippross, Tz. 2.10.4.3 b)).

3. Die AfA beträgt in allen drei Jahren jeweils 200 Euro (Anschaffungskosten 1.200 Euro: 6-jährige Nutzungsdauer). Da die Waschmaschine am 20.01.01 angeschafft wurde, kann die volle Jahres-AfA angesetzt werden (§ 7 Abs. 1 Satz 4 EStG). Die laufenden Aufwendungen sind jährlich mit 360 Euro und die Reparatur im Jahr 03 ist mit 100 Euro zu berücksichtigen.

Diese Beträge sind nur insoweit Betriebsausgaben, als sie betrieblich veranlasst sind, § 4 Abs. 4 EStG. Die Waschmaschine wird nur zu 40 % betrieblich genutzt. Also sind auch nur 40 % der AfA und der Aufwendungen abzugsfähig. Dies sind:

> Im Jahr 01 (40 % von 560 € =) 224 €
> Im Jahr 02 (40 % von 560 € =) 224 €
> Im Jahr 03 (40 % von 660 € =) 264 €

60 % der Aufwendungen sind privat veranlasst, aber von Byl voll als Aufwand gebucht worden. Sie sind daher gewinnerhöhend über das Privatentnahmekonto zu neutralisieren. Buchung in den Jahren 01 und 02: Privatentnahme an betrieblicher Aufwand (60 % von 560 Euro) = 336 Euro und im Jahr 03 (60 % von 660 Euro) = 396 Euro.

4. Wird die Waschmaschine zu 70 % betrieblich genutzt, ist sie zwingend als notwendiges Betriebsvermögen zu bilanzieren. Dabei erhöhen sich die abzugsfähigen Betriebsausgaben. Sie betragen dann in den Jahren 01 und 02 je 392 Euro (70 % von 560 Euro) und im Jahr 03 462 Euro (70 % von 660 Euro).

5. Die Bilanzierung hat für die Höhe der laufenden Betriebsausgaben keine Bedeutung. Dies mag vielleicht zunächst überraschen, wird jedoch sofort klar, stellt man einige Alternativen gegenüber, die bei der Behandlung der Waschmaschine bei 40-prozentiger betrieblicher Nutzung möglich sind. Unter 3. wurden die abzugsfähigen Betriebsausgaben festgestellt für den Fall, dass Byl die Waschmaschine zum gewillkürten Betriebsvermögen zieht.

Belässt Byl die Waschmaschine im Privatvermögen und bucht er sämtliche Kosten als Betriebsausgaben, ändert sich nichts. Auch dann hat er 60 % der Kosten als Privatentnahmen zu behandeln.

Belässt Byl die Waschmaschine im Privatvermögen und bezahlt die gesamten Kosten über sein privates Konto, muss er am Jahresende die betrieblichen Kosten i. H. von 40 % besonders buchen; Buchung: „AfA und laufender Aufwand an Einlage" (01: 224 Euro; 02: 224 Euro; 03: 264 Euro).

Die Grundlage für all diese Überlegungen ist § 4 Abs. 4 EStG.

Byl darf immer nur die Kosten als Betriebsausgaben abziehen, die betrieblich veranlasst sind. Daher darf sich die Bilanzierung selbst insoweit nicht auswirken. Buchungstechnisch muss jeweils dieses Ziel erreicht werden, ganz gleich, ob die Waschmaschine bilanziert ist und wie die Kosten im Einzelnen bezahlt wurden (betrieblich oder privat oder jeweils zum Teil betrieblich und privat).

6. Byl ist bei einer 40-prozentigen betrieblichen Nutzung berechtigt, alle im Zusammenhang mit der Waschmaschine anfallenden Vorsteuern in vollem Umfang abzuziehen, wenn er die Waschmaschine voll dem Unternehmensvermögen zuordnet. Dies gilt sowohl für die auf die Anschaffungskosten entfallende Vorsteuer als auch für die auf die laufenden Aufwendungen entfallenden Vorsteuerbeträge in den Jahren 01 bis 03. Dies hat er getan.

Ein Ausgleich erfolgt über § 3 Abs. 9a Nr. 1 UStG. Danach ist eine private Verwendung als sonstige Leistung zu versteuern. Byl hat also USt zu entrichten, und zwar

im Jahr 01 (19 % von 60 % von 560,00 € =) 63,84 €

im Jahr 02 (19 % von 60 % von 560,00 € =) 63,84 €

im Jahr 03 (19 % von 60 % von 660,00 € =) 75,24 €

Ordnet Byl die Waschmaschine umsatzsteuerlich nur zu 40 % dem Unternehmensvermögen zu, dann kann er sowohl die Vorsteuern aus den Anschaffungskosten als auch aus den laufenden Kosten nur in Höhe dieses Prozentsatzes abziehen. Eine Besteuerung gem. § 3 Abs. 9a Nr. 1 UStG entfällt in diesem Fall.

Fall 13

Grundstücksteile als Betriebsvermögen

Sachverhalt

Barbara Letzgus betreibt auf einem eigenen Gebäudegrundstück in der Nähe von Stuttgart ein Hotel. Sie ermittelt ihren Gewinn gem. § 5 EStG. Das Gebäudegrundstück ist noch zum Teil vermietet und zum Teil von ihr selbst bewohnt. Der gemeine Wert des Gebäudegrundstücks (einschließlich Grund und Boden) beträgt 600.000 Euro.

Das Gebäude wird wie folgt genutzt:

	eigen- betrieblich	fremd- betrieblich	zu fremden Wohnzwecken	zu eigenen Wohnzwecken
a)	15 %			85 %
b)	60 %			40 %
c)	40 %	20 %		40 %
d)	40 %		40 %	20 %
e)	20 %		20 %	60 %
f)	25 %	25 %	25 %	25 %
g)	3 %	27 %		70 %
h)	82 %	15 %		3 %

Fremdbetrieblich wird es genutzt, soweit es an die Gaststätteninhaberin Elke Daffner, und zu fremden Wohnzwecken wird es genutzt, soweit es an zwei Beamte mit ihren Familien vermietet ist. Die verschiedenen Gebäudeteile sind gleichwertig, wobei auch der Umfang der Nutzung des Grund und Bodens demjenigen der Gebäudeteile zueinander entspricht.

Frage

1. Wie viele Wirtschaftsgüter liegen vor?
   Wie ist bei dieser Frage der Grund und Boden zu behandeln?
2. Was **muss** Letzgus als Betriebsvermögen und was **kann** sie als Betriebsvermögen behandeln?

Antwort

1. Beim Gebäude liegen höchstens vier Wirtschaftsgüter vor, wenn man von Besonderheiten wie Betriebsvorrichtungen, Scheinbestandteilen, Ladeneinbauten und Mietereinbauten (R 4.2 Abs. 4 EStR) absieht, d. h. im Einzelnen zwei Wirtschaftsgüter bei den Alternativen a) und b), drei Wirtschaftsgüter bei den Alternativen c), d), e), g) und h) und vier Wirtschaftsgüter in der Alternative f).

Der Grund und Boden wird abhängig vom Gebäudeteil entsprechend aufgeteilt.

2. Letzgus

	muss ansetzen	kann zusätzlich ansetzen	kann daher höchstens ansetzen
a)	15 %	0 %	15 %
b)	60 %	0 %	60 %
c)	40 %	20 %	60 %
d)	40 %	40 %	80 %
e)	20 %	20 %	40 %
f)	25 %	25 oder 50 %	75 %
g)	0 %	3 oder 30 %	30 %
h)	82 %	15 oder 18 %	100 %

Begründung

1. Grundstücksteile sind bilanzsteuerlich für sich zu betrachten. Bei der Frage ihrer Zugehörigkeit zum notwendigen oder gewillkürten Betriebsvermögen oder zum Privatvermögen kommt es im Gegensatz zu den beweglichen Wirtschaftsgütern grundsätzlich nicht auf die überwiegende Nutzung des Grundstücks im Gesamten an. Für diese andere Behandlung waren für Rechtsprechung und Verwaltung der meist hohe wirtschaftliche Wert, die große Bedeutung der Grundstücke und die räumlich abgrenzbare verschiedene Nutzung maßgebend.

Ausschließlich und unmittelbar für Zwecke des eigenen Betriebs genutzte Grundstücksteile gehören zum notwendigen Betriebsvermögen, es sei denn, ihr Wert ist im Verhältnis zum Wert des ganzen Grundstücks von untergeordneter Bedeutung. Von untergeordneter Bedeutung sind grundsätzlich die Teile, deren gemeiner Wert weder mehr als ein Fünftel des gemeinen Werts des ganzen Grundstücks noch mehr als 20.500 Euro beträgt (§ 8 EStDV und R 4.2 Abs. 8 EStR).

Bei der Frage der Zugehörigkeit zum notwendigen Betriebsvermögen kommt es nicht auf die Behandlung in der Buchführung oder in den Bilanzen an. Auch ist unerheblich, ob die Grundstücksteile mit betrieblichen oder privaten Mitteln erworben wurden. Entscheidend ist die Nutzungsart und ob sie dem Steuerpflichtigen rechtlich oder wirtschaftlich als Eigentümer zuzuordnen sind (vgl. R 4.2 Abs. 7 EStR).

Seit dem BFH-Beschluss vom 26.11.1973 GrS 5/71 (BStBl 1974 II S. 132) sind Gebäudeteile, die nicht in einem einheitlichen Nutzungs- und Funktionszusammenhang mit dem Gebäude stehen, sogar als **selbständige Wirtschaftsgüter** anzusehen. Entscheidend ist dabei, ob ein Gebäude verschiedene Nutzungsarten aufweist. So werden von vornherein Betriebsvorrichtungen und verschiedene Einbauten für sich als Wirtschaftsgüter betrachtet (vgl. im Einzelnen R 4.2 Abs. 3 EStR). Ein Gebäude besteht aber auch dann aus verschiedenen Wirtschaftsgütern, soweit es teils **eigenbetrieblich,** teils **fremdbetrieblich** und teils zu **eigenen Wohnzwecken** oder **fremden Wohnzwecken** genutzt wird (R 4.2 Abs. 4 EStR).

Da nach dem gegebenen Sachverhalt weder Betriebsvorrichtungen noch einzelne Einbauten i. S. von R 4.2 Abs. 3 EStR vorliegen, sind jeweils höchstens vier Wirtschaftsgüter denkbar.

Daher liegen jeweils zwei Wirtschaftsgüter vor bei den Alternativen a) und b), jeweils drei Wirtschaftsgüter bei den Alternativen c), d), e), g) und h) und vier Wirtschaftsgüter in der Alternative f).

Aufteilungsmaßstab ist grundsätzlich das Verhältnis der Nutzfläche des Gebäudeteils zur Nutzfläche des ganzen Gebäudes. Bei nicht angemessenem Ergebnis kann auch ein anderer Aufteilungsmaßstab genommen werden, z. B. „Rauminhalt" oder „Herstellungskostenverhältnis" (vgl. hierzu R 4.2 Abs. 8 Satz 5 EStR). Sind Zubehörräume (Nebenräume) vorhanden, z. B. Keller, Waschküche, Dachboden, brauchen diese in die Berechnung nicht einbezogen zu werden, BFH vom 21.02.1990, BStBl 1990 II S. 578, und vom 05.09.1990, BStBl 1991 II S. 389; R 4.2 Abs. 8 Satz 6 EStR; H 4.2 Abs. 8 (Zubehörräume) EStH; H 4.7 (Nebenräume) EStH.

Wird ein Teil eines Gebäudes eigenbetrieblich genutzt, so gehört der zum Gebäude gehörende **Grund und Boden** anteilig zum Betriebsvermögen, d. h., Grund und Boden und Gebäude müssen, was die Zurechnung zum Betriebsvermögen oder Privatvermögen anbelangt, einheitlich betrachtet werden (vgl. R 4.2 Abs. 7 Satz 2 EStR). Dies gilt auch bei der Frage der untergeordneten Bedeutung von Grundstücksteilen gem. § 8 EStDV. Daraus ist nun aber nicht zu folgern, dass einzelne Gebäudeteile zusammen mit ihrem anteiligen Grund und Boden jeweils einheitliche Wirtschaftsgüter seien, vielmehr ist zusätzlich der Grund und Boden als Wirtschaftsgut getrennt vom Gebäude als Wirtschaftsgut anzusehen, denn ein Gebäude ist abzuschreiben, Grund und Boden nicht (vgl. § 6 Abs. 1 Nr. 1 und 2 EStG). Entsprechendes gilt für Gebäudeteile. Während bürgerlich-rechtlich der Grund und Boden und das Gebäude als wesentlicher Bestandteil eine Einheit, einen Gegenstand, entsprechend der im Grundbuch ersichtlichen Lagerbuchnummer darstellen, werden im ESt-Recht entsprechend den wirtschaftlichen Nutzungsverhältnissen Gebäude und Grund und Boden in verschiedene Wirtschaftsgüter aufgeteilt.

2. Besteht ein Gebäude aus mehreren Wirtschaftsgütern, so ist, vorbehaltlich R 4.2 Abs. 10 EStR, für jedes einzelne Wirtschaftsgut gesondert zu prüfen, ob es zum notwendigen oder gewillkürten Betriebsvermögen oder zum Privatvermögen gehört. Das einzelne Wirtschaftsgut Gebäude oder Gebäudeteil kann nur entweder in vollem Umfang Betriebsvermögen oder in vollem Umfang Privatvermögen sein (R 4.2 Abs. 1 EStR).

Daraus ergeben sich zu den einzelnen Alternativen folgende Lösungen:

a) Das Gebäudegrundstück gehört Letzgus. Als Eigentümerin ist es ihr rechtlich zuzuordnen. Der gewerblich als Hotel genutzte Teil beträgt zwar nur 15 % (weniger als ein Fünftel), ist jedoch 90.000 Euro wert. Da die absolute Grenze von 20.500 Euro überschritten ist, ist dieser Teil notwendiges Betriebsvermögen. Letzgus muss ihn bilanzieren, getrennt in Grund und Boden und Gebäude (§ 8 EStDV, R 4.2 Abs. 8 EStR), sie hat kein Wahlrecht. Der zu eigenen Wohnzwecken genutzte Teil ist notwendiges Privatvermögen und darf daher nicht bilanziert werden.

b) Der zu 60 % eigenbetrieblich genutzte Teil ist als notwendiges Betriebsvermögen zu bilanzieren. 40 % sind notwendiges Privatvermögen. Dieser Teil ist daher nicht bilanzierungsfähig (R 4.2 Abs. 10 EStR).

c) Der zu 40 % eigenbetrieblich genutzte Teil ist notwendiges Betriebsvermögen. Der als Gaststätte vermietete, daher fremdbetrieblich genutzte Teil zu 20 % kann als gewillkürtes Betriebsvermögen bilanziert werden. Dieser Grundstücksteil steht nämlich im objektiven Zusammenhang mit dem Hotel-Gebäudeteil und kann den Hotelbetrieb fördern (R 4.2 Abs. 9 EStR). Damit hat Letzgus in dieser Alternative zwei Möglichkeiten, entweder 40 % oder 60 % betrieblich zu erfassen.

d) Der zu 40 % eigenbetrieblich genutzte Teil ist notwendiges Betriebsvermögen. Der zu 40 % fremden Wohnzwecken dienende Teil kann als gewillkürtes Betriebsvermögen bilanziert werden. Um einen objektiven Zusammenhang des zu fremden Wohnzwecken dienenden Teils zum Betrieb herzustellen, genügt es, wenn der Steuerpflichtige sein Betriebskapital dadurch verstärken will oder die Absicht hat, diesen Teil zukünftig ebenfalls eigenbetrieblich („Vorratsräume") zu nutzen. Die EStH sagen hierzu unter Hinweis auf ein BFH-Urteil ganz lapidar (H 4.2 Abs. 9 „Beispiele . . ." EStH), Mietwohngrundstücke können i. d. R. als Betriebsvermögen behandelt werden, es sei denn, dass dadurch das Gesamtbild der gewerblichen Tätigkeit so verändert wird, dass es den Charakter einer Vermögensnutzung im nicht gewerblichen Bereich erhält. Damit hat Letzgus in dieser Alternative wie in Alternative c) zwei Möglichkeiten, entweder 40 % oder 80 % betrieblich zu bilanzieren.

e) Der zu 20 % eigenbetrieblich genutzte Teil ist notwendiges, der zu 20 % fremden Wohnzwecken dienende Teil kann als gewillkürtes Betriebsvermögen behandelt werden, und der zu 60 % eigenen Wohnzwecken dienende Teil ist notwendiges Privatvermögen. Letzgus hat nur zwei Möglichkeiten der Bilanzierung, entweder 20 % oder 40 % betrieblich.

f) Der zu 25 % eigengenutzte Teil ist als notwendiges Betriebsvermögen zu bilanzieren. Der zu 25 % fremdbetrieblich genutzte Teil kann als gewillkürtes Betriebsvermögen behandelt werden. Der zu fremden Wohnzwecken dienende Teil kann ebenfalls gewillkürtes Betriebsvermögen sein. Damit hat Letzgus in dieser Alternative drei Bilanzierungsmöglichkeiten, entweder 25 % oder 50 % oder 75 % betrieblich.

g) 3 % wären zwar von der Nutzung her notwendiges Betriebsvermögen. Da dieser Teil jedoch von untergeordneter Bedeutung ist, braucht er nicht als notwendiges Betriebsvermögen behandelt zu werden (§ 8 EStDV). Beide Grenzen sind nicht überschritten. Damit könnte Letzgus das ganze Grundstück im Privatvermögen belassen. Sie kann aber auch nur 3 % ansetzen (Wahlrecht in § 8 EStDV), um betriebliche Investitionszulagen zu ermöglichen.

Wenn Letzgus den fremdbetrieblich genutzten Teil (27 %) zum gewillkürten Betriebsvermögen zieht, dann muss sie jedoch den Teil des notwendigen Betriebsvermögens (3 %) zuschlagen. Dieser Teil (3 %) ist nur deswegen nicht für sich als notwendiges Betriebsvermögen anzusetzen, weil er für sich betrachtet von untergeordneter Bedeutung ist. Seine Beziehung zum Betrieb ist jedoch viel stärker als der fremdbetrieblich genutzte Teil. Wenn daher der fremdbetrieblich genutzte Teil schon Betriebsvermögen wird, muss dies für den eigengewerblichen erst recht gelten. Nur 27 % in der Bilanz zu erfassen, wäre nicht richtig. Letzgus kann daher als Betriebsvermögen entweder 3 % oder 30 % einbuchen.

h) 82 % sind notwendiges Betriebsvermögen. Letzgus kann daher 18 % im Privatvermögen belassen.

Da sie 15 % zum gewillkürten Betriebsvermögen ziehen kann, fragt es sich, ob der restliche Teil (3 %) als notwendiges Privatvermögen bestehen bleiben kann. Diese Frage ist in R 4.2 EStR nicht geregelt. Aus dem Grundgedanken, dass ein Steuerpflichtiger nicht gezwungen werden kann, private Grundstücksteile dem Betriebsvermögen zuzuordnen, gehen wir im Fall einer so geringen privaten Nutzung von einem Wahlrecht aus. Letzgus hat somit die Möglichkeit, entweder 82 % oder 97 % oder 100 % zum Betriebsvermögen zu ziehen.

Fall 14

Verbindlichkeiten betrieblicher und privater Art – Passivierungspflicht und Wahlrecht bei Verbindlichkeiten – Darlehen bei gewillkürtem Betriebsvermögen – private Veräußerungsgewinne gem. § 23 EStG und Darlehen – Entnahme, Einlage und Verkauf von Wirtschaftsgütern mit objektbezogenen Darlehen – AfA nach Einlage – Zinsen

Sachverhalt

Der bilanzierende Unternehmer Robert Gabriel Fritz ist Inhaber eines Betriebs in Idar-Oberstein. Das Wirtschaftsjahr entspricht dem Kalenderjahr.

Zum 01.04.01 erwarb Fritz ein im Jahr 01 fertig gestelltes Mietwohngrundstück für 300.000 Euro, Grund- und Bodenwert jeweils 20 %. Im Haus befinden sich drei Wohnungen mit je 100 m² Wohnraum. Fritz nahm das Haus in sein Privatvermögen und schrieb es gem. § 7 Abs. 5 Satz 1 Nr. 3 Buchst. b EStG mit jeweils 5 % ab. Er musste das Haus zum Teil finanzieren und nahm daher bei der Volksbank ein Darlehen i. H. von 100.000 Euro auf, mit 6 % zu verzinsen. Die drei Wohnungen wurden zu Wohnzwecken vermietet.

Frage

1. In welchen Fällen sind Verbindlichkeiten zum Betriebs- oder Privatvermögen zu ziehen?

2. Was sind die Rechtsfolgen, wenn Fritz das Gebäudegrundstück zum 01.10.05 an Julius Meister für 360.000 Euro veräußert, das noch mit 80.000 Euro valutierte Darlehen nicht tilgt, sondern in seinen Betrieb einbucht: „Entnahme an Darlehen 80.000 Euro"? Fritz zahlt an Maklerkosten noch 12.000 Euro.

3. Was sind die Rechtsfolgen, wenn Fritz das Gebäudegrundstück zur Kapitalverstärkung am 01.10.05 mit dem Teilwert von 360.000 Euro in den Betrieb einlegt, das Darlehen mit dem Restwert von 80.000 Euro aber im Privatvermögen belässt?

4. Fritz benötigt ab 01.10.05 nur das Erdgeschoss zu betrieblichen Zwecken. Kann er erreichen, dass das Restdarlehen i. H. von 80.000 Euro dabei voll Betriebsvermögen wird?

5. Nehmen wir an, Fritz hat das Gebäudegrundstück am 01.04.01 als gewillkürtes Betriebsvermögen bilanziert und auch das Darlehen betrieblich erfasst. Zum 01.10.05 veräußert er es für 360.000 Euro an Julius Meister oder entnimmt es mit dem Teilwert von 360.000 Euro. Was geschieht in diesen Alternativen mit dem Darlehen?

Antwort

1. Die Zuordnung einer Verbindlichkeit zum Betriebs- oder Privatvermögen hängt ertragsteuerlich von dem Anlass ihrer Entstehung ab. Dabei ist der wirtschaftliche Zusammenhang entscheidend.

2. Fritz erzielt einen privaten Veräußerungsgewinn gem. § 23 Abs. 1 Nr. 1 EStG i. H. von 105.000 Euro. Das Darlehen konnte er nicht einfach in die Buchführung einbuchen. Das Darlehen wurde dadurch nicht betrieblich, d. h., es ist wieder auszubuchen.

3. Das Grundstück ist zwar mit dem Teilwert von 360.000 Euro einzulegen, die AfA-Bemessungsgrundlage beträgt jedoch nur 243.000 Euro. Das Darlehen muss eingebucht werden.

4. In diesem Falle muss Fritz nur das Erdgeschoss als Betriebsvermögen einbuchen. Das Darlehen muss er aufteilen und kann nur $^1/_3$ ins Betriebsvermögen überführen. Wäre das Darlehen bei Erwerb des Gebäudegrundstücks nur für das Erdgeschoss benötigt worden, müsste es im Jahr 05 voll ins Betriebsvermögen übernommen werden; dies wäre aber nur dann möglich, wenn Fritz schon bei Erwerb das Gebäudegrundstück in Eigentumswohnungen aufgeteilt hätte.

5. Veräußert Fritz das betriebliche Gebäudegrundstück, bleibt das Darlehen als betriebliches Darlehen erhalten, wenn der Veräußerungserlös nicht sofort entnommen wird. Entnimmt er das Grundstück, hat er auch das Darlehen zu „entnehmen". (Buchungstechnisch liegt eine Einlage vor.)

Begründung

1. Die Zuordnung einer Verbindlichkeit zum Betriebs- oder Privatvermögen hängt ertragsteuerlich von dem Anlass ihrer Entstehung ab. Eine Verbindlichkeit ist dann betrieblich veranlasst, wenn der sie auslösende Vorgang im betrieblichen Bereich liegt (BFH vom 05.06.1985, BStBl 1985 II S. 619, und vom 12.09.1985, BStBl 1986 II S. 255). Die neuere Rechtsprechung meint, wenn die Aufwendungen objektiv mit dem Betrieb zusammenhängen und subjektiv dem Betrieb zu dienen bestimmt sind (BFH vom 04.07.1990 GrS 2-3/88, BStBl 1990 II S. 817, vom 28.02.1990, BStBl 1990 II S. 537, und vom 06.03.2003, BStBl 2003 II S. 658). Eine Verbindlichkeit kann nicht allein durch eine Willensentscheidung des Steuerpflichtigen die Eigenschaft als Betriebs- oder Privatschuld erlangen. Diese Entscheidung ist vielmehr nach objektiven Gesichtspunkten zu beurteilen. Schulden gehören dann zum Betriebsvermögen, wenn sie mit dem Betrieb in **wirtschaftlichem** Zusammenhang stehen oder zu dem Zweck übernommen wurden, dem Betrieb Mittel zuzuführen (BFH vom 12.09.1985, BStBl 1986 II S. 255, und vom 04.07.1990, a. a. O.; Schmidt/Weber-Grellet, § 5 Rn. 311).

Daraus folgt: Wird z. B. ein Darlehen aufgenommen, um ein betriebliches Grundstück, einen betrieblichen PKW oder einen größeren Warenposten erwerben zu können, so ist dieses Darlehen automatisch Betriebsvermögen. Benötigt ein Unternehmer Geld im Betrieb, so ist das dafür aufgenommene Darlehen, wenn die Valuta in den Betrieb gelangt, ebenfalls automatisch Betriebsvermögen. Vergleiche auch R 4.2 Abs. 15 EStR. Demgemäß gibt es bei Schulden i. d. R. **kein gewillkürtes Betriebsvermögen** (BFH vom 05.06.1985, BStBl 1985 II S. 619). Soweit ersichtlich, hat die Rechtsprechung nur eine Ausnahme davon zugelassen, nämlich dann, wenn Darlehensschulden schenkweise begründet werden (BFH vom 01.06.1978, BStBl 1978 II S. 618).

Da ein wirtschaftlicher Zusammenhang bestehen muss, genügt ein zivilrechtlicher Zusammenhang nicht. Eine privat veranlasste Schuld (= Privatschuld) wird z. B. nicht durch eine hypothekarische Absicherung auf einem Betriebsgrundstück zu einer Betriebsschuld. Auch das privat belastete Grundstück bleibt das, was es ist, nämlich Betriebsvermögen (BFH vom 11.12.1980, BStBl 1981 II S. 461; Schmidt/Heinicke, § 4 Rn. 226).

Aus diesen Grundsätzen, die sich über § 4 Abs. 4 EStG herleiten lassen, ergibt sich weiter, dass eine Schuld, wenn sich der Charakter des aktiven Betriebsvermögens, zu dem sie gehört, ändert, ebenfalls ihren Charakter ändert, d. h. „mitgeht". Erwirbt z. B. ein bilanzierender Erwerber mit Kredit ein Mietwohngrundstück, dann ist dieser Kredit, dieses objektbezogene Darlehen, Betriebsschuld, wenn das Mietwohngrundstück zum gewillkürten Betriebsvermögen gezogen wird. Wird es später entnommen, also Privatvermögen, ist auch die Schuld „entnommen". Buchung: „Entnahme an Mietwohngrundstück und Betriebsschuld an Einlage" (BFH, vom 04.07.1990, a. a. O.; R 4.2 Abs. 15 EStR).

Der Unternehmer kann in diesem Fall die Schuld nicht im Betriebsvermögen belassen. Dieselben Grundsätze gelten umgekehrt. Wird ein mit Kredit erworbenes privates Mietwohngrundstück eingelegt, ist auch die Verbindlichkeit, dieses objektbezogene Darlehen, Betriebsvermögen (BFH vom 10.05.1972, BStBl 1972 II S. 620, und vom 04.07.1990, a. a. O.; R 4.2 Abs. 15 EStR und Schmidt/Heinicke, § 4 Rn. 229). Die Zinsen sind je nachdem entweder voll Betriebsausgaben oder voll Privatangelegenheit.

Die Schuld „geht jedoch dann nicht mit", wenn keine Änderung des Charakters des aktiven Betriebsvermögens, d. h. keine Entnahme oder Einlage, erfolgt. Wird z. B. ein Mietwohngrundstück mit Kredit erworben und beides in der Bilanz erfasst, dann wird die betriebliche Schuld nicht dadurch privat, dass das Grundstück verkauft wird (R 4.2 Abs. 15 EStR). In diesem Fall ist vielmehr davon auszugehen, dass der Verkaufserlös an die Stelle des Grundstücks tritt. Der Erlös wird Betriebsvermögen und muss damit in der Buchführung erfasst werden. Führt der Verkäufer das Geld später dem Privatvermögen zu, so handelt es sich um eine Geldentnahme, die auf die Verbindlichkeit keinen Einfluss hat. Diese bleibt Betriebsvermögen. Dies ist dann anders, wenn der Veräußerungserlös sofort entnommen, also zu privaten Zwecken verwendet wird. Die Schuld wird dann privat (R 4.2 Abs. 15 Satz 3 EStR). Bei diesen Entnahmen kann die Regelung des § 4 Abs. 4a EStG (vgl. Fall 76) Bedeutung erlangen (vgl. Schmidt/Heinicke, § 4 Rn. 231).

Bei **gemischter Nutzung** eines Wirtschaftsguts gehört die Verbindlichkeit zu dem Vermögen, für das sie eingegangen wurde (BFH vom 04.07.1990, a. a. O.). Wird z. B. ein zu 30 % betrieblich genutzter und mit einem Kredit erworbener PKW dem gewillkürten Betriebsvermögen zugeführt, ist auch der Kredit Betriebsvermögen. Wird der PKW im Privatvermögen belassen, ist auch der Kredit Privatvermögen.

Wichtig ist als Ausnahme, dass die **Zinsen** bei gemischt genutzten betrieblichen Wirtschaftsgütern – aber auch nur in diesem Fall – dieser Zuordnung nicht folgen; sie sind vielmehr in beiden Fällen nur anteilig Betriebsausgaben (vgl. Schmidt/Heinicke, § 4 Rn. 226). Bei Grundstücken gilt für die Zinsen wiederum der allgemeine Grundsatz (vgl. R 4.7 Abs. 2 Satz 3 und 4 EStR). Wird z. B. ein gemischt genutztes Grundstück ganz zum Betriebsvermögen gezogen, so ist auch das mit dem Erwerb im Zusammenhang stehende Darlehen Betriebsvermögen. Die Zinsen sind voll Betriebsausgaben, d. h. auch insoweit, als sich das Darlehen auf einen vermieteten Teil bezieht.

Bei Darlehen ergeben sich viele weitere Probleme, die bei diesem Fall keine Rolle spielen.

Auf zwei Probleme sei hingewiesen:

– Die **Abzinsungsproblematik:** Nach § 6 Abs. 1 Nr. 3 EStG sind Verbindlichkeiten zwar mit dem Rückzahlungsbetrag anzusetzen und mit einem Zinssatz von 5,5 % abzuzinsen. Davon ausgenommen sind kurzfristige Verbindlichkeiten (Laufzeit weniger als ein Jahr), verzinsliche Verbindlichkeiten (wie z. B. im vorliegenden Fall) und auf Anzahlungen oder Vorausleistungen beruhende Verbindlichkeiten. Hierzu sei auf das BMF-Schreiben vom 26.05.2005, BStBl 2005 I S. 699, und auf die Fälle 46 (Abzinsungsproblematik bei Rentenverbindlichkeiten) sowie 49 (Abzinsungsproblematik beim Ratenkauf, handels- und steuerrechtlich) hingewiesen.

– Problematik bei **Kursschwankungen:** Ist die Höhe der Rückzahlungsverpflichtung von einem bestimmten Kurswert abhängig (z. B. bei Fremdwährungsverbindlichkeiten), ist grundsätzlich der Wert zum Zeitpunkt des Entstehens der Verbindlichkeit maßgebend. Zur Frage, wann bei Erhöhung des Kurswerts auch der höhere Wert der Verbindlichkeit angesetzt werden kann bzw. muss, nimmt das BMF-Schreiben vom 12.08.2002, BStBl 2002 I S. 793, ausführlich Stellung.

2. Da Fritz das Gebäudegrundstück innerhalb von zehn Jahren nach Erwerb veräußert, erzielt er gem. § 23 Abs. 1 Nr. 1 EStG einen privaten zu versteuernden Veräußerungsgewinn. Gemäß § 23 Abs. 3 Satz 1 und 4 EStG ist als Gewinn der Unterschied zwischen Veräußerungspreis und dem um die AfA geminderten Anschaffungspreis abzüglich der Werbungskosten anzusetzen.

Die Anschaffungskosten sind um die AfA zu vermindern, weil Fritz das Haus vermietete, somit Einkünfte aus Vermietung und Verpachtung hatte, § 23 Abs. 3 Satz 4 EStG. Fritz hat an AfA abgezogen:

Im Jahr 01 volle AfA (im Jahr der Fertigstellung) 5 % von 80 % von 300.000 €	12.000 €
in den Jahren 02 bis 04 3 × 12.000 €	36.000 €
im Jahr 05 zeitanteilig $^{3}/_{4}$ von 12.000 €	9.000 €
insgesamt	57.000 €

Damit ergibt sich folgende Berechnung des Veräußerungsgewinns:

Veräußerungspreis		360.000 €
Anschaffungspreis	300.000 €	
AfA	57.000 €	243.000 €
Maklergebühren		12.000 €
privater Veräußerungsgewinn		105.000 €

Das Darlehen ist im wirtschaftlichen Zusammenhang mit dem Erwerb des Gebäudegrundstücks aufgenommen worden. Es ist daher von Anfang an Privatvermögen. Solange Fritz das Gebäudegrundstück als Einkunftsquelle einsetzt, sind die Zinsen für das Darlehen Werbungskosten aus Vermietung und Verpachtung. Durch den Verkauf des Gebäudegrundstücks wird das Darlehen, völlig gleichgültig, ob und wie es gesichert ist, steuerlich bedeutungslos. Die Zinsen sind nicht mehr als Werbungskosten aus Vermietung und Verpachtung abziehbar (BFH vom 21.12.1982, BStBl 1983 II S. 373, vom 12.11.1991, BStBl 1992 II S. 289, und vom 16.09.1999, BStBl 2001 II S. 528).

Es ist völlig unmöglich, das Darlehen als betriebliches Darlehen zu behandeln, wenn nicht gleichzeitig die Valuta in den Betrieb eingebracht wird. Fritz will im Grunde genommen nur die Zinsen als Betriebsausgaben abziehen, während er den Verkaufspreis für das Grundstück anderweitig, also nicht betrieblich, verwendet. Das Darlehen ist daher wieder auszubuchen. Würde es in die Schlussbilanz übernommen, wäre die Bilanz falsch, also zu berichtigen.

3. Das Mietwohnhaus kann ohne weiteres zum gewillkürten Betriebsvermögen genommen werden. Es ist mit dem Teilwert von 360.000 Euro einzulegen, § 6 Abs. 1 Nr. 5 EStG. Die dort erwähnten Ausnahmen liegen nicht vor.

Die AfA ergibt sich weiter aus § 7 Abs. 5 Satz 1 Nr. 3 Buchst. b EStG, weil das Mietwohnhaus Wohnzwecken dient. Die AfA-Bemessungsgrundlage bemisst sich nach § 7 Abs. 1 Satz 5 EStG und H 7.3 (Einlage eines Wirtschaftsguts) EStH wie folgt:

Anschaffungskosten Gebäude	300.000 €
∕· AfA (oben zu 2.)	57.000 €
Bemessungsgrundlage	243.000 €

Nach Abschreibung dieses Volumens von 243.000 Euro verbleibt ein Restbuchwert von 117.000 Euro (Einlagewert 360.000 Euro ∕· 243.000 Euro), von dem keine AfA mehr vorgenommen werden darf.

Das Darlehen muss Fritz jetzt in die Buchführung mit aufnehmen, weil es wirtschaftlich mit dem Erwerb des Mietwohnhauses zusammenhängt (BFH vom 10.05.1972, BStBl 1972 II S. 620; R 4.2 Abs. 15 EStR und oben zu 1.).

Fritz hat daher das Mietwohnhaus und das Darlehen wie folgt einzubuchen: „Gebäudegrundstück 360.000 Euro an Darlehen 80.000 Euro und Einlage 280.000 Euro".

4. Will Fritz nur das Erdgeschoss zu betrieblichen Zwecken verwenden, wird nur dieses zwingend Betriebsvermögen. Fritz muss dann ¹/₃ des Teilwerts, nämlich 120.000 Euro, als Gebäudegrundstück einlegen. Die AfA wäre dann entsprechend den Ausführungen zu 3. anteilig zu berechnen. Die Einlage eines Teils des Gebäudegrundstücks ist möglich, weil dieser Teil – eigenbetrieblich – gem. R 4.2 Abs. 4 Satz 1 EStR ein besonderes Wirtschaftsgut darstellt.

Da das Darlehen mit dem Erwerb des ganzen Gebäudegrundstücks in wirtschaftlichem Zusammenhang steht, ist es nicht möglich, dieses vollständig ins Betriebsvermögen zu überführen. Fritz kann und muss den entsprechenden Anteil, also ¹/₃, einbuchen. Zur besseren praktischen Handhabung ist zu empfehlen, das Darlehen auch bei der Bank durch Anlegung von zwei verschiedenen Konten aufzuspalten. Dann entwickeln diese ein Eigenleben, je nachdem wie Fritz zurückzahlt. Lässt Fritz bei der Bank nicht aufteilen, muss Fritz das Darlehen und die Zinsen immer im Verhältnis 1 (betrieblich) zu 2 (privat) ansetzen.

Hätte Fritz das Gebäudegrundstück schon beim Erwerb im Jahr 01 in Eigentumswohnungen und damit in mehrere Wirtschaftsgüter aufgeteilt, hätte er das Darlehen i. H. von 100.000 Euro voll dem Erdgeschoss zurechnen können. In diesem Fall hätte er im Jahr 05 das Erdgeschoss mit dem gesamten Restdarlehen ins Betriebsvermögen überführen müssen.

5. Veräußert Fritz das betriebliche Grundstück, bleibt das Darlehen als betriebliches Darlehen erhalten, wenn der Veräußerungserlös nicht sofort entnommen wird, weil die Einkunftsquelle Gewerbebetrieb bestehen bleibt. Vergleiche oben zu Nr. 1.

Wird das Gebäudegrundstück als Privatvermögen veräußert, fällt die Einkaufsquelle Vermietung und Verpachtung weg. In diesem Fall sind die Zinsen nicht mehr als Werbungskosten abziehbar, wenn das Darlehen erhalten wird (BFH vom 21.12.1982, BStBl 1983 II S. 373, vom 12.11.1991, BStBl 1992 II S. 289, und vom 16.09.1999, BStBl 2001 II S. 528). Vergleiche oben zu Nr. 2.

Veräußert Fritz das Gebäudegrundstück nicht, sondern entnimmt er es ins Privatvermögen, geht das Darlehen mit, d. h., es wird ebenfalls Privatvermögen. Dies ist deshalb so, weil das Gebäudegrundstück als Einkunftsquelle – jetzt Einkünfte aus Vermietung und Verpachtung – erhalten bleibt. Der wirtschaftliche Zusammenhang bleibt bestehen (BFH vom 04.07.1990, a. a. O.). Vergleiche oben zu Nr. 1.

III. Besondere Bilanzposten

1. Rechnungsabgrenzungsposten

Fall 15

Begriff des Rechnungsabgrenzungspostens – Behandlung eines Damnums beim Darlehensnehmer

Sachverhalt

Der bilanzierende Bauunternehmer Fritz Sand hat aus betrieblichen Gründen am 01.07.03 ein Darlehen i. H. von 100.000 Euro – Laufzeit 10 Jahre, keine Tilgungen während der Laufzeit – aufgenommen. Die Bank hat allerdings nur 96.000 Euro ausgezahlt und den Restbetrag als Damnum (Disagio) einbehalten. Da Sand im Jahr 07 eine günstigere Kreditmöglichkeit angeboten wurde, zahlte er im Einverständnis mit der Bank das 03 aufgenommene Darlehen am 31.12.07 (Bilanzstichtag) zurück.

Frage

1. Wie muss Sand den für das Damnum aufgewendeten Betrag in den Jahren 03 bis 07 handelsrechtlich und steuerrechtlich buchmäßig behandeln?

2. Wie ist das aktivierte Damnum aufzulösen, wenn das Darlehen während der Laufzeit laufend zu tilgen ist?

Antwort

1. **Handelsrechtlich** hat Sand ein Wahlrecht. Er kann den Betrag von 4.000 Euro entweder sofort als Aufwand gewinnmindernd buchen oder er aktiviert den Betrag als Rechnungsabgrenzungsposten und verteilt ihn in gleichen Jahresraten auf die Laufzeit von 10 Jahren. **Steuerrechtlich** besteht kein Wahlrecht, der Betrag muss aktiviert und die Laufzeit des Darlehens verteilt werden. Im Jahr 07 ist der Restwert über Aufwand auszubuchen.

2. Die Verteilung des zunächst aktivierten Damnums auf die Laufzeit des Darlehens kann vereinfacht nach der sog. „digitalen" Methode erfolgen.

Begründung

1. Das einbehaltene Damnum (Disagio, Abgeld) ist ein vorausgezahltes Entgelt für die Kreditierung und daher wie vorausgezahlte Zinsen zu behandeln.

Da hier die Zahlung eines sonst erst künftig anfallenden Aufwandes vorweggenommen worden ist, kommt der Ansatz eines Rechnungsabgrenzungspostens infrage.

Ein Rechnungsabgrenzungsposten (RAP) dient der periodengerechten Gewinnermittlung, wenn eine Zahlung in einem Zeitraum erfolgt, in dem sie nach betriebswirtschaftlichen Grundsätzen nicht als Aufwand oder Ertrag verrechnet werden kann. Auch im vorliegenden Fall würde durch die gewinnneutrale Bildung eines aktiven RAP (Buchung: RAP 4.000 Euro und Geldkonto 96.000 Euro an Darlehen 100.000 Euro) die Möglichkeit geschaffen, die vorausgezahlten Finanzierungsaufwendungen in den Wirtschaftsjahren zu verrechnen, in denen das Darlehen läuft und zu denen sie damit wirtschaftlich gehören (Buchung: Zinsaufwendungen an RAP).

Die Voraussetzungen zur Bildung eines RAP sind handelsrechtlich in § 250 Abs. 1 und 2 HGB und steuerrechtlich in § 5 Abs. 5 Satz 1 EStG bestimmt. Danach sind als RAP grundsätzlich nur sog. transitorische Posten auszuweisen (R 5.6 Abs. 1 EStR). Transitorische Posten sind anzusetzen, wenn das Wirtschaftsjahr, in dem die Zahlung erfolgt, vor dem Wirtschaftsjahr liegt, in dem der Erfolg zu verrechnen ist (Zahlung vor Erfolg; z. B. im Voraus gezahlte Miete, Zinsen, Löhne sind beim bilanzierenden Zahlenden aktiv, beim bilanzierenden Empfänger passiv abzugrenzen).

Ein RAP liegt dagegen nicht vor, wenn das Wirtschaftsjahr, in dem der Aufwand oder der Ertrag zu verrechnen ist, vor dem Wirtschaftsjahr der Zahlung liegt (z. B. im Januar 02 gezahlte Miete für Dezember 01). In diesem Fall ist ein RAP auch gar nicht erforderlich, denn sowohl beim Vermieter als auch beim Mieter liegt bereits ein Wirtschaftsgut vor. Mit der Erfüllung der (Teil-)Leistung (= Überlassung des Mietgegenstandes), d. h. i. d. R. am Monatsende, ist beim Vermieter eine Forderung und beim Mieter eine Verbindlichkeit entstanden. Derartige Forderungen und Verbindlichkeiten müssen bereits am Bilanzstichtag in Handelsbilanz und Steuerbilanz bilanziert werden. Die Bilanzierung von Wirtschaftsgütern hat stets Vorrang vor der Bilanzierung von RAP.

Nach der Sonderregelung des § 5 Abs. 5 Satz 2 EStG (als Aufwand berücksichtigte Zölle, Verbrauchsteuern und USt auf Anzahlungen) ist der aktive Posten auch auszuweisen, wenn vor dem Stichtag noch keine Zahlung erfolgt ist (z. B. noch zu zahlende Biersteuer). Steuerlich besteht insoweit nach § 5 Abs. 5 Satz 2 EStG eine Aktivierungspflicht. Wenn allerdings dieser Aufwand nicht gewinnmindernd gebucht wurde, entfällt der Ausweis dieses besonderen Aktivpostens.

Das HGB enthält weder in § 250 HGB noch an einer anderen Stelle eine entsprechende Sondervorschrift mit der Folge, dass in der Handelsbilanz die Bildung eines RAP von vornherein nicht möglich ist. Dies ist auch nicht erforderlich, weil diese Zölle und Verbrauchsteuern nach herrschender, allerdings strittiger Auffassung in der handelsrechtlichen Literatur (Beck'scher Bilanzkommentar, § 256 Rn. 470) als Herstellungskosten der noch nicht veräußerten Vorräte zu aktivieren sind und sich damit nicht gewinnmindernd auswirken. Die USt auf erhaltene Anzahlungen ist nach herrschender Auffassung in der handelsrechtlichen Literatur (Beck'scher Bilanzkommentar, § 250 Rn. 1) in der Handelsbilanz gewinnneutral zu erfassen (Buchungssatz: Bank 119.000 Euro an Erhaltene Anzahlungen 100.000 Euro und USt 19.000 Euro).

Nach der Rechtsprechung des BFH (Urteil vom 20.11.1969, BStBl 1970 II S. 209) werden RAP nicht nach den für die Bewertung von Wirtschaftsgütern geltenden Grundsätzen angesetzt. Das bedeutet, eine Teilwertabschreibung bei einem als RAP aktivierten Damnum wegen der Änderung der allgemeinen Kreditbedingungen ist nicht möglich (BFH vom 29.10.1969, BStBl 1970 II S. 178, vom 04.03.1976, BStBl 1977 II S. 380, vom 17.04.1985, BStBl 1985 II S. 617, vom 19.10.1993, BStBl 1994 II S. 109, vom 29.11.2000, BStBl 2002 II S. 655, und vom 23.02.2005, BStBl 2005 II S. 481).

Zeitbezogen sind Zahlungen, wenn die dafür erbrachte Gegenleistung zeitbezogen ist, z. B. **Lohnzahlungen,** da sie nach der Dauer der geleisteten Arbeit bemessen sind, **Mietzahlungen,** da ihre Höhe von dem Zeitraum abhängt, während dessen der gemietete Gegenstand dem Mieter zur Verfügung steht, oder **Kraftfahrzeugsteuerzahlungen,** da diese grundsätzlich für die Dauer eines Jahres im Voraus zu leisten sind (BFH vom 19.05.2010, BStBl 2010 II S. 967).

Nicht passiv abgrenzbar ist deshalb z. B. das Entgelt, das ein Hausverwaltungsunternehmen für seine Zustimmung zur Auflösung eines für mehrere weitere Jahre abgeschlossenen Verwaltungsvertrages erhält. Die Gegenleistung für diese Zahlung ist ein einmaliger Verzicht auf vertragliche Rechte, es mangelt an der Zeitbezogenheit (BFH vom 23.02.2005, BStBl 2005 II S. 481). Das Gleiche gilt für eine Entschädigungszahlung wegen des Verzichts auf einen Anspruch, zum Betriebsgelände künftig einen Gleisanschluss zu erhalten (BFH vom 13.06.1986, BStBl 1986 II S. 841). Auch einer Maklerleistung für den Abschluss eines Mietvertrages mangelt es an der Zeitbezogenheit. Die hierfür gezahlte Provision ist damit nicht abgrenzbar. Die Zuschüsse, die ein Zulieferer eines Automobilproduzenten für die Herstellung spezieller Fertigungswerkzeuge erhält, sind von ihm ebenfalls nicht passiv abzugrenzen, denn die Gegenleistung hierfür, die Konstruktion und Herstellung dieser Geräte, ist nicht zeitbezogen. Es sind jedoch wegen der daraus folgenden Verpflichtung, hiermit produziertes Zubehör verbilligt abzugeben, Rückstellungen für ungewisse Verbindlichkeiten zu bilden (BFH vom 29.11.2000, BStBl 2002 II S. 655).

Das Vorliegen der weiteren Voraussetzungen zur Bildung eines RAP – Aufwand bzw. Ertrag für eine bestimmte Zeit nach dem Stichtag – wird von der Rechtsprechung zum Teil recht großzügig angenommen. So genügt es dem BFH, um die Verpflichtung zur Bildung eines aktiven RAP wegen vorausgezahlter Entgelte für die Ausbeutung von Mineralvorkommen beim Berechtigten anzunehmen, dass nach den tatsächlichen Abbaumengen des Folgejahres wenigstens an dessen Ende der darauf entfallende Teil des Entgelts und damit der Auflösungsbetrag für den RAP berechnet werden kann (BFH vom 25.10.1994, BStBl 1995 II S. 312). Eine Entschädigung für das zeitlich nicht beschränkte Dulden einer Ferngasleitung auf betrieblichem Gelände wird in einer weiteren Entscheidung als beim Empfänger passiv abgrenzbar angesehen, ohne auch nur den Versuch zu machen, den Ertrag zeitlich zuzuordnen (BFH vom 24.03.1982, BStBl 1982 II S. 643).

Alle Voraussetzungen zur Bildung eines aktiven RAP sind im vorliegenden Fall zu den Stichtagen 31.12.03 bis 31.12.06 erfüllt. Die vorausgezahlten Finanzierungskosten sind Aufwand für die vereinbarte Laufzeit des Darlehens vom 01.07.03 bis zum 30.06.13 und damit zu den einzelnen Stichtagen, wenn auch jeweils nur zum Teil, Aufwand für einen bestimmten späteren Zeitraum. Da sie an den Kreditgeber für die zeitliche Überlassung des Darlehens geleistet wurden, handelt es sich auch um eine ihrer Natur nach zeitbezogene Ausgabe.

In den Handelsbilanzen von Sand muss jedoch kein aktiver RAP gebildet werden, obwohl die Voraussetzungen des § 250 Abs. 1 HGB vorliegen, weil aufgrund der Spezialvorschrift in § 250 Abs. 3 Satz 1 HGB der Unterschiedsbetrag (Damnum, Disagio) zwischen dem höheren Erfüllungsbetrag und dem Ausgabebetrag einer Verbindlichkeit in den RAP eingestellt werden darf, aber nicht eingestellt werden muss. Es besteht also ein Wahlrecht zur Bildung dieses RAP i. H. von 4.000 Euro. Wird dieser RAP gebildet, so ist nach § 250 Abs. 3 Satz 2 HGB der Unterschiedsbetrag durch planmäßige jährliche Abschreibungen zu tilgen, die auf die gesamte Laufzeit der Verbindlichkeit verteilt werden können.

Dagegen muss in den Steuerbilanzen von Sand ein RAP i. H. des einbehaltenem Damnums von 4.000 Euro aktiviert werden, weil alle Voraussetzungen des § 5 Abs. 5 Satz 1 EStG erfüllt sind (H 6.10 „Damnum" EStH). Dieser RAP ist bei einem hier vorliegenden Fälligkeitsdarlehen linear, d. h. in gleichen Jahresraten, auf die Laufzeit des Darlehens zu verteilen. Wird das Darlehen im Laufe eines Wirtschaftsjahres aufgenommen, ist der jährlich zu verteilende Betrag zeitanteilig zu berechnen. Wird das Darlehen vorzeitig zurückgezahlt, ist der Restbuchwert des RAP im Jahr der Tilgung gewinnmindernd auszubuchen, weil die im Voraus angefallenen Zinsaufwendungen nur auf die Zeit bis zur Tilgung entfallen können (BFH vom 13.03.1974, BStBl 1974 II S. 359). Eine Berichtigung der Vorjahre findet nicht statt, es bleibt also in den Vorjahren bei dem ursprünglichen Jahresbetrag. Erfolgt nur eine Teilrückzahlung des Darlehens, ist der RAP im Verhältnis der Sondertilgung zu dem Gesamtdarlehensbetrag aufzulösen (BFH vom 24.06.2009, BStBl 2009 II S. 781; H 5.6 „Auflösung von RAP im Zusammenhang mit Zinsaufwand" EStH). Geschieht die vorzeitige Rückzahlung anlässlich einer Betriebsaufgabe, so ist das aktivierte Damnum zulasten des laufenden Gewinns, nicht des Aufgabegewinns auszubuchen (BFH vom 25.01.2000, BStBl 2000 II S. 458).

Der RAP von 4.000 Euro entwickelt sich somit in den einzelnen Jahren (wahlweise in den Handelsbilanzen und zwingend in den Steuerbilanzen) wie folgt:

Steuerbilanz zum 31.12.03:	4.000 € ./. 200 €	(^{6}/$_{12}$)	= 3.800 €
Steuerbilanz zum 31.12.04:	3.800 € ./. 400 €		= 3.400 €
Steuerbilanz zum 31.12.05:	3.400 € ./. 400 €		= 3.000 €
Steuerbilanz zum 31.12.06:	3.000 € ./. 400 €		= 2.600 €
Steuerbilanz zum 31.12.07:	2.600 € ./. 2.600 €		= 0 €

Sofern vom Wahlrecht der Aktivierung eines RAP nach § 250 Abs. 3 HGB kein Gebrauch gemacht wird, sondern das einbehaltene Damnum von 4.000 Euro sofort im Jahr 03 gewinnmindernd als Aufwand gebucht wird, stimmen die Handelsbilanzen und Steuerbilanzen der Jahre 03 bis 06 nicht überein.

Anmerkung: Zeitlich bestimmt ist der Verrechnungszeitraum auch bei einem Darlehen mit unbestimmter Laufzeit, wenn für einen festgelegten Zeitraum der Zinssatz festgeschrieben ist. Hier ist das Damnum auf den Zinsfestschreibungszeitraum zu verteilen (BFH vom 21.04.1988, BStBl 1989 II S. 722).

2. Die Verteilung eines aktivierten Damnums erfolgt auf die Zeiträume, denen der Finanzierungsaufwand anteilig zuzurechnen ist. Bei einem Darlehen mit laufenden Tilgungsleistungen ist folglich der RAP degressiv nach der Zinsstaffelmethode aufzulösen (BFH vom 24.06.2009, BStBl 2009 II S. 781; H 5.6 „Auflösung von RAP im Zusammenhang mit Zinsaufwand" EStH).

Nach der degressiven (digitalen) Methode wird der jährliche Auflösungsbetrag mit gleichmäßig fallenden Bruchteilen des Damnums berechnet. Der Nenner dieses Bruches ist unter Berücksichtigung der Gesamtlaufzeit des Darlehens nach folgender Formel zu berechnen:

$$\text{Nenner} = \frac{\text{Laufzeit} \times (\text{Laufzeit} + 1)}{2}$$

Die jeweiligen Zähler bilden die Jahre der Laufzeit in absteigender Reihenfolge, beginnend mit der Gesamtlaufzeit (z. B. bei einer Gesamtlaufzeit von 6 Jahren zunächst 6, dann 5, dann 4 usw.). Im Beispielsfall ist von folgendem Nenner auszugehen:

$$\frac{10 \,\text{Jahre} \times (10 \,\text{Jahre} + 1)}{2} = \frac{10 \times 11}{2} = 55$$

Der jährliche Auflösungsbetrag ist wie folgt zu berechnen:

03: $\dfrac{10 \times 4.000\ \text{€}}{55} \times \frac{1}{2}$ (da das Darlehen am 01.07. aufgenommen wurde) = 364 €

04: $\frac{1}{2} \times \dfrac{9 \times 4.000\ \text{€}}{55}$ (= 327 €) + 364 € = 691 €

05: $\frac{1}{2} \times \dfrac{8 \times 4.000\ \text{€}}{55}$ (= 291 €) + 327 € = 618 €

In den folgenden Jahren ist entsprechend fortzufahren.

Eine volle Auflösung während der Laufzeit des Darlehens wird stets erreicht, denn die Summe der verschiedenen Brüche nach der digitalen Methode ergibt immer ein Ganzes. So sind im Beispielsfall folgende Bruchteile abzuschreiben:

$$\frac{10 + 9 + 8 + 7 + 6 + 5 + 4 + 3 + 2 + 1}{55} = \frac{55}{55}$$

Hinweis: Die degressive (digitale) Verteilung des aktivierten RAP nach der sog. Zinsstaffelmethode soll kein Grundsatz ordnungsmäßiger Buchführung sein (BFH vom 19.01.1978, BStBl 1978 II S. 262). Daraus wird für Zwecke der Handelsbilanz überwiegend geschlossen, dass – sofern von dem Wahlrecht der Aktivierung dieses RAP überhaupt Gebrauch gemacht wird – insoweit ein Wahlrecht zwischen linearer und degressiver Verteilung bestehe, während der entsprechende Passivposten bei Kreditinstituten kapitalanteilig nach der Zinsstaffelmethode aufzulösen ist (BFH vom 17.07.1974, BStBl 1974 II S. 684; BMF vom 04.09.1978, BStBl 1978 I S. 352). Selbst wenn man dieser Auffassung zustimmt und in der Handelsbilanz diesen RAP linear verteilt, ist in der Steuerbilanz der RAP zwingend degressiv (digital) zu verteilen.

Fall 16

Immaterielles Wirtschaftsgut – Rechnungsabgrenzungsposten bei Werbeanzeigen

Sachverhalt

Klaus Hurtig, ein bilanzierender Konfektionswareneinzelhändler, bezahlte am 28.12.03 dem Herausgeber einer Zeitung 5.000 Euro (ohne USt). Dafür wurde in der Ausgabe der Zeitung vom 30.12.03 eine Anzeige abgedruckt, die die Leser auf einen Räumungsverkauf in der Zeit vom 02.01.04 bis 31.01.04 wegen Umbauarbeiten hinwies.

Frage

Muss Hurtig wegen dieser Zahlung in der Bilanz zum 31.12.03 einen Aktivposten ausweisen?

Antwort

Nein, der Betrag stellt sofort abzugsfähigen Aufwand dar.

Begründung

Die Anzeigekosten wären zu aktivieren, wenn Hurtig sie zum Erwerb eines immateriellen Wirtschaftsguts aufgewendet hätte oder wenn eine Pflicht zur aktiven Abgrenzung bestünde.

Ein immaterielles Wirtschaftsgut kann in dem Vorteil, den Hurtig aus der Wirkung der Anzeige zu ziehen vermag, nicht gesehen werden. Die daran geknüpfte Erwartung ist kein nach der Verkehrsauffassung einer selbständigen Bewertung zugängliches Gut, allenfalls eine wirtschaftliche Chance.

Eine aktive Abgrenzung setzt voraus (vgl. auch Fall 14):

a) Ausgaben müssen angefallen sein, die nach betriebswirtschaftlichen Grundsätzen erst nach dem Bilanzstichtag als Aufwand zu verrechnen sind (§ 5 Abs. 5 Satz 1 Nr. 1 EStG, § 250 Abs. 1 Satz 1 HGB);

b) der Aufwand muss innerhalb einer „bestimmten" Zeit nach dem Bilanzstichtag zu verrechnen sein (§ 5 Abs. 5 Satz 1 Nr. 1 EStG, § 250 Abs. 1 Satz 1 HGB);

c) die Ausgaben müssen ihrer Natur nach zeitbezogen sein, d. h. für eine zeitbezogene Gegenleistung erbracht sein (BFH vom 29.10.1969, BStBl 1970 II S. 178, vom 04.03.1976, BStBl 1977 II S. 380, vom 19.10.1993, BStBl 1994 II S. 109, vom 19.06.1997, BStBl 1997 II S. 808, und vom 23.02.2005, BStBl 2005 II S. 481).

Die erste und zweite Voraussetzung sind erfüllt. Die Ausgaben für die Anzeige betreffen den erst im folgenden Wirtschaftsjahr durchgeführten Räumungsverkauf und wären daher erst während dessen Dauer zu verrechnen. Der Zeitraum, in dem der Räumungsverkauf durchgeführt wurde, war auch von vornherein festgelegt, sodass auch der Verrechnungszeitraum „bestimmt" war.

Die Ausgaben sind jedoch nicht zeitbezogen. Die Gegenleistung dafür war die einmalige Aufnahme der Anzeige in der Zeitung. Für das Merkmal der „Zeitbezogenheit" einer Zahlung ist nur bedeutsam, für welchen unmittelbaren Zweck sie erfolgt. Dass im vorliegenden Fall die Anzeigekosten mittelbar den sich über längere Zeit erstreckenden Schlussverkauf betreffen, ist unerheblich.

Fall 17

Immaterielles Wirtschaftsgut – Rechnungsabgrenzungsposten bei Werbeprämien

Sachverhalt

Karl Bilder, ein bilanzierender Versandbuchhändler, zahlte im Laufe des Jahres 03 zahlreichen Dritten Vermittlungsprovisionen für das Anwerben neuer Kunden i. H. von jeweils 50 Euro. Die geworbenen Kunden hatten sich verpflichtet, für ein Jahr vom Zeitpunkt des Vertragsabschlusses an regelmäßig Bücher abzunehmen. Die Vertragsdauer verlängert sich automatisch, wenn der Kunde nicht rechtzeitig eine entgegenstehende Erklärung abgibt.

Frage

Muss Bilder wegen der Provisionszahlungen in der Bilanz zum 31.12.03 einen Aktivposten ausweisen?

Antwort

Nein, die Beträge stellen sofort abzugsfähigen Aufwand dar.

Begründung

Die Provisionszahlungen wären nur zu aktivieren, wenn Bilder sie zum Erwerb immaterieller Wirtschaftsgüter aufgewendet hätte oder wenn eine Pflicht zur aktiven Abgrenzung bestünde.

Ein aktivierungsfähiges immaterielles Wirtschaftsgut ist nicht gegeben. Zwar ist die Befugnis, die angeworbenen Kunden mindestens während der Dauer eines Jahres beliefern zu können, als Recht nach der Verkehrsauffassung einer besonderen Bewertung zugänglich. Es handelt sich aber, da die Anwerbungen häufig vorkommen und die ausgegebenen Beträge geringfügig sind, nicht um Kosten, die sich aus den laufenden Werbeaufwendungen hervorheben. Eine Aktivierung der einzelnen Beträge wäre für den Unternehmer auch kaum zumutbar. Überdies ist im vorliegenden Fall auch kein entgeltlicher Erwerb gegeben, der nach § 5 Abs. 2 EStG zur Aktivierung erforderlich ist, da die Belieferungsrechte als Anlagegüter anzusehen wären. Die Provisionszahlungen sind nicht an die Kunden geleistet worden. Sie stellen damit kein Entgelt für die Einräumung des Belieferungsrechts dar, sie sind vielmehr Gegenleistung für die Vermittlung der Gelegenheit, einen Belieferungsvertrag abzuschließen.

Auch die Voraussetzungen zu einer aktiven Abgrenzung sind nicht gegeben.

Soweit die Belieferungsrechte auch für die Zeit nach dem Bilanzstichtag bestehen, handelt es sich zwar bei den Provisionszahlungen um Aufwand, der betriebswirtschaftlich erst in die Folgezeit bei Belieferung der Kunden zu verrechnen wäre. Die Zeit, innerhalb der der Aufwand verrechnet werden müsste, ist auch – wie es § 5 Abs. 5 EStG, § 250 Abs. 1 HGB fordern – bestimmt, obwohl die Verträge verlängert werden können und i. d. R. wohl auch mit einer Verlängerung gerechnet werden kann. Die Voraussetzung der „bestimmten Zeit" ist bereits gegeben, wenn sich rechnerisch ein Mindestzeitraum für die Verrechnung von Aufwand oder Ertrag bestimmen lässt (BFH vom 09.12.1993, BStBl 1995 II S. 202). Die Ausgaben sind jedoch ihrer Natur nach nicht zeitbezogen. Die für die Provision erbrachten Gegenleistungen sind einmalige Anwerbungen von Kunden.

Die Provisionszahlungen sind daher sofort als Aufwand abzuziehen (so im Ergebnis BFH vom 29.10.1969, BStBl 1970 II S. 178, vom 03.08.1993, BStBl 1994 II S. 444, und vom 19.06.1997, BStBl 1997 II S. 808 zur Maklerprovision für den Abschluss eines Mietvertrages).

Fall 18

Forderungsverkauf bei Leasing (Forfaitierung) – umsatzsteuerliche Behandlung – Bildung und Auflösung eines Rechnungsabgrenzungspostens

Sachverhalt

Der bilanzierende Einzelunternehmer Körner (Umsatzbesteuerung nach vereinbarten Entgelten) vertreibt Maschinenanlagen durch Leasing. Zu Beginn des Jahres 03 verleast er an einen anderen inländischen Unternehmer einen von ihm zuvor von einem Dritten erworbenen Verladekran. Der vom 3. Leasingjahr an kündbare Vertrag ist für die Dauer von 8 Jahren abgeschlossen. Eine Kaufoption ist nicht vereinbart. Die jährliche, jeweils im Januar zu zahlende Leasingrate beträgt 20.000 Euro zzgl. 3.800 Euro USt. Körner überträgt zu Beginn des Leasingverhältnisses die Gesamtforderung i. H. von 190.400 Euro für den sofort fälligen Betrag von 119.000 Euro an eine Bank (sog. Forfaitierung). Die Haftung Körners ist auf den rechtlichen Bestand der Forderung beschränkt, auch auf das kündigungsfreie Fortbestehen. Das Bonitätsrisiko trägt die Bank.

Frage

1. Stellt die Übertragung der Forderung bürgerlich-rechtlich und steuerlich einen Verkauf dar oder wurde damit der Bank lediglich eine Sicherheit für einen Kredit eingeräumt?

2. Wie sind der Leasingvertrag und die Forderungsübertragung umsatzsteuerlich zu behandeln?

3. Wie sind diese Vorgänge in Buchführung und Bilanzen des Körner zu berücksichtigen?

Antwort

1. Die Forderungsübertragung ist als Verkauf anzusehen. Ein Darlehensverhältnis wurde mit der Bank nicht begründet.

2. Die Überlassung des Verladekrans stellt umsatzsteuerlich eine steuerbare und steuerpflichtige sonstige Leistung dar. Die USt für die jeweilige Leasingrate entsteht nach § 13 Abs. 1 Nr. 1 Buchst. a UStG im Zeitraum der Fälligkeit. Der Verkauf der Forderung ist nach § 4 Nr. 8 Buchst. c UStG umsatzsteuerfrei. Durch den Verkauf der Forderung wird das von Körner durch den Leasingvertrag erzielte Entgelt i. S. des § 10 UStG nicht gemindert.

3. Körner hat in Höhe des gesamten Verkaufserlöses für die Leasingforderungen (119.000 Euro) einen passiven Rechnungsabgrenzungsposten zu bilden und diesen erfolgswirksam linear während der Laufzeit des Leasingvertrags aufzulösen. Die bei Fälligkeit der Leasingraten anfallende USt ist als Aufwand zu erfassen.

Begründung

1. Die Forderungsübertragung gegen Entgelt ist als Verkauf zu betrachten, weil die Bank das Bonitätsrisiko tragen muss und damit die übliche Stellung eines Inhabers erlangt hat (BFH vom 05.05.1999, BStBl 1999 II S. 735). Es liegt eine sog. echte Forfaitierung vor. (Forderungsverkäufe, die nicht Leasingraten betreffen, werden auch Factoring genannt.)

2. Bereits wegen der Kündbarkeit des Leasingverhältnisses ab dem dritten Jahr der Laufzeit bleibt Körner auch wirtschaftlich Eigentümer des Verladekrans (vgl. Fall 51). Die Gebrauchsüberlassung stellt daher umsatzsteuerlich keine Lieferung, sondern eine sonstige Leistung dar, die nach § 1 Abs. 1 Nr. 1 UStG steuerbar und – weil nicht steuerbefreit – auch steuerpflichtig ist. Da das Entstehen der Steuer nach § 13 Abs. 1 Nr. 1 Buchst. a UStG an das Erbringen der Leistung oder Teilleistung (hier der Gebrauchsüberlassung) bzw. an die vorangegangene Zahlung des Entgelts geknüpft ist, bleibt – auch nach Forderungsverkauf – das Jahr, in dem jeweils die Gebrauchsüberlassung erfolgt und für das eine Leasingrate zu zahlen ist, der Zeitraum, für den Körner die in den einzelnen Raten enthaltene USt zu zahlen hat.

Allerdings hat Körner durch die „Forfaitierung" eine Erlöseinbuße für die damit erreichte Vorfinanzierung hingenommen. Diese stellt jedoch keine Minderung des Entgelts i. S. des § 10 UStG dar (BFH vom 27.05.1987, BStBl 1987 II S. 739 zu Factoring, und vom 20.04.1988 X R 50/81, BFH/NV 1989 S. 199 zu Franchising). Nach § 10 Abs. 1 Satz 2 UStG ist Entgelt alles, was der Leistungsempfänger – ohne USt – aufwendet, um die Leistung zu erhalten. Der vom Empfänger der Leistung „Gebrauchsüberlassung des Krans" zu zahlende Betrag wird aber durch die Forfaitierungsvereinbarung nicht berührt. Die Aufwendungen für das Forfaitieren stellen wirtschaftlich Finanzierungskosten dar, die auch sonst nicht die Entgelte für Lieferungen oder sonstige Leistungen mindern, für deren Durchführung Kredite aufgenommen wurden.

Die Abtretung der Ansprüche des Körner aus dem Leasingvertrag an eine Bank ist als ein Verkauf von Geldforderungen zu betrachten, der nach § 4 Nr. 8 Buchst. c UStG umsatzsteuerfrei ist.

3. Mit Abschluss des Leasingvertrages ist – ebenso wie beim Abschluss eines Mietvertrages – zunächst keine Buchung erforderlich. Es handelt sich um ein schwebendes Geschäft (vgl. Fall 20) für die Zeit, während der der Kran noch nicht dem Leasingnehmer überlassen ist. Der Kran ist allerdings mit den Anschaffungskosten von Körner zu aktivieren. Die Absetzungen für Abnutzung bestimmen sich nach dem Zeitraum, in dem ein solches Gerät betrieblich voraussichtlich nutzbar ist (möglicherweise auch durch eine weitere Vermietung oder Verleasung).

Das Entgelt, das Körner für den Verkauf der Leasingraten erhält, stellt für ihn wirtschaftlich eine vorweggenommene Zahlung für die vereinbarte Überlassung des Krans in der Folgezeit dar. Ebenso wie bei der Einnahme vorausgezahlter Mieten für künftige Zeiträume ist daher nach § 5 Abs. 5 Satz 1 Nr. 2 EStG ein passiver RAP zu bilden, der den gesamten gezahlten Betrag von 119.000 Euro umfasst, auch den Anteil, den Körner zur Zahlung der künftig anfallenden USt verwenden muss (BFH vom 24.07.1996, BStBl 1997 II S. 122). Während der Dauer der Nutzungsüberlassung ist der passive RAP linear aufzulösen, da eine eindeutig zu zutreffenderen Ergebnissen führende andere Methode nicht erkennbar ist (BFH vom 24.07.1996, a. a. O.). Da die künftig anfallende USt nicht mit einem Vermögenszugang oder dem Abgang einer Verbindlichkeit verknüpft ist, muss sie über Aufwand gebucht werden, zumal auch durch die Auflösung des RAP das auf den USt-Anteil der Gesamtforderung entfallende Entgelt jeweils als Ertrag erfasst wird. Während der 8-jährigen Laufzeit des Leasingvertrags sind daher die Auflösungsraten für den passiven RAP als Erträge, die jeweils anfallende USt als Aufwand zu buchen.

Buchungssätze:

RAP	an	sonstige Erträge	14.875 €
sonstiger Aufwand	an	USt	3.800 €

Fall 19

Buchmäßige Behandlung der Inzahlungnahme und Weitergabe (Diskontierung) von Wechseln

Sachverhalt

Der bilanzierende, seine Umsätze der Regelbesteuerung unterwerfende Großhändler Maisch hat einem Kunden im Spätjahr 02 Waren für 11.900 Euro (brutto) verkauft. Dieser hat vereinbarungsgemäß einen auf sich bezogenen Wechsel mit einer Laufzeit von drei Monaten (bis 28.02.03) ausgestellt und Maisch überlassen. Maisch hat diesen Wechsel sofort durch Indossament (Übertragung aller Rechte aus dem Wechsel, wobei der Indossant für die Zahlung haftet; Art. 14 und 15 WG) an seine Bank weitergegeben. Diese hat ihm hierfür 11.280 Euro vergütet und seinem betrieblichen Konto gutgeschrieben. Für Diskont (Wechselzinsen) wurden 595 Euro und als Wechselspesen 25 Euro einbehalten.

Frage

Wie muss Maisch die Annahme und Weitergabe des Wechsels in seinem Jahresabschluss zum 31.12.02 behandeln?

Antwort

Maisch kann weder die durch den Warenverkauf erlangte Forderung noch den weitergegebenen Wechsel bzw. darin verbriefte Ansprüche ausweisen. Die hierfür erlangte Gutschrift auf seinem betrieblichen Bankkonto wirkt sich auf den in der Bilanz zu erfassenden Kontostand aus. Seine zunächst mit 10.000 Euro (netto) für diesen Verkauf erfassten Erträge und die mit 1.900 Euro erfasste USt-Schuld sind wie folgt zu mindern: USt um 95 Euro (wenn er seinem Kunden Diskont und darin enthaltene USt mitteilt), Erträge um 525 Euro. Ein Rechnungsabgrenzungsposten für „vorausgezahlte Zinsen" kann nicht gebildet werden.

Begründung

Obwohl Maisch den Wechsel nach § 364 Abs. 2 BGB im Zweifel nicht an Erfüllung statt, sondern nur erfüllungshalber angenommen hat, seine Kaufpreisforderung daher noch nicht erloschen ist, kann er sie nicht neben der Wechselforderung bzw. dem dafür erhaltenen Entgelt ausweisen. Da der Kunde nur einmal zahlen muss, würde Maisch sich bei mehrfachem Ausweis reicher darstellen, als er tatsächlich ist. Er muss daher die schon gebuchte Kaufpreisforderung ausbuchen und den erhaltenen Besitzwechsel einbuchen (Buchungssatz: Besitzwechsel an Forderungen 11.900 Euro).

Schwieriger erscheint die buchmäßige Behandlung der Diskontierung des Wechsels. Jedenfalls sind der Besitzwechsel mit 11.900 Euro auszubuchen und die Gutschrift mit 11.280 Euro einzubuchen. Von der Differenz i. H. von 620 Euro (Einbehalt der Bank) mindern 95 Euro die USt-Schuld des Maisch. Der Wechseldiskont (Wechselvorzinsen) wird umsatzsteuerlich als Entgeltsminderung betrachtet, während die daneben noch zu tragenden Diskontspesen als Kosten des Zahlungseinzugs angesehen werden, die die Höhe des Entgelts unberührt lassen (Abschn. 10.3 Abs. 6 UStAE). Um die rechnerisch im Diskont enthaltene USt (95 Euro) kann daher nach § 17 UStG die USt berichtigt werden. Allerdings ist hierfür, da Maisch in der Kundenrechnung eine USt von 1.900 Euro ausgewiesen hat, eine Mitteilung an den Kunden über die Höhe des Diskonts und die darin rechnerisch enthaltene USt notwendig, um nicht die USt nach § 14c Abs. 1 UStG zu schulden (Abschn. 10.3 Abs. 6 Satz 4 UStAE).

Die Behandlung des von Maisch für die Diskontierung aufgewendeten restlichen Betrages von 525 Euro hängt davon ab, wie die zwischen der Bank und Maisch getroffene Vereinbarung rechtlich einzuordnen ist, als Kreditgeschäft oder als Kaufvertrag über den Wechsel. Wäre ein Kreditgeschäft anzunehmen, müssten die von der Bank einbehaltenen Beträge (ohne USt-Minderung), soweit sie auf die anteilige Laufzeit des Wechsels im Jahr 03 bezogen sind, als vorausgezahltes Entgelt für Kreditgewährung wie vorausgezahlte Zinsen aktiv abgegrenzt werden (§ 5 Abs. 5 Satz 1 Nr. 1 EStG). Bei Annahme eines Kaufvertrags wäre der gesamte Betrag (ohne USt-Minderung) sofort als Aufwand zu erfassen, da der Verkaufspreis des Wechsels um diese Summe unter dem Buchwert liegt. Im Ergebnis wären damit noch im Jahr 02 die Erträge entsprechend herabzusetzen bzw. die Aufwendungen zu erhöhen.

Der BFH betrachtet – nicht ohne Kritik von Seiten der Literatur – die Diskontierung eines Wechsels als Kaufgeschäft (BFH vom 26.04.1995, BStBl 1995 II S. 594). Entsprechend dieser Rechtsprechung hat daher Maisch im Jahr 02 für das Wechselgeschäft eine Ertragsminderung bzw. einen Aufwand von 525 Euro zu erfassen. Die Bildung eines aktiven Rechnungsabgrenzungspostens ist nicht statthaft. (Buchungssatz 02: Bank 11.280 Euro, sonstige Aufwendungen 525 Euro, USt 95 Euro, an Besitzwechsel 11.900 Euro.)

Möglicherweise hat Maisch daneben wegen der Gefahr, dass der Kunde den Wechsel nicht einlöst und er seine Wechselverpflichtung erfüllen muss, eine Rückstellung für ungewisse Verbindlichkeiten zu bilden (sog. Wechselobligo).

2. Rückstellungen

Fall 20

Allgemeine Voraussetzungen zur Bildung von Rückstellungen – Rückstellung für Boni

Sachverhalt

Egon Freundlich, ein bilanzierender Möbelgroßhändler, stellt bei der Aufstellung der Bilanz zum 31.12.03 im März 04 fest, dass ein erfreuliches Ergebnis erzielt worden ist. Er beschließt daher, seinen beiden Hauptkunden einen nachträglichen Bonus von 5 % des mit diesen in 03 erzielten Umsatzes zu gewähren, und erteilt entsprechende Gutschriften.

Frage

Kann Freundlich wegen dieser Boni in der Bilanz zum 31.12.03 einen Passivposten ausweisen?

Antwort

Nein, die Boni können erst 04 erfasst und als Aufwand gebucht werden.

Begründung

Eine Passivierung ist geboten, wenn zum Bilanzstichtag „negative" Wirtschaftsgüter des Betriebs vorhanden sind, insbesondere Verbindlichkeiten. Zum 31.12.03 bestand aber noch keine bürgerlich-rechtliche Verpflichtung für Freundlich, die fraglichen Preisnachlässe zu gewähren.

Es könnte jedoch die Bildung einer Rückstellung infrage kommen.

Nach § 249 Abs. 1 HGB sind Rückstellungen für ungewisse Verbindlichkeiten und für drohende Verluste aus schwebenden Geschäften zu bilden. Ferner sind Rückstellungen zu bilden für

1. im Geschäftsjahr unterlassene Aufwendungen für Instandhaltung, die im folgenden Geschäftsjahr innerhalb von drei Monaten, oder für Abraumbeseitigung, die im folgenden Geschäftsjahr nachgeholt werden,

2. Gewährleistungen, die ohne rechtliche Verpflichtung erbracht werden.

Nach § 249 Abs. 2 HGB dürfen für andere als die in § 249 Abs. 1 HGB bezeichneten Zwecke Rückstellungen nicht gebildet werden. Rückstellungen dürfen nur aufgelöst werden, soweit der Grund hierfür entfallen ist.

Folgende Fälle handelsrechtlich gebotener Rückstellung sind zu unterscheiden:

1. Rückstellung für ungewisse Verbindlichkeiten;

2. Rückstellung für drohende Verluste aus schwebenden Geschäften;

3. Rückstellung für im Geschäftsjahr unterlassene Aufwendungen für Instandhaltung, die im folgenden Geschäftsjahr innerhalb von drei Monaten nachgeholt werden;

4. Rückstellung für im Geschäftsjahr unterlassene Aufwendungen für Abraumbeseitigung, die im folgenden Geschäftsjahr nachgeholt werden;

5. Rückstellung für Gewährleistungen, die ohne rechtliche Verpflichtung erbracht werden.

Den unter 1., 2. und 5. genannten Rückstellungen ist gemeinsam, dass sie Verbindlichkeiten des Unternehmers gegenüber Dritten betreffen. Das ist bei Rückstellungen für ungewisse Verbindlichkeiten offensichtlich, ebenso bei Rückstellungen für Gewährleistungen, die ohne rechtliche Verpflichtung erbracht werden. Diese sog. „Kulanzrückstellung" erfolgt für eine wirtschaftlich, nicht bürgerlich-rechtlich bestehende Verbindlichkeit, denn der Unternehmer wird nur dann bereit sein, Kulanzleistungen zu erbringen, wenn ihn die wirtschaftlichen Gegebenheiten, insbesondere die Gepflogenheiten der Konkurrenz, dazu zwingen.

Eine Verbindlichkeit wird aber auch mit der Rückstellung für drohende Verluste aus schwebenden Geschäften ausgewiesen. (Ein „schwebendes Geschäft" ist gegeben, wenn ein Vertrag bürgerlich-rechtlich abgeschlossen, jedoch – wenigstens zur Hauptpflicht – noch von keiner Seite voll erfüllt ist, wobei nur die vollständige Erfüllung einer sich daraus ergebenden Zahlungsverpflichtung grundsätzlich nicht ausreicht, um den Schwebezustand zu beenden; vgl. zum Begriff des schwebenden Geschäftes BFH vom 08.12.1982, BStBl 1983 II S. 369.)

Folgendes Beispiel soll das Wesen einer Rückstellung für drohende Verluste aus schwebenden Geschäften verdeutlichen: Ein Unternehmer hat mit einem anderen Unternehmer vor dem Bilanzstichtag einen Kaufvertrag über eine Ware abgeschlossen. Zum Bilanzstichtag ist der Vertrag noch von keiner Seite erfüllt.

Es liegt ein schwebendes Geschäft vor. Bürgerlich-rechtlich bestehen gleichwohl zum Stichtag Forderungen und Verbindlichkeiten. So schuldet z. B. der Käufer den Kaufpreis, kann aber die Lieferung der Ware verlangen. Da die bei schwebenden Geschäften sich jeweils gegenüberstehenden Forderungen und Verbindlichkeiten i. d. R. gleichwertig sind, ist nach den Grundsätzen ordnungsmäßiger Buchführung keine Bilanzierung vorzunehmen, Forderungen und Verbindlichkeiten bleiben während des Schwebezustandes außer Ansatz. Teilleistungen sind gewinnneutral zu behandeln (z. B. Anzahlungen sind beim Geber zu aktivieren, beim Empfänger zu passivieren). Lediglich aus derartigen Geschäften drohende Verluste sind handelsrechtlich über Aufwand zu passivieren.

Bei Dauerschuldverhältnissen (z. B. Miete, Pacht, Arbeitsverhältnis) besteht i. d. R. ein Schwebezustand lediglich für erst künftig zu erbringende Leistungen und Gegenleistungen. Für die Vergangenheit ist, wenn wenigstens ein Beteiligter seine Hauptverpflichtung erfüllt hat, der Schwebezustand beendet. So sind Mietforderungen – auch anteilige Mietforderungen – für abgelaufene Zeiträume beim Vermieter zu aktivieren (BFH vom 20.05.1992, BStBl 1992 II S. 904). Soweit Vorleistungen der Gegenseite erbracht sind oder Erfüllungsrückstände bestehen (z. B. Mietschulden, rückständiger Lohn), sind diese als Verbindlichkeiten auszuweisen, wenn sie „ungewiss" sind (z. B. für rückständige Erhaltungsmaßnahmen des Mieters oder Vermieters, deren Kosten nicht feststehen, BFH vom 03.12.1991, BStBl 1993 II S. 89), als Rückstellungen für ungewisse Verbindlichkeiten (BFH vom 05.02.1987, BStBl 1987 II S. 845; vgl. auch R 5.7 Abs. 7 und 8 EStR).

Bei einer gebotenen Rückstellung für drohende Verluste aus schwebenden Geschäften ist der in der Bilanz auszuweisende Posten der Betrag, um den der Wert der Verbindlichkeit aus dem schwebenden Geschäft den Wert der Forderung übersteigt, also ein Teil jener Verbindlichkeit, der sog. „Verpflichtungsüberschuss".

Es ist somit davon auszugehen, dass mit der Rückstellung für drohende Verluste aus schwebenden Geschäften handelsrechtlich in aller Regel eine sogar bürgerlich-rechtlich schon bestehende Verbindlichkeit ausgewiesen wird.

Sonstige drohende Verluste, die nicht aus schwebenden Geschäften herrühren und noch nicht zu Verbindlichkeiten gegenüber Dritten geführt haben, sind auch handelsrechtlich grundsätzlich nicht rückstellungsfähig. So kann z. B. der wegen der Niederlassung eines Konkurrenzunternehmens zu erwartende Verlust erst in dem Zeitraum verrechnet werden, in dem er tatsächlich entsteht.

Etwas anderes gilt hinsichtlich der Rückstellung für unterlassene Aufwendungen für Instandhaltung oder Abraumbeseitigung. Dieser Passivposten ist nach § 249 Abs. 1 Satz 2 Nr. 1 HGB nur zu bilden, wenn die Instandsetzung bzw. Abraumbeseitigung im folgenden Geschäftsjahr bzw. in dessen ersten drei Monaten nachgeholt wird. Der Hauptanwendungsfall dieser Rückstellung ist die unterlassene Reparatur eigener Wirtschaftsgüter bzw. die unterlassene Abraumbeseitigung auf eigenem Gelände. Soweit der Unternehmer einem Dritten die Instandsetzung fremder Güter oder die Abraumbeseitigung schuldet, ist eine Rückstellung für ungewisse Verbindlichkeiten zu bilden, ohne dass es auf den Zeitpunkt ankommt, zu dem die Instandsetzung oder Abraumbeseitigung durchgeführt ist.

Die Rückstellung für unterlassene Aufwendungen für Instandhaltung und Abraumbeseitigung, die innerhalb einer bestimmten Frist nachgeholt werden, ist damit die einzige Rückstellungsart, mit der i. d. R. nicht eine Fremdschuld ausgewiesen wird. Sie dient allgemein nur der periodengerechten Gewinnverteilung; der vor dem Bilanzstichtag verursachte Aufwand soll im abgelaufenen Wirtschaftsjahr verrechnet werden, obwohl er erst im neuen Wirtschaftsjahr zu einer Ausgabe führt.

Die nach den handelsrechtlichen Grundsätzen ordnungsmäßiger Buchführung gem. § 249 HGB anzusetzenden Rückstellungen sind aufgrund der Regelung in § 5 Abs. 1 Satz 1 EStG auch in der steuerlichen Gewinnermittlung (Steuerbilanz) zu bilden, soweit eine betriebliche Veranlassung besteht und steuerliche Sondervorschriften, z. B. § 5 Abs. 2a, 3, 4, 4a, 4b und 6, § 6a EStG und § 50 Abs. 2 Satz 4 und 5 DMBilG, nicht entgegenstehen (R 5.7 Abs. 1 EStR).

An dieser Stelle ist insbesondere auf folgende zwei Unterschiede zwischen Handelsbilanz und Steuerbilanz hinzuweisen:

- Nach § 5 Abs. 4a EStG dürfen in der Steuerbilanz **Rückstellungen für drohende Verluste aus schwebenden Geschäften** nicht gebildet werden.

- Rückstellungen für Aufwendungen, die in **künftigen** Wirtschaftsjahren als Anschaffungskosten oder Herstellungskosten eines Wirtschaftsguts zu aktivieren sind, dürfen nach § 5 Abs. 4b Satz 1 EStG in der Steuerbilanz nicht gebildet werden, weil sich sonst Anschaffungskosten oder Herstellungskosten gewinnmindernd auswirken würden. **Aber:** Eine Rückstellung ist dagegen zu bilden für vom Unternehmer erworbene und bereits gelieferte Wirtschaftsgüter, deren Anschaffungskosten oder Herstellungskosten ganz oder teilweise ungewiss sind, weil sich in diesem Fall keine Gewinnauswirkung ergibt (Buchungssatz: Anlagegut an Rückstellungen).

Eine Rückstellung für **ungewisse Verbindlichkeiten** ist nach R 5.7 Abs. 2 EStR nur zu bilden, wenn

1. es sich um eine Verbindlichkeit gegenüber einem **anderen** oder um eine **öffentlich-rechtliche Verpflichtung** handelt,

2. die Verpflichtung **vor dem Bilanzstichtag wirtschaftlich verursacht** ist,

3. mit einer Inanspruchnahme aus einer nach ihrer Entstehung oder Höhe ungewissen Verbindlichkeit **ernsthaft zu rechnen** ist und

4. die Aufwendungen in künftigen Wirtschaftsjahren nicht zu Anschaffungskosten oder Herstellungskosten für ein Wirtschaftsgut führen.

Rückstellungen für **unterlassene Instandhaltung und Abraumbeseitigung** sind auch in der Steuerbilanz anzusetzen. Bei unterlassener Instandhaltung muss es sich um Erhaltungsarbeiten handeln, die bis zum Bilanzstichtag bereits erforderlich gewesen wären, aber erst nach dem Bilanzstichtag durchgeführt werden.

Bei der Bewertung der Rückstellungen ist zwischen Handelsrecht und Steuerrecht wie folgt zu unterscheiden:

Rückstellungen sind nach § 253 Abs. 1 Satz 2 HGB in der **Handelsbilanz** in Höhe des nach vernünftiger kaufmännischer Beurteilung notwendigen **Erfüllungsbetrags** anzusetzen. Außerdem sind Rückstellungen mit einer

Restlaufzeit von mehr als einem Jahr nach § 253 Abs. 2 Satz 1 HGB mit dem ihrer Restlaufzeit entsprechenden durchschnittlichen Marktzinssatz der vergangenen 7 Geschäftsjahre abzuzinsen. Abweichend davon dürfen nach § 253 Abs. 2 Satz 2 HGB Rückstellungen für Altersvorsorgungsverpflichtungen oder vergleichbare langfristig fällige Verpflichtungen pauschal mit dem durchschnittlichen Marktzinssatz abgezinst werden, der sich bei einer angenommenen Restlaufzeit von 15 Jahren ergibt. Dieser anzuwendende Abzinsungssatz wird von der Deutschen Bundesbank nach Maßgabe einer Rechtsverordnung ermittelt und monatlich bekannt gegeben.

Die Bewertung von Rückstellungen in der **Steuerbilanz** richtet sich nach § 6 Abs. 1 Nr. 3a EStG. Wegen dieser speziellen steuerlichen Vorschrift ist gem. § 5 Abs. 6 EStG (Bewertungsvorbehalt) der Maßgeblichkeitsgrundsatz durchbrochen. Im Einzelnen regelt § 6 Abs. 1 Nr. 3a EStG:

1. Nach § 6 Abs. 1 Nr. 3a Buchst. a EStG ist bei der Bildung einer Rückstellung für eine Vielzahl gleichartiger Verbindlichkeiten die sich aus der Erfahrung der Vergangenheit ergebende Wahrscheinlichkeit zu berücksichtigen, für einen Teil der Verpflichtungen nicht in Anspruch genommen zu werden. Bereits zur bisherigen Rechtslage war die Wahrscheinlichkeit der Inanspruchnahme zu beachten, ebenso eine Risikominderung wegen bestehender Regressforderungen (BFH vom 17.02.1993, BStBl 1993 II S. 437; bei der Aktivierung und Bewertung einer Forderung sind allerdings nach BFH vom 08.11.2000, BStBl 2001 II S. 349, Rückgriffsansprüche nur zu berücksichtigen, soweit sie unmittelbar nach Ausfall der Forderung entstehen und nicht bestritten sind).

2. Rückstellungen für Sachleistungsverpflichtungen waren nach bisheriger Auffassung mit den Vollkosten anzusetzen. § 6 Abs. 1 Nr. 3a Buchst. b EStG bestimmt nunmehr, sie seien mit den Einzelkosten und angemessenen Teilen der notwendigen Gemeinkosten zu bewerten. Damit dürfen die in § 255 Abs. 2 Satz 4 HGB genannten Kosten der allgemeinen Verwaltung sowie Aufwendungen für soziale Einrichtungen des Betriebs, für freiwillige soziale Leistungen und für die betriebliche Altersversorgung nicht eingerechnet werden.

3. Nach § 6 Abs. 1 Nr. 3a Buchst. c EStG sind künftige Vorteile, die voraussichtlich mit der Erfüllung der Verpflichtung verbunden sein werden, wertmindernd zu berücksichtigen (z. B. der Schrotterlös bei der Verpflichtung, eine verbrauchte Maschinenanlage zu beseitigen).

4. Wenn eine Verpflichtung allmählich entsteht bzw. sich im Wert laufend steigert, ist die dafür zu bildende Rückstellung zeitanteilig in gleichen Raten anzusammeln (§ 6 Abs. 1 Nr. 3a Buchst. d EStG).

5. Nach § 6 Abs. 1 Nr. 3a Buchst. e, Nr. 3 Satz 2 EStG sind Rückstellungen für Verpflichtungen und Verbindlichkeiten abzuzinsen, wenn die Verbindlichkeit unverzinslich ist und ihre voraussichtliche Laufzeit am Stichtag mindestens noch 12 Monate beträgt.

6. Bei der Bewertung sind die Wertverhältnisse am Bilanzstichtag maßgebend; künftige Preis- und Kostensteigerungen dürfen nicht berücksichtigt werden.

Der Unternehmer kann Rückstellungen nach folgenden Methoden bilden (vgl. BFH vom 30.06.1983, BStBl 1984 II S. 263):

a) durch Einzelberechnung jeder Belastung;

b) durch pauschale Berechnung einer Anzahl gleicher Belastungen;

c) durch eine Mischung zwischen Einzelberechnung und pauschaler Berechnung gleichartiger Belastungen.

Der Unternehmer muss im Einzelfall nach den gegebenen Verhältnissen – möglicherweise nach den in der Vergangenheit gemachten Erfahrungen – über die Art der Rückstellung und, im Rahmen der zu beachtenden Regelungen, über deren Höhe entscheiden.

Die weitaus meisten in der Praxis vorkommenden Rückstellungen werden für ungewisse Verbindlichkeiten eingestellt. Beispiele dafür sind: Pensionsrückstellungen, Gewerbesteuerrückstellung, Garantierückstellung, Wechselobligo, Rückstellung für zu erstattendes Flaschenpfand (BMF vom 04.04.1995, BStBl 1995 I S. 363), für Zuwendungen wegen Dienstjubiläen (steuerlich Einschränkungen nach § 5 Abs. 4 EStG, diese Regelung ist jedoch für Zuwendungen wegen Betriebsjubiläen nicht anwendbar; BFH vom 29.11.2000, BStBl 2004 II S. 41) und Prozesskostenrückstellungen.

Auch im vorliegenden Fall des Möbelhändlers Freundlich kommt nur der Ansatz einer Rückstellung für ungewisse Verbindlichkeiten infrage. Danach müssen nach R 5.7 Abs. 2 EStR folgende Voraussetzungen erfüllt sein:

1. eine Verbindlichkeit des Unternehmers, die zwar bürgerlich-rechtlich bzw. öffentlich-rechtlich am Bilanzstichtag noch nicht bestehen, aber zumindest wirtschaftlich verursacht sein muss (so z. B. BFH vom 24.06.1969, BStBl 1969 II S. 581, vom 20.03.1980, BStBl 1980 II S. 297, vom 19.05.1987, BStBl 1987 II S. 848, vom 17.12.1990, BStBl 1991 II S. 485, und vom 13.11.1991, BStBl 1992 II S. 177);

2. eine Ungewissheit über diese Verbindlichkeit, die sich auf die Höhe, auf das künftige bürgerlich-rechtliche Entstehen oder auf den gegenwärtigen Bestand der Verbindlichkeit beziehen kann;

3. objektiv nach den Kenntnissen zum Zeitpunkt der Bilanzerstellung über die tatsächlichen und rechtlichen Verhältnisse am Bilanzstichtag die Wahrscheinlichkeit, dass der Unternehmer in Anspruch genommen werden wird (BFH vom 01.08.1984, BStBl 1985 II S. 44, vom 25.08.1989, BStBl 1989 II S. 893, vom 19.10.1993, BStBl 1993 II S. 891, und vom 15.03.1999 I B 95/98, BFH/NV 1999 S. 1205).

Die genannten Voraussetzungen sind hier nicht gegeben. Am Bilanzstichtag ist Freundlich bürgerlich-rechtlich nicht verpflichtet, Boni zu gewähren. Es fehlt auch an einer an sich ausreichenden wirtschaftlichen Verursachung einer solchen Schuld im abgelaufenen Wirtschaftsjahr. Wirtschaftlich verursacht ist eine Verbindlichkeit, wenn der Tatbestand, von dessen Verwirklichung ihre Entstehung abhängt, in dem betreffenden Wirtschaftsjahr im Wesentlichen bereits verwirklicht ist und die Verbindlichkeit damit so eng mit dem betrieblichen Geschehen dieses Wirtschaftsjahres verknüpft ist, dass es gerechtfertigt ist, sie wirtschaftlich als eine bereits am Bilanzstichtag bestehende Verbindlichkeit zu behandeln (BFH vom 10.12.1992, BStBl 1994 II S. 158; vgl. auch R 5.7 Abs. 3 EStR). Im hier gegebenen Fall war die gute Gewinnentwicklung im Vorjahr jedoch nur das Motiv Freundlichs zur Zahlung der Boni. Eine dahin gehende Verpflichtung gegenüber seinen Kunden vermag sie nicht zu begründen. Die Boni wurden später vielmehr freiwillig, auch frei von wirtschaftlichen Zwängen, gewährt.

Da auch eine Passivierung unter anderen Gesichtspunkten zum 31.12.03 nicht möglich erscheint, können die Boni erst im Jahr 04 als Aufwand gebucht werden (so zu Leistungsprämien für Arbeitnehmer, auch wenn diese nach den in der Vergangenheit bezogenen Löhnen bemessen werden, BFH vom 02.12.1992, BStBl 1993 II S. 109).

Fall 21

Rückstellung für ungewisse Verbindlichkeiten – Ausgleichsanspruch eines Handelsvertreters nach § 89b Abs. 1 Nr. 1 HGB

Sachverhalt

Der bilanzierende Lackgroßhändler Wohlgemut hat im Januar 03 einen selbständigen Handelsvertreter mit dem Vertrieb seiner Waren betraut. Das Vertragsverhältnis mit dem Handelsvertreter wird 09 auslaufen.

Frage

Kann Wohlgemut zum 31.12.03 eine Rückstellung für einen etwaigen Ausgleichsanspruch des Handelsvertreters nach § 89b Abs. 1 Nr. 1 HGB bilden?

Antwort

Vor Beendigung des Vertragsverhältnisses mit dem Handelsvertreter kann Wohlgemut keine Rückstellung für einen Ausgleichsanspruch bilden.

Begründung

Wenn überhaupt, könnte nur für eine „ungewisse Verbindlichkeit" in der Bilanz zum 31.12.03 eine Rückstellung ausgewiesen werden (vgl. zu den

Voraussetzungen dieser Rückstellung Fall 20). Damit würde eine bürgerlich-rechtlich allerdings noch nicht entstandene Verbindlichkeit des Wohlgemut passiviert, von der ungewiss ist, ob sie überhaupt zum Entstehen
kommen wird und – soweit dies zutrifft – in welcher Höhe.

Voraussetzung zur Bildung einer Rückstellung für eine ungewisse Verbindlichkeit ist, dass diese Verbindlichkeit, wenn sie zum Stichtag bürgerlich-
rechtlich noch nicht besteht, ganz oder wenigstens zum Teil bereits im
abgelaufenen Wirtschaftsjahr wirtschaftlich verursacht ist. Eine wirtschaftliche Verursachung im abgelaufenen Wirtschaftsjahr ist anzunehmen, wenn
die Verbindlichkeit so eng mit dem Geschehen dieses Jahres verknüpft ist,
dass es gerechtfertigt erscheint, sie wirtschaftlich diesem Zeitraum zuzuordnen. Dies ist der Fall, wenn die wirtschaftlich wesentlichen Tatbestands-
merkmale der Verbindlichkeit vor dem Stichtag erfüllt wurden und ihr Entstehen nur noch von wirtschaftlich unwesentlichen Tatbestandsmerkmalen
abhängt (BFH vom 12.12.1990, BStBl 1991 II S. 485, und vom 10.12.1992,
BStBl 1994 II S. 158). Um dies im vorliegenden Fall feststellen zu können,
muss geprüft werden, wofür der Handelsvertreter einen Ausgleichsanspruch erhält. Das ergibt sich aus der Bestimmung des § 89b Abs. 1 Nr. 1
HGB, die folgenden Wortlaut hat:

> „Der Handelsvertreter kann von dem Unternehmer nach Beendigung des
> Vertragsverhältnisses einen angemessenen Ausgleich verlangen, wenn und
> soweit
>
> 1. der Unternehmer aus der Geschäftsverbindung mit neuen Kunden, die der
>   Handelsvertreter geworben hat, auch nach Beendigung des Vertragsver-
>   hältnisses erhebliche Vorteile hat . . ."

Der Ausgleichsanspruch knüpft daher an zweierlei an: an die Geschäftsbeziehungen mit vom Handelsvertreter geworbenen neuen Kunden – diese
sind zum Teil wohl im vorliegenden Fall schon im Jahr 03 angebahnt worden – und an den Nutzen, den der Unternehmer nach Beendigung des Vertragsverhältnisses mit dem Handelsvertreter aus diesen Geschäftsbeziehungen hat. Der BFH (vgl. Entscheidungen vom 24.06.1969, BStBl 1969 II S. 581,
vom 28.04.1971, BStBl 1971 II S. 601, vom 20.03.1980, BStBl 1980 II S. 297,
vom 04.12.1980, BStBl 1981 II S. 266, vom 20.01.1983, BStBl 1983 II S. 375,
vom 24.11.1983, BStBl 1984 II S. 299, und vom 24.01.2001, BStBl 2005 II
S. 465) nimmt an, wirtschaftlich liege das Hauptgewicht der Verursachung
des Ausgleichsanspruchs auf der Nutzung der vom Handelsvertreter ange-
bahnten Geschäftsbeziehungen durch den Unternehmer. Aus der Sicht des
Unternehmers diene der Anspruch dem Ausgleich der Vorteile, die er
gerade nach Beendigung des Vertragsverhältnisses aus der früheren Tätigkeit des Handelsvertreters habe. Nichts liege daher näher, als die Ausgleichsverpflichtung als eine wirtschaftliche Last der Geschäftsjahre anzusehen, in denen dem Unternehmer die Vorteile zuflössen. Der BFH sieht
daher den Ausgleichsanspruch auch wirtschaftlich nicht als vor Beendigung
des Vertragsverhältnisses mit dem Handelsvertreter verursacht an und ver-

neint die Möglichkeit, vorher deshalb eine Rückstellung zu bilden. (Etwas anderes gilt allerdings, wenn dem Handelsvertreter vom Fortbestehen wirtschaftlicher Vorteile für den Geschäftsherrn unabhängige Vergütungen nach der Beendigung des Vertragsverhältnisses zustehen; keine Rückstellung ist aber auszuweisen, wenn diese Vergütung nur die künftige Einhaltung eines Wettbewerbsverbots abgelten soll, BFH vom 24.01.2001, BStBl 2005 II S. 465).

Obwohl die Auffassung des BFH auf Kritik gestoßen ist, verdient sie Anerkennung, da sie von der hier allein bedeutsamen Sicht des Unternehmers ausgeht, in dessen Bilanz eine Passivierung infrage kommt. Auch im vorliegenden Fall kann daher eine Rückstellung für die Ausgleichsverbindlichkeit an den Handelsvertreter nicht gebildet werden, weil diese Verbindlichkeit bürgerlich-rechtlich allenfalls nach dem Bilanzstichtag entstehen wird und im abgelaufenen Jahr auch wirtschaftlich noch nicht verursacht ist.

Ein weiteres in diesem Zusammenhang interessantes Beispiel ist die Frage, ob eine Bausparkasse, die im Fall des Verzichts des Kunden auf ein Darlehen die bei Vertragsabschluss entrichtete Abschlussgebühr zurückerstattet, schon vor dem Verzicht deshalb eine Rückstellung zu bilden hat. Der BFH hält dies für geboten, weil er die Rückzahlungsverbindlichkeit als wesentlich durch die Zahlung der Abschlussgebühr wirtschaftlich verursacht betrachtet (BFH vom 12.12.1990, BStBl 1991 II S. 485). Ebenfalls durch die Vereinnahmung von Abschlagszahlungen der Kunden soll die Verpflichtung eines Versorgungsunternehmens zur Erstellung der Jahresabrechnung wirtschaftlich verursacht sein. Die zu erwartenden Kosten der Jahresabrechnung sind deshalb zurückzustellen, zumal sie insgesamt für das Unternehmen nicht unwesentlich sind (BFH vom 18.01.1995, BStBl 1995 II S. 742). Anders als die Verpflichtung zu Garantie- oder Kulanzleistungen wegen Mängel einer verkauften Sache sollen jedoch im Kaufvertrag getroffene Zusagen über Nachbetreuungsarbeiten, z. B. kostenlose Reparaturen künftig entstehender Schäden oder kostenlose spätere Reinigung, nicht wirtschaftlich bereits mit dem Abschluss des Kaufvertrags entstanden sein (BFH vom 10.12.1992, BStBl 1994 II S. 158). Diese Entscheidung und die von ihr getroffene Unterscheidung erscheinen allerdings kaum verständlich.

Fall 22

Abschluss verlustbringender Verträge – Bewertung angefangener, zum Bilanzstichtag noch nicht fertig gestellter Arbeiten, die aufgrund verlustbringender Verträge ausgeführt werden – handels- und steuerrechtliche Berücksichtigung verlustbringender Geschäfte in der Bilanz

Sachverhalt

1. Der bilanzierende Bauunternehmer Weber hat im Jahr 01 den Auftrag zur Errichtung einer Garage auf dem Grundstück des Auftraggebers zu dem nicht kostendeckenden Preis von 40.000 Euro (ohne USt) angenommen, um die sonst nicht gewährleistete Beschäftigung seiner Arbeitnehmer zu sichern. Nach der richtig durchgeführten Kalkulation waren folgende (auch tatsächlich angefallene) Kosten für den Bau zu erwarten:

Fertigungslöhne	25.000 €
Fertigungsgemeinkosten	12.500 €
Materialeinzelkosten	8.000 €
Materialgemeinkosten	2.000 €
Verwaltungskosten	2.500 €

Zum Bilanzstichtag 31.12.01 waren bereits angefallen:

Fertigungslöhne	10.000 €
Fertigungsgemeinkosten	5.000 €
Materialeinzelkosten	6.000 €
Materialgemeinkosten	1.500 €
Verwaltungskosten	500 €

2. Der bilanzierende Hersteller feinmechanischer Geräte Heinz Tiftel hat für einen anderen Unternehmer die Fertigung einer Spezialmaschine übernommen. Als Festpreis wurden 50.000 Euro (ohne USt) vereinbart. Dabei war Tiftel von folgender Kalkulation ausgegangen:

Fertigungskosten	40.000 €
Verwaltungskosten	2.000 €
Vertriebskosten (Verpackung, Versand)	4.000 €
Gewinn (üblicher Umsatzanteil)	4.000 €

Die Maschine war zum Bilanzstichtag 31.12.05 zum Teil fertig gestellt. Eine Nachkalkulation zum 31.12.05 ergab folgende zutreffenden, die Zahlen der ursprünglichen Kalkulation übersteigenden Kosten:

bisher angefallene Fertigungskosten	37.000 €
bisher angefallene Verwaltungskosten	3.000 €
noch zu erwartende Fertigungskosten	18.000 €
noch zu erwartende Verwaltungskosten	1.000 €
noch zu erwartende Vertriebskosten	4.000 €

Die Kalkulationsdifferenzen beruhten

a) auf einer irrtümlich fehlerhaften Berechnung bei der ursprünglichen Kalkulation (der Auftraggeber hätte auch einen höheren Preis vereinbart);

b) auf einer durch Unachtsamkeit verursachten Beschädigung der Maschine bei Montagearbeiten (Rückgriffsforderungen bestehen nicht).

Frage

1. Wie hat Weber wegen der teilweise fertig gestellten Garage zum 31.12.01 zu bilanzieren?

2. Wie ist die teilweise fertig gestellte Maschine in Tiftels Bilanz zum 31.12.05 nach beiden Sachverhaltsalternativen mindestens zu bewerten?

3. Welche weiteren Folgerungen sind handels- und steuerrechtlich für die Bilanzen zum 31.12.01 bzw. 05 aus den Abschlüssen der verlustbringenden Verträge zu ziehen?

Antwort

1. Weber hat eine Teilforderung gegen den Bauherrn zu aktivieren. Grundsätzlich ist diese mit den bisher angefallenen Herstellungskosten zu bewerten. Dabei besteht zum Ansatz der Verwaltungskosten ein Wahlrecht. Hier ist zudem ein Abschlag in Höhe des auf das Jahr 01 entfallenden Verlustanteils vorzunehmen. Die Teilforderung ist mit mindestens 17.900 Euro zu bewerten.

2. a) Die noch nicht fertig gestellte Maschine ist mindestens mit den bisher angefallenen Herstellungskosten ohne Verwaltungskosten anzusetzen (37.000 Euro). Die Voraussetzungen für einen Teilwertabschlag sind nicht gegeben.

   b) Bei dieser Alternative sind die Voraussetzungen für einen Teilwertabschlag gegeben. Die unfertige Maschine ist mit dem Teilwert von 23.000 Euro anzusetzen.

3. Bei allen geschilderten Sachverhalten und Alternativen kommen handelsrechtlich Rückstellungen für drohende Verluste aus schwebenden Geschäften in Betracht. Steuerrechtlich ist der Ausweis eines solchen Postens nicht gestattet.

Begründung

1. Durch die Verbindung der Garagenteile mit dem Grund und Boden des Bauherrn wird dieser bürgerlich-rechtlich Eigentümer des Bauwerks (§ 946 BGB). Weber bleibt auch wirtschaftlich nicht Eigentümer der eingebauten Sachen, weil er darüber nicht mehr verfügen kann. Die unfertigen Arbeiten auf fremdem Grund und Boden sind handels- und steuerrechtlich als Forderungen des Bauunternehmers gegen den Bauherrn zu erfassen und grundsätzlich mit den bisher angefallenen Herstellungskosten zu bewerten. Diese

betragen einschließlich der zwingend einzubeziehenden Verwaltungskosten 23.000 Euro (BMF vom 12.03.2010, BStBl 2010 I S. 239, Rn. 8). Hiervon ist ein Teilwertabschlag vorzunehmen, weil der Nennwert der Gesamtforderung gegen den Bauherrn und damit auch der Nennwert der zum
31.12.01 anzusetzenden Teilforderung geringer ist als die dazu aufgewendeten bzw. aufzuwendenden Herstellungskosten. Der Teilwert einer Forderung entspricht grundsätzlich ihrem Nennwert (vgl. z. B. BFH vom
30.11.1988, BStBl 1990 II S. 117). Der fiktive Erwerber des Betriebs des
Weber wird allerdings ebenfalls gezwungen sein, einzelne verlustbrin-
gende Aufträge anzunehmen. Einen den künftig anfallenden Arbeiten
zuzurechnenden Verlustanteil wird er daher übernehmen. Soweit der Verlust den Tätigkeiten in der Vergangenheit zuzurechnen ist, wird er jedoch
hierfür nicht aufkommen, weil er von den zugrunde liegenden Arbeits-
beschaffungsmaßnahmen keinen Vorteil hat. Bei dem damit nur wegen der
bis zum Stichtag angefallenen Verluste vorzunehmenden Teilwertabschlag
ist, weil bei derartigen Aufträgen ohnedies kein Gewinn erzielt wird, kein
fiktiver Gewinnanteil einzuberechnen. Allgemein ist jedoch zu aufgrund
eines verlustbringenden Auftrags teilweise erstellten Bauten auf fremdem
Grund und Boden ein sich auf den gesamten Verlust erstreckender Teilwertabschlag nach der retrograden Methode (R 6.8 Abs. 2 Satz 3 EStR) vorzunehmen (BFH vom 07.09.2005, BStBl 2006 II S. 298).

Der bis zum 31.12.01 angefallene Verlustanteil ist nach dem Verhältnis der
bereits angefallenen Herstellungskosten zu den insgesamt zu erwartenden
Herstellungskosten zu errechnen. Angefallen sind bis zum 31.12.01
23.000 Euro Herstellungskosten (einschließlich Verwaltungskosten). Insgesamt werden Herstellungskosten i. H. von 50.000 Euro (einschließlich Verwaltungskosten) anfallen; d. h., 46 % der Bauleistungen sind am 31.12.01
erbracht. Der entsprechende Verlustanteil beträgt 4.600 Euro bei einem zu
erwartenden Gesamtverlust i. H. von 10.000 Euro. Von dem als Herstellungskosten zu erfassenden Betrag i. H. von 23.000 Euro ist daher noch ein
Teilwertabschlag i. H. von 4.600 Euro vorzunehmen. Die Teilforderung des
Weber gegen den Bauherrn ist daher zum 31.12.01 mit mindestens
18.400 Euro zu bewerten.

2. a) Die bürgerlich-rechtlich (und wirtschaftlich) noch Tiftel gehörende
unfertige Maschine ist von Tiftel zu aktivieren. Nach § 6 Abs. 1 Nr. 2 EStG
ist sie mit den Herstellungskosten zu bewerten, mit dem Teilwert nur, wenn
er niedriger ist als die Herstellungskosten und diese Wertminderung
voraussichtlich von Dauer ist. Der Teilwert ist ein dem anzusetzenden
Gegenstand beizumessender objektiver Wert (vgl. z. B. BFH vom
07.11.1990, BStBl 1991 II S. 342), der unabhängig von der auf Kalkulations-
fehlern beruhenden Preisvereinbarung besteht. (Anders als zu 1. geht es
hier auch nicht um die Bewertung der unmittelbar von dem verlustbringenden Abschluss betroffenen „reduzierten" Forderung.) Die Teilwertvermutung (vgl. Fall 58), wonach der Teilwert eines Wirtschaftsguts im Zeitpunkt

der Herstellung grundsätzlich den Herstellungskosten entspricht, kann Tiftel nicht entkräften. Der Kalkulationsfehler ist keine den Wert der unfertigen Maschine beeinträchtigende Fehlmaßnahme. Ein fiktiver Erwerber des Betriebs hätte, ausgehend von ihrem objektiven Wert, keinen Anlass, für sie weniger als die bisher angefallenen Herstellungskosten zu zahlen, zumal sie auch teurer hätte verkauft werden können (vgl. auch BFH vom 29.04.1999, BStBl 1999 II S. 681, wonach ein Teilwertabschlag bei Waren, die mit der Absicht, sie unter Einstandspreis zu verkaufen, angeschafft wurden, jedenfalls bei einem sonst mit Gewinn arbeitenden Betrieb nicht statthaft ist). Die Verpflichtung, die Maschine zum Preis von nur 50.000 Euro liefern zu müssen, belastet als Verbindlichkeit den Wert des Betriebs (ohne steuerlich – wie unter 3. ausgeführt – berücksichtigungsfähig zu sein). Eine Minderung des Maschinenwerts vermag sie nicht zu bewirken. Es sind die angefallenen Herstellungskosten von 37.000 Euro anzusetzen.

2. b) Anders als zu 2. a) ist hier die Teilwertvermutung widerlegt. Es liegt wegen des Fabrikationsfehlers eine die Herstellungskosten erhöhende Fehlmaßnahme vor. Der fiktive Erwerber des Betriebs des Tiftel würde für eine nach dieser Fallvariante nur für 50.000 Euro veräußerbare Maschine nicht die gesamten angefallenen Herstellungskosten vergüten. Er würde ferner, da es sich hier um einen üblichen Auftrag für einen wohl i. d. R. mit Gewinn arbeitenden Betrieb handelt, bei der Bemessung des Preises auch den üblichen Gewinn einkalkulieren (R 6.8 Abs. 2 Satz 3 EStR).

Nach der in R 6.8 Abs. 2 Satz 3 EStR beschriebenen retrograden Methode zur Ermittlung des Teilwerts zur Veräußerung bestimmter Wirtschaftsgüter, wenn der erzielbare Preis nicht die Kosten und die übliche Gewinnspanne deckt, ist wie folgt zu rechnen: Teilwert = erzielbarer Preis abzüglich noch zu erwartender Kosten und durchschnittlichen Unternehmergewinns. Im Beispielsfall beträgt der Teilwert: 50.000 Euro (erzielbarer Preis) ⁒ 23.000 Euro (noch zu erwartende Kosten) ⁒ 4.000 Euro (üblicher Unternehmergewinn) = 23.000 Euro. Hierbei ist der gesamte zu erwartende Verlust zu berücksichtigen, weil er durch den Montagefehler allein im Jahr 05 verursacht ist (hätte der Montagefehler sich erst 06 ereignet, wäre ein Teilwertabschlag zum 31.12.05 nicht statthaft).

3. Handelsrechtlich ist wegen des Abschlusses eines verlustbringenden, noch nicht erfüllten Vertrags nach § 249 Abs. 1 HGB eine Rückstellung für drohende Verluste aus schwebenden Geschäften zu bilden. Schwebende Geschäfte sind am Bilanzstichtag sowohl beim Sachverhalt zu 1. als auch zu 2. gegeben, weil zu diesem Zeitpunkt weder Weber noch Tiftel ihre Sachleistungsverpflichtungen voll erfüllt haben. Der Grund für den Abschluss des verlustbringenden Geschäfts ist nicht erheblich. Die Bildung einer solchen Rückstellung käme daher in allen geschilderten Beispielen und Alternativen in Betracht. Eine Rückstellungsbildung (über Aufwand) erscheint auch folgerichtig, weil die Verluste durch den Abschluss von Verträgen bzw. durch die Beschädigung wirtschaftlich bereits im abgelaufenen Jahr begründet worden sind.

Handelsrechtlich zurückzustellen ist der gesamte zu erwartende, nicht sonst bereits als Aufwand erfasste Verlust (nicht ein entgehender Gewinn). In den Beispielsfällen zu 1. und 2. a) wären daher in Höhe der bei der Bewertung der Forderung bzw. der unfertigen Maschine unberücksichtigt gebliebenen zu erwartenden Verluste noch Rückstellungen wegen drohender Verluste aus schwebenden Geschäften zu bilden. Im Fall 2. b) ist der gesamte zu erwartende Verlust bei der Berechnung des Teilwerts berücksichtigt.

Steuerlich ist die Bildung dieser Rückstellungen nach § 5 Abs. 4a EStG nicht gestattet. Auch der Ausweis der Verbindlichkeiten aus den geschilderten (schwebenden) Geschäften ist nicht zulässig. Die Bestimmung des § 5 Abs. 4a EStG ist als eine Spezialvorschrift über die Behandlung von Verbindlichkeiten aus schwebenden Geschäften anzusehen. Dieses steuerliche Bilanzierungsverbot darf weder seinem Wortlaut noch seinem Sinn nach durch die Anwendung der allgemeinen Bilanzierungsregeln umgangen werden.

Fall 23

Rückstellung für die Kosten von TÜV-Untersuchungen und zu erwartende, damit zusammenhängende Reparaturaufwendungen

Sachverhalt

Der bilanzierende Autovermieter Starke ist Eigentümer zahlreicher seinem Betrieb dienender PKW. Zum Bilanzstichtag 31.12.04 waren zu allen Fahrzeugen teilweise die Zeitabstände zwischen den nach § 29 StVZO notwendigen Untersuchungen bzw. bis zur erstmaligen derartigen Untersuchung abgelaufen. Nach den in der Vergangenheit gemachten Erfahrungen muss Starke damit rechnen, dass bei den Untersuchungen des TÜV Mängel festgestellt werden, die Reparaturen erforderlich machen. So war bei einem im Februar 05 durch den TÜV untersuchten PKW noch im Februar 05 die bereits zum 31.12.04 nicht mehr den gesetzlichen Bestimmungen entsprechende Bereifung zu erneuern. Weitere Reparaturen aufgrund der Beanstandungen des TÜV zu verschiedenen Fahrzeugen wurden im Mai 05, September 05 und Dezember 05 durchgeführt.

Frage

Kann Starke zum 31.12.04 eine Rückstellung wegen der künftig anstehenden TÜV-Untersuchungen bilden und darin die zu erwartenden Untersuchungsgebühren (zeitanteilig) sowie die zu erwartenden Reparaturaufwendungen einstellen?

Antwort

Eine solche Rückstellung ist – auch zu der im Februar 05 vorgenommenen Erneuerung der Bereifung – steuerlich nicht statthaft.

Begründung

Zur Veranlassung einer regelmäßigen Untersuchung und damit zur Zahlung der TÜV-Gebühren ist Starke nach § 29 StVZO verpflichtet. Es kommt deshalb insoweit eine Rückstellung wegen ungewisser Verbindlichkeiten in Betracht (ungewiss, weil diese z. B. beim Verkauf oder der Zerstörung des Fahrzeugs entfallen kann). Eine solche Verbindlichkeit war jedoch rechtlich am 31.12.04 noch nicht entstanden (vgl. BFH vom 27.06.2001, BStBl 2003 II S. 121, wonach am Bilanzstichtag rechtlich entstandene Verbindlichkeiten stets zu passivieren sind). Nur wenn Starke nach Ablauf des Zeitabschnitts, bis zu dessen Ende eine erneute oder erstmalige Untersuchung durchgeführt werden muss, die Fahrzeuge weiter bestimmungsgemäß nutzen will, ist er zum Vorgehen nach § 29 StVZO verpflichtet. Bis zum Ende des genannten Zeitraums – das im Beispielsfall bei allen Fahrzeugen nach dem 31.12.04 liegt – besteht keine derartige Verpflichtung.

Auch an einer zur Bildung einer Rückstellung für ungewisse Verbindlichkeiten ausreichenden wirtschaftlichen Verursachung der Verbindlichkeit vor dem Bilanzstichtag (vgl. Fälle 20 und 21) mangelt es hinsichtlich der TÜV-Gebühren. Die Untersuchung nach § 29 StVZO dient dazu, die Berechtigung zu erlangen, das untersuchte Fahrzeug künftig im Straßenverkehr nutzen zu können. Die Untersuchung ist damit „zukunftsgerichtet". Die Verpflichtung, eine Untersuchung durchführen zu lassen, kann daher wirtschaftlich nicht in der Vergangenheit ihren Grund finden (so zur Verpflichtung, Hubschrauber nach luftfahrtrechtlichen Bestimmungen nach einer bestimmten Zahl von Flugstunden untersuchen zu lassen, BFH vom 19.05.1987, BStBl 1987 II S. 848; zur Verpflichtung des Betreibers eines Kraftwerks, Uferschutzarbeiten durchzuführen und den Stauraum zu entschlammen, BFH vom 12.12.1991, BStBl 1992 II S. 600).

Eine Verpflichtung des Starke, die Fahrzeuge instand zu setzen, besteht gegenüber keinem Dritten, auch nicht gegenüber der Allgemeinheit. Es ist lediglich verboten, mit einem nicht verkehrssicheren Fahrzeug auf öffentlichen Straßen zu fahren. Auch die Erteilung der Prüfplakette nach § 29 StVZO hängt von der Erhaltung eines von Sicherheitsmängeln freien Zustandes des Fahrzeugs ab. Für derartige Reparaturaufwendungen kommt daher nicht eine Rückstellung für ungewisse Verbindlichkeiten infrage, sondern nur eine Rückstellung für im Geschäftsjahr unterlassene Aufwendungen für Instandhaltung, die im folgenden Geschäftsjahr innerhalb von drei Monaten nachgeholt werden (§ 249 Abs. 1 Satz 2 Nr. 1 HGB).

Innerhalb von drei Monaten nach dem 31.12.04 wurde lediglich die Berei-fung eines PKW erneuert. Es handelt sich hierbei um eine Erhaltungs-maßnahme, die üblicherweise in gleichem Umfang in etwa gleichen Zeitabschnitten anfällt. Zumindest steuerlich kann für derartige laufend notwendig werdende Reparaturen eine Rückstellung nach § 249 Abs. 1 Satz 2 Nr. 1 HGB nicht gebildet werden (H 5.7 Abs. 11 EStH).

Fall 24

Gebäude auf fremdem Grund und Boden – Rückstellung für Abbruchverpflichtung – Abzinsung von Rückstellungen

Sachverhalt

Der eingetragene Kaufmann Marc Killer, der einen Groß- und Einzelhandel mit Werkzeugmaschinen betreibt, seinen Gewinn durch Betriebsvermö-gensvergleich ermittelt und zum vollen Vorsteuerabzug berechtigt ist, ist auf der Suche nach einem Grundstück für eine weitere Lagerhalle insoweit erfolgreich gewesen, als er von dem Privatmann Lars Haller die Erlaubnis erhielt, auf einem seiner unbebauten Grundstücke auf eigene Kosten eine Lagerhalle errichten zu dürfen. Killer nahm dieses Angebot an und errich-tete auf dem unbebauten Grundstück des Haller eine fest mit dem Grund und Boden verbundene einfache Lagerhalle mit einer Nutzungsdauer von 18 Jahren, deren Herstellungskosten 120.000 Euro betragen haben. Die Fer-tigstellung erfolgte am 02.01.05. Die Erlaubnis zur Errichtung der Lager-halle war allerdings an die Verpflichtung gebunden, das Grundstück am 31.12.14 im ursprünglichen Zustand, d. h. unbebaut, wieder zurückzu-geben. Aufgrund eines von Killer von einem Abbruchunternehmer ein-geholten Kostenvoranschlags werden sich die Abbruchkosten der Lager-halle voraussichtlich wie folgt entwickeln:

Am 31.12.05	50.000 € + USt
Am 31.12.09	55.000 € + USt
Am 31.12.12	60.000 € + USt
Am 31.12.14	70.000 € + USt

Der von der Deutschen Bundesbank ermittelte und bekannt gegebene durchschnittliche Marktzinssatz der vergangenen 7 Geschäftsjahre beträgt 5,5 %.

Frage

1. Wer ist zivilrechtlicher Eigentümer der Lagerhalle?

2. Muss Killer die Lagerhalle in seiner Handelsbilanz und Steuerbilanz aktivieren und falls ja, mit welchem Wert erfolgt die Bilanzierung am 31.12.05?

3. Muss für die Abbruchverpflichtung in Handelsbilanz und Steuerbilanz eine Rückstellung gebildet werden und falls ja, wie hoch sind die Bilanzansätze in den Jahren 05 bis 15?

Antwort

1. Killer ist zivilrechtlicher Eigentümer der Lagerhalle.
2. Die Lagerhalle ist von Killer sowohl in seiner Handelsbilanz als auch in seiner Steuerbilanz zu aktivieren. Die Herstellungskosten sind auf die Nutzungsdauer von 10 Jahren zu verteilen. Der Buchwert am 31.12.05 beträgt folglich 108.000 Euro.
3. Die Voraussetzungen für die Bildung einer Rückstellung für ungewisse Verbindlichkeiten sind erfüllt. Wegen der Höhe der zu passivierenden Rückstellung an den einzelnen Bilanzstichtagen in Handelsbilanz und Steuerbilanz s. Begründung.

Begründung

1. Nach § 93 BGB können Bestandteile einer Sache, die voneinander nicht getrennt werden können, ohne dass der eine oder der andere zerstört oder in seinem Wesen verändert wird (wesentliche Bestandteile), nicht Gegenstand besonderer Rechte sein. Zu den wesentlichen Bestandteilen eines Grundstücks gehören nach § 94 Abs. 1 BGB die mit dem Grund und Boden fest verbundenen Sachen, insbesondere Gebäude. Folglich erstreckt sich das Eigentum an einem Grundstück auch auf das Gebäude (§ 946 BGB).

Eine Ausnahme von diesem Grundsatz enthält § 95 Abs. 1 BGB. Danach gehören zu den Bestandteilen eines Grundstücks solche Sachen nicht, die nur zu einem **vorübergehenden Zweck** mit dem Grund und Boden verbunden sind. Dann handelt es sich um einen Scheinbestandteil. Die Frage, ob ein Gebäude als Scheinbestandteil zu beurteilen ist, richtet sich ausschließlich nach den Vorschriften des bürgerlichen Rechts. Ein vorübergehender Zweck in diesem Sinne ist u. a. gegeben, wenn das Gebäude vor Ablauf seiner voraussichtlichen Nutzungsdauer abgebrochen werden muss und damit nicht während seiner gesamten Nutzungsdauer genutzt werden kann.

Nach diesen Ausführungen ist die von Killer errichtete Lagerhalle als Scheinbestandteil zu qualifizieren. Killer ist damit zivilrechtlicher Eigentümer der Lagerhalle.

2. Killer ist als Kaufmann nach § 238 HGB buchführungspflichtig und hat nach § 242 Abs. 1 HGB zu Beginn seines Handelsgewerbes und für den Schluss eines jeden Geschäftsjahres einen das Verhältnis seines Vermögens und seiner Schulden darstellenden Abschluss aufzustellen. Diese Buchführungspflicht erstreckt sich nach § 140 AO auch auf das Steuerrecht. Konkret ergibt sich die Buchführungspflicht aus § 5 Abs. 1 Satz 1 EStG.

Die Bilanzierung eines Vermögensgegenstands in der Handelsbilanz bzw. eines Wirtschaftsguts in der Steuerbilanz richtet sich nicht nach dem zivilrechtlichen, sondern nach dem wirtschaftlichen Eigentum (§ 246 Abs. 1 Satz 2 HGB). Im vorliegenden Fall bleibt das zivilrechtliche Eigentum am Grund und Boden trotz der Bebauung mit der Lagerhalle beim Privatmann Haller. Killer ist auch nicht wirtschaftlicher Eigentümer des Grund und Bodens geworden, weil er ihn nur vorübergehend als Mieter nutzen darf. Folglich darf er den Grund und Boden nicht aktivieren.

Die Lagerhalle dagegen ist Killer als zivilrechtlichem und wirtschaftlichem Eigentümer zuzurechnen. Haller kann schon deshalb nicht wirtschaftlicher Eigentümer der Lagerhalle sein, weil er an dieser überhaupt nicht interessiert ist, denn nach den vertraglichen Vereinbarungen muss Killer gerade das unbebaute Grundstück zurückgeben. Somit muss Killer (nur) das Gebäude sowohl in seiner Handelsbilanz als auch in seiner Steuerbilanz aktivieren.

Die AfA für die Lagerhalle richtet sich im Handelsrecht nach § 253 Abs. 3 Satz 1 HGB. Danach sind die Anschaffungs- bzw. Herstellungskosten der abnutzbaren Vermögensgegenstände, zu denen auch Gebäude gehören, um planmäßige Abschreibungen zu vermindern. Dabei muss der Plan die Herstellungskosten auf die Geschäftsjahre verteilen, in denen der Vermögensgegenstand voraussichtlich genutzt werden kann. Das bedeutet, die Lagerhalle muss in der Handelsbilanz auf die Nutzungsdauer von 10 Jahren verteilt werden.

Steuerrechtlich richtet sich die AfA für Gebäude grundsätzlich nach § 7 Abs. 4 Satz 1 Nr. 1 EStG und beträgt 3 % der Herstellungskosten. Da die tatsächliche Nutzungsdauer der Lagerhalle jedoch weniger als 33 Jahre beträgt, können nach § 7 Abs. 4 Satz 2 EStG die der tatsächlichen Nutzungsdauer entsprechenden Absetzungen vorgenommen werden. Die tatsächliche Nutzungsdauer der Lagerhalle beträgt jedoch nicht 18 Jahre, sondern – wegen der Abbruchverpflichtung – nur 10 Jahre. Bei einer tatsächlichen Nutzungsdauer von 10 Jahren beträgt die jährliche AfA nach § 7 Abs. 4 Satz 2 EStG zwingend 10 % der Herstellungskosten von 120.000 Euro = 12.000 Euro. Ein Wahlrecht besteht insoweit nicht.

Die Lagerhalle muss folglich in Handelsbilanz und Steuerbilanz zum 31.12.05 mit (120.000 Euro ./. 12.000 Euro =) 108.000 Euro bilanziert werden.

3. Ist der Mieter eines unbebauten Grundstücks verpflichtet, die von ihm errichteten Anlagen wieder zu beseitigen, so stellen die voraussichtlichen Aufwendungen zur Wiederherstellung des ursprünglichen Zustands wirtschaftlich betrachtet Aufwand für die ganze Mietdauer dar. Die Voraussetzungen der Rückstellung für ungewisse Verbindlichkeiten nach § 249 Abs. 1 HGB bzw. § 5 Abs. 1 Satz 1 EStG sind erfüllt, denn bereits am Bilanzstichtag 31.12.05 besteht eine Verpflichtung gegenüber einem Dritten (dem Grundstückseigentümer Lars Haller), die der Höhe nach noch ungewiss ist. Diese Verpflichtung ist wirtschaftlich vor dem Bilanzstichtag 31.12.05 verursacht und mit einer Inanspruchnahme aus dieser Verpflichtung muss Killer ernsthaft rechnen (R 5.7 Abs. 2 EStR). Dies bedeutet, Marc Killer muss sowohl in seiner Handelsbilanz als auch in seiner Steuerbilanz eine Rückstellung für ungewisse Verbindlichkeiten passivieren.

Diese Rückstellung ist aber nicht im Jahr der Fertigstellung des Gebäudes in voller Höhe zu passivieren, sondern muss durch **jährliche lineare Zuführungsraten** in den Wirtschaftsjahren angesammelt werden (im vorliegenden Fall mit jährlich 10 %), weil in diesem Fall der laufende Betrieb des Unternehmens im wirtschaftlichen Sinne ursächlich für die Entstehung der Verpflichtung ist. Der laufende Betrieb ist nach R 6.11 Abs. 2 Satz 2 EStR insbesondere bei Verpflichtungen zur Erneuerung oder zum Abbruch von Betriebsanlagen ursächlich für die Entstehung der Verpflichtung.

Bei der Bemessung der Rückstellung darf weder in der Handelsbilanz noch in der Steuerbilanz von den Kosten einschließlich USt ausgegangen werden, weil Marc Killer zum Vorsteuerabzug berechtigt ist.

Bei der Höhe der Rückstellung ist an den einzelnen Bilanzstichtagen zwischen Handelsrecht und Steuerrecht wie folgt zu unterscheiden:

Nach § 253 Abs. 1 Satz 2 HGB sind Rückstellungen in der Handelsbilanz in Höhe des nach vernünftiger kaufmännischer Beurteilung notwendigen Erfüllungsbetrags anzusetzen. **Erfüllungsbetrag** ist der Betrag, der voraussichtlich bei Fälligkeit bezahlt werden muss, im vorliegenden Fall somit **70.000 Euro**. Weil die Restlaufzeit der Verpflichtung **mehr als 1 Jahr** beträgt, ist die Rückstellung nach § 253 Abs. 2 Satz 1 HGB mit dem ihrer Restlaufzeit entsprechenden durchschnittlichen Marktzinssatz der vergangenen 7 Geschäftsjahre (= 5,5 %) abzuzinsen. Dieser Zinssatz muss von der Deutschen Bundesbank ermittelt und bekannt gegeben werden (§ 253 Abs. 2 Satz 4 HGB).

Nach § 6 Abs. 1 Nr. 3a Buchst. f EStG sind bei der Bewertung der Rückstellung in der Steuerbilanz die **Wertverhältnisse am Bilanzstichtag** maßgebend (= 50.000 Euro); künftige Preis- und Kostensteigerungen dürfen nicht berücksichtigt werden. Das Steuerrecht wendet also in diesen Fällen uneingeschränkt das Stichtagsprinzip des § 252 Abs. 1 Nr. 3 HGB an. Bei Preissteigerungen während der Laufzeit sind die voraussichtlichen Aufwendungen zu jedem Bilanzstichtag auf die an diesem Tag maßgeblichen Preisverhältnisse anzuheben (R 6.11 Abs. 2 Satz 5 EStR), im vorliegenden Fall folglich an den Bilanzstichtagen 31.12.09, 31.12.12 und 31.12.14. Weil die Restlaufzeit dieser Verpflichtung mindestens 12 Monate beträgt, ist die Rückstellung nach § 6 Abs. 1 Nr. 3a Buchst. e i. V. m. § 6 Abs. 1 Nr. 3 Satz 2 EStG mit einem Zinssatz von 5,5 % abzuzinsen.

Die Abzinsung kann nach den bewertungsrechtlichen Regelungen erfolgen (BMF vom 26.05.2005, BStBl 2005 I S. 699, Tabelle 2, bzw. gleichlautender Ländererlass vom 10.10.2010, BStBl 2010 I S. 810). Diese Tabellen können auch bei der Ermittlung des Rückstellungsbetrags für die Handelsbilanz zugrunde gelegt werden. Ausgehend von einer Restlaufzeit der Verpflichtung am 31.12.05 von 9 Jahren ist die Rückstellung wie folgt zu berechnen:

Bilanz-stichtag	Vervielfältiger	Handels-bilanz	Steuer-bilanz
31.12.05	0,618 von 7.000 € bzw. 5.000 € =	4.326 €	3.090 €
31.12.06	0,652 von 14.000 € bzw. 10.000 € =	9.128 €	6.520 €
31.12.07	0,687 von 21.000 € bzw. 15.000 € =	14.427 €	10.305 €
31.12.08	0,725 von 28.000 € bzw. 20.000 € =	20.300 €	14.500 €
31.12.09	0,765 von 35.000 € bzw. 27.500 €[1] =	26.775 €	21.038 €
31.12.10	0,807 von 42.000 € bzw. 33.000 € =	33.894 €	26.631 €
31.12.11	0,852 von 49.000 € bzw. 38.500 € =	41.748 €	35.802 €
31.12.12	0,898 von 56.000 € bzw. 48.000 €[2] =	50.288 €	43.104 €
31.12.13	0,948 von 63.000 € bzw. 54.000 € =	59.724 €	51.192 €
31.12.14		70.000 €	70.000 €

Die jährliche Gewinnauswirkung ergibt sich aus der Differenz zwischen den beiden Bilanzansätzen.

Fall 25

Rückstellung für Abschluss- und Beratungskosten – Rückstellung für die Kosten der Aufbewahrung von Geschäftsunterlagen – Bewertung von Rückstellungen

Sachverhalt

Der bilanzierende Getreidehändler Fritz Fältlein hat – wie üblich – im Dezember 04 seinen Steuerberater Klug beauftragt, den Jahresabschluss zum 31.12.04 zu erstellen. Klug führt diesen Auftrag im März 05 aus.

Ferner hat Fältlein im Jahr 05 noch vorbereitende Abschlussarbeiten von seinen Angestellten durchführen lassen. Hierfür sind, wie vorhersehbar war, anteilige Gehälter (einschließlich gesetzlich geschuldeter Sozialaufwendungen) i. H. von 2.000 Euro, anteilige Bürokosten (Miete, Heizung, AfA für Einrichtung, Material) i. H. von 600 Euro und Kosten der allgemeinen Verwaltung i. H. von 100 Euro entstanden.

Fältlein bewahrt wegen der Verpflichtung in § 257 HGB und § 147 AO die Geschäftsunterlagen in einem als Archiv eingerichteten größeren Kellerraum auf. Die Nutzfläche des Kellerraums beträgt 4 % der gesamten Nutzfläche des Gebäudes. Das Gebäude wird nach § 7 Abs. 4 Satz 1 Nr. 1 EStG mit 3 % der Anschaffungskosten abgeschrieben. Nach den Verhältnissen

---

1 50 % von 55.000 Euro.
2 80 % von 60.000 Euro.

vom 31.12.04 ist mit folgenden jährlichen Kosten für die Aufbewahrung der entstandenen Geschäftsunterlagen zu rechnen:

- Gebäude-AfA 40.000 €,
  davon anteilig für den Kellerraum 4 % =   1.600 €
- Grundsteuer, Gebäudeversicherung, Heizung, Strom,
  davon anteilig 4 % =   250 €
- Reparaturkosten, soweit das gesamte Gebäude betreffend,
  anteilig 4 % =   100 €
- AfA nach § 7 Abs. 1 EStG für die Einrichtungsgegenstände   800 €
- Anteilige Personalkosten für Hausmeister und Reinigung   150 €
- Kosten für Hard- und Software zur Lesbarmachung der Daten   100 €
- Kosten der Datensicherung (einmalig)   200 €
- Voraussichtliche Kosten für die (künftige) Entsorgung
  der Unterlagen   150 €
- Anteilige Finanzierungskosten für den Kellerraum   130 €

Frage

1. Muss in der Handelsbilanz und in der Steuerbilanz des Fältlein zum 31.12.04 eine Rückstellung für das zu erwartende Honorar des Klug ausgewiesen werden?

2. Sind auch die wegen des Einsatzes eigener Arbeitskräfte zu erwartenden Abschlusskosten in die Rückstellung einzubeziehen? Wenn dies zu bejahen sein sollte, mit welchem Betrag?

3. Muss Fältlein in der Handelsbilanz und Steuerbilanz zum 31.12.04 eine Rückstellung für die Kosten der Aufbewahrung von Geschäftsunterlagen bilden? Wenn dies zu bejahen sein sollte, mit welchem Betrag?

Antwort

1. Eine solche Rückstellung ist handels- und steuerrechtlich geboten.

2. Auch eine derartige Rückstellung ist handels- und steuerrechtlich geboten. Sie ist mit 2.600 Euro (ohne die Kosten der allgemeinen Verwaltung) zu bewerten.

3. Auch für die Kosten zur Aufbewahrung der Geschäftsunterlagen muss in Handelsbilanz und Steuerbilanz zum 31.12.04 eine Rückstellung für ungewisse Verbindlichkeiten gebildet werden. Diese beträgt 16.700 Euro.

Begründung

1. Eine Rückstellung kommt nach § 249 Abs. 1 Satz 1 HGB im vorliegenden Fall vor allem wegen ungewisser Verbindlichkeiten in Betracht. Dabei könnte zunächst an die Honorarverbindlichkeit gegenüber dem Steuerberater, dem der Auftrag noch vor dem Stichtag erteilt wurde, gedacht werden. Bei dem noch von keiner Seite erfüllten Vertrag mit dem Steuerberater

handelt es sich allerdings um ein schwebendes Geschäft. Die damit begründete Honorarverbindlichkeit dürfte Fältlein steuerlich selbst dann nach § 5 Abs. 4a EStG nicht zurückstellen, wenn ihm aus diesem Geschäft ein Verlust drohte.

Eine ungewisse Verbindlichkeit i. S. von § 249 Abs. 1 Satz 1 HGB kann sich aber auch aus einer gesetzlichen Verpflichtung ergeben, wenn diese dem Steuerpflichtigen ein inhaltlich genau bestimmtes Handeln innerhalb eines bestimmten Zeitraums vorschreibt. Eine solche gesetzliche Verpflichtung des Fältlein zur Erstellung des Jahresabschlusses folgt aus den ihn zur Führung von Büchern anhaltenden Bestimmungen der §§ 140, 141 AO, ggf. i. V. m. §§ 238 ff. HGB. Im Rahmen dieser Vorschriften ist Fältlein auch gehalten, den zur Vervollständigung der Buchführung des Geschäftsjahres 04 zwingend erforderlichen Jahresabschluss durchzuführen. Die darauf bezogene öffentlich-rechtliche Verpflichtung wurde demnach auch im Geschäftsjahr 04 wirtschaftlich verursacht. Fältlein muss die noch zu erwartenden Jahresabschlusskosten in der Handelsbilanz nach § 249 Abs. 1 Satz 1 HGB und in der Steuerbilanz nach § 5 Abs. 1 Satz 1 EStG zurückstellen (so BFH in den Urteilen vom 20.03.1980, BStBl 1980 II S. 297, vom 23.07.1980, BStBl 1981 II S. 62 und 63, und vom 24.11.1983, BStBl 1984 II S. 301, mit denen die vorangegangene, eine solche Rückstellung ablehnende Rechtsprechung vom 26.10.1977, BStBl 1978 II S. 97 und 99, aufgegeben wurde). Auch zur Verpflichtung, unterlassene Buchungen von Geschäftsvorfällen nachzuholen, ist eine Rückstellung vorzunehmen (BFH vom 25.03.1992, BStBl 1992 II S. 1010).

2. Auch zu der durch Eigenleistung zu erfüllenden ungewissen Verbindlichkeit ist eine Rückstellung zu bilden. Fraglich ist hierbei jedoch, wie die Rückstellung zu bewerten ist. Mit den Abschlussarbeiten ist eine Sachleistung geschuldet. Rückstellungen für solche Verpflichtungen sind nach § 253 Abs. 1 Satz 2 HGB in Höhe des nach vernünftiger kaufmännischer Beurteilung notwendigen Erfüllungsbetrags anzusetzen und nach § 6 Abs. 1 Nr. 3a Buchst. b EStG mit den Einzelkosten und den angemessenen Teilen der notwendigen Gemeinkosten nach den Verhältnissen vom Bilanzstichtag (Stichtagsprinzip) zu bewerten. Nicht mehr einrechenbar sind damit die in § 255 Abs. 2 Satz 4 HGB genannten Kosten der allgemeinen Verwaltung sowie Aufwendungen für soziale Einrichtungen des Betriebs, für freiwillige soziale Leistungen und für die betriebliche Altersvorsorge sein, die handelsrechtlich bei der Berechnung der Herstellungskosten nicht eingerechnet zu werden „brauchen" (BMF vom 12.03.2010, BStBl 2010 I S. 239). Es ist jedoch nicht zu beanstanden, wenn für Wirtschaftsjahre, die vor der Veröffentlichung einer geänderten Fassung der EStR enden, noch nach R 6.3 Abs. 4 EStR 2008 verfahren wird (BMF vom 22.06.2010, BStBl 2010 I S. 597). Von den hier genannten Aufwendungen trifft dies nur auf die Kosten der allgemeinen Verwaltung zu. Die Raumkosten für die mit Abschlussarbeiten beschäftigten Angestellten sind Gemeinkosten, die auch bei der Bemessung der Herstellungskosten anzusetzen sind.

Im Beispielsfall betragen die zu erwartenden Einzelkosten 2.000 Euro, die zu erwartenden Gemeinkosten 700 Euro und die anzusetzenden Gemeinkosten ohne die Kosten der allgemeinen Verwaltung 600 Euro. Zurückzustellen sind daher 2.600 Euro (sofern die geänderten EStR schon veröffentlicht sind). Eine Abzinsung nach § 6 Abs. 1 Nr. 3a Buchst. e und Nr. 3 EStG ist bei der Rückstellung für diese kurzfristige Verbindlichkeit (Laufzeit weniger als 12 Monate) nicht vorzunehmen.

3. Für die zukünftigen Kosten der Aufbewahrung von Geschäftsunterlagen, zu der das Unternehmen gem. § 257 HGB und § 147 AO verpflichtet ist (Aufbewahrung Bilanz, Gewinn-und-Verlust-Rechnung, Inventar, Bücher, Buchungsbelege, Geschäftsbriefe usw. für 10 bzw. 6 Jahre), ist im handelsrechtlichen und steuerrechtlichen Jahresabschluss nach § 249 Abs. 1 Satz 1 HGB und § 5 Abs. 1 Satz 1 EStG zwingend eine Rückstellung für ungewisse Verbindlichkeiten zu bilden (BFH vom 19.08.2002, BStBl 2003 II S. 131).

Der BFH begründet seine Entscheidung damit, dass für Verpflichtungen, die sich aus öffentlichem Recht ergeben (Geld- oder Sachleistungsverpflichtungen) Rückstellungen für ungewisse Verbindlichkeiten zu bilden sind, wenn die öffentlich-rechtliche Verpflichtung hinreichend konkretisiert ist. Dies liegt vor, wenn die konkrete gesetzliche Verpflichtung auf ein bestimmtes Handeln innerhalb eines bestimmten Zeitraums zielt und an ihre Verletzung Sanktionen geknüpft sind, sodass sich der Unternehmer der Erfüllung der Verpflichtung nicht entziehen kann.

Die Verpflichtung ist bereits zum Bilanzstichtag 31.12.04 wirtschaftlich verursacht. Dabei kann dahinstehen, ob sie rechtlich erst im folgenden Wirtschaftsjahr oder schon mit Ablauf des Wirtschaftsjahres entstanden ist. Wirtschaftliche Verursachung oder wirtschaftliche Entstehung i. S. des Rückstellungsbegriffs setzen voraus, dass der Tatbestand, an den das Gesetz die Pflicht zur Aufbewahrung knüpft, im Wesentlichen verwirklicht ist. Dies ist die Entstehung dieser Unterlagen. Die Kosten der Aufbewahrung hängen allein vom Umfang der im abgelaufenen Geschäftsjahr entstandenen aufzubewahrenden Unterlagen ab. Sie erweist sich damit im Wesentlichen als vergangenheits-, nicht als zukunftsorientiert.

Die Verpflichtung ist auch hinreichend konkretisiert, denn sie bezieht sich auf einen bestimmten Zeitraum in der Nähe des Geschäftsjahres, in dem die Rückstellung zu bilden ist. Die Aufbewahrungsverpflichtung beginnt gem. § 257 Abs. 5 HGB bzw. § 147 Abs. 4 AO bereits mit dem Schluss des Kalenderjahres, in dem die letzte Eintragung in das Buch vorgenommen, das Inventar, die Eröffnungsbilanz, der Jahresabschluss oder der Lagebericht aufgestellt, der Handels- oder Geschäftsbrief empfangen oder abgesandt worden oder der Buchungsbeleg entstanden ist.

Die Verpflichtung ist auch sanktionsbewehrt, denn bei ihrer Verletzung kann der Unternehmer gem. §§ 283, 283b StGB bestraft werden. Das bedeutet im Umkehrschluss, dass eine Rückstellung für Kosten nicht zulässig ist, die für die freiwillige Aufbewahrung von Unterlagen anfallen (werden). Die Rückstellung ist nach § 253 Abs. 1 Satz 2 HGB in der Handelsbilanz in Höhe des voraussichtlichen Erfüllungsbetrags, d. h. mit den Vollkosten, zu bilden. Im Hinblick auf das Vorsichtsprinzip in § 252 Abs. 1 Nr. 4 HGB können m. E. in die Vollkosten in sinngemäßer Anwendung des § 255 Abs. 3 HGB auch Finanzierungskosten einbezogen werden. In der Steuerbilanz ist die Verpflichtung, die eine Sachleistungsverpflichtung darstellt, dagegen nach § 6 Abs. 1 Nr. 3a Buchst. b EStG mit den Einzelkosten und den angemessenen Teilen der notwendigen Gemeinkosten zu bewerten. Dazu gehören nach Auffassung der Finanzverwaltung (OFD Magdeburg vom 21.09.2006 – S 2137 – 41 – St 211, stak 2006, 447)

– der **einmalige Aufwand** für die **Einlagerung** der am Bilanzstichtag noch nicht archivierten Unterlagen, ggf. Mikroverfilmung bzw. Digitalisierung und Datensicherung,

– die **Raumkosten** (anteilige Miete bzw. Gebäude-AfA, Grundsteuer, Gebäudeversicherung, Instandhaltung, Heizung, Strom). Der anteilige Aufwand kann aus Vereinfachungsgründen entsprechend dem Verhältnis der Fläche des Archivs zur Gesamtfläche ermittelt werden (H 4.7 [Nebenräume] EStH), es sei denn, dies führt zu einem offenbar unangemessenen Ergebnis (R 4.2 Abs. 6 EStR),

– die **AfA** für die **Einrichtungsgegenstände** und

– die anteiligen **Personalkosten,** z. B. für Hausmeister, Reinigung, Lesbarmachung der Datenbestände.

Nicht rückstellungsfähig sind danach in der Steuerbilanz

– die anteiligen Finanzierungskosten für die Archivräume (§ 6 Abs. 1 Nr. 3a Buchst. b EStG),

– die Kosten für die künftige Anschaffung von Regalen und Ordnern,

– die Kosten für die Entsorgung der Unterlagen nach Ablauf der Aufbewahrungsfrist sowie

– die Kosten der Einlagerung künftig entstehender Unterlagen.

Die Rückstellung kann nach zwei Methoden berechnet werden:

1. Die jährlichen Kosten werden für die Unterlagen eines jeden aufzubewahrenden Jahres gesondert ermittelt. Dieser Betrag ist dann jeweils mit der Anzahl der Jahre bis zum Ablauf der Aufbewahrungsfrist zu multiplizieren.

2. Die jährlich anfallenden Kosten für einen Archivraum, in dem die Unterlagen aller Jahre aufbewahrt werden, können mit dem Faktor **5,5** multipliziert werden (durchschnittliche Restaufbewahrungsdauer bei einer Aufbewahrungsfrist von 10 Jahren – eine Unterscheidung zwischen

den 10 und den 6 Jahre lang aufzubewahrenden Unterlagen kann i. d. R. aus Vereinfachungsgründen unterbleiben). Die Aufwendungen für die Einlagerung, Mikroverfilmung bzw. Digitalisierung und Datensicherung fallen nur einmal an; sie sind deshalb nicht zu vervielfältigen.

In der Handelsbilanz ist die Rückstellung gem. § 253 Abs. 2 Satz 1 HGB abzuzinsen, weil die Restlaufzeit mehr als ein Jahr beträgt. Maßgebend ist im Handelsrecht das Ende der Verpflichtung (Beck'scher Bilanz-Kommentar, § 249 HGB Rn. 100). In der Steuerbilanz ist eine Abzinsung dagegen nicht vorzunehmen, weil die Restlaufzeit weniger als 12 Monate beträgt (§ 6 Abs. 1 Nr. 3a Buchst. e Satz 1 EStG). Dies ergibt sich unmittelbar aus § 6 Abs. 1 Nr. 3a Buchst. e Satz 2 EStG, wonach bei Rückstellungen für Sachleistungsverpflichtungen nach § 6 Abs. 1 Nr. 3a Buchst. e Satz 2 EStG der Zeitraum bis zum Beginn der Erfüllung maßgebend ist und dieser weniger als 12 Monate beträgt.

Aus Vereinfachungsgründen ist m. E. die Anwendung der zweiten Ermittlungsmethode (Multiplikator 5,5) auch in der Handelsbilanz zulässig. Statt dem Ansatz der höheren Kosten wegen Preissteigerung unterbleibt dafür eine Abzinsung.

Die Rückstellung für ungewisse Verbindlichkeiten zum 31.12.04 ist danach in Handelsbilanz und Steuerbilanz wie folgt zu berechnen:

	Anteilige Gebäude-AfA	1.600 €
+	Gebäudekosten	250 €
+	Reparaturkosten	100 €
+	AfA Einrichtung	800 €
+	Personalkosten	150 €
+	Kosten zur Lesbarmachung der Daten	100 €
	Summe	3.000 €
×	5,5	16.500 €
+	einmalige Kosten der Datensicherung	200 €
	Rückstellung	16.700 €

Fall 26

Rückstellung wegen Patentverletzungen und Rückstellung für Prozesskosten – „aufhellende" Tatsachen – Abzinsung von Rückstellungen

Sachverhalt

Der bilanzierende Fabrikant Mogel (Bilanzstichtag 31.12., Bilanzerstellung jeweils im April des Folgejahres) stellt Werkzeugmaschinen her, die in „Anlehnung" an ein Patent, das einem Heinz Bastel erteilt worden ist, von Mogel konstruiert sind. Mogel weiß, dass darin eine Patentverletzung gesehen werden könnte und er möglicherweise Schadensersatz leisten muss. Wegen der im Jahr 05 ausgelieferten Maschinen dürfte ein etwaiger Schadensersatzanspruch Bastels 50.000 Euro betragen, wegen der 06 ausgelieferten Maschinen 80.000 Euro. Im Jahr 07 wurden derartige Maschinen nicht mehr hergestellt und verkauft.

Im März 06 tritt Bastel an Mogel heran und fordert von ihm Schadensersatz wegen Patentverletzung. Da Mogel jegliche Zahlung ablehnt, lässt Bastel gegen ihn im Mai 06 Klage auf Zahlung von 50.000 Euro Schadensersatz wegen Patentverletzungen im Jahr 05 erheben. Im Frühjahr 07 wird diese Klage in 1. Instanz abgewiesen. Der Rechtsstreit ist am Ende des Jahres 07 und im April 08 in der 2. Instanz anhängig. Es ist davon auszugehen, dass die Verfahrenskosten einschließlich der Kosten von Sachverständigengutachten und der Gebühren der Rechtsanwälte beider Parteien für die 1. Instanz 20.000 Euro und für die 2. Instanz sowie die noch mögliche 3. Instanz jeweils 10.000 Euro betragen. Mogel hat hiervon lediglich im November 06 seinem Anwalt einen Vorschuss i. H. von 3.000 Euro gezahlt.

Frage

1. Kann Mogel in den Bilanzen zum 31.12.05, 06 und 07 Rückstellungen für Schadensersatzleistungen wegen Patentverletzungen bilden?
2. Kann Mogel in diesen Bilanzen Rückstellungen für Prozesskosten einstellen?
3. Kann Bastel, der das Patent als Betriebsvermögen seines gewerblichen Unternehmens ausweist, der ferner im Jahr 06 12.000 Euro und im Jahr 07 6.000 Euro Vorschuss für Gerichts- und Anwaltskosten geleistet hat, in seinen Bilanzen zum 31.12.06 und 07 Prozesskostenrückstellungen einstellen?

Antwort

1. Wegen der möglicherweise bestehenden Verpflichtung, Schadensersatz leisten zu müssen, hat Mogel Rückstellungen für ungewisse Verbindlichkeiten zum 31.12.05 i. H. von 50.000 Euro sowie zum 31.12.06 und 07 i. H. von jeweils 130.000 Euro zu bilden.
2. Zum 31.12.05 darf Mogel eine Rückstellung für Prozesskosten nicht bilden. Zum 31.12.06 ist eine solche Rückstellung mit 17.000 Euro auszuweisen, zum 31.12.07 mit 27.000 Euro.
3. Bastel hat in seine Bilanz zum 31.12.06 eine Rückstellung für Prozesskosten i. H. von 8.000 Euro und in die Bilanz zum 31.12.07 i. H. von 12.000 Euro einzustellen.

Begründung

Sowohl wegen der möglichen Patentverletzung als auch wegen des Risikos, im Fall des Unterliegens die gesamten Prozesskosten tragen zu müssen, kommen Rückstellungen für ungewisse Verbindlichkeiten in Betracht. Liegen die tatbestandsmäßigen Voraussetzungen für die Bildung einer solchen

Rückstellung vor, besteht Passivierungspflicht. Zwischen den beiden zu Rückstellungen führenden Sachverhalten – Patentverletzung und Führen eines Zivilprozesses – ist allerdings zu unterscheiden.

1. Eine Rückstellung wegen der Verletzung fremder Patente und sonstiger Schutzrechte darf in der Handelsbilanz ohne weitere Voraussetzung gebildet werden, wenn mit einer Inanspruchnahme wegen der Rechtsverletzung ernsthaft zu rechnen ist. Die Rückstellung ist so lange in der Handelsbilanz zu passivieren, bis entweder die Verpflichtung erfüllt ist oder der Rechteinhaber auf Schadensersatzansprüche verzichtet hat. Für steuerliche Zwecke enthält § 5 Abs. 3 EStG eine besondere Regelung. Danach dürfen derartige Rückstellungen in der Steuerbilanz erst gebildet werden, wenn

- der Rechtsinhaber Ansprüche wegen der Rechtsverletzung geltend gemacht hat (§ 5 Abs. 3 Nr. 1 EStG) oder

- mit einer Inanspruchnahme wegen der Rechtsverletzung ernsthaft zu rechnen ist (§ 5 Abs. 3 Nr. 2 EStG).

Eine nach § 5 Abs. 3 Nr. 2 EStG gebildete Rückstellung ist aber spätestens in der Bilanz des dritten auf ihre erstmalige Bildung folgenden Wirtschaftsjahres aufzulösen, wenn Ansprüche nicht geltend gemacht sind.

Die Voraussetzungen des § 5 Abs. 3 Nr. 2 EStG zur Bildung einer Rückstellung in der Bilanz zum 31.12.05 sind gegeben.

Bereits zum 31.12.05 bestand möglicherweise eine Schadensersatzverbindlichkeit des Mogel, deren Höhe ungewiss war. Mogel musste auch ernsthaft damit rechnen, wegen im Jahr 05 begangener Patentverletzungen in Anspruch genommen zu werden. Dies folgt schon daraus, dass im März 06 – noch vor Erstellung der Bilanz zum 31.12.05 – Bastel gegenüber Mogel einen Schadensersatzanspruch geltend gemacht hat. Das Vorgehen des Bastel wirkt „aufhellend" für die Gegebenheiten am Bilanzstichtag. Es zeigt, dass bereits zu diesem Zeitpunkt ernsthaft mit einer Inanspruchnahme zu rechnen war (BFH vom 02.10.1992, BStBl 1993 II S. 153). Die Rückstellung ist mit der möglicherweise für Patentverletzungen im Jahr 05 zu leistenden Summe zu bemessen. Eine Abzinsung nach § 6 Abs. 1 Nr. 3a Buchst. e, Nr. 3 Satz 2 EStG ist nicht vorzunehmen. Das Gebot der Abzinsung gilt nur für Rückstellungen, deren Laufzeit am Bilanzstichtag nicht weniger als zwölf Monate beträgt und die unverzinslich sind. Es kann zwar, da Mogel von vornherein nicht zu einer freiwilligen Zahlung bereit war, von einer Laufzeit der zum 31.12.05 möglicherweise bestehenden Schadensersatzverbindlichkeit von mehr als 12 Monaten ausgegangen werden. Zu berücksichtigen ist aber, dass diese Schuld vielleicht von März 06 an wegen Verzugs, spätestens jedoch ab Rechtshängigkeit zu verzinsen sein wird (§§ 288, 291 BGB). Dem auf eine Vereinfachung der Bilanzierung gerichteten Sinn der in § 6 Abs. 1 Nr. 3 Satz 2 EStG enthaltenen Regelung entspricht es, als das das Ende der Laufzeit der unverzinslichen Verbindlichkeit herbeiführende Ereignis nicht nur die Erfüllung oder den sonstigen Wegfall der Verbindlichkeit zu betrachten, sondern auch den Beginn der Verzinsungspflicht. Da Mogel mit einer baldigen Klageerhebung – noch vor dem Ende des Jahres 06 – rechnen musste, konnte er nicht von einer zinsfreien Laufzeit der Verbindlichkeit bis zum Ende des Jahres 06 ausgehen.

Zum 31.12.06 ist Mogel auch nach § 5 Abs. 3 Nr. 1 EStG zur Bildung einer Rückstellung gehalten. Dass der Rechtsstreit in 1. Instanz im Februar 07 von Mogel gewonnen wurde, ändert hieran nichts. Das Ergehen des klageabweisenden Urteils lässt keinen Schluss auf das am Stichtag 31.12.06 objektiv bestehende Risiko zu, ist also nicht „aufhellend" (BFH vom 27.11.1997, BStBl 1998 II S. 375). Zudem wurde dieses Urteil nicht rechtskräftig. Der Prozess wurde in 2. Instanz fortgeführt. Bei einem im Klageweg geltend gemachten Schadensersatzanspruch droht aber eine Inanspruchnahme, solange die Klage nicht rechtskräftig abgewiesen ist (BFH vom 27.11.1997, BStBl 1998 II S. 375).

Zurückzustellen ist die zum 31.12.06 möglicherweise bestehende Schadensersatzverbindlichkeit i. H. von (50.000 Euro + 80.000 Euro =) 130.000 Euro. Eine Abzinsung ist auch wegen des für 06 hinzugekommenen Schadensbetrages nicht vorzunehmen. Da zum Stichtag bereits eine Klage wegen Patentverletzungen in 05 anhängig war, muss Mogel mit einer baldigen weiteren Klage bzw. einer Klageerweiterung rechnen. Eine 12 Monate andauernde Zinsfreiheit des auf 06 entfallenden Betrages kann er nicht annehmen.

Auch zum 31.12.07 ist eine Rückstellung wegen möglicherweise bestehender Schadensersatzverbindlichkeiten i. H. von 130.000 Euro zu bilden. Der Rechtsstreit ist am Stichtag noch nicht rechtskräftig abgeschlossen. Mogel muss weiterhin damit rechnen, diesen Betrag leisten zu müssen.

Eine Abzinsung ist – wie zum 31.12.06 – auch zu der möglichen Schadensersatzverbindlichkeit für 06 nicht vorzunehmen. Wegen der dreijährigen Verjährungsfrist für Forderungen wegen Patentverletzung nach § 141 Patentgesetz können im Jahr 09 Einzelansprüche aus dem Jahr 06 verjähren. Es erscheint auch deshalb wahrscheinlich, dass Bastel noch im Jahr 08 wegen der Forderungen aus dem Jahr 06 seine anhängige Klage erweitern oder eine neue Klage erheben wird. Die Zinsfreiheit der Schadensersatzverbindlichkeit für 06 wäre damit für einen geringeren Zeitraum als 12 Monate gegeben. Dass diese schon zum 31.12.06 gestellte Prognose für das Jahr 07 nicht zugetroffen hat, ändert nichts an ihrer (sogar gestiegenen) Berechtigung zum 31.12.07.

2. Mogel trägt, wie allgemein ein Kläger oder Beklagter im Zivilprozess, das Risiko, den Rechtsstreit zu verlieren und mit den gesamten Verfahrenskosten belastet zu werden. Weil dieses Risiko aber in erster Linie durch die Klageerhebung bzw. Prozessführung verursacht ist, darf – jedenfalls wegen eines Aktivprozesses – eine Prozesskostenrückstellung nur gebildet werden, wenn am Stichtag der Prozess bereits anhängig ist (BFH vom

27.05.1964, BStBl 1964 III S. 478, und vom 24.06.1970, BStBl 1970 II S. 802). Dies gilt grundsätzlich auch für zu erwartende Kosten von Passivprozessen, obwohl in diesen Fällen die Klageerhebung nicht vom Willen des betroffenen Unternehmers abhängt. Nur wenn nach den zum Zeitpunkt der Bilanzerstellung bestehenden Erkenntnissen bereits am Bilanzstichtag mit einer Klage gegen den Unternehmer als „unabwendbares Ereignis" hätte gerechnet werden müssen, darf dieser Kosten eines Passivprozesses vor Rechtshängigkeit zurückstellen (BFH vom 24.06.1970, BStBl 1970 II S. 802). Wegen der wirtschaftlichen Verknüpfung der Prozesskosten mit der jeweils angerufenen Instanz können ferner – auch wenn, wie z. B. bei einem sog. Musterprozess, zu erwarten ist, dass der Rechtsstreit durch mehrere Instanzen geführt wird – lediglich die zu erwartenden, noch nicht als Aufwand verrechneten Gesamtkosten der am Bilanzstichtag bereits beendeten oder noch schwebenden Instanzen zurückgestellt werden (BFH vom 24.06.1970, BStBl 1970 II S. 802, und vom 06.12.1995, BStBl 1996 II S. 406).

Im Beispielsfall handelt es sich für Mogel um einen Passivprozess. Die besonderen Voraussetzungen zur Rückstellung der Prozesskosten noch vor Klageerhebung liegen jedoch nicht vor. Mogel kann daher erstmals zum 31.12.06 wegen der Kosten der 1. Instanz, in der am 31.12.06 der Rechtsstreit noch anhängig ist, eine Rückstellung bilden. Das Ergehen der erstinstanzlichen Entscheidung im Februar 07 wirkt – wie schon ausgeführt – nicht „aufhellend" zum am 31.12.06 bestehenden Risiko, Schadensersatz leisten zu müssen. Dies gilt auch für das Risiko, mit Prozesskosten belastet zu werden. Mogel kann alle im Fall des Verlierens des Prozesses für die 1. Instanz zu zahlenden Prozesskosten, einschließlich Gutachterhonorar und Gebühren des gegnerischen Anwalts, zurückstellen. Soweit er jedoch einen als Aufwand zu buchenden Vorschuss zu diesen Kosten bereits geleistet hat, ist dieser von den rückstellungsfähigen Aufwendungen abzuziehen. Im Ergebnis sind daher 17.000 Euro zum 31.12.06 zurückzustellen.

Dieser Betrag ist nicht abzuzinsen. Mogel muss, obwohl im Zeitpunkt der Erstellung der Bilanz zum 31.12.06 ein für ihn günstiges Urteil vorliegt, damit rechnen, dass noch im Jahr 07 eine gegenteilige Entscheidung in der 2. Instanz ergeht. Diese wäre nach § 708 Nr. 10 ZPO (auch zur Kostentragungspflicht) vorläufig vollstreckbar. Zudem könnte Bastel nach § 104 Abs. 1 Satz 2 ZPO durch einen entsprechenden Antrag eine Zinspflicht für die Kosten herbeiführen. Schließlich erscheint es, gerade nach längerer Prozessdauer und einer abgeschlossenen Instanz, auch wahrscheinlich, dass der Prozess mit einem baldigen, ebenfalls vollstreckbaren Vergleich endet, der eine für Mogel ungünstige Kostenregelung enthalten könnte.

Zum 31.12.07 sind auch die Kosten der 2. Instanz zurückzustellen. Eine Abzinsung ist nicht vorzunehmen. Mogel muss damit rechnen, dass im Laufe des Jahres 08 eine Entscheidung in der 2. Instanz ergeht und er – wenn er unterliegt – die Kosten im Jahr 08 zu zahlen oder nach § 104 Abs. 1 Satz 2 ZPO künftig zu verzinsen hat.

3. Da Bastel in gleicher Weise wie Mogel das Risiko zu tragen hat, im Fall des Prozessverlustes die gesamten dafür angefallenen Kosten zahlen zu müssen, kann er ebenso wie Mogel die möglicherweise von ihm noch aufzubringenden Kosten der Instanz, in der der Prozess sich am Stichtag befindet, und die Kosten vorangegangener Instanzen zurückstellen. Es ist nicht erheblich, dass auch Mogel Rückstellungen für diese Verbindlichkeit bilden kann oder muss. Eine gegenseitige Abhängigkeit in der Bilanzierung besteht bei voneinander unabhängigen Unternehmen nicht.

Da Bastel 12.000 Euro im Jahr 06 und 6.000 Euro im Jahr 07 Vorauszahlungen geleistet hat, beträgt die Rückstellung zum 31.12.06 8.000 Euro und zum 31.12.07 12.000 Euro. Diese Beträge sind nicht abzuzinsen. Bastel muss damit rechnen, dass die Laufzeit bzw. zinsfreie Zeit einer möglichen Kostenschuld nach den Stichtagen jeweils weniger als 12 Monate beträgt. Die zur Frage der Laufzeit der Schuld vom 31.12.06 an „aufhellend" wirkende Entscheidung der 1. Instanz im Februar 07 ist nach § 709 ZPO vorläufig vollstreckbar. Mogel hat zudem die Möglichkeit, eine Zinspflicht nach § 104 Abs. 1 Satz 2 ZPO herbeizuführen. Zum 31.12.07 muss Bastel mit einer Entscheidung in 2. Instanz noch im Jahr 08 rechnen. Auch diese wäre vorläufig vollstreckbar (§ 708 Nr. 10 ZPO), eine Zinspflicht könnte nach § 104 Abs. 1 Satz 2 ZPO eintreten.

Fall 27

Pensionsrückstellungen – latente Steuern

Sachverhalt

Martin Meisner betreibt ein Großhandelsgeschäft. Seinen Gewinn ermittelt er nach § 5 Abs. 1 EStG. Das Wirtschaftsjahr stimmt mit dem Kalenderjahr überein. Am 12.06.01 erteilte er seinen langjährig bei ihm beschäftigten Arbeitnehmern, deren Lebensalter zwischen 42 und 50 Jahre liegt, schriftlich eine Pensionszusage. Die Verträge enthalten keine schädlichen Vorbehalte. Der abgezinste Erfüllungsbetrag der Pensionsverpflichtung betrug am 31.12.01 60.000 Euro, der nach § 6a Abs. 3 EStG ermittelte Teilwert 54.000 Euro. Während er in seiner Handelsbilanz und Steuerbilanz zum 31.12.01 wegen Nichtkenntnis der Rechtslage keine Pensionsrückstellung bildete, passivierte er in der Handelsbilanz zum 31.12.02 diese Verpflichtung mit dem abgezinsten Erfüllungsbetrag zum 31.12.02 von 72.000 Euro und in der Steuerbilanz mit dem Teilwert zum 31.12.02 von 63.000 Euro. Die Veranlagung des Jahres 01 ist bestandskräftig und kann nicht berichtigt werden.

Frage

1. Ist für die Pensionsverpflichtung des Martin Meisner in den Handels-bilanzen zum 31.12.01 und 31.12.02 dem Grunde nach eine Pensions-rückstellung zu passivieren?

2. Ist für die Pensionsverpflichtung des Martin Meisner in den Steuer-bilanzen zum 31.12.01 und 31.12.02 dem Grunde nach eine Pensions-rückstellung zu passivieren?

3. In welcher Höhe ist für die Pensionsverpflichtung des Martin Meisner in den Handelsbilanzen und Steuerbilanzen zum 31.12.01 und 31.12.02 eine Pensionsrückstellung zu passivieren?

4. Wäre in der Handelsbilanz zum 31.12.01 und 31.12.02 ein Steuerposten für latente Steuern zu bilden, wenn das Großhandelsgeschäft eine GmbH wäre, deren Gesamtsteuerbelastung 30 % betragen würde? Unterstellen Sie, dass eine eventuelle berichtigungsfähige Handels-bilanz zum 31.12.01 nicht berichtigt werden soll.

5. Wie wäre die Behandlung in Handelsbilanz und Steuerbilanz, wenn Meisner zur Refinanzierung seiner Pensionszusagen eine sog. – dem Zugriff aller Gläubiger entzogene – Rückdeckungsversicherung abge-schlossen hätte, deren geschäftsplanmäßiges Deckungskapital aufgrund der als Aufwand berücksichtigten Versicherungsbeiträge am 31.12.02 18.000 Euro und am 31.12.03 40.000 Euro betragen würde?

Antwort

1. In den Handelsbilanzen des Martin Meisner zum 31.12.01 und 31.12.02 **muss** dem Grunde nach eine Pensionsrückstellung gebildet werden.

2. In den Steuerbilanzen des Martin Meisner zum 31.12.01 und 31.12.02 **muss** ebenfalls dem Grunde nach eine Pensionsrückstellung gebildet werden.

3. In der berichtigungsfähigen Handelsbilanz zum 31.12.01 könnte (müsste aber nicht) Meisner eine Pensionsrückstellung i. H. von 60.000 Euro bil-den, die Steuerbilanz zum 31.12.01 kann dagegen nicht berichtigt wer-den. Der Bilanzansatz in der Handelsbilanz zum 31.12.02 ist nicht zu beanstanden, dagegen darf in der Steuerbilanz zum 31.12.02 nur eine Pensionsrückstellung von 9.000 Euro gebildet werden.

4. In der Handelsbilanz der GmbH zum 31.12.02 könnte ein aktiver latenter Steuerposten i. H. von 30 % von 63.000 Euro = 18.900 Euro gebildet werden.

5. Der Anspruch aus der Rückdeckungsversicherung müsste in den Han-delsbilanzen zum 31.12.02 und 31.12.03 mit der Pensionsrückstellung verrechnet werden. In den Steuerbilanzen der beiden Jahre muss der Anspruch als Forderung aktiviert werden. Eine Verrechnung mit der Pensionsrückstellung ist unzulässig.

Begründung

1. Verpflichtungen aus Pensionszusagen gegenüber Arbeitnehmern oder Personen, die zum Pensionsverpflichteten in einem anderen Rechtsverhältnis als einem Dienstverhältnis stehen, z. B. Handelsvertreter und Berater (§ 6a Abs. 5 EStG), sind den ungewissen Verbindlichkeiten zuzuordnen, weil diese Verpflichtung vor dem Bilanzstichtag wirtschaftlich verursacht ist und mit einer Inanspruchnahme ernsthaft gerechnet werden muss. Nach § 249 Abs. 1 Satz 1 HGB **muss** Meisner deshalb in seiner **Handelsbilanz** eine Rückstellung für ungewisse Verbindlichkeiten passivieren (Anmerkung: Bei Pensionszusagen, die vor dem 01.01.1987 gewährt worden sind, besteht nach Art. 28 Abs. 1 EGHGB ein Passivierungswahlrecht). Nach dem Gliederungsschema der Bilanz in § 266 Abs. 3 B. HGB, das allerdings nur für Kapitalgesellschaften und bestimmte Personengesellschaften gilt, müssen Pensionsrückstellungen gesondert neben den Steuerrückstellungen und den sonstigen Rückstellungen ausgewiesen werden.

Pensionsverpflichtungen bestehen meist aufgrund einer unmittelbaren Zusage (**Einzelvertrag, Gesamtzusage** an eine Personengesamtheit, **Betriebsvereinbarung** nach § 87 BetrVG, **Tarifvertrag** oder **Besoldungsordnung**, s. R 6a Abs. 2 EStR) zur Zahlung laufender Bezüge **versorgungshalber** (Pensionen, Ruhegelder, Renten) anstelle oder zusätzlich zu Renten aus der Sozialversicherung oder zu Versorgungszahlungen aus einem öffentlich-rechtlichen Dienstverhältnis. Wird eine Versorgungsleistung lediglich **unverbindlich** in Aussicht gestellt oder von einem ungewissen Ereignis abhängig gemacht, dessen Eintritt vom Arbeitgeber bestimmt werden kann, besteht **noch keine** nach § 249 HGB rückstellungspflichtige Anwartschaft. Mündliche Zusagen stehen handelsrechtlich schriftlichen Zusagen gleich, jedoch ist die Schriftform steuerrechtlich nach § 6a Abs. 1 EStG Voraussetzung für die Rückstellungsbildung.

Der **Zeitpunkt der Entstehung** der Pensionsverpflichtung fällt grundsätzlich mit der Abgabe der darauf gerichteten Willenserklärungen des Arbeitgebers an den Arbeitnehmer zusammen (R 6a Abs. 1 Satz 4 EStR). Bei einseitigen begünstigenden Willenserklärungen des Arbeitgebers, als welche die Einzelpensions- und Gesamtzusagen angesehen werden können, wird die Annahme ohne Zugang einer Erklärung an den Antragenden unterstellt (§ 151 BGB).

Die Pensionen werden fällig bei Invalidität (Erwerbs- oder Berufsunfähigkeit) oder Erreichen der vorgesehenen Altersgrenzen oder Tod und werden i. d. R. **lebenslänglich** bis zum Tod des Versorgungsberechtigten oder der Hinterbliebenen (Partner/Kinder) gezahlt. Die Versorgungszahlungen können aber auch **befristet** gezahlt werden, was insbesondere bei **Waisenrenten** die Regel ist. Regelmäßig muss das Arbeitsverhältnis rechtlich beendet und die laufende Gehaltszahlung eingestellt sein, bevor die laufende Pensionszahlung einsetzt. Es ist nicht zu beanstanden, wenn die Versorgung als Einmalzahlung eines Kapitalbetrags (Kapitalzusage) bei Eintritt des Versorgungsfalls bewirkt wird.

Solange der Pensionsfall noch nicht eingetreten ist, besteht nur eine **Anwartschaft** auf laufende oder einmalige Versorgungszahlungen, die sich im Zeitpunkt des Versorgungsfalls zum dann **fälligen Anspruch** verdichtet.

Im vorliegenden Fall besteht somit eindeutig für die im Jahr 01 schriftlich erteilten Pensionszusagen dem Grunde nach die Verpflichtung, in den Handelsbilanzen der Jahre 01 und 02 eine Pensionsrückstellung nach § 249 Abs. 1 HBG zu passivieren.

2. Steuerrechtlich ist für die Passivierung von Pensionsrückstellungen § 6a EStG zu beachten. Obwohl diese Vorschrift gliederungsmäßig gesehen bei den Bewertungsvorschriften ausgewiesen ist, enthält sie nicht nur Regelungen zur Bewertung, sondern auch zur Bilanzierung. Auch für die Bilanzierung in der Steuerbilanz ist zwischen **Altzusagen** (vor dem 01.01.1987) und **Neuzusagen** (nach dem 31.12.1986) zu unterscheiden.

Für Altzusagen gilt auch steuerrechtlich (weiterhin) ein Passivierungswahlrecht (R 6a Abs. 1 Satz 3 EStR), für Neuzusagen dagegen eine **Passivierungspflicht** (R 6a Abs. 1 Satz 2 EStR). Letzteres war in der Zeit vor Inkrafttreten des Bilanzrechtsmodernisierungsgesetzes wegen des bestehenden **Maßgeblichkeitsgrundsatzes** unbestritten.

Durch die Einschränkung der Maßgeblichkeit in § 5 Abs. 1 EStG (. . . es sei denn, im Rahmen der Ausbildung eines steuerlichen Wahlrechts wird oder wurde ein anderer Ansatz gewählt) wird in der Literatur teilweise die Auffassung vertreten, dass aus dem expliziten steuerrechtlichen Wahlrecht des § 6a Abs. 1 EStG (. . . darf . . . nur gebildet werden . . .) nun wieder ein eigenständiges steuerrechtliches Passivierungswahlrecht (für Bilanzierung und Bewertung) bei Altzusagen und Neuzusagen besteht.

Die Finanzverwaltung ist dagegen der Meinung, dass das **handelsrechtliche Passivierungsgebot** für unmittelbare Pensionszusagen **auch** für die **steuerliche Gewinnermittlung** gilt, wobei jedoch die bilanzsteuerlichen Ansatz- und Bewertungsvorschriften des § 6a EStG die Maßgeblichkeit des handelsrechtlichen Passivierungsgebots – wie bisher – **einschränkt** (BMF vom 12.03.2010, BStBl 2010 I S. 239, Rn. 9). Danach sind in der Steuerbilanz Pensionsrückstellungen nach § 6a Abs. 1 Nr. 1 bis 3 EStG **nur** passivierungsfähig, **wenn** und **soweit**

- der Pensionsberechtigte einen **Rechtsanspruch** auf einmalige oder laufende Pensionsleistungen hat (R 6a Abs. 2 EStR),

- die Pensionszusage **keine** Pensionsleistungen in Abhängigkeit von künftigen **gewinnabhängigen** Bezügen vorsieht und **keinen schädlichen Vorbehalt** enthält, dass die Pensionsanwartschaft oder die Pensionsleistung gemindert oder entzogen werden kann (R 6a Abs. 3 bis 6 EStR), und

- die Pensionszusage **schriftlich** erteilt ist (R 6a Abs. 7 EStR).

Ein **schädlicher** Vorbehalt in diesem Sinne liegt z. B. vor, wenn der Arbeitgeber die Pensionszusage nach freiem Belieben, d. h. nach seinen eigenen Interessen ohne Berücksichtigung der Interessen des Pensionsberechtigten, widerrufen kann. Dies ist z. B. bei folgenden Formulierungen der Fall:

– freiwillig und ohne Rechtsanspruch

– jederzeitiger Widerruf vorbehalten

Dagegen sind Vorbehalte des Arbeitgebers **unschädlich,** wenn der Widerruf der Pensionszusage bei geänderten Verhältnissen nur nach billigem Ermessen (§ 315 BGB), d. h. unter verständiger Abwägung der berechtigten Interessen des Pensionsberechtigten einerseits und des Unternehmens andererseits, ausgesprochen werden kann (R 6a Abs. 4 EStR). Das gilt i. d. R. für die Vorbehalte, die eine Anpassung der zugesagten Pensionen an nicht voraussehbare künftige Entwicklungen oder Ereignisse, insbesondere bei einer wesentlichen Verschlechterung der wirtschaftlichen Lage des Unternehmens oder bei einer Treuepflichtverletzung des Arbeitnehmers vorsehen.

Bei der Beurteilung, ob ein schädlicher oder unschädlicher Vorbehalt vorliegt, ist ein strenger Maßstab anzulegen (H 6a Abs. 6 „Gewichtung des Widerrufsvorbehalts" EStH).

Ferner darf in der Steuerbilanz eine Pensionsrückstellung nach § 6a Abs. 2 EStG **erstmals** gebildet werden

– **vor Eintritt des Versorgungsfalls** für das Wirtschaftsjahr, in dem die Pensionszusage erteilt wird, frühestens jedoch für das Wirtschaftsjahr, bis zu **dessen Mitte** der Pensionsberechtigte das **27. Lebensjahr vollendet,** oder für das Wirtschaftsjahr, in dessen Verlauf die Pensionsanwartschaft gemäß den Vorschriften des Betriebsrentengesetzes unverfallbar wird,

– **nach Eintritt des Versorgungsfalls** für das Wirtschaftsjahr, in dem der **Versorgungsfall** eintritt (R 6a Abs. 10 EStR).

Da Meisner bei diesen Neuzusagen auch alle Vorschriften des § 6a Abs. 1 EStG eingehalten hat und die begünstigten Arbeitnehmer alle das 27. Lebensjahr vollendet haben, besteht somit für die im Jahr 01 schriftlich erteilten Pensionszusagen dem Grunde nach die Verpflichtung, auch in den Steuerbilanzen der Jahre 01 und 02 eine Pensionsrückstellung nach § 249 Abs. 1 HGB i. V. m. § 6a EStG (Maßgeblichkeitsgrundsatz) zu passivieren.

3. Die **handelsrechtliche Bewertung** der Rückstellungen ist in § 253 Abs. 1 Satz 2 HGB geregelt. Danach sind Rückstellungen in Höhe des nach vernünftiger kaufmännischer Beurteilung notwendigen **Erfüllungsbetrags** – und damit eher ein wenig vorsichtiger als nur bestmöglich – anzusetzen. Dieser Erfüllungsbetrag ist nach § 253 Abs. 2 Satz 1 HGB bei Rückstellungen mit einer Restlaufzeit von mehr als einem Jahr mit dem ihrer Restlaufzeit entsprechenden **durchschnittlichen Marktzinssatz** der vergangenen

7 Geschäftsjahre **abzuzinsen**. Davon abweichend dürfen nach § 253 Abs. 2 Satz 2 HGB Rückstellungen für Altersversorgungsverpflichtungen pauschal mit dem durchschnittlichen Marktzinssatz abgezinst werden, der sich bei einer angenommenen **Restlaufzeit von 15 Jahren** ergibt. Der anzuwendende Abzinsungssatz wird von der Deutschen Bundesbank nach Maßgabe einer Rechtsverordnung ermittelt und monatlich bekannt gegeben (§ 253 Abs. 2 Satz 4 HGB).

Weil Pensionsverpflichtungen i. d. R. sowohl hinsichtlich ihrer Zahlungszeitpunkte als auch ihrer Zahlungshöhen nach ungewiss sind, können diese nur versicherungsmathematisch unter Verwendung von geeigneten Bewertungsparametern geschätzt werden. Gesetzlich oder vertraglich vorgesehene Erhöhungen der Pensionsansprüche (laufende Renten und Anwartschaften), die ihrem Zeitpunkt und/oder ihrer Höhe nach ungewiss sind, sind im Schätzweg zu berücksichtigen.

Verpflichtungen, für die eine Gegenleistung nicht mehr zu erwarten ist, sind mit ihrem (vollen) Barwert anzusetzen. Dies betrifft laufende Pensionsverpflichtungen (mit dem laufenden Rentenbarwert) und unverfallbare Anwartschaften ausgeschiedener Pensionsberechtigter (mit dem vollen Anwartschaftsbarwert). Bei der Bewertung von Anwartschaften noch tätiger Pensionsberechtigter ist nach allgemeinen Bilanzierungsgrundsätzen nur ein auf die Dienstzeit bis zum Bilanzstichtag entfallener Teil des vollen Anwartschaftsbarwerts anzusetzen. Ein bestimmtes Verfahren zur Ermittlung dieses Werts schreibt § 253 HGB nicht vor, dieses muss aber Folgendes berücksichtigen:

– Rechnungszins gem. § 253 HGB

– Rentendynamik ab Rentenbeginn (z. B. 2 % Inflationsanpassung)

– Gehaltsdynamik bei gehaltsabhängigen Zusagen

– Pauschale prozentuale Verringerung der Wahrscheinlichkeiten für Invalidität und Sterblichkeit

– Mitarbeiterfluktuation

Die **steuerliche Bewertung** ist in § 6a Abs. 3 und 4 EStG geregelt. Soweit diese Vorschriften kein Wahlrecht enthalten, greift der **Bewertungsvorbehalt** des § 5 Abs. 6 EStG ein. Soweit diese Vorschriften ein Wahlrecht enthalten, galt bis zum Inkrafttreten des Bilanzrechtsmodernisierungsgesetzes der Maßgeblichkeitsgrundsatz. Seit der Änderung des § 5 Abs. 1 Satz 1 EStG sind die Regelungen in **R 6a Abs. 20 Satz 2 bis 4 EStG nicht mehr anzuwenden** (BMF vom 12.03.2010, BStBl 2010 I S. 239), das bedeutet, Wahlrechte in der Steuerbilanz können unabhängig vom Wertansatz in der Handelsbilanz vorgenommen werden. Die Bewertung in der Steuerbilanz kann (und wird im Regelfall) vom handelsrechtlichen Wert abweichen. Dabei wird der handelsrechtliche Wert nach § 253 HGB meistens höher sein als der steuerrechtliche Wert nach § 6a EStG, was vor allem auf die Anwendung des Stichtagsprinzips und des Rechnungszinsfußes von 6 % zurückzuführen ist. Die Begründung ergibt sich aus den nachfolgenden Erläuterungen der steuerrechtlichen Bewertungsvorschriften.

Nach § 6a Abs. 3 Satz 1 EStG darf eine Pensionsrückstellung in der **Steuerbilanz** höchstens mit dem **Teilwert** der Pensionsverpflichtung angesetzt werden. Als Teilwert gilt nach § 6a Abs. 3 Satz 2 EStG

– **vor Beendigung des Dienstverhältnisses** des Pensionsberechtigten der **Barwert** der künftigen Pensionsleistungen am Schluss des Wirtschaftsjahres **(Stichtagsprinzip!)** abzüglich des sich auf denselben Zeitpunkt ergebenden Barwerts betragsmäßig gleich bleibender Jahresbeträge und

– **nach Beendigung des Dienstverhältnisses** des Pensionsberechtigten unter Aufrechterhaltung seiner Pensionsanwartschaft oder **nach Eintritt des Versorgungsfalls** der Barwert der künftigen Pensionsleistungen am Schluss des Wirtschaftsjahres.

Dabei sind ein Rechnungszinsfuß von **6 %** und die anerkannten Regeln der Versicherungsmathematik anzuwenden (§ 6a Abs. 3 Satz 3 EStG).

Wird die Zusage erst **nach dem Jahr des Diensteintritts** erteilt (z. B. bei einzelvertraglichen Zusagen), müssen die auf die bereits zurückliegenden Dienstjahre rechnungsmäßig entfallenden Zuführungen **in einem Betrag nachgeholt** werden (Einmalrückstellung); rechnungsmäßig wird unterstellt, die Zusage wäre bereits mit Diensteintritt – frühestens jedoch mit Alter 27 – erteilt worden und die Verhältnisse vom Bilanzstichtag werden auf den vorgenannten Diensteintritt zurückprojiziert; für **spätere Erhöhungen gilt das Gleiche** (R 6a Abs. 10 EStR).

Die Bildung von Pensionsrückstellungen hat auf Basis der Verhältnisse am Bilanzstichtag zu erfolgen (R 6a Abs. 17 EStR). Änderungen der Pensionsvereinbarungen, die noch im Jahr der Entstehung der Pensionsverpflichtung erfolgen, sind noch in diesem Wirtschaftsjahr zu berücksichtigen, spätere Änderungen jeweils im betreffenden Wirtschaftsjahr. Änderungen der Bemessungsgrundlagen, die erst nach dem Bilanzstichtag wirksam werden (z. B. Erhöhungen der Pensionsverpflichtungen), sind bei der Rückstellungsberechnung zu berücksichtigen, wenn sie am Bilanzstichtag bereits feststehen (z. B. durch schriftliche Bekanntgabe, Änderungen Tarifvertrag).

Endet das Arbeitsverhältnis und ist die Pensionsverpflichtung nicht unverfallbar, ist die Pensionsrückstellung aufzulösen. Wird jedoch eine Pensionsanwartschaft des ausgeschiedenen Arbeitnehmers ganz oder teilweise aufrechterhalten oder tritt gleichzeitig mit dem Ausscheiden der Versorgungsfall ein, darf die Pensionsrückstellung mit dem Teilwert in Höhe des Barwerts der Anwartschaft oder der laufenden Pension bewertet werden, wobei eventuell bestehende Fehlbeträge nachgeholt werden dürfen (R 6a Abs. 19 EStR).

Die **Höhe** der Pensionsverpflichtung wird i. d. R. mit der Entstehung dem Grunde nach vereinbart. Viele Unternehmer sagen die Pensionsleistungen in Ergänzung der Sozialversicherung als Grundsicherung zu (**leistungsorientierte** Zusagen). Bei sog. **beitrags-** oder **aufwandsorientierten** Leistungszusagen, bei denen sich die Leistungen nach der Höhe eines bestimmten vorgegebenen Aufwands richten, fallen der Aufwand der Handelsbilanz und der Steuerbilanz i. d. R. deutlich auseinander, da in diese der veranschlagte Aufwand nicht einfach als Einmalrückstellung übernommen werden darf.

Aus diesen Ausführungen ergibt sich, dass Meisner in seiner Handelsbilanz zum 31.12.01 die Pensionsrückstellung nach § 253 Abs. 2 HGB mit dem abgezinsten Erfüllungsbetrag von **60.000 Euro** und der Steuerbilanz mit dem nach § 6a Abs. 3 EStG ermittelten Teilwert (= versicherungsmathematischer Barwert) von **54.000 Euro** hätte passivieren **müssen**. Nach § 6a Abs. 4 Satz 3 EStG hätte Meisner die Möglichkeit gehabt, den Betrag von 54.000 Euro auf das Erstjahr und die beiden folgenden Wirtschaftsjahre gleichmäßig zu verteilen.

Sowohl die Handelsbilanz als auch die Steuerbilanz zum 31.12.01 sind damit falsch. Bleibt zu prüfen, ob diese Bilanzen berichtigt werden müssen bzw. berichtigt werden können. Nach Feststellung der **Handelsbilanz** ist eine Berichtigung von fehlerhaften Bilanzansätzen nur für den Fall zwingend, dass ohne Berichtigung nicht ein den tatsächlichen Verhältnissen entsprechendes Bild der Vermögens-, Finanz- und Ertragslage vermittelt wird. Eine Berichtigung darf aber unterbleiben, wenn die Auswirkung des Fehlers zeitnah im laufenden (= nächsten) Jahresabschluss berücksichtigt werden kann und der Jahresabschluss nicht nichtig ist. Der Fehler führt im vorliegenden Fall wegen des relativ niedrigen Betrags nicht zur Nichtigkeit des Jahresabschlusses. Meisner muss deshalb seine Handelsbilanz zum 31.12.01 nicht nachträglich berichtigen. Somit ist die erfolgswirksame (= gewinnmindernde) Richtigstellung des Fehlers in der Handelsbilanz zum 31.12.02 und die Bewertung der Pensionsrückstellung mit dem abgezinsten Erfüllungsbetrag von 72.000 Euro nicht nur nicht zu beanstanden, sondern zwingend erforderlich.

Nach § 4 Abs. 2 Satz 1 EStG und R. 4.4 Abs. 1 EStR kann Meisner den Fehler in der unrichtigen Steuerbilanz zum 31.12.01 durch eine entsprechende Mitteilung an das Finanzamt berichtigen. Die Berichtigung einer Bilanz, die einer bestandskräftigen Veranlagung zugrunde liegt, ist allerdings nur insoweit möglich, als die Veranlagung nach den Vorschriften der AO noch geändert werden kann (BFH vom 05.09.2001, BStBl 2002 II S. 134). Da nach dem Sachverhalt die Veranlagung des Jahres 01 nicht mehr geändert werden kann, darf auch die Steuerbilanz zum 31.12.01 nicht berichtigt werden. Der falsche Bilanzansatz ist folglich grundsätzlich in der Schlussbilanz des ersten Jahres, dessen Veranlagung geändert werden kann, erfolgswirksam richtigzustellen (R. 4.4 Abs. 1 Satz 9 EStR). Aber: Nach § 6a Abs. 4 Satz 1

EStG darf eine Pensionsrückstellung in einem Wirtschaftsjahr höchstens um den Unterschied zwischen dem Teilwert der Pensionsverpflichtung am Schluss des Wirtschaftsjahres (= 63.000 Euro) und am Schluss des vorangegangenen Wirtschaftsjahres (= 54.000 Euro) erhöht werden. Dieses **Nachholverbot** ist auch dann anzuwenden, wenn der Fehler auf einem Rechtsirrtum beruht (BFH vom 11.03.2003, BStBl 2003 II S. 746). In der Steuerbilanz zum 31.12.02 darf deshalb die Pensionsrückstellung nur mit 9.000 Euro bewertet werden.

4. Aufgrund der unterschiedlichen Berichtigungsvorschriften ist das handelsrechtliche Ergebnis um 63.000 Euro niedriger als das steuerrechtliche. Damit ist der Steueraufwand, der sich nach dem Ergebnis der Steuerbilanz richtet, bezogen auf das handelsrechtliche Ergebnis zu hoch. Diese Differenzen werden in späteren Geschäftsjahren abgebaut, weil der tatsächliche Pensionsaufwand derselbe ist und sich somit insgesamt die gleiche Gewinnauswirkung ergibt. Das heißt, der Gewinn in der Steuerbilanz wird in irgendeinem späteren Wirtschaftsjahr (oder verteilt auf mehrere Jahre) um insgesamt 63.000 Euro niedriger sein als der Handelsbilanzgewinn. Der Bewertungsunterschied führt im Jahr 02 zu einer Steuerentlastung von 30 % von 63.000 Euro = 18.900 Euro. Die GmbH hat ein Wahlrecht und **kann** nach § 274 Abs. 1 Satz 2 HGB einen aktiven latenten Steuerposten in der Handelsbilanz (§ 266 Abs. 2 D. HGB) ansetzen. Sofern Meisner einen latenten Steuerposten in seiner Handelsbilanz zum 31.12.02 ausweist, ist dieser in den folgenden Geschäftsjahren dann aufzulösen, wenn der Gewinn in der Steuerbilanz niedriger ist als der Gewinn in der Handelsbilanz.

5. Hätte Meisner im Jahr 01 eine sog. Rückdeckungsversicherung abgeschlossen, müsste er grundsätzlich die Forderung gegenüber dem Versicherungsunternehmen sowohl in seiner **Handelsbilanz** als auch in seiner **Steuerbilanz** aktivieren, und zwar nach § 253 Abs. 1 Satz 1 HGB i. V. m. § 5 Abs. 1 und 6 EStG sowie § 6 Abs. 1 Nr. 3 EStG grundsätzlich mit ihren Anschaffungskosten (= **geschäftsplanmäßiges Deckungskapital** zum jeweiligen Bilanzstichtag), d. h. in den Bilanzen zum 31.12.01 mit 18.000 Euro und zum 31.12.02 mit 40.000 Euro. Nach dem durch das Bilanzrechtsmodernisierungsgesetz eingefügten § 246 Abs. 2 Satz 2 HGB müssen dagegen in der Handelsbilanz Vermögensgegenstände (und dazu gehören auch Forderungen!), die dem Zugriff aller übrigen Gläubiger entzogen sind und ausschließlich der Erfüllung von Schulden als Altersvorsorgeverpflichtungen dienen, mit diesen Schulden verrechnet werden. Diese Bedingung ist erfüllt, wenn sowohl die Gläubiger des bilanzierungspflichtigen Unternehmens selbst weder im Wege der Einzelvollstreckung noch im Insolvenzfall zur Befriedigung ihrer eigenen Rechtsansprüche an die Vermögensgegenstände gelangen als auch die Gläubiger eines vom bilanzierungspflichtigen Unternehmen unabhängigen Rechtsträgers, auf den die Vermögensgegenstände übertragen wurden. In der Handelsbilanz zum 31.12.02 ist die

Pensionsrückstellung mit (72.000 Euro ./. 40.000 Euro =) 32.000 Euro zu bilanzieren.

Der Rückdeckungsanspruch einerseits und die Pensionsverpflichtung andererseits stellen unabhängig voneinander zu bilanzierende Wirtschaftsgüter dar. In der Steuerbilanz ist daher eine Saldierung beider Wirtschaftsgüter – anders als in der Handelsbilanz – nicht zulässig. In der Steuerbilanz zum 31.12.02 ist folglich die Forderung mit 40.000 Euro zu aktivieren und die Pensionsrückstellung mit 9.000 Euro zu passivieren.

3. Rücklagen

Fall 28

Reinvestitionsrücklage und Übertragung stiller Reserven nach § 6b EStG

Sachverhalt

Der bilanzierende Fabrikant Werner Wuchtig hatte am 01.07.01 ein Grundstück mit Lagerhalle für insgesamt 110.000 Euro erworben. Von den Anschaffungskosten entfielen auf den Grund und Boden 30.000 Euro, auf die Halle 80.000 Euro. Die Halle hatte noch eine Restnutzungsdauer von 20 Jahren und wurde entsprechend linear abgeschrieben.

Am 01.10.07 veräußerte Wuchtig dieses Grundstück für insgesamt 150.000 Euro. Von dem Verkaufserlös entfielen auf Grund und Boden und Halle jeweils 75.000 Euro.

Folgende Investitionen für seinen Betrieb hat Wuchtig 06 und 07 vorgenommen bzw. plant er für die folgenden Jahre:

06: Auf einem Grundstück, an dem für ihn ein Erbbaurecht besteht, ließ er eine Halle für 50.000 Euro errichten (Nutzungsdauer 25 Jahre, fertig gestellt am 01.07.06, lineare AfA nach § 7 Abs. 4 Satz 2 EStG von 4 %).

07: Am 01.05.07 schaffte er für 40.000 Euro eine Maschinenanlage an (Nutzungsdauer 10 Jahre).

09: Spätestens in diesem Jahr will der Eigentümer eines an das Betriebsgrundstück des Wuchtig angrenzenden Geländestreifens dort seine Spargelkultur aufgeben und das Gelände für voraussichtlich 10.000 Euro an Wuchtig verkaufen.

10: In diesem Jahr dürften keine Investitionen erforderlich sein.

11: Geplant ist der Kauf eines LKW, dessen Anschaffungskosten voraussichtlich 80.000 Euro betragen werden (Nutzungsdauer 8 Jahre).

Frage

1. Muss Wuchtig den Veräußerungsgewinn aus der Veräußerung des Grundstücks im Jahr 07 versteuern oder besteht eine Steuerstundungsmöglichkeit?

2. Wie ist die buchmäßige Behandlung nach Handelsrecht?

3. Welche Übertragungsmöglichkeiten gibt es für die aufgedeckten stillen Reserven in der Steuerbilanz?

Antwort

1. Wuchtig muss den erzielten Veräußerungsgewinn von 25.000 Euro nicht im Jahr der Veräußerung (= 07) versteuern. Es besteht eine Steuerstundungsmöglichkeit nach § 6b Abs. 1 EStG bzw. § 6b Abs. 3 EStG.

2. In der Handelsbilanz muss der Veräußerungsgewinn seit Inkrafttreten des BilMoG als sonstiger betrieblicher Ertrag ausgewiesen werden. Eine Übertragung der stillen Reserven bzw. die Bildung einer Rücklage ist nicht (mehr) zulässig.

3. Wuchtig kann die aufgedeckten stillen Reserven von insgesamt 65.000 Euro entweder i. H. von 49.000 Euro auf die in 06 hergestellte Halle übertragen und i. H. des Differenzbetrags von 16.000 Euro eine steuerfreie Rücklage nach § 6b EStG bilden oder die gesamten aufgedeckten stillen Reserven von 65.000 Euro in eine steuerfreie Rücklage nach § 6b EStG einstellen. Sofern bzw. soweit er eine Rücklage bildet, kann er diese nur auf die Anschaffungskosten von 10.000 Euro des in 09 erworbenen Betriebsgrundstücks übertragen. Die nach Ablauf der Frist am 31.12.11 noch vorhandene Rücklage muss im Wirtschaftsjahr 11 gewinnerhöhend aufgelöst werden zuzüglich des Gewinnzuschlags von jährlich 6 % nach § 6b Abs. 7 EStG.

Begründung

1. Die Steuervergünstigung des § 6b EStG in der Form einer **Steuerstundung** ist durch das Steueränderungsgesetz 1964 in das EStG eingefügt worden. Die Steuerstundung wird buchungstechnisch dadurch erreicht, dass der Veräußerungsgewinn entweder im Jahr der Veräußerung oder in den folgenden 4 Jahren auf ein begünstigtes Reinvestitionsgut übertragen wird. Die Minderung des Buchwerts beim angeschafften oder hergestellten Reinvestitionsgut führt zum einen zu einer niedrigeren AfA und zum anderen zu einem höheren Veräußerungsgewinn bzw. Entnahmegewinn bei einer künftigen Veräußerung oder Entnahme des Reinvestitionsguts (sofern nicht erneut die Vergünstigung des § 6b EStG und damit erneut eine Steuerstundung in Anspruch genommen werden kann). Durch den Verzicht auf die sofortige Besteuerung der aufgedeckten stillen Reserven soll der Wirtschaft die ökonomisch sinnvolle Anpassung an strukturelle Veränderungen erleichtert werden. Die Steuervergünstigung wird nach § 6b Abs. 1

Satz 1 EStG allen buchführungspflichtigen land- und forstwirtschaftlich, gewerblich oder freiberuflich tätigen Steuerpflichtigen bei der **Veräußerung** (nicht aber bei der Entnahme) folgender **begünstigter** Wirtschaftsgüter gewährt:

- Grund und Boden,

- Aufwuchs auf Grund und Boden mit dem dazugehörigen Grund und Boden, wenn der Aufwuchs zu einem land- und forstwirtschaftlichen Betriebsvermögen gehört,

- Gebäude oder

- Binnenschiffe.

Die Steuervergünstigung nach § 6b EStG kann unabhängig davon in Anspruch genommen werden, ob der Unternehmer das Wirtschaftsgut freiwillig veräußert oder ob die Veräußerung unter Zwang erfolgt, z. B. infolge oder zur Vermeidung eines behördlichen Eingriffs oder im Wege einer Zwangsversteigerung. Auch ein Tausch stellt eine Veräußerung dar. Dagegen liegt beim Ausscheiden eines Wirtschaftsguts aus dem Betriebsvermögen des Steuerpflichtigen wegen höherer Gewalt keine Veräußerung vor (R 6b.1 Abs. 1 EStR). Auch eine Entnahme oder die Überführung eines Wirtschaftsguts in einen anderen Betrieb des Steuerpflichtigen ist keine Veräußerung.

Im vorliegenden Fall hat Wuchtig zwei Wirtschaftsgüter veräußert, den Grund und Boden und das Gebäude. Beide Wirtschaftsgüter sind in § 6b Abs. 1 Satz 1 EStG aufgeführt. Darüber hinaus hat er auch die in § 6b Abs. 4 EStG aufgeführten weiteren – für die Inanspruchnahme der Steuervergünstigung noch erforderlichen – Voraussetzungen erfüllt:

- Er ermittelt seinen Gewinn nach § 4 Abs. 1 oder § 5 EStG (Anmerkung: Sofern er seinen Gewinn nach § 4 Abs. 3 EStG ermittelt, könnte er die Steuervergünstigung des § 6c EStG in Anspruch nehmen),

- die veräußerten Wirtschaftsgüter müssen im **Zeitpunkt** der Veräußerung (d. h. taggenaue Berechnung!) mindestens **6 Jahre ununterbrochen** zu seinem **Anlagevermögen** einer inländischen Betriebsstätte gehört haben,

- sein bei der Veräußerung entstandener Gewinn darf bei der Ermittlung des im Inland steuerpflichtigen Gewinns nicht außer Ansatz bleiben und

- der Abzug nach § 6b Abs. 1 EStG und die Bildung und Auflösung der Rücklage nach § 6b Abs. 3 EStG müssen in der Buchführung verfolgt werden können.

Die bei der Veräußerung dieser beiden Wirtschaftsgüter entstandenen Veräußerungsgewinne sind somit nach § 6b EStG begünstigt. Der nach § 6b Abs. 2 Satz 1 EStG ermittelte Veräußerungsgewinn (Veräußerungspreis ./. Veräußerungskosten ./. Buchwert) beträgt bei der Veräußerung des Grund

und Bodens (75.000 Euro ./. 30.000 Euro =) 45.000 Euro und beim Gebäude (75.000 Euro ./. 55.000 Euro =) 20.000 Euro. Buchwert ist dabei nach § 6b Abs. 2 Satz 2 EStG i. V. m. R 6b.1 Abs. 2 EStR der Wert, der sich für das Wirtschaftsgut im Zeitpunkt seiner Veräußerung ergeben würde, wenn für diesen Zeitpunkt eine Bilanz aufzustellen wäre. Das bedeutet, dass bei abnutzbaren Anlagegütern auch noch AfA nach § 7 EStG vom letzten Bilanzstichtag bis zum Veräußerungszeitpunkt vorgenommen werden können. Für das Gebäude ergibt sich somit bei einer Restnutzungsdauer im Zeitpunkt der Anschaffung (01.07.01) von insgesamt 20 Jahren und damit einer jährlichen AfA nach § 7 Abs. 4 Satz 2 EStG von 5 % von 80.000 Euro = 4.000 Euro ein Buchwert am 01.07.06 von 55.000 Euro.

Wuchtig hat im Wirtschaftsjahr 06 folgende zwei Möglichkeiten (im Einzelnen s. unten 3.):

1. Er überträgt von den Veräußerungsgewinnen einen Teilbetrag von 49.000 Euro nach § 6b Abs. 1 Satz 2 EStG auf die im Wirtschaftsjahr 06 hergestellte Halle und bildet i. H. von 16.000 Euro nach § 6b Abs. 3 EStG eine Rücklage.

2. Er bildet i. H. der gesamten Veräußerungsgewinne von 65.000 Euro nach § 6b Abs. 3 EStG eine Rücklage.

2. Die Handelsbilanz ist nicht der richtige Ort, um Steuervergünstigungen darzustellen. Nach § 243 Abs. 1 HGB ist der Jahresabschluss nach den Grundsätzen ordnungsmäßiger Buchführung, deren wichtigste in § 252 Abs. 1 HGB aufgeführt sind, aufzustellen. Für Kapitalgesellschaften enthält § 266 Abs. 2 Satz 1 HGB die Regelung, dass deren Jahresabschluss unter Beachtung der Grundsätze ordnungsmäßiger Buchführung ein den tatsächlichen Verhältnissen entsprechendes Bild der Vermögens-, Finanz- und Ertragslage der Kapitalgesellschaft zu vermitteln hat. Wird nun in einem Jahresabschluss der Veräußerungsgewinn nicht ausgewiesen, sondern eine Rücklage gebildet, oder werden die stillen Reserven auf ein Reinvestitionsgut übertragen und damit der Buchwert dieses Anlageguts gemindert, so vermittelt der Jahresabschluss gerade kein den tatsächlichen Verhältnissen entsprechendes Bild der Vermögens-, Finanz- und Ertragslage der Kapitalgesellschaft. Trotzdem durfte nach § 5 Abs. 1 Satz 2 EStG a. F. die Steuervergünstigung nach § 6b EStG in der Steuerbilanz nur in Anspruch genommen werden, wenn dieses Wahlrecht auch in der Handelsbilanz ausgeübt wurde (sog. umgekehrter Maßgeblichkeitsgrundsatz). Mit Wirkung ab VZ 2009 wurde diese Vorschrift abgeschafft. Gleichzeitig wurden § 247 Abs. 3 HGB und § 254 HGB gestrichen, mit der Folge, dass in der Handelsbilanz weder eine Rücklage nach § 6b EStG passiviert werden darf noch die aufgedeckten stillen Reserven auf ein Reinvestitionsgut übertragen werden dürfen. Das bedeutet, Handelsbilanz und Steuerbilanz weichen zwingend voneinander ab, wenn der Unternehmer die Steuervergünstigungen des § 6b EStG in Anspruch nimmt.

3. Wuchtig kann den Veräußerungsgewinn von 45.000 Euro (beim Grund und Boden) und 20.000 Euro (beim Gebäude) nach § 6b Abs. 1 Satz 2 EStG übertragen auf die Anschaffungskosten oder Herstellungskosten von folgenden zum Anlagevermögen einer inländischen Betriebsstätte (§ 6b Abs. 4 Nr. 3 i. V. m. Abs. 1 Satz 2 EStG) gehörenden Wirtschaftsgüter:

– **Grund und Boden,** soweit der Gewinn bei der Veräußerung von Grund und Boden entstanden ist,

– **Aufwuchs auf Grund und Boden** mit dem dazugehörigen Grund und Boden, wenn der Aufwuchs zu einem land- und forstwirtschaftlichen Betriebsvermögen gehört, soweit der Gewinn bei der Veräußerung von Grund und Boden oder der Veräußerung von Aufwuchs auf Grund und Boden mit dem dazugehörigen Grund und Boden entstanden ist,

– **Gebäuden,** soweit der Gewinn bei der Veräußerung von Grund und Boden, von Aufwuchs auf Grund und Boden mit dem dazugehörigen Grund und Boden oder Gebäude entstanden ist, oder

– **Binnenschiffen,** soweit der Gewinn bei der Veräußerung von Binnenschiffen entstanden ist.

Zu diesen Übertragungsmöglichkeiten folgende Übersicht:

Veräußertes Wirtschaftsgut	Erworbenes oder hergestelltes Wirtschaftsgut			
	Grund und Boden	**Aufwuchs**	**Gebäude**	**Binnenschiffe**
Grund und Boden	x	x	x	–
Aufwuchs	–	x	x	–
Gebäude	–	–	x	–
Binnenschiff	–	–	–	x

Überträgt der Unternehmer den Veräußerungsgewinn auf ein bereits im Jahr vor der Veräußerung erworbenes oder hergestelltes Wirtschaftsgut, so erfolgt die Übertragung nicht auf die Anschaffungskosten oder Herstellungskosten dieses Wirtschaftsguts, sondern auf dessen Buchwert am Schluss des Wirtschaftsjahres der Anschaffung oder Herstellung (§ 6b Abs. 5 EStG).

Eine Besonderheit enthält § 6b Abs. 1 Satz 3 EStG. Danach steht der Anschaffung oder Herstellung von Gebäuden ihre **Erweiterung,** ihr **Ausbau** oder ihr **Umbau** gleich, sofern es sich bei den dafür angefallenen Kosten um Herstellungskosten handelt. Der Abzug ist in diesem Fall nur von dem Aufwand für die Erweiterung, den Ausbau oder den Umbau der Gebäude zulässig.

Da Wuchtig nicht land- und forstwirtschaftlich tätig ist und deshalb keinen Grund und Boden mit einem Aufwuchs für ein land- und forstwirtschaftliches Betriebsvermögen erwerben wird, kann er den Veräußerungsgewinn von 45.000 Euro, der bei der Veräußerung des Grund und Bodens angefallen ist, auf einen erworbenen (bebauten oder unbebauten) Grund und Boden oder auf ein erworbenes oder hergestelltes Gebäude übertragen.

Den Veräußerungsgewinn von 20.000 Euro, der bei der Veräußerung des Gebäudes entstanden ist, kann er nur auf ein erworbenes oder hergestelltes Gebäude übertragen.

Weitere Übetragungsmöglichkeiten gibt es nicht. Insbesondere ist die Übertragung auf abnutzbare oder nicht abnutzbare **bewegliche Wirtschaftsgüter** nicht möglich. Wuchtig kann folglich die Veräußerungsgewinne von insgesamt 65.000 Euro nicht auf die geplanten Anschaffungen der Maschinenanlage oder des LKW übertragen. Da Betriebsvorrichtungen bewegliche Wirtschaftsgüter und keine Gebäude sind, ist eine Übertragung auf die Anschaffungskosten oder Herstellungskosten von Betriebsvorrichtungen ebenfalls nicht möglich.

Bei den Übertragungsmöglichkeiten ist wie folgt zu unterscheiden:

1. Sofern der Unternehmer im **Jahr der Veräußerung** oder im **Jahr vor der Veräußerung** eines Wirtschaftsguts i. S. des § 6b Abs. 1 Satz 1 EStG ein begünstigtes Reinvestitionsgut i. S. von § 6b Abs. 1 Satz 2 EStG erworben oder hergestellt hat, kann er den Veräußerungsgewinn im Jahr der Veräußerung auf das Reinvestitionsgut übertragen. Die Übertragung muss aber nicht auf das erstbeste Reinvestitionsgut erfolgen. Der Unternehmer kann sich das begünstigte Reinvestitionsgut wahlweise aussuchen.

2. Hat der Unternehmer im Jahr der Veräußerung oder im Jahr vor der Veräußerung kein begünstigtes Reinvestitionsgut angeschafft oder hergestellt bzw. wünscht er die Übertragung des Veräußerungsgewinns auf diese Reinvestitionsgüter nicht, kann er nach § 6b Abs. 3 Satz 1 EStG im Wirtschaftsjahr der Veräußerung bis zur Höhe des Veräußerungsgewinns eine den steuerlichen Gewinn mindernde Rücklage bilden. Bis zur Höhe dieser Rücklage kann er von den Anschaffungskosten oder Herstellungskosten der begünstigten Wirtschaftsgüter, die in den folgenden **4 Wirtschaftsjahren** angeschafft oder hergestellt worden sind, im Wirtschaftsjahr ihrer Anschaffung oder Herstellung einen Betrag abziehen (§ 6b Abs. 4 Satz 2 EStG). Bei **neu hergestellten** Gebäuden verlängert sich die Vierjahresfrist auf 6 Jahre, wenn mit ihrer Herstellung vor dem Schluss des vierten auf die Bildung der Rücklage folgenden Wirtschaftsjahres begonnen worden ist. Allerdings kann die Rücklage in diesem Fall zum Ende des vierten auf die Bildung folgenden Wirtschaftsjahres nur noch in Höhe der noch zu erwartenden Herstellungskosten für das Gebäude beibehalten werden (BFH vom 26.10.1989, BStBl 1990 II S. 290).

3. Ist die Rücklage am Ende der Vier- bzw. Sechsjahresfrist vollständig oder teilweise noch vorhanden, so ist sie in diesem Zeitpunkt gewinnerhöhend aufzulösen (§ 6b Abs. 4 Satz 5 EStG). Eine Verlängerung dieser Fristen ist ausgeschlossen. Es bleibt dem Unternehmer unbenommen, die Rücklage bereits vor Ablauf der Vier- bzw. Sechsjahresfrist freiwllig gewinnerhöhend aufzulösen, z. B. weil eine Reinvestition nicht

mehr geplant ist. Soweit eine Rücklage nicht auf ein Reinvestitionsgut übertragen wird, ist der Gewinn des Wirtschaftsjahrs, in dem die Rücklage freiwillig oder wegen Ablauf der Frist gewinnerhöhend aufgelöst wird, für jedes volle (Rumpf-)Wirtschaftsjahr, in dem die Rücklage bestanden hat, um 6 % des aufgelösten Rücklagenbetrags zu erhöhen (§ 6b Abs. 7 EStG). Zu beachten ist dabei, dass die Rücklage auch dann während des ganzen Wirtschaftsjahrs bestanden hat, wenn sie buchungstechnisch bereits während des laufenden Wirtschaftsjahrs aufgelöst worden ist (BFH vom 26.10.1989, BStBl 1990 II S. 290).

Um die höchstmögliche Steuerstundung zu erhalten, ist Wuchtig zu empfehlen, wie folgt zu verfahren:

- Zunächst muss er bei der am 01.10.07 erfolgten Veräußerung des bebauten Grundstücks wie folgt buchen:

1.	AfA	3.000 €	an Gebäude	3.000 €
2.	Bank	150.000 €	an Grund und Boden	30.000 €
			Gebäude	55.000 €
			sonstige betriebliche Erträge	65.000 €

Da alle Voraussetzungen des § 6b EStG erfüllt sind, muss er den Veräußerungsgewinn von 65.000 Euro nicht sofort versteuern, sondern kann die Steuervergünstigung (= Steuerstundung) des § 6b EStG in Anspruch nehmen.

- Übertragung des gesamten bei der Veräußerung des Gebäudes im Wirtschaftsjahr 07 erzielten Veräußerungsgewinns von 20.000 Euro im Jahr der Veräußerung auf den Buchwert zum 31.12.06 von 49.000 Euro der im Wirtschaftsjahr 06 hergestellten Halle.

Buchungssatz:

Abschreibungen	20.000 €	an Gebäude	20.000 €

- Übertragung eines Teils von 29.000 Euro des bei der Veräußerung des Grund und Bodens im Wirtschaftsjahr 07 erzielten Veräußerungsgewinns von 45.000 Euro im Jahr der Veräußerung auf den Buchwert zum 31.12.06 von 49.000 Euro der im Wirtschaftsjahr 06 hergestellten Halle, denn der Veräußerungsgewinn von Grund und Boden kann auch auf erworbene oder hergestellte Gebäude übertragen werden. Nach § 6b Abs. 6 EStG mindern die übertragenen Beträge von 20.000 Euro und 29.000 Euro = 49.000 Euro die Bemessungsgrundlage für die AfA nach § 7 EStG. Weil im vorliegenden Fall der Buchwert des Gebäudes nach Übertragung der Veräußerungsgewinne 0 Euro beträgt, kann ab dem Wirtschaftsjahr 07 keine AfA mehr gewährt werden.

Buchungssatz:

Abschreibungen	29.000 €	an Gebäude	29.000 €

- Bildung einer Rücklage nach § 6b Abs. 3 EStG in der Steuerbilanz zum 31.12.07 in Höhe des bei der Veräußerung des Grund und Bodens erzielten restlichen Veräußerungsgewinns von 16.000 Euro. Wuchtig hat bis zum 31.12.11 die Gelegenheit, diese Rücklage (nur) auf erworbenen Grund und Boden oder auf erworbene oder hergestellte Gebäude zu übertragen.

  Buchungssatz:

  Sonstige betriebliche
  Aufwendungen   16.000 €   an Rücklage § 6b EStG   16.000 €

- Übertragung eines Teils der erstmals in der Steuerbilanz zum 31.12.07 gebildeten Rücklage von 16.000 Euro auf das im Wirtschaftsjahr 09 erworbene unbebaute Grundstück. Die Übertragung kann höchstens i. H. der Anschaffungskosten von 10.000 Euro vorgenommen werden. Die Rücklage muss nach § 6b Abs. 4 Satz 4 EStG i. H. des abgezogenen Betrags gewinnerhöhend aufgelöst werden. Gleichzeitig stellt die Übertragung der Rücklage bezogen auf das Reinvestitionsgut eine (steuerliche) Abschreibung dar. Somit ergeben sich folgende Buchungssätze:

  1. Rücklage § 6b EStG 10.000 €   an sonstige betriebliche Erträge   10.000 €

  2. Abschreibungen   10.000 €   an Grund und Boden   10.000 €

- Gewinnerhöhende Auflösung der restlichen Rücklage von 6.000 Euro wegen Fristablauf bei der Aufstellung des Jahresabschlusses zum 31.12.11.

  Buchungssatz:

  Rücklage § 6b EStG   6.000 €   an sonstige betriebliche Erträge   6.000 €

Zusätzlich ist der Gewinn des Jahres 11 nach § 6b Abs. 7 EStG außerhalb der Buchführung um (4 × 6 % von 6.000 Euro =) 1.440 Euro zu erhöhen.

Alternativ kann Wuchtig die verbliebene Rücklage von 6.000 Euro freiwillig bereits bei der Aufstellung eines früheren Jahresabschlusses gewinnerhöhend auflösen. Dies hat zur Folge, dass dieser Gewinn in einem früheren Jahr zu versteuern ist. Dafür entfällt aber die Gewinnhinzurechnung von 6 % für jedes Jahr, in dem die Rücklage nicht besteht.

Zusammengefasst ergibt sich in den Jahren 07 bis 11 bezogen auf den Veräußerungsgewinn von 65.000 Euro (ohne Berücksichtigung der AfA von 3.000 Euro im Jahre 07) folgende Gewinnauswirkung:

Wirtschaftsjahr 07:	0 €
Wirtschaftsjahr 08:	0 €
Wirtschaftsjahr 09:	0 €
Wirtschaftsjahr 10:	0 €
Wirtschaftsjahr 11:	Gewinnerhöhung 7.440 €

Fall 29

Veräußerung eines Grundstücks wegen drohender Enteignung – Rücklage nach § 6b EStG und Rücklage für Ersatzbeschaffung

Sachverhalt

Der bilanzierende Großhändler Erich Wagen veräußerte am 01.05.05 an die Gemeinde, in der sich sein Betrieb befindet, ein Betriebsgrundstück mit Bürogebäude, da die Gemeinde mit Enteignung gedroht hatte. Der Verkaufspreis betrug insgesamt 420.000 Euro, davon entfallen auf Grund und Boden 110.000 Euro, auf das Gebäude 310.000 Euro. Wagen hatte das Grundstück am 02.01.01 für insgesamt 360.000 Euro (60.000 Euro für Grund und Boden und 300.000 Euro für das Gebäude) erworben. Das Gebäude hatte er mit 3 % der Anschaffungskosten jährlich abgeschrieben.

Im Jahr 06 ließ Wagen auf einem Grundstück, an dem für ihn ein Erbbaurecht bestellt ist, für 350.000 Euro ein neues Bürogebäude errichten. Dieses war am 01.10.06 bezugsfertig.

Frage

1. Kann Wagen eine Besteuerung des bei der Veräußerung des Grundstücks erzielten Gewinns durch den Ausweis einer Rücklage nach § 6b EStG vermeiden?

2. Welche weitere Möglichkeit besteht für Wagen, um im Jahr 05 ein steuerlich günstiges Betriebsergebnis auszuweisen?

3. Mit welchem Wert ist zum 31.12.06 das neue Bürogebäude mindestens anzusetzen?

Antwort

1. Die Voraussetzungen, um eine Rücklage nach § 6b EStG bilden zu können, sind nicht gegeben.

2. Wagen kann zum 31.12.05 eine Rücklage für Ersatzbeschaffung i. H. von 99.000 Euro bilden.

3. Das neue Bürogebäude ist zum 31.12.06 mit mindestens 265.494 Euro anzusetzen.

Begründung

1. Der bei der Veräußerung des Grundstücks erzielte Gewinn kann nicht in eine Rücklage nach § 6b EStG eingestellt werden, da das Grundstück weniger als 6 Jahre zum Betriebsvermögen des Wagen gehört hat (§ 6b Abs. 4 Nr. 2 EStG).

2. Wagen veräußerte das Grundstück, um eine drohende Enteignung zu vermeiden. Die in R 6.6 Abs. 1 und 4 EStR genannten Voraussetzungen zur Bildung einer wenigstens zunächst steuerfreien Rücklage für Ersatzbeschaffung sind daher gegeben.

Die Rücklage kann in Höhe der aufgedeckten stillen Reserven, d. h. der Differenz zwischen dem Buchwert des verkauften Wirtschaftsguts im Zeitpunkt der Veräußerung und dem Verkaufserlös, ausgewiesen werden (R 6.6 Abs. 4 Satz 1 EStR). Der Buchwert zum Zeitpunkt des Verkaufs ist der Wert, der sich ergeben würde, wenn bei Veräußerung eine Bilanz zu erstellen wäre, d. h., bei abnutzbaren Anlagegütern ist noch eine zeitanteilige AfA vorzunehmen (H 6.6 Abs. 3 „Buchwert" EStH; R 6b. 1 Abs. 2 EStR).

Die beim Verkauf des Gebäudes aufgedeckten und in die Rücklage einzustellenden stillen Reserven sind wie folgt zu berechnen:

Buchwert des Gebäudes zum 31.12.04	264.000 €
(300.000 € ./. 36.000 € bisherige AfA)	
AfA bis zum 30.04.05	3.000 €
Buchwert zum 30.04.05	261.000 €
Verkaufserlös	310.000 €
stille Reserven	49.000 €

Bei der Veräußerung des Grund und Bodens sind 50.000 Euro stille Reserven aufgedeckt worden. Die Rücklage für Ersatzbeschaffung beträgt daher insgesamt 99.000 Euro.

Buchungssätze

1. Am Tag der Veräußerung

Geldkonto				
(Forderungen)	420.000 €	an	Grund und Boden	60.000 €
			Gebäude	261.000 €
			sonstige betriebliche Erträge	99.000 €

2. Bei Aufstellung des Jahresabschlusses

sonstige betriebliche		an	Rücklage für	
Aufwendungen	99.000 €		Ersatzbeschaffung	99.000 €

3. Da das neue Bürogebäude die gleiche wirtschaftliche Aufgabe zu erfüllen hat wie das veräußerte Grundstück, ist darauf die Rücklage für Ersatzbeschaffung zu übertragen, d. h. von dessen Herstellungskosten abzuziehen (R 6.6 Abs. 1 Nr. 2 EStR). Auch die bei Veräußerung des Grund und Bodens aufgedeckten stillen Reserven können auf das Gebäude übertragen werden (R 6.6 Abs. 3 Satz 2 EStR). Eine Einschränkung der Abzugsfähigkeit ergibt sich aus der Rechtsprechung des BFH (Urteil vom 03.09.1957, BStBl 1957 III S. 386): Soweit nicht die volle Entschädigung oder der gesamte Verkaufserlös für das ausgeschiedene Gut zur Anschaffung oder Herstellung des Ersatzwirtschaftsguts verwendet werden kann, sind die aufgedeckten stillen Reserven nur anteilig zu übertragen. Das ist hier der Fall, da der Verkaufspreis 420.000 Euro betrug, die Herstellungskosten des neuen Bürogebäudes hingegen nur 350.000 Euro.

Der übertragungsfähige Betrag ist nach folgender Formel zu berechnen:

$$\frac{\text{AK/HK des Ersatz-WG} \times \text{aufgedeckte stille Reserven}}{\text{Entschädigung (Verkaufserlös)}}$$

Im vorliegenden Fall sind übertragungsfähig:

$$\frac{350.000\ \text{€} \times 99.000\ \text{€}}{420.000\ \text{€}} = 82.500\ \text{€}$$

Da offensichtlich keine weitere Ersatzbeschaffung möglich ist, sind die verbleibenden 16.500 Euro spätestens zum 31.12.07 als Ertrag auszubuchen (R 6.6 Abs. 4 Satz 3 und 4 EStR).

Buchungssätze (bei Ausbuchung der restlichen Rücklage im Jahr 06):

1. Rücklage für
   Ersatzbeschaffung 99.000 € an sonstige betriebliche Erträge 99.000 €

2. Abschreibungen 82.500 € an Bürogebäude 82.500 €

Die AfA des Ersatzwirtschaftsguts ist nach den um die übertragenen stillen Reserven geminderten Herstellungskosten zu bemessen (R 7.3 Abs. 4 Satz 1 EStR). Die AfA für das neue Bürogebäude ist, wenn die tatsächliche Nutzungsdauer nicht weniger als 33 Jahre beträgt, nach § 7 Abs. 4 Satz 1 Nr. 1 EStG mit jährlich 3 % zu bemessen.

Für 06 ergibt sich folgende Wertentwicklung:

Herstellungskosten	350.000 €
übertragene stille Reserven	82.500 €
	267.500 €
AfA (3 % aus 267.500 €, anteilig für 3 Monate)	2.006 €
Stand 31.12.06	265.494 €

Fall 30

Rücklage für Ersatzbeschaffung – Zulässigkeit einer Rücklage nach Tausch und Übernahme des als Entschädigung erhaltenen Gegenstandes in das Privatvermögen – Begriff der „höheren Gewalt" – Rücklage nach § 6b EStG nach Veräußerung eines Ersatzwirtschaftsguts i. S. des R 6.6 EStR

Sachverhalt

1. Der bilanzierende Fabrikant Artur Klar war Eigentümer eines im März 09 erworbenen unbebauten Grundstücks, das mit den Anschaffungskosten von

10.000 Euro in den Bilanzen des Unternehmens geführt worden war. Das Grundstück hatte Lagerzwecken gedient. Im Jahr 14 benötigte die Gemeinde das Gelände zur Verbreiterung einer Straße. Da sonst Enteignung gedroht hätte, erklärte sich Klar mit einem im April 14 durchgeführten Tausch einverstanden. Er erhielt ein an sein von ihm bewohntes Einfamilienhaus angrenzendes Grundstück im Wert von 50.000 Euro für seinen gleichwertigen Lagerplatz. Unmittelbar nach dem Tausch begann Klar mit dem Bau einer sich auf das gesamte erworbene Grundstück erstreckenden Erweiterung seines Einfamilienhauses. Im Dezember 14 erwarb Klar für insgesamt 40.000 Euro ein für Lagerzwecke seines Betriebs ausreichendes Grundstück. Nachdem er seinen Betrieb neu organisiert hatte, benötigte Klar keinen Lagerplatz mehr. Er veräußerte ihn im Oktober 16 für 55.000 Euro.

2. Anfang Juli 16 wurde in der Fertigung eine Maschinenanlage (im Januar 15 für 20.000 Euro angeschafft, lineare AfA 20 %) wegen eines Materialfehlers beschädigt. Da eine Reparatur wirtschaftlich nicht sinnvoll war, wurde die Maschine entfernt. Von einer Sachversicherung erhielt Klar noch im gleichen Jahr wegen dieses Schadens 18.000 Euro überwiesen.

Frage

1. Wie war der Grundstückstausch und der spätere Verkauf des neu erstandenen Lagerplatzes zu behandeln, um das steuerlich günstigste Ergebnis zu erzielen?

2. Konnte Klar eine Besteuerung des durch die Versicherungsleistung entstandenen Gewinns vermeiden?

Antwort

1. Klar konnte die beim Tausch der Grundstücke aufgedeckten stillen Reserven zum Teil – i. H. von 32.000 Euro – auf das Ersatzwirtschaftsgut (Lagerplatz) übertragen. Bei der späteren Veräußerung des Lagerplatzes konnte er eine Rücklage nach § 6b EStG bilden.

2. Klar musste den durch die Versicherungsleistung für den Maschinenschaden entstandenen Ertrag versteuern. Eine steuerfreie Rücklage konnte nicht gebildet werden.

Begründung

1. Die durch den Tausch im Jahr 14 aufgedeckten stillen Reserven des unbebauten Grundstücks musste Klar versteuern, soweit keine Übertragung nach § 6b EStG oder R 6.6 EStR möglich war.

Da auch ein Tausch als Veräußerungsgeschäft anzusehen ist, lag eine Veräußerung des hingegebenen Grundstücks i. S. des § 6b EStG vor (R 6b.1 Abs. 1 Satz 3 EStR). Es ist ferner nicht anzunehmen, dass das zum notwendigen Betriebsvermögen gehörende abgegebene Grundstück unmittelbar vor dem Tausch in das Privatvermögen überführt wurde. Das zu veräußernde Wirtschaftsgut wandelte sich nicht allein deshalb zu Privatvermögen, weil der Erlös privat genutzt werden sollte. Ebenso wie der Verkauf eines Gegenstandes des notwendigen Betriebsvermögens ist auch die Veräußerung im Wege des Tausches ein betrieblicher Vorgang. Der dabei erhaltene Gegenstand gehört daher – zumindest für eine logische Sekunde – zunächst notwendig zum Betriebsvermögen. Auch im vorliegenden Fall wurde das von Klar erworbene Grundstück erst durch die private Nutzung Privatvermögen. Die Entnahme bezog sich aber auf das erworbene, nicht auf das veräußerte Grundstück. (Dies entspricht allerdings nicht der vom BFH vertretenen Auffassung. In den Urteilen vom 23.06.1981, BStBl 1982 II S. 18, und vom 29.06.1995, BStBl 1996 II S. 60, wird im Fall eines Tausches gegen einen privat zu nutzenden Gegenstand – anders als bei einer Rücklage nach R 6.6 EStR – eine Entnahme des hingegebenen Wirtschaftsguts angenommen und § 6b EStG nicht angewendet. Davon abweichend konstatiert der BFH allerdings im Urteil vom 09.08.1986, BStBl 1990 II S. 128, dass ein Wirtschaftsgut, für dessen Anschaffung ein betriebliches Wirtschaftsgut weggegeben worden sei, auch bei beabsichtigter privater Nutzung zunächst Betriebsvermögen werde.)

Die Anwendung des § 6b EStG war aber aus anderen Gründen ausgeschlossen, weil die Frist des § 6b Abs. 4 Nr. 2 EStG beim Tausch nicht gewahrt war. Da die Veräußerung wegen einer drohenden Enteignung erfolgte und Klar eine Ersatzbeschaffung (Kauf eines Lagerplatzes) beabsichtigte und durchführte, waren die Voraussetzungen für eine Übertragung der stillen Reserven nach R 6.6 EStR gegeben. Auch in diesem Zusammenhang ist es unerheblich, dass Klar das Entgelt für die Veräußerung des beim Tausch abgegebenen Grundstücks in das Privatvermögen überführte (BFH vom 19.12.1972, BStBl 1973 II S. 297). Da für das Ersatzwirtschaftsgut jedoch nicht der gesamte Wert der Entschädigung (50.000 Euro) aufgewendet wurde, vielmehr nur 4/5 dieses Betrages (40.000 Euro), konnten die stillen Reserven (40.000 Euro) auch nur zu 4/5 auf den Wert des Ersatzlagerplatzes übertragen werden, also i. H. von 32.000 Euro (vgl. Fall 29).

Als Anschaffungskosten des im Tauschweg erlangten Grundstücks waren der gemeine Wert des hingegebenen Grundstücks anzusetzen, also 50.000 Euro. Da der Teilwert des erworbenen Grundstücks wohl ebenfalls 50.000 Euro betragen hat, war auch die Entnahme mit dieser Summe zu bewerten.

Folgende Buchungen musste Klar im Jahr 14 für diese Geschäftsvorfälle vornehmen:

Grundstück (II)	50.000 €	an	Grundstück (I)	10.000 €
			sonstige betriebliche Erträge	40.000 €
Privatentnahmen	50.000 €	an	Grundstück (II)	50.000 €
Grundstück (III)	40.000 €	an	Geldkonto oder	
			sonstige Verbindlichkeiten	40.000 €
Abschreibungen	32.000 €	an	Grundstück (III)	32.000 €

Weil am 31.12.14 keine weitere Ersatzbeschaffung ernstlich geplant oder zu erwarten war, kann i. H. der restlichen aufgedeckten stillen Reserven von 8.000 Euro keine Rücklage für Ersatzbeschaffung gebildet werden (R 6.6 Abs. 4 Satz 1 EStR).

Nach der Veräußerung des Lagerplatzes im Jahr 16 konnte Klar eine Rücklage nach § 6b EStG bilden. Die Voraussetzung des § 6b Abs. 4 Nr. 2 EStG – mindestens 6-jährige Zugehörigkeit des veräußerten Wirtschaftsguts zum Anlagevermögen einer inländischen Betriebsstätte – war gegeben, denn bei der Veräußerung eines Wirtschaftsguts, das an die Stelle eines infolge höherer Gewalt, durch einen behördlichen Eingriff oder zur Vermeidung eines behördlichen Eingriffs aus dem Betriebsvermögen ausgeschiedenen Wirtschaftsguts getreten ist, muss auch die Zeit der Betriebszugehörigkeit des vorangegangenen Gutes einbezogen werden (R 6b. 3 Abs. 4 EStG).

2. Den durch die Versicherungsleistung zur Deckung des Maschinenschadens entstandenen Gewinn musste Klar im Jahr 16 versteuern. Die Voraussetzungen zur Bildung einer steuerfreien Rücklage waren nicht gegeben. § 6b EStG konnte bereits deshalb nicht zur Anwendung kommen, weil die Maschine nicht zu den in § 6b Abs. 1 Satz 1 EStG genannten Gütern gehört, deren Veräußerung begünstigt ist. Zudem wurde der Gewinn nicht durch Veräußerung realisiert; die Voraussetzung des § 6b Abs. 4 Nr. 2 EStG war ebenfalls nicht gegeben.

Eine Rücklage für Ersatzbeschaffung konnte nicht gebildet werden, da die Maschinenanlage weder wegen eines behördlichen Eingriffs ausgeschieden noch – was hier allenfalls in Betracht kommen könnte – durch „höhere Gewalt" zerstört worden ist. Höhere Gewalt in diesem Sinne sind zunächst Elementarereignisse wie Brand, Sturm und Überschwemmung. Ob hierzu auch vom Betroffenen nicht gewollte Zufallsereignisse gehören, ist von der Rechtsprechung noch nicht einheitlich entschieden. Jedenfalls sollen Diebstahl und unverschuldete Unfälle als höhere Gewalt im Sinne des Instituts der Rücklage für Ersatzbeschaffung anzusehen sein (R 6.6 Abs. 2 Satz 1 EStR; BFH vom 14.10.1999, BStBl 2001 II S. 130). Der BFH hält ferner einen Gebäudeabriss wegen Baumängeln für derartig schwerwiegend und außergewöhnlich, dass für Entschädigungen eine steuerfreie Rücklage statthaft sein soll (BFH vom 18.09.1987, BStBl 1988 II S. 330). Höhere Gewalt ist nach der Rechtsprechung jedoch nicht anzunehmen, wenn – wie im Beispielsfall – ein Wirtschaftsgut infolge eines Material-, Konstruktions- oder Bedienungsfehlers unbrauchbar wird.

4. Investitionsabzugsbetrag

Fall 31

Investitionsabzugsbetrag nach § 7g Abs. 1 EStG und seine Hinzurechnung – Sonderabschreibung nach § 7g Abs. 5 EStG

Sachverhalt

Klaus Köster stellt in seinem Einzelunternehmen Werkzeuge aller Art her. Er ermittelt seinen Gewinn nach § 5 EStG und ist zum vollen Vorsteuerabzug berechtigt. Der Buchwert seines Kapitalkontos beträgt in der Bilanz zum 31.12.03 und an den folgenden Bilanzstichtagen niemals mehr als 220.000 Euro, der Teilwert übersteigt dagegen jährlich den Betrag von 350.000 Euro. Der Gewinn der Jahre 03 ff. beträgt jährlich mehr als 150.000 Euro. Köster plant bereits im Jahr 03, in den nächsten Jahren für sein Einzelunternehmen folgende Anschaffungen zu tätigen:

1. im Jahr 05 eine Werkzeugmaschine (Nutzungsdauer 10 Jahre) mit voraussichtlichen Anschaffungskosten von netto 250.000 Euro,

2. im Jahr 06 einen PKW Mercedes S 320 (Nutzungsdauer 6 Jahre) für netto 120.000 Euro und ein neues Förderband (Nutzungsdauer 10 Jahre) für netto 180.000 Euro sowie

3. im Jahr 07 einen Lieferwagen (Nutzungsdauer 6 Jahre) mit voraussichtlichen Anschaffungskosten von netto 100.000 Euro, der ausschließlich betrieblich genutzt werden soll.

Alle anzuschaffenden Wirtschaftsgüter sollen voraussichtlich mehrere Jahre, mindestens aber 2 Jahre, im Gewerbebetrieb von Köster genutzt werden; der PKW soll jedoch auch zu mindestens 20 % für Privatfahrten dienen. Zusammen mit der Einkommensteuererklärung 03 hat Köster seinem zuständigen Finanzamt eine Anlage zur steuerlichen Gewinnermittlung eingereicht, aus der sich die Funktion der Wirtschaftsgüter und ihre voraussichtlichen Anschaffungskosten ergeben.

Frage

1. In welcher Höhe kann Köster in den Jahren 03 bis 07 einen Investitionsabzugsbetrag erhalten, wenn die Anschaffungskosten der Wirtschaftsgüter wie geplant in den Jahren 05, 06 und 07 jeweils im Januar erfolgen und die tatsächlichen Anschaffungskosten den prognostizierten Anschaffungskosten entsprechen?

2. In welcher Höhe und in welchem Zeitraum kann Köster für die erworbenen Wirtschaftsgüter eine Sonderabschreibung nach § 7g EStG erhalten?

3. Ist die Inanspruchnahme der Sonderabschreibung davon abhängig, dass Köster diese auch in seiner Handelsbilanz vornimmt?

4. Welche Konsequenzen würden eintreten, wenn Köster wegen einer ausreichend begründeten Änderung der Verhältnisse im Jahr 05 die Werkzeugmaschine erst im Jahr 10 erwerben würde?

5. Welche Konsequenzen würden eintreten, wenn die Anschaffungskosten der Maschine im Jahr 05 nur 220.000 Euro betragen würden und in den nächsten Jahren keine nachträglichen Anschaffungskosten anfallen würden?

6. Welche Konsequenzen ergeben sich, wenn Köster den Lieferwagen bereits im Jahr 08 an einen Dritten veräußert?

7. Welche Konsequenzen würden sich ergeben, wenn Köster einen Betrieb im Ganzen am 01.07.04 unentgeltlich auf seinen Sohn Jens übertragen würde?

Antwort

1. Köster kann in 03 einen Investitionsabzugsbetrag von (40 % von 250.000 Euro + 180.000 Euro =) 172.000 Euro und in 04 einen weiteren Investitionsabzugsbetrag von (40 % von 100.000 Euro =) 40.000 Euro, höchstens aber noch 28.000 Euro erhalten. Der Differenzbetrag von 12.000 Euro kann nicht im Jahr 05 nachträglich gewährt werden. Alternativ könnte Köster statt im Jahr 04 im Jahr 05 einen Investitionsabzugsbetrag i. H. von 40.000 Euro erhalten.

2. Die Sonderabschreibung nach § 7g Abs. 5 EStG beträgt (höchstens) im Jahr 05 20 % von 150.000 Euro = 30.000 Euro, im Jahr 06 20 % von 108.000 Euro = 21.600 Euro und im Jahr 07 20 % von 72.000 Euro = 14.400 Euro bzw. 20 % von 60.000 Euro = 12.000 Euro. Köster kann die Sonderabschreibungen auf das Jahr der Anschaffung und die folgenden 4 Jahre verteilen.

3. Die Inanspruchnahme der Sonderabschreibung ist nicht davon abhängig, dass diese auch in der Handelsbilanz vorgenommen wird. Folglich verbietet das HGB die Berücksichtigung dieser Sonderabschreibungen in der Handelsbilanz.

4. Köster müsste den im Jahr 03 erhaltenen Investitionsabzugsbetrag von 100.000 Euro gewinnerhöhend rückgängig machen. Zusätzlich ist die sich dadurch im Jahr 03 ergebende Mehrsteuer nach § 233a Abs. 1 und 3 AO zu verzinsen. Die Berechnung des Zinslaufs richtet sich nach § 233a Abs. 2 AO. Köster könnte im Jahr 07 erneut einen Investitionsabzugsbetrag für diese Werkzeugmaschine i. H. von 100.000 Euro erhalten.

5. Der Investitionsabzugsbetrag müsste i. H. von 40 % von 30.000 Euro = 12.000 Euro gewinnerhöhend rückgängig gemacht werden. Die sich darauf ergebenden Mehrsteuern müssten ebenfalls nach § 233a AO verzinst werden. Die Sonderabschreibungen nach § 7g Abs. 5 EStG ver-

ringern sich entsprechend und betragen (höchstens) im Jahr 05 20 % von 132.000 Euro = 26.400 Euro.

6. Wegen Nichteinhaltung der Verbleibensfrist muss sowohl der im Jahr 04 in Anspruch genommene Investitionsabzugsbetrag von 40.000 Euro bzw. 28.000 Euro als auch die Sonderabschreibung im Jahr 07 i. H. von 14.400 Euro bzw. 12.000 Euro gewinnerhöhend rückgängig gemacht werden. Dafür erhöht sich die planmäßige Abschreibung.

7. Sohn Jens würde nach § 6 Abs. 3 EStG in die Rechtsstellung seines Vaters eintreten. Für den betriebsbezogen ausgestalteten Investitions-abzugsbetrag bleibt der Rechtsträgerwechsel folgenlos.

Begründung

1. Steuerpflichtige, die einen **kleinen oder mittleren Betrieb** betreiben, können nach § 7g Abs. 1 EStG unter bestimmten Voraussetzungen für die **künftige** Anschaffung oder Herstellung eines abnutzbaren beweglichen Wirtschaftsguts des Anlagevermögens **bis zu 40 %** der voraussichtlichen Anschaffungskosten oder Herstellungskosten **gewinnmindernd** abziehen (Investitionsabzugsbetrag). Darüber hinaus können sie nach § 7g Abs. 5 EStG für diese abnutzbaren beweglichen Wirtschaftsgüter im Jahr der Anschaffung oder Herstellung und in den 4 folgenden Jahren neben der AfA nach § 7 Abs. 1 oder 2 EStG **Sonderabschreibungen** bis zu insgesamt **20 %** der Anschaffungskosten oder Herstellungskosten in Anspruch nehmen. Die Voraussetzungen dieser Regelung werden im Einzelnen ausführlich im BMF-Schreiben vom 08.05.2009, BStBl 2009 I S. 633, erläutert.

Die Inanspruchnahme der Investitionsabzugsbeträge und der Sonder-abschreibungen nach § 7g EStG dient der Förderung kleiner und mittlerer Betriebe und ist ausschließlich bei Betrieben (Einzelunternehmen, Perso-nengesellschaften und Körperschaften) möglich, die – wie Klaus Köster – **aktiv** am wirtschaftlichen Verkehr teilnehmen und eine in diesem Sinne werbende Tätigkeit ausüben.

Ein kleiner oder mittlerer Betrieb in diesem Sinne liegt vor, wenn bei Gewerbebetrieben, die ihren Gewinn nach § 4 Abs. 1 oder § 5 EStG ermit-teln, das Betriebsvermögen **235.000 Euro** nicht übersteigt. Betriebsver-mögen in diesem Sinne ist der **Buchwert** des Kapitalkontos lt. **Steuerbilanz.** Dieser beträgt bei Köster 220.000 Euro. Auf die Höhe des Teilwerts des Betriebsvermögens, der bei Köster mit 350.000 Euro die Grenze von 235.000 Euro weit übersteigen würde, kommt es nicht an. Auch der für einen kleinen oder mittleren Betrieb relativ hohe Gewinn von mehr als 150.000 Euro ist unschädlich, weil die Gewinngrenze von 100.000 Euro nur bei Betrieben maßgebend ist, die ihren Gewinn nach § 4 Abs. 3 EStG ermit-teln. Das bedeutet, Köster betreibt einen kleinen oder mittleren Betrieb, denn er erfüllt das Größenmerkmal des § 7g Abs. 1 Satz 2 Nr. 1 Buchst. a

EStG, weil der Buchwert des Betriebsvermögens seines Einzelunternehmens den Betrag von 235.000 Euro nicht übersteigt.

Köster erfüllt im Jahr 03 bei den geplanten Anschaffungen Werkzeugmaschine und Förderband auch die Voraussetzungen, diese begünstigten Wirtschaftsgüter in den dem Wirtschaftsjahr des Abzugs folgenden **3 Wirtschaftsjahren** anzuschaffen (§ 7g Abs. 1 Satz 2 Nr. 2 Buchst. a EStG), mindestens bis zum Ende des dem Wirtschaftsjahr der Anschaffung folgenden Wirtschaftsjahres in einer inländischen Betriebsstätte des Betriebs ausschließlich oder fast ausschließlich betrieblich zu nutzen (§ 7g Abs. 1 Satz 2 Nr. 2 Buchst. b EStG) und sie in den beim Finanzamt zusammen mit der Steuererklärung einzureichenden Unterlagen – dies kann nach Rn. 69 des o. a. BMF-Schreibens eine Anlage zur steuerlichen Gewinnermittlung sein – ihrer Funktion nach zu benennen und die Höhe der voraussichtlichen Anschaffungskosten anzugeben (§ 7g Abs. 1 Satz 2 Nr. 3 EStG). Dagegen erhält er für die geplante Anschaffung des PKW keinen Investitionsabzugsbetrag, weil der PKW nicht nahezu ausschließlich (= mindestens zu 90 %) betrieblich genutzt werden soll (BMF vom 08.05.2009, a. a. O., Rn. 46).

Für die im Jahr 07 geplante Anschaffung des Lieferwagens erhält Köster dagegen einen Investitionsabzugsbetrag, allerdings erst im Jahr 04, weil im Jahr 03 die Dreijahresfrist des § 7g Abs. 1 Satz 2 Nr. 2 Buchst. a EStG nicht erfüllt ist.

Somit beträgt der Investitionsabzugsbetrag im **Jahr 03** höchstens 40 % von (250.000 Euro + 180.000 Euro =) 430.000 Euro = **172.000 Euro.** Köster ist nicht verpflichtet, den Abzugsbetrag im höchstmöglichen Umfang in Anspruch zu nehmen. Zu beachten ist jedoch, dass ein nicht ausgeschöpfter Abzugsbetrag in einem der Folgejahre nicht nachgeholt werden kann. Der gewinnmindernde Abzug erfolgt außerhalb der Bilanz und kann auch dann vorgenommen werden, wenn dadurch ein Verlust entsteht oder sich erhöht (§ 7g Abs. 1 Satz 3 EStG). Dies führt zu einer Minderung der ESt und der GewSt und damit eigentlich zu einer entsprechenden Herabsetzung der Gewerbesteuerrückstellung. (Anmerkung: Die Verpflichtung zur Bildung einer Gewerbesteuerrückstellung nach § 249 Abs. 1 Satz 1 HGB und § 5 Abs. 1 Satz 1 EStG besteht ungeachtet des Abzugsverbots nach § 4 Abs. 5b EStG, wonach die GewSt und ggf. darauf entfallende Nebenleistungen keine Betriebsausgaben sind. Die Belastung eines Betriebs durch die GewSt ist betrieblich veranlasst und schon deshalb in der Buchführung als Steueraufwand zu erfassen. Die Gewinnauswirkungen sind **außerhalb der Bilanz** zu neutralisieren.) Nach Rn. 9 des o. g. BMF-Schreibens kann jedoch die Gewinnminderung aufgrund des in Anspruch genommenen Investitionsabzugsbetrags bei der Ermittlung der Höhe der Gewerbesteuerrückstellung unberücksichtigt bleiben. Anders formuliert, die Gewerbesteuerrückstellung kann vom Gewinn vor Abzug des Investitionsbetrags berechnet werden. Ein Nebeneffekt dieses Wahlrechts ist, dass die Höhe des Betriebsvermögens niedrig bleibt.

Im **Jahr 04** kann Köster grundsätzlich – wie bereits ausgeführt – für die im Jahr 07 geplante Anschaffung des Lieferwagens einen weiteren gewinnmindernden Investitionsabzugsbetrag i. H. von 40 % von 100.000 Euro = **40.000 Euro** in Anspruch nehmen. Auch dieser Abzug erfolgt außerhalb der Bilanz. Allerdings darf nach § 7g Abs. 1 Satz 4 EStG die Summe der Beträge, die im Wirtschaftsjahr des Abzugs und in den **drei vorangegangenen Wirtschaftsjahren** nach § 7g Abs. 1 Satz 1 EStG insgesamt abgezogen und nicht nach § 7g Abs. 2 EStG hinzugerechnet oder nach § 7g Abs. 3 oder 4 EStG rückgängig gemacht wurden, je Betrieb 200.000 Euro nicht übersteigen. Da der Investitionsabzugsbetrag aus 03 im Jahr 04 weder hinzugerechnet noch rückgängig gemacht wurde, kann im Jahr 04 nur noch ein Investitionsabzugsbetrag von 28.000 Euro außerhalb der Bilanz gewinnmindernd abgezogen werden, weil dann der Höchstbetrag von 200.000 Euro erreicht ist. Der Differenzbetrag von 12.000 Euro kann auch nicht im Jahr 05 abgezogen werden, weil der Abzugsbetrag für ein begünstigtes Wirtschaftsgut **nur** in **einem** Wirtschaftsjahr (Abzugsjahr) geltend gemacht werden kann (Rn. 6 des o. g. BMF-Schreibens). Eine Ausnahme davon gilt nur, wenn sich die prognostizierten Anschaffungskosten in einem Folgejahr erhöhen und die Höchstgrenze noch nicht erreicht ist. Dieser Fall liegt hier aber nicht vor.

Köster ist aber nicht gezwungen, den Investitionsabzugsbetrag für den Lieferwagen im Jahr 04 in Anspruch zu nehmen. Nimmt er den Abzug **erst im Jahr 05** vor, ist er in der maximalen Höhe von **40.000 Euro** zulässig, weil im Jahr 05 der Investitionsabzugsbetrag von 100.000 Euro für die im Jahr 05 erworbene Werkzeugmaschine nach § 7g Abs. 2 EStG hinzugerechnet werden muss und der gesamte Investitionsabzugsbetrag im Jahr 05 somit nur noch 112.000 Euro beträgt. Diese Vorgehensweise ist im vorliegenden Fall zu empfehlen.

2. Kleine und mittlere Betriebe können nach § 7g Abs. 5 EStG für abnutzbare bewegliche Wirtschaftsgüter unabhängig davon, ob sie in einem der Vorjahre einen Investitionsabzugsbetrag in Anspruch genommen haben oder nicht, im Jahr der Anschaffung oder Herstellung und in den 4 folgenden Jahren neben der linearen AfA nach § 7 Abs. 1 EStG oder der degressiven AfA nach § 7 Abs. 2 EStG Sonderabschreibungen bis zu insgesamt 20 % der Anschaffungskosten oder Herstellungskosten in Anspruch nehmen. Voraussetzung dafür ist nach § 7g Abs. 6 EStG, dass

– der Betrieb zum Schluss des Wirtschaftsjahres, das der Anschaffung oder Herstellung vorangeht, die **Größenmerkmale** des § 7g Abs. 1 Satz 2 Nr. 1 EStG nicht überschreitet und

– das Wirtschaftsgut im Jahr der Anschaffung oder Herstellung und im darauf folgenden Wirtschaftsjahr in einer inländischen Betriebsstätte des Betriebs des Steuerpflichtigen ausschließlich oder fast ausschließlich betrieblich genutzt wird.

Das bedeutet, Köster kann für alle Wirtschaftsgüter, für die er einen Investitionsabzugsbetrag erhalten konnte (und tatsächlich in Anspruch genommen hat), im Jahr der Anschaffung und in den folgenden 4 Jahren eine Sonderabschreibung von zusammen 20 % der Anschaffungskosten vornehmen.

Dabei ist jedoch zu beachten, dass Köster zunächst nach § 7g Abs. 2 Satz 1 EStG im Jahr der Anschaffung der begünstigten Wirtschaftsgüter die dafür in Anspruch genommenen Investitionsabzugsbeträge außerhalb der Bilanz i. H. von 40 % der Anschaffungskosten **gewinnerhöhend hinzurechnen** muss, wobei die Hinzurechnung natürlich den tatsächlich in Anspruch genommenen Investitionsabzugsbetrag nicht übersteigen darf. Dafür können nach § 7g Abs. 2 Satz 2 EStG die Anschaffungskosten des erworbenen Wirtschaftsguts um **bis zu 40 %**, höchstens jedoch um den Hinzurechnungsbetrag nach § 7g Abs. 2 Satz 1 EStG, **gewinnmindernd herabgesetzt** werden. Die Bemessungsgrundlage für die AfA, erhöhten Absetzungen und Sonderabschreibungen sowie die Anschaffungskosten oder Herstellungskosten i. S. von § 6 Abs. 2 und 2a EStG verringern sich entsprechend.

Unterstellt, Köster nimmt jeweils im Jahr der Anschaffung die höchstmögliche Sonderabschreibung nach § 7g Abs. 5 EStG in Anspruch, so wird der Buchwert der erworbenen Wirtschaftsgüter wie folgt berechnet:

– **Werkzeugmaschine**

Anschaffungskosten Januar 05	250.000 €
./. Herabsetzung nach § 7g Abs. 2 Satz 2 EStG	100.000 €
verbleiben = Bemessungsgrundlage für AfA	150.000 €
./. Sonderabschreibung nach § 7g Abs. 5 EStG	30.000 €
./. AfA nach § 7 Abs. 1 EStG	15.000 €
Buchwert am 31.12.05	105.000 €

Die Gewinnminderung innerhalb der Buchführung beträgt folglich (100.000 Euro + 30.000 Euro + 15.000 Euro =) 145.000 Euro. Zusätzlich muss außerhalb der Bilanz der Gewinn um 100.000 Euro erhöht werden, sodass die gesamte Gewinnauswirkung im Jahr 05 ./. 45.000 Euro beträgt.

– **Förderband**

Anschaffungskosten Januar 06	180.000 €
./. Herabsetzung nach § 7g Abs. 2 Satz 2 EStG	72.000 €
verbleiben = Bemessungsgrundlage für AfA	108.000 €
./. Sonderabschreibung nach § 7g Abs. 5 EStG	21.600 €
./. AfA nach § 7 Abs. 1 EStG	10.800 €
Buchwert am 31.12.06	75.600 €

Die Gewinnminderung innerhalb der Buchführung beträgt folglich (72.000 Euro + 21.600 Euro + 10.800 Euro =) 104.400 Euro. Zusätzlich muss außerhalb der Bilanz der Gewinn um 72.000 Euro erhöht werden, sodass die gesamte Gewinnauswirkung im Jahr 05 ./. 32.400 Euro beträgt.

- **Lieferwagen** (Investitionsabzugsbetrag in 05 40.000 Euro)

Anschaffungskosten Januar 07	100.000 €
./. Herabsetzung nach § 7g Abs. 2 Satz 2 EStG	40.000 €
verbleiben = Bemessungsgrundlage für AfA	60.000 €
./. Sonderabschreibung nach § 7g Abs. 5 EStG	12.000 €
./. AfA nach § 7 Abs. 1 EStG (16^2/$_3$ %)	10.000 €
Buchwert am 31.12.07	38.000 €

Die Gewinnminderung innerhalb der Buchführung beträgt folglich (40.000 Euro + 12.000 Euro + 10.000 Euro =) 62.000 Euro. Zusätzlich muss außerhalb der Bilanz der Gewinn um 40.000 Euro erhöht werden, sodass die gesamte Gewinnauswirkung im Jahr 05 ./. 22.000 Euro beträgt.

- **Lieferwagen** (Investitionsabzugsbetrag in 04 28.000 Euro)

Anschaffungskosten Januar 07	100.000 €
./. Herabsetzung nach § 7g Abs. 2 Satz 2 EStG	28.000 €
verbleiben = Bemessungsgrundlage für AfA	72.000 €
./. Sonderabschreibung nach § 7g Abs. 5 EStG	14.400 €
./. AfA nach § 7 Abs. 1 EStG	12.000 €
Buchwert am 31.12.07	45.600 €

Die Gewinnminderung innerhalb der Buchführung beträgt folglich (28.000 Euro + 14.400 Euro + 12.000 Euro =) 54.400 Euro. Zusätzlich muss außerhalb der Bilanz der Gewinn um 28.000 Euro erhöht werden, sodass die gesamte Gewinnauswirkung im Jahr 05 ./. 26.400 Euro beträgt.

Die lineare AfA beträgt in den folgenden 4 Jahren nach dem Jahr der Anschaffung unverändert 15.000 Euro, 10.800 Euro, 8.000 Euro bzw. 12.000 Euro. Erst nach Ablauf des maßgebenden Begünstigungszeitraums von 5 Jahren wird der dann noch vorhandene Restbuchwert nach § 7a Abs. 9 EStG auf die Restnutzungsdauer von 5 Jahren bzw. 1 Jahr verteilt.

3. Nachdem mit Wirkung ab VZ 2009 der sog. umgekehrte Maßgeblichkeitsgrundsatz (§ 5 Abs. 1 Satz 2 EStG a. F.) abgeschafft wurde, ist die Geltendmachung des Investitionsabzugsbetrags und die Inanspruchnahme von Sonderabschreibungen nicht mehr davon abhängig, dass diese steuerlichen Vergünstigungen auch in der Handelsbilanz angesetzt werden. Es besteht noch nicht einmal wahlweise die Möglichkeit, diese steuerlichen Vergünstigungen in der Handelsbilanz in Anspruch zu nehmen, denn § 247 Abs. 3 HGB und § 254 HGB a. F. sind ebenfalls gestrichen worden. In der Handelsbilanz des Einzelunternehmens sind die erworbenen Vermögensgegenstände nach § 253 Abs. 3 HGB planmäßig von den tatsächlichen Anschaffungskosten von 250.000 Euro, 180.000 Euro bzw. 100.000 Euro vorzunehmen. Dabei kann in der Handelsbilanz eine andere als die lineare AfA angesetzt werden (BMF vom 12.03.2010, BStBl 2010 I S. 239). Unterstellt, Köster schreibt die Vermögensgegenstände in der Handelsbilanz ebenfalls linear ab, beträgt diese 25.000 Euro, 18.200 Euro bzw. 16.666 Euro. Folglich

ist der Steuerbilanzgewinn im jeweiligen Anschaffungsjahr niedriger. Dies führt nach § 274 Abs. 1 HGB in der Handelsbilanz zwingend zur gewinnmindernden Bildung eines passiven latenten Steuerpostens, der in den folgenden Jahren bis zur endgültigen Abschreibung gewinnerhöhend aufgelöst werden muss.

4. Wird die geplante begünstigte Investition nicht bzw. erst nach Ablauf der Frist durchgeführt, ist der für dieses Wirtschaftsgut in Anspruch genommene Investitionsabzugsbetrag nach § 7g Abs. 1 EStG spätestens nach Ablauf des Investitionszeitraums bei der Veranlagung rückgängig zu machen, bei der der Abzug vorgenommen wurde (§ 7g Abs. 3 und 4 Satz 1 EStG). Weil Köster bereits im Jahr 05 von der Anschaffung im Jahr 07 abgesehen hat, muss der Abzugsbetrag bereits vor dem Ende des Investitionszeitraums (Jahr 06) vollumfänglich in dem Jahr rückgängig gemacht werden, in dem der Abzug vorgenommen wurde (Rn. 56 und 57 des o. g. BMF-Schreibens). Die Festsetzungsfristen enden nach § 7g Abs. 3 und 4 Satz 3 Halbsatz 2 EStG insoweit nicht, bevor die Festsetzungsfrist für den VZ abgelaufen ist, in dem die Voraussetzungen des § 7g Abs. 1 Satz 2 Nr. 2 Buchst. b EStG erstmals nicht mehr vorliegen. Der Gewinn des Jahres 03 ist folglich um 100.000 Euro zu erhöhen. Die Einkommensteuerfestsetzung des Jahres 03 ist zu ändern und führt zu einem nach § 233a Abs. 1 i. V. m. Abs. 3 AO zu verzinsenden Unterschiedsbetrag. Die Berechnung des Zinslaufs richtet sich nach § 233a Abs. 2 AO; § 233a Abs. 2a AO kommt nicht zur Anwendung. In den Fällen des § 7g Abs. 3 EStG beruht die Änderung der Steuerfestsetzung nicht auf der Berücksichtigung eines rückwirkenden Ereignisses, weshalb der Gesetzgeber auch eine eigenständige Korrekturnorm (§ 7g Abs. 3 Satz 2 und 3 EStG) geschaffen hat (Rn. 72 des o. g. BMF-Schreibens).

Köster kann für die erst im Jahr 10 geplante Anschaffung der Werkzeugmaschine ausnahmsweise erneut einen Investitionsabzugsbetrag i. H. von 100.000 Euro beanspruchen, weil er ausreichend begründet hat, weshalb die Investition trotz gegenteiliger Absichtserklärung bislang noch nicht durchgeführt wurde, aber dennoch weiterhin geplant ist.

5. Die gewinnerhöhende Hinzurechnung nach § 7g Abs. 2 EStG erfolgt nur i. H. von 40 % der Anschaffungskosten von 220.000 Euro = 88.000 Euro. Gleichzeitig können die Anschaffungskosten der Werkzeugmaschine nur um 40 % von 220.000 Euro = 88.000 Euro gewinnmindernd herabgesetzt werden. Die Sonderabschreibung nach § 7g Abs. 5 EStG beträgt nur 20 % von (220.000 Euro ./. 88.000 Euro =) 132.000 Euro = 26.400 Euro. Die lineare AfA nach § 7 Abs. 1 EStG ist mit 10 % von 220.000 Euro = 22.000 Euro vorzunehmen.

Der Restbetrag von 12.000 Euro kann für innerhalb des verbleibenden Investitionszeitraums (= 31.12.06) nachträglich anfallende Anschaffungskosten verwendet werden. Soweit in diesem Zeitraum keine nachträglichen

Anschaffungskosten entstehen, ist der noch nicht hinzugerechnete Investitionsabzugsbetrag rückgängig zu machen. Er kann nicht auf ein anderes begünstigtes Wirtschaftsgut übertragen werden, selbst dann nicht, wenn das andere Wirtschaftsgut funktionsgleich ist. Das bedeutet, Köster muss den verbliebenen Investitionsabzugsbetrag von 12.000 Euro spätestens am Ende des dritten auf das Wirtschaftsjahr des Abzugs folgenden Wirtschaftsjahres (= Jahr 06) nach § 7g Abs. 2 EStG rückgängig machen (§ 7g Abs. 3 Satz 1 EStG). Die Einkommensteuerfestsetzung des Jahres 03 ist zu ändern und führt zu einem nach § 233a Abs. 1 i. V. m. Abs. 3 AO zu verzinsenden Unterschiedsbetrag. Die Berechnung des Zinslaufs richtet sich nach § 233a Abs. 2 AO; § 233a Abs. 2a AO kommt nicht zur Anwendung.

6. Weil Köster den Lieferwagen innerhalb der Verbleibensfrist (bis zum 31.12.08) veräußert, muss er die durch den Abzugsbetrag von 40.000 Euro (bzw. 28.000 Euro) erfolgte Gewinnminderung des Jahres 04 oder 05, die gewinnerhöhende Hinzurechnung des Abzugsbetrags und die Herabsetzung der Bemessungsgrundlage von 40.000 Euro bzw. 28.000 Euro in 07 nach § 7g Abs. 2 EStG, die Sonderabschreibung nach § 7g Abs. 5 EStG von 12.000 Euro bzw. 14.400 Euro sowie die sich daraus ergebende Folgeänderung bei der planmäßigen linearen Abschreibung rückgängig machen. Die AfA für den Lieferwagen beträgt dann $16^2/_3$ % der tatsächlichen Anschaffungskosten von 100.000 Euro = 16.667 Euro statt bisher 10.000 Euro bzw. 12.000 Euro. Die entsprechenden Steuerfestsetzungen sind zu ändern (Rn. 63 des o. g. BMF-Schreibens). Die Verzinsung nach § 233a AO ist vorzunehmen.

Die Gewinnberichtigung beträgt dann insgesamt

– im Jahr 04	**+ 28.000 €**	bzw. im Jahr 05	**+ 40.000 €**
– im Jahr 07	./. 28.000 €	bzw.	./. 40.000 €
	+ 28.000 €	bzw.	+ 40.000 €
	+ 14.400 €	bzw.	+ 12.000 €
	./. 4.667 €	bzw.	./. 6.667 €
	+ 9.733 €		**+ 5.333 €**

7. Bei unentgeltlicher Betriebsübertragung nach § 6 Abs. 3 EStG tritt der Übernehmer des Betriebs in die Rechtsposition des Übergebers. Für den betriebsbezogen ausgestalteten Investitionsabzugsbetrag bleibt der Rechtsträgerwechsel dagegen folgenlos. Der Übergeber kann in einem vor dem Übertragungsjahr endenden Wirtschaftsjahr einen Investitionsabzugsbetrag auch für solche Investitionen geltend machen, die voraussichtlich nach der unentgeltlichen Buchwertübertragung nach § 6 Abs. 3 EStG innerhalb der Investitionsfrist von 3 Wirtschaftsjahren angeschafft oder hergestellt werden. Bei ausbleibenden Investitionen sind die gebildeten Investitionsabzugsbeträge beim Übergeber rückgängig zu machen.

Abschnitt B: Bewertung

I. Allgemeine Bewertungsfragen

Fall 32

Handelsbilanz und Steuerbilanz – Handelsbilanzgewinn und steuerrechtlicher Gewinn – Maßgeblichkeitsprinzip – AfA, Firmenwert, GWG und nichtabzugsfähige Betriebsausgaben im Handels- und im Steuerrecht

Sachverhalt

Karl-Heinz Herrschlein und Claus Wendolsky sind Gesellschafter einer OHG, die einen Großhandel mit Motorrad-Ersatzteilen betreibt. Jedes Geschäftsjahr schließen sie mit einer Handelsbilanz und einer Steuerbilanz ab. Bei einer Betriebsprüfung stellt der Betriebsprüfer u. a. Folgendes fest:

a) Ein zu Wohnzwecken vermietetes Wohngebäude, am 15.01.05, mehrere Jahre nach Fertigstellung zum Preis von 800.000 Euro angeschafft, schreiben die beiden Gesellschafter bei einer geschätzten tatsächlichen Lebensdauer von 80 Jahren sowohl in der Handelsbilanz als auch in der Steuerbilanz jährlich mit 1,25 % ab.

b) Die OHG hat am 03.01.03 einen Konkurrenzbetrieb aufgekauft und dabei für den Firmenwert 200.000 Euro bezahlt. Den Firmenwert schreiben die Gesellschafter in der Handelsbilanz und in der Steuerbilanz auf 10 Jahre mit jeweils 20.000 Euro jährlich ab.

c) Aus optischen Gründen schreiben sie in den Handelsbilanzen die geringwertigen Wirtschaftsgüter (GWG) normal auf die tatsächliche Nutzungsdauer ab, während sie in den Steuerbilanzen vom Wahlrecht des § 6 Abs. 2 EStG Gebrauch machen. So haben sie z. B. eine am 17.01.04 für 400 Euro (ohne USt) angeschaffte Schreibmaschine in der Handelsbilanz zum 31.12.04 noch mit 300 Euro ausgewiesen, während sie in der Steuerbilanz zum 31.12.04 nicht mehr erfasst ist.

d) Aus Versehen ist ein am 20.01.05 für 400 Euro (ohne USt) angeschaffter Kleincomputer in der Handelsbilanz zum 31.12.05 nicht mehr ausgewiesen, während er in der Steuerbilanz zum 31.12.05 noch mit 300 Euro zu Buche steht.

e) Ein Geschenk an einen Geschäftsfreund mit einem Anschaffungswert von 50 Euro ist sowohl in der handelsrechtlichen als auch in der steuerlichen Gewinn-und-Verlust-Rechnung (GuV) als Betriebsausgabe abgezogen.

Frage

1. Ist die Handelsbilanz mit der Steuerbilanz identisch, oder gibt es einen Unterschied?

2. Ist der Begriff „Handelsbilanzgewinn" mit dem steuerlichen Gewinn identisch, oder gibt es hier Unterschiede?

3. Was versteht man unter dem Maßgeblichkeitsprinzip der Handelsbilanz für die Steuerbilanz?

   Gibt es auch ein umgekehrtes Maßgeblichkeitsprinzip?

4. Sind die Wertansätze in den Sachverhalten a) bis e) in den jeweiligen Handelsbilanzen und Steuerbilanzen richtig oder falsch?

Antwort

1. Die Handelsbilanz ist mit der Steuerbilanz nicht identisch.

2. Der Begriff „Handelsbilanzgewinn" hat mit dem steuerlichen Gewinn wenig gemeinsam, während der Begriff „Jahresüberschuss bzw. Jahresfehlbetrag" sich mit dem steuerlichen Gewinn vergleichen lässt.

3. Vom Maßgeblichkeitsprinzip der Handelsbilanz für die Steuerbilanz spricht man, wenn die Wertansätze der Handelsbilanz für die Steuerbilanz bindend sind.

   Für Geschäftsjahre ab dem 01.01.2010 gibt es das umgekehrte Maßgeblichkeitsprinzip nicht mehr. Vom umgekehrten Maßgeblichkeitsprinzip sprach man, wenn Bilanzierungs- und Bewertungswahlrechte in der Handelsbilanz nach steuerlichen Gesichtspunkten ausgeübt wurden.

4. In der Handelsbilanz sind die Wertansätze mit Ausnahme der Alternative d) richtig, in der Steuerbilanz sind die Wertansätze in den Alternativen a), b) und e) falsch, ansonsten, also bei c) und d), richtig. Der Betriebsprüfer wird daher in der Steuerbilanz das Grundstück (4. a) und den Firmenwert (4. b) berichtigen. Außerdem wird er in der steuerlichen GuV das gem. § 4 Abs. 5 EStG nichtabzugsfähige Geschenk (4. e) gewinnerhöhend berücksichtigen.

Begründung

1. Die **Handelsbilanz** stellt das Vermögen und die Schulden nach bürgerlich-rechtlichen, insbesondere handelsrechtlichen Vorschriften bzw. Grundsätzen zu einem bestimmten Stichtag dar, während die Steuerbilanz nach steuerlichen Vorschriften ausgerichtet ist. Gesetzliche Grundlage für die Handelsbilanz sind die §§ 242 ff. i. V. m. den §§ 264 ff. HGB. Die Handelsbilanz wird unter Berücksichtigung der handelsrechtlichen Bilanzierungs- und Bewertungsvorschriften sowie der Grundsätze ordnungsmäßiger Buchführung, die sich heute im Wesentlichen aus den erwähnten Vorschriften des HGB ergeben, erstellt. Privatvermögen wird in den Handelsbilanzen heute nicht mehr erfasst. Hauptzielrichtung ist bei der Erstellung der Handelsbilanz der Schutz der Gläubiger.

Die **Steuerbilanz** ist aus der Handelsbilanz abgeleitet, sie ist eine aufgrund steuerlicher Vorschriften korrigierte Handelsbilanz. Gesetzliche Grundlagen sind im Wesentlichen die §§ 4 bis 7 EStG. Die Steuerbilanz dient primär der Ermittlung des steuerlichen Gewinns, ihre Zielrichtung ist daher anders als die der Handelsbilanz.

2. Das Handelsrecht unterscheidet zwischen dem Jahresüberschuss/Jahresfehlbetrag und dem **Handelsbilanzgewinn.** Während der Jahresüberschuss bzw. Jahresfehlbetrag handelsrechtlich den erwirtschafteten Nettoertrag des Unternehmens darstellt (vgl. § 275 Abs. 2 Nr. 20 und Abs. 3 Nr. 19 HGB sowie § 266 Abs. 3 A. V. HGB), ist der Handelsbilanzgewinn der Betrag, der zur Verteilung unter den Gesellschaftern bereitsteht. Beim Einzelkaufmann gibt es den Begriff Handelsbilanzgewinn nicht (vgl. § 242 und § 275 Abs. 4 HGB allgemein; § 120 HGB für OHG und KG; § 231 HGB für die stille Beteiligung; § 174 AktG für die AG und § 29 GmbHG für die GmbH).

Der **steuerliche Gewinn** ist der Ertrag des Unternehmens unter steuerlichen Gesichtspunkten (§ 4 Abs. 1 EStG) und soweit überhaupt vergleichbar, dann nicht mit dem Handelsbilanzgewinn, sondern mit dem Jahresüberschuss bzw. Jahresfehlbetrag.

3. Diejenigen Steuerpflichtigen, die ihren steuerlichen Gewinn nach § 5 EStG ermitteln, haben grundsätzlich in der Steuerbilanz das Betriebsvermögen mit den Werten anzusetzen, die **nach den handelsrechtlichen Grundsätzen ordnungsmäßiger Buchführung** in der Handelsbilanz ausgewiesen sind. Dies bedeutet, dass in allen Fällen, in denen für den Ansatz eines Bilanzpostens und seiner Bewertung **keine eigenen steuerlichen Regeln** existieren, die handelsrechtlichen Ansätze, auch hinsichtlich des Wertansatzes, für die steuerliche Gewinnermittlung gelten und in einer Steuerbilanz anzusetzen sind. Daraus ergibt sich eine Bindung der Steuerbilanz an die Handelsbilanz. Man spricht von der Steuerbilanz als einer abgeleiteten Handelsbilanz oder vom Maßgeblichkeitsgrundsatz oder -prinzip der Handelsbilanz für die Steuerbilanz. Die handelsrechtlichen Bilanzierungsgrundsätze in Form von Geboten, Verboten oder Wahlrechten sind daher für die steuerliche Bilanz grundsätzlich zwingend. Dies gilt auch dann, wenn nur eine Steuerbilanz erstellt wird, die gleichzeitig Handelsbilanz ist. Ist die Handelsbilanz allerdings falsch, kann sie insoweit auch keine Bindungswirkung für die Steuerbilanz entfalten.

Das Steuerrecht kennt – wie ausgeführt – eigene Gebote und Verbote, d. h. vom Handelsrecht abweichende Regelungen. Dieser Grundsatz wird als **Bewertungsvorbehalt** bezeichnet. Insoweit wird das Maßgeblichkeitsprinzip durchbrochen (§ 5 Abs. 6 EStG).

Merksatz: In der Steuerbilanz sind die Wirtschaftsgüter mit den Werten der Handelsbilanz anzusetzen, es sei denn, zwingende steuerliche Vorschriften, steuerliche Wahlrechte oder Rechtsprechungsgrundsätze stehen entgegen.

Lange Jahre galt auch der **umgekehrte Maßgeblichkeitsgrundsatz** des § 5 Abs. 1 Satz 2 EStG a. F. Dieser wurde durch das BilMoG vom 25.05.2009 (BGBl 2009 I S. 1102, BStBl 2009 I S. 650) abgeschafft. Das neue Recht gilt grundsätzlich für Geschäftsjahre ab dem 01.01.2010, Art. 66 Abs. 3 EGHGB. Von einer **Umkehrung des Maßgeblichkeitsgrundsatzes** sprach man, wenn Bilanzierungs- und Bewertungswahlrechte in der Handelsbilanz nach steuerlichen Gesichtspunkten ausgeübt wurden. Dies war dann der Fall, wenn z. B. eine steuerliche Begünstigungsvorschrift wie § 6b EStG gem. § 254 HGB a. F. nur deswegen in der Handelsbilanz in Anspruch genommen wurde, um Steuern zu sparen. Ab 01.01.2010 können somit steuerliche Wahlrechte in der Steuerbilanz unabhängig vom Bilanzansatz in der Handelsbilanz in Anspruch genommen werden.

4. Wendet man diese Grundsätze auf die einzelnen Sachverhalte an, ist wie folgt vorzugehen:

– Ist der Wertansatz in der Handelsbilanz falsch, ist er zunächst zu berichtigen.

– Ist der Wertansatz in der Handelsbilanz richtig oder berichtigt, ist er in die Steuerbilanz zu übernehmen, es sei denn, eine zwingende steuerliche Vorschrift, steuerliche Wahlrechte oder steuerliche Rechtsprechungsgrundsätze stehen dem entgegen.

a) Die OHG hat das Mietwohngrundstück in der Handelsbilanz mit 1,25 % jährlich abgeschrieben. Dies ist im Handelsrecht zulässig, da die Abschreibung auf die tatsächliche Lebensdauer eigentlich der Normalfall ist, § 253 Abs. 3 HGB. Damit ist der Ansatz in der Handelsbilanz richtig.

Das Steuerrecht lässt als längste Nutzungsdauer bei Gebäuden nur eine Abschreibung auf 50 Jahre zu. Im vorliegenden Fall ist das Gebäude, weil es Wohnzwecken dient, gem. § 7 Abs. 4 Satz 1 Nr. 2 Buchst. a EStG **zwingend** mit 2 % abzuschreiben. Dabei wird unterstellt, dass das Gebäude nicht vor dem 01.01.1925 fertig gestellt worden ist (vgl. § 7 Abs. 4 Satz 1 Nr. 2 Buchst. b EStG). Eine höhere Abschreibung gem. § 7 Abs. 5 EStG ist, da mehrere Jahre nach Fertigstellung angeschafft, nicht möglich.

Damit ist das **Maßgeblichkeitsprinzip durchbrochen,** § 5 Abs. 6 EStG (Bewertungsvorbehalt). Wenn die OHG den Ansatz in der Handelsbilanz nicht entsprechend der Steuerbilanz ändert, was möglich wäre, muss sie weiterhin zwei Bilanzen erstellen. Der Betriebsprüfer wird daher die Steuerbilanz berichtigen.

b) In der Handelsbilanz muss der entgeltlich erworbene Firmenwert gem. § 246 Abs. 1 Satz 4 HGB aktiviert werden. Gemäß § 253 Abs. 3 HGB ist er auf die Zeit der voraussichtlichen Nutzung abzuschreiben. Die Abschreibung auf 10 Jahre ist daher in der Handelsbilanz zulässig, d. h., die jeweiligen Wertansätze sind richtig.

In der Steuerbilanz muss der entgeltlich erworbene Firmenwert auch bilanziert werden, § 5 Abs. 2 EStG. Jahrzehntelang durfte er im Steuerrecht nicht abgeschrieben werden. Gemäß § 7 Abs. 1 Satz 3 EStG ist er heute auf einen Zeitraum von 15 Jahren abzuschreiben. Diese Vorschriften sind **zwingend.** Das **Maßgeblichkeitsprinzip** ist auch in diesem Fall **durchbrochen.** Will die OHG eine Einheitsbilanz (Handels- und Steuerbilanz in einem) erstellen, muss sie sich dem Steuerrecht anpassen und den Firmenwert auf 15 Jahre abschreiben. Der Betriebsprüfer wird auf jeden Fall die Steuerbilanz berichtigen.

c) Die GWGs in der Handelsbilanz auf ihre tatsächliche Nutzungsdauer abzuschreiben, ist zulässig, § 253 Abs. 3 HGB. Damit ist der Wertansatz in der Handelsbilanz richtig.

In der Steuerbilanz ist die Sofort-Abschreibung nicht zwingend. § 6 Abs. 2 EStG ist eine Kann-Vorschrift, d. h., es besteht ein **Wahlrecht.** Dieses Wahlrecht kann für Geschäftsjahre ab dem 01.01.2010 in der Steuerbilanz unabhängig vom Bilanzansatz in der Handelsbilanz in Anspruch genommen werden, d. h., die Steuerbilanz ist in vorliegendem Fall richtig.

d) Über § 254 HGB a. F. ist es in der Handelsbilanz nicht mehr möglich, steuerliche Abschreibungen, wozu auch § 6 Abs. 2 EStG gehört, vorzunehmen. Der Ansatz in der Handelsbilanz ist daher falsch. Der Kleincomputer ist in der Handelsbilanz abzuschreiben, z. B. mit einer AfA von 100 Euro im Jahr 05.

Den Kleincomputer in der Steuerbilanz nicht sofort, sondern gem. § 7 Abs. 1 EStG auf die Nutzungszeit abzuschreiben, ist richtig. Es hätte die Möglichkeit bestanden, das Wahlrecht gem. § 6 Abs. 2 EStG in Anspruch zu nehmen. Dass die OHG es nicht ausübte, spielt keine Rolle.

e) Die handelsrechtliche GuV ist richtig. Es liegt eine abzugsfähige Betriebsausgabe vor, wenn aus betrieblichem Anlass ein Geschenk an einen Geschäftsfreund gegeben wird.

Ertragsteuerlich liegt ebenfalls eine Betriebsausgabe vor. Diese ist aber aufgrund § 4 Abs. 5 Nr. 1 EStG nicht abzugsfähig; die Anschaffungskosten sind höher als 35 Euro. Sie darf den steuerlichen Gewinn nicht mindern.

Daraus ergeben sich zwei Folgerungen. Einmal kann man die Grundsätze der Maßgeblichkeit der Handelsbilanz für die Steuerbilanz auch auf die GuV anwenden. Alle z. B. in § 4 Abs. 5 EStG erwähnten Betriebsausgaben sind steuerlich nicht oder nicht voll abzugsfähig. Es liegt damit eine Durchbrechung des Maßgeblichkeitsprinzips der „handelsrechtlichen GuV für die steuerliche GuV vor". Zum anderen sind und bleiben dies auch steuerlich Betriebsausgaben – sie sind nur nicht abzugsfähig –, auch wenn in der Praxis bei Einzelbetrieben und Personengesellschaften diese Betriebsausgaben oft über das Entnahmekonto gebucht werden.

Systematisch besser ist es, diese nichtabzugsfähigen Betriebsausgaben in der Buchführung als Betriebsausgaben zu belassen und dann dem steuerlichen Gewinn außerhalb der Buchführung zuzuschlagen.

Bei den juristischen Personen, z. B. einer GmbH oder einer AG, ist dies anders überhaupt nicht möglich, weil diese keine Privatkonten führen können.

Fall 33

Bewertung des nicht abnutzbaren Anlagevermögens und des Umlaufvermögens – Maßgeblichkeitsprinzip – Niederstwertprinzip – Wertaufholungswahlrecht und -gebot in Handels- und Steuerbilanz

Sachverhalt

Karin Motzer betreibt einen Großhandel mit Gartenhäuschen. Sie bilanziert gem. § 5 EStG. Am 05.09.01 erwirbt sie Aktien der X-AG für 10.000 Euro und überführt sie in das Anlagevermögen. Infolge eines vorübergehenden Kursrückgangs im Dezember 01 nimmt sie zum 31.12.01 in der Handelsbilanz eine außerplanmäßige Abschreibung und in der Steuerbilanz eine Teilwertabschreibung von 2.000 Euro vor. Ende 02 ist der Kurswert auf 11.000 Euro angestiegen.

Frage

1. Sind die Bilanzansätze zum 31.12.01 i. H. von 8.000 Euro in der Handelsbilanz und in der Steuerbilanz falsch, zulässig oder gar zwingend?

2. Ändert sich etwas, wenn Motzer die Aktien in das Umlaufvermögen genommen hätte?

3. Wie kann Motzer zum 31.12.02 die Aktien bewerten und in den Bilanzen ansetzen?

Antwort

1. Der niedrigere Ansatz von 8.000 Euro ist in der Handelsbilanz zulässig, jedoch nicht zwingend. In der Steuerbilanz sind die Aktien mit 10.000 Euro anzusetzen.

2. In der Handelsbilanz sind die Aktien zwingend mit 8.000 Euro, in der Steuerbilanz zwingend mit 10.000 Euro anzusetzen.

3. Motzer muss in der Handelsbilanz zum 31.12.02 die Aktien wieder mit 10.000 Euro aktivieren. In der Steuerbilanz sind die Aktien weiter mit 10.000 Euro anzusetzen.

Begründung

1. In der Handelsbilanz ist bei Finanzanlagen (Aktien) der Ansatz des niedrigeren Werts gem. § 253 Abs. 3 Satz 4 HGB zulässig. Der Kaufmann hat insoweit ein Wahlrecht (gemildertes Niederstwertprinzip). Es liegt nur eine vorübergehende Wertminderung vor. Bei einer dauernden Wertminderung ist der niedrigere Ansatz bei allen Vermögensgegenständen des Anlagevermögens zwingend vorzunehmen, § 253 Abs. 3 Satz 3 HGB (strenges Niederstwertprinzip).

Nach § 6 Abs. 1 Nr. 1 Satz 2 und Nr. 2 Satz 2 EStG kann steuerrechtlich eine Teilwertabschreibung nur bei einer voraussichtlich **dauernden** Wertminderung vorgenommen werden (vgl. hierzu BMF vom 25.02.2000, BStBl 2000 I S. 372). Da der Kursrückgang nur vorübergehend ist, ist eine Teilwertabschreibung unzulässig. Die Aktien müssen steuerlich zum 31.12.01 mit 10.000 Euro angesetzt werden.

Ob Motzer ihren Gewinn gem. § 4 Abs. 1 oder § 5 EStG ermittelt, spielt keine Rolle, weil das Maßgeblichkeitsprinzip der Handelsbilanz für die Steuerbilanz in diesem Fall nicht gilt. Es liegt vielmehr eine Durchbrechung des Maßgeblichkeitsprinzips vor.

2. Beim Umlaufvermögen gilt im Handelsrecht das strenge Niederstwertprinzip, § 253 Abs. 4 Satz 1 HGB. Damit hat Motzer die Aktien zum 31.12.01 in der Handelsbilanz zwingend mit 8.000 Euro anzusetzen. Steuerrechtlich bleibt es bei 10.000 Euro, weil eine Teilwertabschreibung bei vorübergehender Wertminderung nicht zulässig ist. Auch hier liegt eine Durchbrechung des Maßgeblichkeitsprinzips vor.

3. Gemäß § 253 Abs. 5 HGB darf in der Handelsbilanz der niedrigere Wert nicht beibehalten werden. Daraus ergibt sich ein **Wertaufholungsgebot,** d. h., in der Handelsbilanz muss der neue höhere Wert angesetzt werden. Da jedoch die Anschaffungs- bzw. die Herstellungskosten immer die Höchstgrenze bilden, muss Motzer zum 31.12.02 die Aktien wieder mit 10.000 Euro ansetzen.

Steuerrechtlich ergeben sich keine Probleme. Weil eine Teilwertabschreibung zum 31.12.01 nicht in Betracht kam, sind die Aktien weiterhin mit 10.000 Euro anzusetzen.

Fall 34

Bewertung des abnutzbaren Anlagevermögens – Maßgeblichkeitsprinzip – Niederstwertprinzip – Beibehaltungswahlrecht – Wertaufholungswahlrecht, -verbot und -gebot in Handels- und Steuerbilanz

Sachverhalt

Petra Spegel betreibt einen Holzgroßhandel. Sie bilanziert gem. § 5 EStG. Am 02.01.01 erwirbt sie für 240.000 Euro ohne USt einen LKW mit Spezialaufbau für Edelhölzer, Nutzungsdauer 6 Jahre, Abschreibung linear. Nachdem ein Großkunde, der im Wesentlichen Edelhölzer abnahm, im Jahr 03 die Geschäftsbeziehungen abbricht, kann der LKW kaum noch wirtschaftlich vernünftig eingesetzt werden.

Zum 31.12.03 nimmt Spegel in der Handelsbilanz ausgehend von einer dauernden Wertminderung neben der planmäßigen Abschreibung von 40.000 Euro eine außerplanmäßige Abschreibung von 30.000 Euro und in der Steuerbilanz eine Teilwertabschreibung auf 90.000 Euro vor.

Ab Juni 04 nimmt der Großkunde die Geschäftsbeziehungen zu Spegel wider Erwarten wieder auf, sodass der LKW wie ursprünglich geplant wieder eingesetzt werden kann. Zum 31.12.04 setzt Spegel in der Handelsbilanz und in der Steuerbilanz den LKW trotzdem mit 60.000 Euro an.

Frage

Sind die von Spegel zum 31.12.03 und 31.12.04 in der Handelsbilanz und in der Steuerbilanz angesetzten Werte des LKW falsch, zulässig oder gar zwingend?

Antwort

Der in der Handelsbilanz und Steuerbilanz zum 31.12.03 angesetzte niedrigere Wert von 90.000 Euro ist nicht zu beanstanden.

Sowohl in der Handelsbilanz als auch in der Steuerbilanz zum 31.12.04 sind zwingend 80.000 Euro anzusetzen (Wertaufholungsgebot).

Begründung

Laut Sachverhalt wurde der LKW in der Handelsbilanz und Steuerbilanz wie folgt angesetzt:

Zugang 01	240.000 €
./. AfA 01 bis 03 3 × 40.000 €	120.000 €
./. außerplanmäßige AfA 03	30.000 €
Restwert 31.12.03	90.000 € = steuerlicher Teilwert

Übertrag	90.000 €
./. AfA 04 (90.000 € : 3 Jahre)	30.000 €
Restwert 31.12.04	60.000 €

Im Handels- und Steuerrecht ist die Abschreibung zwingend, § 253 Abs. 1 Satz 1 HGB, § 7 Abs. 1 EStG. In beiden Rechtsgebieten gibt es mehrere Abschreibungsmethoden. Die lineare AfA ist eine davon.

1. Handelsbilanz und Steuerbilanz zum 31.12.03

Da außerplanmäßige Abschreibungen im Handelsrecht (§ 253 Abs. 3 Satz 3 HGB) und bei voraussichtlich dauernder Wertminderung auch Teilwertabschreibungen im Steuerrecht (§ 6 Abs. 1 Nr. 1 Satz 2 EStG, BMF vom 25.02.2000, BStBl 2000 I S. 372) zulässig sind, hier auch ein besonderer Abschreibungsgrund vorliegt, sind die Bilanzansätze von **90.000 Euro** zum **31.12.03** in beiden Bilanzen nicht zu beanstanden. Eine außerbetriebliche Entwicklung, das Abbrechen der Geschäftsbeziehungen durch einen Großkunden, mit dem Spegel nicht rechnen konnte, erlaubt diesen Teilwertabschlag, der von Spegel in einem vernünftigen Rahmen geschätzt werden kann (vgl. Fall 58).

Im **Handelsrecht** besteht beim Anlagevermögen bei voraussichtlich dauernder Wertminderung ein Gebot zum Ansatz mit dem niedrigeren Wert (§ 253 Abs. 3 Satz 3 HGB = strenges Niederstwertprinzip). Da eine dauernde Wertminderung aus der Sicht zum 31.12.03 anzunehmen ist, musste Spegel den niedrigeren Wert ansetzen.

In der **Steuerbilanz** besteht ein Wahlrecht, § 6 Abs. 1 Nr. 1 Satz 2 EStG. Dass in der Handelsbilanz der niedrigere Wert angesetzt wurde, spielt in der Steuerbilanz keine Rolle. Sie hätte aufgrund des steuerlichen Wahlrechts zum 31.12.03 gem. § 6 Abs. 1 Nr. 1 Satz 2 EStG den regulären Buchwert von 120.000 Euro, den niedrigeren Teilwert von 90.000 Euro oder einen Zwischenwert ansetzen können.

2. Handelsbilanz und Steuerbilanz zum 31.12.04

Im Jahr 04 fiel der Grund der außerplanmäßigen Abschreibung bzw. der Teilwertabschreibung des Jahres 03 wieder weg. Der Großkunde nahm die Geschäftsbeziehungen wieder auf, der LKW konnte daher wie ursprünglich geplant wieder eingesetzt werden.

In der **Handelsbilanz** darf gem. § 253 Abs. 5 HGB der niedrigere Wertansatz nicht beibehalten werden, wenn die Gründe dafür nicht mehr bestehen, **Wertaufholungsgebot.** Spegel muss daher die außerplanmäßige AfA im Jahr 03 durch eine Wertaufholung im Jahr 04 wieder rückgängig machen. Dabei ist der Betrag der außerplanmäßigen Abschreibung unter Berücksichtigung der Abschreibungen, die inzwischen vorzunehmen gewesen wären, zuzuschreiben. Die Zuschreibung hat daher im Jahr 04 bis zu dem infolge planmäßiger Abschreibung fortgeschrittenen Wert zu erfolgen.

Hätte Spegel den LKW ohne außerplanmäßige Abschreibung normal abgeschrieben, hätte der LKW zum 31.12.04 noch einen Wert von 80.000 Euro
(240.000 Euro ⸍. AfA 01 bis 04 von 4 × 40.000 Euro). Da im Jahr 04 eine normale Abschreibung vorzunehmen ist, ergeben sich zwei Möglichkeiten:

- Die Zuschreibung erfolgt, nachdem die planmäßigen Abschreibungen
  von dem alten Restbuchwert berechnet wurden = a)
- Die planmäßigen Abschreibungen erfolgen bereits von dem durch die
  Zuschreibung erhöhten Wert = b)

	a)	b)
Restwert 31.12.03	90.000 €	90.000 €
Abschreibung 03	30.000 €*	40.000 €**
Zuschreibung	20.000 €	30.000 €
Restwert 31.12.04	80.000 €	80.000 €

Aus allem folgt: Spegel hat den LKW in der Handelsbilanz zum 31.12.04 mit
80.000 Euro anzusetzen.

Steuerrechtlich gilt gem. § 6 Abs. 1 Nr. 1 Satz 4 EStG ebenfalls ein absolutes
Wertaufholungsgebot, vgl. BMF vom 25.02.2000 (BStBl 2000 I S. 372). Wenn
Spegel bei dauernder Wertminderung und Bilanzierung gem. § 5 EStG aufgrund des steuerlichen Wahlrechts gem. § 6 Abs. 1 Nr. 1 Satz 2 EStG zum
31.12.03 den LKW mit 90.000 Euro angesetzt hat, muss sie ihn zum 31.12.04
zwingend mit 80.000 Euro bilanzieren. Dies gilt auch, wenn sie ihren Gewinn
gem. § 4 Abs. 1 EStG ermittelt und den LKW zum 31.12.03 mit 90.000 Euro
angesetzt hat.

Fall 35

Inventur – Einzelbewertung – Gruppenbewertung – Durchschnitts-
bewertung – Lifo-Verfahren – Festwert

Sachverhalt

Klaus Wendler gründet am 03.01.01 einen Produktionsbetrieb für elek-
trische Steuergeräte von Garagentoren, Rollläden u. a.

Bei Herstellung dieser Steuergeräte werden sehr viele an Maschinen
gebundene, daher nicht selbständig nutzbare Maschinenwerkzeuge (Stan-
zen, Formen, Pressen, Bohrer, Fräsen, Drehstähle, Sägeblätter u. a.) benötigt. Wendler erwirbt solche Werkzeuge mit folgenden Anschaffungskosten:

---

* = AfA 04 nach außerplanmäßiger AfA.
** = AfA 04 ohne außerplanmäßige AfA.

im Jahr 01 für	40.000 €
im Jahr 02 für	30.000 €
im Jahr 03 für	36.000 €
im Jahr 04 für	32.000 €
im Jahr 05 für	28.000 €

In den 5 Jahren verteilen sich die Anschaffungskosten gleichmäßig auf die Monate Januar und Juli des jeweiligen Wirtschaftsjahres. Die Werkzeuge haben eine Nutzungsdauer von 5 Jahren, müssen regelmäßig ersetzt werden, und ihr Gesamtwert liegt jeweils weit unter 10 % der Bilanzsumme. Den Neuwert aller an Maschinen gebundenen Werkzeuge schätzen Wendler und sein Steuerberater Franz Weckesser auf 120.000 Euro. Außerdem gehen sie davon aus, dass der Anhaltewert, also der Wert, bei dem sich Zugänge einerseits mit der AfA und den Abgängen andererseits ausgleichen, bei ca. 50 % liegt. Der Bestand verändert sich in Größe und Wert kaum, weil der Betrieb immer dieselbe Art von Werkzeugen in seinem Bestand hat.

Wendler benötigt für die Produktion der elektrischen Steuergeräte auch viele Stromkabel der verschiedensten Art (Kupferdrähte mit Kunststoffummantelung). Diese werden in 100-m-Ringen verpackt geliefert. Im Jahr 01 erwirbt und verbraucht er folgende Posten (Preis ohne USt):

	Stückzahl	Gesamtpreis €
Zugang 01.04.01	80	8.000
Abgang bis 20.05.01	60	
Zugang 20.05.01	70	7.600
Abgang bis 13.07.01	84	
Zugang 13.07.01	100	9.800
Abgang bis 12.10.01	76	
Zugang 12.10.01	90	9.100
Abgang bis 18.12.01	70	
Zugang 18.12.01	86	8.500
Abgang bis 31.12.01	36	
Inventur-Bestand am 31.12.01	100	

Klaus Wendler bespricht schon im Januar 01 mit seinem Steuerberater Franz Weckesser die auf ihn zukommenden steuerrechtlichen Probleme. Weckesser weist ihn darauf hin, dass er bilanzieren muss, am besten zum Jahresende, was Wendler dann auch tut. Weckesser weist ihn auf die Inventurmöglichkeiten hin, schlägt vor, dass er für die Werkzeuge einen Festwert bilden möge und die Stromkabel am besten mit Durchschnittswerten aktivieren soll.

Frage

1. Was hat Wendler auf Anraten seines Steuerberaters Weckesser an den einzelnen Bilanzstichtagen im Rahmen der Inventur zu beachten bzw. zu tun?

2. Welche Bewertungsverfahren sind steuerrechtlich zulässig?

3. Kann Wendler bei den Werkzeugen einen Festwert bilden?

4. Wie kann er die Stromkabel bewerten?

Antwort

1. Wendler hat aufgrund einer Inventur ein Inventar zu erstellen, das die Grundlagen für die Bilanz darstellt. Dabei sind möglich:
   - Eine zeitnahe Inventur
   - Eine zeitverschobene Inventur
   - Eine permanente Inventur

2. Als Bewertungsverfahren sind steuerrechtlich zulässig

   2.1. Die Einzelbewertung
   2.2. Die Gruppenbewertung
   2.3. Die Durchschnittsbewertung
   2.4. Die Gruppenbewertung mit Durchschnittswerten
   2.5. Das Lifo-Verfahren
   2.6. Die Festbewertung

3. Wendler kann bei den Werkzeugen einen Festwert bilden, weil die einzelnen Voraussetzungen vorliegen. Der Festwert ist mit 60.000 Euro anzusetzen und kann erreicht werden durch:

   3.1. Exakte Entwicklung, Festwert am 31.12.03 erreicht

   3.2. Vereinfachte Entwicklung, Festwert am 31.12.04 erreicht

4. Zur Bewertung der Stromkabel hat Wendler mehrere Möglichkeiten. Je nach Verfahren ergeben sich zum 31.12.01 folgende Bilanzansätze:

4.1. Durchschnittsbewertung	
4.1.1. Durchschnittsbewertung bei einfacher Wertermittlung	10.094 Euro
4.1.2. Durchschnittsbewertung bei verfeinerter Wertermittlung	9.943 Euro
4.2. Das Lifo-Verfahren	
4.2.1. Perioden-Lifo-Verfahren	10.171 Euro
4.2.2. Permanentes Lifo-Verfahren	9.916 Euro

   4.3. Für spätere Bilanzansätze kann Wendler auch einen Festwert bilden.

Begründung

1. Wendler hat zu den einzelnen Bilanzstichtagen ein **Inventar** zu erstellen. Gemäß § 240 HGB ist darunter die Aufstellung der einzelnen Vermögensgegenstände zu verstehen, und zwar nach Art, Menge und Wert. Das Inventar muss unterschrieben und mit Datum versehen sein. Es ist die Grundlage für die Bilanz, in der dann die einzelnen Vermögensgegenstände der Art und dem Wert nach zusammengefasst werden. So sind z. B. im Inventar sämtliche Maschinen einzeln mit Anschaffungspreis, Anschaffungsdatum, Abschreibung und Buchwert dargestellt, während in der Bilanz nur eine zusammengefasste Position Maschinen erscheint.

Die Aufstellung des Inventars, d. h. die Tätigkeit, ist die **Inventur.** Grundsätzlich ist hierbei eine körperliche Bestandsaufnahme erforderlich, also ein Zählen, Messen oder Wiegen. Soweit eine körperliche Bestandsaufnahme tatsächlich nicht möglich ist, z. B. bei Forderungen und Schulden, muss die Erfassung auf andere Art und Weise sichergestellt werden, z. B. über Kontoauszüge oder Saldenlisten.

Man spricht von einer **zeitnahen Inventur,** wenn die Bestandsaufnahme am Bilanzstichtag oder innerhalb von zehn Tagen vor oder nach dem Bilanzstichtag durchgeführt wird. Zwischenzeitliche Bestandsveränderungen müssen dabei berücksichtigt werden, vgl. R 5.3 Abs. 1 EStR.

Gemäß § 241 Abs. 3 HGB ist auch eine **zeitverschobene Inventur** möglich. Dabei kann die körperliche Inventur an einem Tag innerhalb der letzten drei Monate vor oder der ersten zwei Monate nach dem Bilanzstichtag durchgeführt werden, wenn durch ein Fortschreibungs- oder Rückrechnungsverfahren die ordnungsgemäße Bewertung zum Bilanzstichtag sichergestellt ist, vgl. R 5.3 Abs. 2 EStR.

Beispiel:

Körperliche Inventur 30.11.03	180.000 €
+ Wareneingang Dezember	60.000 €
'./. Wareneinsatz Dezember	80.000 €
Inventar-Bilanzwert 31.12.03	160.000 €

Der Wareneinsatz kann nach R 5.3 Abs. 2 Satz 9 EStR aus dem Umsatz abzüglich des durchschnittlichen Rohgewinns ermittelt werden. Voraussetzung für diese Methode ist, dass die Zusammensetzung des Warenbestandes am Bilanzstichtag nicht wesentlich von der Zusammensetzung am Inventurstichtag abweicht.

Nach § 241 Abs. 2 HGB kann das Inventar auch ganz oder teilweise aufgrund einer **permanenten Inventur** erstellt werden. Bei einer gut organisierten, vor allem EDV-unterstützten Lagerbuchhaltung ist es möglich, die vorhandenen Bestände jederzeit nach Art und Menge aus der Buchführung zu entnehmen. Hierbei ist eine körperliche Bestandsaufnahme zum Bilanzstichtag entbehrlich, sie muss aber im folgenden Geschäftsjahr nachgeholt werden. Weitere Einzelheiten ergeben sich aus H 5.3 (Permanente Inventur) EStH.

Das Inventar muss auf seine **Vollständigkeit überprüft** werden können. Dazu ist es erforderlich, die Inventur räumlich getrennt vorzunehmen und das Inventar entsprechend zu gliedern (Lager, Werkstatt, Verkaufsräume, Schaufenster). Auch **Hilfs-** und **Betriebsstoffe** sind aufzunehmen. Hilfsstoffe sind Güter, die in die Produktion eingehen (Klebstoffe, Nägel, Schrauben, Farben). Betriebsstoffe gehen nicht in die Produktion ein, werden aber im Betrieb bei der Herstellung von Gütern verbraucht (Schmier- und Reinigungsmittel, Treibstoffe, Brennstoffe, Säuren, Öl). Wenn sie nicht von erheblicher Bedeutung sind, kann ihr Wert geschätzt werden.

Aus den Inventur-Unterlagen muss auch erkennbar sein, wie die Bewertung der **halbfertigen** und **fertigen Erzeugnisse** erfolgte. Die Ermittlung der Herstellungskosten muss leicht nachprüfbar sein (Arbeitszettel, Kalkulationsunterlagen usw.). Bei den halbfertigen Erzeugnissen muss der Fertigungsgrad ersichtlich sein. Vergleiche R 6.3 EStR und H 6.3 (Halbfertige Arbeiten) EStH.

Schwimmende und rollende **Waren** bzw. **Vorräte,** die unterwegs, d. h. nicht im Lager, sind, sind von demjenigen Unternehmen zu erfassen, dem sie wirtschaftlich gehören. Lagern Waren bzw. Vorräte in fremden Räumen, sind sie ebenfalls aufzuzeichnen.

Minderwertige oder wertlose Waren sind auch im Inventar aufzunehmen, jedoch mit einem Abschlag oder mit 0 Euro zu bewerten (niederer Teilwert).

Bewegliches Anlagevermögen muss in einem besonderen Anlagenverzeichnis bzw. einer Anlagekartei aufgenommen werden. Darin ist jeder Zu- und Abgang laufend einzutragen, vgl. R 5.4 Abs. 1 EStR.

Geringwertige Wirtschaftsgüter **(GWG),** deren Wert 150 Euro übersteigt, sind ebenfalls in einem Anlagenverzeichnis oder in einem besonderen Konto zu erfassen, § 6 Abs. 2 Satz 4 und 5 EStG. Bei Netto-Anschaffungs- oder Herstellungskosten bis zu 150 Euro lässt das Gesetz zu, dass diese **GWG** nicht festgehalten werden müssen, d. h., sie können sofort als Aufwand gebucht werden, § 6 Abs. 2a Satz 4 EStG.

2. Gesetz, Rechtsprechung und Verwaltung lassen im Steuerrecht – vor allem zur Vereinfachung – mehrere Bewertungsverfahren zu.

2.1. Einzelbewertung

Aus den Vorschriften § 6 EStG, § 240 Abs. 1 und § 252 Abs. 1 Nr. 3 HGB sowie R 6.8 Abs. 3 Satz 1 EStR ergibt sich, dass jedes Wirtschaftsgut einzeln zu bewerten ist. So dürfen Forderungen und Verbindlichkeiten nicht miteinander verrechnet werden (Saldierungsverbot, § 246 Abs. 2 Satz 1 HGB). Dies gilt auch gegenüber demselben Partner, es sei denn, einer hat die Aufrechnung erklärt. Grund und Boden und Gebäude sind ertragsteuerlich zwei verschiedene Wirtschaftsgüter. Einer Teilwertabschreibung beim

Gebäude steht z. B. eine eingetretene Werterhöhung beim Grund und Boden nicht entgegen, d. h., der Wertansatz beim Grund und Boden bleibt erhalten.

Die Einzelbewertung findet ihre Grenze bei Massengütern. Deshalb wurden hierfür andere Bewertungsverfahren entwickelt.

2.2. Gruppenbewertung

Bei der reinen Gruppenbewertung werden mehrere Wirtschaftsgüter zusammengefasst bewertet. Dieses Verfahren kommt für das Vorratsvermögen in Betracht.

Es gilt auch bei Wirtschaftsgütern des beweglichen Anlagevermögens für die Aufnahme in das Bestandsverzeichnis bzw. die Anlagekartei, § 240 Abs. 4 HGB. Voraussetzung ist, dass diese Wirtschaftsgüter in demselben Wirtschaftsjahr angeschafft werden, die gleiche Nutzungsdauer und die gleichen Anschaffungskosten haben und nach der gleichen Methode abgeschrieben werden, R 5.4 Abs. 2 Satz 3 EStR. Erwirbt z. B. ein Zigaretten-Großhändler mit einem Auftrag 20 gleiche Zigaretten-Automaten, dann kann er den Gesamteinkaufspreis als Bewertungsgrundlage verwenden. Oder ein anderer Unternehmer erwirbt 30 gleiche Büroschränke.

2.3. Durchschnittsbewertung

Die reine Durchschnittsbewertung kommt nur für vertretbare Wirtschaftsgüter (§ 91 BGB) des Vorratsvermögens in Betracht, bei denen die Anschaffungs- oder Herstellungskosten wegen Schwankungen der Einstandspreise im Laufe des Wirtschaftsjahres im Einzelnen nicht mehr einwandfrei feststellbar sind und deshalb ein Mittelwert errechnet werden muss (R 6.8 Abs. 3 Satz 2 und 3 EStR).

Dieser Durchschnittswert wird ermittelt, indem von den Anschaffungskosten aller im Wirtschaftsjahr beschafften Vorräte ausgegangen wird. Nach der Rechtsprechung ist die Durchschnittsbewertung ein zweckentsprechendes Schätzungsverfahren.

Die reine Durchschnittsbewertung kommt vor, wenn ein Stoff, z. B. Öl für die Heizung des Betriebs, mehrmals im Laufe des Jahres zu unterschiedlichen Preisen eingekauft wird und am Jahresende noch ein Restbestand vorhanden ist. Weitere Beispiele sind Kraftstoffe, Fette, Säuren und Baustoffe (Kies, Sand, Platten, Steine).

Die Durchschnittsbewertung gilt auch für Wertpapiere gleicher Art im Sammeldepot (BFH vom 15.02.1966, BStBl 1966 III S. 274).

2.4. Gruppenbewertung mit Durchschnittswerten

Bei diesem Verfahren wird die Gruppenbewertung mit der Durchschnittsbewertung gekoppelt. Es kommt in Betracht bei gleichartigen Gegenständen, die jedoch nicht gleichwertig zu sein brauchen (R 6.8 Abs. 4 Satz 3 EStR). Es genügt, wenn die Gegenstände den gleichen Verwendungszweck aufweisen. Für dieses Verfahren muss jedoch ein Durchschnittswert bekannt sein, der sich ohne weiteres aus Erfahrungen der betreffenden Branche feststellen lässt (R 6.8 Abs. 4 Satz 4 und 5 EStR).

Als Beispiele für die Anwendung dieses Verfahrens seien genannt: Herrensocken in verschiedenen Preislagen und Größen, Furniere verschiedener Holzarten, Bandeisen verschiedener Abmessungen, Eimer aus Kunststoff verschiedener Größen und Farben.

2.5. Das Lifo-Verfahren

Gemäß § 256 HGB sind im Handelsrecht verschiedene Bewertungsmethoden zulässig, bei der die Verbrauchs- bzw. Veräußerungsfolge der Gegenstände die entscheidende Rolle spielt. Sie kommen nur in Betracht bei gleichartigen Vermögensgegenständen des Vorratsvermögens, soweit sie nach den Grundsätzen der ordnungsmäßigen Buchführung zulässig sind. Der ermittelte Wert muss daher möglichst den tatsächlichen Verhältnissen entsprechen und zu einem Wert führen, der sich auch bei einer Einzelbewertung ergäbe.

Im Einzelnen kämen in Betracht:

– Fifo-Methode (first in – first out)
– Lifo-Methode (last in – first out)
– Hifo-Methode (highest in – first out)
– Lofo-Methode (lowest in – first out)

Bei der Fifo-Methode wird unterstellt, dass die zuerst angeschafften oder hergestellten Wirtschaftsgüter zuerst verbraucht oder veräußert werden. Bei der Lifo-Methode ist es umgekehrt. Bei der Hifo-Methode geht man davon aus, dass die Wirtschaftsgüter mit den höchsten Anschaffungskosten zuerst verbraucht oder veräußert werden. Dadurch wird der Endbestand mit den jeweils niedrigsten Anschaffungskosten bewertet. Die Lofo-Methode unterstellt, dass die am billigsten angeschafften oder hergestellten Vorräte zuerst verbraucht oder veräußert werden.

Handelsrechtlich sind zulässig die **Fifo-** und die **Lifo-Methode**. Die Hifo-Methode und die Lofo-Methode sind nicht zulässig, § 256 HGB.

Steuerrechtlich ist bei Vorliegen bestimmter Voraussetzungen nur die **Lifo-Methode** zulässig (§ 6 Abs. 1 Nr. 2a EStG, R 6.8 Abs. 4 Satz 6 und ausführlich R 6.9 EStR, vgl. auch Falterbaum/Bolk/Reiß/Kirchner 15.4.4 mit Beispielen). Begründet wird dies mit folgenden Überlegungen: Bei Preissteigerungen kommt es zu Scheingewinnen, wenn am Bilanzstichtag bestehende hohe Anschaffungs- und Herstellungskosten beim Endbestand angesetzt werden müssen. Dies gilt auch bei der Durchschnittsbewertung. Der hohe Bilanzansatz kann in einem Betrieb zur Folge haben, dass die Wiederbeschaffung verbrauchter Vorräte nicht mehr aus den Erlösen finanzierbar ist und die Vorratshaltung deshalb eventuell eingeschränkt werden muss. Dabei kann es zu einer Substanzbesteuerung kommen; hierzu folgendes **Beispiel:**

Anschaffungskosten einer Ware 1.000 €, Verkaufspreis netto 1.500 €. Wiederbeschaffungskosten 1.300 €, Steuersatz 50 %. Aus Vereinfachungsgründen sollen bei diesem Geschäft allgemeine Verwaltungskosten und Vertriebskosten nicht angefallen sein.

Während der steuerliche Gewinn entsprechend dem Anschaffungskostenprinzip (1.500 € ./. 1.000 € =) 500 € beträgt und daraus Ertragsteuern von 250 € resultieren, beträgt der tatsächlich (betriebswirtschaftlich) erzielte Gewinn nur (1.500 € ./. 1.300 € =) 200 €. Die abzuführenden Ertragsteuern sind sogar noch höher als der tatsächliche Gewinn, weil der sog. Scheingewinn von (1.300 € ./. 1.000 € =) 300 € ebenfalls besteuert wird.

Dies hat den Gesetzgeber veranlasst, das Lifo-Verfahren im Steuerrecht zuzulassen. Diese Methode unterstellt, dass die teureren zuletzt angeschafften oder hergestellten Güter zuerst verbraucht werden.

2.6. Die Festbewertung

Nach § 5 Abs. 1, § 6 Abs. 1 Nr. 1 und 2 EStG i. V. m. § 240 Abs. 3, § 256 Satz 2 HGB können Wirtschaftsgüter des Sachanlagevermögens sowie Roh-, Hilfs- und Betriebsstoffe mit einem Festwert angesetzt werden, wenn

– sie regelmäßig ersetzt werden,

– ihr Gesamtwert für das Unternehmen von nachrangiger Bedeutung ist,

– ihr Bestand in seiner Größe, seinem Wert und seiner Zusammensetzung nur geringen Veränderungen unterliegt und

– i. d. R. alle drei Jahre eine körperliche Bestandsaufnahme durchgeführt wird.

Vergleiche hierzu BMF-Schreiben vom 08.03.1993, BStBl 1993 I S. 276.

Der Festwert ist ein gleich bleibender Wertansatz in der Bilanz. Ihm liegt die Fiktion zugrunde, dass die jährlichen Zugänge und der jährliche Verbrauch bzw. die Abgänge oder Wertminderungen für Abnutzungen sich in etwa ausgleichen. **Die jährlichen Ersatzbeschaffungen sind daher sofort in voller Höhe Aufwand. Die jährliche Inventur entfällt.**

Für die Entscheidung zum **Festwertansatz** besteht ein Wahlrecht, R 5.4 Abs. 3 und 4 EStR, H 6.8 (Festwert) EStH.

Der Festwert kommt bei Sachanlagen in Betracht, wie Geschirr, Besteck und Wäsche in Hotels, Werkzeugen, Schienen, Geräten, Gerüst- und Schalungsteilen, Behältern, Fässern, Flaschen, Formen, Modellen, Kanaldielen, Rechenmaschinen, Beleuchtungsanlagen usw. Der Festwert ist in der Praxis auch bei den Roh-, Hilfs- und Betriebsstoffen wichtig, also z. B. bei Schrauben, Nägeln, Fetten, Schmierölen, Hölzern, Roheisen oder Rohölen.

Für Waren sowie halbfertige und fertige Erzeugnisse sind Festwerte nicht zulässig. Dies gilt auch für Vorräte, die beachtlichen Preisveränderungen unterliegen. Bei Gegenständen des abnutzbaren Anlagevermögens, die die

Voraussetzungen als GWG erfüllen, ist der Festwert uninteressant, weil die Anschaffungs- bzw. Herstellungskosten ohne jede Aktivierung schon über die Vorschrift des § 6 Abs. 2 EStG sofort Aufwand werden.

Die Voraussetzung **„die Vermögenswerte müssen regelmäßig ersetzt werden"** ist nur bei Massengütern erfüllt, bei denen regelmäßig ein Ab- und Zugang einzelner Stücke erforderlich ist, um den Betrieb aufrechtzuerhalten.

Nach dem BMF-Schreiben vom 08.03.1993 (a. a. O.) ist der Gesamtwert der in Betracht kommenden Wirtschaftsgüter für das Unternehmen von **nachrangiger Bedeutung,** wenn er an den dem Bilanzstichtag vorangegangenen fünf Bilanzstichtagen im Durchschnitt 10 % der Bilanzsumme nicht überstiegen hat. Nach der Formulierung im § 240 Abs. 3 HGB ist dabei wohl die Summe aller Festwerte eines Betriebs gemeint.

Die **Höhe des Festwerts** richtet sich beim **Sachanlagevermögen** nach der Abschreibung, insbesondere nach der betriebsgewöhnlichen Nutzungsdauer der Wirtschaftsgüter. Denn die in den Festwert eingebundenen Wirtschaftsgüter sind im Allgemeinen altersmäßig gemischt. Ein Teil ist neuwertig, andere Teile sind mehr oder weniger abgeschrieben. Daher können die vollen Anschaffungs- oder Herstellungskosten nicht maßgebend sein. In Betracht kommen die lineare oder degressive AfA gem. § 7 Abs. 1 oder Abs. 2 EStG, nicht aber eine Sonder-AfA. Nach h. M. ist der Festwert erst nach Vornahme einer AfA bis zu einem **Anhaltewert** von etwa 40 bis 50 % der Anschaffungs- oder Herstellungskosten zu bilden (vgl. Schmidt/ Glanegger, § 6 Rn. 270). Bei Gerüst- und Schalungsteilen geht die Finanzverwaltung von 40 % der Anschaffungs- oder Herstellungskosten der vorangegangenen fünf Jahre aus (ESt-Kartei Baden-Württemberg zu § 6 Abs. 2 EStG – Nr. 2). Nehmen wir an, ein neu gegründetes Bauunternehmen benötigt regelmäßig Gerüst- und Schalungsteile im Neuwert von 100.000 Euro. Nach Verwaltungsauffassung beträgt dann der Anhaltewert 40 % davon, also 40.000 Euro. Dieser Anhaltewert von 40.000 Euro ist gleichzeitig der anzusetzende Festwert. Dieser wird dadurch erreicht, dass die Anschaffungs- oder Herstellungskosten so lange aktiviert werden, bis die 40.000 Euro erreicht sind. Dabei gibt es mehrere Methoden, vgl. unten 3.

Bei **Roh-, Hilfs- und Betriebsstoffen** entspricht die **Höhe des Festwerts** den durchschnittlichen Anschaffungs- oder Herstellungskosten (vgl. Schmidt/ Glanegger, § 6 Rn. 270). Denn hier spielt nicht die Abschreibung, sondern nur der Verbrauch eine Rolle.

Der **Festwert** muss regelmäßig alle drei, spätestens alle fünf Jahre **überprüft** werden. Auch hier gilt eine 10 %-Regelung. Übersteigt der neu ermittelte Wert den bisherigen Festwert um mehr als 10 %, so ist der neue Wert maßgebend. Ist der neu ermittelte Wert niedriger, so kann dieser angesetzt werden; die Überschreitung eines %-Satzes ist dabei nicht erforderlich (vgl. im Einzelnen R 5.4 Abs. 3 EStR). Bei erforderlicher Erhöhung des Festwerts müssen die neu angeschafften oder hergestellten Wirtschaftsgüter dem alten Festwert so lange zugebucht werden, bis der neue Festwert erreicht ist, vgl. unten 3. Aufwandsbuchungen scheiden insoweit aus. Ist der neu ermittelte Wert niedriger, ist der alte Festwert diesem durch eine außerordentliche Aufwandsbuchung anzugleichen, Buchung: „Sonstiger betrieblicher Aufwand an Festwert".

3. Bei den **Werkzeugen** handelt es sich um Wirtschaftsgüter des Sachanlagevermögens. Sie sind daher abzuschreiben.

Eine Abschreibung als GWG gem. § 6 Abs. 2 EStG ist nicht möglich, weil die Werkzeuge nicht selbständig nutzbar sind. Dies wäre für Wendler die steuerlich günstigste Möglichkeit, wenn sie zulässig wäre.

Wendler kann für diese Werkzeuge aber einen Festwert bilden. Sämtliche Voraussetzungen einer Festwertbildung liegen vor. Die Werkzeuge müssen regelmäßig ersetzt werden. Sie sind für das Unternehmen von nachrangiger Bedeutung, weil ihr Gesamtwert unter 10 % der Bilanzsumme liegt. Außerdem unterliegt der Bestand nur geringen Veränderungen, weil der Betrieb immer dieselbe Art von Werkzeugen benötigt.

Der Anhaltewert bzw. Festwert ist mit 50 % des Neuwerts, also mit 60.000 Euro, anzusetzen.

Es gibt zwei Methoden bei erstmaliger Bildung eines Festwerts, die insbesondere bei Neugründungen in Betracht kommen.

3.1. Exakte Entwicklung des Festwerts

Bei linearer AfA gem. § 7 Abs. 1 EStG beträgt der durchschnittliche AfA-Satz im vorliegenden Fall im Erstjahr 15 %. Dieser ist am einfachsten dadurch zu ermitteln, dass man den AfA-Satz von 20 % (Nutzungsdauer 5 Jahre) bei Anschaffungen im Januar und von 10 % (½ von 20 %) bei Anschaffungen im Juli zugrunde legt.

Entwicklung des Festwerts	Anschaffung 01 €	Anschaffung 02 €	Anschaffung 03 €	Wertansatz €
Anschaffung 01	40.000			
./. AfA 01: 15 %	6.000			
31.12.01	34.000			34.000
Anschaffung 02		30.000		
./. AfA 02: 15 %		4.500		
./. AfA 02: 20 %	8.000			
31.12.02	26.000	25.500		51.500
Anschaffung 03			36.000	
./. AfA 03: 15 %			5.400	
./. AfA 03: 20 %	8.000	6.000		
31.12.03	18.000	19.500	30.600	68.100
./. außerplanmäßige Abschreibung zum Erreichen des Festwerts				8.100
Festwert zum 31.12.03				60.000

Nach dieser Methode hätte Wendler den Festwert Ende 03 mit 60.000 Euro erreicht, Ende 01 muss er 34.000 Euro und Ende 02 51.500 Euro ansetzen. Die AfA-Beträge sind Aufwand. Ab dem Jahr 04 kann Wendler sämtliche Anschaffungen sofort als Aufwand buchen, muss allerdings im Jahr 06, spätestens im Jahr 09, den Festwert erstmals durch eine körperliche Inventur überprüfen.

3.2. Vereinfachte Methode zur Entwicklung des Festwerts

Bei dieser Methode wird von Anfang an der volle AfA-Wert (Festwert 50 %, AfA-Wert 50 %, zusammen 100 % Anschaffungskosten) von allen Anschaffungen abgezogen, mit der Folge, dass der Festwert viel später erreicht wird. Es wird jedes Jahr ein „kleiner" Festwert angesetzt. Die Bilanzwerte sind geringer, die AfA höher. Für Wendler ist diese Methode günstiger.

Entwicklung des Festwerts	An- schaffung 01 €	An- schaffung 02 €	An- schaffung 03 €	An- schaffung 04 €	Wert- ansatz €
Anschaffung 01	40.000				
./. AfA 01: 50 %	20.000				
31.12.01	20.000				20.000
Anschaffung 02		30.000			
./. AfA 02: 50 %		15.000			
31.12.02	20.000	15.000			35.000
Anschaffung 03			36.000		
./. AfA 03: 50 %			18.000		
31.12.03	20.000	15.000	18.000		53.000
Anschaffung 04				32.000	
./. AfA 04: 50 %				16.000	
31.12.04	20.000	15.000	18.000	16.000	69.000
./. außerplanmäßige Abschreibung zum Erreichen des Festwerts					9.000
Festwert 31.12.04					60.000

Bei dieser Methode ist der Festwert erst im Jahr 07, spätestens im Jahr 09, durch eine körperliche Inventur zu überprüfen.

4. Die **Stromkabel** kann Wendler mit Durchschnittswerten bewerten; er kann das Lifo-Verfahren anwenden, er könnte aber auch einen Festwert bilden.

4.1. Durchschnittsbewertung

Die Stromkabel sind für Wendler Rohstoffe, weil sie in das Produkt Steuergerät als wesentlicher Bestandteil eingehen. Sie können als Gruppe bewertet werden, weil sie den gleichen Verwendungszweck aufweisen, also funktionsgleich sind (R 6.8 Abs. 4 EStR). Gleichzeitig können sie mit den durchschnittlichen Anschaffungspreisen angesetzt werden (R 6.8 Abs. 3

und Abs. 4 EStR). In diesem Fall liegt dann – genau genommen – eine Gruppenbewertung mit Durchschnittswerten vor (vgl. oben 2.4.). Der Bilanzansatz lässt sich dabei nach zwei Methoden ermitteln:

4.1.1. Einfache Wertermittlungsmethode

Hier wird der Durchschnittswert aus dem Gesamtwert von Anfangsbestand und Zugängen während des Wirtschaftsjahres errechnet. Dieser Durchschnittswert wird dem durch körperliche Inventur ermittelten Endbestand zugrunde gelegt. Die Abgänge sind uninteressant. Besonderheiten sind allerdings zu berücksichtigen. Sinkt z. B. der Bestand im Laufe des Wirtschaftsjahres auf null, dann kann der Durchschnittswert erst ab dem neuen Zugang ermittelt werden.

	Stückzahl	Preis je Stück €	Gesamtpreis €
Zugang 01.04.01	80	100,00	8.000
Zugang 20.05.01	70	108,57	7.600
Zugang 13.07.01	100	98,00	9.800
Zugang 12.10.01	90	101,11	9.100
Zugang 18.12.01	86	98,84	8.500
	426		43.000

Durchschnittswert: 43.000 € : 426 Stück = 100,94 €
Bilanzansatz: 100 Stück × 100,94 € = 10.094 €

4.1.2. Verfeinerte Wertermittlungsmethode

Bei dieser Methode wird nach jedem Zugang der Durchschnittswert neu berechnet. Dies ist nur möglich, wenn auch die jeweiligen Abgänge mit einbezogen werden. Diese Methode ist genauer, aber auch zeitaufwendiger, im Zeitalter der Datenverarbeitung durch Computer jedoch ohne viel Aufwand anwendbar.

	Stückzahl	Preis je Stück €	Gesamtpreis €
Zugang 01.04.01	80	100,00	8.000
Abgang bis 20.05.01	60	100,00	6.000
Summe	20	100,00	2.000
Zugang 20.05.01	70	108,57	7.600
Bestand am 20.05.01	90	106,67	9.600
Abgang bis 13.07.01	84	106,67	8.960
Summe	6	106,67	640
Zugang am 13.07.01	100	98,00	9.800
Bestand am 13.07.01	106	98,49	10.440
Abgang bis 12.10.01	76	98,49	7.485
Summe	30	98,49	2.955

	Stückzahl	Preis je Stück	Gesamtpreis
		€	€
Übertrag:	30	98,49	2.955
Zugang am 12.10.01	90	101,11	9.100
Bestand am 12.10.01	120	100,46	12.055
Abgang bis 18.12.01	70	100,46	7.032
Summe	50	100,46	5.023
Zugang am 18.12.01	86	98,84	8.500
Bestand am 18.12.01	136	99,43	13.523
Abgang bis 31.12.01	36	99,43	3.580
Inventurbestand am 31.12.01	100	99,43	9.943

Im vorliegenden Fall ist der Bilanzansatz etwas geringer als nach der einfachen Wertermittlungsmethode.

Wichtig ist bei beiden Wertermittlungsmethoden, dass ein **niederer Teilwert** (Börsen- oder Marktpreis) am Bilanzstichtag beachtet werden muss, weil die Durchschnittsmethode nur eine Schätzung darstellt. Beträge im vorliegenden Fall z. B. der Kaufpreis pro Stück am 31.12.01 98 Euro, dann wäre – strenges Niederstwertprinzip – der Gesamtposten in der Bilanz am 31.12.01 weder mit 10.094 Euro noch mit 9.943 Euro, sondern mit 9.800 Euro anzusetzen.

4.2. Das Lifo-Verfahren

Da im vorliegenden Fall die Preise nicht ständig gestiegen sind, sondern sich sehr schwankend entwickelt haben, insbesondere der Einkaufspreis am 18.12.01 geringer war als am 01.04.01, bringt das Lifo-Verfahren für Wendler im Jahr 01 keine Vorteile. Trotzdem kann er im Hinblick auf die nächsten Jahre das Lifo-Verfahren anwenden.

Dabei ist zu beachten, dass es auch hier zwei Verfahrensarten gibt, vgl. R 6.9 Abs. 4 EStR.

4.2.1. Das Perioden-Lifo-Verfahren

Bei diesem Verfahren wird der Schlussbestand lediglich zum Ende des Wirtschaftsjahres mit dem Wert des Anfangsbestandes bewertet. Zu- und Abgänge während des Jahres sind uninteressant. Mehrbestände – wie hier – können mit dem Anfangsbestand zu einem neuen Gesamtbestand zusammengefasst werden, wobei die ersten Lagerzugänge eines Wirtschaftsjahres berücksichtigt werden können (vgl. R 6.9 Abs. 4 Satz 3 bis 5 EStR mit weiteren Varianten sowie Falterbaum/Bolk/Reiß/Kirchner 15.4.4.9 mit mehreren Beispielen).

Da im vorliegenden Fall der Endbestand 100 Stück beträgt, setzt er sich bei diesem Verfahren aus dem Wert des Anfangsbestandes von 80 Stück und dem Wert des ersten Zugangs am 20.05.01 von 20 Stück zusammen:

	Stückzahl	Preis je Stück €	Gesamtpreis €
Zugang 01.04.01 = Anfangsbestand	80	100,00	8.000
Zugang 20.05.01	20	108,57	2.171
Schlussbestand 31.12.01	100	101,71	10.171

Wie erwähnt, wäre für Wendler dieses Verfahren für das Jahr 01 das ungünstigste.

4.2.2. Das permanente Lifo-Verfahren

Nach R 6.9 Abs. 4 Satz 2 EStR setzt dieses Verfahren eine laufende mengen- und wertmäßige Erfassung aller Zu- und Abgänge voraus. Es ist damit der verfeinerten Methode der Durchschnittsbewertung sehr ähnlich, vgl. oben 4.1.2. Da alle Zu- und Abgänge fortlaufend erfasst werden, wird der Bestand permanent fortgeschrieben; d. h., es wird ständig im Lifo-Verfahren bewertet. Dieses Verfahren ist daher sehr zeitaufwendig und kompliziert.

	Stückzahl	Preis je Stück €	Gesamtpreis €
Zugang 01.04.01	80	100,00	8.000
Abgang bis 20.05.01	60	100,00	6.000
Summe	20	100,00	2.000
Zugang 20.05.01	70	108,57	7.600
Bestand am 20.05.01	90	106,67	9.600
Abgang bis 13.07.01	84		
davon	70	108,57	7.600
davon	14	100,00	1.400
Summe	6	100,00	600
Zugang am 13.07.01	100	98,00	9.800
Bestand am 13.07.01	106	98,11	10.400
Abgang bis 12.10.01	76	98,00	7.448
neuer Bestand	30		
davon	24	98,00	2.352
davon	6	100,00	600
Zugang am 12.10.01	90	101,11	9.100
Bestand am 12.10.01	120	100,43	12.052
Abgang bis 18.12.01	70	101,11	7.078
neuer Bestand	50		

	Stückzahl	Preis je Stück €	Gesamtpreis €
Übertrag:	50		
davon	20	101,11	2.022
davon	24	98,00	2.352
davon	6	100,00	600
Zugang am 18.12. 01	86	98,84	8.500
Bestand am 18.12. 01	136	99,07	13.474
Abgang bis 31.12. 01	36	98,84	3.558
Inventurbestand am 31.12.01	100		
davon (86 – 36)	50	98,84	4.942
davon	20	101,11	2.022
davon	24	98,00	2.352
davon	6	100,00	600
	100	99,16	9.916

Auch beim Lifo-Verfahren ist der ermittelte Bestand zum Ende des Wirtschaftsjahres mit dem **Teilwert,** d. h. mit dem Börsen- oder Marktpreis einschließlich Nebenkosten, zu vergleichen. Ist dieser geringer, ist der niedere Teilwert anzusetzen (vgl. Fall 59).

4.2.3. Zusammenfassung

Aus allem ergibt sich, dass Wendler die Stromkabel nach verschiedenen Verfahren bewerten kann, wobei hier nicht alle Möglichkeiten dargestellt wurden. Im Einzelnen ergäben sich folgende Schlussbestände zum 31.12.01:

- Durchschnittsbewertung bei einfacher Wertermittlung
  (4.1.1.)   10.094 Euro
- Durchschnittsbewertung bei verfeinerter Wertermittlung
  (4.1.2.)   9.943 Euro
- Perioden-Lifo-Verfahren (4.2.1.)   10.171 Euro
- Permanentes Lifo-Verfahren (4.2.2.)   9.916 Euro

Für Wendler und Steuerberater Weckesser ist es sehr schwer, hier die richtige Methode zu finden, weil die Situation in den nächsten Wirtschaftsjahren wieder anders sein kann. Wendler muss sich für eine Methode entscheiden und diese dann bei gleich bleibenden Verhältnissen auch beibehalten. Nur in begründeten Ausnahmefällen darf er wechseln, vgl. § 252 Abs. 1 Nr. 6 HGB (= Stetigkeitsgebot) und § 252 Abs. 2 HGB. Entschließt er sich zu einem Lifo-Verfahren, dann kann er zu einer anderen Methode sogar nur mit Zustimmung des Finanzamts übergehen (§ 6 Abs. 1 Nr. 2a Satz 3 EStG). Schon deshalb dürfte sich Wendler hier zu einer Durchschnittsbewertung entschließen.

4.3. Festwert

Wendler könnte für die Stromkabel auch einen Festwert bilden (vgl. oben 2.6.). Entschließt er sich zu diesem Verfahren, dann müsste er sich zunächst in den ersten Wirtschaftsjahren eines bestimmten Bewertungsverfahrens bedienen. Auch hier wäre ein willkürlicher Wechsel nicht möglich. Der Festwert ist beim Vorratsvermögen ein Durchschnittswert (vgl. oben 2.6.). Wendler kann daher nach ca. drei Jahren den durchschnittlichen Anschaffungspreis aus seinen Bilanzansätzen als Festwert verwenden, z. B. bei verfeinerter Durchschnittsbewertung:

Bilanzansatz 31.02.01 (oben 4.1.2.)	9.943 €
Bilanzansatz 31.12.02 (angenommen)	10.102 €
Bilanzansatz 31.12.03 (angenommen)	9.804 €
Durchschnitt und Festwert 31.12.04	9.950 €

Auch dieser Festwert ist alle drei, spätestens alle fünf Jahre durch eine körperliche Inventur zu überprüfen. Dabei kann die Wertermittlung nach einer Durchschnittsbewertung oder nach einem Lifo-Verfahren vorgenommen werden.

II. Anschaffungskosten

Fall 36

Begriff – Nebenkosten – Schuldübernahme – eigene und fremde Kreditzinsen

Sachverhalt

Die bilanzierende Unternehmerin Andrea Angel betreibt einen Groß- und Einzelhandel mit Baustoffen und Baufertigteilen. Am 01.07.02 kaufte Angel mit notariellem Vertrag von einem Kunden zu betrieblichen Zwecken einen Lagerplatz. Nutzen und Lasten sollten am selben Tag übergehen.

Angel entstanden folgende Kosten:

a)	Barpreis	180.000 €
b)	Übernahme einer Hypothekenschuld	20.000 €
c)	Grunderwerbsteuer	7.133 €
d)	Grundbuchkosten	500 €
e)	Notariatsgebühren	1.100 €
f)	Maklerkosten	6.900 €
g)	Kosten für die Prüfung der Bodenbeschaffenheit	4.000 €
h)	Übernahme der vom Verkäufer noch geschuldeten Grundsteuer	800 €

i) Hypothekenzinsen für die Hypothekenschuld zu b)
für die Zeit vom 01.01.01 bis 31.12.02   4.000 €

k) Kreditkosten infolge einer notwendigen Darlehensaufnahme
(30.000 €)   900 €

l) Zinsen für das Darlehen zu k) in der Zeit vom
01.05.02 bis 31.12.02   2.000 €

Frage

1. Was sind Anschaffungskosten?

2. Wie setzen sich die Anschaffungskosten im vorliegenden Fall zusammen, und wie hoch sind sie insgesamt?

Antwort

1. Anschaffungskosten sind die Aufwendungen zum Zwecke des Erwerbs eines Wirtschaftsguts. Sie sind grundsätzlich zu aktivieren und können daher nicht sofort als Betriebsausgaben abgezogen werden.

2. Die Anschaffungskosten setzen sich aus folgenden Positionen zusammen:

a)	Barpreis	180.000 €
b)	Übernahme einer Hypothekenschuld	20.000 €
c)	Grunderwerbsteuer	7.133 €
d)	Grundbuchkosten	500 €
e)	Notariatsgebühren	1.100 €
f)	Maklerkosten	6.900 €
g)	Kosten für die Prüfung der Bodenbeschaffenheit	4.000 €
h)	Übernahme der vom Verkäufer noch geschuldeten Grundsteuer	800 €
i)	Hypothekenzinsen für die Hypothekenschuld zu b) für die Zeit vom 01.01.01 bis 30.06.02	3.000 €

Sie betragen daher insgesamt   223.433 €

Begründung

1. Die Anschaffungskosten sind einer der drei Bewertungsmaßstäbe des Einkommensteuerrechts (§ 6 EStG). Der Begriff war lange Jahre weder im Aktiengesetz noch im HGB noch im EStG definiert. Er ergab sich vielmehr aus den Grundsätzen der ordnungsmäßigen Buchführung aufgrund jahrelanger kaufmännischer Übung, Verwaltungspraxis und Rechtsprechung.

Nun gilt aufgrund des Bilanzrichtliniengesetzes gem. § 255 Abs. 1 HGB folgende Definition, die materiell nicht viel geändert hat:

„Anschaffungskosten sind die Aufwendungen, die geleistet werden, um einen Vermögensgegenstand zu erwerben und ihn in einen betriebsbereiten Zustand zu versetzen, soweit sie dem Vermögensgegenstand einzeln zugeordnet werden können. Zu den Anschaffungskosten gehören auch die Nebenkosten sowie die nachträglichen Anschaffungskosten. Anschaffungspreisminderungen sind abzusetzen."

Da die angeschafften Wirtschaftsgüter mit den Anschaffungskosten anzusetzen, d. h. zu aktivieren sind, besteht der Sinn oder die praktische Bedeutung dieses Begriffes darin, dass alle diese Kosten nicht sofort gewinnmindernd abzugsfähig sind, sondern erst in dem Augenblick den Gewinn mindern, in dem sie entweder als AfA abgeschrieben werden oder bei einer Veräußerung dem Erlös gegenüberstehen. Die Unternehmer sind daher im Gegensatz zur Finanzverwaltung meistens bestrebt, soweit wie möglich die mit dem Anschaffungsvorgang zusammenhängenden Kosten nicht den Anschaffungskosten zuzurechnen, sondern diese sofort als Betriebsausgaben abzuziehen.

2. Im Zusammenhang mit dem Erwerb des Lagerplatzes sind Angel Kosten der verschiedensten Art entstanden. Sie gehören jedoch nicht alle zu den Anschaffungskosten. Bei jeder Position muss vielmehr geprüft werden, ob sie unmittelbar mit dem Anschaffungsvorgang im Zusammenhang stehen oder nur mittelbar durch ihn verursacht sind. Zu den Anschaffungskosten gehören – anders als zu den Herstellungskosten – nicht die für mehrere Wirtschaftsgüter gleichzeitig anfallenden sog. „Gemeinkosten", sondern nur die sog. „Einzelkosten", die unmittelbar auf ein Wirtschaftsgut bezogen sind (BFH vom 14.11.1985, BStBl 1986 II S. 60, vom 13.04.1988, BStBl 1988 II S. 892, vom 24.08.1995, BStBl 1995 II S. 895, und vom 25.06.2002, BStBl 2002 II S. 756).

Einige Kosten sind zweifellos unmittelbar durch den Anschaffungsvorgang entstanden:

a)	Barpreis	180.000 €
c)	Grunderwerbsteuer	7.133 €
d)	Grundbuchkosten	500 €
e)	Notariatsgebühren	1.100 €
f)	Maklerkosten	6.900 €
g)	Kosten für die Prüfung der Bodenbeschaffenheit	4.000 €

Angel muss den Barpreis unmittelbar aufwenden, um den Lagerplatz vom Verkäufer zu erhalten. Beim Kauf entsteht unmittelbar die Grunderwerbsteuer, und beim Eintrag im Grundbuch entstehen die Grundbuchkosten. Ohne notariellen Vertrag (§ 311b BGB) ist ein Grundstückskauf nicht möglich, also fallen auch die Notariatsgebühren in den unmittelbaren Bereich des Anschaffungsvorgangs. Bei den Maklerkosten und den Kosten für die Prüfung der Bodenbeschaffenheit könnte man vielleicht Zweifel bekommen, da ein Grundstückskauf auch ohne Makler und ohne eine Bodenprüfung denkbar ist. Jedoch kommt es nicht darauf an, ob die Kosten notwendig waren, sondern ob sie durch den Erwerb unmittelbar veranlasst sind.

Wenn ein Makler eingeschaltet und eine Bodenprüfung vorgenommen wurde, ist eine unmittelbare Veranlassung gegeben.

Bei Übernahme einer Hypothekenschuld wendet der Käufer zwar nicht sofort irgendwelche Gelder oder sonstigen Wirtschaftsgüter auf. Da er jedoch ab der Übernahme anstelle des Verkäufers verpflichtet ist, diese Schuld zu bezahlen, und zwar für den Erwerb des Grundstücks, gehört dieser Posten zu den Anschaffungskosten. Ähnlich ist es mit der Übernahme der vom Verkäufer noch geschuldeten Grundsteuer. Wenn Angel diese Grundsteuer später bei der Gemeinde bezahlt, ist dies wirtschaftlich keine Grundsteuerzahlung im üblichen Sinne, kein laufender Aufwand auf dieses Grundstück, sondern diese Kosten stehen im Zusammenhang mit dem Erwerb des Grundstücks. Beide Schuldübernahmen sind daher Teil des Kaufpreises. Es sind daher noch zuzurechnen:

b) Übernahme einer Hypothekenschuld   20.000 €

h) Übernahme der vom Verkäufer noch geschuldeten
Grundsteuer   800 €

Kreditzinsen und Kreditkosten sind nach ständiger Rechtsprechung (BFH vom 13.10.1983, BStBl 1984 II S. 101) und Verwaltungspraxis (vgl. Schmidt/Glanegger, § 6 Rn. 140 „Finanzierungskosten") keine Anschaffungskosten. Sie fallen nicht durch den Anschaffungsvorgang als solchen an, sondern durch eine Geldbeschaffung. Dadurch sind sie nur mittelbar durch die Anschaffung veranlasst. Eigentliche Ursache ist das Fehlen von flüssigen Mitteln im Betrieb. Damit sind die Kosten zu k) und l) nicht mit zu erfassen. Es handelt sich um einen eigenen Kredit der Angel.

Diese Überlegungen gelten jedoch nicht ganz für die Hypothekenzinsen zu i). Hier handelt es sich um eine fremde Schuld, die Angel mit dem Kauf am 01.07.02 übernimmt. Die Zinsen, die bis zu diesem Zeitpunkt entstanden sind, sind noch Darlehenszinsen für den Verkäufer. Soweit Angel sich bereit erklärt hat, diese noch zahlen zu wollen, übernimmt sie eine Schuld ihres Vorgängers (BFH, BStBl 2004 II S. 1002, und Schmidt/Glanegger, a. a. O.). Sie gehen diese Zinsen rechtlich nichts an. Es greifen daher die gleichen Folgerungen Platz wie bei der Übernahme der Hypotheken- und Grundsteuerschuld (Buchst. b und h). Da die 4.000 Euro Zinsen für zwei Jahre rechnen (01 und 02), für Angel eine eigene Zinszahlungsverpflichtung aber erst am 01.07.02 entsteht, sind davon ¾ (1½ Jahre) Anschaffungskosten. Es sind daher noch zuzurechnen:

i) Übernommene Hypothekenzinsen für die Zeit vom
01.01.01 bis 30.06.02   3.000 €

Diese Überlegungen gelten nicht für die Zinsen zu l), die in der Zeit vor dem Kauf, also vom 01.05.02 bis 30.06.02, entstanden sind. Denn insoweit handelt es sich um Zinsen, die im eigenen Kreditbeschaffungsbereich der

Angel angefallen sind und daher nicht als übernommene Schuld vom Verkäufer angesehen werden können.

Insgesamt ergeben sich daher als Anschaffungskosten 223.433 Euro. Als Bemessungsgrundlage für die 3,5 %[1] Grunderwerbsteuer wurde von 203.800 Euro (180.000 Euro + 20.000 Euro + 800 Euro + 3.000 Euro) ausgegangen.

Fall 37

Anschaffungskosten auf Beteiligungen an Kapitalgesellschaften

Sachverhalt

Siegfried Wagner stellt in seinem inländischen Werk Großpressen her. Um die Pressen über Zulieferungen kostengünstiger herstellen zu können, gibt Wagner eine Marktstudie in Auftrag. Darin fällt ihm die B-GmbH auf, die ein deutsches Tochterunternehmen der amerikanischen M-Ltd ist. Ein Beratungsunternehmen erstellt danach ein Gutachten über diese B-GmbH. Die B-GmbH besitzt ein Grundstück in Deutschland.

Mit notariellem Vertrag vom 01.06.08 kann Siegfried Wagner die B-GmbH mit sofortiger Wirkung zum Kaufpreis von 1.385.200 US-Dollar erwerben. Den Kaufpreis muss er zum Teil fremdfinanzieren.

Im Zusammenhang mit diesem Erwerb sind im Jahr 08 folgende zusätzliche Kosten angefallen:

Gutachterkosten für den Erwerb der B-GmbH	20.000 €
ReisekostenGutachter zum Sitz der B-GmbH	4.000 €
Kosten für die Erstellung der Marktstudie	38.000 €
Beratungskosten amerikanisches Vertragsrecht	8.000 €
Notar- und Gerichtskosten	21.000 €
Grunderwerbsteuer	9.000 €
Finanzierungskosten	42.000 €

Der Kaufpreis wird am 01.07.08 an die M-Ltd überwiesen. Der amtliche Umrechnungskurs Euro/US-Dollar (Briefkurs) beträgt am 01.06.08 1,3852 und am 01.07.08 1,3643.

Frage

Mit welchem Wert ist die Beteiligung bei Siegfried Wagner zum 31.12.08 anzusetzen?

---

1 Seit 01.09.2006 können die einzelnen Bundesländer auch einen anderen GrESt-Satz festlegen.

Antwort

Die Beteiligung muss zum 31.12.08 im Betrieb des Siegfried Wagner mit 1.062.000 Euro angesetzt werden.

Begründung

Auch Beteiligungen sind gem. § 6 Abs. 1 Nr. 2 EStG mit den Anschaffungskosten zu aktivieren. Einzelheiten ergeben sich aus Fall 36. Im Zusammenhang mit dem Erwerb der B-GmbH sind Wagner Kosten der verschiedensten Art entstanden. Nicht alle gehören zu den Anschaffungskosten.

Wird der **Kaufpreis** in fremder Währung geschuldet, sind die Anschaffungskosten mit dem Briefkurs im Anschaffungszeitpunkt anzusetzen, H 6.2 (Ausländische Währung) EStH. Kursänderungen, die zum Zeitpunkt der Erfüllung der Verpflichtung eintreten, sind unbeachtlich. Demnach betragen die Anschaffungskosten 1.000.000 Euro (Erwerb am 01.06.08 zum Briefkurs von 1,3852: Schuld 1.385.200 US-Dollar = 1.000.000 Euro).

Die im Zusammenhang mit der Anschaffung von GmbH-Beteiligungen anfallenden **Gutachterkosten** sind Anschaffungsnebenkosten. Die Erstellung des Gutachtens ist im vorliegenden Fall keine Maßnahme zur Vorbereitung einer noch unbestimmten, erst später zu treffenden Kaufentscheidung.

Diese Aussage gilt aber für die **Marktstudie.** Die Kosten hierfür sind sofort abzugsfähig, da sie vor der Kaufentscheidung angefallen sind. Diese Kosten sind im Gegensatz zu den Gutachterkosten nicht konkret für den Erwerb eines ganz bestimmten Wirtschaftsguts entstanden.

Auch die **Reisekosten** des Gutachters sind konkret im Zusammenhang mit dem Erwerb der GmbH-Beteiligung verursacht worden; sie sind daher auch Anschaffungsnebenkosten.

Dies gilt auch für die Kosten der **Beratung** im amerikanischen Vertragsrecht. Auch sie sind konkret veranlasst im Zusammenhang mit dem Erwerb der Beteiligung.

Ohne große Begründung kann man auch die **Notar- und Gerichtskosten** zu den Anschaffungskosten zählen. Ohne Notar und Gericht wäre die Übertragung der Beteiligung schon rechtlich nicht möglich gewesen.

Nach § 1 Abs. 3 GrEStG entsteht **Grunderwerbsteuer,** wenn eine GmbH als Eigentümer eines Grundstücks übertragen wird. Voraussetzung ist nur, dass mindestens 95 % der Gesellschaftsanteile übertragen werden.

Gäbe es diese Vorschrift nicht, könnte man sich bei Veräußerung eines Grundstücks die Grunderwerbsteuer sparen. Man könnte wie folgt vorgehen:

– Gründung einer GmbH
– Einbringung des betreffenden Grundstücks

- Übertragung der GmbH
- Auflösung der GmbH

Da die Grunderwerbsteuer unmittelbare Folgekosten für den Anteilserwerb sind, liegen Anschaffungsnebenkosten vor.

Die **Finanzierungskosten** sind laufende Betriebsausgaben. Sie werden aufgewandt, um Dividendenerträge zu erzielen. Sie stehen daher nicht im Zusammenhang mit dem Erwerb der Beteiligung.

Die **Anschaffungskosten** betragen daher insgesamt:

Kaufpreis	1.000.000 €
Gutachterkosten	20.000 €
Reisekosten des Gutachters	4.000 €
Beratungskosten	8.000 €
Notar- und Gerichtskosten	21.000 €
Grunderwerbsteuer	9.000 €
Kaufpreis	1.062.000 €

Mit diesem Wert ist die Beteiligung auch in der Bilanz zum 31.12.08 anzusetzen. Eine Wertminderung ist im Sachverhalt nicht erwähnt.

Zusätzlich können bei Erwerb einer Beteiligung an Kapitalgesellschaften noch folgende Kosten als Anschaffungsnebenkosten infrage kommen:

- Vertragskosten in Form von Rechtsanwalts- oder Registerkosten,
- Vermittlungs- und Maklerprovisionen,
- Kosten der Gründungsprüfung,
- Druckkosten, z. B. bei Aktienherstellung,
- Übersetzungskosten,
- Genehmigungskosten,
- mit dem Erwerb im Zusammenhang stehende Steuern.

Fall 38

Anschaffungszeitpunkt – wirtschaftliches Eigentum – Rechtsfolgen bei Bilanzierung und Abschreibung

Sachverhalt

Karl Marek erwirbt mit notariellem Kaufvertrag einschließlich Auflassung vom 14.10.04 eine im Jahre 1990 hergestellte Lagerhalle, um sein Großhandelsunternehmen mit Elektrogeräten erweitern zu können. Marek bilanziert gem. § 5 EStG. Der Kaufpreis betrug 200.000 Euro; Anteil Grund und Boden 40 %. Der Kaufpreis sollte bis spätestens 31.12.04 bezahlt werden.

Besitz, Gefahr, Lasten und Nutzen sollten mit Zahlung des gesamten Kaufpreises auf Marek übergehen. Marek konnte bis zum 31.12.04 in einzelnen Raten insgesamt nur 160.000 Euro bezahlen. Die restlichen 40.000 Euro beglich Marek erst am 12.02.05. Erst an diesem Tag übergab der Verkäufer auch die Schlüssel für die Halle. Die Halle hat noch eine Nutzungsdauer von 20 Jahren. Marek wurde am 29.04.05 als neuer Eigentümer im Grundbuch eingetragen.

Frage

1. Wann ist die Lagerhalle angeschafft?
2. Wie ist die Halle abzuschreiben?
3. Wie ist der gesamte Vorgang bei Marek zu buchen?
4. Was ändert sich, wenn unabhängig von den Zahlungen vereinbart gewesen wäre, dass Nutzen und Lasten zum 01.12.04 übergehen sollen?

Antwort

1. Die Lagerhalle ist erst am 12.02.05 angeschafft.
2. Die AfA beträgt im Jahr 05 gem. § 7 Abs. 4 Satz 2 EStG 5.500 Euro.
3. Marek bucht:
   - im Jahr 04: „Anzahlungen an Geldkonto" 160.000 Euro.
   - im Jahr 05: „Grund und Boden 80.000 Euro, Gebäude 120.000 Euro an Anzahlungen 160.000 Euro und Geldkonto 40.000 Euro" sowie „Gebäude-AfA an Gebäude 5.500 Euro".
4. In diesem Fall wäre die Halle im Jahr 04 angeschafft. Marek könnte noch im Jahr 04 eine AfA von 500 Euro geltend machen. Die Buchungen im Einzelnen ergeben sich aus der Begründung.

Begründung

1. Den Begriff „Anschaffung" übernimmt das Einkommensteuerrecht aus dem Handelsrecht, vgl. § 255 Abs. 1 HGB und Fall 36. Zusätzlich setzt § 9a EStDV den Begriff der Lieferung jenem der Anschaffung gleich. Lieferung bedeutet wie im Umsatzsteuerrecht Verschaffung der Verfügungsmacht, § 3 Abs. 1 UStG und BFH vom 04.06.2003, BStBl 2003 II S. 751. Es kommt daher auf den Zeitpunkt der Übertragung des **wirtschaftlichen Eigentums** an, BFH vom 07.11.1991, BStBl 1992 II S. 398; R 7.4 Abs. 1 EStR; Schmidt/ Glanegger, § 6 Rn. 82.

Damit ist weder der schuldrechtliche Kaufvertrag noch die Auflassung (= dingliche Einigung), §§ 311b, 873, 925 BGB, noch die Eintragung im Grundbuch als Übergang des zivilrechtlichen Eigentums maßgebend. Entscheidend ist allein, wann der Erwerber vereinbarungsgemäß wirtschaftlich über das Wirtschaftsgut verfügen kann. Dies ist bei Grundstücken im Allgemeinen der Fall, **wenn Besitz, Lasten und Nutzen auf den Erwerber übergehen** (BFH vom 18.07.2001, BStBl 2002 II S. 284).

Maßgebend für eine Zurechnung aufgrund wirtschaftlichen Eigentums ist vor allem, dass Substanz und Ertrag des Grundstücks wirtschaftlich dem Nutzungsberechtigten zustehen. Solange Besitz, Nutzen, Lasten und die Gefahr des zufälligen Untergangs noch nicht auf den Erwerber übergegangen sind, sind diese Voraussetzungen nicht erfüllt (BFH vom 04.06.2003, BStBl 2003 II S. 751).

Nur beim Veräußerungsgeschäft gem. § 23 EStG ist es anders. Hier stellt das Gesetz bei Berechnung des Zeitraums zwischen Anschaffung und Veräußerung auf die Zeitpunkte des Abschlusses der obligatorischen Verträge ab. (Bei § 17 EStG ist dies nicht ganz geklärt, vgl. Schmidt/Weber-Grellet, § 17 Rn. 74.)

Nach dem notariellen Kaufvertrag sollten Besitz, Gefahr, Lasten und Nutzen erst mit vollständiger Bezahlung des Kaufpreises übergehen. Da Marek den Kaufpreis erst am 12.02.05 vollständig gezahlt hat, wurde er erst zu diesem Zeitpunkt wirtschaftlicher Eigentümer. Die Schlüsselübergabe zu diesem Zeitpunkt bestätigt dies nur.

2. Die Halle kann gem. § 7 Abs. 4 Satz 2 EStG erst ab ihrer Anschaffung abgeschrieben werden. Sie ist daher ab 12.02.05 mit 5 % zeitanteilig abzuschreiben. Als kleinste Zeiteinheit gilt der Monat, wobei auf volle Monate aufgerundet wird (vgl. § 7 Abs. 1 Satz 4 EStG). Die Inbetriebnahme ist nicht Voraussetzung, vgl. hierzu Fall 73 und Schmidt/Kulosa, § 7 Rn. 90.

Die AfA beträgt daher für das Jahr 05 5.500 Euro (200.000 Euro ./. 40 % Grund und Boden = 120.000 Euro, davon 5 % = 6.000 Euro, davon $^{11}/_{12}$).

3. Da die Halle erst im Jahr 05 angeschafft wird, sind im Jahr 04 nur Zahlungsvorgänge zu buchen. Bei Bezahlung bucht Marek im Jahr 04 jeweils „Anzahlungen an Geldkonto", insgesamt 160.000 Euro.

Bei Restzahlung und Anschaffung im Jahr 05 ist zu buchen: „Grund und Boden 80.000 Euro, Gebäude 120.000 Euro an Anzahlungen 160.000 Euro und Geldkonto 40.000 Euro". Zum Jahresende ist noch die AfA zu buchen: „Gebäude-AfA an Gebäude 5.500 Euro".

4. Jetzt wäre die Halle noch im Jahr 04 angeschafft. Sie wäre schon ab dem Jahr 04 unabhängig von den Zahlungen abzuschreiben. Unterstellt, die Nutzungsdauer wäre auch hier mit 20 Jahren geschätzt, könnte Marek im Jahr 04 die Halle noch mit $^{1}/_{12}$ der Jahres-AfA von 6.000 Euro, also mit 500 Euro, abschreiben.

Marek hätte zu buchen:

– im Jahr 04:
„Anzahlungen an Geldkonto 160.000 Euro";
„Grund und Boden 80.000 Euro, Gebäude 120.000 Euro an Anzahlungen
160.000 Euro und sonstige Verbindlichkeit 40.000 Euro";
„Gebäude-AfA an Gebäude 500 Euro".

– im Jahr 05:
„Sonstige Verbindlichkeit an Geldkonto 40.000 Euro";
„Gebäude-AfA an Gebäude 6.000 Euro".

Fall 39

Anschaffungskosten bei Gebäuden und Gebäudeteilen, wenn auf die USt-Befreiungen gem. § 4 Nr. 9 Buchst. a und Nr. 12 Buchst. a UStG verzichtet wird – Einflussnahme der USt auf die GrESt und umgekehrt

Sachverhalt

Der bilanzierende Verleger Volkmar Walter hat im Jahre 01 auf bilanziertem eigenen Grund und Boden mit Hilfe eines Bauunternehmers zu Lagerzwecken ein Gebäude in München erstellt. Die Vorsteuer auf die Baurechnung zog er gem. § 15 UStG von seiner allgemeinen USt-Schuld ab.

Mit Kaufvertrag vom 12.02.05 erwarb der bilanzierende Unternehmer Albert Meermann, Betreiber einer Sektkellerei, das von Walter im Jahre 01 bebaute Gebäudegrundstück. Nutzen und Lasten sollten am 31.12.05 auf Meermann übergehen. Als Kaufpreis wurden 700.000 Euro vereinbart (Anteil Grund und Boden 200.000 Euro). Da Walter die beim Bau vom Finanzamt erstattete Vorsteuer nicht zum Teil wieder zurückzahlen wollte (vgl. § 15a Abs. 1 und Abs. 4 UStG), einigten sich die beiden Parteien, dass Walter **in vollem Umfang** auf die Steuerbefreiung gem. § 4 Nr. 9 Buchst. a i. V. m. § 9 UStG verzichtet und Meermann daher die entstehende USt zusätzlich an Walter zahlt. Im Kaufvertrag hat sich Meermann auch verpflichtet, die anfallende Grunderwerbsteuer voll zu übernehmen. Zusätzlich sind Meermann bei Anschaffung noch folgende Kosten entstanden:

– Maklerprovision 21.000 Euro + 3.990 Euro USt
– Notarkosten 10.000 Euro + 1.900 Euro USt
– Grundbuchkosten 3.000 Euro

Meermann übernimmt das Gebäude voll in sein Betriebsvermögen und ist interessiert, so weit wie möglich in Rechnung gestellte Vorsteuerbeträge gem. § 15 UStG abziehen zu können.

Frage

1. Wie hoch sind die Anschaffungskosten des Grundstücks, und wie hat der Erwerber Meermann zu buchen?

2. Angenommen, es handelt sich nicht um ein Lagerhaus, sondern um ein gemischt genutztes Grundstück, Walter habe es voll betrieblich genutzt, und Meermann nutzt es ab 01.01.06 wie folgt:

   - EG (200 m²) für eigenbetriebliche Zwecke

   - 1. OG (200 m²) vermietet an einen Friseur. Die monatliche Miete beträgt 2.000 Euro + 380 Euro USt

   - 2. OG (100 m²) vermietet an ein Beamtenehepaar. Die Miete beträgt monatlich 800 Euro (ohne USt)

   a) Erdgeschoss und 1. OG werden bilanziert
   b) nur das Erdgeschoss wird bilanziert
   c) das gesamte Gebäude wird bilanziert

   Wie hoch sind in diesen drei Alternativen die Anschaffungskosten, und wie hat der Erwerber Meermann zu buchen? Meermann will das Grundstück voll zum Unternehmensvermögen ziehen.

Antwort

1. Die Anschaffungskosten des Grundstücks belaufen sich auf 758.500 Euro. Meermann hat zu buchen: „Grund und Boden 216.714 Euro, Gebäude 541.786 Euro, Vorsteuer 138.890 Euro an Geldkonto 897.390 Euro".

2. Umsatzsteuerrechtlich kann Meermann nur ⁴/₅ aus den insgesamt angefallenen Vorsteuerbeträgen gem. § 15 UStG geltend machen. Bezüglich ¹/₅ der insgesamt angefallenen Vorsteuerbeträge greift das Vorsteuerabzugsverbot gem. § 15 Abs. 2 UStG. Die abziehbare Vorsteuer beträgt somit ⁴/₅ von 138.890 Euro = 111.112 Euro. Die nichtabzugsfähige Vorsteuer beträgt ¹/₅ von 138.890 Euro = 27.778 Euro.

   a) Die Anschaffungskosten betragen für den bilanzierten Teil 606.800 Euro und für den nicht bilanzierten Teil 179.478 Euro. Meermann hat zu buchen: „Grund und Boden 173.371 Euro, Gebäude 433.429 Euro, Vorsteuer 93.568 Euro an Geldkonto 700.368 Euro". Der Rest ist Privatangelegenheit.

   b) Die Anschaffungskosten für den bilanzierten Teil (EG) betragen jetzt 303.400 Euro. Meermann hat zu buchen: „Grund und Boden 86.686 Euro, Gebäude 216.714 Euro, Vorsteuer 111.112 Euro an Geldkonto 414.512 Euro". Der Rest ist Privatangelegenheit.

   c) Die Anschaffungskosten betragen 786.278 Euro. Meermann hat zu buchen: „Grund und Boden 224.651 Euro, Gebäude 561.627 Euro, Vorsteuer 111.112 Euro an Geldkonto 897.390 Euro".

Begründung

Die Anschaffungskosten setzen sich in vorliegendem Fall aus mehreren Positionen zusammen. Probleme gibt es bei der GrESt und den nicht-abzugsfähigen Vorsteuern (§ 9b Abs. 1 EStG).

1. Die **GrESt** ist nach dem gemeinen Wert der Gegenleistung zu berechnen. Dies war lange Zeit der volle Kaufpreis, d. h. einschließlich USt, da Walter aufgrund des Verzichts auf die USt-Befreiung gem. § 4 Nr. 9 Buchst. a UStG auch die USt in Rechnung stellt (BFH vom 18.10.1972, BStBl 1973 II S. 126). In diesen Fällen ergaben sich Schwierigkeiten bei der Ermittlung der Gegenleistung, wenn der Erwerber auch die GrESt entrichtet, da dann auch diese zur Bemessungsgrundlage der USt gehörte. Nach der seit dem 01.04.2004 geltenden Regelung des § 13b Abs. 2 Nr. 3 UStG schuldet im Fall der Grundstücksveräußerung nicht mehr der Veräußerer, sondern der Erwerber die USt (§ 13b Abs. 5 UStG). Damit ist die USt nicht mehr Teil des Kaufpreises und kann auch nicht als „übernommene sonstige Leistung" in die Gegenleistung als Bemessungsgrundlage der GrESt (§ 9 GrEStG) einbezogen werden (FinMin Baden-Württemberg vom 22.06.2004, DStR 2004 S. 1432; Lippross 5.2.4.1; Dürr, UVR 2004 S. 149; zur früheren Rechtslage vgl. 11. Auflage).

Meermann hat daher 24.500 Euro GrESt zu entrichten.

Nettokaufpreis	700.000 €
USt	. . . . €
Kaufpreis insgesamt	700.000 €
GrESt = 3,5 %[2] davon =	24.500 €

Wenn ein Erwerber eines Grundstücks sowohl GrESt als auch USt zahlen soll, stellt sich bei der **USt** ebenfalls die Frage, wie hoch das Nettoentgelt ist. Ist hierbei die GrESt zu berücksichtigen oder kann sie außer Ansatz bleiben?

In Abschn. 10.1 Abs. 7 UStAE ist hierzu ausgeführt:

> „Als Entgelt im Sinne des § 10 Absatz 1 Satz 2 UStG kommen auch Zahlungen des Leistungsempfängers an Dritte in Betracht, sofern sie für Rechnung des leistenden Unternehmers entrichtet werden und im Zusammenhang mit der Leistung stehen. Dies gilt jedoch nicht für diejenigen Beträge, die der Leistungsempfänger im Rahmen eines eigenen Schuldverhältnisses mit einem Dritten aufwenden muss, damit der Unternehmer seine Leistung erbringen kann (vgl. BFH-Urteil vom 22.02.1968, BStBl II S. 463) . . . Erfüllt der Leistungsempfänger durch seine Zahlungen an einen Dritten sowohl eine eigene Verbindlichkeit als auch eine Schuld des leistenden Unternehmers, weil beide im Verhältnis zu dem Dritten Gesamtschuldner sind, rechnen die Zahlungen nur insoweit zum Entgelt, wie die Schuldbefreiung des leistenden Unternehmers für diesen von wirtschaftlichem Interesse ist und damit für ihn einen Wert darstellt. Bei einer **Grundstücksveräußerung** gehört die gesamtschuldnerisch von Erwerber und Veräußerer geschuldete Grunderwerbsteuer auch dann

---

2 Seit 01.09.2006 können die einzelnen Bundesländer auch einen anderen GrESt-Satz festlegen.

nicht zum Entgelt für die Grundstücksveräußerung, wenn die Parteien des Grundstückskaufvertrags vereinbaren, dass der Erwerber die Grunderwerbsteuer allein zu tragen hat, weil der Erwerber mit der Zahlung der vertraglich übernommenen Grunderwerbsteuer eine ausschließlich eigene Verbindlichkeit begleicht."

Diese Aussage ergibt sich aus dem Urteil des BFH vom 20.12.2005 V R 14/04 (DStR 2006 S. 754), in dem der BFH seine Rechtsprechung geändert hat. Zuvor gehörte die Hälfte der GrESt zum Entgelt für die USt. Daraus ergibt sich folgende USt:

Netto-Kaufpreis	700.000 €
GrESt	. . . . €
Bemessungsgrundlage für USt	700.000 €
USt = 19 % davon =	133.000 €

Zusammengefasst lässt sich daher im vorliegenden Fall sagen:

– Bei der Berechnung der **GrESt** (oben 1.) wird keine USt angesetzt.

– Bei der Berechnung der **USt** wird auch keine GrESt mehr angesetzt.

Wenn Meermann die Lagerhalle voll betrieblich nutzt, dann kann er gem. § 15 Abs. 1 Nr. 1 UStG nicht nur die von Walter in Rechnung gestellte USt, sondern auch die USt als Vorsteuer abziehen, die sich auf die Nebenkosten der Anschaffung bezieht. Denn insoweit sind Lieferungen und Leistungen für sein Unternehmen ausgeführt worden.

Insgesamt ergibt sich daher folgende gem. § 15 UStG abzugsfähige Vorsteuer:

– aus dem Kaufpreis	133.000 €
– aus der Maklerprovision	3.990 €
– aus den Notarkosten	1.900 €
insgesamt	138.890 €

Die Anschaffungskosten des Grundstücks sind jetzt sehr einfach zu ermitteln:

Kaufpreis	700.000 €
GrESt	24.500 €
Maklerprovision	21.000 €
Notarkosten	10.000 €
Grundbuchkosten	3.000 €
zusammen	758.500 €
Davon entfallen auf das Gebäude $^5/_7$ =	541.786 €
und auf den Grund und Boden $^2/_7$ =	216.714 €

Meermann hat zu buchen: „Grund und Boden 216.714 Euro, Gebäude 541.786 Euro, Vorsteuer 138.890 Euro an Geldkonto 897.390 Euro".

2. Gemäß R 4.2 Abs. 4 EStR besteht das Gebäude **ertragsteuerlich** aus drei Wirtschaftsgütern. Das Wirtschaftsgut „eigenbetriebliche Zwecke" (= EG) ist notwendiges Betriebsvermögen und muss bilanziert werden. Das Wirtschaftsgut „fremdbetriebliche Zwecke" (= 1. OG) kann als gewillkürtes

Betriebsvermögen oder als Privatvermögen behandelt werden. Das Wirtschaftsgut „fremde Wohnzwecke" (= 2. OG) kann wie das 1. OG behandelt werden. Der Grund und Boden ist entsprechend der Aktivierung der Gebäudeteile zu behandeln (vgl. im Einzelnen oben die Fälle 9 und 13).

Fraglich ist **umsatzsteuerlich,** ob Meermann – wie er lt. Sachverhalt wünscht – alle ihm in Rechnung gestellten Vorsteuern abziehen kann. Von dieser Frage hängt wiederum gem. § 9b EStG die Höhe der Anschaffungskosten ab.

Die Frage des Vorsteuerabzugs entscheidet sich nach der Steuerpflicht der Ausgangsumsätze. Meermann nutzt das erworbene Grundstück zu 100 % für unternehmerische Zwecke. Auch die Vermietung an Privatleute stellt umsatzsteuerrechtlich eine unternehmerische Nutzung dar. Das Grundstück kann somit bei Meermann insgesamt dem Unternehmensbereich zugeordnet werden.

Infolge der vollen Zuordnung zum Unternehmensvermögen des Meermann konnte auch Walter – wie vereinbart – bezüglich seiner Grundstückslieferung in vollem Umfang gem. § 9 Abs. 1 UStG zur Steuerpflicht optieren. Nach der Rechtsprechung des BFH (Urteil vom 26.06.1996, BStBl 1997 II S. 98) könnte zwar für die Grundstückslieferung nur bezüglich der Grundstücksteile eigengewerbliche Nutzung (EG) und steuerpflichtig vermietete Räume an den Friseur (1. OG) zur Steuerpflicht optiert werden (sog. Teiloption). Dieses Wahlrecht wurde aber lt. Sachverhalt nicht ausgeübt. Es hätte auch bei Walter eine eventuelle Vorsteuerberichtigung gem. § 15a UStG zur Folge.

Meermann nutzt das Grundstück entsprechend der Nutzfläche ab dem 01.01.06 zu $^1/_5$ (400 m^2 zu 100 m^2) für vorsteuerschädliche Umsätze. Die Vermietung des 2. OG an das Beamtenehepaar ist zwingend steuerfrei gem. § 4 Nr. 12 Buchst. a UStG, da nicht an einen Unternehmer vermietet wird, § 9 Abs. 1 UStG. Die Räume werden insoweit vorsteuerschädlich genutzt. Es greift das Vorsteuerabzugsverbot gem. § 15 Abs. 2 UStG. Bezüglich des EG und des 1. OG liegt eine steuerpflichtige und somit vorsteuerunschädliche Nutzung durch Meermann vor. Die Vermietung an den Friseur ist von Meermann durch den Umsatzsteuerausweis auf die Miete zulässigerweise steuerpflichtig erfolgt. Meermann hat konkludent gem. § 9 UStG auf die Steuerfreiheit verzichtet.

Unabhängig von den verschiedenen einkommensteuerlichen Bilanzierungsmöglichkeiten kann Meermann somit von den insgesamt im Zusammenhang mit dem Gebäude angefallenen Vorsteuern $^1/_5$ **als abzugsfähige Vorsteuern** geltend machen.

Die Vorsteuer:	ist abzugs- fähig je $^4/_5$	ist nicht abzugsfähig je $^1/_5$	beträgt insgesamt
Kaufpreis	106.400 €	26.600 €	133.000 €
Maklerprovision	3.192 €	798 €	3.990 €
Notarkosten	1.520 €	380 €	1.900 €
insgesamt	111.112 €	27.778 €	138.890 €

a) Bilanziert Meermann das EG und das 1. OG, dann werden entsprechend der genutzten Fläche die Anschaffungskosten wie folgt berechnet:

	EG und 1. OG		2. OG
Kaufpreis:			
($^4/_5$ von 700.000 €		($^1/_5$ von 833.000 €	
= ohne USt) =	560.000 €	= mit USt) =	166.600 €
GrESt			
($^4/_5$ von 24.500 €) =	19.600 €	($^1/_5$ von 24.500 €) =	4.900 €
Maklerprovision			
($^4/_5$ von 21.000 €		($^1/_5$ von 24.990 €	
= ohne USt) =	16.800 €	= mit USt) =	4.998 €
Notarkosten			
($^4/_5$ von 10.000 €		($^1/_5$ von 11.900 €	
= ohne USt) =	8.000 €	= mit USt) =	2.380 €
Grundbuchkosten			
($^4/_5$ von 3.000 €) =	2.400 €	($^1/_5$ von 3.000 €) =	600 €
zusammen	606.800 €		179.478 €

Probe: Die Summe der Anschaffungskosten und der abzugsfähigen Vorsteuer ist identisch mit den von Meermann gezahlten Gesamtkosten: 606.800 Euro + 179.478 Euro + 111.112 Euro = 897.390 Euro.

Bilanziert Meermann EG und 1. OG, hat er die Anschaffungskosten von 606.800 Euro nur noch auf Grund und Boden ($^2/_7$ = 173.371 Euro) und das Gebäude ($^5/_7$ = 433.429 Euro) aufzuteilen. Er hat zu buchen: „Grund und Boden 173.371 Euro, Gebäude 433.429 Euro, Vorsteuer 111.112 Euro an Geldkonto 717.912 Euro". Der Rest ist Privatangelegenheit.

b) Bilanziert Meermann nur das EG, so sind die Anschaffungskosten von 606.800 Euro zunächst entsprechend der Nutzfläche aufzuteilen (50 : 50) und anschließend für das EG der Wert für den Grund und Boden herauszurechnen (606.800 Euro : 2 = 303.400 Euro; davon $^2/_7$ Grund und Boden = 86.686 Euro und $^5/_7$ Gebäude = 216.714 Euro). Meermann hat zu buchen: „Grund und Boden 86.686 Euro, Gebäude 216.714 Euro, Vorsteuer 111.112 Euro an Geldkonto 414.512 Euro". Der Rest ist Privatangelegenheit.

c) Wenn Meermann das ganze Grundstück bilanziert, hat er die gesamten Anschaffungskosten von 786.278 Euro anzusetzen (606.800 Euro + 179.478 Euro). Dieser Wert ist auf den Grund und Boden ($^2/_7$ = 224.651 Euro) und das Gebäude ($^5/_7$ = 561.627 Euro) aufzuteilen. Meermann hat zu buchen:

„Grund und Boden 224.651 Euro, Gebäude 561.627 Euro, Vorsteuer 111.112 Euro an Geldkonto 897.390 Euro".

Fall 40

Gemeinkosten – Umsatzsteuer – Skonto – Fundamentierung – Reisekosten

Sachverhalt

Der bilanzierende Unternehmer Hermann Schleihauf betreibt eine Zigarrenfabrikation in Stuttgart. Er versteuert sämtliche Umsätze nach den allgemeinen Vorschriften des UStG.

Am 20.12.01 erwarb Schleihauf eine Produktionsmaschine für seinen Betrieb. Die Rechnung des Lieferanten lautete:

a)	Barpreis	90.000 €
b)	Verpackungskosten	2.000 €
c)	Versicherungskosten	1.000 €
d)	Transportkosten	7.000 €
		100.000 €
e)	Umsatzsteuer 19 %	19.000 €
	Gesamtbetrag	119.000 €

Bei Bezahlung an den Lieferanten sofort nach Erhalt der Rechnung konnte Schleihauf – wie vereinbart – noch 3 % Skonto abziehen. Er überwies daher 119.000 Euro ./. 3.570 Euro Skonto = 115.430 Euro.

Bei den Kaufverhandlungen war vereinbart worden, dass die Lieferfirma den Transport von ihrer Produktionsstätte in Hamburg bis zu ihrem Auslieferungslager in Frankfurt durchführen müsse, die Kosten jedoch in Rechnung stellen könne. Den weiteren Transport von Frankfurt bis Stuttgart nahm Schleihauf daher selbst mit eigenem LKW und eigenen Arbeitnehmern vor.

Die Aufwendungen betrugen:

f)	Löhne (brutto)	300 €
g)	Fahrzeugkosten (Benzin, AfA etc. ohne USt)	400 €

Schleihauf musste die Maschine vor Produktionsaufnahme noch fundamentieren und montieren lassen. Er hatte deshalb noch zwei Rechnungen an die beiden ausführenden Firmen zu begleichen:

h)	Fundamentierungskosten	2.000 €
	zzgl. 19 % USt	380 €
	insgesamt	2.380 €

i) Montagekosten einschließlich Stromanschluss   1.700 €
    zzgl. 19 % USt   323 €
    insgesamt   2.023 €

Mit beiden Firmen war ein Skontoabzug von 3 % bei Bezahlung innerhalb von drei Wochen nach Rechnungseingang vereinbart. Am Bilanzstichtag, dem 31.12.01, hatte Schleihauf diese beiden Rechnungen jedoch noch nicht bezahlt.

Im Übrigen entstanden noch

k) Reisekosten ausschließlich für die Besichtigung und den Kauf der Maschine zu und von ihrem Standort beim Veräußerer (ohne USt)   300 €

Frage

Wie setzen sich die Anschaffungskosten im vorliegenden Fall zusammen, und wie hoch sind sie insgesamt?

Antwort

Die Anschaffungskosten setzen sich aus folgenden Positionen zusammen:

1.	Barpreis (a)	90.000 €
	Verpackungskosten (b)	2.000 €
	Versicherungskosten (c)	1.000 €
2.	Transportkosten (d)	7.000 €
	Löhne (f)	–
	Fahrzeugkosten (g)	–
3.	Umsatzsteuer (e)	–
		100.000 €
4.	abzgl. 3 % Skonto	3.000 €
		97.000 €
5.	Fundamentierungskosten (h)	2.000 €
	Montagekosten (i)	1.700 €
6.	Reisekosten (k)	300 €
	Sie betragen daher insgesamt	101.000 €

Begründung

1. Barpreis, Verpackungskosten und **Versicherungskosten** gehören eindeutig zu den Aufwendungen, die Schleihauf machte, um die Produktionsmaschine aus der fremden in die eigene Verfügungsgewalt zu überführen und sie in einen betriebsbereiten Zustand zu versetzen, soweit sie dem Vermögensgegenstand einzeln zugeordnet werden können einschließlich der Nebenkosten (BFH vom 12.09.2001, BStBl 2003 II S. 569). Diese Kosten stehen unmittelbar mit dem Anschaffungsvorgang im Zusammenhang. Die Maschine wäre vielleicht auch ohne Verpackung und Versicherung erwerbbar gewesen, darauf kommt es jedoch nicht an. Entscheidend ist die unmittelbare Veranlassung durch den Erwerb, und diese ist gegeben. § 248 Abs. 1

Nr. 3 HGB ist nicht einschlägig. Es handelt sich nicht um eigene Versicherungsabschlusskosten, sondern um Kosten, die von einer anderen Person in Rechnung gestellt wurden.

2. Schleihauf entstanden **fremde** (vgl. Buchst. d) und **eigene** (vgl. Buchst. f und g) **Transportkosten.** Da der Beschaffungsbereich, innerhalb dessen Aufwendungen als Anschaffungskosten in Betracht kommen, erst endet, wenn die Wirtschaftsgüter das Lager erreicht haben und eingelagert sind (Umlaufgüter, z. B. Waren) oder ihren Standort erreicht haben und funktionsfähig gemacht sind (Anlagegüter, z. B. Maschinen), könnten hier grundsätzlich sämtliche Transportkosten zugerechnet werden. Wegen der unmittelbaren Beziehbarkeit dieser Kosten auf den Erwerb eines bestimmten Wirtschaftsguts muss jedoch zwischen Einzelkosten und Gemeinkosten unterschieden werden (§ 255 Abs. 1 Satz 1 HGB und Schmidt/Glanegger, § 6 Rn. 83 bis 91). Die Unterscheidung ist auch beim Begriff der Herstellungskosten von Bedeutung (siehe dort). **Einzelkosten** sind die Kosten, die unmittelbar für ein einzelnes Wirtschaftsgut entstehen und diesem direkt zugeordnet werden können. **Gemeinkosten** sind die Kosten, die zugleich für mehrere Wirtschaftsgüter anfallen und nur aufgrund besonderer Annahmen (Aufstellen eines Verteilerschlüssels) den einzelnen Wirtschaftsgütern zugerechnet werden können (BFH vom 31.07.1967, BStBl 1968 II S. 22, und vom 13.04.1988, BStBl 1988 II S. 892). Wenn Schleihauf einen eigenen LKW nach Frankfurt fahren lässt, damit die Produktionsmaschine von dort nach Stuttgart gebracht werden kann, dann ist die insoweit entstehende Abnutzung des LKW nicht einmal durch Schätzung exakt feststellbar. Daher liegen insoweit Gemeinkosten vor. Der Verbrauch von Benzin und Öl und die entstehenden Lohnkosten wären zwar rechnerisch erfassbar. Für jeden Unternehmer wären jedoch diese Berechnungsarbeiten so verwaltungsaufwendig, dass sich Rechtsprechung und Verwaltung heute darin weitgehend einig sind, diese Kosten nicht zu den Anschaffungskosten zu rechnen. Das Urteil des BFH vom 31.07.1967 (BStBl 1968 II S. 22) hat sich insbesondere mit den Löhnen befasst, die beim Transport, Ausladen, Umladen oder erstmaligen Einlagern von gekaufter Ware anfallen. Diese Löhne gehören dann zu den Gemeinkosten, wenn sie im eigenen Beschaffungsbereich des Unternehmens anfallen. Sie können daher sofort als abzugsfähige Betriebsausgaben behandelt werden (vgl. Schmidt/Glanegger, § 6 Rn. 91). Etwas anderes gilt jedoch dann, wenn diese Transportlöhne durch die Inanspruchnahme fremder Unternehmer entstehen und dadurch den einzelnen Wirtschaftsgütern – vielleicht auch nur anteilmäßig – direkt zugerechnet werden können (vgl. Schmidt/Glanegger, § 6 Rn. 91, und BFH vom 24.04.1972, BStBl 1972 II S. 422). Aus allem folgt, dass die Transportkosten zu d) den Anschaffungskosten zuzurechnen und die Kosten zu f) und g) sofort als Betriebsausgaben abzugsfähig sind.

Als Zwischenergebnis lässt sich festhalten, dass der gesamte Netto-Rechnungsbetrag des Lieferanten i. H. von 100.000 Euro als Anschaffungskosten zu behandeln ist.

3. Die Umsatzsteuer gehört nach § 9b Abs. 1 Satz 1 EStG insoweit nicht zu den Anschaffungskosten, soweit sie nach § 15 Abs. 1 UStG verrechenbar, abzugsfähig ist. Der Unternehmer erwirbt in diesen Fällen ein neues Wirtschaftsgut. Ihm entsteht eine Forderung gegenüber dem Finanzamt. Soweit die Vorsteuer nicht abgezogen werden kann, ist sie jedoch den Anschaffungskosten – außer bei Bagatellfällen – zuzurechnen (vgl. § 9b Abs. 1 EStG). Da Schleihauf seine Umsätze nach den allgemeinen Vorschriften versteuert und sich aus dem Sachverhalt keine sonstigen Besonderheiten ergeben, ist die Vorsteuer hier voll abzugsfähig.

4. **Skontoabzüge**, **Rabatte** und **Preisnachlässe** mindern die Anschaffungskosten (Schmidt/Glanegger, § 6 Rn. 98). Die Aufwendungen des Unternehmers für den Erwerb eines Wirtschaftsguts werden dadurch geringer. Soweit diese Abzüge sich jedoch auf die Vorsteuer beziehen, sind sie für den Begriff der Anschaffungskosten ohne Bedeutung. Nach § 17 UStG bewirken diese Abzüge eine Entgeltsminderung, sodass auch die abzugsfähige Vorsteuer geringer wird. Die Anschaffungskosten sind daher vom Nettorechnungsbetrag wie folgt zu berechnen:

Rechnungspreis (ohne USt)	100.000 €
abzgl. 3 % Skonto	3.000 €
Anschaffungskosten bisher	97.000 €

5. Schleihauf sind noch weitere Kosten entstanden. Er musste die Maschine fundamentieren und montieren lassen. Diese Kosten sind in vollem Umfang Einzelkosten. Sie sind auf den Erwerb der Maschine direkt beziehbar. Da der Beschaffungsbereich erst endet, wenn ein Anlagegut seinen Standort erreicht hat und funktionsfähig gemacht wurde (vgl. § 255 Abs. 1 Satz 1 HGB und BFH vom 31.07.1967, BStBl 1968 II S. 22), gehören diese Kosten zu den Anschaffungskosten. Dies gilt auch dann, wenn man von den Formulierungen des BFH in zwei anderen Entscheidungen (vom 24.05.1968, BStBl 1968 II S. 574, und vom 05.02.1969, BStBl 1969 II S. 334) ausgeht, nämlich vom „in den Zustand zu versetzen, dass das Wirtschaftsgut den ihm zugedachten Betriebszweck erfüllen kann". Schleihauf hat zwar die Möglichkeit, bei Bezahlung dieser beiden Rechnungen noch 3 % **Skonto** abzuziehen. Da jedoch am Bilanzstichtag der Skontoabzug nicht erfolgt ist, diese Minderung der Anschaffungskosten daher zwar noch möglich, aber nicht sicher ist, sind am Bilanzstichtag die vollen Rechnungsbeträge anzusetzen (BFH vom 03.12.1970, BStBl 1971 II S. 323, und vom 27.02.1991, BStBl 1991 II S. 456). Kommt es im nächsten Jahr zur Bezahlung abzüglich Skonto, vermindert der Skontobetrag nachträglich die Anschaffungskosten und damit auch die AfA-Bemessungsgrundlage und das AfA-Volumen (vgl. H 7.4 „Nachträgliche Anschaffungs- oder Herstellungskosten" EStH analog).

Da für die Vorsteuer das zu oben Gesagte gleichermaßen gilt, sind den bisher berechneten Anschaffungskosten noch zuzurechnen:

Anschaffungskosten bisher		97.000 €
Fundamentierungskosten		2.000 €
Montagekosten		1.700 €
	insgesamt	100.700 €

6. Nach einem Urteil des BFH vom 10.03.1981 (BStBl 1981 II S. 470) gehören **Reisekosten** ausschließlich zur Besichtigung eines später erworbenen Wirtschaftsguts zu den aktivierungspflichtigen Anschaffungskosten (vgl. auch Schmidt/Glanegger, § 6 Rn. 140 – Reisekosten). Reisekosten zur Besichtigung nicht erworbener Objekte sind sofort abzugsfähige Betriebsausgaben bzw. Werbungskosten.

Da im vorliegenden Fall für Schleihauf ausschließlich Reisekosten für die Besichtigung und den Erwerb der Produktionsmaschine entstanden, lt. Sachverhalt mit dieser Reise keine weiteren Zwecke verfolgt wurden, insbesondere weder eine allgemeine geschäftliche Orientierung noch die Ermittlung weiterer Einkaufsmöglichkeiten beabsichtigt war, sind diese Kosten den Anschaffungskosten zuzuschlagen. Sie sind auf den Erwerb der Maschine direkt beziehbar, unmittelbar dadurch entstanden (Einzelkosten). Die Anschaffungskosten betragen daher insgesamt 101.000 Euro.

Fall 41

Unentgeltliche Zuführung von einzelnen Wirtschaftsgütern aus betrieblichem und privatem Anlass in ein Betriebsvermögen

Sachverhalt

Friedrich Blesch und sein Schwiegersohn Werner Maurer betreiben je ein Speditionsgeschäft; Blesch in München, Maurer in Würzburg. Beide ermitteln ihren Gewinn nach § 5 EStG. Gelegentlich unterstützen sie sich und helfen sich bei Engpässen gegenseitig aus.

Am 02.01.01 hat Blesch für 30.000 Euro ohne USt einen PKW, Nutzungsdauer fünf Jahre, betrieblich angeschafft. AfA linear. Diesen PKW schenkt Blesch am 01.01.03 seinem Schwiegersohn Maurer, der ihn zu 60 % betrieblich nutzt. Der Teilwert beträgt am 01.01.03 21.000 Euro, der gemeine Wert zu diesem Zeitpunkt 24.990 Euro (einschließlich USt).

Frage

1. Wie haben Schwiegervater und Schwiegersohn diesen Vorgang bilanzsteuerlich zu behandeln, wenn die Schenkung infolge der Geschäftsbeziehungen **betrieblich** veranlasst ist?

2. Wie haben Schwiegervater und Schwiegersohn diesen Vorgang bilanzsteuerlich zu behandeln, wenn die Schenkung aufgrund ihrer persönlichen Beziehungen **privat** veranlasst ist?

Antwort

1. Wenn die Schenkung betrieblich veranlasst ist,

   a) hat der Schwiegervater Blesch zwar einen sonstigen betrieblichen Aufwand in Höhe des Buchwerts von 18.000 Euro, hat jedoch gem. § 4 Abs. 5 Nr. 1 EStG 21.000 Euro dem Gewinn zuzuschlagen und diesen Betrag der USt zu unterwerfen,

   b) muss der Schwiegersohn Maurer den PKW nach § 6 Abs. 4 EStG mit dem gemeinen Wert von 24.990 Euro und einem Ertrag in der gleichen Höhe ansetzen.

2. Wenn die Schenkung privat veranlasst ist,

   a) hat der Schwiegervater Blesch den PKW mit dem Teilwert von 21.000 Euro zu entnehmen und dabei die stillen Reserven zu versteuern, § 6 Abs. 1 Nr. 4 EStG,

   b) muss der Schwiegersohn Maurer anstelle der in diesem Fall nach § 6 Abs. 1 Nr. 5 Satz 2 EStG denkbaren fortgeführten Anschaffungskosten des Blesch den PKW mit dem Teilwert von 21.000 Euro einlegen, § 6 Abs. 1 Nr. 5 Satz 3 EStG.

Begründung

1. a) Schwiegervater Blesch hat durch das betriebliche Verschenken oder unentgeltliche Weggeben des PKW an sich einen Aufwand in Höhe des Buchwerts von 18.000 Euro (Anschaffungskosten 30.000 Euro ./. lineare AfA 2 × 6.000 Euro). Er hätte zu buchen: „sonstiger betrieblicher Aufwand 18.000 Euro an Einrichtung 18.000 Euro".

Diese bilanzsteuerlich richtigen Überlegungen kommen im vorliegenden Fall aufgrund von § 4 Abs. 5 Nr. 1 EStG nicht zum Tragen. Ein Geschenk liegt vor (vgl. zum Begriff Geschenk BFH vom 18.02.1982, BStBl 1982 II S. 394, und vom 21.09.1993, BStBl 1994 II S. 170, zu Zugaben). Da Schenkungen aus betrieblichem Anlass nur bei Anschaffungs- oder Herstellungskosten von höchstens 35 Euro gem. § 4 Abs. 5 Nr. 1 EStG abzugsfähig sind, ein solcher Sachverhalt jedoch nicht vorliegt, muss Blesch diesen Aufwand als Entnahme oder nichtabzugsfähige Betriebsausgabe buchen. Dabei ist allerdings die Frage umstritten, ob Blesch den Buchwert oder den Teilwert ansetzen muss. Gegen den Teilwert spricht zunächst, dass es sich begrifflich um keine Entnahme, sondern um eine nichtabzugsfähige Betriebsausgabe handelt. Der Buchwert ist aber ein Zufallswert und ein Unternehmer könnte den Grundgedanken des § 4 Abs. 5 Nr. 1 EStG dadurch stark aushöhlen, dass er abschreibungsfähige, nichtabzugsfähige Geschenke vor dem Verschenken sehr hoch abschreibt. Man braucht im vorliegenden Fall nur anzunehmen, der geschenkte Gegenstand sei ein GWG gewesen. Dann wäre er im Jahr 01 zwar voll Aufwand geworden, die Schenkung wäre aber im Jahr 03 nur mit 0 Euro anzusetzen.

Ein betrieblich veranlasstes Geschenk ist daher mit seinem echten, für den betreffenden Betrieb gegebenen Wert, also mit dem Teilwert, zu erfassen, vgl. auch R 4.10 Abs. 2 Satz 3 EStR. Blesch muss daher buchen: „Privatentnahme oder nichtabzugsfähige Betriebsausgabe 21.000 Euro an Einrichtung 18.000 Euro und sonstiger betrieblicher Ertrag 3.000 Euro". Dass dabei 3.000 Euro, wie manche meinen, doppelt versteuert werden, ist im Grunde genommen nicht richtig. Denn die 3.000 Euro sind vorher als zu hohe AfA schon Aufwand gewesen.

In der Praxis werden nichtabzugsfähige Betriebsausgaben – handelsrechtlich richtig – meistens nicht über ein Entnahmekonto bzw. über ein Konto nichtabzugsfähige Betriebsausgaben, sondern zunächst als echte Betriebsausgaben, d. h. als Aufwand, gebucht. Nach Erstellung der Bilanz wird dann der gesamte Wert der nichtabzugsfähigen Betriebsausgaben außerhalb der Bilanz dem Gewinn zugeschlagen, was einer Rückgängigmachung der Aufwandsbuchung gleichkommt (vgl. Littmann/Nacke, §§ 4, 5 Rn. 1676). Da juristische Personen (z. B. AG, GmbH) keine Entnahmekonten führen können, ist dieser Weg bei ihnen der einzig gangbare. Bucht Blesch im vorliegenden Fall den Buchwert zunächst als Aufwand, muss er später 21.000 Euro dem Gewinn zuschlagen.

Blesch hat gem. § 3 Abs. 1b Satz 1 Nr. 3 UStG diesen Vorgang noch der USt zu unterwerfen. Buchung: „Nichtabzugsfähige Betriebsausgabe oder Entnahme an USt-Konto 3.990 Euro (19 % von 21.000 Euro)". Schwierig ist hier die Abgrenzung des § 3 Abs. 1b Satz 1 Nr. 3 UStG zu § 17 Abs. 2 Nr. 5 UStG i. V. m. § 15 Abs. 1a Satz 1 UStG. Liegt hier ein Tatbestand einer Lieferung gegen Entgelt vor oder handelt es sich um einen Tatbestand der Vorsteuer-Berichtigung? Lippross, dem wir uns anschließen möchten, wendet hier § 3 Abs. 1b UStG an (also Lieferung), weil der schwenkweise hingegebene Gegenstand im Unternehmen des Schenkers bereits verwendet worden und damit nicht mehr neuwertig ist (vgl. Lippross 5.9.6 und 2.6.6 d)).

Könnte Maurer den geschenkten Gegenstand nur betrieblich nutzen, würde § 4 Abs. 5 EStG nicht angewandt (vgl. R 4.10 Abs. 2 Satz 4 EStR). Aufwendungen, die dem Empfänger Betriebsausgaben ersparen, werden vom Gesetzeszweck nicht erfasst.

b) Schwiegersohn Maurer erwirbt unentgeltlich aus betrieblichem Anlass ein Wirtschaftsgut. Der PKW wird aus einem Betriebsvermögen direkt in ein Betriebsvermögen eines anderen übertragen. In diesem Fall hat der Erwerber Maurer nach § 6 Abs. 4 EStG als Anschaffungskosten den Betrag anzusetzen, den er für das Wirtschaftsgut im Zeitpunkt des Erwerbs hätte aufwenden müssen. Dies ist der gemeine Wert dieses Wirtschaftsguts zu diesem Zeitpunkt.

Da es sich nicht um einen Privatvorgang handelt, kann Maurer nur buchen: „Fuhrpark 24.990 Euro an sonstigen betrieblichen Ertrag 24.990 Euro". Maurer hat als Erwerber daher eine volle Betriebseinnahme in Höhe des gemeinen Werts anzusetzen. Dass der Anschaffungswert des PKW über die AfA wieder Aufwand wird, kann nicht als Ausgleich dieser Betriebseinnahme angesehen werden. Denn auch bei einer Einlagebuchung anstelle der Ertragsbuchung wäre dieser Aufwand angefallen.

Umsatzsteuerlich hat Maurer nichts zu veranlassen. Insbesondere hat er keinen Vorsteuerabzug. Weder ist der Vorgang entgeltlich, noch liegt ihm eine Rechnung mit ausgewiesener USt vor. Es bietet sich aber an, unentgeltliche Wertabgaben in den unternehmerischen Bereich von Angehörigen zu vermeiden und stattdessen verbilligte Leistungen zu erbringen, auf die die Mindestbemessungsgrundlage nach § 10 Abs. 5 Nr. 1 UStG anzuwenden ist. Vergleiche Lippross 5.5.2 b).

2. a) Schwiegersohn Maurer erwirbt jetzt aus privatem Anlass unentgeltlich den PKW von Blesch. Dann handelt es sich um eine unentgeltliche Vermögensübertragung vom Privatvermögen des Blesch in das Privatvermögen des Maurer (Buchwertfortführung gem. § 11d EStDV). Dies setzt jedoch voraus, dass zumindest eine logische Sekunde vorher Blesch den PKW aus dem Betriebsvermögen in sein Privatvermögen entnimmt. Blesch hat dann nach § 6 Abs. 1 Nr. 4 EStG die stillen Reserven zu versteuern, denn der PKW ist nicht mit dem Buchwert, sondern mit dem Teilwert zu entnehmen. Buchung: „Entnahme 21.000 Euro an Einrichtung 18.000 Euro und sonstiger betrieblicher Ertrag 3.000 Euro".

Blesch hat außerdem gem. § 3 Abs. 1b Nr. 1 UStG diesen Vorgang der USt zu unterwerfen. Buchung: „Entnahme an USt 3.990 Euro (19 % von 21.000 Euro)".

b) Maurer übernimmt den PKW gem. § 11d EStDV mit dem Wert, den Blesch als Privatvermögen anzusetzen hätte, wenn er den PKW jetzt als Privatvermögen weiter nutzen würde. Dies wäre der Teilwert. Maurer hat anschließend nach § 6 Abs. 1 Nr. 5 EStG den PKW in seinen Betrieb einzulegen, denn er will ihn ja überwiegend betrieblich nutzen. Dies hat normalerweise mit dem Teilwert zu erfolgen. Da der PKW jedoch vom Rechtsvorgänger innerhalb der letzten 3 Jahre angeschafft wurde, fragt es sich, ob die Ausnahme des § 6 Abs. 1 Nr. 5 EStG zum Zuge kommt und die Anschaffungs- oder Herstellungskosten – ggf. abzüglich AfA – maßgebend sind.

Sinn und Zweck des § 6 Abs. 1 Nr. 5 Alternative 2 EStG ist es, Manipulationen der Steuerpflichtigen zu vermeiden. Bei innerhalb von drei Jahren vor der Zuführung angeschafften oder hergestellten Wirtschaftsgütern soll, was die Differenz zum höheren Teilwert betrifft, die Sache so gesehen werden, als seien die Wirtschaftsgüter von vornherein im Betrieb angeschafft oder hergestellt worden (vgl. Littmann/Hoffmann, § 6 Rn. 760).

Hätte Maurer den PKW am 02.01.01 selbst gekauft, ihn privat genutzt und wollte er ihn am 01.01.03 in den Betrieb einlegen, hätte er die Einlage nicht mit dem Teilwert von 21.000 Euro, sondern mit den ursprünglichen Anschaffungskosten von 30.000 Euro ./. AfA von 12.000 Euro, also mit 18.000 Euro, vorzunehmen (§ 6 Abs. 1 Nr. 5 Satz 2 EStG). Wäre der PKW von Anfang an im Betriebsvermögen gewesen, stünde er nämlich auch mit dem Wert von 18.000 Euro zu Buch.

Hätte dagegen Blesch den PKW am 02.01.01 betrieblich gekauft, ihn betrieblich genutzt, ihn am 31.12.02 mit dem Teilwert von 21.000 Euro entnommen und wollte er ihn jetzt selbst am 01.01.03 wieder in seinen Betrieb einlegen, wäre § 6 Abs. 1 Nr. 5 Satz 3 EStG maßgebend. Danach wäre als Anschaffungskosten i. S. des § 6 Abs. 1 Nr. 5 EStG der Teilwert im Zeitpunkt der Entnahme anzusehen, also wieder 21.000 Euro. Denn für andere Fälle kann § 6 Abs. 1 Nr. 5 Satz 3 EStG nicht gedacht sein. Eine mögliche Wertschwankung außerhalb des Betriebs würde durch diese Regelung das Betriebsgeschehen richtigerweise nicht berühren.

Welche der beiden Lösungsmöglichkeiten ist nun auf unseren Fall anwendbar? Muss sich Maurer als unentgeltlicher Rechtsnachfolger so behandeln lassen, als habe er selbst den PKW gekauft, oder muss er sich so behandeln lassen, als habe Blesch den PKW gekauft?

Die Frage war lange Zeit bis zum BFH-Urteil vom 14.07.1993 (BStBl 1994 II S. 15) nicht ganz geklärt. In diesem Urteil hat der BFH entschieden, dass ein privat geschenktes Wirtschaftsgut immer mit dem Teilwert einzulegen sei, auch dann, wenn der Schenker das zugeführte Wirtschaftsgut innerhalb der letzten drei Jahre vor dem Zeitpunkt der Zuführung angeschafft, hergestellt oder entnommen hat. Der BFH geht davon aus, dass die Schenkung, d. h. die unentgeltliche Einzelrechtsnachfolge, keine Anschaffung i. S. des § 6 Abs. 1 Nr. 5 EStG ist, weil der Beschenkte nichts aufgewendet hat. Die entgeltliche Anschaffung, Herstellung oder Entnahme des Schenkers dürfe dem Beschenkten nicht zugerechnet werden. Diese Entscheidung ist durch das BFH-Urteil vom 05.12.1996 (BStBl 1997 II S. 287) bestätigt worden. Vergleiche auch Littmann/Hoffmann, § 6 Rn. 760.

Umsatzsteuerlich hat Maurer auch in diesem Fall nichts zu veranlassen. Ein Vorsteuerabzug scheitert daran, dass kein entgeltlicher Vorgang vorliegt und auch keine in Rechnung gestellte USt ausgewiesen ist. Insoweit gilt das zu 1. b) am Ende Ausgeführte entsprechend, d. h., es ist an eine verbilligte Leistung zu denken.

3. Eine Gesamtschau des Falles zeigt, dass der Gesetz- bzw. Verordnungsgeber aufgrund der Sondervorschrift des § 6 Abs. 4 EStG ganz streng zwischen einer aus betrieblichen und einer aus privaten Gründen veranlassten Schenkung unterscheidet. Bei einer betrieblichen Schenkung hat der Beschenkte einen Ertrag in Höhe des gemeinen Werts auszuweisen, bei einer privaten Schenkung versteuert der Schenker die Differenz zwischen

Buch- und Teilwert. Würde man – was auch vertreten wird – in der betrieblichen Schenkung eine echte Entnahme sehen, würden sowohl Schenker als auch Beschenkter denselben Vorgang versteuern, ein wohl kaum vernünftiges Ergebnis. § 4 Abs. 5 Nr. 1 EStG ist eine Ausnahmevorschrift. Sie darf daher beim letzten Gedanken keine Rolle spielen.

Fall 42

Tausch mit Baraufgabe bei Grundstücken – Anschaffungsnebenkosten – gemeiner Wert – Einlage – privates Veräußerungsgeschäft – sonstiger betrieblicher Ertrag beim Tausch

Sachverhalt

Der bilanzierende Unternehmer Walter Groß betreibt eine chemische Fabrik in Bielefeld. Durch notariellen Vertrag vom 16.10.01 hat er privat ein unbebautes Grundstück, Gerberstr. 3, für 280.000 Euro zzgl. 9.800 Euro Grunderwerbsteuer günstig erworben. Er wollte darauf ein Eigenheim errichten. Da die Deutsche Bahn AG (DB) aus betrieblichen Gründen an diesem Grundstück stark interessiert war, verkaufte es Groß für 320.000 Euro durch notariellen Vertrag vom 15.05.03. Vertragsgemäß übernahm die DB die auf diesen Vorgang entfallende Grunderwerbsteuer. Groß übernahm mit demselben Vertrag vom 15.05.03 von der DB das unbebaute Grundstück Wilhelmstr. 7, das an sein Betriebsgrundstück angrenzt, um sein Betriebsgelände notwendigerweise zu erweitern. Er musste allerdings an die DB noch 100.000 Euro entrichten, um den Verkehrswert, den gemeinen Wert der Grundstücke, auszugleichen. Groß buchte die 100.000 Euro und die vertragsmäßig zu zahlende Grunderwerbsteuer von 3,5 % als Aufwand. Das Grundstück Wilhelmstr. 7 legte er mit 289.800 Euro ein.

Frage

1. Wie hoch sind die Anschaffungskosten des Grundstücks Wilhelmstr. 7?

2. Wirkt sich der Vorgang auf den Gewinn aus?

3. Hat Groß etwas zu versteuern?

4. Ändert sich etwas, wenn das Grundstück Gerberstr. 3 ein Betriebsgrundstück gewesen wäre?

Antwort

1. Die Anschaffungskosten betragen 434.700 Euro.

2. Der Anschaffungsvorgang wirkt sich nicht auf den Gewinn aus, jedoch die buchmäßigen Fehler des Groß. Der Gewinn ist hier um 114.700 Euro zu erhöhen.

3. Groß hat einen privaten Veräußerungsgewinn gem. § 22 Nr. 2, § 23 Abs. 1 Nr. 1 EStG i. H. von 30.200 Euro zu versteuern.

4. In diesem Fall wäre ein gewerblicher Gewinn, ein sonstiger betrieblicher Ertrag, von 30.200 Euro entstanden.

Begründung

1. Das Grundstück Wilhelmstr. 7 gehört zum notwendigen Betriebsvermögen des Groß. Er will sein Betriebsgelände damit erweitern. Um es zu erwerben, übergab Groß der DB sein Privatgrundstück, Gerberstr. 3, und zahlte 100.000 Euro zu. Genau feststellbare Anschaffungskosten liegen daher in Höhe der 100.000 Euro vor. Aber auch der Wert des hingegebenen Grundstücks ist bei der Ermittlung der Anschaffungskosten des erhaltenen Grundstücks mit zu berücksichtigen. Dabei ist der gemeine Wert maßgebend, § 6 Abs. 6 Satz 1 EStG. Der BFH (Urteil vom 08.07.1964, BStBl 1964 III S. 561) meint hierzu: „Der Tausch ist inhaltlich gleichzeitig ein entgeltliches Veräußerungsgeschäft und ein entgeltliches Anschaffungsgeschäft. Da für den Normalfall von der Gleichwertigkeit der getauschten Gegenstände ausgegangen werden kann, erübrigt sich eine Unterscheidung der Tauschvorgänge in Anschaffungs- und Veräußerungsgeschäfte. In der Regel genügt es, den Wert des hingegebenen Wirtschaftsguts zu ermitteln. Es stellt die Anschaffungskosten für das erworbene Gut dar und bildet, ebenso wie der gezahlte Preis beim Kauf, den Bewertungsmaßstab für dieses Gut." Vergleiche auch BFH vom 14.12.1982, BStBl 1983 II S. 303. Hätte Groß das Privatgrundstück der DB nicht übergeben können, hätte er den zu dieser Zeit maßgebenden Verkehrswert, den gemeinen Wert, des erworbenen Grundstücks in Form eines Geldbetrages bezahlen müssen. Der Tausch wurde erst ab 01.01.1999 mit Einführung des § 6 Abs. 6 EStG gesetzlich geregelt. Vorher galten nur Rechtsprechungsgrundsätze, die dann der Gesetzgeber übernahm. Zur Definition des anzusetzenden gemeinen Werts geht man allgemein von der Bestimmung des § 9 BewG aus. Danach wird der gemeine Wert durch den Preis bestimmt, der im gewöhnlichen Geschäftsverkehr nach der Beschaffenheit des Wirtschaftsguts bei der Veräußerung zu erzielen wäre. Dabei sind alle Umstände, die den Preis beeinflussen, zu berücksichtigen.

Die Anschaffungskosten des Betriebsgrundstücks Wilhelmstr. 7 betragen daher ohne die Grunderwerbsteuer 420.000 Euro (320.000 Euro gemeiner Wert Privatgrundstück + 100.000 Euro Zuzahlung). Man spricht von einem Tausch mit Baraufgabe, obwohl meistens nicht bar bezahlt wird (vgl. auch Falterbaum/Bolk/Reiß/Kirchner, Tz. 16.3.2).

Da die Grunderwerbsteuer aus dem ganzen Wert zu zahlen ist, Groß sie auch vertraglich übernahm, gehört sie zu den Anschaffungskosten. Sie beträgt 3,5 %[3] aus 420.000 Euro = 14.700 Euro.

Somit belaufen sich die gesamten Anschaffungskosten des Grundstücks Wilhelmstr. 7 auf 434.700 Euro.

2. Die Anschaffung eines Wirtschaftsguts wirkt sich unmittelbar nie auf den Gewinn aus. Ein Anschaffungsvorgang kann nur über eine mögliche AfA mittelbar den Gewinn beeinflussen.

Groß hat hier jedoch einige buchmäßige Fehler gemacht, die bei Berichtigung zum Teil den Gewinn berühren:

a) Die Baraufgabe, also die Zuzahlung, und die Grunderwerbsteuer als Aufwand zu buchen, war falsch. Beides muss umschichtend behandelt werden.

Gewinnauswirkung: + 114.700 Euro

b) Der gemeine Wert des weggegebenen Grundstücks, also 320.000 Euro, ist Teil der Anschaffungskosten des erworbenen Grundstücks. Da diese 320.000 Euro hätten eingelegt werden müssen, Groß jedoch nur einen Wert von 289.800 Euro eingelegt hat, hat er noch eine Mehreinlage von 30.200 Euro zu buchen (Grundstück an Einlage). Dieser Vorgang ist umschichtend.

Gewinnauswirkung: ± 0

Da Groß der DB das private Grundstück auch bar hätte veräußern und mit diesem Betrag den Erwerb des Grundstücks Wilhelmstr. 7 hätte bezahlen können, ist es nicht zwingend erforderlich – wie es vielfach vertreten wird –, eine Einlage des hingegebenen privaten Grundstücks für eine „logische Sekunde" anzunehmen. Es genügt, sich den Geldwert als eingelegt vorzustellen mit der Folge, dass es auf den – gegenüber dem gemeinen Wert vielleicht höheren – Teilwert des privaten Grundstücks nicht ankommt.

Um die buchmäßigen Fehler richtigzustellen, kann Groß daher zusammengefasst nachbuchen: „Grundstück 144.900 Euro an sonstige betriebliche Erträge 114.700 Euro und Einlage 30.200 Euro".

3. Groß hat im Rahmen des Grundstückstausches einen privaten Veräußerungsgewinn i. S. des § 22 Nr. 2 i. V. m. § 23 Abs. 1 Nr. 1 EStG erzielt. Er hat ein privates Grundstück innerhalb von zehn Jahren veräußert. Maßgebend sind die notariellen Verträge.

Der Tausch steht einer Veräußerung gleich.

Anschaffungskosten 16.10.01	289.800 €
Veräußerungspreis 15.05.03	320.000 €
Privater Veräußerungsgewinn	30.200 €

---

[3] Seit 01.09.2006 können die einzelnen Bundesländer auch einen anderen GrESt-Satz festlegen.

4. Wäre das Grundstück Gerberstr. 3 ein Betriebsgrundstück gewesen, hätte Groß es am 16.10.01 mit 289.800 Euro einbuchen müssen. Die Tauschhingabe am 15.05.03 mit dem gemeinen Wert von 320.000 Euro hätte wie bei einer Veräußerung eine Auflösung der stillen Reserven i. H. von 30.200 Euro nach sich gezogen. Groß hätte – im Gegensatz zu § 23 EStG völlig unabhängig von der Zehnjahresfrist – diesen Betrag als gewerbliche Einkünfte zu versteuern. Buchung: „Grundstück neu 434.700 Euro an Geldkonto 114.700 Euro (Baraufgabe 100.000 Euro + 14.700 Euro Grunderwerbsteuer), Grundstück alt 289.800 Euro und sonstige betriebliche Erträge 30.200 Euro".

Fall 43

Tausch mit Baraufgabe bei beweglichen Wirtschaftsgütern – hier PKW-Erwerb mit Inzahlungnahme eines gebrauchten PKW – verdeckter Preisnachlass – USt, Vorsteuer und Berichtigungsproblematik

Sachverhalt

Sibille Rau betreibt in Heilbronn ein Textilgeschäft. Sie ermittelt ihren Gewinn gem. § 5 EStG. Das Wirtschaftsjahr entspricht dem Kalenderjahr. Am 08.02.01 erwirbt sie einen neuen PKW zum Listenpreis von 40.000 Euro ohne USt, den sie ausschließlich für ihr Unternehmen verwendet. Für ihren Gebrauchtwagen, den sie in Zahlung gibt (gemeiner Wert, d. h. hier einschließlich USt, 5.000 Euro, Buchwert 1.000 Euro), werden ihr vom Verkäufer, dem Kfz-Einzelhändler Fritz Bandtel, 7.000 Euro ohne USt angerechnet, weil ein erstrebter Rabatt auf den Listenpreis nicht durchführbar war. Fritz Bandtel erstellt folgende Rechnung:

1 PKW zum Listenpreis von netto		40.000 €
+ 19 % USt		7.600 €
		47.600 €
in Zahlung ein gebrauchter PKW	7.000 €	
+ 19 % USt	1.330 €	8.330 €
noch zu zahlen		39.270 €

Frage

Wie hoch sind bei Rau die Anschaffungskosten des Neuwagens, und wie hat sie den Vorgang zu buchen?

Antwort

Die Anschaffungskosten des Neuwagens betragen 36.670 Euro, falls der Verkäufer seine Rechnung nicht berichtigt. Berichtigt er, erhöhen sich die Anschaffungskosten um 532 Euro.

Für den Fall, dass der Verkäufer seine Rechnung nicht berichtigt, hat die Erwerberin Rau – zusammengefasst – wie folgt zu buchen:

> Fuhrpark 35.670 € (36.670 € neu ·/. 1.000 € alt)
> und Vorsteuer 6.270 € (in Rechnung gestellt 7.600 € ·/. 1.330 € USt)
> > an sonstige Verbindlichkeiten 39.270 €
> > und sonstige betriebliche Erträge 2.670 €

Begründung

Gehen wir zunächst davon aus, dass Rau die Rechnung des Bandtel in ihrer Buchführung wie folgt gebucht hat:

sonstige Forderung	8.330 €			
		an	Fuhrpark	1.000 €
			USt	1.330 €
			und sonstiger	
			betrieblicher Ertrag	6.000 €
Fuhrpark	40.000 €			
Vorsteuer	7.600 €			
		an	sonstige Forderung	8.330 €
			und sonstige	
			Verbindlichkeit	39.270 €

Von diesen Buchungen ausgehend hat Rau die Anschaffungskosten des neuen PKW wohl mit 40.000 Euro angesetzt. Ist dies richtig?

Aus dem vorhergehenden Fall zum Tausch bei Grundstücken ergibt sich, dass die Anschaffungskosten des neuen PKW sich zusammensetzen aus dem gemeinen Wert des hingegebenen, gebrauchten PKW zuzüglich der Baraufgabe (§ 6 Abs. 6 Satz 1 EStG). Im Gegensatz zu Grundstücken spielt bei beweglichen Wirtschaftsgütern in Tauschfällen die USt (bzw. Vorsteuer) eine so erhebliche Rolle, dass ohne deren Feststellung die Anschaffungskosten nicht ermittelt werden können.

In Abschn. 10.5 Abs. 1 UStAE heißt es:

> „Beim Tausch und bei tauschähnlichen Umsätzen gilt der gemeine Wert (§ 9 BewG) jedes Umsatzes als Entgelt für den anderen Umsatz. Der Wert des anderen Umsatzes wird durch den subjektiven Wert für die tatsächlich erhaltene und in Geld ausdrückbare Gegenleistung bestimmt . . .; die Umsatzsteuer ist stets herauszurechnen . . . Wird ein Geldbetrag zugezahlt, handelt es sich um einen Tausch oder tauschähnlichen Umsatz mit Baraufgabe. In diesen Fällen ist der Wert der Sachleistung um diesen Betrag zu mindern."

Zusätzlich steht in Abschn. 10.5 Abs. 4 UStAE:

> „Nimmt ein Kraftfahrzeughändler beim Verkauf eines Neuwagens einen Gebrauchtwagen in Zahlung und leistet der Käufer in Höhe des Differenz-

betrags eine Zuzahlung, liegt ein Tausch mit Baraufgabe vor. Zum Entgelt des Händlers gehört neben der Zuzahlung auch der gemeine Wert des in Zahlung genommenen gebrauchten Fahrzeugs. Wird der Gebrauchtwagen zu einem höheren Preis als dem gemeinen Wert in Zahlung genommen, liegt ein **verdeckter Preisnachlass** vor, der das Entgelt für die Lieferung des Neuwagens mindert."

Da im vorliegenden Fall der gemeine Wert des gebrauchten PKW 5.000 Euro beträgt, Rau aber von Bandtel für diesen PKW 7.000 Euro ohne USt angerechnet werden, liegt ein verdeckter Preisnachlass vor. Das heißt umsatzsteuerlich, dass das Entgelt für die Lieferung des Neuwagens geringer ist. Das heißt aber auch einkommensteuerlich, dass die Anschaffungskosten des Neuwagens geringer sind.

Bei Schwierigkeiten ist ein Tausch immer in einen Kauf und einen Verkauf aufzuspalten. Danach hätte Rau wie folgt buchen müssen:

Verkauf:	sonstige Forderungen 5.000 €		an	Fuhrpark	1.000 €
	(= gemeiner Wert einschließlich USt)			USt (in Rechnung gestellt)	1.330 €
				sonstige betriebliche	
				Erträge	2.670 €
Einkauf:	Fuhrpark 36.670 €				
	Vorsteuer (in Rechnung gestellt) 7.600 €		an	sonstige Forderungen	5.000 €
				sonstige Verbindlichkeiten	39.270 €

Die **Anschaffungskosten** des neuen PKW ergeben sich bei diesen Buchungen aus der Differenz dessen, was Rau hingibt, also bezahlt, vermindert um die in Rechnung gestellte Vorsteuer (5.000 Euro + 39.270 Euro ./. 7.600 Euro = 36.670 Euro), § 9b Abs. 1 Satz 1 EStG. Aus allem ergibt sich, dass die Anschaffungskosten nicht 40.000 Euro, sondern nur 36.670 Euro betragen.

Nun kommt hinzu, dass in der Rechnung des Bandtel zwar die USt richtig, die Vorsteuer dagegen falsch berechnet wurde.

Die USt ist bei Rau wie folgt zu berechnen:

Gemeiner Wert Gegenleistung	47.600 €
./. Baraufgabe (= Zahlung)	39.270 €
= Entgelt (brutto)	8.330 €
USt herausgerechnet $^{19}/_{119}$ =	1.330 €

Die Vorsteuer ist bei Rau wie folgt zu berechnen:

Gemeiner Wert Gegenleistung	5.000 €
+ Baraufgabe	39.270 €
= Entgelt (brutto)	44.270 €
Vorsteuer herausgerechnet $^{19}/_{119}$ =	7.068 €

Daraus ergibt sich, dass Bandtel infolge des verdeckten Preisnachlasses seine USt, d. h. die Vorsteuer für Rau, um 532 Euro (7.600 Euro ./. 7.068 Euro) zu hoch ausgewiesen hat. Der Verkäufer Bandtel könnte damit seine Rechnung an Rau berichtigen (vgl. hierzu § 14c Abs. 1 UStG und Abschn. 10.5 Abs. 5 UStAE). Tut er dies nicht, bleibt es bei den Anschaffungskosten des Neuwagens von 36.670 Euro. Berichtigt er, wären die Anschaffungskosten des Neuwagens um 532 Euro zu erhöhen (§ 9b Abs. 1 Satz 1 EStG). Nach Verwaltungsauffassung braucht ein Käufer die in einer Rechnung gesondert ausgewiesenen USt-Beträge für die Vornahme des Vorsteuerabzugs nicht besonders nachzuprüfen. Nur Steuerbeträge, bei denen für den Unternehmer ohne Nachprüfung erkennbar ist, dass sie den allgemeinen Steuersatz übersteigen, sind vom Vorsteuerabzug ausgeschlossen (vgl. Lippross, Tz. 7.3.4). Da im vorliegenden Fall dies für Rau nicht ersichtlich ist, bleibt es bei den angegebenen Buchungen mit dem Vorsteuerabzug i. H. von 7.600 Euro, falls Bandtel nicht berichtigt. Der zusammengefasste Buchungssatz bei Rau ist dann aus der Antwort zu ersehen. Darauf hingewiesen sei noch, dass sich aus Abschn. 10.5 Abs. 4 UStAE auch ergibt, wie von einem Kraftfahrzeughändler der gemeine Wert des in Zahlung genommenen Gebrauchtwagens ermittelt werden kann.

Nehmen wir nun an, Bandtel berichtigt seine Rechnung. In diesem Fall hätte sie folgendes Bild:

1 PKW, Rechnungspreis netto (36.670 € + 532 €)		37.202 €
+ 19 % USt		7.068 €
		44.270 €
in Zahlung ein gebrauchter PKW	4.202 €	
+ 19 % USt	798 €	5.000 €
noch zu zahlen		39.270 €

Bei einer Berichtigung der Rechnung betragen daher die Anschaffungskosten 37.202 Euro (36.670 Euro + 532 Euro). Rau müsste dann anders buchen, nämlich:

Fuhrpark 36.202 € (37.202 € neu ./. 1.000 € alt)		
und Vorsteuer 6.270 € (in Rechnung gestellt 7.068 € ./. 798 €)		
an sonstige Verbindlichkeiten	39.270 €	
und sonstige betriebliche Erträge	3.202 €	

Fall 44

Abstands- und sonstige Zahlungen bei Grundstücken – nachträgliche Anschaffungskosten – Vorkaufsrecht

Sachverhalt

Der bilanzierende Maschinenfabrikant Helmut Wieser benötigt für die Erweiterung seines Betriebs dringend ein Betriebsgebäude. Es bieten sich ihm drei Möglichkeiten.

1. Fritz Klein würde ihm am 01.01.02 ein entsprechendes Gebäudegrundstück verkaufen. Da das Gebäude noch bis 31.12.05 verpachtet ist, müsste Wieser zusätzlich zum Kaufpreis 12.000 Euro an den Pächter zahlen, um ihn zum 31.12.01 zum vorzeitigen Verlassen zu bewegen.

2. Eberhard Keller könnte ihm am 01.01.02 ein unbebautes Grundstück verkaufen. Da dieses Grundstück ebenfalls noch bis 31.12.05 verpachtet ist, müsste Wieser dem Pächter zur vorzeitigen Vertragsauflösung 10.000 Euro entrichten, um schließlich im Januar 02 sofort mit dem Bau beginnen zu können.

3. Torsten Schreiner wäre zum 01.01.02 bereit, gegen eine Zahlung von 15.000 Euro Wieser das Vorkaufsrecht an einem an sein Betriebsgrundstück angrenzenden unbebauten Grundstück einzuräumen. Dabei stellt Schreiner in Aussicht, dieses Grundstück am 01.01.05 an Wieser tatsächlich zu verkaufen.

Frage

Wie hätte Wieser die Zahlungen zu behandeln, wenn er sich entschließen könnte, die einzelnen Angebote anzunehmen?

Antwort

1. Die 12.000 Euro sind als sonstiges immaterielles Wirtschaftsgut am 01.01.02 zu aktivieren und auf die Dauer des Pachtverhältnisses, also bis zum 31.12.05, mit jährlich 3.000 Euro abzuschreiben.

2. Die 10.000 Euro sind den Herstellungskosten des Gebäudes zuzuschlagen und mit diesen zusammen abzuschreiben.

3. Die 15.000 Euro sind als Vorkaufsrecht, als sonstiges immaterielles Wirtschaftsgut, zu aktivieren. Dieses Recht ist normalerweise nicht abschreibbar. Übt Wieser das Vorkaufsrecht aus, sind die 15.000 Euro den Anschaffungskosten des Grundstücks zuzuschlagen.

Begründung

1. Anschaffungskosten sind nur die Aufwendungen, die dazu dienen, ein Wirtschaftsgut von der fremden in die eigene wirtschaftliche Verfügungsgewalt zu überführen und es in einen betriebsbereiten Zustand zu versetzen (§ 255 Abs. 1 HGB und BFH vom 24.02.1987, BStBl 1987 II S. 810, vom 24.08.1995, BStBl 1995 II S. 895, und vom 12.09.2001, BStBl 2003 II S. 569). Daher ist der Erwerbsvorgang abgeschlossen, wenn ein Steuerpflichtiger die wirtschaftliche Verfügungsgewalt erlangt hat.

Wieser wird an den Pächter die Abstandssumme erst bezahlen, wenn er sicher ist, das Grundstück zu erwerben. Sicher ist er jedoch erst, wenn der Kaufvertrag abgeschlossen ist. Die Zahlung der 12.000 Euro dient daher nicht mehr dem Erwerb des Grundstücks, sondern dazu, die eigengewerbliche Nutzung des Grundstücks vor Ablauf der Miet- oder Pachtzeit zu ermöglichen. Diese Art Abstandszahlungen kurze Zeit nach dem Erwerb sind daher keine Anschaffungskosten des Grundstücks (BFH vom 02.03.1970, BStBl 1970 II S. 382, und vom 24.10.1979, BStBl 1980 II S. 187).

Da Wieser aber durch die Zahlung der 12.000 Euro einen Vorteil erlangt und abgrenzbare Kosten gegeben sind, liegt hier ein sonstiges immaterielles Wirtschaftsgut vor, das Wieser gem. § 5 Abs. 2 EStG zu aktivieren hat. Da dieses Wirtschaftsgut sich nicht längere Zeit erhält, sondern bei normaler Beendigung des Pachtvertrages am 31.12.05 wertlos ist, ist es abschreibbar.

Wieser hat also 12.000 Euro zu aktivieren und diese jährlich mit 3.000 Euro abzuschreiben.

2. Mit den Ausführungen zu 1. kann die Abstandszahlung von 10.000 Euro nicht zu den Anschaffungskosten des Grundstücks gerechnet werden.

Wieser will sofort nach dem Kauf des unbebauten Grundstücks mit dem Bau des Betriebsgebäudes beginnen. Dies kann er jedoch nur tun, wenn der Pächter mit einer vorzeitigen Vertragsauflösung einverstanden ist. Die Zahlung steht daher in einem so engen wirtschaftlichen Zusammenhang mit der Herstellung des Gebäudes, dass die 10.000 Euro zu den Herstellungskosten des Gebäudes zu rechnen sind. Im Gegensatz zu 1. entsteht hier kein für sich zu betrachtender, spezieller Vorteil, sondern der durch die Abstandssumme geschaffene Vorteil ist Teil der Herstellungskosten, geht daher in den Herstellungskosten unter (BFH vom 29.07.1970, BStBl 1970 II S. 810, und vom 01.10.1975, BStBl 1976 II S. 184).

3. Mit dem Vorkaufsrecht erwirbt Wieser das Recht, mit allen Rechten und Pflichten als Käufer in einen Kaufvertrag einzutreten, den Schreiner mit einem Dritten bezüglich des Grundstücks schließt (§§ 463 ff., 1094 ff. BGB). Das Vorkaufsrecht bleibt so lange bestehen, bis es zu einem Kaufvertrag kommt. Tritt Wieser dann nicht in den Kaufvertrag ein, weil ihm z. B. die Bedingungen zu ungünstig sind oder weil er keinen Wert mehr auf den Erwerb des Grundstücks legt, wird das Vorkaufsrecht wertlos.

Da Wieser in der Einräumung des Vorkaufsrechts einen Vorteil erlangt und abgrenzbare Kosten vorliegen, hat er dieses Vorkaufsrecht gem. § 5 Abs. 2 EStG als sonstiges immaterielles Recht zu aktivieren. Es ist normalerweise so lange nicht abschreibbar, bis es zu einem Kaufvertrag kommt.

Kommt es zu einem Kaufvertrag und Wieser tritt in diesen ein, sind die 15.000 Euro den Anschaffungskosten des Grundstücks zuzurechnen. Zeitlich vor einem Erwerb vorgenommene Ausgaben sind nämlich dann Anschaffungskosten, wenn sie von vornherein in sachlichem Zusammenhang zum Erwerb eines Wirtschaftsguts stehen (im Gegensatz zu den Abfindungen zu 1. und 2.). Diese 15.000 Euro sind von Wieser aufgebracht worden, um irgendwann einmal das Grundstück erwerben zu können. Sie beziehen sich daher unmittelbar auf den Erwerb des Wirtschaftsguts Grundstück.

Kommt es zu einem Kaufvertrag und Wieser tritt in diesen nicht ein, ist das Vorkaufsrecht nicht nur bürgerlich-rechtlich, sondern auch steuerlich nichts mehr wert. Wieser hat daher eine Teilwertabschreibung auf 0 Euro vorzunehmen. Es läge eine Fehlmaßnahme vor (vgl. Fall 58).

Fall 45

Zuschuss bei Anschaffung – Zuschussrücklage

Sachverhalt

Rudi Schilling bringt als Verleger die örtlich orientierte Tageszeitung „Eppinger Tageblatt" heraus. Da er dringend eine neue Druckmaschine benötigt, bittet er die Stadt Eppingen um einen Zuschuss. Um die weitere Herausgabe der einzigen Tageszeitung am Ort zu gewährleisten, sagt die Stadt einen Zuschuss zu.

Schilling, der jeweils am Jahresende bilanziert, bestellt am 10.12.01 die Druckmaschine und erhält sie am 14.01.02 geliefert. Der Rechnungsbetrag lautet lt. beiliegender Rechnung auf 500.000 Euro zzgl. 95.000 Euro USt. Schilling erhält die Rechnung mit Lieferung der Maschine. Die betriebsgewöhnliche Nutzungsdauer der Maschine beträgt 10 Jahre, die AfA soll linear vorgenommen werden.

Auf dem betrieblichen Bankkonto von Schilling geht am 20.12.01 der von der Stadt Eppingen versprochene Zuschuss i. H. von 100.000 Euro ein.

Frage

1. Wie muss Schilling den Zuschuss buchmäßig behandeln?
2. Wie ist die Maschine am 31.12.02 und am 31.12.03 anzusetzen?
3. Unterliegt der Zuschuss der Stadt bei Schilling der USt?
4. In welcher Höhe und wann kann Schilling die ihm vom Druckmaschinenlieferanten in Rechnung gestellte USt als Vorsteuer geltend machen?

Antwort

1. Schilling hat ein Wahlrecht. Er kann den Zuschuss der Stadt als Betriebseinnahme ansetzen oder ihn „erfolgsneutral" behandeln. Im letzteren Fall hat er dabei am 31.12.01 eine Rücklage zu bilden und im Jahr 02 die Anschaffungskosten der Maschine um den Zuschuss zu mindern.
2. Die Maschine ist am 31.12.02 mit 360.000 Euro und am 31.12.03 mit 320.000 Euro anzusetzen.
3. Bei dem Zuschuss der Stadt handelt es sich um einen sog. echten Zuschuss. USt fällt somit weder bei Schilling noch bei dem Zuschussgeber an.

4. Schilling kann die 95.000 Euro in voller Höhe als Vorsteuer abziehen. Der Vorsteuerabzug kann frühestens für den Voranmeldungszeitraum Januar 02 vorgenommen werden.

Begründung

1. Werden Anlagegüter mit Zuschüssen aus öffentlichen Mitteln angeschafft oder hergestellt, so hat der Steuerpflichtige grundsätzlich ein Wahlrecht. Er kann die Zuschüsse sofort als Ertrag ausweisen oder sie „erfolgsneutral" behandeln (R 6.5 Abs. 2 EStR; BFH vom 19.07.1995, BStBl 1996 II S. 28). Dieses Wahlrecht gilt jedoch nicht bei privaten Baukostenzuschüssen des Mieters, hier kann der Vermieter nur eine Einnahme ansetzen (BFH vom 28.10.1980, BStBl 1981 II S. 161). Bei Gemeindezuschüssen für denkmalgeschützte Häuser will der BFH nur eine Minderung der Herstellungskosten zulassen (BFH vom 26.03.1991, BStBl 1992 II S. 999).

Schilling könnte also den Eingang der 100.000 Euro am 20.12.01 wie folgt buchen: „Bank an sonstige betriebliche Erträge 100.000 Euro". In diesem Fall würden die Anschaffungskosten der Druckmaschine durch den Zuschuss der Stadt nicht berührt.

Da die meisten Unternehmer bei Wahlrechten jedoch versuchen, den Gewinn schon im ersten Jahr so gering wie möglich zu halten, selbst wenn der Gewinn in späteren Jahren durch diese unternehmerische Entscheidung höher wird, wird Schilling den Zuschuss „erfolgsneutral" behandeln. Er wird also die Anschaffungskosten um diesen Zuschuss mindern. Nur seine eigenen Aufwendungen bilden dann die Grundlage für die Bemessung der AfA. Der Ausdruck „erfolgsneutral" ist in diesem Zusammenhang nicht ganz korrekt. Denn bei abschreibungsfähigen Wirtschaftsgütern wird der Zuschuss über die spätere geringere AfA und bei nicht abnutzungsfähigen Wirtschaftsgütern durch einen höheren Ertrag beim Verkauf ertragsmäßig doch erfasst.

Bei Eingang des Zuschusses der Stadt am 20.12.01 ist die Maschine noch nicht geliefert. Um die 100.000 Euro im Jahre 01 nicht doch als Ertrag ausweisen zu müssen, bleibt Schilling keine andere Wahl, als diesen Betrag im Rahmen einer Rücklage zu erfassen, die bei Anschaffung der Maschine wieder aufgelöst wird. Rechtsprechung und Verwaltung lassen diese Rücklage, als Zuschussrücklage bezeichnet, steuerfrei zu (R 6.5 Abs. 4 EStR).

Schilling bucht daher richtig am 20.12.01: „Bankkonto an Zuschussrücklage 100.000 Euro". Am 31.12.01 wird diese Rücklage in der Bilanz erfasst.

Bei Lieferung der Maschine am 14.01.02 bucht Schilling: „Anlagekonto 500.000 Euro, Vorsteuer 95.000 Euro an sonstige Verbindlichkeiten 595.000 Euro" und anschließend: „Zuschussrücklage an Anlagekonto 100.000 Euro". Dadurch hat Schilling erreicht, dass über die Zwischenschaltung des Rücklagekontos die 100.000 Euro im Jahr 01 nicht als Ertrag auszuweisen waren und dass im Jahr 02 bei Anschaffung der Maschine nur 400.000 Euro zu Buch stehen.

2. Nach § 7 Abs. 1 Satz 4 EStG kann Schilling im Jahr 02 die volle AfA geltend machen, d. h. bei linearer Absetzung 10 % von (500.000 Euro ./. 100.000 Euro) = 40.000 Euro. Die Maschine ist daher am 31.12.02 mit 360.000 Euro und am 31.12.03 mit 320.000 Euro anzusetzen.

3. Umsatzsteuerlich handelt es sich bei dem Zuschuss der Stadt um einen echten, d. h. nicht steuerbaren Zuschuss (vgl. BFH vom 13.11.1997, BStBl 1998 II S. 169, und Lippross, Tz. 5.2.4.2.3 mit vielen Beispielen). Ein unmittelbarer wirtschaftlicher Zusammenhang zwischen dem Zuschuss und den Leistungen des Schilling an Dritte (Lieferung der Zeitungen) ist nicht gegeben. Der Zuschuss hat in erster Linie den Zweck, dem Zuschussempfänger (Schilling) Geldmittel zu verschaffen und nicht die Zeitungslieferungen zu verbilligen. Er richtet sich somit nicht nach dem Umfang der Leistungen aus, die Schilling an Dritte erbringt.

Dem Zuschuss der Stadt steht auch nicht eine unmittelbare Leistung des Zuschussempfängers (Schilling) an den Zuschussgeber (Stadt) gegenüber. Die Stadt gab den Zuschuss, um die weitere Herausgabe der Zeitung zu sichern. Bezuschusst wurde daher ein im allgemeinen (öffentlichen) Interesse stehendes Verhalten und nicht eine **konkrete** Gegenleistung des Schilling (vgl. Abschn. 10.2 Abs. 7 UStAE und BFH vom 08.03.1990, BStBl 1990 II S. 708, vom 28.07.1994, BStBl 1995 II S. 86, und vom 13.11.1997, BStBl 1998 II S. 169).

4. Bezüglich des Erwerbs der Druckmaschine steht Schilling in voller Höhe der Vorsteuerabzug gem. § 15 UStG zu. Es ist davon auszugehen, dass Schilling der Regelbesteuerung unterliegt und eine ordnungsgemäße, zum Vorsteuerabzug berechtigende Rechnung i. S. des § 14 Abs. 1 UStG erhalten hat.

Die an ihn gewährte Zuschusszahlung mindert nicht anteilig die Vorsteuerabzugsberechtigung. Es ist auch unerheblich, dass die Ausgangsumsätze des Schilling (Zeitungslieferungen) dem ermäßigten Steuersatz von 7 % unterliegen, Anlage 2 zu § 12 Abs. 2 Nr. 1 und 2, Nr. 49 Buchst. b UStG.

Der Vorsteuerabzug kann frühestens im Voranmeldungszeitraum Januar 02 geltend gemacht werden. Voraussetzung für den Vorsteuerabzug ist u. a., dass die Lieferung an das Unternehmen des Unternehmers bewirkt wurde (Durchführung des Erfüllungsgeschäftes; die Ausnahme des § 15 Abs. 1 Nr. 1 Satz 3 UStG liegt nicht vor) und der Unternehmer eine ordnungsgemäße, zum Vorsteuerabzug berechtigende Rechnung erhalten hat.

Fall 46

Raten, Renten und Darlehensschuld bei der Anschaffung von Wirtschaftsgütern – Tilgungsproblematik – Abzinsungsproblematik

Sachverhalt

Der bilanzierende Uhrenfabrikant Martin Rinck in Pforzheim erwirbt durch notariellen Vertrag mit Wirkung vom 01.01.01 einen in der Nähe seines Betriebs gelegenen Parkplatz, den er betrieblich nutzen kann und will. Veräußerer ist der ebenfalls bilanzierende Großhändler landwirtschaftlicher Erzeugnisse Heinrich Meng. Das Grundstück war bei Meng bilanziert und hatte am 01.01.01 einen Buchwert von 100.000 Euro und einen Teilwert von 125.000 Euro.

Da Rinck den Kaufpreis nicht sofort bezahlen kann und Meng – 64 Jahre alt – aus Versorgungsgründen daran interessiert ist, den Kaufpreis nicht sofort voll zu erhalten, einigen sie sich wie folgt:

1. Rinck zahlt an Meng am 01.01.01 20.000 Euro in bar.

2. 50.000 Euro zahlt Rinck in jährlichen Raten von 10.000 Euro zuzüglich 6 % Zinsen jährlich aus der jeweiligen Restkaufpreisschuld. Die 1. Rate mit Zinsen ist am 01.01.02 fällig.

3. Außerdem zahlt Rinck an Meng ab 01.01.01 eine monatliche, im Voraus fällige Rente auf Lebenszeit von 500 Euro.

Um die Barzahlung von 20.000 Euro aufbringen zu können, nimmt Rinck in gleicher Höhe ein Bankdarlehen gegen banküblische Zinsen auf.

Zwischen Rinck und Meng bestehen keine verwandtschaftlichen, freundschaftlichen oder betrieblichen Beziehungen. Der Rentenbarwert beträgt am 01.01.01 69.012 Euro und am 01.01.02 67.248 Euro. Beide stellen ihre Bilanzen zum 31.12. jeden Jahres auf.

Frage

1. Stellen die Zahlungen von 5 × 10.000 Euro Kaufpreisraten oder eine Rente dar?

2. Ist die monatliche Zahlung von 500 Euro eine Veräußerungsrente oder eine Versorgungsrente?

3. Wie hoch sind für Rinck die Anschaffungskosten des Parkplatzes, und wie sind sie zu ermitteln?

4. Ist der Parkplatz bei Rinck als Betriebsvermögen zu erfassen, und muss er das Darlehen passivieren? Ist das Darlehen abzuzinsen?

5. Wie hat Rinck die an Meng geleisteten Zahlungen buchmäßig zu behandeln?

6. Wie hat Meng den Verkauf des Parkplatzes zu buchen, und wie sind die von Rinck erhaltenen Zahlungen zu behandeln?

Antwort

1. Die Zahlungen von 5 × 10.000 Euro sind Kaufpreisraten.

2. Die monatliche Zahlung von 500 Euro ist eine Veräußerungsrente.

3. Die Anschaffungskosten des Parkplatzes betragen 139.012 Euro. Sie setzen sich zusammen aus:

   a) der Barzahlung von 20.000 Euro,

   b) dem Ratenbarwert von 50.000 Euro,

   c) dem Rentenbarwert von 69.012 Euro.

4. Den Parkplatz muss Rinck als Betriebsvermögen aktivieren. Da er die Valuta ins Betriebsvermögen einbrachte, muss er das Darlehen passivieren. Das Darlehen ist nicht abzuzinsen, weil es nicht zinslos oder niedrigverzinslich gewährt wurde.

5. a) Rinck hat den Ratenbarwert als Kaufpreisverbindlichkeit zu passivieren. Die Zinszahlungen sind sofort abzugsfähige Betriebsausgaben, sie sind – soweit sie auf das Jahr 01 entfallen – schon am Bilanzstichtag zu erfassen.

   b) Den Rentenbarwert muss Rinck als betriebliche Verbindlichkeit passivieren. Diese Rentenverbindlichkeit kann er nach versicherungsmathematischer oder buchhalterischer Methode auflösen.

6. Meng hat ein Wahlrecht:

   a) Er kann den Parkplatz vor Veräußerung mit dem Teilwert entnehmen. Die Rente ist dann gem. § 22 Nr. 1 Satz 3 Buchst. a Doppelbuchst. bb EStG mit dem Ertragsanteil, die Zinsen aus dem Ratengeschäft sind gem. § 20 Abs. 1 Nr. 7 EStG zu versteuern.

   b) Er kann den Parkplatz betrieblich veräußern. Die dabei entstehende Rentenforderung ist versicherungsmathematisch oder buchhalterisch aufzulösen. Die Zinsen der Kaufpreisraten sind dann laufende Einkünfte nach § 15 EStG.

Begründung

1. Die Zahlungen von 5 × 10.000 Euro sind zwar regelmäßig wiederkehrende, fest begrenzte und gleichmäßige Leistungen. Eine Rente liegt jedoch nur vor, wenn die Leistungen – auf einem Rentenstammrecht beruhend – entweder auf die Lebenszeit eines oder mehrerer Menschen oder mindestens auf die Dauer von 10 Jahren eingeräumt sind (BFH vom 18.03.1980, BStBl 1980 II S. 501, und vom 15.07.1991 GrS 1/90, BStBl 1992 II S. 78). Dies ist beides nicht der Fall. Es sind insoweit also Kaufpreisraten gegeben. Der Kaufpreis ist ziffernmäßig bestimmt, von Meng gestundet und soll nur in Teilbeträgen bezahlt werden (BFH vom 30.07.1965, BStBl 1965 III S. 613).

Nach der Rechtsprechung sind ohne Rücksicht auf die Benennung durch die Vertragsparteien Kaufpreisraten oder Tilgungsraten überall dort anzunehmen, wo die einzelnen Zahlungen wirtschaftlich noch als Kapitalrückzahlungen (ggf. zuzüglich Zinsen) aus einem darlehensähnlichen Geschäft (Stundung des Kaufpreises) angesehen werden können.

Bei Ratenzahlungen liegt das Interesse auf Aufspaltung des Gesamtbetrages beim Käufer; er lässt den Betrag stunden, weil er nicht sofort bezahlen kann oder will. Bei Rentenzahlungen liegt das Interesse auf Aufspaltung des Gesamtbetrages beim Verkäufer; er lässt sich im Interesse seiner Versorgung die Leistungen sukzessive erbringen (BFH vom 30.07.1965, BStBl 1965 III S. 613, vom 12.06.1968, BStBl 1968 II S. 653, vom 24.04.1970, BStBl 1970 II S. 541, und vom 15.07.1991 GrS 1/90, BStBl 1992 II S. 78).

In der Vereinbarung zwischen Rinck und Meng fehlt auch jedes Wagnis, das eine Rente voraussetzt. Denn bei Festlegung der jährlichen Raten von 10.000 Euro sind – außer den Zinsen – keine weiteren Umstände vereinbart worden, nicht einmal, dass Rinck von seiner Zahlungspflicht befreit wird, wenn Meng vor dem 01.01.06 stirbt (Wegfallrisiko). Die Restkaufpreisschuld wäre daher in voller Höhe an die Erben zu bezahlen (vgl. BFH vom 29.10.1974, BStBl 1975 II S. 173), sodass auch von diesem Gesichtspunkt her Kaufpreisraten vorliegen.

2. Die monatlichen Zahlungen von Rinck an Meng i. H. von 500 Euro stellen eine Leibrente dar, denn es sind regelmäßig wiederkehrende, fest begrenzte und gleichmäßige Leistungen, die mit dem Tod von Meng enden (vgl. BFH vom 15.07.1991 GrS 1/90, BStBl 1992 II S. 78, und Littmann/Lüsch, § 22 Rn. 47 ff.).

Laut Sachverhalt bestehen zwischen Rinck und Meng keine verwandtschaftlichen, freundschaftlichen oder betrieblichen Beziehungen. Da Kaufleute sich gegenseitig grundsätzlich nichts schenken, kann davon ausgegangen werden, dass hier Leistung und Gegenleistung nach kaufmännischen Grundsätzen gegeneinander abgewogen worden sind (BFH vom 24.10.1978, BStBl 1979 II S. 135, vom 12.11.1985, BStBl 1986 II S. 55, vom 20.12.1988, BStBl 1989 II S. 585, vom 29.01.1992, BStBl 1992 II S. 465, vom 16.12.1993, BStBl 1996 II S. 669, und vom 30.07.2003, BStBl 2004 II S. 211). Die Rente hat daher Veräußerungscharakter; es ist eine Veräußerungsrente.

Für die Annahme einer Veräußerungsrente reicht es sogar aus, wenn die Parteien wenigstens subjektiv davon ausgingen, dass Leistung und Gegenleistung gleichwertig sind, dass sich also die Höhe der Leistung des einen nach der Höhe der Leistung des anderen richten sollte (BFH vom 20.12.1988, BStBl 1989 II S. 585, vom 29.01.1992, BStBl 1992 II S. 465, und vom 30.07.2003, BStBl 2004 II S. 211); vgl. auch BMF-Schreiben vom 16.09.2004, BStBl 2004 I S. 922 (= **Rentenerlass**) Rn. 4.

Das Interesse von Meng an einer gewissen Sicherstellung seiner Versorgung spricht nicht dagegen, ist einer Rente – im Gegensatz zur Rate – vielmehr immanent. Nur wenn die Rente nicht als Gegenleistung für den überlassenen Parkplatz angesehen werden könnte, wenn sie aus anderen – betrieblichen oder privaten – Gründen gewährt würde, könnte man an eine Versorgungsrente denken (BFH vom 23.11.1967, BStBl 1968 II S. 266, vom 24.10.1978, BStBl 1979 II S. 135, vom 18.01.1979, BStBl 1979 II S. 403, vom 25.10.1984, BStBl 1985 II S. 212, vom 12.11.1985, BStBl 1986 II S. 55, vom 20.12.1988, BStBl 1989 II S. 585, vom 15.07.1991 GrS 1/90, BStBl 1992 II S. 78, vom 12.05.2003 GrS 1/00, BStBl 2004 II S. 95, und vom 12.05.2003 GrS 2/00, BStBl 2004 II S. 100; Rentenerlass, a. a. O., Rn. 2).

3. Rinck hat als Anschaffungskosten für den Parkplatz insgesamt 139.012 Euro anzusetzen. Dieser Betrag setzt sich aus folgenden Positionen zusammen:

a) Der **Barzahlung** von 20.000 Euro. Es bedarf keiner besonderen Begründung, dass die Barzahlung anzusetzen ist, denn Rinck hat sie für den Parkplatz aufgewandt.

b) Dem **Ratenbarwert** von 50.000 Euro. Der Barwert der Kaufpreisschuld ist bei angemessener Verzinsung – wie hier 6 % jährlich – identisch mit der Summe der Kaufpreisraten, also dem Wert, den Rinck für den Erwerb des Parkplatzes, verteilt auf 5 Jahre, mit aufwendet.

Wäre der Kaufpreis jedoch **zinslos** gestundet oder unangemessen niedrig zu verzinsen, wäre der Barwert durch Abzinsung zu ermitteln. Bei der Abzinsung ist ein Zinsfuß von 5,5 % zu verwenden, § 6 Abs. 1 Nr. 3 Satz 1 EStG, mit der Möglichkeit, den Barwert nach den Hilfstafeln zum Bewertungsgesetz zu errechnen. Eine Abzinsung kann jedoch wegen Geringfügigkeit unterbleiben, wenn der Kaufpreis nur für verhältnismäßig kurze Zeit – bis zu einem Jahr – gestundet wird (§ 6 Abs. 1 Nr. 3 Satz 2 EStG und BFH vom 01.04.1958, BStBl 1958 III S. 291, und vom 21.10.1980, BStBl 1981 II S. 160). Die Abzinsungsverpflichtung, also § 6 Abs. 1 Nr. 3 EStG, ist ab 01.01.1999 in das EStG aufgenommen worden. Vorher galt die Abzinsungsverpflichtung in den meisten Fällen schon durch die BFH-Rechtsprechung (vgl. hierzu BMF-Schreiben vom 03.08.2004, BStBl 2004 I S. 1187 Tz. 2.2 mit einem Beispiel zum Ratenkauf eines GmbH-Anteils, sowie ausführliches BMF-Schreiben vom 26.05.2005, BStBl 2005 I S. 699 mit vielen Beispielen; außerdem unten Fall 49).

c) Dem **Rentenbarwert** von 69.012 Euro. Bei Leibrentenzahlungen liegt kein fester Kaufpreis vor, da die Zahlungen mit einem Wagnis verbunden sind; sie hängen vom Tod der Bezugsperson – hier Meng – ab. Rechtsprechung und Verwaltung sind einhellig der Meinung, als Anschaffungskosten bei Leibrentenzahlungen den **versicherungsmathematischen Barwert** oder **den Barwert nach den §§ 12 ff. BewG** anzusetzen (BFH vom 05.02.1969, BStBl 1969 II S. 334, vom 20.11.1969, BStBl 1970 II S. 309, und vom

20.08.1970, BStBl 1970 II S. 807; Wahlrecht gem. R 6.2 EStR; vgl. auch **Rentenerlass,** a. a. O. Rn. 60 zum Privatvermögen). Der versicherungsmathematische Wert wird aus der voraussichtlich zu zahlenden Gesamtsumme der Rentenbeträge unter Zugrundelegung der voraussichtlichen Lebensdauer der Bezugsperson bei gleichzeitiger Abzinsung auf die voraussichtliche Laufzeit berechnet. Abzinsung deshalb, weil neben der Rentenzahlung im Allgemeinen keine Zinsen bezahlt werden, der Barwert daher um den erst künftig zu erbringenden in der Rente enthaltenen Zinsanteil geringer ist (BFH vom 20.11.1969, BStBl 1970 II S. 309). Der Rentenbarwert nach § 14 BewG beträgt zum 01.01.01 nach der Sterbetafel des Statistischen Bundesamtes für das Jahr 2010 (BMF-Schreiben vom 01.10.2009, BStBl 2009 I S. 1168): 500 Euro × 12 Monate × 11,502 = 69.012 Euro.

Der einmal angesetzte Anschaffungswert bleibt bestehen, auch wenn – wie in der Praxis häufig – aufgrund einer **Wertsicherungsklausel** (z. B. Lebenshaltungskostenindex, Anpassung an Beamtengehälter oder Sozialversicherungsrenten) sich die Höhe der Rente später ändert (BFH vom 20.08.1970, BStBl 1970 II S. 807, und vom 29.11.1983, BStBl 1984 II S. 109).

4. Rinck kann und will den Parkplatz betrieblich nutzen. Er ist daher notwendiges Betriebsvermögen.

Das Darlehen ist im Zusammenhang mit dem Erwerb dieses Parkplatzes aufgenommen worden. Damit ist es eine Betriebsschuld. Verbindlichkeiten, die im Zusammenhang mit dem Erwerb von Wirtschaftsgütern des Betriebsvermögens oder aus sonstigen betrieblichen Gründen eingegangen werden, gehören notwendig zum Betriebsvermögen. Verbindlichkeiten, die aus privaten Gründen eingegangen werden, sind notwendiges Privatvermögen. „Gewillkürte" Betriebsschulden gibt es nicht. Schulden sind daher entweder privat oder „notwendig" betrieblich (vgl. Fall 14).

Die Zinszahlungen sind damit Aufwand.

Wäre das Darlehen nicht zu verzinsen – in der Praxis bei Banken kaum vorstellbar –, müsste Rinck den Abzinsungsbetrag wie folgt buchen:

Entweder direkt „Darlehen an sonstige betriebliche Erträge" oder „Wertberichtigung Darlehen an sonstige betriebliche Erträge". Um die volle Verbindlichkeit jederzeit in der Bilanz erkennen zu können, ist die Buchung über eine Wertberichtigung u. E. vernünftiger. Der Wertberichtigungsposten ist dann entsprechend der Laufzeit über Aufwand aufzulösen: „Zinsaufwand an Wertberichtigung".

Handelt es sich um ein **Fälligkeitsdarlehen** – der Betrag ist auf einmal am Ende der Laufzeit zurückzuzahlen –, ist die Wertberichtigung linear aufzulösen, weil die Zinsbelastung gleich hoch bleibt. Handelt es sich um ein **Tilgungsdarlehen,** das sich durch laufende Zahlungen ständig verringert, ist die Wertberichtigung digital aufzulösen (vgl. hierzu Fall 15 zum Damnum). Hier wird die Zinsbelastung ständig geringer. Zur Abzinsungsproblematik vgl. unten Fall 49 und BMF-Schreiben vom 03.08.2004, BStBl 2004 I S. 1187

Tz. 2.2 mit einem Beispiel zu einem Ratenkauf einer GmbH-Beteiligung, sowie ausführliches BMF-Schreiben vom 26.05.2005, BStBl 2005 I S. 699 mit vielen Beispielen.

5. a) Rinck hat am 01.01.01 den Ratenbarwert als Kaufpreisverbindlichkeit zu passivieren; Buchung: „Parkplatz an sonstige Verbindlichkeit". Bei Fälligkeit der ersten Rate am 01.01.02 muss Rinck 13.000 Euro zahlen (10.000 Euro + 6 % aus 50.000 Euro). Dabei wird die Rate umschichtend gebucht; Buchung: „sonstige Verbindlichkeit an Geldkonto 10.000 Euro". Die das Jahr 01 betreffenden Zinsen muss Rinck schon am 31.12.01 als Aufwand erfassen; Buchung: „Zinsaufwand an sonstige Verbindlichkeit 3.000 Euro". Bei Bezahlung am 01.01.02 bucht er dann umschichtend: „sonstige Verbindlichkeit an Geldkonto".

Hätte die Kaufpreisschuld abgezinst angesetzt werden müssen, wären die laufenden Raten entsprechend den angeführten Tabellen in einen Zins- und Tilgungsanteil aufzuteilen und entsprechend wie oben zu buchen.

b) Rinck hat außerdem am 01.01.01 den Rentenbarwert i. H. von 69.012 Euro als Rentenverbindlichkeit zu passivieren; Buchung: „Parkplatz an Rentenverbindlichkeit 69.012 Euro". Die Rentenverbindlichkeit kann er nach zwei Methoden auflösen, versicherungsmathematisch oder buchhalterisch.

aa) Versicherungsmathematische Methode: Da der Barwert der Leibrentenschuld sich durch das Älterwerden des Berechtigten und durch die laufenden Rentenzahlungen stetig verringert, ist er zu den einzelnen Bilanzstichtagen neu zu berechnen und mit dem geänderten Wert als Schuldposten in der Bilanz auszuweisen. Die laufenden Rentenzahlungen sind buchmäßig Aufwand; die Barwertminderung stellt die Tilgung der Rentenschuld dar und ist buchmäßig Ertrag (BFH vom 31.01.1980, BStBl 1980 II S. 491). Am 31.12.01/01.01.02 beträgt der Rentenbarwert nach § 14 BewG 67.248 Euro (500 Euro × 12 × 11,208). Vergleiche oben erwähnte Sterbetafel. Bei Rinck ergibt sich daher für 01 insgesamt ein Aufwand von 4.236 Euro, nämlich 6.000 Euro Aufwand (12 × 500 Euro) ./. 1.764 Euro Ertrag (69.012 Euro ./. 67.248 Euro). Diese 4.236 Euro stellen im Wesentlichen den Zinsanteil der Rentenverpflichtung dar.

Buchungen:		
1. Rentenaufwand an Geldkonto 12 × 500 € =		6.000 €
2. Rentenverbindlichkeit an Schlussbilanz		67.248 €
3. Rentenverbindlichkeit an Rentenertrag		1.764 €

bb) Buchhalterische Methode: Aus Vereinfachungsgründen wird in der Praxis, insbesondere bei kleineren Beträgen oder kleineren Betrieben, auf die jährliche Neubewertung und Neupassivierung der Rentenschuld verzichtet, und stattdessen werden die laufenden Rentenzahlungen mit der auf den Zeitpunkt des Erwerbs festgestellten Rentenschuld verrechnet. Bis zur Höhe der passivierten Verpflichtung berühren die Rentenzahlungen nicht den Gewinn; nach Übersteigen dieser Grenze sind sie jedoch in vollem

Umfang Aufwand. Buchungen: „Rentenverbindlichkeit an Geldkonto 12 × 500 Euro = 6.000 Euro". Die buchhalterische Methode ist bei Bilanzierenden sehr umstritten, weil sie die laufende Zinsbelastung nicht erfasst. Auch handelsrechtlich ist sie zulässig.

6. Meng hat zwei Möglichkeiten (BFH vom 20.01.1971, BStBl 1971 II S. 302):

a) Er kann das Grundstück eine logische Sekunde vor Veräußerung mit dem Teilwert entnehmen. Dies hat zur Folge, dass er die Differenz zwischen dem Buchwert, 100.000 Euro, und dem Teilwert, 125.000 Euro, also 25.000 Euro, als laufenden Gewinn voll zu versteuern hat. Diese Möglichkeit ist jedoch nur bei Wirtschaftsgütern unumstritten, die zum gewillkürten Betriebsvermögen gehören. Bei Wirtschaftsgütern des notwendigen Betriebsvermögens wird sie nicht anzuerkennen sein, es sei denn, man folgert aus der Entscheidung des BFH vom 20.01.1971 (BStBl 1971 II S. 302), dass mindestens die Rentenforderung unmittelbar nach dem Entstehen entnommen werden kann. Das wäre hier – im Gegensatz zur Behandlung anderer Forderungen – möglich, weil die Vereinbarung einer Leibrente den Versorgungsinteressen des Berechtigten dient und die Forderung damit einen privaten Bezug hat.

Die Kaufpreisraten haben mit dem Betrieb jetzt nichts mehr zu tun, sie stellen Privatvermögen dar. Die Zinsen sind daher Einkünfte aus § 20 Abs. 1 Nr. 7 EStG.

Die Rente hat dann ebenfalls mit dem Betrieb nichts mehr zu tun, sie entsteht im privaten Bereich bei Veräußerung eines Wirtschaftsguts des Privatvermögens. Meng hat sie daher gem. § 22 Nr. 1 Satz 3 Buchst. a Doppelbuchst. bb EStG mit dem Ertragsanteil zu versteuern (vgl. Rentenerlass, a. a. O. Rn. 57).

b) Meng kann die Grundstücksveräußerung als betrieblichen Vorgang behandeln. Dann hat er am 01.01.01 dem Buchwert des Grundstücks die erhaltene Barzahlung, den Ratenbarwert und den Rentenbarwert gegenüberzustellen und die Differenz als laufenden Gewinn zu versteuern; Buchung: „Geldkonto 20.000 Euro, Kaufpreisforderung 50.000 Euro und Rentenforderung 69.012 Euro an Grundstück 100.000 Euro und sonstige betriebliche Erträge 39.012 Euro". Es handelt sich um einen Geschäftsvorfall des Jahres 01.

Die Ratenzahlungen sind erfolgsneutral und die Zinsen als laufender Ertrag zu buchen. Dabei ist jedoch zu beachten, dass Meng den Zinsertrag schon am 31.12.01 mit der Buchung: „sonstige Forderung an Zinsertrag 3.000 Euro" erfassen muss (vgl. oben unter 5. a).

Müsste die Kaufpreisforderung abgezinst angesetzt werden, wären auch bei Meng die Zahlungen in Zins- und Tilgungsanteile aufzuteilen, d. h. die Zinsteile als Ertrag zu buchen.

Die Rentenforderung ist bei Meng entweder nach versicherungsmathematischer oder buchhalterischer Methode aufzulösen (vgl. oben 5. b) mit entgegengesetzter Auswirkung). Die Zahlungen von 6.000 Euro sind Ertrag und die Verminderung der Rentenforderung um 1.764 Euro ist Aufwand, wenn er sich zur versicherungsmathematischen Auflösung entschließt. Geht er dagegen buchhalterisch vor, sehr umstritten, vgl. 5. b) bb), hat er die Zahlungen zuerst über das Forderungskonto zu buchen und erst dann als Ertrag anzusetzen, wenn sie den Rentenbarwert vollständig aufgezehrt haben.

Fall 47

Erwerb eines Betriebs

Sachverhalt

Der Zeitungswissenschaftler Dr. Hermann Lausberg, bisher in einem großen Verlag mit eigener Druckerei angestellt, will sich selbständig machen. Er erwirbt daher mit Vertrag vom 05.12.01 die Druckerei des Günter Leber in Freiburg zum Preis von 400.000 Euro. Der Betrieb geht lt. Vertrag mit Wirkung vom 01.01.02 auf Dr. Lausberg über. Dr. Lausberg wählt als Wirtschaftsjahr das Kalenderjahr.

Der Preis wurde aufgrund einer von Günter Leber nach Aufdeckung aller stillen Reserven zum 31.12.01 aufgestellten Schlussbilanz (als Vermögensstatus) vereinbart:

Aktiva		Bilanz Leber zum 31.12.01	Passiva	
	€			€
Firmenwert	60.000	Kapital		400.000
Grund und Boden	100.000	Hypothekenschuld		75.000
Gebäude	240.000	Vorratsverbindlichkeiten		20.000
Inventar	5.000	USt		5.000
Maschinen	50.000			
LKW	10.000			
Vorräte	11.000			
Forderungen	24.000			
	500.000			500.000

Dr. Lausberg und Leber waren sich im Vertrag vom 05.12.01 einig, dass Dr. Lausberg alle aktiven Wirtschaftsgüter und alle Schulden (einschließlich der ausgewiesenen USt) übernehmen sollte. Die durch den Verkauf entstehende Grunderwerbsteuer – 3,5 %[4] – sollte Dr. Lausberg als Erwerber

---

4 Seit 01.09.2006 können die einzelnen Bundesländer auch einen anderen GrESt-Satz festlegen.

ebenfalls aufbringen, d. h., er hatte noch die GrESt an das Finanzamt zu zahlen. Aufgrund eines Gutachtens waren sich beide auch über die einzelnen übernommenen Werte einig; sie entsprechen den einzelnen Teilwerten, die mit den gemeinen Werten (ohne USt) übereinstimmen. Der Kaufpreis sollte am 01.04.02 entrichtet werden. Die Rechnung des Leber ging Dr. Lausberg erst am 15.01.02 zu.

Dr. Lausberg nahm zum Erwerb des Betriebs noch am 28.12.01 bei seiner Bank eine Hypothekenschuld i. H. von 100.000 Euro auf. Das Geld stand am 30.03.02 unter Abzug eines Damnums von 3 % auf einem neuen Darlehenskonto Dr. Lausberg zur Verfügung. Das Darlehen ist am 31.12.10 in einer Summe zurückzuzahlen und bis dahin mit 6,5 % zu verzinsen.

Das massive Gebäude ist vor zehn Jahren errichtet worden und hat eine übliche Nutzungsdauer. Die Position Inventar setzt sich nur aus einigen Regalen, Tischen und Stühlen zusammen. Das erwähnte Gutachten ging hierbei von Einzelwerten zwischen 200 Euro bis höchstens 410 Euro aus. Für die erworbenen Maschinen (eine Offsetdruckmaschine, eine Offsetvervielfältigungsmaschine, eine Repro- und eine Folienkamera) und für den LKW stellte das Gutachten noch eine Restnutzungsdauer von höchstens 5 Jahren fest. Bei den Vorräten handelt es sich im Wesentlichen um Druckpapier.

Frage

1. Mit welchen Werten hat Dr. Lausberg die einzelnen Wirtschaftsgüter in seine Anfangsbilanz zum 01.01.02 zu übernehmen?

2. Entstehen bei Dr. Lausberg oder Leber umsatzsteuerliche Probleme?

3. Wie sieht die Anfangsbilanz des Dr. Lausberg zum 01.01.02 aus?

Antwort

1. Die entgeltlich erworbenen Wirtschaftsgüter sind mit ihren Anschaffungskosten (hier gleich Teilwerten) zu übernehmen:

Firmenwert	60.000 €
Grund und Boden	103.500 € (einschließlich GrESt)
Gebäude	248.400 € (einschließlich GrESt)
Inventar	5.000 €
Maschinen	50.000 €
LKW	10.000 €
Vorräte	11.000 €
Forderungen	24.000 €

2. Bei beiden Beteiligten entstehen keine umsatzsteuerlichen Probleme, da gem. § 1 Abs. 1a UStG bei Geschäftsveräußerungen keine USt entsteht.

3. Die Anfangsbilanz des Dr. Lausberg hat folgendes Aussehen:

Aktiva		Anfangsbilanz zum 01.01.02	Passiva
	€		€
Firmenwert	60.000	Hypothekenschuld	75.000
Grund und Boden	103.500	Sonstige Verbindlichkeiten	411.900
Gebäude	248.400	Vorratsverbindlichkeiten	20.000
Inventar	5.000	USt	5.000
Maschinen	50.000		
LKW	10.000		
Vorräte	11.000		
Forderungen	24.000		
	511.900		511.900

Begründung

1. Gemäß § 6 Abs. 1 Nr. 7 EStG sind beim entgeltlichen Erwerb eines Betriebs die Wirtschaftsgüter mit dem Teilwert, höchstens jedoch mit den Anschaffungs- oder Herstellungskosten, anzusetzen. Aus dieser Vorschrift ergibt sich, dass es im Grunde genommen keinen Unterschied macht, ob ein einzelnes Wirtschaftsgut oder ob mehrere Wirtschaftsgüter entgeltlich erworben werden. Werden mehrere Wirtschaftsgüter – wie hier – gegen einen Gesamtkaufpreis übernommen, entsteht nur das Problem der Aufteilung des Preises auf die einzelnen Wirtschaftsgüter. Im vorliegenden Fall gingen die Beteiligten von einem Gutachten eines unbeteiligten Dritten aus; daher sollen die dabei festgestellten Einzelwerte auch hier steuerlich maßgeblich sein, wobei angenommen werden kann, dass sich der Gesamtkaufpreis mit dem Gesamtteilwert deckt.

Dr. Lausberg muss daher alle übernommenen Wirtschaftsgüter in seine Anfangsbilanz zum 01.01.02 aufnehmen. Zum 01.01.02 ging der ganze Betrieb – zumindest wirtschaftlich – auf Dr. Lausberg über. Der Anschaffungsvorgang ist daher am 01.01.02 abgeschlossen.

Um die Anschaffungskosten (bzw. die Teilwerte) der einzelnen Wirtschaftsgüter festzustellen, ist zunächst zu ermitteln, welche Beträge Dr. Lausberg an Leber zu zahlen hat. Dr. Lausberg hat einmal 400.000 Euro an Leber unmittelbar zu zahlen; dieser Betrag entspricht dem ausgewiesenen Kapital des zum 31.12.01 aufgestellten Vermögensstatus des Leber. Dr. Lausberg hat aber auch Schulden (Hypothekenschuld 75.000 Euro, Vorratsverbindlichkeiten 20.000 Euro und die im Unternehmen des Leber entstandene USt-Schuld von 5.000 Euro) übernommen. Diese Schulden erhöhen den Kaufpreis; denn ob Dr. Lausberg dem Leber die entsprechenden Beträge zahlt und Leber die Schulden begleicht oder ob Dr. Lausberg die Schulden des Leber begleicht, ist wirtschaftlich gleich. Dr. Lausberg hat daher 500.000 Euro (Kaufpreis 400.000 Euro und 100.000 Euro Schulden) für die übernommenen Wirtschaftsgüter zu zahlen. Da dieser Gesamtbetrag identisch ist mit dem Gesamtwert der übernommenen Wirtschaftsgüter, kann grundsätzlich davon ausgegangen werden, dass die im Vermögensstatus ausgewiesenen Einzelwerte auch die Anschaffungskosten (bzw. Teilwerte) der einzelnen Wirtschaftsgüter sind.

Zu den Anschaffungskosten zählt auch noch die GrESt. Dr. Lausberg hat sie übernommen; sie entsteht auch mit dem Abschluss des Kaufvertrags, sodass es sich um Nebenkosten der Anschaffung des Grund und Bodens und des Gebäudes handelt. Beim Grund und Boden sind es 3.500 Euro (3,5 %[5] von 100.000 Euro) und beim Gebäude 8.400 Euro (3,5 %[5] von 240.000 Euro).

Bei den übrigen entgeltlich erworbenen Wirtschaftsgütern gibt es keine Probleme. Die im Vermögensstatus des Leber ausgewiesenen einzelnen Werte sind daher mit den Anschaffungskosten (Teilwerten) bei Dr. Lausberg identisch (vgl. die oben unter der Antwort dargestellten Beträge).

2. § 1 Abs. 1a UStG legt fest, dass bei Geschäftsveräußerungen keine USt entsteht. Eine Geschäftsveräußerung im Sinne dieser Vorschrift liegt vor, da ein Unternehmen im Ganzen entgeltlich übereignet wird, wobei der erwerbende Unternehmer Dr. Lausberg an die Stelle des Veräußerers Leber tritt. Leber hat die Rechnung ohne USt auszustellen.

3. Bei Erstellung der Anfangsbilanz zum 01.01.02, die oben unter der Antwort zu 3. ausgewiesen ist, ist Folgendes zu beachten:

Einmal sind die Werte zu übernehmen, die oben unter der Antwort zu 1. aufgeführt sind.

Außerdem ist die mit dem Erwerb des Betriebs entstandene Kaufpreisschuld als sonstige Verbindlichkeit i. H. von 400.000 Euro anzusetzen.

Der Posten „sonstige Verbindlichkeiten" erhöht sich um die GrESt i. H. von 11.900 Euro.

Die von Dr. Lausberg zum Erwerb des Betriebs selbst aufgenommene Hypothekenschuld i. H. von 100.000 Euro ist betrieblich bedingt und bürgerlich-rechtlich noch im Jahr 01 entstanden. Da Dr. Lausberg aber erst am 30.03.02 über die Valuta verfügen konnte, ist dieser Vorgang erst im Jahr 02 zu buchen (Bank 97.000 Euro und Damnum 3.000 Euro an Hypothekenschuld 100.000 Euro) und das Damnum als Rechnungsabgrenzungsposten auch erst ab dem Jahr 02 zeitanteilig aufzulösen. Zum Bilanzstichtag 01.01.02 liegt nur ein schwebendes Geschäft vor, sodass diese Hypothekenschuld die Anfangsbilanz nicht berührt.

Die unter dem Posten Inventar ausgewiesenen Wirtschaftsgüter (Regale, Tische und Stühle) sind geringwertige Wirtschaftsgüter (GWG). Nach dem Gutachten ist jedes einzelne Regal, jeder einzelne Tisch usw. höchstens mit den Anschaffungskosten von 410 Euro anzusetzen. Bei den Regalen ist allerdings darauf zu achten, dass nicht die einzelnen Regalteile, sondern das im Betrieb jeweils aufgestellte einzelne Regal als einheitliches Ganzes

---

5 Seit 01.09.2006 können die einzelnen Bundesländer auch einen anderen GrESt-Satz festlegen.

wertmäßig unter 410 Euro liegen muss, um ein GWG annehmen zu können; vgl. BFH vom 26.07.1979, BStBl 1980 II S. 176. Dr. Lausberg kann daher den gesamten Posten Inventar sofort abschreiben. Dieses Wahlrecht gem. § 6 Abs. 2 EStG kann aber erst nach Aufstellung der Eröffnungsbilanz ausgeübt werden. Andernfalls würde dieser Betrag Dr. Lausberg als Aufwand fehlen. Da die einzelnen GWG wertmäßig jeweils den Betrag von 150 Euro übersteigen, sind sie in ein besonderes, laufend zu führendes Verzeichnis aufzunehmen, es sei denn, die erforderlichen Angaben im Verzeichnis ergeben sich aus der Buchführung, § 6 Abs. 2 Satz 4 und 5 EStG. Dr. Lausberg könnte diese Wirtschaftsgüter auch als Sammelposten führen und in 5 Wirtschaftsjahren abschreiben, wenn er die Sofortabschreibung als GWG nicht wünscht, § 6 Abs. 2a Satz 1 und 2 EStG.

Das Gebäude, die erworbenen Maschinen und den LKW kann Dr. Lausberg normal abschreiben, das Gebäude gem. § 7 Abs. 4 Satz 1 EStG mit 3 % oder 2,5 % oder 2 % und die Maschinen sowie den LKW entweder linear gem. § 7 Abs. 1 EStG mit 20 % oder degressiv gem. § 7 Abs. 2 EStG mit 25 %. Aber auch diese Abschreibungsmöglichkeit berührt die Anfangsbilanz nicht mehr, dies ist ein Vorgang des laufenden Geschäftsjahres.

Fall 48

Anschaffungskosten im Zusammenhang mit einem Erbbaurecht – Rechnungsabgrenzungsposten beim Erbbauzins und bei sonstigen Zahlungen – Erschließungsbeiträge und Kanalanschlussgebühren, durch den Erbbauberechtigten bezahlt – Herstellungskosten und AfA gem. § 7 Abs. 4 Satz 1 und 2 EStG – Erwerb des Grundstücks durch den Erbbauberechtigten bei gleichzeitiger Auflösung des Erbbaurechts

Sachverhalt

Richard Klumpp betreibt in Ludwigsburg eine Großspedition, Frieder Kocher, ebenfalls in Ludwigsburg, eine Kfz-Reparaturwerkstätte. Beide ermitteln ihren Gewinn gem. § 5 EStG, das Wirtschaftsjahr entspricht bei beiden dem Kalenderjahr. Mit notariellem Vertrag vom 14.02.01 bestellte Kocher mit Wirkung ab 01.09.01 für die Dauer von 80 Jahren Klumpp ein Erbbaurecht auf dem bei ihm, Kocher, als Betriebsvermögen erfassten Grundstück, Rosenweg 53, auf dem Klumpp eine Lagerhalle errichten will. Klumpp bezahlte an Kocher für das Erbbaurecht am 01.09.01 einen Einmalbetrag von 80.000 Euro und hat jährlich im Voraus einen Erbbauzins, erstmals am 01.09.01, i. H. von 24.000 Euro zu erbringen. Außerdem übernahm Klumpp alle Kosten, die aus Anlass der Bestellung des Erbbaurechts anfielen; dies sind 60.000 Euro (Maklerprovision, Notargebühren, Grundbuchkosten und GrESt).

Im notariellen Vertrag vom 14.02.01 vereinbarten beide zusätzlich, dass Klumpp alle noch ausstehenden Erschließungsbeiträge und Kanalanschlussgebühren an die Stadt Ludwigsburg zu übernehmen hat. Klumpp zahlte diese i. H. von 120.000 Euro am 01.09.02. Dabei sind beide Vertragspartner einig, dass bei Beendigung des Erbbaurechtsverhältnisses Kocher diese Kosten nicht ersetzen muss.

Die vorgesehene Lagerhalle (Gebäude i. S. des § 7 Abs. 4 Satz 1 Nr. 1 EStG) mit einer Nutzungsdauer von 40 Jahren wurde am 01.04.03 fertig gestellt (Bauantragstellung nach dem 01.01.1994). Klumpp musste an den mit der Herstellung beauftragten Bauunternehmer 600.000 Euro bezahlen.

Mit einem weiteren notariellen Vertrag vom 05.08.07 veräußerte Kocher das bei ihm nach wie vor bilanzierte Grundstück mit Wirkung zum 31.12.07 für 400.000 Euro an Klumpp. Kocher hatte das Grundstück 10 Jahre zuvor für 100.000 Euro angeschafft. Das Erbbaurecht wurde von Klumpp zum 31.12.07 aufgehoben. An Anschaffungsnebenkosten (Notargebühren, Grundbuchkosten, GrESt) entstanden Klumpp bei Erwerb des Grundstücks 20.000 Euro.

Frage

1. Welche Beträge hat Klumpp an den einzelnen Stichtagen zu aktivieren, und welche kann er als Aufwand geltend machen?
2. Welche Beträge hat Kocher an den einzelnen Stichtagen zu aktivieren, und welche muss er als Ertrag erfassen?

Antwort

1. Klumpp hat als Erbbauberechtigter

   a) am 01.09.01 60.000 Euro als Anschaffungskosten des Erbbaurechts zu aktivieren und kann im Jahr 01 250 Euro AfA als Aufwand geltend machen. Am 31.12.01 steht daher das Erbbaurecht noch mit 59.750 Euro und am 31.12.07 noch mit 55.250 Euro zu Buch.

   b) am 01.09.01 den Erbbauzins i. H. von 24.000 Euro für das 1. Jahr wie folgt zu buchen: „Zinsaufwand 8.000 Euro und RAP 16.000 Euro an Geldkonto 24.000 Euro". Der RAP wird im Jahr 02 über Zinsaufwand aufgelöst. Da diese Buchungen immer wieder vorgenommen werden müssen, steht am 31.12.07 erneut ein aktiver RAP von 16.000 Euro zu Buch.

   c) am 01.09.01 die Einmalzahlung von 80.000 Euro wie folgt zu buchen: „Zinsaufwand 334 Euro und aktiver RAP 79.666 Euro an Geldkonto 80.000 Euro". Der RAP ist jährlich über Zinsaufwand um 1.000 Euro zu vermindern, sodass er am 31.12.07 noch mit 73.666 Euro zu Buch steht.

d) am 01.09.02 die Bezahlung der Erschließungsbeiträge und Kanal-anschlussgebühren wie folgt zu buchen: „Zinsaufwand 506 Euro und RAP 119.494 Euro an Geldkonto 120.000 Euro". Der RAP ist jährlich über Zinsaufwand um 1.519 Euro zu vermindern, sodass er am 31.12.07 noch mit 111.899 Euro zu Buch steht.

e) am 01.04.03 das Gebäude mit dessen Herstellungskosten zu aktivieren. Buchung: „Gebäude an Geldkonto 600.000 Euro". Am 31.12.03 kann er die AfA gem. § 7 Abs. 4 Satz 1 Nr. 1 EStG i. H. von 13.500 Euro geltend machen.

f) bei Erwerb des Grund und Bodens mit gleichzeitiger Auflösung des Erbbaurechts zum 31.12.07 als Anschaffungskosten 676.815 Euro anzusetzen. Der Buchwert des Erbbaurechts und die RAP sind dabei auf den Grund und Boden umzubuchen.

2. Kocher hat als Erbbauverpflichteter

a) am 01.09.01 den Erbbauzins i. H. von 24.000 Euro für das 1. Jahr wie folgt zu buchen: „Geldkonto 24.000 Euro an Zinsertrag 8.000 Euro und RAP 16.000 Euro". Der RAP wird im Jahr 02 über Zinsertrag aufgelöst. Da diese Buchungen immer wieder vorgenommen werden müssen, steht am 31.12.07 erneut ein passiver RAP von 16.000 Euro zu Buch.

b) am 01.09.01 die Einmalzahlung von 80.000 Euro wie folgt zu buchen: „Geldkonto 80.000 Euro an Zinsertrag 334 Euro und passiver RAP 79.666 Euro". Der RAP ist jährlich über Zinsertrag i. H. von 1.000 Euro aufzulösen, sodass er am 31.12.07 noch mit 73.666 Euro zu Buch steht.

c) am 01.09.02 bei Bezahlung der Erschließungsbeiträge und Kanal-anschlussgebühren wie folgt zu buchen: „Grund und Boden 120.000 Euro an Zinsertrag 506 Euro und passiver RAP 119.494 Euro". Der RAP ist jährlich über Zinsertrag i. H. von 1.519 Euro aufzulösen, sodass er am 31.12.07 noch mit 111.899 Euro zu Buch steht.

d) bei Veräußerung des Grundstücks zum 31.12.07 einen Veräußerungs-erlös i. H. von 180.000 Euro und durch Auflösung der RAP einen Zins-ertrag i. H. von 201.565 Euro zu buchen.

Begründung

1. Mit Bestellung des Erbbaurechts erwarb Klumpp ein im Grundbuch ein-zutragendes (damit dingliches) Recht, auf oder unter der Oberfläche des Grundstücks ein Gebäude zu haben (vgl. § 1 ErbbauVO). Im Normalfall wird bürgerlich-rechtlich der Eigentümer des Grund und Bodens auch Eigentümer des Gebäudes, weil dieses im Normalfall wesentlicher Bestand-teil des Grund und Bodens wird, § 94 BGB. Beim Erbbaurecht ist dies anders. Hier wird bürgerlich-rechtlich der Inhaber des Erbbaurechts Eigen-tümer des Gebäudes. Wird an einem Grundstück ein Erbbaurecht bestellt, so spaltet es sich bildlich gesprochen horizontal in zwei selbständige

218

Grundstücke, dem „Restgrundstück" Grund und Boden und dem „Grundstück" Erbbaurecht. Das Herrschaftsrecht Eigentum teilt sich in zwei Teile (vgl. BFH vom 31.10.1967, BStBl 1968 II S. 233, vom 28.10.1987, BStBl 1988 II S. 70, und vom 27.07.1994, BStBl 1994 II S. 934; vgl. auch Bruschke 2.3.5.2 = S. 92). Man muss sich das Erbbaurecht also wie eine Art Bodenbelag vorstellen. Solange es besteht, steht das Gebäude auf diesem besonderen Bodenbelag. Wird dieser Bodenbelag entfernt, d. h. erlischt das Erbbaurecht, wird wieder der Eigentümer des Grund und Bodens Eigentümer des Gebäudes, § 12 Abs. 3 ErbbauVO. Für das Erbbaurecht wird daher auch zusätzlich ein eigenes Grundbuch geführt, § 14 ErbbauVO, während das Grundbuch für den Grund und Boden mit dem Erbbaurecht belastet wird, § 1 Abs. 1 ErbbauVO.

Von diesen Grundsätzen ausgehend hat ein Erbbauberechtigter wie ein Erwerber von Grund und Boden auch Anschaffungskosten. Dabei ist allerdings zu beachten, dass das Erbbaurecht im Gegensatz zum Grund und Boden ständig an Wert verliert, weil es zu dem vereinbarten Zeitpunkt erlischt.

a) Am 01.09.01 bezahlte Klumpp mehrere Beträge. Davon sind nach der Rechtsprechung des BFH (Urteile vom 20.01.1983, BStBl 1983 II S. 413, vom 27.07.1994, BStBl 1994 II S. 934, und vom 22.04.1998, BStBl 1998 II S. 665) und der h. M. in der Literatur (Schmidt/Weber-Grellet, § 5 Rn. 270 „Erbbaurecht" m. w. N.) nur die im Zusammenhang mit der Bestellung des Erbbaurechts anfallenden Erwerbskosten, die nicht Gegenleistung für die Gebrauchsüberlassung sind, als Anschaffungskosten des Erbbaurechts zu aktivieren (vgl. hierzu auch BFH vom 11.10.1983, BStBl 1984 II S. 267, zu Pachtvorauszahlungen). Dies sind hier nur die Maklerprovision, Notargebühren, Grundbuchkosten und die GrESt von insgesamt 60.000 Euro (Bemessungsgrundlage für die GrESt ist übrigens im Normalfall der kapitalisierte Wert des Erbbauzinses, denn dieser ist die Gegenleistung für die Bestellung des Erbbaurechts, vgl. Bruschke 2.5.3.3 = S. 150); im vorliegenden Fall käme auch noch die Einmalzahlung hinzu.

Da das Erbbaurecht nach 80 Jahren erlischt, ist der zu aktivierende Betrag gem. § 7 Abs. 1 EStG linear auf diese Zeit abzuschreiben. Alle anderen AfA-Vorschriften sind nicht anwendbar; § 7 Abs. 2 EStG nicht, weil kein bewegliches Wirtschaftsgut vorliegt, und § 7 Abs. 4 und 5 EStG nicht, weil es sich um kein Gebäude handelt. Die Jahres-AfA beträgt daher 750 Euro, davon zeitanteilig für 4 Monate 250 Euro. Ein Recht ist kein bewegliches Wirtschaftsgut und auch kein Gebäude.

Am 31.12.01 steht daher das Erbbaurecht noch mit 59.750 Euro zu Buch (60.000 Euro ./. 250 Euro). Bei einer jährlichen AfA von 750 Euro beträgt der Buchwert am 31.12.07 noch 55.250 Euro (59.750 Euro ./. 6 × 750 Euro).

b) Klumpp hat am 01.09.01 auch 24.000 Euro an Erbbauzins bezahlt. Dieser Erbbauzins darf jedoch nicht als Anschaffungskosten des Erbbaurechts aktiviert werden. Denn zwischen dem Grundstückseigentümer und dem Erbbauberechtigten werden während der Dauer des Erbbaurechtsverhältnisses ständig Leistungen ausgetauscht. Der Grundstückseigentümer hat die Nutzung des Grund und Bodens sowie die Errichtung, die Unterhaltung und die Nutzung des Gebäudes durch den Erbbauberechtigten zu dulden, und der Erbbauberechtigte hat den jährlichen Erbbauzins zu zahlen. Bürgerlich-rechtlich werden diese Leistungen zwar durch die Bestellung des Erbbaurechts verdinglicht, steuerrechtlich kennzeichnen sie das Erbbaurecht jedoch als schwebendes Geschäft (vgl. oben Fall 20). Rechte und Verbindlichkeiten aus dem Erbbaurechtsverhältnis stehen sich daher gleichwertig gegenüber (vgl. BFH vom 17.04.1985, BStBl 1985 II S. 617, vom 24.10.1990, BStBl 1991 II S. 175, und vom 07.04.1994, BStBl 1994 II S. 796).

Da der Erbbauzins von 24.000 Euro am 01.09.01 für ein volles Jahr bezahlt wurde, nach betriebswirtschaftlichen Grundsätzen davon jedoch auf das Jahr 01 nur 4 Monate entfallen, hat Klumpp am 31.12.01 einen aktiven RAP zu bilden (vgl. oben Fall 14). Klumpp hat daher am 01.09.01 zu buchen: „Zinsaufwand (oder Erbbauzins) 8.000 Euro und RAP 16.000 Euro an Geldkonto 24.000 Euro".

An sich ist der RAP zum Bilanzstichtag zu bilden, sodass in zwei Schritten zu buchen wäre: Am 01.09.01 „Zinsaufwand 24.000 Euro an Geldkonto 24.000 Euro" und am 31.12.01 „RAP 16.000 Euro an Zinsaufwand 16.000 Euro". Aus Vereinfachungsgründen wird in der Praxis in solchen Fällen die erstgenannte Buchung vorgezogen. Im Jahr 02 wird der RAP aufgelöst, Buchung: „Zinsaufwand 16.000 Euro an RAP 16.000 Euro", und bei Zahlung am 01.09.02 wieder gebildet. Am 31.12.07 steht erneut ein RAP i. H. von 16.000 Euro zu Buch.

c) Der von Klumpp am 01.09.01 bezahlte Einmalbetrag von 80.000 Euro bei Erwerb des Erbbaurechts ist wirtschaftlich nicht für den Erwerb des Erbbaurechts bezahlt, wie z. B. die Notargebühren, sondern ist eine Vorleistung für die gesamte Laufzeit. Die 80.000 Euro sind wirtschaftlich vorausbezahlter Erbbauzins (vgl. BFH vom 26.03.1991 IV B 132/90, BFH/NV 1991 S. 736, und Schmidt/Weber-Grellet, § 5 Rn. 270 „Erbbaurecht"). Daraus folgt (wie unter b)), dass dieser Betrag auf die Laufzeit des Erbbaurechtsverhältnisses zu verteilen ist. Der jährliche Aufwand beträgt 1.000 Euro. Klumpp hat am 01.09.01 zu buchen: „Zinsaufwand 334 Euro ($^4/_{12}$ von 1.000 Euro) und RAP 79.666 Euro an Geldkonto 80.000 Euro". In den nächsten Jahren wird dieser RAP jeweils über Zinsaufwand i. H. von 1.000 Euro vermindert, sodass er am 31.12.07 noch mit 73.666 Euro zu Buch steht (79.666 Euro ./. 6 × 1.000 Euro).

d) Am 01.09.02 hat Klumpp 120.000 Euro Erschließungsbeiträge und Kanalanschlussgebühren an die Stadt Ludwigsburg bezahlt. Nach § 134 Abs. 1 Satz 1 BauGB ist grundsätzlich der Eigentümer zur Zahlung dieser Beträge heranzuziehen. Ist ein Erbbaurecht bestellt, ist nach § 134 Abs. 1 Satz 2 BauGB der Erbbauberechtigte dazu verpflichtet. Die Zahlung dieser

Beträge führt aber gleichzeitig zu einer Wertsteigerung des Grund und Bodens. Sie ist daher zugleich eine Zuwendung des Erbbauberechtigten an den Grundstückseigentümer (BFH vom 20.11.1980, BStBl 1981 II S. 398, vom 17.04.1984, BStBl 1985 II S. 617, vom 08.12.1988, BStBl 1989 II S. 407, und vom 19.10.1993, BStBl 1994 II S. 109). Damit ist die Bezahlung dieser Beträge wirtschaftlich wie die Einmalzahlung unter c) eine Vorleistung für die restliche Laufzeit des Erbbaurechts. Auch insoweit ist ein RAP zu bilden (BFH vom 19.10.1993, BStBl 1994 II S. 109, vom 23.11.1993, BStBl 1994 II S. 292, und vom 29.07.1994, BStBl 1994 II S. 934). Die Laufzeit beträgt noch 79 Jahre, der jährliche Aufwand daher 1.519 Euro, für 4 Monate sind dies 506 Euro. Klumpp hat am 01.09.02 zu buchen: „Zinsaufwand 506 Euro und RAP 119.494 Euro an Geldkonto 120.000 Euro". Der RAP vermindert sich jährlich über Zinsaufwand um 1.519 Euro und steht daher am 31.12.07 noch mit 111.899 Euro zu Buch (119.494 Euro ./. 5 × 1.519 Euro).

e) Die am 01.04.03 fertig gestellte Lagerhalle ist am 01.04.03 mit den Herstellungskosten (vgl. unten Fall 52) zu aktivieren und abzuschreiben. Klumpp kann im Jahr 03 die AfA entweder gem. § 7 Abs. 4 Satz 1 Nr. 1 EStG = 13.500 Euro (3 % von 600.000 Euro, davon $^9/_{12}$) oder gem. § 7 Abs. 4 Satz 2 EStG = 11.250 Euro (600.000 Euro : 40, davon $^9/_{12}$) vornehmen. Die AfA gem. § 7 Abs. 5 Satz 1 Nr. 1 EStG kann nicht mehr angesetzt werden, da der Bauantrag nach dem 01.01.1994 gestellt wurde. Die AfA nach § 7 Abs. 4 EStG ist zeitanteilig zu berechnen. Klumpp bucht daher am 01.04.03: „Gebäude 600.000 Euro an Geldkonto 600.000 Euro" und am 31.12.03 „AfA an Gebäude 13.500 Euro".

f) Bei Erwerb des Grundstücks mit Wirkung zum 31.12.07 hat Klumpp zunächst den vereinbarten Kaufpreis zuzüglich der Anschaffungsnebenkosten zu aktivieren, Buchung: „Grund und Boden 420.000 Euro an Geldkonto 420.000 Euro".

Die am 31.12.07 noch vorhandenen aktiven RAP sind aufzulösen. Denn durch die Aufhebung des Erbbaurechts entfällt der Zusammenhang der Aufwendungen mit einer bestimmten Zeit i. S. des § 5 Abs. 5 EStG, vgl. BFH vom 17.04.1985 (BStBl 1985 II S. 617).

Der 3. Leitsatz dieses Urteils lautet:

> „Erwirbt der Erbbauberechtigte zu einem späteren Zeitpunkt auch das Eigentum an dem bisher mit dem Erbbaurecht belasteten Grundstück und hebt er das Erbbaurecht gleichzeitig auf, so liegt in der Aufhebung zugleich der Verzicht auf einen wirtschaftlichen Ausgleich für die als Rechnungsabgrenzungsposten ausgewiesenen Vorleistungen. Der Verzicht ist mit dem Betrag des aktiven Rechnungsabgrenzungspostens zu bewerten, der bei einer Bilanzaufstellung unmittelbar vor Übergang des wirtschaftlichen Eigentums an dem Grundstück durch den Erbbauberechtigten hätte ausgewiesen werden müssen. Der Wert des Verzichts erhöht die Anschaffungskosten des Grund und Bodens."

Die Begründung dazu ist einleuchtend. Der BFH meint, mit der Höhe des Kaufpreises seien dem Erwerber Anschaffungskosten für den Erwerb des **belasteten** Grund und Bodens entstanden. Dieser Erwerb des Grund und Bodens bedeute jedoch nicht automatisch das Erlöschen des Erbbaurechts. Aus § 11 ErbbauVO i. V. m. § 889 BGB folge, dass eine Person beschränkte Rechte auch an der eigenen Sache haben könne, sodass das Erbbaurecht auch im vorliegenden Fall aufgehoben werden müsse. In der rechtsge-schäftlichen Aufhebung des Erbbaurechts durch den Erbbauberechtigten liege aber zugleich der Verzicht auf einen wirtschaftlichen Ausgleich für die in der Form von Erschließungsbeiträgen und Kanalanschlussgebühren gegenüber dem bisherigen Grundstückseigentümer erbrachten Vorleistun-gen. Wirtschaftlicher Anlass des Verzichts wäre der vom Erbbauberechtig-ten angestrebte Erwerb des unbelasteten Grund und Bodens. Da der Ver-zicht die Aufgabe einer geldwerten Rechtsposition beinhalte, führe er zu zusätzlichen Anschaffungskosten des (unbelasteten) Grund und Bodens.

Diese Begründung gilt u. E. aber nicht nur für den RAP, der sich auf die durch Klumpp bezahlten Erschließungsbeiträge und Kanalanschlussgebüh-ren bezieht, sondern auch für die anderen RAP. Sowohl der für das Jahr 08 im Voraus bezahlte und am 31.12.07 als RAP vorhandene Erbbauzins als auch der RAP, der für die Einmalzahlung noch zu Buch steht, gehören zu den Anschaffungskosten des Grund und Bodens. Denn Klumpp hat bei den Kaufverhandlungen die im Voraus bezahlten Beträge mit Sicherheit in Rechnung gestellt. Ein Kaufmann verschenkt grundsätzlich nichts. Wäre es anders, könnte ein Grundstückserwerber über ein zwischengeschaltetes Erbbaurecht durch entsprechende Vorauszahlungen erreichen, dass ein Teil der vorgesehenen Anschaffungskosten als Aufwand gebucht werden könnte. Als Parallele sei an die Übernahme von Verbindlichkeiten eines Veräußerers durch den Erwerber gedacht. Auch die Übernahme dieser Verbindlichkeiten sind Anschaffungskosten.

Letztlich gilt die dargestellte Argumentation auch für das noch aktivierte Erbbaurecht. Auch dieser Betrag geht im Wert des Grund und Bodens auf. Ähnlich ist die Situation beim Vorkaufsrecht (vgl. Fall 44).

Im vorliegenden Fall sind daher die Werte aller am 31.12.07 noch vorhande-nen RAP als Anschaffungskosten auf den Grund und Boden umzubuchen. Als Anschaffungskosten ergeben sich daher zum 31.12.07:

Kaufpreis + Nebenkosten	420.000 €
Buchwert Erbbaurecht zum 31.12.07	55.250 €
RAP Erbbauzins zum 31.12.07	16.000 €
RAP Einmalzahlung zum 31.12.07	73.666 €
RAP Erschließungsbeiträge und Kanalanschlussgebühren zum 31.12.07	111.899 €
Anschaffungskosten und Buchwert Grund und Boden zum 31.12.07	676.815 €

Diese Umbuchungen haben auf den gebuchten Gebäudewert keinerlei Auswirkungen. Klumpp war und blieb Eigentümer des Gebäudes. Bürgerlich-rechtlich wurde durch die Aufhebung des Erbbaurechts das Gebäude wesentlicher Bestandteil des Grund und Bodens, zuvor war es wesentlicher Bestandteil des Erbbaurechts.

2. Da bei Kocher das Grundstück Betriebsvermögen ist, sind alle Zahlungen für die Einräumung und Duldung des Erbbaurechts solche, die sein Betriebsvermögen betreffen. Diese Zahlungen sind im Allgemeinen auch Erträge und damit keine Veräußerungsentgelte für den Grund und Boden, wie teilweise in der Literatur angenommen wird (vgl. BFH vom 04.07.1969, BStBl 1969 II S. 724 zu einem Grundstück im Privatvermögen, und vom 22.04.1998, BStBl 1998 II S. 665). Wie oben unter 1. b) dargestellt, ist aber zu berücksichtigen, dass das Erbbaurechtsverhältnis ein schwebendes Geschäft ist. Dies hat auf jeden Fall für den Erbbauzins und die Einmalzahlung entsprechende Auswirkungen. Beide Positionen werden für das Recht des Erbbauberechtigten, ein Gebäude errichten und nutzen zu können, an den Eigentümer bezahlt; damit werden sie für bestimmte Zeiträume bezahlt.

a) Da der Erbbauzins am 01.09.01 im Voraus für ein ganzes Jahr bezahlt wurde, ist er zwar bei Kocher am 01.09.01 eine Betriebseinnahme. Kocher hat aber für die Monate im Jahr 02, also für die vorausbezahlten Monate, am 31.12.01 einen RAP zu bilden. Buchung am 01.09.01: „Geldkonto 24.000 Euro an Zinsertrag 8.000 Euro und RAP 16.000 Euro" (vgl. BFH vom 20.11.1980, BStBl 1981 II S. 398). Da diese Buchungen jedes Jahr vorgenommen werden müssen, steht am 31.12.07 erneut ein passiver RAP von 16.000 Euro zu Buch.

b) Die Einmalzahlung ist als Vorleistung für die gesamte Laufzeit entsprechend der Begründung zu 1. c) als laufender Ertrag zu behandeln. Kocher hat daher am 01.09.01 entsprechend zu buchen: „Geldkonto 80.000 Euro an Zinsertrag 334 Euro und passiver RAP 79.666 €". In Höhe von 1.000 Euro ist dieser RAP jährlich über Zinsertrag aufzulösen. Er steht am 31.12.07 damit noch mit 73.666 Euro zu Buch (79.666 Euro am 01.01.02 ./. 6 × 1.000 Euro).

c) Rein buchtechnisch berührt die Zahlung der Erschließungsbeiträge und Kanalanschlussgebühren durch Klumpp nicht die Buchführung des Kocher. Wirtschaftlich ist dies jedoch anders. Mit der Bestellung des Erbbaurechts erlangte Kocher als Eigentümer einen durchsetzbaren Anspruch auf Tragung der Erschließungskosten durch den Erbbauberechtigten. Bereits dieser Anspruch bedeutet für Kocher eine Vermögensmehrung. Wäre er selbst zur Beitragszahlung herangezogen worden, so könnte er nunmehr die Erstattung seiner Zahlung oder die Freistellung von seiner Verbindlichkeit gegenüber der Gemeinde von Klumpp verlangen. Kocher erhält also wirtschaftlich einen Betrag von Klumpp zugewendet, den er ohne Erbbaurecht selbst zu erbringen verpflichtet gewesen wäre (vgl. BFH vom 20.11.1980,

BStBl 1981 II S. 398, vom 17.04.1985, BStBl 1985 II S. 617, vom 08.12.1988, BStBl 1989 II S. 407, und vom 19.10.1993, BStBl 1994 II S. 109).

Diese Vermögenszuwendung betrifft den Grund und Boden. Denn die Nutzung des Grund und Bodens als Bauland ist von der verkehrsmäßigen Erschließung abhängig. Deshalb werden Erschließungskosten in ständiger Rechtsprechung als Aufwendungen auf den Grund und Boden behandelt (BFH vom 19.02.1974, BStBl 1974 II S. 337, vom 20.11.1980, BStBl 1981 II S. 398, vom 27.07.1994, BStBl 1994 II S. 934, vom 12.01.1995, BStBl 1995 II S. 632, und vom 03.07.1997, BStBl 1997 II S. 811). Es gibt aber Ausnahmen, die hier nicht vorliegen. So sind Erschließungsbeiträge sofort abziehbarer Erhaltungsaufwand, wenn die Nutzbarkeit des Grundstücks durch die Erschließungsmaßnahme nicht verändert wird (BFH vom 07.11.1995, BStBl 1996 II S. 89, und vom 19.12.1995, BStBl 1996 II S. 134).

Da mit dieser Vermögenszuwendung des Klumpp – genauso wie mit der Zahlung des Erbbauzinses und des Einmalbetrags – laufende Leistungen des Grundstückseigentümers Kocher abgegolten werden, ist auch hier ein RAP zu bilden. Der Gewinn wird bei Kocher laufend durch die Leistungserbringung verwirklicht (BFH vom 20.11.1980, BStBl 1981 II S. 398).

Kocher hat daher bei Bezahlung der Erschließungsbeiträge und Kanalanschlussgebühren durch Klumpp am 01.09.02 zu buchen: „Grund und Boden 120.000 Euro an Zinsertrag 506 Euro und passiver RAP 119.494 Euro". Der RAP ist jährlich über Zinsertrag i. H. von 1.519 Euro aufzulösen, sodass er am 31.12.07 noch mit 111.899 Euro zu Buch steht (zu den Auflösungsbeträgen vgl. oben 1. d).

Diese Grundsätze gelten übrigens nicht beim Privatvermögen. Zahlt ein Erbbauberechtigter Erschließungskosten an die Gemeinde, so setzt der Zufluss entsprechender Einnahmen aus Vermietung und Verpachtung beim privaten Eigentümer die Realisierung eines Wertzuwachses des Grundstücks voraus. Dies trifft regelmäßig erst in dem Zeitpunkt zu, in dem der Eigentümer das Grundstück ohne Belastung mit dem Erbbaurecht zurückerhält (BFH vom 21.11.1989, BStBl 1990 II S. 310). Während also im betrieblichen Bereich ein Zufluss bei Bestellung des Erbbaurechts mit Verteilungspflicht auf die Laufzeit angenommen wird, ist im privaten Bereich erst ein Zufluss bei Beendigung des Erbbaurechts anzunehmen. Da es bei der Gewinnermittlung gem. § 4 Abs. 3 EStG auch auf den Zufluss ankommt, gelten hier dieselben Grundsätze wie beim Privatvermögen.

d) Zum 31.12.07 hat Kocher bei Veräußerung des Grund und Bodens zunächst den normalen Gewinn zu erfassen. Das Grundstück steht mit 220.000 Euro zu Buch (ursprüngliche Anschaffungskosten 100.000 Euro + Erschließungsbeiträge und Kanalanschlussgebühren 120.000 Euro; vgl. 2. c). Kocher bucht daher: „Geldkonto 400.000 Euro an Grund und Boden 220.000 € und sonstige betriebliche Erträge 180.000 Euro".

Gleichzeitig hat er die am 31.12.07 noch vorhandenen passiven RAP über Zinsertrag aufzulösen, weil eine weitere Verteilung dieses Ertrags mangels weiterer wirtschaftlicher Leistung nicht mehr möglich ist. Er hat zu buchen: „RAP 201.565 Euro (16.000 Euro + 73.666 Euro + 111.899 Euro; vgl. 2. a) bis c)) an Zinsertrag 201.565 Euro".

Fall 49

Ratenkauf mit Abzinsung – RAP – Abzinsung handelsrechtlich und steuerrechtlich bei Forderungen und Verbindlichkeiten

Sachverhalt

Karl Kurz erwirbt zum 31.12.06 von seiner Nachbarin Emmi Ammicht für seinen Elektro-Einzelhandel einen Parkplatz. Als Kaufpreis wurden 240.000 Euro vereinbart. Kurz sollte ihn in monatlichen Raten von 2.000 Euro ab 01.01.07 bezahlen. Über eine Verzinsung wurde nichts vereinbart. Der Parkplatz stand bei Ammicht mit 160.000 Euro zu Buch. Ammicht betreibt eine Großwäscherei. Beide bilanzieren gem. § 5 EStG.

Frage

1. Welche grundsätzlichen Probleme entstehen bei einem Ratenkauf ohne Zinsvereinbarung?
2. Wie hoch sind die Ratenbarwerte in den ersten fünf Jahren?
3. Wie hat sich der Erwerber Kurz buch- und bilanzmäßig zu verhalten?
4. Wie hat Ammicht den Verkauf zu behandeln und die Zinsen zu berechnen?

Antwort

1. Es stellen sich die Fragen, ob und wie abgezinst werden muss, wie der Ratenbarwert (als Anschaffungskosten) zu ermitteln ist, wie bei Erwerber und Veräußerer die Zinsen zu behandeln sind und wie zu buchen ist.
2. Die Ratenbarwerte betragen

zum 01.01.07	185.880 €	zum 31.12.09	140.136 €
zum 31.12.07	171.432 €	zum 31.12.10	123.192 €
zum 31.12.08	156.216 €	zum 31.12.11	105.312 €

3. Kurz hat den Parkplatz mit 185.880 Euro zu aktivieren und die Schuld handelsrechtlich mit 240.000 Euro und steuerrechtlich mit 185.880 Euro anzusetzen. Der Zins beträgt im Jahr 07 9.552 Euro.
4. Ammicht muss die Forderung handelsrechtlich mit dem Barwert und steuerrechtlich mit dem Nennbetrag ansetzen und zusätzlich die stillen

Reserven des Grundstücks mit 25.880 Euro versteuern. Im Jahr 07 hat sie den Zinswert nach der versicherungsmathematischen Methode zu berechnen und daher 9.552 Euro an Zinsen zu versteuern.

Begründung

1. Nach ständiger Rechtsprechung ist bei einem Ratenkauf mit einer Laufzeit von mehr als einem Jahr nicht der vereinbarte Kaufpreis als Anschaffungskosten anzusetzen, sondern der abgezinste Barwert sämtlicher Raten (BFH vom 21.10.1980, BStBl 1981 II S. 160). Wenn der Kaufpreis sofort voll bezahlt worden wäre, hätte der Erwerber weniger aufwenden müssen. Denn der Veräußerer hätte dann den Kaufpreis sofort zur Bank bringen können und damit Zinsen verdienen können. Diese Zinsen wendet also bei einem Ratenkauf ohne Verzinsung der Erwerber nicht auf und dem Veräußerer fehlen sie. Wird nun der Kaufpreis mit dem Zinswert entsprechend verringert, d. h. abgezinst, entspricht der abgezinste Wert, der Ratenbarwert, wirtschaftlich den wirklichen Anschaffungskosten. Die Rechtsprechung geht davon aus, dass die Raten stets einen Tilgungs- und einen Zinsanteil enthalten. Eine Verzinsung der Kaufpreisraten wird unterstellt. Der Barwert muss daher niedriger sein als die Summe aller Raten (vgl. zusätzlich BFH vom 20.08.1970, BStBl 1970 II S. 807, vom 29.10.1970, BStBl 1971 II S. 92, vom 25.06.1974, BStBl 1975 II S. 431, und BMF-Schreiben vom 03.08.2004, BStBl 2004 I S. 1187 Tz. 2.2 mit einem Beispiel zum Ratenkauf eines GmbH-Anteils, sowie ausführliches BMF-Schreiben vom 26.05.2005, BStBl 2005 I S. 69; außerdem oben Fall 46).

Es stellen sich in diesen Fällen grundsätzlich **drei Fragen:**

a) Mit welchem Zinssatz wird abgezinst?

b) Wie ist der Ratenbarwert zu ermitteln?

c) Wie sind die Zinsen beim Veräußerer und Erwerber zu behandeln?

Die **Antworten** hierzu lauten:

a) Es ist ständige Rechtsprechung und Verwaltungsübung, dass mit einem Zinssatz von 5,5 % abgezinst wird. Seit 01.01.1999 ist dieser Zinssatz gem. § 6 Abs. 1 Nr. 3 EStG auch gesetzlich vorgeschrieben. Dieser Zinssatz von 5,5 % ist völlig unabhängig von dem jeweiligen Zinsgefüge in der Wirtschaft. Ob eine Hochzinsphase oder eine Niedrigzinsphase vorliegt, spielt also keine Rolle.

b) Die Ermittlung des Barwerts kann nach der Tabelle 2 des Ländererlasses vom 10.05.1993 in BStBl 1993 I S. 487, zu § 12 Abs. 1 BewG (entspricht im Wesentlichen Anlage 9a zum BewG), vorgenommen werden, weil dieser Bestimmung ebenfalls ein Zinssatz von 5,5 % zugrunde liegt.

c) Die Schuld bei Kurz ist handelsrechtlich mit dem Nennwert und steuerrechtlich mit dem Barwert (Abzinsungsgebot) anzusetzen. Die Forderung bei Ammicht ist handelsrechtlich mit dem Ratenbarwert und steuerrechtlich mit dem Nennwert zu erfassen. Bei Kurz sind die Zinsen Aufwand, bei Ammicht Ertrag.

2. Die Ratenbarwerte der Kaufpreisschuld sind gem. § 12 Abs. 2 BewG (Tabelle 2 des Ländererlasses, a. a. O., oder nach Anlage 9a zum BewG) wie folgt zu berechnen:

Monatliche Rate 2.000 € × 12 Monate	=	24.000 €
Barwert zum 01.01.07: 24.000 € × 7,745 (Vervielfältiger für 10-jährige Laufzeit)	=	185.880 €
Barwert zum 31.12.07: 24.000 € × 7,143 (Vervielfältiger für 9-jährige Laufzeit)	=	171.432 €
Barwert zum 31.12.08: 24.000 € × 6,509	=	156.216 €
Barwert zum 31.12.09: 24.000 € × 5,839	=	140.136 €
Barwert zum 31.12.10: 24.000 € × 5,133	=	123.192 €
Barwert zum 31.12.11: 24.000 € × 4,388	=	105.312 €

3. Zum 31.12.06 hat der Erwerber Kurz den Parkplatz mit dem Ratenbarwert zu diesem Zeitpunkt von 185.880 Euro zu aktivieren. Dies sind seine Anschaffungskosten. Bei einem Gebäudegrundstück wäre – abzüglich des Grund-und-Boden-Anteils – von diesem Wert ganz normal abzuschreiben. Der Zinswert für die gesamte Laufzeit beträgt daher 54.120 Euro (240.000 Euro ./. 185.880 Euro).

Bei Passivierung der Kaufpreisschuld gehen Handelsrecht und Steuerrecht getrennte Wege (vgl. Schmidt/Glanegger, § 6 Rn. 402).

a) **Handelsrechtlich** ist die **Schuld** nach § 253 Abs. 1 Satz 2 HGB mit dem Erfüllungsbetrag anzusetzen, also mit dem Nennwert, d. h. mit der Summe aller Ratenzahlungen. Die Differenz auf der Aktivseite darf mit einem aktiven Rechnungsabgrenzungsposten aktiviert werden, der dann fortlaufend zu verteilen ist, § 250 Abs. 3 HGB.

Buchungen:
- am 31.12.06:

Parkplatz	185.880 €	
RAP	54.120 €	
an sonstige Verbindlichkeiten		240.000 €

- im Laufe des Jahres 07 insgesamt:

sonstige Verbindlichkeiten	24.000 €	
an Geldkonten		24.000 €

- zum Bilanzstichtag 31.12.07:
  Auflösung des RAP um den auf das Jahr 07 entfallenden Zinsanteil. Dieser errechnet sich wie folgt:

Barwert am 01.01.07	185.880 €
Barwert am 31.12.07	171.432 €
Minderung des Barwerts = Tilgung	14.448 €

Übertrag		14.448 €
Summe der Ratenzahlungen 07		24.000 €
Zinsanteil 07		9.552 €
Buchung:		
Zinsaufwand	9.552 €	
an RAP		9.552 €

Die Verbindlichkeit wird durch diese Buchungen am 31.12.07 mit **216.000 Euro** (240.000 Euro ./. 24.000 Euro) ausgewiesen.

b) Steuerrechtlich ist die **Schuld** abzuzinsen und mit dem Ratenbarwert anzusetzen (§ 6 Abs. 3 Satz 1 EStG und BMF vom 23.08.1999, BStBl 1999 I S. 818). Wird die Schuld jeweils mit dem Barwert passiviert, dann stellt die Minderung des Barwerts den Tilgungsanteil eines Jahres dar. Er ist als Ertrag zu buchen, während die laufenden Zahlungen voll Aufwand sind.

Buchungen:
- am 31.12.06:

Parkplatz	185.880 €	
an sonstige Verbindlichkeiten		185.880 €

- im Laufe des Jahres 07 insgesamt:

Zinsaufwand	24.000 €	
an Geldkonto		24.000 €

- zum Bilanzstichtag 31.12.07:
  Auflösung der Verbindlichkeiten um
  den Tilgungsanteil des Jahres 07

sonstige Verbindlichkeiten	14.448 €	
an Zinsertrag		14.448 €

Der echte Zinsaufwand ergibt sich dann durch eine Saldierung des gebuchten Aufwands mit dem gebuchten Ertrag, also 9.552 Euro (24.000 Euro ./. 14.448 Euro). Die Verbindlichkeit wird durch diese Buchungen am 31.12.07 mit **171.432 Euro** ausgewiesen (185.880 Euro ./. 14.448 Euro).

4. a) Handelsrechtlich muss die **Forderung** der Verkäuferin Ammicht mit dem Ratenbarwert angesetzt werden, wenn sie zum Anlagevermögen gehört (§ 253 Abs. 3 Satz 3 HGB). Sie muss auch mit dem niedrigeren Ratenbarwert angesetzt werden, wenn sie – wie hier – zum Umlaufvermögen gehört (§ 253 Abs. 4 Satz 1 HGB). Dann ist die Minderung des Barwerts innerhalb des Jahres Tilgung. Dieser Betrag ist als Aufwand zu buchen, während die laufenden Zahlungen voll als Ertrag zu erfassen sind.

Buchungen:

- am 31.12.06:

sonstige Forderung	185.880 €	
an Parkplatz		160.000 €
und sonstiger betrieblicher Ertrag		25.880 €

- im Laufe des Jahres 07 insgesamt:

Geldkonto	24.000 €	
an Zinsertrag		24.000 €

- zum Bilanzstichtag 31.12.07:

Zinsaufwand	14.448 €	
an sonstige Forderung		14.448 €

Die Forderung ist daher zum 31.12.07 mit **171.432 Euro** (185.880 Euro ./. 14.448 Euro) auszuweisen.

b) Steuerrechtlich muss die Verkäuferin Ammicht die **Forderung** zum Nennwert ausweisen und für den Zinswert einen passiven RAP bilden. Die Differenz zum Buchwert sind die stillen Reserven des Grundstücks.

Als Anschaffungskosten gilt bei Forderungen der Nennbetrag, wenn die Forderung unverzinslich ist. Die Unverzinslichkeit betrifft aber nicht die Anschaffungskosten, sondern den Teilwert (BFH vom 23.04.1975, BStBl 1975 II S. 875, vom 11.12.1986, BStBl 1987 II S. 553, und vom 30.11.1988, BStBl 1990 II S. 117). Eine Teilwertabschreibung kommt aber nur in Betracht, wenn die Wertminderung voraussichtlich dauerhaft ist (§ 6 Abs. 1 Nr. 1 EStG bei Anlagevermögen, § 6 Abs. 1 Nr. 2 EStG bei Umlaufvermögen). Daran fehlt es. Denn der Wert der Forderung steigt fortlaufend bis zur Fälligkeit. An diesem Termin ist der Nennwert wieder erreicht. Vergleiche Falterbaum/Bolk/Reiß/Kirchner, Tz. 17.2.4.2.

Buchungen:

- am 31.12.06:

sonstige Forderung	240.000 €	
an Parkplatz		160.000 €
an RAP		54.120 €
und sonstiger betrieblicher Ertrag		25.880 €

- im Laufe des Jahres 07 insgesamt:

Geldkonto	24.000 €	
an sonstige Forderung		24.000 €

- zum Bilanzstichtag 31.12.07:

RAP	9.552 €	
an Zinsertrag		9.552 €

Die Forderung ist daher zum 31.12.07 mit **216.000 Euro** (240.000 Euro ./. 24.000 Euro) auszuweisen.

Fall 50

Kauf nach Miete – Mietkaufverträge – echter Mietkauf – unechter Mietkauf

Sachverhalt

Günter Lauer betreibt einen Großhandel mit Baustoffen. Zum 02.01.01 mietet er eine Verpackungsmaschine von Christine Mix, die solche Maschinen herstellt. Beide Unternehmen bilanzieren gem. § 5 EStG. Die Maschine hat eine Nutzungsdauer von 5 Jahren. Mix hat die Maschine für 80.000 Euro hergestellt.

1. A l t e r n a t i v e

Lauer mietet die Maschine für monatlich 2.000 Euro + USt. Zusätzliche Vereinbarungen werden nicht getroffen. Am 30.06.02 erwirbt Lauer die Maschine zum Zeitwert von 70.000 Euro + USt.

2. A l t e r n a t i v e

Lauer mietet die Maschine für monatlich 2.000 Euro + USt. Zusätzlich wurde vereinbart, dass Lauer den Mietvertrag jederzeit zum Ende eines Monats kündigen oder die Maschine zum ursprünglichen Listenpreis von 110.000 Euro + USt erwerben kann, wobei die bis zu diesem Zeitpunkt geleisteten Mieten voll angerechnet werden. Lauer erklärt zum 30.06.02 gegenüber Mix den Kauf der Maschine. Vereinbarungsgemäß muss Lauer nur noch 74.000 Euro + USt an Mix bezahlen (110.000 Euro ./. 36.000 Euro bezahlte Miete).

3. A l t e r n a t i v e

Sachverhalt wie 2. Alternative, jedoch muss Lauer von Anfang an eine monatliche Miete von 10.000 Euro + USt an Mix bezahlen. Aufgrund der hohen Miete erwirbt Lauer die Maschine schon zum 30.06.01. Der Zeitwert der Maschine beträgt zu diesem Zeitpunkt noch 96.000 Euro.

Frage

1. Liegen in diesen drei Alternativen Mietverträge oder Kaufverträge vor?
2. Wie sind die drei Alternativen buchhalterisch und bilanzsteuerlich zu behandeln?

Antwort

1. In der 1. Alternative ist ein Kauf nach Miete gegeben, in der 2. Alternative liegt ein echter Mietkauf vor und in der 3. Alternative handelt es sich um einen unechten Mietkauf oder verdeckten Ratenkauf.
2. Buchungen und Bilanz
   – 1. A l t e r n a t i v e

Bei der Vermieterin Mix sind bis 30.06.02 die Zahlungen als Mieterträge zu buchen und die Maschine abzuschreiben. Am 30.06.02 ist ein Veräußerungsgewinn von 14.000 Euro anzusetzen. Beim Mieter Lauer sind die Zahlungen bis 30.06.02 als Mietaufwand zu behandeln, und am 30.06.02 ist die Maschine mit 70.000 Euro zu aktivieren.

– 2. Alternative

Im Gegensatz zur 1. Alternative ist bei der Vermieterin Mix ein Veräußerungsgewinn von 18.000 Euro anzusetzen und beim Mieter Lauer die Maschine am 30.06.02 mit 77.000 Euro zu aktivieren.

– 3. Alternative

Bei der Vermieterin Mix ist schon zum 02.01.01 der Verkauf der Maschine zu buchen. Dementsprechend hat Mieter Lauer die Maschine schon zum 02.01.01 zu aktivieren.

Begründung

1. Die Vertragsgestaltungen in der Praxis sind im Bereich Miete und Kauf sehr unterschiedlich. In all diesen Gestaltungen geht es um die Frage, ob und ggf. wann dem Mieter das Mietobjekt als wirtschaftlichem Eigentümer zugerechnet wird, d. h., ob und ggf. wann der Mieter das Mietobjekt aktivieren und wie er es abschreiben muss.

Ein Kauf kann während eines laufenden Mietvertrags vorkommen, ohne dass die beiden Verträge sich gegenseitig beeinflussen. Man spricht dann von **Kauf nach Miete** (1. Alternative).

Es ist aber auch üblich, dass gleichzeitig oder kurze Zeit nach Abschluss des Mietvertrages dem Mieter ein Kaufrecht eingeräumt wird, bei dessen Ausübung die meist ungewöhnlich hohe Miete voll auf den Kaufpreis angerechnet wird. Der Mieter behandelt in diesen Fällen die Mieten als Betriebsausgaben und aktiviert beim späteren Erwerb nur den infolge der angerechneten Mieten sehr niedrigen Restkaufpreis. In diesen Fällen spricht man von einem **echten Mietkauf** (2. Alternative).

Nach den BFH-Urteilen vom 18.11.1970 (BStBl 1971 II S. 133) und vom 12.09.1991 (BStBl 1992 II S. 182) können solche Mietkaufverträge steuerlich aber auch von vornherein als Kaufverträge zu behandeln sein mit der Folge, dass die gesamten Leistungen (Miete und Restkaufpreis) als Anschaffungskosten zu aktivieren und nur der Nutzungsdauer entsprechende Absetzungen für Abnutzung vorzunehmen sind. Ob ein Mietkaufvertrag im Gegensatz zu seiner äußeren Gestaltung steuerlich als Kaufvertrag anzusehen ist, hängt davon ab, ob die vertraglichen Bestimmungen über Miete und Kauf so eng miteinander verbunden sind, dass entweder der Mietvertrag ohne den Kaufvertrag oder der Kaufvertrag ohne den Mietvertrag nicht verständlich ist. Ergibt sich aus der Höhe, Dauer und Fälligkeit der Mietzahlungen, dass sie bei wirtschaftlicher Betrachtungsweise als Miete ungewöhnlich, als Kaufpreisraten aber verständlich sind, so spricht dies dafür, dass wirtschaftlich von vornherein ein Kaufvertrag mit gestundeten Kaufpreisraten vorliegt. Eine solche Beurteilung ist insbesondere dann geboten, wenn der spätere Kaufpreis bereits beim Abschluss des Mietvertrages festgelegt wird und wenn sich im Zeitpunkt der Annahme des Kaufangebots bei Anrechnung der Miete ein Kaufpreis ergäbe, der weit unter dem Verkehrswert des Wirtschaftsguts liegt. In diesen Fällen spricht man vom **unechten Mietkauf** oder **verdeckten Ratenkauf** (3. Alternative).

Zusätzlich gibt es in der Praxis noch eine Vielzahl besonders ausgestalteter Verträge, die unter den Begriff „Leasing" fallen (vgl. hierzu Fall 51).

2. Bilanzsteuerlich ergibt sich im Einzelnen:

1. A l t e r n a t i v e (K a u f n a c h M i e t e)

Da keine besonderen Vereinbarungen getroffen werden, beeinflussen sich Miete und Kauf nicht. Demgemäß sind dann sowohl bei Mix, der Vermieterin, und bei Lauer, dem Mieter, die Verträge Miete und Kauf unabhängig voneinander buch- und bilanzmäßig zu behandeln. In der Zeit vom 02.01.01 bis 30.06.02 liegt eine Miete vor, danach eine Veräußerung.

Buchungen bei der Vermieterin Mix

a) Monatliche Zahlungen:
vom 02.01.01 bis 30.06.02

Geldkonto	2.380 €	
an Mietertrag		2.000 €
und USt		380 €

b) Abschreibung linear:

Jahr 01 (80.000 € : 5)	16.000 €
Jahr 02 (bis 30.06.)	8.000 €

c) Bilanzansatz 31.12.01: 64.000 €

d) Veräußerung am 30.06.02:

Geldkonto (70.000 € + USt)	83.300 €	
an Maschine		
(80.000 € ./. AfA)		56.000 €
und sonstige betriebliche Erträge		14.000 €
und USt		13.300 €

Buchungen bei Mieter Lauer

a) Monatliche Zahlungen:
vom 02.01.01 bis 30.06.02

Mietaufwand	2.000 €	
Vorsteuer	380 €	
an Geldkonto		2.380 €

b) Erwerb am 30.06.02:

Maschine	70.000 €	
Vorsteuer	13.300 €	
an Geldkonto		83.300 €

c) Abschreibung linear:
Jahr 02
(70.000 € : 3,5, davon $^{6}/_{12}$)   10.000 €
Jahr 03 bis 05 jeweils   20.000 €

d) Bilanzansätze:
Ende 02   60.000 €
Ende 03   40.000 €
Ende 04   20.000 €

2. Alternative (echter Mietkauf)

Nach den Vereinbarungen kann Lauer als Mieter die Maschine jederzeit erwerben. Da zunächst ernsthaft ein Mietvertrag abgeschlossen wurde, die Kaufoption im Ermessen des Mieters liegt, die Mietbeträge beim Kauf auf den Kaufpreis angerechnet werden und die vereinbarte Miete auch angemessen ist, liegt ein echter Mietkauf vor.

Die ertragsteuerlichen Rechtsfolgen sind:

– Während der Mietdauer hat die Vermieterin Mix einen Mietertrag und der Mieter Lauer einen Mietaufwand zu buchen.

– Erst bei Veräußerung am 30.06.02 hat Mix den Abgang der Maschine zu buchen und Lauer die Maschine zu aktivieren.

– Die Anschaffungskosten bei Lauer ergeben sich aus dem restlichen Kaufpreis zuzüglich der anzurechnenden Miete abzüglich des verbrauchten Wertverzehrs vom Listenpreis für die Mietdauer (höchstens der angerechneten Miete). Die Anrechnung der gezahlten Miete ist wirtschaftlich betrachtet die Rückgängigmachung des bisherigen Mietaufwands. Vergleiche Falterbaum/Bolk/Reiß/Kirchner, Tz. 16.3.10.

– Lauer hat die Maschine auf die Restnutzungsdauer abzuschreiben.

Buchungen bei der Vermieterin Mix

a) Monatliche Zahlungen:
vom 02.01.01 bis 30.06.02
Geldkonto   2.380 €
    an Mietertrag   2.000 €
    und USt   380 €

b) Abschreibung linear:
Jahr 01 (80.000 € : 5)   16.000 €
Jahr 02 (bis 30.06.)   8.000 €

c) Bilanzansatz 31.12.01:   64.000 €

d) Veräußerung am 30.06.02:
Geldkonto (74.000 € + USt)   88.060 €
    an Maschine
      (80.000 € ./. AfA)   56.000 €
      und sonstige betriebliche Erträge   18.000 €
      und USt   14.060 €

Buchungen beim Mieter Lauer

a) Monatliche Zahlungen:
vom 02.01.01 bis 30.06.02

Mietaufwand	2.000 €	
Vorsteuer	380 €	
an Geldkonto		2.380 €

b) Erwerb am 30.06.02:

Maschine	77.000 €	
Vorsteuer		
(19 % von Restzahlung)	14.060 €	
an Geldkonto		88.060 €
und Mietaufwand		3.000 €

Die Anschaffungskosten betragen:

Restzahlung		74.000 €
+ angerechnete Miete		36.000 €
./. Wertverzehr (110.000 € : 5 =		
22.000 € für 01 und		
11.000 € für 02)		33.000 €
= Anschaffungskosten		77.000 €

c) Abschreibung linear:
Jahr 02

(77.000 € : 3,5, davon $^6/_{12}$)	11.000 €
Jahr 03 bis 05 jeweils	22.000 €

d) Bilanzansätze:

Ende 02	66.000 €
Ende 03	44.000 €
Ende 04	22.000 €

3. Alternative (unechter Mietkauf)

Beim Kauf am 30.06.01 kann sich Lauer die Mietzahlungen auf den Kaufpreis i. H. von 60.000 Euro (6 × 10.000 Euro) anrechnen lassen. Bei dieser hohen Miete hätte Lauer die Maschine mit dem Listenpreis von 110.000 Euro schon Ende November 01 bezahlt. Zum 30.06.01 liegt der Restkaufpreis von 50.000 Euro (110.000 Euro ./. 60.000 Euro) weit unter dem Zeitwert von 96.000 Euro. Wirtschaftlich ist daher ein Kaufvertrag mit gestundeten Kaufpreisraten vereinbart worden. Es liegt daher ein unechter Mietkauf oder ein verdeckter Ratenkauf vor. Die bilanzsteuerlichen Folgen sind, dass Lauer die Maschine schon am 02.01.01 erwirbt und seine „Mietzahlungen" wirtschaftlich Ratenzahlungen sind.

Da die Ratenzahlungen nicht länger als 1 Jahr laufen, ist der Anschaffungswert beim Käufer Lauer auch nicht abzuzinsen (§ 6 Abs. 1 Nr. 3 Satz 2 EStG, BFH vom 21.10.1980, BStBl 1981 II S. 160, und oben Fall 46).

Buchungen bei der „Vermieterin" Mix

a) Verkauf am 02.01.01:

Forderungen	130.900 €	
an Warenverkauf		110.000 €
und USt		20.900 €

b) Monatliche Zahlungen

Geldkonto	11.900 €	
an Forderungen		11.900 €

Buchungen beim „Mieter" Lauer

a) Erwerb am 02.01.01:

Maschine	110.000 €	
Vorsteuer (evtl. noch nicht verrechenbare)	20.900 €	
an sonstige Verbindlich-keiten		130.900 €

b) Monatliche Zahlungen:

sonstige Verbindlichkeiten	11.900 €	
an Geldkonto		11.900 €

(Je nach Rechnungstellung wären noch Umbuchungen vorzunehmen: „Vorsteuer an noch nicht verrechenbare Vorsteuer". Stellt Mix am 02.01.01 eine Gesamtrechnung, existiert dieses Problem nicht.)

c) Abschreibung linear:
Jahr 01 bis 05 jeweils 22.000 € (110.000 € : 5)

d) Bilanzansätze:

Ende 01	88.000 €
Ende 02	66.000 €
Ende 03	44.000 €
Ende 04	22.000 €

Fall 51

Leasing – Leasingraten – Leasingverträge – Finanzierungsleasing mit Kaufoption – Sonderzahlung – buch- und bilanzmäßige Behandlung – RAP – Abzinsung

Sachverhalt

Dr. Heinrich Mollenkopf, Inhaber einer Großhandlung mit Oliven, mietet von Andrea Gute, einer Leasingfirma, einen LKW für die Zeit vom 01.01.01 bis 31.12.03. Der LKW hat eine Nutzungsdauer von 5 Jahren. Beide Unternehmer bilanzieren gem. § 5 EStG; beide unterliegen umsatzsteuerlich der Regelbesteuerung. Dr. Mollenkopf muss jährlich jeweils zum Ende des Jahres 100.000 Euro + USt an Miete zahlen. Gute hat den LKW für 260.000 Euro + USt vom Hersteller erworben (Listenpreis). Nach Ablauf der festen Mietzeit kann Dr. Mollenkopf den LKW für einen Aufpreis von 20.000 Euro + USt erwerben. Zu Beginn der Mietzeit muss Dr. Mollenkopf noch eine Sonderzahlung von 10.000 Euro + USt an Gute leisten. Dr. Mollenkopf entstehen noch 2.000 Euro + USt an Überführungskosten durch einen dritten Unternehmer. Für alle Leistungen liegen Rechnungen mit ordnungsgemäß ausgewiesener USt vor.

Frage

1. Was sind Leasingverträge?
2. Wie lassen sie sich einteilen bzw. abgrenzen?
3. Welche ertragsteuerlichen Probleme entstehen?
4. Wie ist die buch- und bilanzmäßige Behandlung, wenn das Leasinggut dem Leasinggeber zugerechnet wird?
5. Wie ist die buch- und bilanzmäßige Behandlung, wenn das Leasinggut dem Leasingnehmer zugerechnet wird?
6. Wie hat sich Dr. Mollenkopf buch- und bilanzmäßig zu verhalten?
7. Wie hat sich Gute buch- und bilanzmäßig zu verhalten?

Antwort

1. Leasingverträge sind besondere Mietverträge, die gegenüber einem Kauf Vor- und Nachteile haben.
2. Sie lassen sich je nach verschiedenen Gesichtspunkten einteilen in:
   - Direktes und indirektes Leasing
   - Investitionsgüter-, Konsumgüter- und Personalleasing
   - Finanzierungs-, Operating-, Hersteller- und Spezialleasing sowie in das Sale-and-lease-back

   Das Finanzierungsleasing lässt sich wiederum mit jeweils verschiedenen Varianten einteilen in Vollamortisationsverträge (Full-pay-out-Verträge) und in Teilamortisationsverträge (Non-pay-out-Verträge).
3. Das ertragsteuerliche Problem aller Vertragstypen ist, wem das Leasinggut zu Vertragsbeginn zuzurechnen ist. Je nachdem ist es ein Miet- oder Kaufvertrag. Ist es ein Kaufvertrag, sind die Anschaffungskosten zu ermitteln und die in den Leasingraten enthaltenen Zinsen zu berechnen.
4. Wird das Leasinggut dem Leasinggeber zugerechnet, dann hat er es zu aktivieren und eventuell abzuschreiben. Die Leasingraten sind Mieten.
5. Ist das Leasinggut dem Leasingnehmer zuzurechnen, dann ist von einem Kauf auszugehen.

   Der Leasinggeber hat eine Forderung zu aktivieren, einen Ertrag auszuweisen und den Zins- und Kostenanteil in den Leasingraten zu versteuern.

Der Leasingnehmer hat das Leasinggut zu aktivieren und die Summe der Leasingraten als Verbindlichkeit zu passivieren. Steuerrechtlich muss er die Verbindlichkeit abzinsen. Der Zins- und Kostenanteil ist bei ihm Aufwand. Als Anschaffungskosten gelten grundsätzlich die Anschaffungs- oder Herstellungskosten des Leasinggebers.

Die Aufteilung der Leasingraten in einen Zins- und Kostenanteil einerseits und einen Tilgungsanteil andererseits kann nach der Zinsstaffelmethode erfolgen.

6. Es liegt ein Finanzierungs-Leasing-Fall mit Kaufoption vor. Leasingnehmer Dr. Mollenkopf hat den LKW mit 262.000 Euro zu aktivieren, **handelsrechtlich** einen aktiven RAP mit 50.000 Euro zu bilden und diesen RAP im Jahr 01 mit 25.000 Euro, im Jahr 02 mit 16.667 Euro und im Jahr 03 mit 8.333 Euro über Aufwand aufzulösen. **Steuerrechtlich** ist die Schuld mit dem Barwert anzusetzen und nur ein RAP i. H. von 10.000 Euro zu bilden. Im Jahr 01 ist er mit 5.000 Euro aufzulösen.

7. Leasinggeberin Gute hat **steuerrechtlich** eine Forderung über 368.900 Euro zu buchen und dabei einen passiven RAP über 50.000 Euro zu bilden. Dieser RAP ist entsprechend zu 6. in den Jahren 01 bis 03 über Ertrag aufzulösen. **Handelsrechtlich** muss die Forderung mit dem niedrigeren Barwert angesetzt werden. In diesem Fall ist nur ein RAP i. H. von 10.000 Euro zu bilden.

Begründung

1. Leasing (englisch: to lease = mieten, pachten) ist eine Sonderform der entgeltlichen Gebrauchsüberlassung von beweglichen oder unbeweglichen Wirtschaftsgütern. Es liegt also eine besondere Art der Miete vor. Der technische Fortschritt und Konkurrenzdruck verlangt heute von einem Unternehmer den Einsatz modernster Technologien in seinem Betrieb. Die Folge ist ein steigender Kapitalbedarf, der die Finanzkraft häufig überfordert. Hier bietet das Leasing eine Lösung, d. h., Wirtschaftsgüter werden nicht mehr gekauft, sondern für eine fest vereinbarte Grundmietzeit angemietet.

Die **Vorteile** des Leasings gegenüber dem Kauf sind:

– Das Leasing bindet kein Kapital. Eine 100 %ige Fremdfinanzierung ist möglich. Die sonstigen Kreditgrundlagen des Leasingnehmers werden geschont, er bleibt daher in der Refinanzierung flexibler. Kurz, der Leasingnehmer hat Liquidationsvorteile.

– Das Leasing bietet wegen der festen Mietraten während der unkündbaren Grundmietzeit eine klare Kalkulationsgrundlage.

– Das Leasing verringert durch eine entsprechende kurze Vertragsdauer bei schnellem Generationswechsel des Leasingguts (besonders deutlich bei Computern) und bei hoher Wartungsintensität das Investitions- und Überalterungsrisiko.

Die **Nachteile** des Leasings gegenüber dem Kauf sind:

- Das Leasing ist teuer. Vor allem bei Vollamortisationsverträgen trägt der Leasingnehmer während der Grundmietzeit mit den Leasingraten sämtliche Kosten des Leasinggebers (Anschaffungs-, Verwaltungs- und Vertriebskosten) einschließlich des Gewinns des Leasinggebers (i. d. R. über 140 % der Anschaffungskosten des Leasinggebers).
- Leasing kann auch gefährlich sein. Die Leasing-Bedingungen sehen häufig vor, dass bei Zahlungsverzug mit einer oder mehreren Raten die restlichen Raten fällig werden und der Leasingnehmer das Leasinggut herausgeben muss (vgl. BGH, BB 1978 S. 523, 729).

2. Die Leasingverträge lassen sich nach verschiedenen Gesichtspunkten einteilen:

- Nach Anzahl der beteiligten Personen
  Direktes Leasing, d. h., der Produzent des Leasinggutes ist selbst Leasinggeber gegenüber dem nutzenden Unternehmer als Leasingnehmer.
  Indirektes Leasing, d. h., zwischen dem Produzenten und dem nutzenden Unternehmer schaltet sich eine dritte Person (Leasinggesellschaft) ein, die als Leasinggeber fungiert.
- Nach Art des Leasinggegenstandes
  Investitionsgüter-Leasing, d. h. Vermietung von beweglichen und unbeweglichen betrieblichen Investitionsgütern.
  Konsumgüter-Leasing, d. h., die Leasingnehmer sind meist Privatpersonen, die Güter des täglichen Bedarfs leasen (z. B. Fernseher, PKW, Kühlschrank).
  Personal-Leasing, d. h., das Leasinggeschäft betrifft die Vermietung von Arbeitskräften.
- Nach der Art des Vertragstyps
  (Vergleiche hierzu Übersichten auf S. 240/241 nach Maier/Schmitt, Abschnitt D 3.3., oder Falterbaum/Bolk/Reiß/Kirchner, Tz. 16.3.11.2 ff.)

3. Die entscheidende ertragsteuerliche Frage zu allen Vertragstypen ist, wem das Leasinggut zu Vertragsbeginn zugerechnet werden muss. Kommt man zum Ergebnis, dass ein Mietvertrag vorliegt, wird das Leasinggut dem Leasinggeber zugerechnet. Kommt man zum Ergebnis, dass das Leasinggut dem Leasingnehmer zugerechnet werden muss, ist es – wie beim unechten Mietkauf, vgl. Fall 50 – wirtschaftlich ein Kauf. In diesem Fall entstehen dann wie beim unechten Mietkauf zwei Probleme, nämlich die Höhe der Anschaffungskosten und die Berechnung der Zinsen.

Das **Operating-Leasing** ist ein ganz normaler Mietvertrag. Hier wird daher das Leasinggut dem Leasinggeber zugerechnet.

Die eigentlichen Probleme entstehen beim **Finanzierungsleasing,** weil es hier so viele verschiedene Vertragstypen gibt.

Der **Mobilien-Leasing-Erlass** des BMF vom 19.04.1971 (BStBl 1971 I S. 264 = Anhang 21 I EStH) hat typisierend viele Einzelfragen geregelt. Nach Abschn. II Nr. 1 dieses Erlasses ist ein Finanzierungsleasing nur unter folgenden zwei Voraussetzungen anzunehmen:

– Es muss ein Vertrag für eine ganz bestimmte Zeit (sog. feste Grundmietzeit) abgeschlossen sein, der weder vom Leasinggeber noch vom Leasingnehmer gekündigt werden kann, und

– der Leasingnehmer muss während der Grundmietzeit mit den zu entrichtenden Leasingraten mindestens die Anschaffungs- oder Herstellungskosten sowie alle Nebenkosten einschließlich der Finanzierungskosten des Leasinggebers decken. Die Grundmietzeit ist regelmäßig kürzer als die betriebsgewöhnliche Nutzungsdauer des Wirtschaftsguts.

Nach Abschn. II Nr. 2 dieses Erlasses werden im Rahmen des Finanzierungsleasings von beweglichen Wirtschaftsgütern im Allgemeinen folgende **vier Grundvertragstypen** unterschieden:

– **Leasingverträge ohne Kauf- oder Verlängerungsoption**

Die Grundmietzeit deckt sich mit der betriebsgewöhnlichen Nutzungsdauer des Leasingguts, oder die Grundmietzeit ist geringer als die betriebsgewöhnliche Nutzungsdauer des Leasingguts. Der Leasingnehmer hat nicht das Recht, nach Ablauf der Grundmietzeit das Leasinggut zu erwerben oder den Leasingvertrag zu verlängern.

– **Leasingverträge mit Kaufoption**

Der Leasingnehmer hat das Recht, nach Ablauf der Grundmietzeit das Leasinggut zu erwerben.

– **Leasingverträge mit Mietverlängerungsoption**

Der Leasingnehmer hat das Recht, nach Ablauf der Grundmietzeit das Vertragsverhältnis auf bestimmte oder unbestimmte Zeit zu verlängern. Leasingverträge ohne Mietverlängerungsoption werden gleich behandelt, wenn nach Ablauf der Grundmietzeit dann eine Vertragsverlängerung vorgesehen ist, wenn keine der beiden Parteien das Vertragsverhältnis kündigt.

– **Verträge über Spezialleasing**

Dabei handelt es sich um Verträge über Leasinggüter, die speziell auf die Verhältnisse des Leasingnehmers zugeschnitten sind und nach Ablauf der Grundmietzeit regelmäßig nur noch beim Leasingnehmer wirtschaftlich sinnvoll verwendbar sind.

Der Mobilien-Leasing-Erlass hat auch über die Zurechnung des Leasingguts entschieden. Folgende Übersicht möge dies verdeutlichen (siehe nachfolgend S. 242):

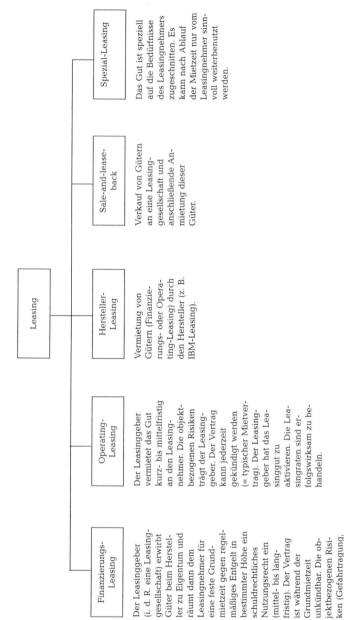

Leasing

Finanzierungs-Leasing

Der Leasinggeber (i. d. R. eine Leasinggesellschaft) erwirbt Güter beim Hersteller zu Eigentum und räumt dann dem Leasingnehmer für eine feste Grundmietzeit gegen regelmäßiges Entgelt in bestimmter Höhe ein schuldrechtliches Nutzungsrecht ein (mittel- bis langfristig). Der Vertrag ist während der Grundmietzeit unkündbar. Die objektbezogenen Risiken (Gefahrtragung, Gewährleistung) trägt der Leasingnehmer.

Operating-Leasing

Der Leasinggeber vermietet das Gut kurz- bis mittelfristig an den Leasingnehmer. Die objektbezogenen Risiken trägt der Leasinggeber. Der Vertrag kann jederzeit gekündigt werden (= typischer Mietvertrag). Der Leasinggeber hat das Leasinggut zu aktivieren. Die Leasingraten sind erfolgswirksam zu behandeln.

Hersteller-Leasing

Vermietung von Gütern (Finanzierungs- oder Operating-Leasing) durch den Hersteller (z. B. IBM-Leasing).

Sale-and-lease-back

Verkauf von Gütern an eine Leasinggesellschaft und anschließende Anmietung dieser Güter.

Spezial-Leasing

Das Gut ist speziell auf die Bedürfnisse des Leasingnehmers zugeschnitten. Es kann nach Ablauf der Mietzeit nur vom Leasingnehmer sinnvoll weiterbenutzt werden.

– Hinsichtlich des Entgelts lässt sich das Finanzierungs-Leasing nochmals unterscheiden (vgl. Maier-Schmitt, a.a. O.):

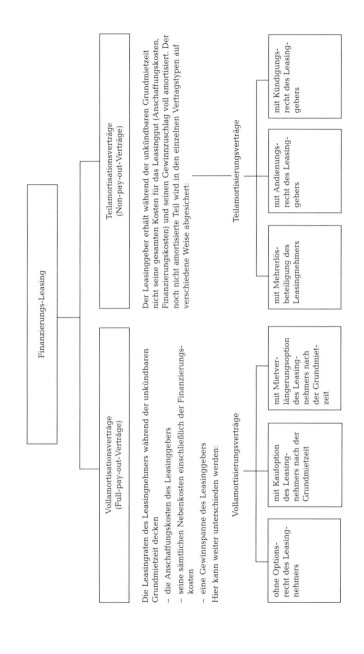

Finanzierungs-Leasing

Vollamortisationsverträge (Full-pay-out-Verträge)

Die Leasingraten des Leasingnehmers während der unkündbaren Grundmietzeit decken
- die Anschaffungskosten des Leasinggebers
- seine sämtlichen Nebenkosten einschließlich der Finanzierungskosten
- eine Gewinnspanne des Leasinggebers

Hier kann weiter unterschieden werden:

Vollamortisierungsverträge
- ohne Optionsrecht des Leasingnehmers
- mit Kaufoption des Leasingnehmers nach der Grundmietzeit
- mit Mietverlängerungsoption des Leasingnehmers nach der Grundmietzeit

Teilamortisationsverträge (Non-pay-out-Verträge)

Der Leasinggeber erhält während der unkündbaren Grundmietzeit nicht seine gesamten Kosten für das Leasinggut (Anschaffungskosten, Finanzierungskosten) und seinen Gewinnzuschlag voll amortisiert. Der noch nicht amortisierte Teil wird in den einzelnen Vertragstypen auf verschiedene Weise abgesichert:

Teilamortisierungsverträge
- mit Mehrerlösbeteiligung des Leasingnehmers
- mit Andienungsrecht des Leasinggebers
- mit Kündigungsrecht des Leasinggebers

Bei einer Grundmietzeit von mehr als 90 % der betriebsgewöhnlichen Nutzungsdauer wird unterstellt, dass das Leasinggut nach Ablauf der Grundmietzeit für den Leasinggeber keine wirtschaftliche Bedeutung mehr hat. Wirtschaftliches Eigentum ist daher beim Leasingnehmer anzunehmen.

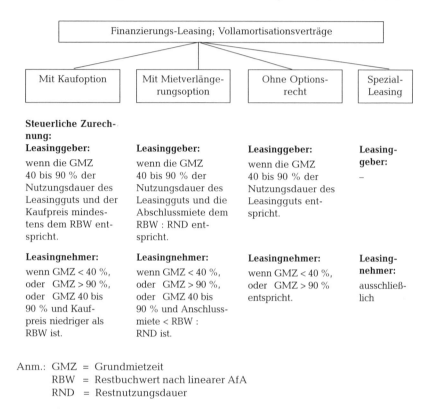

Finanzierungs-Leasing; Vollamortisationsverträge

Mit Kaufoption	Mit Mietverlängerungsoption	Ohne Optionsrecht	Spezial-Leasing
Steuerliche Zurechnung:			
Leasinggeber:	**Leasinggeber:**	**Leasinggeber:**	**Leasinggeber:**
wenn die GMZ 40 bis 90 % der Nutzungsdauer des Leasingguts und der Kaufpreis mindestens dem RBW entspricht.	wenn die GMZ 40 bis 90 % der Nutzungsdauer des Leasingguts und die Abschlussmiete dem RBW : RND entspricht.	wenn die GMZ 40 bis 90 % der Nutzungsdauer des Leasingguts entspricht.	–
Leasingnehmer:	**Leasingnehmer:**	**Leasingnehmer:**	**Leasingnehmer:**
wenn GMZ < 40 %, oder GMZ > 90 %, oder GMZ 40 bis 90 % und Kaufpreis niedriger als RBW ist.	wenn GMZ < 40 %, oder GMZ > 90 %, oder GMZ 40 bis 90 % und Anschlussmiete < RBW : RND ist.	wenn GMZ < 40 %, oder GMZ > 90 % entspricht.	ausschließlich

Anm.: GMZ = Grundmietzeit
RBW = Restbuchwert nach linearer AfA
RND = Restnutzungsdauer

Bei einer Grundmietzeit von weniger als 40 % der betriebsgewöhnlichen Nutzungsdauer wird unterstellt, dass der Leasingnehmer von der Option des Kaufs oder einer Mietverlängerung regelmäßig Gebrauch machen wird.

Auch hier ist wirtschaftliches Eigentum beim Leasingnehmer anzunehmen. In beiden Fällen wird der Leasinggeber während der Gesamtnutzungsdauer praktisch von der Nutzungsmöglichkeit ausgeschlossen. In den Fällen ohne Kauf- oder Verlängerungsoption und einer Grundmietzeit von weniger als 40 % der betriebsgewöhnlichen Nutzungsdauer unterstellt der Leasing-Erlass ebenfalls wirtschaftliches Eigentum für den Leasingnehmer, weil davon auszugehen ist, dass sich der Leasingnehmer durch Nebenabreden die weitere Nutzung des Leasingguts gesichert haben dürfte, da er sonst für die relativ kurze Grundmietzeit einen viel zu hohen Betrag aufgewendet hätte. Beim Spezialleasing, bei dem das Leasinggut speziell auf den Betrieb des Leasingnehmers zugeschnitten ist, unterstellt der Mobilien-Leasing-Erlass, dass eine wirtschaftlich sinnvolle anderweitige Nutzung und Verwertung durch den Leasinggeber nicht möglich ist.

Der Mobilien-Leasing-Erlass sagt zu den Non-pay-out-Leasing-Verträgen (= Teilamortisation) nichts aus. Diese Verträge liegen vor, wenn eine unkündbare Grundmietzeit zwischen 40 % und 90 % der betriebsgewöhnlichen Nutzungsdauer des Leasingguts vereinbart wurde und die Anschaffungs- oder Herstellungskosten sowie alle Nebenkosten einschließlich der Finanzierungskosten des Leasinggebers während der Grundmietzeit durch die Leasingraten nicht voll gedeckt werden.

Hier hat das BMF (Schreiben vom 22.12.1975, FR 1976 S. 115 = Anhang 21 III EStH) wie folgt entschieden:

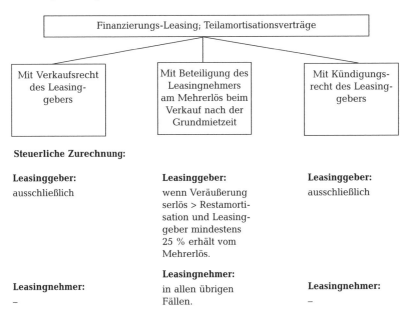

4. Ist das Leasinggut dem **Leasinggeber** zuzurechnen, dann hat der Leasinggeber wie ein Vermieter dieses Gut zu aktivieren und – soweit abschreibungsfähig – abzuschreiben. Die Leasingraten sind voll Betriebseinnahmen. Noch ausstehende Leasingraten sind wie zukünftige Mieten bei einem normalen Mietvertrag nicht zu aktivieren (schwebendes Geschäft). Sonderzahlungen des Leasingnehmers zu Beginn der Grundmietzeit sind als passiver RAP zu buchen und auf die Grundmietzeit zu verteilen.

Von ihm aufgewendete Nebenkosten (z. B. Montagekosten, Frachtkosten) sind keine Anschaffungskosten, sondern sofort Betriebsausgaben, auch wenn diese Kosten dem Leasingnehmer nicht gesondert in Rechnung gestellt werden, sondern in den Leasingraten enthalten sind (vgl. ESt-Kartei Baden-Württemberg zu § 6 EStG Fach 3 Nr. 2, Tz. 2.3).

Ist das Leasinggut dem **Leasinggeber zuzurechnen,** dann sind die Leasing-raten beim **Leasingnehmer** wie Mieten voll Betriebsausgaben. Die zukünfti-gen Leasingraten sind nicht zu passivieren. Sonderzahlungen des Leasing-nehmers zu Beginn der Grundmietzeit sind als aktiver RAP zu buchen und auf die Grundmietzeit zu verteilen. Eigene zusätzliche Aufwendungen des Leasingnehmers, die Anschaffungs- oder Herstellungskosten wären, wenn ihm der Leasinggegenstand zuzurechnen wäre, z. B. Fracht- oder Montage-kosten, sind zu aktivieren und auf die Grundmietzeit zu verteilen (vgl. ESt-Kartei Baden-Württemberg zu § 6 EStG Fach 3 Nr. 3 und 5).

5. Ist das Leasinggut dem **Leasingnehmer zuzurechnen,** dann hat der Leasinggeber wie bei einem Verkauf eine Forderung zu aktivieren und einen Ertrag zu buchen. Später hat er die Raten in einen zu versteuernden Zins- und Kostenanteil und in einen erfolgsneutralen Tilgungsanteil aufzu-teilen.

Dementsprechend muss der **Leasingnehmer** das Leasinggut aktivieren und auf die betriebsgewöhnliche Nutzungsdauer abschreiben. Die Summe der abgezinsten Leasingraten muss **steuerrechtlich** als Verbindlichkeit passi-viert werden, § 6 Abs. 1 Nr. 3 Satz 1 EStG. Daher muss die Verbindlichkeit mit dem Barwert angesetzt werden. Später hat der Leasingnehmer die Raten genauso wie der Leasinggeber in einen Zins- und Kostenanteil, der sofort Betriebsausgabe wird, und in einen erfolgsneutralen Tilgungsanteil aufzuteilen.

Als **Anschaffungskosten** des Leasingnehmers sind die Anschaffungs- oder Herstellungskosten des Leasinggebers, die der Berechnung der Leasing-raten zugrunde gelegt wurden, anzusetzen. Sind sie dem Leasingnehmer nicht bekannt, ist entweder der Listenpreis als Marktpreis oder, wenn auch dieser nicht bekannt ist, der Betrag anzusetzen, der sich durch Abzinsung der Summe der Leasingraten ergibt. Zu den Anschaffungskosten des Leasingnehmers können sowohl noch vom Leasinggeber besonders in Rechnung gestellte Nebenkosten (z. B. Fracht) als auch eigene Anschaf-fungs- und Herstellungskosten (z. B. Fundamentierungs- oder Montage-kosten) infrage kommen, vgl. Schmidt/Weber-Grellet, § 5 Rn. 741.

Nicht ganz einfach ist die **Aufteilung** der **Leasingraten** in **einen Zins- plus Kostenanteil** und in einen **Tilgungsanteil.** An sich müsste dies mit der Bar-wertvergleichsmethode wie bei Veräußerungsrenten oder zinslosen Raten-geschäften (vgl. oben Fall 49) erfolgen. Aus Vereinfachungsgründen lässt die Finanzverwaltung diese Aufteilung jedoch nach der **Zinsstaffelmethode** zu (vgl. FinMin Baden-Württemberg vom 13.12. 1973 – S 2172 A – 1/72 – in ESt-Kartei Baden-Württemberg zu § 6 EStG Fach 3 Nr. 5, Tz. 5.2).

Handelsrechtlich ist der in der Summe aller Leasingraten enthaltene Gesamtbetrag des Zins- und Kostenanteils beim Leasingnehmer als „aktiver RAP" zu bilanzieren und auf die Grundmietzeit zu verteilen. **Steuerrechtlich** ist ohne Bildung eines RAP die Verbindlichkeit mit dem Barwert anzusetzen.

Der Zins- und Kostenanteil einer Leasingrate ist dabei nach folgender Formel zu ermitteln:

$$\frac{\text{Summe der Zins- und Kostenanteile aller Leasingraten}}{\text{Summe aller Raten}} \times \frac{\text{Anzahl der restlichen Raten} + 1}{}$$

Die Summe aller Raten wird nach der Summenformel für eine endliche arithmetische Reihe ermittelt.

$$S_n = \frac{n \times (g_1 + g_n)}{2}$$

Dabei bedeuten: n = Zahl der insgesamt zu leistenden Raten
$g_1 = 1$
g_n = Zahl der noch zu leistenden Raten

Der Gesamtbetrag des Zins- und Kostenanteils (Summe der Zins- und Kostenanteile aller Leasingraten) ergibt sich, wenn die Summe der Leasingraten, die während der Grundmietzeit zu erbringen sind, um den Betrag der Anschaffungs- oder Herstellungskosten des Leasinggebers, die der Berechnung der Leasingraten zugrunde gelegt worden sind, gemindert wird. Sind diese Anschaffungs- oder Herstellungskosten dem Leasingnehmer nicht bekannt, ist der Listen- oder Marktpreis anzusetzen. Eine lineare Verteilung des Gesamtbetrages des Zins- und Kostenanteils ist nicht gestattet.

Eine **Sonderzahlung** zu Beginn der Grundmietzeit hat Finanzierungscharakter und ist daher wie der Zins- und Kostenanteil bei beiden Beteiligten auf die Grundmietzeit zu verteilen. Ein **Aufpreis** bei Ausübung der Kaufoption ist als zusätzlicher Finanzierungsaufwand nicht auf die Restnutzungsdauer des Leasingguts zu verteilen, sondern sofort in voller Höhe als Aufwand bzw. Ertrag zu behandeln. Genauso ist die **Anschlussmiete** sofort Aufwand bzw. Ertrag.

6. Zwischen den Beteiligten ist eine feste Grundmietzeit von drei Jahren vereinbart worden. In dieser Zeit leistet Dr. Mollenkopf 300.000 Euro (3 × 100.000 Euro) an Miete. Er deckt mit dieser Zahlung alle Kosten der Leasinggeberin Gute. Damit liegt ein Finanzierungs-Leasing-Vertrag vor.

Da der Leasingnehmer nach Ablauf der Grundmietzeit den LKW für einen Aufpreis von 20.000 Euro erwerben kann, liegt ein Fall mit einer Kaufoption vor. Bei einer Laufzeit von drei Jahren entspricht die Grundmietzeit 60 % der Nutzungsdauer des LKW. Nach III S. 2, b), bb) des BMF-Erlasses vom 19.04.1971, BStBl 1971 I S. 246) ist der LKW dem Leasingnehmer zuzurechnen.

Anschaffungskosten Gute	260.000 €
./. lineare AfA (3 von 5 Jahren)	156.000 €
Buchwert 31.12.03	104.000 €

Der Aufpreis von 20.000 Euro netto ist niedriger als der Buchwert.

Bei Dr. Mollenkopf betragen zum 01.01.01 die Anschaffungskosten 262.000 Euro (260.000 Euro Anschaffungskosten beim Leasinggeber + 2.000 Euro Überführungskosten).

Der Zins- und Kostenanteil ergibt sich aus der Summe aller Leasingraten ohne USt abzüglich der Anschaffungskosten beim Leasinggeber, also 40.000 Euro (300.000 Euro ./. 260.000 Euro). Außerdem ist die Sonderzahlung i. H. von 10.000 Euro zu Beginn der Mietzeit als Zins- und Kostenanteil zu behandeln. **Handelsrechtlich** ist der gesamte Zins- und Kostenanteil i. H. von 50.000 Euro wie folgt als RAP auf die 3 Jahre zu verteilen:

$$\frac{3 \times (1 + 3)}{2} = 6 \text{ oder } 3 + 2 + 1 = 6$$

Damit entfallen auf das

Jahr 01: ³/₆ von 50.000 € = 25.000 €
Jahr 02: ²/₆ von 50.000 € = 16.667 €
Jahr 03: ¹/₆ von 50.000 € =   8.333 €

Der spätere Aufpreis von 20.000 Euro ist bei Ausübung der Kaufoption sofort als Aufwand zu behandeln. Er gehört nicht zu den Anschaffungskosten.

Damit hat der Leasingnehmer Dr. Mollenkopf **handelsrechtlich** wie folgt zu buchen:

– Am 01.01.01:

LKW	262.000 €	
RAP	50.000 €	
Vorsteuer (für Neben-AK und Sonderzahlung)	2.280 €	
Noch nicht verrechenbare Vorsteuer (für die Leasingraten)	57.000 €	
an sonstige Verbindlichkeiten		371.280 €

– Bei Zahlung der Leasingraten am Jahresende:

sonstige Verbindlichkeiten	119.000 €	
an Geldkonten		119.000 €
und		
Vorsteuer	19.000 €	
an noch nicht verrechenbare Vorsteuer		19.000 €

- Bei Zahlung der Anschaffungsnebenkosten und Sonderzahlung:

sonstige Verbindlichkeiten	14.280 €	
an Geldkonto		14.280 €

- Zum Bilanzstichtag 31.12.01:

Finanzkosten	25.000 €	
an RAP		25.000 €
AfA auf Anlagevermögen (gem. § 253 Abs. 3 HGB 20 %)	52.400 €	
an LKW		52.400 €

Nach Tz. V. 1. des Leasingerlasses über bewegliche Wirtschaftsgüter vom 19.04.1971 (BStBl 1971 I S. 246) kann der Leasingnehmer **steuerrechtlich** die Verbindlichkeit nur in Höhe der Anschaffungskosten passivieren, d. h. ohne RAP für den laufenden Zins- und Kostenanteil (BFH vom 28.02.2001, BStBl 2001 II S. 645). Hier entsteht dasselbe Problem wie bei der Abzinsungsfrage bei einem Ratenkauf (vgl. Fall 49). Für die Sonderzahlung ist dagegen immer ein RAP zu bilden. Sie wird zu Beginn der Mietzeit entrichtet, es liegt daher keine Schuld mehr vor. Außerdem handelt es sich um Kosten, die auf die Laufzeit des Vertrags bezogen sind.

Danach ergeben sich **steuerrechtlich** folgende Buchungen:

- Am 01.01.01:

LKW	262.000 €	
RAP	10.000 €	
Vorsteuer	2.280 €	
Noch nicht verrechenbare Vorsteuer	57.000 €	
an sonstige Verbindlichkeiten		331.280 €

- Bei Zahlung der Leasingraten am Jahresende:

sonstige Verbindlichkeiten	99.000 €	
Zinsaufwand (^{3}/₆ von 40.000 €)	20.000 €	
an Geldkonten		119.000 €
und Vorsteuer	19.000 €	
an noch nicht verrechenbare Vorsteuer		19.000 €

- Bei Zahlung der Nebenanschaffungskosten und Sonderzahlung:

sonstige Verbindlichkeiten	14.280 €	
an Geldkonto		14.280 €

- Zum Bilanzstichtag 31.12.01:

Finanzkosten (^{3}/₆ von 10.000 €)	5.000 €	
an RAP		5.000 €
AfA (§ 7 Abs. 1 EStG 20 %)	52.400 €	
an LKW		52.400 €

7. Leasinggeberin Gute hat **steuerrechtlich** eine Forderung i. H. von 368.900 Euro (Summe der Leasingraten 3 × 100.000 Euro + Sonderzahlung 10.000 Euro + USt 58.900 Euro) zu aktivieren. Die langfristige Forderung ist mit dem Nennbetrag anzusetzen. Eine Teilwertabschreibung kommt wie im Fall 49 nicht in Betracht, weil die Wertminderung aufgrund der Unverzinslichkeit nicht dauerhaft ist. Denn der Wert der Forderung steigt fortlaufend bis zur Fälligkeit (BFH vom 23.04.1975, BStBl 1975 II S. 875, vom 11.12.1986, BStBl 1987 II S. 553, und vom 30.11.1988, BStBl 1990 II S. 117).

Außerdem hat sie den Zins- und Ertragsanteil i. H. von 40.000 Euro als RAP auf die Grundmietzeit zu verteilen. Die Sonderzahlung i. H. von 10.000 Euro kann sie sofort als Betriebseinnahmen erfassen oder ebenfalls auf die Grundmietzeit verteilen. Die Verteilung ist für sie im Normalfall günstiger. Da die Übertragung des wirtschaftlichen Eigentums an dem LKW umsatzsteuerlich eine Lieferung darstellt (Abschn. 3.5 Abs. 5 UStAE), entsteht die USt sofort, auch wenn Gute nur die einzelnen Leasingraten mit der jeweils anteiligen USt in Rechnung stellt.

Daraus ergeben sich **steuerrechtlich** folgende Buchungen:

- Am 01.01.01:

Forderungen	368.900 €	
an LKW		260.000 €
RAP		50.000 €
USt		58.900 €

- Bei Zahlung der Leasingraten am Jahresende:

Geldkonto	119.000 €	
an Forderungen		119.000 €

- Bei Eingang der Sonderzahlung:

Geldkonto	11.900 €	
an Forderungen		11.900 €

- Zum Bilanzstichtag 31.12.01:

RAP	25.000 €	
an Zinsertrag		25.000 €

Entsprechend Fall 49 muss die Leasinggeberin **handelsrechtlich** die Forderung mit dem niedrigeren Barwert ausweisen, wenn die Forderung – wie hier – zum Anlagevermögen gehört (§ 253 Abs. 3 Satz 3 HGB). Sie muss auch mit dem niedrigeren Barwert angesetzt werden, wenn sie zum Umlaufvermögen gehört (§ 253 Abs. 4 Satz 1 HGB). Danach ergäben sich folgende Buchungen:

- Am 01.01.01:

Forderungen	328.900 €	
an LKW		260.000 €
RAP		10.000 €
USt		58.900 €

- Bei Zahlung der Leasingrate am Jahresende 31.12.01:

Geldkonto	119.000 €	
an Forderungen		99.000 €
Zinsertrag		20.000 €

- Bei Eingang der Sonderzahlung:

Geldkonto	11.900 €	
an Forderungen		11.900 €

- Zum Bilanzstichtag 31.12.01:

RAP	5.000 €	
an Zinsertrag		5.000 €

III. Herstellungskosten

Fall 52

Begriff – Kalkulationsschema – Kosten – Gemeinkosten – Gemeinkostenzuschläge

Sachverhalt

Der bilanzierende Unternehmer Sebastian Janetzko betreibt eine Maschinenfabrik und stellt nur einen ganz bestimmten Typ von Kunststoffpressen her. Er ist voll zum Vorsteuerabzug berechtigt.

Am Bilanzstichtag zum 31.12.01 hat er 30 noch nicht verkaufte Pressen auf Lager stehen. Aufgrund der Inventur betragen für jede einzelne Presse die Anschaffungskosten für das Fertigungsmaterial 400 Euro und die Fertigungslöhne 500 Euro.

Aus der Buchhaltung und dem Betriebsabrechnungsbogen für das Wirtschaftsjahr 01 ergeben sich u. a. folgende Zahlen (ohne USt):

Verbrauch von Fertigungsmaterial	1.200.000 €
Gehälter der Geschäftsleitung	400.000 €
Gehälter der Meister im Betriebsbereich	90.000 €
Gehälter der Verwaltung	250.000 €
Löhne der Arbeiter im Betriebsbereich	2.000.000 €
Aufwendungen für Strom und Wasser im Betriebsbereich	7.000 €
Aufwendungen für das Werkzeuglager	10.000 €
Sonstige Aufwendungen für Lagerhaltung, Transport und Prüfung des Fertigungsmaterials	25.000 €
Aufwendungen für sonstige Betriebskosten	10.000 €
Aufwendungen für die Unfallstationen und Unfallverhütungseinrichtungen der Fertigungsstätten	8.000 €
Aufwendungen für die Verkaufsvertreter (einschließlich der Reisekosten)	120.000 €
Sonstige Vertriebskosten	30.000 €
Abschreibungen auf die Betriebseinrichtungen	90.000 €
Abschreibungen auf die Geschäftseinrichtungen der Verwaltungsgebäude	50.000 €

Alle Beträge haben Kosten- und gleichzeitig Aufwandscharakter. Aufgrund des Betriebsabrechnungsbogens sind von den gesamten Fertigungsgemeinkosten $\frac{1}{4}$ materialabhängig und $\frac{3}{4}$ lohnabhängig.

Frage

1. Was sind Herstellungskosten?

2. Wie sieht ein Kalkulationsschema aus?

3. Wie hoch sind die im Jahr 01 insgesamt angefallenen Fertigungseinzelkosten?

4. Wie hoch sind die im Jahr 01 insgesamt angefallenen, die materialabhängigen und die lohnabhängigen Fertigungsgemeinkosten?

5. Wie hoch sind die Zuschläge der Fertigungsgemeinkosten auf das Fertigungsmaterial und auf die Fertigungslöhne?

6. Wie hoch sind die Herstellungskosten für jede einzelne Presse, und welchen Betrag hat Janetzko in seiner Bilanz zum 31.12.01 unter der Position „Fertigprodukte" anzusetzen?

Antwort

1. Zu den Herstellungskosten gehören alle Aufwendungen, die durch den Verbrauch von Gütern und die Inanspruchnahme von Diensten gemacht werden, um ein Wirtschaftsgut in der für den Betrieb geeigneten Form herzustellen.

2. Das allgemeine Kalkulationsschema sieht folgendermaßen aus:

Selbst- kosten		Fertigungsmaterial		
	+	Fertigungsmaterial- gemeinkosten	müssen	zu den Her- stellungskosten gerechnet werden
	+	Fertigungslöhne		
	+	Fertigungslohngemeinkosten		
	+	Fertigungssonderkosten		
	+	Verwaltungskosten	können	
	+	Vertriebskosten	dürfen nicht	
	+	Unternehmergewinn (kalkuliert)		
	=	Verkaufspreis		

3. Die Fertigungseinzelkosten betragen insgesamt   3.200.000 €

4. Die gesamten Fertigungsgemeinkosten betragen   240.000 €
   davon sind materialabhängig   60.000 €
   davon sind lohnabhängig   180.000 €

5. Die Zuschläge der Fertigungsgemeinkosten betragen
   auf das Fertigungsmaterial   5 %
   auf die Fertigungslöhne   9 %

6. Die Herstellungskosten je Presse betragen   965 €

Janetzko hat in seiner Bilanz zum 31.12.01 unter der Position „Fertig-produkte" die 30 Pressen mit 28.950 Euro anzusetzen.

Begründung

1. Die Herstellungskosten sind einer der drei Bewertungsmaßstäbe des Einkommensteuerrechts (§ 6 EStG). Der Begriff ist in § 255 Abs. 2 Satz 1 HGB definiert:

> „**Herstellungskosten** sind die Aufwendungen, die durch den Verbrauch von Gütern und die Inanspruchnahme von Diensten für die Herstellung eines Ver-mögensgegenstands, seine Erweiterung oder für eine über seinen ursprüng-lichen Zustand hinausgehende wesentliche Verbesserung entstehen."

Die Ermittlung ist schwierig, weil kein fester, gezahlter Preis an einen Drit-ten vorliegt. Der Betrag setzt sich aus vielen einzelnen Kostenelementen zusammen. Bei innerbetrieblichen Leistungen ist seine Ermittlung daher nur mit Hilfe einer Kostenrechnung (Betriebsabrechnung) möglich. Teil-weise muss auch auf die Gewinn-und-Verlust-Rechnung und allgemeine Erfahrungssätze zurückgegriffen werden.

Die Herstellungskosten sind vor allem bei der Vorrätebewertung (halbfer-tige und fertige Erzeugnisse) der Fabrikationsbetriebe wichtig. Aber auch bei Wirtschaftsgütern des Anlagevermögens sind sie von Bedeutung, wenn diese im eigenen Betrieb gefertigt werden. Zu den Herstellungskosten bei Tieren vgl. BFH vom 23.07.1981, BStBl 1981 II S. 672, BMF-Schreiben vom 22.02.1995, BStBl 1995 I S. 179, und Fall 65.

Durch die Pflicht zur Aktivierung nach § 6 EStG sollen die als Betriebsausgaben abgezogenen Aufwendungen zur Herstellung (z. B. Löhne, Material als Wareneinsatz, Strom, Öl) zunächst gewinnmäßig neutralisiert werden. Diese Aufwendungen werden jedoch später als steuerlicher Aufwand erfasst, beim Vorratsvermögen, wenn es veräußert wird, und beim Anlagevermögen durch die AfA.

Die Behandlung der Herstellungskosten der im eigenen Betrieb hergestellten Wirtschaftsgüter entspricht daher der Behandlung der Anschaffungskosten der von Dritten erworbenen Wirtschaftsgüter.

2. Um den Begriff der steuerlichen Herstellungskosten näher zu umschreiben, ist es wichtig zu wissen, wie ein Kaufmann den Preis einer Ware kalkuliert. Allgemein geht man von dem Kalkulationsschema aus, wie es unter der Antwort zu 2. wiedergegeben ist. Folgende Begriffe sind dabei wichtig (vgl. auch Falterbaum/Bolk/Reiß/Kirchner, Tz. 16.4.2):

Kosten sind dabei alle in dem Betrieb **nur** zum Unternehmenszweck eingesetzten Güter und Dienstleistungen. Unter **Aufwand** versteht man dagegen den gesamten Verzehr von Gütern und Dienstleistungen, auf das Jahr der wirtschaftlichen Zugehörigkeit bezogen.

Ausgaben liegen vor, wenn Zahlungsmittel oder Sachen für empfangene Güter und Dienstleistungen durch Dritte den Betrieb verlassen.

Einzelkosten sind die Kosten, die den Kostenträgern, d. h. den Produkten, direkt zugerechnet werden können, z. B. Fertigungsmaterial und Fertigungslöhne.

Gemeinkosten sind die Kosten, die zugleich für mehrere Wirtschaftsgüter anfallen und nur aufgrund besonderer Annahmen (Aufstellen eines Verteilerschlüssels) den einzelnen Wirtschaftsgütern zugerechnet werden können (BFH vom 31.07.1967, BStBl 1968 II S. 22, und vom 21.10.1993, BStBl 1994 II S. 176; Schmidt/Glanegger, § 6 Rn. 183); z. B. Materiallagerungskosten, AfA für Maschinen und Gebäude, Hilfs- und Betriebsstoffe.

Sonderkosten sind außerordentliche Aufwendungen des Betriebsbereichs, z. B. Entwicklungs- und Entwurfskosten, Patentgebühren, Kosten für den Ankauf neuer Fabrikationsmethoden und das Anlernen der Fachkräfte zur Umschulung auf eine neue Fabrikation.

Verwaltungskosten sind die Kosten, die nicht unmittelbar mit dem Betriebsbereich zusammenhängen, z. B. Aufwendungen für die Geschäftsleitung, Einkauf und Wareneingang, Betriebsrat, Personalbüro usw. (vgl. R 6.3 Abs. 4 EStR).

Vertriebskosten sind alle Kosten, die mit dem Verkauf zu tun haben, z. B. Vertriebsabteilung, Verpackung, eigene Spedition, selbst getragene Versandgebühren.

Selbstkosten sind alle Kosten zusammengenommen, nur ohne Berücksichtigung von Gewinn oder Verlust.

Von diesen Kosten müssen die **Material- und Fertigungseinzel-** sowie die **Material- und Fertigungsgemeinkosten** den Herstellungskosten zugerechnet werden (R 6.3 Abs. 1 und 2 EStR). Hinzu kommen noch die Sonderkosten, während hinsichtlich der Verwaltungskosten der Unternehmer ein Wahlrecht hat (R 6.3 Abs. 4 EStR). Da der Unternehmer meistens günstiger fährt, wenn er Kosten nicht aktivieren und damit nicht wieder neutralisieren muss, werden die Verwaltungskosten im Allgemeinen den Herstellungskosten nicht zugeschlagen. Die Vertriebskosten haben mit der Herstellung nichts mehr zu tun und dürfen daher nicht zugeschlagen werden. Dies gilt auch für den kalkulierten, noch nicht realisierten Gewinn.

Diese Aussagen betreffen das Einkommensteuerrecht. Das **Handelsrecht** wurde durch das BilMoG in einigen Bereichen geändert. Bei den Herstellungskosten gibt es jetzt zwischen dem HGB und dem EStG kaum noch Unterschiede, vgl. § 255 Abs. 2 HGB. Das BilMoG ist für Jahresabschlüsse ab dem 01.01.2010 anzuwenden, Art. 66 Abs. 3 Satz 1 EGHGB. Zur früheren Rechtslage vgl. die 12. Auflage dieses Lehrbuchs.

Nun entstand ein neues Problem. Nach Rn. 8 des BMF-Schreibens vom 12.03.2010 (BStBl 2010 I S. 239) soll entgegen der bisher vertretenen Auffassung der Finanzverwaltung (vgl. R 6.3 Abs. 4 Satz 1 EStR 2008) der Umfang der zu aktivierenden Herstellungskosten in der Steuerbilanz ausgeweitet werden. Es sollen nun auch die in § 255 Abs. 2 Satz 3 HGB genannten Kosten (Kosten der Geschäftsführung, der allgemeinen Verwaltung sowie Aufwendungen für soziale Einrichtungen, für freiwillige soziale Leistungen und die betriebliche Altersvorsorge) verpflichtend einbezogen werden.

Handelsrechtlich gilt weiterhin ein Aktivierungswahlrecht, sodass dies zu einem weiteren Auseinanderfallen zwischen Steuer- und Handelsbilanz führen wird.

Ferner ist die Anwendung dieser neuen Handhabung problematisch. Laut Rn. 24 dieses Schreibens soll dies schon für den Veranlagungszeitraum 2009 gelten.

Eine zutreffende Ermittlung der anteiligen Verwaltungskosten usw. erfordert eine Kostenträgerrechnung, die nicht in allen Betrieben vorhanden ist, sodass eine zutreffende Ermittlung häufig nicht vorgenommen werden kann (vgl. auch umfassend Herzig/Briesemeister, DB 2010 S. 917, sowie Kaminski, DStR 2010 S. 771).

Der Deutsche Steuerberaterverband e. V. fordert mit seiner Eingabe 4/2010 vom 03.05.2010 an das BMF die Aufhebung der Rn. 8 und die Beibehaltung des Gleichlaufs der Herstellungskosten in Steuer- und Handelsbilanz,

„hilfsweise" eine Verschiebung der zeitlichen Anwendung (abrufbar unter www.dstv.de/interessenvertretung/steuern/stellungnahmen-steuern/s-04-10-massgeblichkeit).

Mit Schreiben vom 22.06.2010 (BStBl 2010 I S. 597) hat das BMF das Schreiben vom 12.03.2010 (a. a. O.) um eine Rn. 25 ergänzt, wonach R 6.3 Abs. 4 EStR 2008 weiter angewendet werden kann, bis eine geänderte Richtlinienfassung veröffentlicht wird. Bis dahin gehen wir weiter vom Wahlrecht bei den Verwaltungskosten aus.

3. Unter Fertigungseinzelkosten versteht man die Einzelkosten, die sich auf die Fertigung insgesamt beziehen. Sie setzen sich zusammen aus den Einzelkosten für das Fertigungsmaterial und den Einzelkosten für die Fertigungslöhne.

Dies sind:

Fertigungsmaterial	1.200.000 €
Fertigungslöhne	2.000.000 €
Fertigungseinzelkosten	3.200.000 €

4. Fertigungsgemeinkosten sind alle Kosten der Fertigung, die für mehrere Leistungen gemeinsam anfallen und daher nicht direkt zugerechnet werden können.

Nach R 6.3 Abs. 2 EStR gehören im vorliegenden Fall dazu:

Gehälter der Meister im Betriebsbereich	90.000 €
Aufwendungen für Strom und Wasser	7.000 €
Aufwendungen für das Werkzeuglager	10.000 €
Sonstige Aufwendungen für Lagerhaltung, Transport und Prüfung des Fertigungsmaterials	25.000 €
Aufwendungen für sonstige Betriebskosten	10.000 €
Aufwendungen für die Unfallstationen und Unfallverhütungseinrichtungen der Fertigungsstätten	8.000 €
Abschreibungen auf die Betriebseinrichtungen	90.000 €
Fertigungsgemeinkosten insgesamt	240.000 €
Davon sind laut Sachverhalt:	
¼ materialabhängig, also	60.000 €
¾ lohnabhängig, also	180.000 €

Die Gehälter der Geschäftsleitung, die Gehälter der Verwaltung und die Abschreibungen auf die Geschäftseinrichtungen gehören zu den allgemeinen Verwaltungskosten. Sie müssen den Herstellungskosten (noch) nicht zugeschlagen werden (vgl. R 6.3 Abs. 4 EStR sowie BMF vom 12.03.2010, BStBl 2010 I S. 239 und 597 Rn. 8 und 25). Aus den oben angeführten Gründen wird dies auch hier nicht getan.

Die Aufwendungen für die Verkaufsvertreter einschließlich deren Reisekosten sowie die sonstigen Vertriebskosten haben mit der Herstellung nichts mehr zu tun. Sie dürfen nicht hinzugerechnet werden.

5. Da keine Fertigungssonderkosten vorliegen, ergeben sich danach für alle im Jahr 01 produzierten halbfertigen und fertigen Pressen insgesamt folgende Herstellungskosten:

Fertigungseinzelkosten	3.200.000 €
Fertigungsgemeinkosten	240.000 €
Herstellungskosten	3.440.000 €

Nach Aufgabenstellung sollen die Herstellungskosten für jede einzelne hergestellte Presse ermittelt werden. Da nicht bekannt ist, wie hoch der Wert der unfertigen Erzeugnisse am 31.12.01 ist und wie viel im Jahr 01 hergestellte Pressen in diesem Jahr verkauft wurden, lassen sich die Einzelherstellungskosten nur durch zu errechnende Gemeinkostenzuschläge ermitteln. Der hier insgesamt festgestellte Wert der Herstellungskosten ist daher insoweit nicht brauchbar.

Die Gemeinkostenzuschläge auf das Fertigungsmaterial und auf die Fertigungslöhne sind prozentual zu errechnen.

Der Zuschlag der Fertigungsgemeinkosten auf das Fertigungsmaterial beträgt:

$$\frac{\text{Materialabhängige Fertigungsgemeinkosten} \times 100\,\%}{\text{Aufwendungen f. Fertigungsmaterial}} = x\,\% \qquad \frac{60.000 \times 100\,\%}{1.200.000} = 5\,\%$$

Der Zuschlag der Fertigungsgemeinkosten auf die Fertigungslöhne beträgt:

$$\frac{\text{Lohnabhängige Fertigungsgemeinkosten} \times 100\,\%}{\text{Löhne}} = y\,\% \qquad \frac{180.000 \times 100\,\%}{2.000.000} = 9\,\%$$

6. Die Herstellungskosten für jede einzelne Presse sind somit wie folgt zu berechnen:

Fertigungsmaterial (lt. Sachverhalt)	400 €
Gemeinkostenzuschlag 5 %	20 €
Fertigungslöhne (lt. Sachverhalt)	500 €
Gemeinkostenzuschlag 9 %	45 €
Herstellungskosten je Presse	965 €
Der Bilanzansatz zum 31.12.01 für die noch vorhandenen 30 Pressen beträgt daher (965 € × 30)	28.950 €

Fall 53

Herstellungskosten eines betrieblichen Gebäudes – einzelne Wirtschaftsgüter – gemischte Nutzung – Ausfall beim Architektenhonorar – Erdarbeiten – Kanalanschlussgebühren – Hausanschlusskosten – Versorgungsnetze – Ladeneinbau – Bauzeitversicherung – Baumängel – Fahrtkosten – PKW-Stellplätze – Grundstücksumzäunung – Gartenanlage – Prozesskosten

Sachverhalt

Dr. Martin Wesch hat ein Einzelhandelsgeschäft für Scotch & Tea in Stuttgart. Verkauft wird vor allem Single Malt Scotch Whisky und Darjeeling-Tee. Dr. Wesch bilanziert. Dr. Wesch will in Schorndorf auf einem eigenen Betriebsgrundstück eine Filiale errichten. Nach der Bauplanung sollen im Erdgeschoss ein Laden für eigene betriebliche Zwecke, im 1. Obergeschoss eine Wohnung als Rechtsanwaltskanzlei für seine Ehefrau Dr. Susanne Wesch und im 2. Obergeschoss eine Mietwohnung für den Filialleiter entstehen. Dr. Wesch will das 1. und das 2. Obergeschoss vermieten und das ganze Gebäude bilanzieren. Die Geschosse sind gleich groß. Der Bauantrag wird am 10.05.2004 gestellt. Das Gebäude und die Außenanlagen sind am 02.03.2005 fertig gestellt. Dr. Wesch entstanden folgende Kosten:

a) 20.000 Euro Honorar für den Architekten Bull, dessen Pläne völlig unbrauchbar waren und daher nicht verwendet werden konnten. Eine Klage auf Rückzahlung blieb erfolglos, weil der Architekt sich ins Ausland absetzte. Die Prozesskosten sind in den 20.000 Euro enthalten. Dr. Wesch beauftragte danach den Architekten Buchenroth, der für 40.000 Euro den Bau korrekt plante und durchführte.

b) 30.000 Euro für die Durchführung von Erdarbeiten. Dabei musste insbesondere ein Hang abgetragen werden.

c) 3.000 Euro für den an die Stadt zu zahlenden Kanalbaubeitrag (Kanalanschlussgebühr).

d) 4.000 Euro für die Herstellung der Zuleitungsanlagen vom Gebäude zum öffentlichen Kanal (Hausanschlusskosten).

e) 5.000 Euro für den Anschluss des Gebäudes an die Versorgungsnetze (Strom, Gas, Wasser, Wärme).

f) 250.000 Euro für die Erstellung des Rohbaus.

g) 700.000 Euro für den Ausbau des Gebäudes. Davon entfallen 100.000 Euro auf die Errichtung und die fest eingebaute Einrichtung des Ladens (Schaufenster, Bodenbelag, Trenntüren, Ladentheke, Leuchten, WC, Waschbecken usw.). Die Einbauten sind alle 10 Jahre vollständig zu erneuern.

h) 5.000 Euro als Beiträge für die Bauzeitversicherung (Bauwesenversicherung).

i) 8.000 Euro für die Beseitigung von Baumängeln vor Fertigstellung des Gebäudes. Der Handwerker, der diese Mängel verursacht und verschuldet hatte, wurde insolvent. Die Prozesskosten i. H. von 2.000 Euro konnten von Dr. Wesch nicht mehr beigetrieben werden.

k) 2.000 Euro Fahrtkosten für Fahrten des Dr. Wesch zur Baustelle, die durch Fahrtenbuch nachgewiesen wurden.

l) 12.000 Euro für die Fertigstellung von sechs PKW-Stellplätzen. Die Stadtverwaltung hatte Dr. Wesch die Auflage erteilt, für den Laden vier und die Wohnungen je 1½, also drei Stellplätze zu erstellen.

Vier Stellplätze konnten direkt vor dem Ladeneingang links des Hauses platziert werden und zwei Stellplätze für die beiden Wohnungen getrennt durch den Haupteingang auf der rechten Seite des Hauses. Die Verpflichtung zur Errichtung des 7. Stellplatzes konnte Dr. Wesch durch Zahlung von 600 Euro an die Stadt abwenden. Der Bodenbelag der Stellplätze ist nach 8 Jahren zu erneuern.

m) 10.000 Euro für die Umzäunung des Grundstücks. Zusätzlich zum Metallgitterzaun wurden Hecken, Büsche und Bäume den Zaun entlang angepflanzt. Die Umzäunung ist nach 12 Jahren wieder zu erneuern.

n) 8.000 Euro für die Erstellung der Gartenanlage. Der Garten befindet sich vom Straßenzugang aus gesehen hinter dem Haus und kann von den Mietern genutzt werden.

Sämtliche Beträge enthalten keine USt. Alle Handwerker haben Freistellungsbescheinigungen gem. § 48b EStG vorgelegt.

Frage

1. Welche Wirtschaftsgüter können bei Errichtung eines Gebäudes ertragsteuerrechtlich von Bedeutung sein?

2. Welche angefallenen Kosten gehören zu den Herstellungskosten des Gebäudes? Müssen diese aufgeteilt werden? Wie ist abzuschreiben?

3. Ändert sich etwas bei der Abschreibung des Gebäudes, wenn Dr. Wesch nur so viel bilanziert, wie er unbedingt bilanzieren muss?

4. Welche Kosten müssen den Anschaffungskosten des Grundstücks zugerechnet werden?

5. Welche Kosten sind für ein selbständiges Wirtschaftsgut aufgewandt worden? Und wie sind sie abzuschreiben?

6. Welche Kosten sind sofort abzugsfähige Betriebsausgaben?

Antwort

1. Bei einem Gebäude können steuerrechtlich folgende selbständige Wirtschaftsgüter von Bedeutung und für sich abschreibungsfähig sein:

- Scheinbestandteile,
- Betriebsvorrichtungen,
- Ladeneinbauten,
- sonstige Mietereinbauten,
- eigenbetrieblich genutzte Gebäudeteile,
- fremdbetrieblich genutzte Gebäudeteile,
- zu fremden Wohnzwecken genutzte Gebäudeteile,
- zu eigenen Wohnzwecken genutzte Gebäudeteile (keine AfA).

Zusätzlich können einzelne besondere und zusätzliche Wirtschaftsgüter entstehen, z. B. Hofbefestigung, PKW-Stellplätze, Grundstücksumzäunung, Gartenanlage.

2. Die Gesamtherstellungskosten des Gebäudes betragen 945.600 Euro. Wie sie sich zusammensetzen, ergibt sich aus der Begründung. Aufgrund der verschiedenen AfA-Vorschriften sind sie aufzuteilen. 315.967 Euro sind mit 4 % abzuschreiben = 12.639 Euro jährlich. 629.633 Euro sind mit 3 % abzuschreiben = 18.889 Euro jährlich.

3. Wenn Dr. Wesch die Rechtsanwaltskanzlei nicht ins Betriebsvermögen nimmt, hat er insgesamt 629.633 Euro zu bilanzieren und davon 315.967 Euro mit 4 % = 12.639 Euro jährlich und 313.666 Euro mit 3 % = 9.410 Euro jährlich abzuschreiben.

4. Zu den nachträglichen Anschaffungskosten des Grundstücks gehören nur die Kanalanschlussgebühren.

5. Als selbständige Wirtschaftsgüter sind anzusetzen:
   - der Ladeneinbau mit 100.000 Euro, AfA 10.000 Euro jährlich,
   - die Laden-PKW-Stellplätze mit 8.000 Euro, AfA 1.000 Euro jährlich,
   - die Umzäunung des Grundstücks mit 10.000 Euro, AfA 834 Euro jährlich,
   - die Gartenanlage mit 8.000 Euro, AfA 800 Euro jährlich.

6. Sofort abzugsfähige Betriebsausgaben sind nur die Aufwendungen für das Architektenhonorar Bull, 20.000 Euro, und die Beiträge zur Bauzeitversicherung, 5.000 Euro, wenn das Gebäude voll bilanziert wird. Ansonsten gehört ein Teil zu den Werbungskosten bei Vermietung und Verpachtung.

Begründung

1. Im **Zivilrecht** ist ein Gebäude wesentlicher Bestandteil des Grund und Bodens. Dies gilt auch für sonstige Teile wie Umzäunung, Büsche, Bäume usw. Im Zivilrecht wird alles zusammen als ein einheitliches Gut, als ein Gegenstand betrachtet, §§ 93, 94 i. V. m. § 946 BGB. Dies setzt allerdings voraus, dass das Gebäude bzw. die sonstigen Teile alle zu einer bestimmten Lagerbuchnummer gehören. Wird ein Gebäude auf mehreren Lagerbuchnummern erstellt, liegen zivilrechtlich so viel Grundstücke vor, wie Lagerbuchnummern vorhanden sind bzw. überbaut wurden. Bei einem Verkauf eines solchen Gebäude-Grundstücks werden die Lagerbuchnummern als selbständige Gegenstände verkauft.

Im **Steuerrecht** wird vor allem im Hinblick auf die unterschiedlichen Abschreibungsvorschriften das zivilrechtlich einheitliche Wirtschaftsgut entsprechend dem Nutzungs- und Funktionszusammenhang in mehrere Wirtschaftsgüter aufgeteilt, R 4.2 Abs. 3 EStR und H 4.2 Abs. 3 EStH. Deshalb wird von vornherein der Grund und Boden vom Gebäude getrennt betrachtet. Schon insoweit liegen zwei Wirtschaftsgüter vor. Die Aufteilung geht jedoch viel weiter, weil insbesondere auch einzelne Gebäudeteile eigene Wirtschaftsgüter sein können.

Für den Begriff des **Gebäudes** sind die Abgrenzungsmerkmale des Bewertungsrechts maßgebend (R 7.1 Abs. 5 Satz 1 und 2 EStR). Danach ist ein Gebäude ein Bauwerk auf eigenem oder fremdem Grund und Boden, das Menschen oder Sachen durch räumliche Umschließung Schutz gegen äußere Einflüsse gewährt, den Aufenthalt von Menschen gestattet, fest mit dem Grund und Boden verbunden, von einiger Beständigkeit und standfest ist.

Hierzu gehören die **unselbständigen Gebäudeteile**. Diese sind zusammen mit dem Gebäude bzw. einem selbständigen Gebäudeteil abzuschreiben. Ein Gebäudeteil ist unselbständig, wenn er in einem einheitlichen Nutzungs- und Funktionszusammenhang mit dem Gebäude steht (R 4.2 Abs. 5 EStR und H 4.2 Abs. 5 EStH). Hierzu zählen z. B. Fahrstuhlanlagen, Heizungsanlagen, Be- und Entlüftungsanlagen, Beleuchtungsanlagen, Rolltreppe eines Kaufhauses, Sprinkler-Anlage in einer Fabrik.

Demgegenüber liegen **selbständige Gebäudeteile** vor bei einem von der eigentlichen Gebäudenutzung verschiedenen Nutzungs- und Funktionszusammenhang; dies ist der Fall, wenn sie besonderen Zwecken dienen. Selbständige Gebäudeteile in diesem Sinne sind (Aufzählung nicht vollständig):

- **Scheinbestandteile** i. S. von § 95 BGB, R 7.1 Abs. 4 EStR und R 4.2 Abs. 3 Satz 3 Nr. 2 EStR. Diese entstehen, wenn bewegliche Wirtschaftsgüter zu einem vorübergehenden Zweck in ein Gebäude eingefügt werden. Hierzu können gehören z. B. Rolltreppen (vgl. Fall 8), Personenaufzüge, bewegliche Trennwände.

  Scheinbestandteile sind schon zivilrechtlich bewegliche Sachen und daher gem. § 7 Abs. 1 oder 2 EStG abzuschreiben (BFH vom 24.11.1970, BStBl 1971 II S. 157, und vom 04.12.1970, BStBl 1971 II S. 165). Vergleiche auch Fall 8.

- **Betriebsvorrichtungen** gem. R 4.2 Abs. 3 Satz 3 Nr. 1 und R 7.1 Abs. 3 EStR. Betriebsvorrichtungen stellen stets bewegliche Wirtschaftsgüter dar und sind daher nach § 7 Abs. 1 oder 2 EStG abzuschreiben. Zur Abgrenzung von den Betriebsgrundstücken sind die allgemeinen

Grundsätze des Bewertungsrechts maßgebend. Eine Betriebsvorrichtung liegt demnach vor, wenn damit das Gewerbe unmittelbar betrieben wird und kein Gebäude/Gebäudeteil vorliegt, weil sie nicht in einem einheitlichen Nutzungs- und Funktionszusammenhang mit dem Gebäude steht. Hierzu gehören z. B. Lastenaufzüge, Kühleinrichtungen, Entstaubungsanlagen, Spezialbeleuchtung. Zivilrechtlich sind sie wesentliche Bestandteile des Gebäudes. Vergleiche auch Fall 8.

- **Ladeneinbauten** gem. R 4.2 Abs. 3 Satz 3 Nr. 3 EStR. Hierzu zählen Schaufensteranlagen, Gaststätteneinbauten, Schalterhallen bei Banken, also Einbauten, die einem schnellen Wandel des modischen Geschmacks unterliegen. Sie sind gem. § 7 Abs. 4 oder Abs. 5 i. V. m. § 7 Abs. 5a EStG als Gebäudeteil abzuschreiben.

- **Sonstige Mietereinbauten** gem. R 4.2 Abs. 3 Satz 3 Nr. 4 EStR und H 4.2 Abs. 3 (Mietereinbauten) EStH. Insoweit sei auf den ausführlichen Fall 8 hingewiesen. Auch sie sind gem. § 7 Abs. 4 oder 5 EStG als Gebäudeteil abzuschreiben.

- **Eigenbetrieblich genutzte Gebäudeteile** als selbständige Wirtschaftsgüter gem. R 4.2 Abs. 3 Satz 3 Nr. 5 und Abs. 4 EStR. Diese selbständigen Wirtschaftsgüter sind als notwendiges Betriebsvermögen gem. § 7 Abs. 4 oder 5 EStG abzuschreiben.

- **Fremdbetrieblich genutzte Gebäudeteile** als selbständige Wirtschaftsgüter gem. R 4.2 Abs. 3 Satz 3 Nr. 5 und Abs. 4 EStR. Diese Wirtschaftsgüter können im Privatvermögen belassen oder als gewillkürtes Betriebsvermögen ausgewiesen werden. Je nachdem sind sie gem. § 7 Abs. 4 oder 5 EStG als Privat- oder Betriebsvermögen abzuschreiben.

- **Zu fremden Wohnzwecken genutzte Gebäudeteile** als selbständige Wirtschaftsgüter gem. R 4.2 Abs. 3 Satz 3 Nr. 5 und Abs. 4 EStR. Diese Wirtschaftsgüter können wie die fremdbetrieblich genutzten Gebäudeteile behandelt werden. Die Ausführungen zu fremdbetrieblich genutzten Gebäudeteilen gelten auch hier.

- **Zu eigenen Wohnzwecken genutzte Gebäudeteile** als selbständige Wirtschaftsgüter gem. R 4.2 Abs. 3 Satz 3 Nr. 5 und Abs. 4 EStR. Diese sog. Konsumgüter sind weder bilanzierungsfähig noch abschreibungsfähig. Sie sind wie andere private, selbstgenutzte Güter (Jacht, PKW, Perlenkette, Pelzmantel) steuerrechtlich unbeachtlich.

- **Besondere Wirtschaftsgüter**
  Sonderprobleme können zusätzlich entstehen bei einer Hofbefestigung, PKW-Stellplätzen, Grundstücksumzäunung, Gartenanlage usw.

2. Die von Dr. Wesch aufgewandten Kosten sind im Einzelnen wie folgt zu beurteilen:

a) Unproblematisch ist das **Architektenhonorar** Buchenroth i. H. von 40.000 Euro. Diese Kosten sind für den Bau erforderlich gewesen, sie gehören also zu den Herstellungskosten.

Die Honorarkosten des Architekten Bull können Herstellungskosten oder sofort abziehbare Betriebsausgaben sein. Dies hängt davon ab, ob diese Aufwendungen in das Bauwerk wertbestimmend eingegangen sind und den Aufwendungen tatsächlich erbrachte Leistungen zugrunde liegen (BFH vom 29.11.1983, BStBl 1984 II S. 306, vom 04.07.1990 GrS 1/89, BStBl 1990 II S. 830, und vom 08.09.1998, BStBl 1999 II S. 20). Dies ist nur dann der Fall, wenn die Pläne Grundlage waren für die später erstellten Pläne des Architekten Buchenroth. Da lt. Sachverhalt die Pläne des Architekten Bull völlig unbrauchbar waren, sind sie in das Bauwerk nicht wertbestimmend eingegangen. Es liegen daher sofort abzugsfähige Betriebsausgaben vor. Vergleiche auch H 6.4 (Honorare) EStH. Die Prozesskosten teilen das Schicksal der Aufwendungen, um die gestritten wird.

b) Die beim Bau eines Hauses regelmäßig anfallenden Kosten für **Erdarbeiten** (Abtragung, auch Aushub des Bodens für die Baugrube, Lagerung, Einplanierung und Abtransport der Erde) i. H. von 30.000 Euro gehören zu den Herstellungskosten des Gebäudes. Dies gilt auch für die Kosten der Freimachung des Baugeländes von Buschwerk und Bäumen sowie für den Abtrag eines Hanges, H 6.4 (Erdarbeiten) EStH. Damit liegen hier Herstellungskosten vor.

Bei Erdarbeiten können allerdings bei besonderen Situationen auch nachträgliche Herstellungskosten des Grund und Bodens entstehen oder sofort abziehbare Betriebsausgaben vorliegen. Vergleiche BFH vom 27.01.1994, BStBl 1994 II S. 512, und H 6.4 (Erdarbeiten-Hangabtragung) EStH. Muss z. B. eine zum Bauwerk führende Privatstraße neu geteert werden, so liegen Herstellungskosten des Grund und Bodens vor, die für sich gem. § 7 Abs. 4 Satz 2 EStG auf die Nutzungsdauer des Bodenbelags abgeschrieben werden müssen. Wird der Straßenbelag nur repariert, sind sofort abziehbare Betriebsausgaben gegeben. Vergleiche BFH vom 19.10.1999, BStBl 2000 II S. 257, und H 6.4 (Erschließungsbeiträge . . . , – Privatstraße) EStH.

c) Die **Kanalanschlussgebühr** i. H. von 3.000 Euro gehört zu den nachträglichen Anschaffungskosten des Grund und Bodens, da der Wert der Arbeiten dem Grund und Boden zugutekommt, H 6.4 (Hausanschlusskosten) EStH.

d) Die Kosten für die Herstellung der Zuleitungsanlagen vom Gebäude zum öffentlichen Kanal, sog. **Hausanschlusskosten,** i. H. von 4.000 Euro gehören zu den Herstellungskosten des Gebäudes, BFH vom 24.11.1967, BStBl 1968 II S. 178, und H 6.4 (Hausanschlusskosten) EStH. Diese Kosten erhöhen den Wert des Hauses.

e) Die Kosten für den **Anschluss** des Gebäudes **an die Versorgungsnetze** (Strom, Gas, Wasser, Wärme) i. H. von 5.000 Euro gehören wie die Kosten zu d) zu den Herstellungskosten des Gebäudes, BFH vom 15.01.1965, BStBl 1965 III S. 226, und H 6.4 (Hausanschlusskosten) EStH. Auch diese Kosten erhöhen den Wert des Hauses.

f) Völlig unproblematisch sind die Kosten i. H. von 250.000 Euro für die Erstellung des **Rohbaus;** sie gehören zu den Herstellungskosten des Gebäudes.

g) Die Kosten für den **Ausbau des Gebäudes** sind i. H. von 600.000 Euro Herstellungskosten. Die abtrennbaren Kosten für die Errichtung und Einrichtung des Ladens i. H. von 100.000 Euro sind als Ladeneinbau zu behandeln und für sich als selbständiger Gebäudeteil auf 10 Jahre gem. § 7 Abs. 4 Satz 2 i. V. m. § 7 Abs. 5a EStG abzuschreiben, R 4.2 Abs. 3 Satz 3 Nr. 3 EStR.

h) Die **Bauzeitversicherung** (Bauwesenversicherung) trägt die Risiken während des Bauens. Die Versicherung hängt sachlich mit der Erhaltung des Gebäudes in seiner Substanz zusammen. Sie dient nicht der Vermehrung der Substanz. Dabei macht es keinen Unterschied, ob das Gebäude schon fertig gestellt ist oder erst entsteht. Die Beiträge sind daher keine Herstellungskosten, sondern sofort abzugsfähige Betriebsausgaben, BFH vom 25.02.1976, BStBl 1980 II S. 294, und H 6.4 (Bauzeitversicherung) EStH.

i) Die Aufwendungen zur Beseitigung von **Baumängeln** vor Fertigstellung des Gebäudes i. H. von 8.000 Euro gehören zu den Herstellungskosten des Gebäudes, H 6.4 (Baumängelbeseitigung) EStH. Der BFH meint in seinem Urteil vom 31.03.1992 (BStBl 1992 II S. 805), schlechte Leistungen lassen den Charakter der Aufwendungen als Herstellungskosten unberührt. Entscheidend ist danach nur, dass eine dem Herstellungsvorgang zuzurechnende Leistung tatsächlich erbracht worden ist. Hingegen ist es ohne Bedeutung, ob diese vertragsgemäß oder mangelhaft ist.

Mangelhafte Leistungen während der Bauausführung rechtfertigen auch keine Absetzungen für außergewöhnliche technische oder wirtschaftliche Abnutzung (AfaA; BFH vom 31.03.1992, BStBl 1992 II S. 805).

Auch die Aufwendungen zur Beseitigung der Baumängel während der Bauphase sind Herstellungskosten und nicht sofort abziehbare Betriebsausgaben, weil der Aufwand der Herstellung des Objekts dient (BFH vom 24.03.1987, BStBl 1987 II S. 694, und vom 31.03.1992, BStBl 1992 II S. 805).

Die **Prozesskosten** i. H. von 2.000 Euro teilen als Folgekosten das rechtliche Schicksal der Aufwendungen, um die gestritten wird (BFH vom 01.12.1987, BStBl 1988 II S. 431, und vom 31.03.1992, BStBl 1992 II S. 805).

k) Auch die **Fahrtkosten** des Dr. Wesch zur Baustelle i. H. von 2.000 Euro gehören zu den Herstellungskosten, und zwar nicht pauschal, sondern in tatsächlicher Höhe. Sie wurden durch den Bau veranlasst, BFH vom 10.05.1995, BStBl 1995 II S. 713, und H 6.4 (Fahrtkosten) EStH.

l) Die Aufwendungen für die vier **Laden-Stellplätze** stehen wie eine **Hofbefestigung** in keinem einheitlichen Nutzungs- und Funktionszusammenhang mit dem Gebäude. Sie gehören daher nicht zu dessen Herstellungskosten, BFH vom 01.07.1983, BStBl 1983 II S. 686, und H 6.4 (Außenanlagen) EStH. Die Aufwendungen i. H. von 8.000 Euro (pro Stellplatz 2.000 Euro) sind ein eigenes Wirtschaftsgut. Sie sind gem. § 7 Abs. 4 Satz 2 i. V. m. § 7 Abs. 5a EStG auf 8 Jahre abzuschreiben. Die Stellplätze (Hofbefestigung) sind keine beweglichen, sondern unbewegliche Wirtschaftsgüter.

Die zu den Wohnungen gehörenden Stellplätze stehen im Nutzungs- und Funktionszusammenhang mit dem Gebäude. Die Aufwendungen hierzu sind daher Herstellungskosten des Gebäudes, aber bezogen auf die Wohnungen.

Genauso verhält es sich mit den Aufwendungen zur **Ablösung der Verpflichtung,** einen weiteren **Stellplatz zu fertigen,** BFH vom 08.03.1984, BStBl 1984 II S. 702, und H 6.4 (Stellplätze) EStH, insgesamt also 4.600 Euro.

m) Die Aufwendungen i. H. von 10.000 Euro für die **Umzäunung des Grundstücks** stehen nach BFH vom 01.07.1983, BStBl 1983 II S. 686, bei einem Betriebsgrundstück nicht in einheitlichem Nutzungs- und Funktionszusammenhang mit dem Gebäude, sondern stellen ein selbständiges Wirtschaftsgut dar. Vergleiche auch H 6.4 (Umzäunung) EStH. Bei einem Mietwohngrundstück gehören diese Aufwendungen jedoch zu den Herstellungskosten des Gebäudes, BFH vom 05.12.1977, BStBl 1978 II S. 210, und H 6.4 EStH. Entscheidend dabei ist, dass der Laden mit besonderem Eingang und vier Stellplätzen dem Gebäude das Gepräge geben. Damit dient die Umzäunung nicht nur wie beim Mietwohngrundstück dem auf dem Grundstück befindlichen Gebäude, sondern gleichzeitig auch dem Betriebsgelände. Die Umzäunung ist auf 12 Jahre als unbewegliches Gut gem. § 7 Abs. 4 Satz 2 i. V. m. § 7 Abs. 5a EStG abzuschreiben.

n) Die **Gartenanlage** (Kosten 8.000 Euro) ist ein selbständiges Wirtschaftsgut, BFH vom 30.01.1996, BStBl 1997 II S. 25, und H 6.4 (Gartenanlage) EStH. Sie steht weder mit dem Gebäude noch mit dem Grund und Boden in einem einheitlichen Nutzungs- und Funktionszusammenhang. Diese ständige Rechtsprechung (vgl. z. B. auch BFH vom 26.11.1973 GrS 5/71, BStBl 1974 II S. 132, und vom 08.11.1995, BStBl 1996 II S. 114) unterscheidet dabei nicht, ob es sich um ein betriebliches oder ein privates Grundstück handelt. Die Abschreibung ist als unbewegliches Wirtschaftsgut gem. § 7 Abs. 4 Satz 2 i. V. m. § 7 Abs. 5a EStG vorzunehmen, da die Mieter den Garten mitbenutzen können. Die Gartenanlage ist gem. R 21.1 Abs. 3 Satz 3 EStR in 10 Jahren abzuschreiben. Die jährliche AfA beträgt daher 800 Euro (8.000 Euro : 10). Zwischenzeitliche Instandsetzungen sind bei einem Betriebsgrundstück wie hier Betriebsausgaben, bei einem Mietwohngrundstück Werbungskosten, R 21.1 Abs. 3 Satz 4 EStR. Gehört der

Garten zu einem selbstgenutzten Wohnhaus oder zu einem Mietshaus, dessen Mieter ihn nicht nutzen können, sind alle Aufwendungen Lebensführungskosten gem. § 12 Nr. 1 EStG, also ertragsteuerrechtlich bedeutungslos.

Zu den Gesamtherstellungskosten des Gebäudes gehören daher:

a)	Architektenhonorar Buchenroth	40.000 €
b)	Erdarbeiten	30.000 €
d)	Hausanschlusskosten	4.000 €
e)	Kosten für den Anschluss an die Versorgungsnetze	5.000 €
f)	Kosten des Rohbaus	250.000 €
g)	Ausbaukosten des Gebäudes ohne Ladeneinbau	600.000 €
i)	Beseitigung von Baumängeln einschließlich Prozesskosten	10.000 €
k)	Fahrtkosten Dr. Wesch	2.000 €
l)	Zu den Wohnungen gehörende Stellplätze mit Ablösung der Verpflichtung, einen weiteren Stellplatz zu erstellen	4.600 €
	Dies sind insgesamt	945.600 €

Dieser Betrag kann im Betriebsvermögen ganz bilanziert und abgeschrieben werden. Das Erdgeschoss wird eigenbetrieblich genutzt, ist daher notwendiges Betriebsvermögen. Die Rechtsanwaltskanzlei kann zum gewillkürten Betriebsvermögen gezogen werden. Die an den Filialleiter vermietete Wohnung ist ebenfalls notwendiges Betriebsvermögen, BFH vom 01.12.1976, BStBl 1977 II S. 315.

Die Herstellungskosten müssen aber für die AfA-Berechnung aufgeteilt werden. Zunächst sind die 4.600 Euro für die Stellplätze vom Gesamtbetrag abzuziehen. Denn diese Kosten gehören zu den Wohnungen. Anschließend sind die Herstellungskosten auf die drei Wirtschaftsgüter aufzuteilen. Der zu Wohnzwecken genutzte Teil kann gem. § 7 Abs. 5 Satz 1 Nr. 3 Buchst. c i. V. m. § 7 Abs. 5a EStG im Jahr der Fertigstellung mit 4 % abgeschrieben werden, die beiden anderen Wirtschaftsgüter können gemeinsam nur gem. § 7 Abs. 4 Satz 1 Nr. 1 i. V. m. § 7 Abs. 5a EStG mit 3 % abgeschrieben werden. Daraus ergibt sich folgende AfA-Berechnung:

Vermietete Wohnung

$^1/_2$ von 4.600 €	2.300 €
$^1/_3$ von 941.000 €	313.667 €
AfA-Bemessungsgrundlage	315.967 €
davon 4 % AfA jährlich (Bauantrag vor dem 01.01.2006)	12.639 €

Diese AfA ist auch im Jahr der Herstellung eine Jahres-AfA.

Erdgeschoss und Rechtsanwaltskanzlei

$^1/_2$ von 4.600 €	2.300 €
$^2/_3$ von 941.000 €	627.333 €
AfA-Bemessungsgrundlage	629.633 €
davon 3 % AfA jährlich (Bauantrag nach dem 31.12.2000)	18.889 €

Diese AfA ist im Jahr der Herstellung zeitanteilig vorzunehmen, also im Jahr 2005 mit $^{10}/_{12}$ des Jahresbetrages, R 7.4 Abs. 2 Satz 1 EStR.

3. Dr. Wesch muss als notwendiges Betriebsvermögen das Erdgeschoss und das zweite Obergeschoss bilanzieren. Das erste Obergeschoss, die Rechtsanwaltskanzlei, kann zum gewillkürten Betriebsvermögen wie im Grundfall gemacht werden, es kann aber auch als Privatvermögen behandelt werden. In diesem Fall beträgt der AfA-Satz gem. § 7 Abs. 4 Satz 1 Nr. 2 Buchst. a EStG 2 %. Die AfA-Berechnung für die vermietete Wohnung ändert sich nicht (vgl. oben zu 2.):

Bilanzansatz	315.967 €
jährliche AfA 4 % (auch im Jahr 2005)	12.639 €

Für die Rechtsanwaltskanzlei ergibt sich jetzt:

$^1/_2$ von 4.600 €	2.300 €
$^1/_3$ von 941.000 €	313.667 €
AfA-Bemessungsgrundlage	315.967 €
davon 2 % AfA	6.319 €

Im Jahr 2005 $^{10}/_{12}$ von diesem Betrag.

Die AfA-Bemessungsgrundlage für das Erdgeschoss beträgt jetzt:

$^1/_3$ von 941.000 €	313.666 €
davon 3 % AfA (Bauantrag nach dem 31.12.2000)	9.410 €

Im Jahr 2005 $^{10}/_{12}$ von diesem Betrag.

In diesem Fall hat Dr. Wesch für das Gebäude insgesamt 629.633 Euro (315.967 Euro + 313.666 Euro) zu bilanzieren. Der AfA-Betrag in der GuV beträgt jährlich 22.049 Euro (12.639 Euro + 9.410 Euro).

Würde Dr. Wesch nicht an einen Angestellten, sondern an einen Nicht-Bediensteten vermieten, müsste er nur das Erdgeschoss bilanzieren (313.666 Euro und 3 % AfA). Der Rest wäre Privatvermögen (315.967 Euro + 313.667 Euro und 4 % bzw. 2 % AfA wie oben).

4. Zu den nachträglichen Anschaffungskosten des Grundstücks gehören nur die Kanalanschlussgebühren zu c) i. H. von 3.000 Euro.

5. Selbständige Wirtschaftsgüter sind:

g) Ladeneinbau	100.000 €
l) Laden-PKW-Stellplätze	8.000 €
m) Umzäunung des Grundstücks	10.000 €
n) Gartenanlage	8.000 €

Diese selbständigen Wirtschaftsgüter sind alle zu bilanzieren und als unbewegliche Güter gem. § 7 Abs. 4 Satz 2 i. V. m. § 7 Abs. 5a EStG linear abzuschreiben. Die jährliche AfA beträgt daher beim Ladeneinbau 10.000 Euro aus Vermietung und Verpachung (10 Jahre Nutzungsdauer), bei den Stellplätzen 1.000 Euro (8 Jahre Nutzungsdauer), bei der Umzäunung des Grundstücks 834 Euro (12 Jahre Nutzungsdauer) und bei der Gartenanlage 800 Euro (10 Jahre Nutzungsdauer). Im Jahr 2005 sind davon jeweils $^{10}/_{12}$ anzusetzen, R 7.4 Abs. 2 Satz 1 EStR.

6. Zu den sofort abzugsfähigen Betriebsausgaben gehören nur das

– Architektenhonorar Bull zu a) i. H. von 20.000 Euro und die

– Beiträge zur Bauzeitversicherung zu h) i. H. von 5.000 Euro.

Dies setzt allerdings voraus, dass das ganze Gebäude bilanziert wird, vgl. Begründung zu Nr. 2 am Ende. Werden Gebäudeteile nicht bilanziert, sind diese Kosten zum Teil Werbungskosten bei den Einkünften aus Vermietung und Verpachtung, vgl. Begründung zu Nr. 3.

Fall 54

Verlorene Vorauszahlungen für ein Bauvorhaben – Zeitraum der ertragsteuerlichen Berücksichtigung

Sachverhalt

Ulla Briem betreibt in Ludwigsburg eine Fahrschule. Sie bilanziert. In den Jahren 01 und 02 lässt sie auf einem ihr gehörenden Grundstück ein Gebäude errichten, das nach Bezugsfertigkeit je zur Hälfte ihrer Fahrschule dient und für Wohnzwecke durch Vermietung genutzt wird.

Der Generalunternehmer, den sie beauftragt hat, fällt am 20.03.02 in Insolvenz. Das Insolvenzverfahren wird mangels Masse eingestellt. Briem hat im Juni 01 Vorauszahlungen von 60.000 Euro geleistet, denen keine Gegenleistung gegenübersteht. Ulla Briem musste die 60.000 Euro nochmals aufbringen, weil andere Handwerker die Bauarbeiten fertig stellten. Im Insolvenzverfahren fällt Ulla Briem mit ihrer angemeldeten Forderung aus. Das Gebäude wird am 12.12.02 fertig gestellt.

Frage

1. Kann Ulla Briem ihre Vorauszahlung von 60.000 Euro als Betriebsausgaben oder Werbungskosten abziehen oder muss sie den Betrag den Herstellungskosten zurechnen?

2. In welchem Kalenderjahr (01 oder 02) ist die Vorauszahlung ertragsteuerlich zu berücksichtigen?

Antwort

1. Die Vorauszahlung kann Ulla Briem i. H. von 30.000 Euro als Betriebsausgabe im Rahmen ihrer Einkünfte aus Gewerbebetrieb (Fahrschule) und i. H. von 30.000 Euro als Werbungskosten im Rahmen ihrer Einkünfte aus Vermietung und Verpachtung abziehen, wenn sie den vermieteten Teil des Gebäudes im Privatvermögen belässt. Übernimmt sie diesen Teil auch ins Betriebsvermögen, sind die 60.000 Euro Betriebsausgaben.

2. Die Vorauszahlung kann erst im Jahr 02 als Betriebsausgabe bzw. Werbungskosten geltend gemacht werden.

Begründung

1. Viele Jahre war streitig, ob verlorene Vorauszahlungen für Bauvorhaben zu den Herstellungskosten zu rechnen oder als Betriebsausgaben bzw. Werbungskosten sofort abzugsfähig sind.

Mit Beschluss vom 04.07.1990 (BStBl 1990 II S. 830) hat der Große Senat des BFH die Rechtsfrage entschieden; vgl. auch BFH vom 31.03.1992 (BStBl 1992 II S. 805). Danach sind verlorene Vorauszahlungen nicht den Herstellungskosten des Hauses zuzurechnen, sondern als Betriebsausgaben bzw. Werbungskosten sofort abzugsfähig.

Zunächst erläutert der BFH, dass die Herstellungskosten als Grundlage für die Bemessung der AfA bei den Gewinneinkünften und Überschusseinkünften gleichermaßen ermittelt und behandelt werden müssen. Wenn es um Herstellungskosten geht, gelten Bilanzierungsgrundsätze, völlig gleichgültig, ob ein Steuerpflichtiger seinen Gewinn gem. § 4 Abs. 1 bzw. § 5 EStG oder gem. § 4 Abs. 3 EStG ermittelt oder Einkünfte aus Vermietung und Verpachtung gem. § 21 EStG hat. Dies ist auch beim Werbungskostenbegriff gesetzlich in § 9 Abs. 1 Nr. 7 EStG festgeschrieben.

Nach der Rechtsprechung entstehen Herstellungskosten erst mit der Erbringung von Herstellungsleistungen und nicht bereits durch Voraus- oder Anzahlungen für die Herstellung. Vorauszahlungen erfüllen nicht den Herstellungskostenbegriff, weil es insoweit nicht zum Verbrauch von Gütern oder zur Inanspruchnahme von Diensten für das herzustellende Gebäude kommt. Soweit für Vorauszahlungen auf Herstellungskosten Gegenleistungen des Bauunternehmers nicht erbracht werden, sind sie wirtschaftlich verbraucht, ohne dass die Herstellungsleistung auf ihnen beruht. Eine Verteilung auf die Nutzungsdauer des hergestellten Gebäudes wäre sachlich nicht gerechtfertigt, weil es zu einer Vermögensumschichtung nicht gekommen ist.

Je nachdem, wie sich Ulla Briem verhält, ist die Vorauszahlung aufzuteilen oder einheitlich zu beurteilen. Soweit das Gebäude der Fahrschule dient, ist es notwendiges Betriebsvermögen. Soweit das Gebäude vermietet wird, ist es neutrales Vermögen. Ulla Briem kann diesen Teil als Privatvermögen oder als gewillkürtes Betriebsvermögen behandeln.

Will Ulla Briem das ganze Gebäude als Betriebsvermögen behandeln, ist die ganze Vorauszahlung von 60.000 Euro als Betriebsausgabe anzusetzen, § 4 Abs. 4 EStG. Will Ulla Briem den vermieteten Teil im Privatvermögen belassen, ist die Hälfte der Vorauszahlung von 30.000 Euro Betriebsausgabe und die andere Hälfte von 30.000 Euro gehört zu den Werbungskosten bei Vermietung und Verpachtung.

2. Herstellungskosten werden – wie zu 1. dargestellt – in allen Gewinnermittlungs- und allen Einkunftsarten gleich behandelt. Die Herstellungskosten von abnutzbaren Anlagegütern wirken sich demnach nicht im Jahr der Verausgabung, sondern nur über die AfA als Betriebsausgaben bzw. Werbungskosten aus.

Daraus folgt, dass Vorauszahlungen, die zur Herstellung eines Gebäudes (also eines abnutzbaren Anlageguts) geleistet werden, noch nicht im Zeitpunkt des Geldabgangs berücksichtigt werden dürfen. Sie zählen erst dann zu den Herstellungskosten, wenn sie eine dem Herstellungsvorgang zuzurechnende tatsächlich erbrachte Leistung abgelten. Im Fall ihrer Vergeblichkeit werden sie daher ebenfalls erst dann zu Betriebsausgaben bzw. Werbungskosten, wenn deutlich wird, dass sie ohne Gegenleistung bleiben und auch eine Rückzahlung nicht zu erlangen ist. Wendet man diese Grundsätze hier an, ist die Vorauszahlung erst im Jahr 02, d. h. im Jahr der Insolvenz des Generalunternehmers, als verausgabt anzusehen (BFH vom 31.03.1992, BStBl 1992 II S. 805).

Es ist daher völlig gleichgültig, ob Ulla Briem den vermieteten Gebäudeteil zu Betriebsvermögen erklärt, indem sie ihn in die Buchführung und Bilanz aufnimmt, oder ob sie ihn im Privatvermögen belässt. Ertragsteuerlich geltend machen kann sie die Bezahlung erst im Jahr 02.

Fall 55

Herstellungskosten und AfA bei teilweise fertig gestelltem Betriebsgebäude

Sachverhalt

Armin Doll ist Weingroßhändler. Seine Großhandlung befindet sich in angemieteten Räumen. Er bilanziert zum 31.12. jeden Jahres. Zu seinem Betriebsvermögen gehört ein unbebautes Grundstück in Eppingen. Hierauf errichtet er ein Wohn- und Geschäftshaus. Im Erdgeschoss soll der Laden für seine Weingroßhandlung untergebracht werden und im Obergeschoss eine Wohnung für fremde Wohnzwecke entstehen. Der Bauantrag wird im Jahr 2004 gestellt. Das Jahr 2004 sei das Jahr 01.

Bis zum 31.12.01 belaufen sich die Herstellungskosten auf 300.000 Euro. Zu diesem Zeitpunkt ist nur der Rohbau und der Laden fertig gestellt, während der Innenausbau der Wohnung noch im Gange ist. Der Laden ist am 16.10.01 fertig. Dies gilt auch für die Ladeneinbauarbeiten (Schaufenster, Fußboden, Theke usw.) mit zusätzlich 40.000 Euro. Die Einbauten sind alle 10 Jahre zu erneuern.

Die Wohnung wird am 30.09.02 fertig. Die in der Zeit vom 01.01. bis 30.09.02 entstandenen zusätzlichen Herstellungskosten betragen noch 180.000 Euro. Zum 30.09.02 entfallen von den gesamten Herstellungskosten von 480.000 Euro auf das Erdgeschoss (Laden, ohne die Ladeneinbaukosten) 200.000 Euro und auf die Wohnung 280.000 Euro. Doll will die Wohnung bilanzieren.

Sämtliche Beträge enthalten keine USt. Alle Handwerker haben Freistellungsbescheinigungen gem. § 48b EStG vorgelegt.

Frage

1. Wie viele Wirtschaftsgüter liegen vor und ab wann können Abschreibungen vorgenommen werden?

2. Wie hoch ist die höchstmögliche AfA in den Jahren 01 und 02, wenn Doll die degressive AfA gem. § 7 Abs. 5 EStG in Anspruch nehmen will?

3. Ändert sich etwas, wenn Doll die Wohnung im Privatvermögen belassen will?

Antwort

1. Es liegen drei Wirtschaftsgüter vor:

   – ein Ladeneinbau

   – ein eigenbetrieblich genutzter Gebäudeteil

   – ein fremdvermietet genutzter Gebäudeteil

   Die Abschreibung kann schon im Jahr 01 vorgenommen werden.

2. Die AfA beträgt für den Ladeneinbau 1.000 Euro im Jahr 01 und 4.000 Euro im Jahr 02.

   Für das Erdgeschoss beträgt die AfA 2.250 Euro im Jahr 01 und 12.300 Euro (10.800 Euro + 1.500 Euro) im Jahr 02. Die Wohnung kann nur im Jahr 02 abgeschrieben werden, und zwar mit 11.200 Euro.

3. Betragsmäßig ändert sich nichts, es sei denn, Doll macht vom Wahlrecht des R 7.3 Abs. 2 EStR Gebrauch. Dann könnte er im Jahr 01 nur 1.500 Euro als AfA ansetzen. Die Wohnung muss aber in jedem Fall aus dem Betriebsvermögen ausgebucht werden.

Begründung

1. Der Ladeneinbau ist gem. R 4.2 Abs. 3 Satz 3 Nr. 3 EStR ein selbständiges Wirtschaftsgut. Hierzu zählen Schaufensteranlagen und sonstige Einbauten, die einem schnellen Wandel des modischen Geschmacks unterliegen. Sie sind gem. § 7 Abs. 4 oder Abs. 5 i. V. m. § 7 Abs. 5a EStG als Gebäudeteil abschreibungsfähig; vgl. Fall 53. Der eigenbetrieblich und der zu fremden Wohnzwecken genutzte Gebäudeteil sind ebenfalls selbständige Wirtschaftsgüter (R 4.2 Abs. 3 Satz 3 Nr. 5 und Abs. 4 EStR). Auch sie sind als Gebäudeteil gem. § 7 Abs. 4 oder Abs. 5 i. V. m. § 7 Abs. 5a EStG getrennt abschreibungsfähig; vgl. Fall 53.

AfA für Gebäude bzw. Gebäudeteile können erst nach Fertigstellung in Anspruch genommen werden. Ein betrieblich genutztes Gebäude bzw. ein selbständiger Gebäudeteil ist fertig gestellt, wenn die wesentlichen Bauarbeiten abgeschlossen sind und der Bau so weit gefördert ist, dass das Gebäude für den Betrieb nutzbar ist (BFH vom 23.01.1980, BStBl 1980 II S. 365, 367). Unter Fertigstellung eines Wohngebäudes ist die Bezugsfertigkeit in dem Sinne zu verstehen, dass das Gebäude nach Abschluss der wesentlichen Bauarbeiten bewohnbar ist. Für die Bezugsfertigkeit von Wohnungen in einem Gebäude ist maßgebend, ab welchem Zeitpunkt das Beziehen der Wohnung nach objektiven Merkmalen zumutbar ist.

Bei einem gemischt genutzten Gebäude setzt der Beginn der AfA nicht voraus, dass das einheitlich geplante Gebäude insgesamt fertig gestellt ist. Es genügt, dass ein Teil des Gebäudes, der einem eigenständigen Nutzungs- und Funktionszusammenhang dient (hier: das Ladengeschoss), abgeschlossen erstellt ist, H 7.3 (Fertigstellung von Teilen eines Gebäudes zu verschiedenen Zeitpunkten) EStH.

Da sowohl der Ladeneinbau als auch der Gebäudeteil Ladengeschäft im Jahre 01 fertig gestellt wurden, ist für diese beiden Wirtschaftsgüter die AfA schon im Jahr 01 zulässig.

2. Die Nutzungsdauer des Ladeneinbaus beträgt 10 Jahre. Der Ladeneinbau ist daher gem. § 7 Abs. 4 Satz 2 EStG i. V. m. R 7.4 Abs. 2 Satz 1 EStR mit 10 % abzuschreiben. Daraus ergibt sich:

Herstellungskosten Ladeneinbau	40.000 €
Jahres-AfA bei 10-jähriger Nutzungsdauer	4.000 €
AfA im Jahr 01 zeitanteilig $^3/_{12}$ (ab Oktober)	1.000 €

Wird ein Gebäude teils eigenbetrieblich und teils zu fremden Wohnzwecken genutzt, sind zwei Wirtschaftsgüter erst ab dem Zeitpunkt gegeben, in dem beide unterschiedlich genutzten Gebäudeteile insgesamt fertig gestellt sind. Ist ein derart genutztes Gebäude – wie hier – nur teilweise fertig gestellt, liegt zunächst ein einheitliches Wirtschaftsgut vor (BFH vom 09.08.1989, BStBl 1991 II S. 132). Nach der Rechtsprechung sind in einem solchen Fall, in dem nur ein Teil des Gebäudes, der einem eigenständigen

Nutzungs- und Funktionszusammenhang dienen soll (wie hier das Ladengeschäft), abgeschlossen erstellt ist, Abschreibungsgrundlage die gesamten bisher angefallenen Herstellungskosten des Gebäudes; vgl. H 7.3 (Fertigstellung von Teilen eines Gebäudes zu verschiedenen Zeitpunkten) EStH.

Daraus ergibt sich, dass Armin Doll im Jahr 01 nur gem. § 7 Abs. 4 Satz 1 Nr. 1 EStG 3 %, und zwar zeitanteilig wie beim Ladeneinbau, aus den bis zum 31.12.01 angefallenen Herstellungskosten abschreiben kann.

Mit der Fertigstellung der Wohnung am 30.09.02 entsteht das Wirtschaftsgut „zu fremden Wohnzwecken dienender Gebäudeteil". Dieses Wirtschaftsgut ist gem. § 7 Abs. 5 Satz 1 Nr. 3 Buchst. c EStG im Jahr der Fertigstellung mit 4 % abschreibbar. Damit kommt es ab Fertigstellung der Wohnung zu unterschiedlichen Abschreibungen. Da Teilkosten des im Jahr 02 hinzugekommenen Wirtschaftsguts bereits bei der Bemessungsgrundlage für die AfA des ursprünglichen Wirtschaftsguts „eigenbetrieblich genutzter Gebäudeteil" berücksichtigt sind, bedarf es insoweit einer Korrektur der AfA-Bemessungsgrundlage des Wirtschaftsguts „eigenbetrieblich genutzter Gebäudeteil" ex nunc (BFH vom 09.08.1989, BStBl 1991 II S. 132). Dies hat u. E. in der Weise zu geschehen, dass die auf die Wohnung entfallenden Herstellungskosten aus der bisherigen Bemessungsgrundlage auszuscheiden und ab 02 mit dem AfA-Satz von 4 % abzuschreiben sind. Dies hat zu Beginn des Jahres 02 zu erfolgen, weil die § 7 Abs. 5 EStG-AfA im Jahr der Herstellung eine Jahres-AfA ist und weil nachträgliche Herstellungskosten aus Vereinfachungsgründen so zu behandeln sind, als seien sie zu Beginn des Jahres 02 angefallen, R 7.4 Abs. 10 Satz 3 EStR. Aus allem ergibt sich Folgendes:

Wertentwicklung Erdgeschoss

Herstellungskosten 01		300.000 €
AfA 01: 3 % von 300.000 € = 9.000 € jährlich,		
im Jahr 01 zeitanteilig $^3/_{12}$ (ab Oktober)	./.	2.250 €
Buchwert 31.12.01		297.750 €
Zugang Herstellungskosten 02	+	180.000 €
		477.750 €
AfA 02: 3 % von (300.000 € + 180.000 € =)		
480.000 € = 14.400 €; für die Zeit vom 01.01. bis 30.09.:		
$^9/_{12}$ von 14.400 €	./.	10.800 €
Buchwert 30.09.02		466.950 €
Umbuchung auf die Wohnung	./.	280.000 €
Korrigierter Buchwert 30.09.02		186.950 €
AfA vom 01.10. bis 31.12.02:		
3 % von (480.000 € ./. 280.000 € =)		
200.000 € = 6.000 €, davon $^3/_{12}$	./.	1.500 €
Buchwert 31.12.02		185.450 €

Wertentwicklung Wohnung

Herstellungskosten 30.09.02	280.000 €
AfA 02: im Jahr der Fertigstellung der Wohnung kann die volle Jahres-AfA von 4 % von 280.000 € gewährt werden =	11.200 €
Buchwert 31.12.02	268.800 €

3. Da die Wohnung auch im Privatvermögen gem. § 7 Abs. 5 Satz 1 Nr. 3 Buchst. c EStG mit 4 % abgeschrieben werden kann, ändert sich betragsmäßig nichts. Doll könnte die Herstellungskosten für die Wohnung entsprechend dem Herstellungsprozess laufend ausbuchen, sodass am 30.09.02 nur das Erdgeschoss bilanziert ist. Diese Vorgehensweise ist wegen der Aufteilungspflicht der Kosten sehr problematisch. Doll könnte aber auch zum 30.09.02 den vom Architekten ermittelten Betrag von 280.000 Euro auf einmal ausbuchen. Da dann die Wohnung fertig gestellt ist, läge systematisch eine Entnahme der Wohnung vor. Diese ist mit dem Teilwert anzusetzen. Da nach einer wichtigen Teilwertvermutung bei Herstellung eines Wirtschaftsguts der Teilwert den Herstellungskosten entspricht – vgl. Fall 58 –, ist diese Methode die einfachere. Die AfA würde in beiden Alternativen dann zu den Werbungskosten bei den Einkünften aus Vermietung und Verpachtung gehören.

Gemäß R 7.3 Abs. 2 EStR hat Doll in diesem Fall ein Wahlrecht. Er könnte auch auf die Einbeziehung der Herstellungskosten der noch nicht fertig gestellten Wohnung in das fertig gestellte Erdgeschoss im Jahr 01 verzichten. In diesem Fall könnte er im Jahr 01 das Erdgeschoss nur mit 3 % von 200.000 Euro ab dem 16.10.01 abschreiben. Die AfA betrüge dann nur 1.500 Euro (3 % von 200.000 Euro, davon $^3/_{12}$). Macht er vom Wahlrecht keinen Gebrauch, kann er im Jahr 01 – wie dargestellt – 2.250 Euro abschreiben.

Fall 56

Abbruch von alten und Errichtung von neuen Betriebsgebäuden, die schon lange im Betrieb bzw. soeben erworben sind – Abbruch eines selbst bewohnten Einfamilienhauses und Errichtung eines neuen Betriebsgebäudes

Sachverhalt

Der bilanzierende Maschinenfabrikant Günter Zaiß will seine Fabrikationsanlagen erweitern. Er kauft daher die noch voll intakten, wirtschaftlich nicht verbrauchten Fabrikationsanlagen seines Nachbarn und Konkurrenten auf. Zaiß bezahlt ihm für den Grund und Boden 100.000 Euro und für das Gebäude 200.000 Euro. Sofort nach Erwerb lässt Zaiß das Gebäude trotz seiner wirtschaftlichen Funktionsfähigkeit abreißen (Abbruchkosten 50.000 Euro) und errichtet ein Fabrikgebäude für 500.000 Euro. Sämtliche Beträge enthalten keine USt. Alle Handwerker haben Freistellungsbescheinigungen gem. § 48b EStG vorgelegt.

Frage

1. Wie sind die von Zaiß aufgewendeten Beträge im Einzelnen zu behandeln?

2. Ändert sich daran etwas, wenn Zaiß zwar das alte Gebäude abreißen lässt, jedoch nur einen Parkplatz errichtet?

3. Ändert sich zu 1. und 2. etwas, wenn das erworbene Fabrikgebäude wegen Salpeterschäden baufällig und objektiv wertlos war?

4. Wie sind die einzelnen Fragen zu beantworten, wenn Zaiß nichts kauft, sondern ein eigenes Fabrikgebäude zwecks Modernisierung abreißt und an Ort und Stelle ein neues Fabrikgebäude errichtet?

5. Wie sind die einzelnen Fragen zu beantworten, wenn Zaiß nichts kauft, sondern sein bisher selbst bewohntes Einfamilienhaus abreißt und an Ort und Stelle ein neues Fabrikgebäude oder einen betrieblich genutzten Parkplatz errichtet?

6. Wie lassen sich die Ergebnisse zusammenfassen?

Antwort

1. Die 100.000 Euro sind Anschaffungskosten des Grund und Bodens. Die 500.000 Euro, die 200.000 Euro und die 50.000 Euro gehören zu den Herstellungskosten des Gebäudes.

2. Die Anschaffungskosten des alten Gebäudes und die Abbruchkosten gehören zu den Herstellungskosten des Parkplatzes bzw. zu den Anschaffungskosten des Grund und Bodens.

3. Die Anschaffungskosten des alten Gebäudes gehören zu den Anschaffungskosten des Grund und Bodens. Die Abbruchkosten gehören zu den Herstellungskosten des neuen Wirtschaftsguts, wenn ein solches entsteht. Andernfalls sind sie Anschaffungskosten des Grund und Bodens.

4. Die Abbruchkosten des Gebäudes und der Restbuchwert sind sofort abzugsfähige Betriebsausgaben.

5. Wird ein selbst bewohntes Einfamilienhaus abgerissen und an Ort und Stelle ein neues Fabrikgebäude oder ein betrieblich genutzter Parkplatz errichtet, gehören Gebäudewert und Abbruchkosten zu den Herstellungskosten des neuen Gebäudes oder des Parkplatzes.

6. Die Zusammenfassung ergibt sich aus der Begründung.

Begründung

1. Ohne jede Frage sind die 100.000 Euro Anschaffungskosten des Grund und Bodens. Mit diesem Betrag ist der Grund und Boden erworben worden. Problemlos ist auch die Behandlung der 500.000 Euro. Mit diesen Geldern ist das neue Gebäude errichtet worden, folglich sind sie dessen Herstellungskosten.

Schwierig zu beurteilen ist die Behandlung der bezahlten 200.000 Euro für das alte Gebäude. Hätte Zaiß das alte Gebäude genutzt und nicht abgerissen, wäre dieser Betrag, als Anschaffungskosten des Gebäudes auf dessen Nutzungsdauer verteilt, abgeschrieben worden. Durch den Abriss des alten und die sofortige Errichtung des neuen Gebäudes ist fraglich, ob dieser Betrag sofort abgeschrieben werden darf oder ob er den Herstellungskosten des neuen Gebäudes zugerechnet werden muss.

Für die sofortige Abschreibung spricht, dass der Wert des neuen Gebäudes durch den Abbruch des alten Gebäudes nicht berührt wird.

Für die Zurechnung zu den Herstellungskosten spricht, dass der Abriss in unmittelbarem Zusammenhang mit der Errichtung des Neubaus steht und Zaiß den Wert des alten Gebäudes aufgeopfert hat, um das neue Gebäude erstellen zu können.

Diese Fragen waren lange umstritten, sind dann jedoch durch den Beschluss des Großen Senats des BFH vom 12.06.1978 (BStBl 1978 II S. 620) im Wesentlichen geklärt worden. Die Leitsätze dieses Beschlusses lauten:

> „**1.** Läßt der Erwerber eines objektiv technisch oder wirtschaftlich noch nicht verbrauchten Gebäudes dieses nach dem Erwerb abreißen, so kann er eine Absetzung für außergewöhnliche Abnutzung nach § 7 Abs. 1 Satz 4 [jetzt Satz 7] i. V. m. Abs. 4 Satz 3 EStG vornehmen und die Abbruchkosten als Betriebsausgaben (Werbungskosten) abziehen, wenn er das Gebäude ohne Abbruchabsicht erworben hat. Hat er dagegen ein solches Gebäude in Abbruchabsicht angeschafft, so gehören der (Buch-)Wert und die Abbruchkosten, wenn der Abbruch des Gebäudes mit der Herstellung eines neuen Wirtschaftsguts in einem engen wirtschaftlichen Zusammenhang steht, zu den Herstellungskosten dieses Wirtschaftsguts, sonst zu den Anschaffungskosten des Grund und Bodens.
>
> **2.** Wird mit dem Abbruch eines Gebäudes innerhalb von drei Jahren nach dem Erwerb begonnen, so spricht der Beweis des ersten Anscheins dafür, dass der Erwerber das Gebäude in der Absicht erworben hat, es abzureißen."

Diese Rechtsprechung gilt auch dann, wenn zunächst bei Erwerb nur eine Umbauabsicht bestand und das Gebäude dann trotzdem innerhalb von 3 Jahren nach Erwerb abgerissen und ein Neubau erstellt wird (vgl. BFH vom 04.12.1984, BStBl 1985 II S. 208).

Laut Sachverhalt war das abgerissene Gebäude weder technisch noch wirtschaftlich verbraucht. Da Zaiß das Gebäude sofort nach Erwerb abgebrochen hat, spricht die Vermutung dafür, dass er es in Abbruchabsicht erworben hat. Zaiß verfolgte mit der Anschaffung des alten Gebäudes ein weiter reichendes Ziel, nämlich die Herstellung eines neuen Gebäudes. Die Vernichtung des alten ist Voraussetzung des neuen Gebäudes. Damit besteht zwischen dem Abbruch des alten und der Errichtung des neuen Gebäudes ein so enger wirtschaftlicher Zusammenhang, dass es gerechtfertigt ist, die mit dem Abbruch verbundenen Aufwendungen als Herstellungskosten des neuen Wirtschaftsguts zu behandeln. Als Aufwendungen sind dabei sowohl die Anschaffungskosten des alten Gebäudes als auch die Abbruchkosten anzusehen (vgl. auch H 6.4 „Abbruchkosten" EStH).

Diese Aufwendungen sind auch nicht unter dem Gesichtspunkt einer Teilwertabschreibung sofort abzugsfähige Aufwendungen, denn es liegt keine Fehlmaßnahme vor. Zaiß hat den Abriss beim Erwerb einkalkuliert (vgl. Fall 58).

2. Der Große Senat führt in dem angegebenen Beschluss hierzu Folgendes aus:

> „Wird das in Abbruchabsicht erworbene Gebäude beseitigt, ohne daß an seiner Stelle ein neues Gebäude oder sonstiges Wirtschaftsgut errichtet oder hergestellt wird, so bestand das alleinige Ziel des Erwerbs des Grundstücks in dem Erwerb des Grund und Bodens. Dabei ist es ohne Bedeutung, ob das Gebäude objektiv noch einen Wert hatte und ob der Steuerpflichtige für den Erwerb des Gebäudes einen Kaufpreisanteil aufwenden mußte. Jedenfalls hat der Steuerpflichtige wirtschaftlich auch einen Kaufpreisanteil für das Gebäude zum Zwecke des Erwerbs des Grund und Bodens aufgewendet. Denn das Gebäude selbst stellt für ihn subjektiv keinen Wert dar. Dies rechtfertigt es, den dem Veräußerer vergüteten Wert des erworbenen und dann abgebrochenen Gebäudes beim Erwerber dem Wert des Grund und Bodens hinzuzurechnen."

Wenn also bei Errichtung des Parkplatzes Herstellungskosten, z. B. Fundamentierungskosten, anfallen, ändert sich an den Ausführungen zu 1. nichts. Fallen jedoch keine Herstellungskosten an, sind die 200.000 Euro und die 50.000 Euro zu den Anschaffungskosten des Grund und Bodens zu rechnen.

3. Wenn das Fabrikgebäude wegen Salpeterschäden baufällig war, dann war es objektiv wertlos. Zaiß hat dann beim Kauf des Fabrikgrundstücks nicht einmal zum Teil den Wert des Gebäudes im Auge gehabt. Ihm ging es dann ausschließlich um den Erwerb des Grund und Bodens. Die vollen Anschaffungskosten sind daher den Anschaffungskosten des Grund und Bodens zuzurechnen (BFH vom 06.11.1968, BStBl 1969 II S. 35, vom 28.03.1973, BStBl 1973 II S. 678, vom 15.02.1989, BStBl 1989 II S. 604, und H 6.4 „Abbruchkosten" EStH).

Bei den Abbruchkosten kommt es wie zu 2. darauf an, ob Herstellungskosten durch eine im Zusammenhang mit dem Abbruch stehende Errichtung eines Gebäudes oder sonstigen Wirtschaftsguts entstehen oder ob in diesem Sinne keine Herstellungskosten entstehen, vgl. H 6.4 „Abbruchkosten" Abs. 3 Buchst. b EStH. Je nachdem gehören die Abbruchkosten daher zu den Herstellungskosten des neuen Wirtschaftsguts oder zu den Anschaffungskosten des Grund und Bodens.

4. Wenn Zaiß ein eigenes Fabrikgebäude längere Zeit nach der Anschaffung oder Herstellung zwecks Modernisierung abreißt und an Ort und Stelle ein neues Fabrikgebäude errichtet, dann sind die Abbruchkosten sofort abziehbare Betriebsausgaben, und der Restbuchwert kann nach § 7 Abs. 1 letzter Satz EStG als außergewöhnliche AfA abgeschrieben werden. Denn „mit dem Abbruch bringt der Kaufmann im Allgemeinen zum Ausdruck, dass das abgebrochene Gebäude für ihn wirtschaftlich verbraucht ist. Dieser Entscheidung des Kaufmanns, der die Verhältnisse seines Betriebs selbst am besten kennt, ist auch für die steuerliche Beurteilung zu folgen" (BFH vom 18.03.1965, BStBl 1965 III S. 324, vom 12.06.1978, BStBl 1978 II S. 620, und vom 15.12.1981, BStBl 1982 II S. 385; vgl. auch H 6.4 „Abbruchkosten" Abs. 1 Nr. 1 und Abs. 2 Satz 1 EStH).

5. Wird ein selbst bewohntes Einfamilienhaus abgerissen, spielt es keine Rolle, ob das Gebäude verbraucht war oder nicht und ob es mit Abbruchabsicht erworben wurde oder nicht. Die mit dem Abbruch entstehenden Aufwendungen stehen mit der Nutzung des Altgebäudes nicht im Zusammenhang, sondern mit dem neuen Objekt. Nach BFH vom 16.04.2002 (BStBl 2002 II S. 805) und H 6.4 (Abbruchkosten bei vorheriger Nutzung außerhalb der Einkünfteerzielung) EStH gehören damit der Gebäudewert gem. § 7 Abs. 1 Satz 7 EStG und die Abbruchkosten zu den Herstellungskosten des neuen Gebäudes oder des betrieblich genutzten Parkplatzes.

Wird nach dem Abriss keine Einkunftsquelle geschaffen oder erweitert, sind die angefallenen Aufwendungen Kosten der Lebensführung (BFH vom 11.07.2000, BStBl 2001 II S. 784, und vom 16.04.2002, BStBl 2002 II S. 805).

6. Zusammenfassung: Danach gibt es vier wesentlich voneinander zu unterscheidende Grundfälle, von denen nur in einem Fall mehrere verschiedene Lösungen möglich sind (vgl. auch H 6.4 „Abbruchkosten" EStH hierzu):

a) Abriss eines vor mindestens drei Jahren angeschafften oder hergestellten Gebäudes in einer Einkunftsart

> Gebäudewert und Abbruchkosten sind sofort abzugsfähige Betriebsausgaben (es kommt nicht darauf an, ob das Gebäude verbraucht oder nicht verbraucht ist).

b) Abriss eines innerhalb von drei Jahren ohne Abbruchabsicht erworbenen Gebäudes in einer Einkunftsart

> Gebäudewert und Abbruchkosten sind sofort abzugsfähige Betriebsausgaben (es kommt nicht darauf an, ob das Gebäude verbraucht oder nicht verbraucht ist).

c) Abriss eines innerhalb von drei Jahren mit Abbruchabsicht erworbenen Gebäudes in einer Einkunftsart

Die **Abbruchkosten** gehören zu den Herstellungskosten des neuen Wirtschaftsguts, wenn ein solches entsteht, ansonsten zu den Anschaffungskosten des Grund und Bodens (es kommt nicht darauf an, ob das Gebäude verbraucht oder nicht verbraucht ist).

Der Gebäudewert

Wenn **nicht verbraucht,** gehört er zu den Herstellungskosten des neuen Wirtschaftsguts, wenn ein solches entsteht, ansonsten zu den Anschaffungskosten des Grund und Bodens.

Wenn verbraucht, gehört er zu den Anschaffungskosten des Grund und Bodens.

d) Abriss eines Gebäudes außerhalb einer Einkunftsart

Gebäudewert und Abbruchkosten gehören zu den Herstellungskosten des neuen Wirtschaftsguts, wenn ein solches entsteht, ansonsten zu den Kosten der Lebensführung.

Fall 57

Abgrenzung Anschaffungskosten – Herstellungskosten – Erhaltungsaufwand – anschaffungsnahe Herstellungskosten bei Gebäuden

Sachverhalt

Rainer Kratt betreibt in Frankfurt ein Unternehmen zur Herstellung von Medizinbällen. Er ermittelt seinen Gewinn gem. § 5 EStG. Wirtschaftsjahr ist das Kalenderjahr. Mit Wirkung zum 01.01.01 erwirbt er von seinem Bekannten Karl-Heinz Bisselik das ältere Wohngrundstück Friedrich-Jahn-Str. 43. Bisselik war schon über 10 Jahre Eigentümer dieses Grundstücks. Kratt benötigt das Wohngebäude dringend zur Vermietung an einige seiner Arbeitnehmer. Der Kaufpreis einschließlich sämtlicher Nebenkosten beträgt 600.000 Euro (Wert des Grund und Bodens 200.000 Euro).

Im Mai 01 lässt Kratt im Erdgeschoss eine Einzimmerwohnung, die gerade nicht vermietet ist, für 1.000 Euro neu tapezieren. Außerdem lässt er mehrere neue Fenster installieren. Die alten Fenster waren mutwillig zerstört worden. Aufwendungen 8.000 Euro.

Im Februar 02 lässt Kratt das Dachgeschoss, das bisher nur eine kleine Wohnung enthielt, so um- und ausbauen, dass insgesamt drei Wohnungen entstehen, Aufwendungen 70.000 Euro. Die bisherige kleine Wohnung im Dachgeschoss wird durch Versetzen einer Wand etwas vergrößert, und im Zusammenhang mit diesen Umbaumaßnahmen werden die anderen Wände tapeziert und gestrichen. Die Tapezier- und Streicharbeiten kosten 6.000 Euro zusätzlich.

Im August 02 lässt Kratt in der großen Wohnung im Erdgeschoss, die inzwischen frei wurde, folgende Arbeiten ausführen:

Rollladenaustausch 3.000 Euro, Verlegen von neuen Teppichböden 6.000 Euro, Weißbinderarbeiten und Tapezieren 11.000 Euro.

Im März 03 wird durch einen Sturm fast das ganze Dach abgedeckt. Die Dachdeckerarbeiten verursachen Aufwendungen i. H. von 15.000 Euro.

In der Zeit von Juni bis Oktober 03 werden im 1. Obergeschoss, in der sich wie im Erdgeschoss eine kleine und eine große Wohnung befinden, folgende Arbeiten ausgeführt:

Rollladenaustausch 9.000 Euro, Verlegen von neuen Teppichböden 13.000 Euro, Einbringung einiger vorher nicht vorhandener Elektroinstallationen 15.000 Euro, Einrichtung neuer bisher nicht vorhandener Bäder 34.000 Euro, Verlegen von Fliesen in diesen Bädern 8.000 Euro, Einbringung von bisher nicht vorhandenen Heizkörpern mit Verbindungsrohren 20.000 Euro und Weißbinderarbeiten mit Tapezieren in den Wohnräumen 10.000 Euro.

Sämtliche Beträge enthalten keine USt. Alle Handwerker haben Freistellungsbescheinigungen gem. § 48b EStG vorgelegt.

Frage

1. Was sind die grundsätzlichen Probleme beim Kauf eines Gebäude-Grundstücks mit anschließenden Renovierungs-, Sanierungs- und Modernisierungsmaßnahmen?

2. Wann liegen zusätzlich zum Kaufpreis Anschaffungskosten vor?

3. Wann sind nach Erwerb des Gebäudegrundstücks Herstellungskosten gegeben?

4. Was sind Erhaltungsaufwendungen?

5. Was ist beim Zusammentreffen von Anschaffungskosten, Herstellungskosten und Erhaltungsaufwendungen zu beachten?

6. Wann liegen anschaffungsnahe Herstellungskosten vor?

7. Wie hat Kratt den Erwerb des Gebäudegrundstücks zu behandeln?

8. Wie hätte Bisselik, hätte er nicht verkauft, die in den Jahren 01 und 03 angefallenen Aufwendungen zu behandeln?

9. Muss Kratt die in den Jahren 01 bis 03 angefallenen Aufwendungen aktivieren?

Antwort

1. Beim Kauf eines Gebäude-Grundstücks mit anschließenden Renovierungs-, Sanierungs- und Modernisierungsmaßnahmen können Anschaffungskosten, Herstellungskosten, sofort abzugsfähige Erhaltungsaufwendungen und anschaffungsnahe Herstellungskosten vorliegen.

2. Anschaffungskosten liegen zusätzlich zum Kaufpreis vor, wenn das Gebäude in einen betriebsbereiten Zustand versetzt werden muss. Hierzu zählen Aufwendungen, die die objektive und subjektive Funktionsbereitschaft wieder herstellen oder eine Standarderhöhung bezwecken.

3. Zu den Herstellungskosten nach Erwerb eines Gebäudes gehören:

   – die Instandsetzungs- und Modernisierungskosten nach Vollverschleiß des Gebäudes,

   – die Aufwendungen für Erweiterungen (Aufstockung, Anbau, Vergrößerung der nutzbaren Fläche und Vermehrung der Substanz),

   – die Aufwendungen, um das Gebäude über seinen Zustand hinaus wesentlich zu verbessern.

4. Erhaltungsaufwendungen sind alle Aufwendungen, die nicht zu den Anschaffungs- oder Herstellungskosten gehören, insbesondere Schönheitsreparaturen und Instandsetzungsmaßnahmen.

5. Beim Zusammentreffen von Anschaffungskosten, Herstellungskosten und Erhaltungsaufwendungen sind die einzelnen Baumaßnahmen grundsätzlich zu trennen. Dies gilt aber nicht bei einem bautechnischen Ineinandergreifen.

6. Gemäß § 6 Abs. 1 Nr. 1a EStG sind anschaffungsnahe Herstellungskosten gegeben, wenn innerhalb von drei Jahren nach Erwerb eines Gebäudes Instandsetzungs- und Modernisierungsmaßnahmen durchgeführt werden, die 15 % der Anschaffungskosten des Gebäudes überschreiten.

7. Kratt muss den Grund und Boden mit 200.000 Euro und das Gebäude mit 400.000 Euro als notwendiges Betriebsvermögen aktivieren.

8. Hätte Bisselik die angefallenen Aufwendungen in den Jahren 01 bis 03 zu tragen gehabt, hätte er die im Februar 02 angefallenen Aufwendungen des Um- und Ausbaus des Dachgeschosses einschließlich der Tapezierarbeiten in der Gesamthöhe von 76.000 Euro als Herstellungskosten aktivieren müssen. Hinzu wären die Aufwendungen zur Standarderhöhung im 1. Obergeschoss i. H. von 67.000 Euro gekommen, also Herstellungskosten von insgesamt 143.000 Euro. Alle anderen Aufwendungen wären bei ihm als Erhaltungsaufwand sofort abziehbar gewesen.

9. Kratt hat zusätzlich zu den 143.000 Euro Herstellungskosten 8.000 Euro Anschaffungskosten zu aktivieren. Anschaffungsnahe Herstellungskosten

fallen nicht an. Die restlichen Aufwendungen sind als Erhaltungsaufwand sofort abzugsfähige Betriebsausgaben.

Begründung

1. Grundsätzliche Problematik

Die Finanzverwaltung ging – im Einklang mit der früheren BFH-Rechtsprechung – jahrelang davon aus, dass bei in engem zeitlichem Zusammenhang mit der Anschaffung durchgeführten und im Vergleich zum Kaufpreis hohen Erhaltungsaufwendungen eine typisierende Vermutung dafür spricht, dass das Gebäude über seinen Zustand beim Erwerb hinaus wesentlich verbessert wurde. Überstiegen die innerhalb von **3 Jahren** nach Anschaffung eines Gebäudes angefallenen Reparatur- und Modernisierungsaufwendungen **15 %** der **Gebäudeanschaffungskosten,** wurden sie in der Veranlagungspraxis in nachträgliche Herstellungskosten (sog. anschaffungsnaher Herstellungsaufwand, R 157 Abs. 4 EStR 2001) umqualifiziert.

Der BFH hat später mit zwei Grundsatzurteilen vom 12.09.2001 (BStBl 2003 II S. 569 und 574) das Rechtsinstitut des anschaffungsnahen Herstellungsaufwands aufgegeben.

Nach diesen zwei BFH-Urteilen dürfen Bauaufwendungen nicht allein wegen ihrer Höhe oder ihrer zeitlichen Nähe zur Anschaffung des Gebäudes als Herstellungskosten beurteilt werden. Die Prüfung der Frage, was Anschaffungskosten oder Herstellungskosten sind, hat sowohl im privaten als auch im betrieblichen Bereich ausschließlich nach § 255 Abs. 1 bzw. 2 HGB zu erfolgen.

Die Finanzverwaltung hat diese BFH-Rechtsprechung übernommen **(BMF vom 18.07.2003, BStBl 2003 I S. 386).**

Durch das **Steueränderungsgesetz 2003** vom 15.12.2003 wurde zu dieser Thematik folgende gesetzliche Regelung in **§ 6 Abs. 1 Nr. 1a EStG** aufgenommen:

„Zu den Herstellungskosten eines Gebäudes gehören auch Aufwendungen für Instandsetzungs- und Modernisierungsaufwendungen, die innerhalb von drei Jahren nach der Anschaffung des Gebäudes durchgeführt werden, wenn die Aufwendungen ohne die Umsatzsteuer 15 % der Anschaffungskosten des Gebäudes übersteigen (anschaffungsnahe Herstellungskosten). Zu diesen Aufwendungen gehören nicht die Aufwendungen für Erweiterungen im Sinne des § 255 Abs. 2 Satz 1 HGB sowie Aufwendungen für Erhaltungsarbeiten, die jährlich üblicherweise anfallen."

Nach **§ 9 Abs. 5 Satz 2 EStG** gilt diese Regelung entsprechend auch für den Bereich der Überschusseinkünfte (vor allem für die Einkünfte aus Vermietung und Verpachtung).

Damit hat der Gesetzgeber die frühere 15 %-Regelung per Gesetz **wieder eingeführt.**

Zusammengefasst lässt sich daher festhalten, dass Renovierungs-, Sanierungs- und Modernisierungsmaßnahmen nach dem Erwerb eines Gebäudegrundstücks wie folgt bewertet werden können als:

– Anschaffungskosten, § 255 Abs. 1 HGB
– Herstellungskosten, § 255 Abs. 2 HGB
– Sofort abzugsfähige Erhaltungsaufwendungen
– Anschaffungsnahe Herstellungskosten, § 6 Abs. 1 Nr. 1 a EStG

2. Anschaffungskosten

Nach der BFH-Rechtsprechung sind unter Bezugnahme auf § 255 Abs. 1 HGB Anschaffungskosten eines Gebäudes die Aufwendungen, die geleistet werden, um das Gebäude zu erwerben und es in einen **betriebsbereiten Zustand** zu versetzen, soweit sie dem Gebäude allein zugerechnet werden können, ferner die Nebenkosten und die nachträglichen Anschaffungskosten.

Die Beurteilung der Frage, ob ein Gebäude betriebsbereit ist, hängt insbesondere von der **Nutzung** bzw. der **Zweckbestimmung** durch den Erwerber ab. Maßgebend sind also die Umstände des Einzelfalls. Nutzt der Erwerber das Gebäude ab dem Zeitpunkt der Anschaffung zur Erzielung von Einkünften oder zu eigenen Wohnzwecken, ist es ab diesem Zeitpunkt grundsätzlich betriebsbereit (Rn. 3 des BMF-Schreibens, a. a. O.).

Die Betriebsbereitschaft eines Gebäudes ist für jeden Gebäudeteil zu prüfen, der selbständig genutzt werden soll, z. B. bei einem Wohngebäude für jede Wohnung (Rn. 2 des BMF-Schreibens, a. a. O.).

2.1 Funktionsbereitschaft

Die Betriebsbereitschaft setzt die **objektive** und **subjektive Funktionsbereitschaft** des Gebäudeteils voraus (Rn. 5 bis 8 des BMF-Schreibens, a. a. O.).

Ist ein Gebäudeteil beim Erwerb **objektiv** funktionsuntüchtig, weil für den Gebrauch wesentliche Teile nicht nutzbar sind, ist es **nicht** betriebsbereit. Aufwendungen zur Beseitigung von objektiv funktionsuntüchtigen Teilen, die für die Nutzung unerlässlich sind (z. B. Reparatur eines Wasserrohrbruchs, Neueinbau von eingefrorenen Wasser- und Heizungsleitungen), stellen Anschaffungskosten dar. Dies gilt unabhängig davon, ob das Gebäude schon genutzt wird oder noch leer steht. Allerdings schließen Mängel, die durch Verschleiß verursacht sind und durch laufende Reparaturen beseitigt werden können, die Funktionstüchtigkeit nicht aus (z. B. Reparatur eines Heizungsbrenners, der nicht mehr anspringt). Die Aufwendungen hierzu gehören zu den sofort abziehbaren Erhaltungsaufwendungen.

Ist der Gebäudeteil für die **konkrete Zweckbestimmung** des Erwerbers nicht nutzbar, ist der Gebäudeteil **subjektiv funktionsuntüchtig.** Dies gilt z. B. für Baumaßnahmen des Erwerbers eines vermieteten Gebäudes, der die Mietverträge umgehend kündigt, weil das Gebäude nicht zur Erzielung der vom Verkäufer erwirtschafteten Einkünfte bestimmt ist. Oder Aufwendungen für Baumaßnahmen, die getätigt werden, um ein Gebäude für die konkrete Zweckbestimmung des Erwerbers nutzen zu können (z. B. die Elektroinstallation eines Wohngebäudes wird für die Nutzung als Bürogebäude erneuert, da sie hierfür nicht brauchbar ist; der Umbau von Büroräumen in eine Arztpraxis). Alle diese Aufwendungen stellen Anschaffungskosten dar.

Ein **Reparaturstau** führt nicht zur Annahme der Funktionsuntüchtigkeit des Gebäudes. Aufwendungen zur Beseitigung eines Reparaturstaus, die nicht über eine substanzerhaltende Erneuerung hinausgehen, führen daher zu Erhaltungsaufwendungen.

2.2 Standarderhöhung

Zur Zweckbestimmung eines Gebäudeteils gehört auch die Entscheidung, welchem **Standard** es entsprechen soll. Der BFH unterscheidet zwischen sehr einfachem, mittlerem und sehr anspruchsvollem Standard. Baumaßnahmen, die einen Gebäudeteil auf einen höheren Standard bringen, machen es betriebsbereit **(Standarderhöhung).** Die hierfür angefallenen Kosten stellen **Anschaffungskosten** dar (Rn. 9 des BMF-Schreibens, a. a. O.).

Für den Standard eines Wohngebäudes sind vor allem die Ausstattung und die Qualität der Einrichtung maßgebend, die den Gebrauchswert einer Wohnung bestimmen. Hierzu zählen vor allem folgende vier zentrale **Ausstattungsmerkmale** (Rn. 10 des BMF-Schreibens, a. a. O.):

- Heizung
- Sanitärinstallation
- Elektroinstallation
- Fenster

Die jeweiligen Ausstattungsmerkmale werden in Rn. 11 bis 13 des BMF-Schreibens (a. a. O.) umschrieben. Allerdings wird nur der **sehr einfache** Standard – zentrale Ausstattungsmerkmale nur in nötigem oder technisch überholtem Zustand vorhanden – durch konkrete Merkmale näher erläutert (einfach verglaste Fenster, technisch überholte Heizungsanlage, nicht beheizbares Bad). Für den mittleren Standard und den sehr anspruchsvollen Standard finden sich im BMF-Schreiben nur abstrakte Definitionen. Ein **mittlerer** Standard liegt danach vor, wenn die zentralen Ausstattungsmerkmale durchschnittlichen und selbst höheren Ansprüchen genügen. Ein **sehr anspruchsvoller** Standard liegt vor, wenn beim Einbau der zentralen Ausstattungsmerkmale nicht nur das Zweckmäßige, sondern das Mögliche, vor allem durch den Einbau außergewöhnlich hochwertiger Materialien, verwendet wurde.

Baumaßnahmen vor der erstmaligen Nutzung eines Gebäudes, deren Schwerpunkt nicht die Reparatur und das Ersetzen des Vorhandenen ist, sondern die **funktionserweiternde Ergänzung** wesentlicher Bereiche der Wohnungsausstattung (Heizung, Sanitär-, Elektroinstallation und Fenster), können den Standard eines Gebäudes erhöhen. Voraussetzung ist jedoch, dass durch ein **Bündel** von Baumaßnahmen, die für sich allein betrachtet als Erhaltungsmaßnahmen zu beurteilen wären, das Nutzungspotenzial des Gebäudeteils in mindestens **drei** der **vier zentralen Ausstattungsmerkmale** erhöht wird. In diesem Fall nimmt der BFH eine Standarderhöhung an. Die Aufwendungen für die Baumaßnahmen, die in den zentralen Ausstattungsmerkmalen zur **Standarderhöhung** geführt haben, und damit sachlich zusammenhängende Aufwendungen sind **Anschaffungskosten** (Rn. 10 des BMF-Schreibens, a. a. O.).

Wenn ein Steuerpflichtiger z. B. ein leer stehendes Zweifamilienhaus einfachen Standards erwirbt, die einfach verglasten Holzfenster durch Isolierglasfenster und die Einzelöfen durch eine moderne Erdgasheizung ersetzt sowie im Bad die vorhandenen Sanitärinstallationen durch moderne zweckmäßigere Armaturen und zusätzliche Ausstattungsgegenstände (z. B. eine Dusche) erweitert, dann sind in drei der vier zentralen Ausstattungsbereichen Maßnahmen durchgeführt worden, die zu einer Erhöhung und Erweiterung des Gebrauchswerts geführt haben. In diesem Fall liegt bei dem Gebäude eine Standarderhöhung vor. Die Aufwendungen in den zentralen Bereichen sind als Anschaffungskosten anzusetzen. Werden zusätzlich Schönheitsreparaturen durchgeführt, die nicht in bautechnischem Zusammenhang mit den Anschaffungskosten stehen, liegen insoweit sofort abziehbare Erhaltungsaufwendungen vor.

Treffen Baumaßnahmen, die ihrer Art nach stets zu **Herstellungskosten** führen (z. B. Ausbauten, Erweiterungen) und einen der den Nutzungswert eines Gebäudes bestimmenden Bereich der zentralen Ausstattungsmerkmale betreffen, mit der Verbesserung von mindestens **zwei Bereichen** der **zentralen Ausstattungsmerkmale** zusammen, ist ebenfalls eine Hebung des Standards anzunehmen, d. h., die Aufwendungen sind Anschaffungskosten (Rn. 14 des BMF-Schreibens, a. a. O.).

2.3 Zusammenfassung

Folgende Aufwendungen, die nach dem Erwerb und vor der erstmaligen Nutzung entstanden sind, dienen der Herstellung der Betriebsbereitschaft des Gebäudes und sind **als Anschaffungskosten** zu werten:

– Instandsetzungs- und Modernisierungsaufwendungen, die zeitgleich mit dem Kaufvertrag in Auftrag gegeben werden (sog. **Modernisierungsmodell**).

– Aufwendungen zur Beseitigung **objektiv funktionsuntüchtiger** Teile, die für die Nutzung unerlässlich sind: z. B. Reparatur eines Wasserrohrbruchs. Auf eine tatsächliche Nutzung des Gebäudes kommt es dabei nicht an (Rn. 6 des BMF-Schreibens, a. a. O.).

– Aufwendungen, weil das Gebäude für die konkrete Zweckbestimmung des Erwerbers nicht nutzbar ist **(subjektive Funktionsuntüchtigkeit)**, z. B. für den Umbau von Büroräumen in eine Zahnarztpraxis.

– Aufwendungen zur **Standardhebung** – sehr einfach – mittel – sehr anspruchsvoll (Rn. 9 des BMF-Schreibens, a. a. O.).

3. Herstellungskosten

Zu den Herstellungskosten nach Erwerb eines Gebäudes gehören

– die Instandsetzungs- und Modernisierungskosten nach Vollverschleiß des Gebäudes,

– die Aufwendungen für Erweiterungen (Aufstockung, Anbau, Vergrößerung der nutzbaren Fläche und Vermehrung der Substanz) und

– die Aufwendungen, um das Gebäude über seinen Zustand hinaus wesentlich zu verbessern (vgl. Rn. 17 bis 30 des BMF-Schreibens, a. a. O.).

3.1 Vollverschleiß

Ein Vollverschleiß ist gegeben, wenn das Gebäude so sehr abgenutzt ist, dass es unbrauchbar geworden ist und durch die Instandsetzungsarbeiten unter Verwendung der übrigen noch nutzbaren Teile ein neues Gebäude hergestellt wird. Ein Vollverschleiß liegt auch vor, wenn das Gebäude schwere Substanzschäden an den für die Nutzbarkeit als Bau und die Nutzungsdauer des Gebäudes bestimmenden Teilen hat. Die anfallenden Aufwendungen sind Herstellungskosten, es sei denn, sie fallen nach Erwerb des Objekts an, dann sind es Anschaffungskosten.

3.2 Erweiterung

Zur Erweiterung gehören viele Varianten. Es entstehen keine Probleme, wenn ein Gebäude aufgestockt oder ein Anbau errichtet wird (Rn. 20 des BMF-Schreibens, a. a. O.). Hier liegen immer Herstellungskosten vor.

Von Herstellungskosten ist auch auszugehen, wenn die Nutzfläche durch eine zuvor nicht vorhandene Dachgaube, den Anbau eines Balkons oder einer Terrasse über die ganze Gebäudebreite vergrößert wird oder durch ein das Flachdach ersetzendes Satteldach erstmals ausbaufähiger Dachraum geschaffen wird (vgl. Rn. 21 des BMF-Schreibens, a. a. O.).

Nach Rn. 22 des BMF-Schreibens (a. a. O.) wird ein Gebäude in seiner Substanz vermehrt, ohne dass zugleich seine nutzbare Fläche vergrößert wird, z. B. bei Einsetzen von zusätzlichen Trennwänden, bei Errichtung einer Außentreppe, bei Einbau einer Alarmanlage, einer Treppe zum Spitzboden, eines Kachelofens oder eines Kamins.

Dagegen sind nach Rn. 23 des BMF-Schreibens (a. a. O.) **Erhaltungsaufwendungen** anzunehmen, wenn der neue Gebäudebestandteil nur die Funktion des bisherigen übernimmt oder für sich betrachtet nur modernisiert worden ist, z. B. bei:

– Anbringen einer zusätzlichen Fassadenverkleidung (z. B. Eternitverkleidung oder Verkleidung mit Hartschaumplatten und Sichtklinker) zu Wärme- oder Schallschutzzwecken (vgl. BFH vom 13.03.1979, BStBl 1979 II S. 435),

– Umstellung einer Heizungsanlage von Einzelöfen auf eine Zentralheizung (vgl. BFH vom 24.07.1979, BStBl 1980 II S. 7),

– Ersatz eines Flachdaches durch ein Satteldach, wenn dadurch lediglich eine größere Raumhöhe geschaffen wird, ohne die nutzbare Fläche und damit die Nutzungsmöglichkeit zu erweitern,

– Vergrößern eines bereits vorhandenen Fensters oder

– Versetzen von Wänden.

3.3 Wesentliche Verbesserung

Instandsetzungs- oder Modernisierungsaufwendungen sind, soweit sie nicht als Folge der Herstellung der Betriebsbereitschaft bereits zu den Anschaffungskosten gehören, nach § 255 Abs. 2 Satz 1 HGB als Herstellungskosten zu behandeln, wenn sie zu einer über den ursprünglichen – im Zeitpunkt der Anschaffung bzw. Herstellung vorhandenen – Zustand hinausgehenden wesentlichen Verbesserung führen. Dies gilt auch, wenn oder soweit das Gebäude unentgeltlich erworben wurde (vgl. Rn. 25 des BMF-Schreibens, a. a. O.).

Fraglich ist, wann eine Verbesserung wesentlich ist und wann sie lediglich eine Anpassung an den technischen Fortschritt oder die Veränderung der Lebensgewohnheiten darstellt (substanzerhaltende Bestandteilserneuerung). So liegt keine wesentliche Verbesserung vor, wenn die Aufwendungen, die für sich genommen Erhaltungsaufwendungen darstellen, in ungewöhnlicher Höhe zusammengeballt in einem Veranlagungszeitraum oder Wirtschaftsjahr anfallen, d. h., wenn eine **Generalüberholung** vorliegt.

Eine wesentliche Verbesserung i. S. von § 255 Abs. 2 Satz 1 HGB und damit Herstellungskosten sind vielmehr erst dann gegeben, wenn die Maßnahmen zur Instandsetzung und Modernisierung eines Gebäudes in ihrer Gesamtheit über eine zeitgemäße substanzerhaltende Erneuerung hinausgehen, den Gebrauchswert des Gebäudes insgesamt deutlich erhöhen und damit für die Zukunft eine erweiterte Nutzungsmöglichkeit geschaffen wird (vgl. Rn. 28 des BMF-Schreibens, a. a. O.). Von einer deutlichen Erhöhung des Gebrauchswerts ist z. B. auszugehen, wenn der Gebrauchswert des Gebäudes (Nutzungspotenzial) von einem sehr einfachen auf einen mittleren oder von einem mittleren auf einen sehr anspruchsvollen Standard gehoben wird. Zum Standard des Wohngebäudes vgl. oben Tz. 2.2.

Wurde ein Gebäude mit mehreren Wohnungen erworben und wurden Baumaßnahmen nicht in allen, sondern nur in einzelnen Wohnungen durchgeführt, hat eine **wohnungsbezogene Prüfung** stattzufinden. Wurde dabei nur der Gebrauchswert einer oder mehrerer Wohnungen erhöht, liegen nur insoweit Herstellungskosten vor (vgl. Rn. 32 des BMF-Schreibens, a. a. O.).

Die Beurteilung, ob durch die Modernisierung eine wesentliche Verbesserung erreicht wird, ist nicht auf einen Veranlagungszeitraum beschränkt. Auch wenn die Baumaßnahmen in einem Veranlagungszeitraum für sich betrachtet noch nicht zu einer wesentlichen Verbesserung führen, sind sie Herstellungskosten, wenn sie Teil einer Gesamtbaumaßnahme sind, die sich **planmäßig** über mehrere Veranlagungszeiträume erstreckt und die insgesamt zu einer Hebung des Standards führt. Von einer **Sanierung in Raten** ist grundsätzlich auszugehen, wenn die Baumaßnahmen innerhalb eines **Fünfjahreszeitraums** durchgeführt worden sind (vgl. Rn. 31 des BMF-Schreibens, a. a. O.).

4. Erhaltungsaufwendungen

Erhaltungsaufwendungen sind alle Aufwendungen, die nicht zu den Anschaffungskosten oder Herstellungskosten gehören, insbesondere wenn das Gebäude nur im ordnungsgemäßen Zustand erhalten werden soll oder wenn es sich um Aufwendungen handelt, die regelmäßig in ungefähr gleicher Höhe wiederkehren. Als Erhaltungsaufwendungen sind z. B. grundsätzlich zu werten

– Aufwendungen für **Schönheitsreparaturen** (z. B. Tapezierarbeiten, Erneuerung von Fliesen) sowie

– Aufwendungen für **Instandsetzungsmaßnahmen** an vorhandenen Gegenständen und Einrichtungen (z. B. Austausch von Elektromaterial, Instandsetzung der Rollläden), selbst wenn die vier wesentlichen Bereiche betroffen sind.

5. Zusammentreffen von Anschaffungskosten/Herstellungskosten und Erhaltungsaufwendungen

Grundsätzlich gilt, dass bei einer einheitlich durchgeführten Modernisierungsmaßnahme die einzelnen Baumaßnahmen **getrennt** zu beurteilen sind. Die Aufteilung der Aufwendungen hat ggf. im Schätzungswege zu erfolgen. Auch bei einer Erhöhung des Wohnstandards sind nur die Kosten für Baumaßnahmen, die in den vier zentralen Ausstattungsmerkmalen zur Standarderhöhung geführt haben, den Anschaffungskosten bzw. Herstellungskosten zuzurechnen. Alle anderen Modernisierungsaufwendungen sind sofort abzugsfähige Erhaltungsaufwendungen, soweit sie nicht mit Anschaffungs- oder Herstellungskosten in sachlichem Zusammenhang stehen.

Ein sachlicher Zusammenhang in diesem Sinn liegt vor, wenn die Baumaß-nahmen bautechnisch ineinander greifen. Dies ist dann der Fall, wenn die Erhaltungsarbeiten

– Vorbedingung für die Schaffung des betriebsbereiten Zustands oder für die Herstellungsarbeiten sind oder
– durch Herstellungsarbeiten oder durch Maßnahmen veranlasst/verur-sacht wurden, die einen betriebsbereiten Zustand schaffen.

Ein bautechnisches Ineinandergreifen liegt nicht vor, wenn der Steuer-pflichtige solche Herstellungsarbeiten zum Anlass nimmt, auch sonstige anstehende Renovierungsarbeiten vorzunehmen. Allein die gleichzeitige Durchführung der Arbeiten, z. B. um die mit den Arbeiten verbundenen Unannehmlichkeiten abzukürzen, reicht für einen solchen sachlichen Zusammenhang nicht aus. Ebenso wird ein sachlicher Zusammenhang nicht dadurch hergestellt, dass die Arbeiten unter dem Gesichtspunkt der rationellen Abwicklung eine bestimmte zeitliche Abfolge der einzelnen Maßnahmen erforderlich machen – die Arbeiten aber ebenso unabhängig voneinander hätten durchgeführt werden können (Rn. 35 des BMF-Schrei-bens, a. a. O.).

6. Anschaffungsnahe Herstellungskosten

Gemäß § 6 Abs. 1 Nr. 1a EStG fallen hierunter nur Instandsetzungs- und Modernisierungsmaßnahmen, die für sich betrachtet Erhaltungsaufwen-dungen sind. Diese werden als Herstellungskosten behandelt, wenn sie innerhalb von drei Jahren nach Anschaffung des Gebäudes anfallen und ohne USt 15 % der Anschaffungskosten des Gebäudes übersteigen.

Bei der Berechnung der 15 %-Grenze scheiden von vornherein folgende Maßnahmen aus (vgl. Schmidt/Glanegger, § 6 Rn. 113, 114):

a) typische Herstellungskosten bei Erweiterungen, die auf jeden Fall akti-viert werden müssen (Anbau, Ausbau, Umbau);

b) laufender Erhaltungsaufwand, der jährlich üblicherweise anfällt (§ 6 Abs. 1 Nr. 1a EStG, z. B. Wartungskosten für die Heizung);

c) durch Elementarschäden verursachte Aufwendungen, denn diese haben mit dem Erwerb nichts zu tun (Schäden durch Sturm, Blitz, Regen, Erschütterungen; BFH vom 26.10.1962, BStBl 1963 III S. 39);

d) Aufwendungen für Instandsetzungsarbeiten, die im Zusammenhang mit typischen Herstellungskosten nach a) stehen.

Auch bei anschaffungsnahen Herstellungskosten ist der enge räumliche und zeitliche Zusammenhang zu beachten. So hat der BFH mit Urteil vom 30.07.1991 (BStBl 1992 II S. 28) entschieden, dass Aufwendungen für Schönheitsreparaturen (hier: Malerarbeiten), die im Zusammenhang mit der Anschaffung einer Eigentumswohnung vorgenommen werden, nicht als Erhaltungsaufwand sofort abziehbar sind, wenn sie im Rahmen einer umfassenden Renovierung und Modernisierung anfallen, die als anschaffungsnahe Herstellungskosten zu beurteilen sind. Einer getrennten steuerlichen Behandlung einzelner Aufwendungen steht entgegen, dass es sich um einen wirtschaftlich einheitlichen Vorgang handelt.

In einem weiteren Urteil vom 30.07.1991 (BStBl 1992 II S. 30) hat der BFH entschieden, dass der Dreijahreszeitraum keine feste Grenze darstellt. Der BFH meint, diese Fallgestaltung kommt nicht nur in Betracht, wenn z. B. im zweiten Jahr nach dem Erwerb begonnene größere Instandsetzungsarbeiten bis ins vierte Jahr andauern, sondern auch, wenn nach Erwerb über einen längeren Zeitraum gleichsam in Raten instand gesetzt wird.

Veranlagungen sind vorläufig durchzuführen, solange im Dreijahreszeitraum die Instandsetzungsarbeiten 15 % der Anschaffungskosten nicht übersteigen oder wenn eine Sanierung in Raten zu vermuten ist (Rn. 38 des BMF-Schreibens, a. a. O.).

Noch nicht ganz geklärt ist die Frage, ob Aufwendungen, die zur Beseitigung der Funktionsuntüchtigkeit führen und für sich Anschaffungskosten sind, in die Prüfung der 15 %-Grenze des § 6 Abs. 1 Nr. 1a EStG einbezogen werden müssen. Die OFDen München und Nürnberg bejahen dies in einer Verfügung vom 11.06.2004 (DB 2004 S. 1464). Sie meinen, dass § 6 Abs. 1 Nr. 1a EStG nur Aufwendungen für Erweiterungen i. S. des § 255 Abs. 2 Satz 1 HGB sowie Aufwendungen für jährlich üblicherweise anfallende Erhaltungsarbeiten von den zu berücksichtigenden Herstellungskosten ausschließe. Aufwendungen zur Beseitigung der Funktionsuntüchtigkeit oder zur Hebung des Standards (also Anschaffungskosten beim Erwerb eines Gebäudes) sind hiervon nicht berührt und daher in die Prüfung der 15 %-Grenze einzubeziehen. So auch Schmidt/Glanegger, § 6 Rn. 113, 114. Dieser Auffassung ist zuzustimmen, weil diese Aufwendungen der Art nach Erhaltungsaufwendungen sind.

Wichtig ist noch folgende Unterscheidung: Beim Erwerb eines Gebäudegrundstücks mit mehreren Wohnungen ist bei der Frage der Betriebsbereitschaft (Rn. 2 des BMF-Schreibens, a. a. O., und oben Tz. 2) und bei der Frage der wesentlichen Verbesserung (Rn. 37 des BMF-Schreibens, a. a. O., und oben Tz. 3.3) auf die einzelne Wohnung abzustellen. Demgegenüber ist bei der Prüfung der 15 %-Grenze selbst dann auf das gesamte Gebäude abzustellen, wenn das Gebäude aus mehreren Wirtschaftsgütern gem. R 4.2 Abs. 4 EStR besteht (vgl. Schmidt/Glanegger, § 6 Rn. 111).

7. Das Wohngrundstück gehört zum notwendigen Betriebsvermögen des Kratt. Laut Sachverhalt benötigt er es, damit einige seiner Arbeitnehmer in der Nähe seines Betriebs wohnen können. Dies ist ein betrieblicher Grund (BFH vom 01.12.1976, BStBl 1977 II S. 315). Damit hat Kratt das Grundstück mit seinen Anschaffungskosten einzubuchen. Buchungssatz: „Grund und Boden 200.000 Euro und Gebäude 400.000 Euro an Geldkonto 600.000 Euro". Unter **Geldkonto** ist die Summe der Konten zu verstehen, die bei der Finanzierung des Erwerbs angesprochen werden müssen, je nachdem wie bezahlt wurde: z. B. Bankkonto bei Einsatz von betrieblichen Mitteln, Privateinlage bei Einsatz von privaten Mitteln oder Grundschulddarlehen bei Finanzierung durch eine Bank mit dem Sicherungsmittel Grundschuld.

8. Hätte Bisselik in den Jahren 01 bis 03 die beschriebenen Bau- und Reparaturmaßnahmen getätigt, hätte sich nur die Frage gestellt, ob **Erhaltungsaufwand** oder **Herstellungsaufwand** vorliegt. Dabei spielt es keine Rolle, ob das Grundstück sich im Privat- oder Betriebsvermögen befindet. Liegt Erhaltungsaufwand vor, sind Werbungskosten oder sofort abzugsfähige Betriebsausgaben gegeben. Sind es Herstellungskosten, sind diese zu aktivieren und dann nur über die AfA als Werbungskosten oder Betriebsausgaben abzugsfähig. Vergleiche hierzu Tz. 3, 4 und 5.

Wichtig ist zusätzlich zu den Ausführungen oben in Tz. 3, 4 und 5, dass es darauf ankommt, was bewertet wird. Wenn z. B. in einem älteren Ladengebäude die baufällige Decke des Verkaufsraums, bestehend aus Holzbalken mit Schlackenfüllung, durch eine Stahlbetondecke mit Eisenträgern ersetzt wird, dann ist zwar die Substanz der Decke eine völlig andere, aber darauf kommt es nicht an. Denn die Decke erfüllt im Rahmen des Gebäudes die gleiche Funktion wie bisher. Nicht die Decke soll bewertet werden, sondern das ganze Ladengebäude. Da dieses aber durch den Einbau der neuen Decke nicht wesentlich verbessert wird, liegt Erhaltungsaufwand vor (BFH vom 09.07.1953, BStBl 1953 III S. 245 = Kuhstallurteil, vom 26.11.1973, BStBl 1974 II S. 132, und vom 09.11.1976, BStBl 1977 II S. 306, 308; die Grundsätze des Kuhstallurteils gelten noch heute).

In R 21.1 Abs. 2 Satz 2 EStR ist eine Vereinfachungsregel geschaffen worden. Danach können Aufwendungen nach Fertigstellung eines Gebäudes für eine einzelne Baumaßnahme mit einem Nettobetrag bis 4.000 Euro stets als Erhaltungsaufwand behandelt werden.

Im vorliegenden Fall ist von der Art her vieles Erhaltungsaufwand. Die Installation neuer Fenster in der kleinen Wohnung im Erdgeschoss einschließlich der Tapezierarbeiten, der Rollladenaustausch, das Verlegen von neuen Teppichböden und die Weißbinderarbeiten mit Tapezieren in der großen Wohnung im Erdgeschoss, die Dachdeckerarbeiten sowie der Rollladenaustausch und das Verlegen von Teppichböden im 1. Obergeschoss erhalten das Gebäude nur.

Damit stellt einmal der Um- und Ausbau des Dachgeschosses im Februar 02 Herstellungsaufwand dar, weil die Wohnungssubstanz des ganzen Hauses erweitert, somit etwas Neues geschaffen wird. Die Tapezierarbeiten im Dachgeschoss stehen **in engem räumlichem und zeitlichem Zusammenhang** mit diesen **Herstellungskosten;** sie sind daher nicht sofort als Erhaltungsaufwand abziehbar, obwohl sie von der Art her Erhaltungsaufwand sind. Vergleiche oben Tz. 5. Die Einbringung der Elektroinstallationen, die

Einrichtung neuer Bäder und die Einbringung von Heizkörpern bedeuten eine Standarderhöhung der beiden Wohnungen im 1. Obergeschoss. Es sind drei zentrale Ausstattungsmerkmale betroffen. Damit liegen Herstellungskosten vor (vgl. oben Tz. 3.3 i. V. m. Tz. 2.2). Hinzu kommen, weil sie in engem räumlichem und zeitlichem Zusammenhang stehen, die Aufwendungen für das Verlegen der Fliesen und die Weißbinderarbeiten mit Tapezieren, insgesamt 87.000 Euro.

Bisselik kann daher folgende Erhaltungsaufwendungen geltend machen:

– Installation neuer Fenster im Erdgeschoss	8.000 €
– Tapezierarbeiten im Erdgeschoss	1.000 €
– Rollladenaustausch im Erdgeschoss	3.000 €
– Verlegen von neuen Teppichböden im Erdgeschoss	6.000 €
– Weißbinder- und Tapezierarbeiten im Erdgeschoss	11.000 €
– Dachdeckerarbeiten	15.000 €
– Rollladenaustausch im 1. Obergeschoss	9.000 €
– Verlegen von Teppichböden im 1. Obergeschoss	13.000 €
insgesamt	66.000 €

An Herstellungskosten entstehen ihm:

– Umbau Dachgeschoss	70.000 €
– Tapezierarbeiten im Dachgeschoss	6.000 €
– Elektroinstallationen im 1. Obergeschoss	15.000 €
– Einbringung von Bädern im 1. Obergeschoss	34.000 €
– Fliesen in den Bädern im 1. Obergeschoss	8.000 €
– Heizkörper im 1. Obergeschoss	20.000 €
– Weißbinderarbeiten und Tapezieren im 1. Obergeschoss	10.000 €
insgesamt	163.000 €

9. Einige Bau- und Reparaturmaßnahmen sind jedoch dann anders zu beurteilen, wenn sie ein Käufer, hier also Kratt, innerhalb kurzer Zeit nach dem Erwerb des Gebäudes durchführt. In diesem Fall stellt sich die Frage, ob Anschaffungskosten oder Herstellungskosten vorliegen. Vergleiche hierzu oben Tz. 2 und 6.

Gehen wir von diesen Grundsätzen aus, dann gilt bei Kratt in den einzelnen Jahren Folgendes:

Im Jahr 01 sind die Aufwendungen zur Installation der neuen Fenster Anschaffungskosten und daher sind 8.000 Euro zu aktivieren. Ohne Fenster ist die Wohnung im Erdgeschoss nicht betriebsbereit, sie ist objektiv funktionsuntüchtig (vgl. oben Tz. 2.1). Das Tapezieren der Einzimmerwohnung ist Erhaltungsaufwand. Da bei einem Rechnungsbetrag von nicht mehr als 4.000 Euro ohne USt überhaupt nicht zu prüfen ist, was im Einzelnen vorliegt (R 21.1 Abs. 2 Satz 2 EStR), kann das Jahr 01 abgeschlossen werden.

Der Umbau des Dachgeschosses im Februar 02 ist typischer Herstellungsaufwand. Kratt hat daher im Jahr 02 76.000 Euro zu aktivieren (vgl. oben 3. und 8.). Die Baumaßnahmen im August 02 können als anschaffungsnahe

Herstellungskosten infrage kommen, es sind zurückgestellte Instandsetzungsarbeiten. Die Aufwendungen betragen 20.000 Euro. Dies sind noch nicht mehr als 15 % der Erwerbskosten des Gebäudes (15 % von 400.000 Euro = 60.000 Euro). Daher sind sie zunächst als Erhaltungsaufwand sofort abziehbare Betriebsausgaben. Die Einkommensteuer für das Jahr 02 ist jedoch wegen dieser Aufwendungen gem. §§ 164, 165 AO vorläufig zu veranlagen (vgl. oben Tz. 6).

Die Aufwendungen im März 03 sind Erhaltungsaufwand und bei Berechnung der 15 %-Grenze auszuscheiden. Die Dachdeckerarbeiten sind durch einen Sturm verursacht. Die Aufwendungen zur Standarderhöhung in der Zeit vom Juni bis Oktober 03 sind Herstellungskosten, insgesamt 87.000 Euro (vgl. oben zu Tz. 8: Elektro 15.000 Euro, Bäder 34.000 Euro, Fliesen 8.000 Euro, Tapezieren 10.000 Euro und Heizung 20.000 Euro). Alle anderen Aufwendungen, die in der Zeit von Juni bis Oktober 03 anfielen, sind zwar von der Art Erhaltungsaufwand (vgl. oben Tz. 8.), da sie aber im Zeitraum von drei Jahren nach dem Erwerb des Gebäudes anfielen, kommen sie als anschaffungsnahe Herstellungskosten in Betracht. Insgesamt entstanden Aufwendungen i. H. von 22.000 Euro (Rollladenaustausch 9.000 Euro und Verlegen von Teppichböden 13.000 Euro, vgl. oben Tz. 8.). Zusammen mit den 20.000 Euro aus dem Jahr 02 sind insgesamt 42.000 Euro, also weniger als 15 % der Erwerbskosten des Hauses, aufgewendet worden. Kratt hat daher keine anschaffungsnahen Herstellungskosten zu aktivieren.

Gegenüber Bisselik hat der Erwerber Kratt im vorliegenden Fall nur die Aufwendungen zur Installation der neuen Fenster im Ergeschoss als Anschaffungskosten zusätzlich zu aktivieren, also insgesamt 171.000 Euro (163.000 Euro + 8.000 Euro), vgl. oben Tz. 8. Als Erhaltungsaufwendungen kann er 58.000 Euro (66.000 Euro ./. 8.000 Euro) geltend machen. Das Jahr 02 kann endgültig veranlagt werden.

IV. Teilwert

Fall 58

Begriff – Teilwertvermutung – Teilwertabschlag bei Preisänderungen und Fehlmaßnahmen

Sachverhalt

Der bilanzierende Schuhgroßhändler Werner Dickhut kaufte von einem ausländischen Schuhgroßhändler Anfang Dezember 01 einen größeren

Posten modischer Damenschuhe. Kurz vor dem Kauf hatte Dickhut sich über den Wert und die Marktgängigkeit der Schuhe ein Gutachten fertigen lassen. Obwohl das Gutachten nur zu einem Wert von 25.000 Euro (ohne USt) kam, griff Dickhut nach schwierigen Verhandlungen zu, musste für den Posten jedoch 30.000 Euro (ohne USt) zahlen. Zum Bilanzstichtag am 31.12.01 nahm er einen Teilwertabschlag von 5.000 Euro vor. Dickhut ist voll zum Vorsteuerabzug berechtigt.

Im Jahr 02 änderte sich der modische Geschmack. Dickhut konnte den Posten Schuhe bei seinen Abnehmern das ganze Jahr hindurch zu seinen Preisvorstellungen nicht verkaufen. Der gerade noch erzielbare Verkaufspreis beträgt am 31.12.02 24.000 Euro (ohne USt), die voraussichtlich nach dem 31.12.02 noch aufzuwendenden Verwaltungskosten 400 Euro, die Vertriebskosten 1.200 Euro und der durchschnittliche, nicht überhöhte Reingewinn 10 % der Netto-Verkaufserlöse.

Frage

1. Was ist der Teilwert?

2. Was bedeutet der Begriff „Teilwertvermutung"?

3. Wie hoch sind die Schuhe zu bewerten

   a) am 31.12.01,

   b) am 31.12.02?

Antwort

1. Der Teilwert ist ein Bewertungsmaßstab. Er ist der Betrag, den ein Erwerber des ganzen Betriebs im Rahmen des Gesamtkaufpreises für das einzelne Wirtschaftsgut ansetzen würde; dabei ist davon auszugehen, dass der Erwerber den Betrieb fortführt, § 6 Abs. 1 Nr. 1 Satz 3 EStG.

2. Es wird grundsätzlich vermutet, dass der Teilwert im Zeitpunkt der Anschaffung oder Herstellung den tatsächlichen Anschaffungs- oder Herstellungskosten entspricht, es sei denn, eine Fehlmaßnahme liegt vor. Zeitlich nach Anschaffung oder Herstellung entspricht der Teilwert dem Buchwert, es sei denn, außerbetriebliche Entwicklungen schlagen wertmäßig auf das einzelne Wirtschaftsgut durch (z. B. Preisänderungen). Bei einem Teilwertabschlag muss diese Vermutung widerlegt werden.

3. Die Schuhe sind am 31.12.01 mit den Anschaffungskosten von 30.000 Euro zu bewerten. Am 31.12.02 können sie mit dem niedrigeren Teilwert von 20.000 Euro angesetzt werden.

Begründung

1. Neben den Anschaffungs- und Herstellungskosten ist der Teilwert ein weiterer Bewertungsmaßstab für die Steuerbilanz. Der Teilwert ist der

Betrag, den ein Erwerber des ganzen Betriebs im Rahmen des Gesamtkaufpreises für das einzelne Wirtschaftsgut ansetzen würde; dabei ist davon auszugehen, dass der Erwerber den Betrieb fortführt, § 6 Abs. 1 Nr. 1 Satz 3 EStG.

Bei der Teilwertermittlung ist von einer gedachten Betriebsveräußerung im Ganzen auszugehen; ob tatsächlich ein Käufer zu finden ist, ist unerheblich. Die Ermittlung selbst muss im Wege der Schätzung erfolgen. Dabei bildet die obere Grenze für den Teilwert der Wiederbeschaffungswert, also der Betrag, der für die Wiederbeschaffung des Wirtschaftsguts am Bilanzstichtag aufgewendet werden müsste (BFH vom 08.03.1968, BStBl 1968 II S. 575, vom 25.08.1983, BStBl 1984 II S. 33, vom 13.04.1988, BStBl 1988 II S. 892, vom 12.05.1993, BStBl 1993 II S. 587, und vom 29.04.1999, BStBl 1999 II S. 681). Die untere Grenze für den Teilwert bildet der Einzelveräußerungspreis, also der Betrag, der sich bei der Veräußerung des einzelnen Wirtschaftsguts erzielen lässt; dabei ist davon auszugehen, dass an einen Erwerber veräußert wird, der auf derselben Marktstufe steht (BFH vom 05.05.1966, BStBl 1966 III S. 370, und vom 25.08.1983, BStBl 1984 II S. 33).

Sinn des Wertbegriffs Teilwert ist, den Mehrwert zu erfassen, der sich oft gegenüber dem gemeinen Wert als Einzelveräußerungspreis von Wirtschaftsgütern dadurch ergibt, dass diese zum Betriebsvermögen eines lebenden Betriebs gehören. Ein Wirtschaftsgut, das der Produktion dient und kaum ersetzbar ist, z. B. eine Maschine, ist mehr wert als sein Einzelveräußerungspreis, solange der Betrieb produziert.

2. Nach ständiger Rechtsprechung wird vermutet, dass der Teilwert im Zeitpunkt der Anschaffung oder Herstellung den tatsächlichen Anschaffungs- oder Herstellungskosten entspricht (BFH vom 17.01.1978, BStBl 1978 II S. 335, vom 13.04.1988, BStBl 1988 II S. 892, und vom 20.05.1988, 1989 II S. 269; H 6.7 „Teilwertvermutungen" zu 1. EStH; Schmidt/Glanegger, § 6 Rn. 230). Diese **Vermutung** beruht auf der Annahme, ein Kaufmann werde grundsätzlich so viel für ein Wirtschaftsgut aufwenden, wie es einer vernünftigen Wirtschaftsführung entspricht. Er wird nicht mehr aufwenden, als ihm das Wirtschaftsgut für den Betrieb wert ist. Bei nicht abnutzbaren Anlagegütern wird daher angenommen, dass der Teilwert auch später noch den tatsächlichen Anschaffungskosten entspricht. Bei abnutzbaren Anlagegütern tritt an die Stelle der Anschaffungs- oder Herstellungskosten der jeweils nach Abzug der AfA ermittelte Buchwert (vgl. BFH vom 30.11.1988, BStBl 1989 II S. 183; H 6.7 „Teilwertvermutungen" zu 3. EStH; Schmidt/ Glanegger, § 6 Rn. 232).

Behauptet ein Steuerpflichtiger, bei einem seiner Wirtschaftsgüter treffe die Vermutung nicht oder nicht mehr zu, muss er beweisen, dass und warum der Teilwert niedriger ist (BMF-Schreiben vom 25.02.2000, BStBl 2000 I S. 372 Rn. 2). Besondere Umstände, durch die die Vermutung entkräftet werden kann, sind **nach** Anschaffung oder Herstellung eingetretene Änderungen der wertbestimmenden Verhältnisse, insbesondere Preisänderungen, oder das Vorliegen einer Fehlmaßnahme **bei** Anschaffung oder Herstellung (BFH vom 13.10.1976, BStBl 1977 II S. 540, vom 09.02.1977, BStBl 1977 II S. 412, vom 17.01.1978, BStBl 1978 II S. 335, vom 17.09.1987, BStBl 1988 II S. 488, vom 13.04.1988, BStBl 1988 II S. 892 a. E., und vom 20.05.1988, BStBl 1989 II S. 269; Schmidt/Glanegger, § 6 Rn. 236 und 237). Preisänderungen lassen sich durch das Marktgeschehen im Allgemeinen leicht nachweisen. Dagegen fällt es einem Steuerpflichtigen oft sehr schwer, eine Fehlmaßnahme nachzuweisen, also nachzuweisen, dass ihm bei seinen Dispositionen ein Fehler unterlief, er insbesondere in Unkenntnis wertbeeinflussender Umstände objektiv zu viel für ein Wirtschaftsgut aufgewendet hat.

Daraus ergeben sich **zwei wichtige Merksätze:**

– **Bei** Anschaffung oder Herstellung entspricht der Teilwert den Anschaffungs- oder Herstellungskosten, es sei denn, eine Fehlmaßnahme liegt vor.

– **Zeitlich nach** Anschaffung oder Herstellung entspricht der Teilwert dem Buchwert, es sei denn, außerbetriebliche Entwicklungen schlagen wertmäßig auf das einzelne Wirtschaftsgut durch (z. B. Preisänderungen).

3. a) Die Anschaffungskosten der Schuhe betragen 30.000 Euro. Dieser Betrag wurde aufgewendet, um die Schuhe zu erwerben. Einen Teilwertabschlag von 5.000 Euro, also eine Bewertung der Schuhe mit einem Teilwert von 25.000 Euro, vorzunehmen, ist Dickhut nicht möglich. Nach der Teilwertvermutung des BFH entspricht der Teilwert im Zeitpunkt der Anschaffung den Anschaffungskosten. Dickhut kann in der kurzen Zeit vom Kauf der Schuhe bis zum Bilanzstichtag am 31.12.01 weder Wertänderungen, insbesondere Preisänderungen, noch eine Fehlmaßnahme beim Kauf selbst darlegen und nachweisen. Da das Gutachten vor dem Kauf von einem Wert der Schuhe von 25.000 Euro ausging, kannte Dickhut den möglichen niedrigeren Marktwert schon bei den Kaufverhandlungen und hätte sich danach richten können. Wenn er nun trotz des höheren Kaufangebots von 30.000 Euro von dem Erwerb der Schuhe nicht Abstand nahm, dann kann er nachträglich nicht von unbekannten wertbeeinflussenden Umständen und damit von einer Fehlmaßnahme sprechen (BFH vom 17.09.1987, BStBl 1988 II S. 488, und vom 20.05.1988, BStBl 1989 II S. 269).

Die Schuhe sind daher am 31.12.01 mit den Anschaffungskosten i. H. von 30.000 Euro zu bewerten.

b) Am 31.12.02 ist die Situation völlig anders. Inzwischen ist ein ganzes Jahr vergangen, und es liegt eine wertbeeinflussende Änderung des modischen Geschmacks vor. Der Teilwert ist durch Preisänderungen gesunken. Die Wertminderung ist voraussichtlich von Dauer, denn die Minderung hält zumindest bis zum Zeitpunkt der Aufstellung der Bilanz an (Rn. 23 des

BMF-Schreibens vom 25.02.2000, a. a. O.). Eine Teilwertabschreibung ist daher zulässig.

Wertminderungen durch Preisänderungen rechtfertigen nach der Rechtsprechung des BFH (Urteile vom 05.05.1966, BStBl 1966 III S. 370, vom 27.10.1983, BStBl 1984 II S. 35, vom 09.11.1994, BStBl 1995 II S. 336, und vom 29.04.1999, BStBl 1999 II S. 681) eine Teilwertabschreibung jedoch nur insoweit, als die voraussichtlich erzielbaren Verkaufspreise die bis zum Bilanzstichtag angefallenen Selbstkosten (Begriff vgl. oben Fall 52) zuzüglich des durchschnittlichen Unternehmergewinns nicht erreichen (vgl. auch R 6.8 Abs. 2 Satz 3 EStR).

Der Teilwert der Schuhe zum 31.12.02 ist daher wie folgt zu berechnen:

Erzielbarer Verkaufspreis (ohne USt)	24.000 €
./. Nach dem 31.12.02 noch anfallende Verwaltungs- und Vertriebskosten	1.600 €
./. Durchschnittlicher Reingewinn (10 % von 24.000 €)	2.400 €
Teilwert zum 31.12.02	20.000 €

Zu diesem Preis von 20.000 Euro wäre ein gedachter Erwerber des ganzen Betriebs im Rahmen des Gesamtkaufpreises bereit, die Schuhe zu übernehmen. Der voraussichtlich erzielbare Verkaufspreis i. H. von 24.000 Euro würde nämlich dann seine Anschaffungskosten von 20.000 Euro (fiktiv) zuzüglich der noch entstehenden Verwaltungs- und Vertriebskosten von 1.600 Euro decken und ihm außerdem noch den üblichen Reingewinn (10 %) ermöglichen.

Dickhut **kann** daher am 31.12.02 die Schuhe mit dem Teilwert von 20.000 Euro ansetzen, also über Aufwand einen Teilwertabschlag i. H. von 10.000 Euro vornehmen, § 6 Abs. 1 Nr. 2 Satz 2 EStG. Dass im Handelsrecht die Schuhe mit dem niedrigeren Wert (§ 253 Abs. 4 HGB) angesetzt werden müssen, spielt im Einkommensteuerrecht keine Rolle. Das Maßgeblichkeitsprinzip des § 5 Abs. 1 Satz 1 EStG ist durchbrochen.

Fall 59

Aktienerwerb – Anschaffungsnebenkosten – Gratisaktien – Teilwertabschlag beim Anlage- und Umlaufvermögen – Niederstwertprinzip – Teilwertermittlung bei Anschaffungsnebenkosten

Sachverhalt

Der bilanzierende Maschinenfabrikant Andreas Frost kaufte am 20.02.01 30 Aktien einer kleinen nicht börsennotierten AG, mit der seine Firma schon seit Jahrzehnten in guten Geschäftsbeziehungen stand, zum Kurswert von

310 Euro pro Aktie. Die Aktien aktivierte er sofort. An Maklergebühren und Bankprovisionen fielen pro Aktie 20 Euro an. Diese Beträge buchte Frost über Aufwand aus.

Am 15.03.01 gab die AG im Rahmen einer steuerfreien Kapitalerhöhung aus Gesellschaftsmitteln pro 10 Aktien eine Gratisaktie aus. Frost teilte seiner Bank mit, dass er auch diese Aktien im betrieblichen Aktiendepot führen wolle.

Am 03.06.01 verkaufte er 20 Aktien an der Börse zum Kurswert von 200 Euro pro Aktie. Nebenkosten entstanden dabei nicht. Den Geldeingang ließ er auf seinem privaten Bankkonto gutschreiben; irgendwelche Buchungen nahm er nicht vor.

Der Kurswert am Bilanzstichtag 31.12.01 betrug 350 Euro.

Frage

1. Durfte Frost die Aktien bilanzieren?
2. Wie hoch sind die Anschaffungskosten der Aktien?
3. Wie wirkt sich die Ausgabe der Gratisaktien aus?
4. Wie ist der Verkauf zu behandeln?
5. Wie sind die Aktien am Jahresende anzusetzen?
6. Wie sind die Aktien anzusetzen, wenn der Kurswert am 31.12.01 nicht bei 350 Euro, sondern nur noch bei 31 Euro liegt, weil die AG im Laufe des Wirtschaftsjahres unerwartet in Zahlungsschwierigkeiten geriet und ein Insolvenzverfahren drohte? Spielt dabei die Frage, ob die Aktien zum Anlage- oder Umlaufvermögen gehören, eine Rolle?

Antwort

1. Frost durfte die Aktien als gewillkürtes Betriebsvermögen bilanzieren.
2. Die Anschaffungskosten der 30 Aktien betragen 9.900 Euro.
3. Die Anschaffungskosten der Altaktien werden auf die Altaktien und die Gratisaktien zusammen gleichmäßig verteilt.
4. Durch den Verkauf hat Frost einen außerordentlichen Verlust von 2.000 Euro erlitten.
5. Die Aktien sind am Jahresende mit den Anschaffungskosten von je 300 Euro zu bewerten.
6. Die Aktien können mit dem niedrigeren Teilwert, der hier sehr schwer zu ermitteln ist, bewertet werden. Die noch vorhandenen 13 Aktien sind in diesem Fall insgesamt mit 390 Euro anzusetzen. Steuerrechtlich spielt dabei die Unterscheidung, ob Anlage- oder Umlaufvermögen vorliegt, seit 01.01.1999 keine Rolle mehr.

Begründung

1. Frost durfte die Aktien bilanzieren. Für die Produktion von Maschinen ist der Erwerb von Aktien nicht wesentlich, notwendig oder gar unentbehrlich. Deshalb gehören die Aktien zwar nicht zum notwendigen Betriebsvermögen, wie etwa bei einem Bankier oder Börsenmakler. Da Frost mit der AG aber in guten Geschäftsbeziehungen stand, war es ihm nicht verwehrt, sie zum gewillkürten Betriebsvermögen zu machen. Jedenfalls ist ein gewisser wirtschaftlicher Zusammenhang erkennbar; der Aktienerwerb kann dem Betrieb dienlich sein; vgl. R 4.2 Abs. 1 und 9 EStR; H 4.2 Abs. 1 (Gewillkürtes Betriebsvermögen) EStH. Frost hat auch durch eine eindeutige und klare Handlung, die Aktivierung, die betriebliche Zuführung zum Ausdruck gebracht.

2. Die Anschaffungskosten der 30 Aktien betragen 9.900 Euro, pro Aktie 330 Euro. Die Maklergebühren und Bankprovisionen musste Frost entrichten, um die Aktien zu erhalten. Diese Kosten sind daher als Anschaffungsnebenkosten neben den unmittelbaren Anschaffungskosten (Kauf zum Kurswert) zu werten und damit auch zu aktivieren. Da Frost diese Beträge über Aufwand ausgebucht hat, ist sein Gewinn um 600 Euro zu erhöhen (30 × 20 Euro).

3. Die Ausgabe der Gratisaktien könnte als betriebliche Fruchtziehung und daher als sonstiger betrieblicher Ertrag angesehen werden. Dann wären jedoch die Gratisaktien besonders zu bewerten und die Wertansätze der Altaktien beizubehalten. Da jedoch wirtschaftlich die Altaktien durch die Ausgabe der Gratisaktien an Wert verlieren – der Börsenkurs sinkt – und die Gratisaktien einen Wert darstellen – sie werden an der Börse gehandelt –, sind diese Überlegungen falsch.

Daher sind nach § 3 KapErhStG bilanzsteuerlich richtig die alten Anschaffungskosten auf die Altaktien und die Gratisaktien gleichmäßig zu verteilen. Frost braucht keinerlei Buchungen vorzunehmen. Er hat jetzt in seiner Bilanz 33 Aktien mit dem alten Anschaffungswert von 9.900 Euro anzusetzen. Die Anschaffungskosten pro Aktie errechnen sich daher jetzt mit 300 Euro.

4. Beim Verkauf der 20 Aktien zum Kurswert von 200 Euro ergibt sich für Frost eine Betriebseinnahme i. H. von 4.000 Euro. Die Ausbuchung des Buchwerts bringt eine Betriebsausgabe i. H. von 6.000 Euro (20 × 300 Euro) mit sich, sodass Frost durch den Verkauf insgesamt einen betrieblichen Verlust von 2.000 Euro erlitten hat. Die Buchung des Geldeingangs auf dem privaten Bankkonto stellt sich als Privatentnahme des Geldes, nicht der Aktien dar. Frost hat die Aktien betrieblich verkauft und nicht zuvor – durch die private Erfassung des Geldes – mit dem Teilwert gem. § 6 Abs. 1 Nr. 4 EStG entnommen. Er hätte daher buchen müssen: „Privatentnahme 4.000 Euro und sonstiger betrieblicher Aufwand 2.000 Euro an Aktien 6.000 Euro".

5. Die Aktien sind am Bilanzstichtag entweder als nicht abnutzungsfähiges Anlagevermögen oder als Umlaufvermögen gem. § 6 Abs. 1 Nr. 2 EStG mit den Anschaffungskosten von je 300 Euro anzusetzen. Da der Kurswert zu dieser Zeit 350 Euro beträgt, der Teilwert somit über dem Anschaffungswert liegt, ist eine Bewertung mit dem Teilwert nicht möglich. Es kann nur ein niedrigerer Teilwert angesetzt werden.

6. Einige schwierige Probleme entstehen, wenn der Kurswert am 31.12.01 regelrecht einbricht. Da dann der Teilwert niedriger ist, kommt **steuerrechtlich** ein Teilwertabschlag, eine Bewertung mit dem niedrigeren Teilwert gem. § 6 Abs. 1 Nr. 2 Satz 2 EStG, infrage, wenn die Wertminderung von Dauer ist. Normale Kursschwankungen gehören nicht dazu. Insoweit ist ein Teilwertabschlag seit 01.01.1999 gegenüber der früheren Regelung nicht mehr möglich. Wenn aber aufgrund von Zahlungsschwierigkeiten ein regelrechter Kurseinbruch erfolgt, kann man im Allgemeinen von einer voraussichtlich dauernden Wertminderung ausgehen (vgl. Rn. 18 ff. des BMF-Schreibens vom 25.02.2000, BStBl 2000 I S. 372, und zu börsennotierten Aktien BFH vom 26.09.2007, BStBl 2009 II S. 294, und BMF vom 26.03.2009, BStBl 2009 I S. 514).

Handelsrechtlich ist im vorliegenden Fall zu unterscheiden, ob die Aktien zum Anlage- oder zum Umlaufvermögen gehören. Beim Anlagevermögen besteht ein Zwang zur Abschreibung auf den niedrigeren Wert nur bei voraussichtlich dauernder Wertminderung (§ 253 Abs. 3 Satz 3 HGB). Gehören die Aktien zum Umlaufvermögen, dann sind die niedrigeren Kurswerte am Bilanzstichtag immer als niedrigere Werte zwingend anzusetzen (§ 253 Abs. 4 HGB). Man spricht vom **strengen Niederstwertprinzip.**

Da das Wahlrecht im Steuerrecht unabhängig von der Regelung im Handelsrecht ist, kann Frost 350 Euro, 31 Euro oder einen Zwischenwert ansetzen.

Ein weiteres Problem ist die **Ermittlung des genauen Teilwerts** der noch vorhandenen Aktien. Wie bei den Anschaffungskosten ist auch beim Teilwert nicht allein der Kurswert an der Börse maßgebend. Denn die Nebenkosten sind mit zu berücksichtigen. Sinkt der Kurswert, mindern sich entsprechend auch die Nebenkosten. Sie fallen nicht ganz weg. Jeder gedachte Erwerber müsste die Nebenkosten aufwenden, die im Verhältnis zum Anschaffungspreis stehen. „Sinkt der Börsenkurs solcher Wertpapiere, so entspricht der Teilwert dem Betrag, der sich ergibt, wenn die Anschaffungskosten in demselben Verhältnis gemindert werden, in dem der eigentliche Kaufpreis zu dem gesunkenen Börsenkurs steht", BFH vom 15.07.1966, BStBl 1966 III S. 643, vom 08.09.1994, BStBl 1995 II S. 309, und vom 29.04.1999, BStBl 2004 II S. 639, sowie Schmitt/Glanegger, § 6 Rn. 227. Diese Rechtsprechung ist höchst umstritten, insbesondere bei den Nebenkosten, die bei jedem Erwerbsakt immer wieder neu anfallen. Dass ein gedachter Erwerber jedoch die immer wieder neu anfallenden Kosten nicht an den Veräußerer vergütet, ändert nichts daran, dass sie zum Gesamtkaufpreis, d. h. zu den Anschaffungskosten, gehören und daher über eine Teilwertabschreibung nicht sofort abgeschrieben werden können. Ein Verlust tritt betrieblich erst bei einer tatsächlichen Veräußerung ein und darf daher nicht vorverlegt werden. Dies wäre jedoch der Fall, wenn diese Kosten schon bei der ersten Teilwertermittlung außer Betracht blieben. Dies gilt übrigens genauso bei einem Überpreis, der beim Erwerb eines Grundstücks bezahlt wurde, BFH vom 07.02.2002, BStBl 2002 II S. 294.

Nach allem muss Frost bei der Teilwertabschreibung die ursprünglichen Nebenkosten anteilmäßig auf die Kurswerte der übrig gebliebenen Aktien entsprechend dem Kurswertrückgang aufteilen. Der Teilwert der Aktien ist daher meistens etwas höher als der Kurswert, soweit bei der Anschaffung Nebenkosten anfallen.

Im vorliegenden Fall ist dies etwas anders. Durch die Kapitalerhöhung ist nämlich von folgendem Verhältnis auszugehen: Anschaffungskosten pro Aktie 300 Euro bei einem Kurs bei Anschaffung von 310 Euro. Liegt der Kurs zum 31.12.01 nur noch bei 31 Euro, also genau i. H. von 10 % des Kurses bei Anschaffung, können die Aktien jetzt mit 10 % der Anschaffungskosten bewertet werden, also mit 30 Euro. Da Frost noch 13 Aktien im Bestand hat, sind sie, wenn er den niedrigeren Wert übernimmt, insgesamt mit 390 Euro anzusetzen.

Fall 60

Nutzungsänderungen bei Grundstücken – Entnahmen – Einlagen – Umschichtungen

Sachverhalt

Thomas Holzer ist Inhaber einer Großgärtnerei. Hauptsächlich züchtet und verkauft er im großen Stil Rosen. Er bilanziert. Ein Gebäude mit drei gleich großen Stockwerken von je 150 m² wird wie folgt genutzt:

– Das Erdgeschoss wird als Laden zum Verkauf eigengewerblich genutzt.

– Das 1. Obergeschoss wird als Büro eigengewerblich genutzt.

– Das 2. Obergeschoss wird zu fremden Wohnzwecken vermietet.

Erdgeschoss und 1. Obergeschoss sind bilanziert. Zum 01.01.05 vermietet Holzer auch das 1. Obergeschoss zu fremden Wohnzwecken und verlagert sein Büro in ein anderes Gebäude.

Frage

1. Inwieweit führen Nutzungsänderungen zu Entnahmen oder Einlagen bei Grund und Boden, Gebäuden oder Teilen davon?

2. Wie hat Holzer das 1. Obergeschoss oder das 2. Obergeschoss nach der Vermietung zu behandeln? Muss er das 1. Obergeschoss und das

2. Obergeschoss zu einem einzigen Wirtschaftsgut vereinigen oder kann er dies unterlassen?

Antwort

1. Nutzungsänderungen führen bei Gebäude-Grundstücken dann zu Entnahmen, wenn sie als bisherige Betriebsgrundstücke vom bisherigen Betrieb völlig gelöst und ins Privatvermögen überführt werden. Dabei müssen ein Entnahmewille und eine Entnahmehandlung vorliegen. Einlagen sind der entgegengesetzte Vorgang.

2. Holzer muss weder das 1. Obergeschoss entnehmen noch das 2. Obergeschoss einlegen. Er kann die Gebäudeteile mit entsprechenden Grund-und-Boden-Anteilen so belassen wie bisher.

Begründung

1. Bei Grundstücken (Grund und Boden, Gebäude oder Teile davon) können Nutzungsänderungen zu Entnahmen, Einlagen oder nur umschichtenden Vorgängen führen. In der Praxis kommen viele derartige Fälle vor.

Entnahmen liegen immer dann und auch nur dann vor, wenn der Unternehmer die Beziehung des Grundstücks (oder Grundstücksteils) zum bisherigen Betrieb völlig löst und es damit ins Privatvermögen übernimmt. Entnahmen setzen einen **Entnahmewillen** voraus und verlangen eine **Entnahmehandlung.**

Für die von einem Entnahmewillen getragene Entnahmehandlung reicht ein schlüssiges Verhalten des Steuerpflichtigen aus, durch das die Verknüpfung des Wirtschaftsguts mit dem Betriebsvermögen erkennbar gelöst wird (BFH vom 07.10.1974 GrS 1/73, BStBl 1975 II S. 168). Dazu gehört ein Verhalten des Steuerpflichtigen, das nach außen hin seinen Willen erkennen lässt, ein Wirtschaftsgut nicht mehr für betriebliche, sondern für private Zwecke zu nutzen, also nicht mehr unmittelbar oder mittelbar zur Erzielung von Betriebseinnahmen, sondern in Zukunft zur Erzielung von Privateinnahmen zu verwenden (BFH vom 30.03.1999 IV B 57/98, BFH/NV 1999 S. 1210). Bei Einlagen gilt dies umgekehrt. Folgende Beispiele mögen dies verdeutlichen:

- Ein ausschließlich betrieblich genutztes und bilanziertes Gebäude wird zukünftig privat bewohnt.
  Diese Nutzungsänderung bedeutet eine Entnahmehandlung für den Grund und Boden und das Gebäude mit Gewinnrealisierung. Nur wenn Umstände vorliegen, die zweifelhaft erscheinen lassen, dass das Grundstück nicht auf Dauer privaten Wohnzwecken dienen soll, kann dies anders sein (BFH vom 11.04.1989, BStBl 1989 II S. 621).

- Auf betrieblichem Grund und Boden wird ein zu eigenen Wohnzwecken dienendes Gebäude errichtet. Dient das Gebäude auf Dauer eigenen Wohnzwecken, wird das Grundstück bzw. die Grundstücksfläche aus dem Betriebsvermögen entnommen; denn Grund und Boden und aufstehendes

Gebäude können nur einheitlich als Betriebs- oder als Privatvermögen qualifiziert werden (BFH vom 11.03.1980, BStBl 1980 II S. 740). Das Grundstück wird mit dem Beginn der Maßnahmen, die auf die außerbetriebliche Nutzung gerichtet sind, Privatvermögen (vgl. Offerhaus, StBp 1977 S. 145). Bei Bebauung eines Betriebsgrundstücks mit einem Wohnhaus für die Tochter wird die Entnahme nicht im Jahr des Baubeginns, sondern im Jahr der Fertigstellung und Grundstücksübertragung bewirkt (FG München vom 14.05.2002, EFG 2002 S. 1081).

– Auf betrieblichem Grund und Boden wird ein Gebäude errichtet, das zu 50 % betrieblichen und zu 50 % privaten Wohnzwecken dient.

Hier wird nur der dem privaten Gebäudeteil entsprechende Anteil am Grund und Boden, also 50 %, entnommen. Dabei spielt es keine Rolle, ob der Grund und Boden zivilrechtlich eine oder mehrere Lagerbuchnummern ausmacht, denn die Entnahme ist mit 50 % vom gesamten Grund und Boden ideell zu sehen.

– Auf einer Teilfläche eines zum gewillkürten Betriebsvermögen gehörenden Grundstücks wird ein Gebäude errichtet, das zu Wohnzwecken vermietet und zu Privatvermögen werden soll.

Da Grund und Boden und Gebäude nur einheitlich als Betriebs- oder Privatvermögen behandelt werden können, wird nur die Grundstücksfläche entnommen, die für das Gebäude benötigt wird (BFH vom 11.03.1980, BStBl 1980 II S. 740).

– Ein Gebäude wird im Erdgeschoss betrieblich genutzt und im Obergeschoss privat bewohnt. 50 % sind bilanziert. Der Unternehmer tauscht die Räume. Zukünftig wird das Erdgeschoss privat bewohnt und das Obergeschoss betrieblich genutzt.

Nach BFH vom 15.01.1970, BStBl 1970 II S. 313, liegt mit der Nutzungsänderung eine Entnahme des Erdgeschosses mit anteiligem Grund und Boden vor und zwingend eine Einlage des Obergeschosses mit anteiligem Grund und Boden.

Literatur und einige FG vertreten dagegen in neueren Entscheidungen die Ansicht, dass die räumliche Verlagerung von Betriebsteilen („Raumtausch") innerhalb eines Gebäudes nicht zu einer Entnahme führt, wenn sich die betrieblich genutzte Fläche per saldo nicht verkleinert, folglich der ideelle (quotale) Anteil am Gebäude nicht sinkt (vgl. FG München vom 16.05.1990, EFG 1991 S. 64, FG Düsseldorf vom 19.10.1993, EFG 1994 S. 346, und FG Baden-Württemberg vom 06.09.1994, EFG 1995 S. 107; vgl. auch Ehmke, DStR 1996 S. 202, 206 ff., Falterbaum/Bolk/Reiß/Kirchner, Tz. 13.5.9.2, und Schmidt/Heinicke, § 4 Rn. 302).

– Ein bisher betrieblich genutzter Parkplatz für 30 PKW wird nicht mehr genutzt, weil ein größerer Parkplatz für 60 PKW angelegt werden konnte.

Ein Wirtschaftsgut, das nicht mehr genutzt wird, bleibt ohne Handlung, ohne Buchung das, was es die ganze Zeit war. Damit bleibt der alte Parkplatz weiterhin Betriebsvermögen. Er wird nur dann zum Privatvermögen, wenn er erfolgswirksam aus den Büchern ausgebucht, also entnommen wird.

– Ein bisher ausschließlich eigenbetrieblich genutztes Gebäude wird an einen Fremden zu betrieblichen Zwecken vermietet.

Eine Nutzungsänderung, durch die das Wirtschaftsgut zwar seinen Charakter als notwendiges Betriebsvermögen verliert, jedoch nicht zu notwendigem Privatvermögen wird, führt ohne eindeutige Entnahmeerklärung des Steuerpflichtigen nicht zu einer Entnahme. Eine Entnahme ist daher bei Vermietung eines bisher betrieblich genutzten Grundstücks zu verneinen, wenn und solange der Steuerpflichtige das vermietete Grundstück in seiner Bilanz als Betriebsvermögen ausweist und objektive Merkmale fehlen, die darauf schließen lassen, dass eine spätere Verwendung zu betrieblichen Zwecken ausgeschlossen erscheint (BFH vom 15.04.1993 IV R 12/91, BFH/NV 1994 S. 87, und vom 21.08.1996 X R 78/93, BFH/NV 1997 S. 226).

2. Wird ein Gebäude teils eigenbetrieblich und teils zu fremden Wohnzwecken genutzt, ist jeder der beiden unterschiedlich genutzten Gebäudeteile ein gesondertes Wirtschaftsgut (BFH vom 26.11.1973 GrS 5/71, BStBl 1974 II S. 132; R 4.2 Abs. 4 Satz 1 EStR). Die Finanzverwaltung (BMF vom 01.03.1982, FR 1982 S. 142 und BB 1982 S. 474) vertrat für den vorliegenden Fall die Auffassung, dass nach der Nutzungsänderung hinsichtlich des bisher eigengenutzten, jetzt ebenfalls vermieteten 1. Obergeschosses kein neues Wirtschaftsgut entsteht, sondern dieser Gebäudeteil ein unselbständiger Bestandteil des Wirtschaftsguts „fremde Wohnzwecke" wird. Das nunmehr fremdvermietete 1. Obergeschoss bildete danach mit dem ebenfalls fremdvermieteten 2. Obergeschoss ein einheitliches Wirtschaftsgut, das in einem einheitlichen Nutzungs- und Funktionszusammenhang steht (BFH vom 26.11.1973 GrS 5/71, a. a. O.). Beide Gebäudeteile konnten nach dieser Meinung der Finanzverwaltung nur einheitlich entweder Betriebsvermögen oder Privatvermögen sein (sog. **Einheitlichkeitsgrundsatz**). 1. und 2. Obergeschoss konnten danach nur einheitlich als gewillkürtes Betriebsvermögen oder nur einheitlich als Privatvermögen behandelt werden.

Nach dieser Auffassung hätte Holzer das 2. Obergeschoss als gewillkürtes Betriebsvermögen einlegen müssen, wollte er eine gewinnrealisierende Entnahme des 1. Obergeschosses vermeiden. Täte er dies nicht, könnte das bisher eigenbetrieblich genutzte 1. Obergeschoss nicht mehr als Betriebsvermögen bilanziert werden. Es müsse als Privatvermögen behandelt werden und sei deshalb als zum Teilwert entnommen anzusehen (so BMF vom 01.03.1982, a. a. O.).

Der BFH meint in seiner Entscheidung vom 10.11.2004 (BStBl 2005 II S. 334) demgegenüber, dass ein zunächst betrieblich genutzter Gebäudeteil seine Eigenschaft als Betriebsvermögen nicht dadurch verliert, dass er zu fremden Wohnzwecken vermietet wird und sich in dem Gebäude ein weiterer zu fremden Wohnzwecken vermieteter Gebäudeteil befindet, der zum Privatvermögen gehört. Als Entnahmen sind nach § 4 Abs. 1 Satz 2 EStG alle Wirtschaftsgüter zu behandeln, die der Steuerpflichtige dem Betrieb für sich, für seinen Haushalt oder für andere betriebsfremde Zwecke im Laufe des Wirtschaftsjahres entnommen hat. Voraussetzung für die Annahme einer Entnahme ist eine Entnahmehandlung, durch die der Wille, die Verknüpfung des Wirtschaftsguts mit dem Betrieb zu lösen, unmissverständlich bekundet wird; dazu reicht ein schlüssiges Verhalten aus. Eine Entnahme in diesem Sinne liegt auch ohne eine Entnahmeerklärung des Steuerpflichtigen vor, wenn dieser die bisherige Nutzung eines Wirtschaftsguts auf Dauer so ändert, dass es seine Beziehung zum Betrieb verliert und dadurch zu notwendigem Privatvermögen wird. Dagegen führt eine **Nutzungsänderung,** durch die das Wirtschaftsgut zwar einerseits seinen Charakter als notwendiges Betriebsvermögen verliert, andererseits aber auch nicht zu notwendigem Privatvermögen wird, ohne eindeutige Entnahmeerklärung des Steuerpflichtigen nicht zu einer Entnahme des Wirtschaftsguts. Die Finanzverwaltung hat das Urteil des BFH vom 10.11.2004 (a. a. O.) inzwischen akzeptiert und wendet damit die früheren Regeln nicht mehr an, H 4.2 (4) (Nutzungsänderung 1. Absatz) EStH.

Der BFH meint weiter, dass es unzulässig ist, z. B. den zu fremden Wohnzwecken genutzten Gebäudeteil **von vornherein** teilweise dem Betriebs- und teilweise dem Privatvermögen zuzuordnen. Aus diesem sog. **Einheitlichkeitsgrundsatz** lassen sich allerdings die früher von der Finanzverwaltung angenommenen steuerlichen Auswirkungen nicht ableiten. Ein bereits zum Betriebsvermögen gehörender Gebäudeteil kann seine Betriebsvermögenseigenschaft nur durch Entnahme (oder Veräußerung) oder dadurch, dass er zu notwendigem Privatvermögen wird (z. B. infolge einer Nutzungsänderung), verlieren, vgl. dazu auch BFH vom 08.03.1990, BStBl 1994 II S. 559. Die Grundsätze über die Entnahme (und Einlage) von Wirtschaftsgütern sind insoweit vorrangig zu beachten. Weder die Nutzungsänderung als solche noch die Tatsache, dass die zu fremden Wohnzwecken vermietete Wohnung im 2. Obergeschoss nicht dem gewillkürten Betriebsvermögen zugeordnet worden ist, können aber als schlüssige Entnahmehandlung der neuerdings ebenfalls fremdvermieteten Wohnung im 1. Obergeschoss angesehen werden, vgl. BFH vom 01.11.2004 (a. a. O.).

Zweck der Entnahmevorschriften ist es vor allem, die steuerliche Erfassung der stillen Reserven zu gewährleisten (vgl. BFH vom 07.10.1974, BStBl 1975 II S. 168). Dies ist hier gewährleistet, weil Holzer das 1. Obergeschoss weiter im Betriebsvermögen führt. Es besteht deshalb keinerlei Anlass, die gefestigte Rechtsprechung zu den Voraussetzungen einer Entnahme zu erweitern.

Im Urteil vom 21.04.2005 (BStBl 2005 II S. 604) lehnt der BFH mit derselben Begründung eine Zwangseinlage ab. Auch dieses Urteil wendet die Finanzverwaltung jetzt an, vgl. H 4.2 (4) EStH (wie oben).

Fall 61

Fehlmaßnahme und Kenntnis bei der Anschaffung – Beendigung des Anschaffungsvorgangs – Transportschäden – Teilwertabschlag ohne Fehlmaßnahme – Bilanzstichtag und Werterhellungstheorie

Sachverhalt

Der bilanzierende Glaswarengroßhändler Uli Reyher in Rastatt erwarb im Oktober 01 bei der Glas + Bau GmbH Vetter in Karlsruhe einen großen Posten Glasscheiben (10.000 Stück) für 200.000 Euro ohne USt. Nach den Vereinbarungen musste Reyher mit eigenem LKW und auf eigene Gefahr die Glasscheiben in Karlsruhe abholen und sie nach Rastatt verbringen. Dort lagerte er sie – von der Firma Vetter noch original verpackt – in eigenen Lagerräumen ein. Beim Auspacken am 20.03.02 stellte Reyher fest, dass 20 % der Scheiben beschädigt und völlig wertlos waren. Er nahm daher zum Bilanzstichtag, am 31.12.01, einen Teilwertabschlag von 40.000 Euro vor.

Ein Gutachten ging davon aus, dass jeweils 5 % der Scheiben beschädigt wurden:

a) während der Fahrt von Karlsruhe nach Rastatt;

b) bei der Einlagerung durch Reyher in die eigenen Lagerräume;

c) während der Lagerung bis zum Bilanzstichtag 31.12.01;

d) während der Lagerung in der Zeit vom Bilanzstichtag bis zum Auspacken und während des Auspackens am 20.03.02.

Reyher waren diese Verhältnisse seiner Branche gut bekannt. Diese Art Beschädigung hatte er in seinem Betrieb schon öfter zu verkraften gehabt.

Er ließ das Gutachten eigentlich nur erstellen, um eventuell gegenüber der Firma Vetter Schadensersatzansprüche geltend machen zu können. Das Gutachten kam jedoch eindeutig zum Ergebnis, dass bis zum Einladen durch die Bediensteten des Reyher sämtliche Scheiben einwandfrei waren und sonstiges Verschulden der Firma Vetter (Verpackung) ebenfalls nicht infrage kam.

Reyher erstellte die Bilanz zum 31.12.01 am 15.05.02.

Frage

Durfte Reyher den Teilwertabschlag vornehmen?

Antwort

Reyher durfte nur wegen des Sachverhalts c) einen Teilwertabschlag i. H. von 11.110 Euro vornehmen.

Begründung

Vor Prüfung der Frage, ob ein Teilwertabschlag vorgenommen werden kann, sind zunächst die Anschaffungskosten der einzelnen Glasscheiben festzustellen. Dabei ist wesentlich, dass Reyher von vornherein mit dem Verlust eines Teils der Scheiben bis zur Beendigung des Anschaffungsvorgangs rechnen musste. Literatur, kaufmännische Praxis und Rechtsprechung sind sich weitgehend einig, dass der Beschaffungsvorgang nicht schon endet, wenn die Rohstoffe oder Waren am Betriebsgrundstück des Kaufmanns angekommen sind, sondern erst dann, wenn sie das Lager erreicht haben und erstmals eingelagert worden sind (BFH vom 31.07.1967, BStBl 1968 II S. 22). Von der Frage der Beendigung des Anschaffungsvorgangs ist die Frage zu unterscheiden, wann die Waren angeschafft sind. Dies ist nämlich der Zeitpunkt, an dem der Erwerber die Verfügungsmacht in Gestalt des unmittelbaren oder mittelbaren Besitzes an ihnen erlangt hat (BFH vom 03.08.1988, BStBl 1989 II S. 21).

Um sich die gebrauchsfähigen Scheiben – auf die es ihm allein ankam – zu verschaffen und sie in seinem Betrieb einzulagern, hat Reyher auch die Einkaufspreise für die beschädigten Scheiben aufgewendet. Da wohl eine unmittelbare Zuordnung möglich ist, gehören damit die Einkaufspreise für die bis zur erstmaligen Einlagerung zerstörten Scheiben, also bis zur Beendigung des Anschaffungsvorgangs insgesamt, zu den Anschaffungskosten der restlichen einwandfreien Scheiben. Die Anschaffungskosten der einwandfreien Scheiben werden durch die Einkaufspreise der anderen erhöht. Reyher ist von vornherein klar, dass er von den eingekauften 10.000 Stück etwas weniger (hier 10 % weniger, also nur 9.000 einwandfreie Stücke) erhält. Genauso gehört auch natürlicher Schwund beim Transport zu den Anschaffungskosten.

Die Anschaffungskosten der gesamten zum Zeitpunkt der erstmaligen Einlagerung unbeschädigten 9.000 Scheiben betragen 200.000 Euro. Daher betragen die Anschaffungskosten jeder einzelnen Scheibe 22,22 Euro (200.000 Euro : 9.000).

Zu prüfen ist nun, inwieweit Reyher einen Teilwertabschlag von den Anschaffungskosten der bei Einlagerung noch gebrauchsfähigen Scheiben vornehmen kann. Die Anschaffungskosten der bis dahin zerbrochenen Scheiben können nicht gemindert werden, da sie ohnedies 0 Euro betragen.

Zu a) und b): Reyher kannte die Verhältnisse seiner Branche gut. Er wusste, dass beim Einkauf von Glasscheiben immer einige bei der Fahrt und bis zur Einlagerung zu Bruch gingen. Von einer Fehlmaßnahme beim Kauf kann aber dann keine Rede sein, wenn Umstände vorliegen, die der Kaufmann bereits bei der Anschaffung oder Herstellung eines Wirtschaftsguts kannte. Dann muss angenommen werden, dass der Kaufmann bei Erwerb des Wirtschaftsguts das Vorhandensein der vielleicht ungünstigen

Umstände in Kauf nahm (vgl. BFH vom 11.01.1966, BStBl 1966 III S. 310, und vom 29.04.1999, BStBl 1999 II S. 681). Ein Teilwertabschlag ist daher insoweit nicht möglich.

Zu c): Während der Lagerung bis zum Bilanzstichtag entstehende Beschädigungen berühren den Anschaffungsvorgang nicht mehr. Hierin sind jedoch besondere – nach der Anschaffung eingetretene – Umstände zu sehen, die zu einer Wertminderung der zerbrochenen Scheiben geführt haben. Auch damit – nicht nur bei hier nicht gegebenen Fehlmaßnahmen bei der Anschaffung – ist die von der Rechtsprechung entwickelte Teilwertvermutung zu entkräften (vgl. Fall 58). Der Teilwert der zerbrochenen Scheiben zum Bilanzstichtag 31.12.01 beträgt 0 Euro. Denn ein Erwerber des Betriebs würde im Rahmen des Gesamtkaufpreises für diese Scheiben nichts mehr ansetzen (§ 6 Abs. 1 Nr. 1 Satz 3 EStG). Genau besehen darf Reyher keinen Teilwertabschlag auf den gesamten Posten Scheiben machen, sondern muss die wertlosen 500 Stück mit dem Teilwert von 0 Euro ansetzen.

Reyher kann daher einen sonstigen betrieblichen Aufwand i. H. von 11.110 Euro geltend machen, indem er von den gesamten Anschaffungskosten der Scheiben die auf die zerstörten Scheiben entfallenden Anschaffungskosten (500 × 22,22 Euro) abzieht.

Zu d): Hier liegen Beschädigungen vor, die am Bilanzstichtag, 31.12.01, noch nicht berücksichtigt werden können. Zwar hat Reyher die Bilanz erst am 15.05.02 erstellt, es sind jedoch keine Umstände ersichtlich, die nach der **Wertaufhellungstheorie** des BFH zu berücksichtigen wären. Nach dieser Theorie muss ein Kaufmann die zwischen Bilanzstichtag und Bilanzaufstellung gewonnene bessere Einsicht über die Verhältnisse zum Bilanzstichtag bei der Bewertung der Wirtschaftsgüter berücksichtigen. Dies ist insbesondere der Fall, wenn zwischen Bilanzstichtag und Bilanzerstellung sog. werterhellende Umstände oder Tatsachen bekannt werden, die auf den Bilanzstichtag bezogen eine andere Bewertung zur Folge haben (BFH vom 19.10.1972, BStBl 1973 II S. 53, vom 02.10.1992, BStBl 1993 II S. 153, und vom 10.03.1993, BStBl 1993 II S. 446; Schmidt/Glanegger, § 6 Rn. 47). Muss z. B. ein Kaufmann ein Gebäude bewerten und stellt er dabei erst zwischen Bilanzstichtag und Bilanzerstellung fest, dass dieses Gebäude vom Schwamm befallen ist, dann ist diese Wertminderung am Bilanzstichtag noch zu berücksichtigen, weil sie an diesem Tag schon vorhanden – nur nicht bekannt – war.

Da die hier infrage stehenden Beschädigungen erst nach dem Bilanzstichtag entstanden sind, sind sie völlig unerheblich. Reyher kann daher insoweit keinen Teilwertabschlag vornehmen.

Fall 62

Eröffnung eines Betriebs – Einlagen – Teilwert – fortgeführte Anschaffungskosten im Privatvermögen – AfA beim beweglichen Privatvermögen – AfA im Rumpfwirtschaftsjahr – GWG – Eröffnungsbilanz

Sachverhalt

Franz Sonnberger pachtet ab 01.09.03 von der Firma Aral eine Tankstelle. Der bisherige Pächter hat ca. ein Jahr zuvor seinen Betrieb aufgegeben. Aral richtet die Tankstelle wieder her. Sonnberger hat an Aral monatlich 5.000 Euro Pacht zu zahlen und erhält die verschiedenen Treibstoffe auf Provisionsbasis. Als Wirtschaftsjahr setzt er das Kalenderjahr an.

Sonnberger erwirbt noch kurz vor dem 01.09.03 für 40.000 Euro netto (ohne USt) einige wichtige PKW-Ersatzteile, für 50.000 Euro netto die wichtigsten Werkzeuge und für 30.000 Euro netto zum Verkauf vorgesehene Waren. Der Kaufpreis für die drei Posten ist am 01.09.03 noch nicht bezahlt. Bei den Werkzeugen betrugen die Einzelkaufpreise zum Teil unter 410 Euro netto (18.000 Euro), zum Teil über 410 Euro netto (32.000 Euro).

Von seinem Vater, der einen eigenen Betrieb hat, erhält Sonnberger zum 01.09.03 einen Kleinlaster geschenkt, den auch er voll betrieblich nutzen will (Anschaffungskosten netto 40.000 Euro beim Vater am 15.03.01, Teilwert 30.000 Euro im Betrieb des Vaters am 01.09.03, restliche Nutzungsdauer bei Sonnberger noch 3 Jahre). Seinen privaten PKW, für 60.000 Euro einschließlich USt am 02.02.01 angeschafft, 5 Jahre Nutzungsdauer, nutzt Sonnberger ab 01.09.03 zu 70 % betrieblich; Nachweis durch Fahrtenbuch.

Als er im Speicher seines privaten Hauses noch einen Schreibtisch findet, verbringt er diesen in sein neues betriebliches Büro (Teilwert 300 Euro zum 01.09.03; die Anschaffungskosten und der Anschaffungszeitpunkt sind ihm nicht mehr bekannt). Die übrigen Büroeinrichtungsgegenstände muss Sonnberger neu kaufen. Zum 01.09.03 hat er schon 20 Büroschränke zum Kaufpreis von 40.000 Euro netto erworben und sofort bezahlt. Zur Finanzierung seiner Anschaffungen überweist er von einem privaten Bankkonto auf das neu eingerichtete betriebliche Bankkonto 100.000 Euro; außerdem nimmt er zum 01.09.03 ein Bankdarlehen i. H. von 80.000 Euro auf, mit 8 % zu verzinsen.

Frage

1. Wie sind die einzelnen Vorgänge im Hinblick auf die Eröffnungsbilanz ertragsteuerlich zu behandeln?
2. Spielt dabei die USt eine Rolle?
3. Wie sieht die Eröffnungsbilanz des Franz Sonnberger zum 01.09.03 aus?

Antwort

1. Bei Eröffnung eines Betriebs gelten die allgemeinen Bilanzierungsgrundsätze. Es ist eine Eröffnungsbilanz zu erstellen, dabei gilt bei Übernahme der privaten Wirtschaftsgüter § 6 Abs. 1 Nr. 6 i. V. m. Nr. 5 EStG. Die Tankstelle ist nicht zu bilanzieren, die Pacht ist Aufwand.

   Die Treibstoffe sind ebenfalls nicht anzusetzen. Die Verkaufsprovision ist Ertrag.

   Die Ersatzteile und die Waren sind jeweils zu den Bilanzstichtagen neu zu bewerten, nur der Verbrauch ist Aufwand.

   Die Werkzeuge sind als Anlagevermögen zunächst zu aktivieren, nach der Eröffnung entweder als GWG sofort oder als normale Wirtschaftsgüter gem. § 7 Abs. 1 oder Abs. 2 EStG abzuschreiben. Teilweise kann alternativ ein Sammelposten eingerichtet werden. Auch die Bildung eines Festwerts ist zulässig.

   Der Kleinlaster ist mit dem Teilwert von 30.000 Euro in die Eröffnungsbilanz aufzunehmen und gem. § 7 Abs. 1 oder Abs. 2 EStG abzuschreiben.

   Der private PKW ist mit 30.000 Euro einzulegen und im Rumpfwirtschaftsjahr 03 mit 4.140 Euro abzuschreiben. Außerdem ist der Privatanteil zu einkommensteuerlichen Zwecken mit 30 % herauszurechnen.

   Der private Schreibtisch ist mit 300 Euro einzulegen und kann im Jahr 03 als GWG abgeschrieben oder zum Sammelposten genommen werden.

   Die Büroschränke sind mit ihren Anschaffungskosten anzusetzen.

   Das auf dem betrieblichen Bankkonto eingegangene Geld ist zu aktivieren und das Darlehen zu passivieren.

2. Als Vorsteuer sind 30.400 Euro zu aktivieren. USt-Probleme entstehen nicht.

3.

Aktiva	Eröffnungsbilanz zum 01.09.03		Passiva
Inventar	40.300 €	Kapital	230.700 €
Fuhrpark	60.000 €	Darlehen	80.000 €
Werkzeuge	50.000 €	Verbindlichkeiten	30.000 €
Vorräte	40.000 €	sonstige	
Waren	30.000 €	Verbindlichkeiten	90.000 €
Vorsteuer	30.400 €		
Bank	180.000 €		
	430.700 €		430.700 €

Begründung

1. Eröffnet ein Steuerpflichtiger einen Betrieb, gelten die allgemeinen Grundsätze zum Betriebsvermögen, d. h., es ist eine Eröffnungsbilanz zu erstellen. Die entgeltlich erworbenen Wirtschaftsgüter sind mit den Anschaffungskosten anzusetzen. Die aus dem Privatvermögen übernommenen Wirtschaftsgüter sind einzulegen, entweder mit dem Teilwert oder mit den Anschaffungskosten oder mit den fortgeführten Anschaffungskosten. Dies ergibt sich aus § 6 Abs. 1 Nr. 6 i. V. m. Nr. 5 EStG.

Die gepachtete **Tankstelle** ist in der Eröffnungsbilanz nicht anzusetzen, weil sie Sonnberger nicht gehört und ihm auch nicht das wirtschaftliche Eigentum zusteht. Bei wirtschaftlichem Eigentum müsste Sonnberger die Firma Aral für die gewöhnliche Nutzungsdauer von jeder Einwirkung auf das Wirtschaftsgut Tankstelle ausschließen können. Wirtschaftliches Eigentum gibt es bei Treuhandverhältnissen, beim Sicherungseigentum und beim Eigenbesitzer, vgl. § 39 Abs. 2 Nr. 1 AO. Vom rechtlichen Eigentum abweichendes wirtschaftliches Eigentum kann auch bei Kommissionsgeschäften, Mietkaufverträgen, Leasing und bei Mieterein- und -umbauten vorkommen.

Die **Pacht** ist als Aufwand zu buchen.

Die **Treibstoffe** sind ebenfalls nicht anzusetzen. Sonnberger erhält die Treibstoffe auf Provisionsbasis; sie gehören also nicht ihm. Daher hat sie die Firma Aral in ihren Bilanzen als Vorratsvermögen zu erfassen. Sonnberger hat nur seine Provisionsforderungen zu aktivieren. Bei Eröffnung des Betriebs liegen jedoch noch keine Provisionsforderungen vor. Später werden die Verkaufsprovisionen Ertrag.

Die **Ersatzteile** sind als Vorratsvermögen zu erfassen. In der Eröffnungsbilanz sind daher 40.000 Euro zu aktivieren. Maßgebend sind die Anschaffungskosten, da die Ersatzteile noch kurz vor der Betriebseröffnung erworben wurden. Am Ende des Wirtschaftsjahres, dem 31.12.03, sind die vorhandenen Ersatzteile neu zu bewerten. Der Verbrauch ist wie beim Warenkonto als Aufwand und der Neuzugang während des Jahres umschichtend zu buchen. Genauso verhält es sich bei den erworbenen **Waren**. Bei den Ersatzteilen ist die Bildung eines Festwerts zulässig.

Die **Werkzeuge** gehören zum abnutzbaren Anlagevermögen. Ob ihr Anschaffungswert netto unter oder über 410 Euro liegt, spielt beim Ansatz in der Eröffnungsbilanz keine Rolle. Sie sind erst danach abzuschreiben. Dabei können (Wahlrecht) die bis 410 Euro netto angeschafften Werkzeuge sofort nach Eröffnung des Betriebs gem. § 6 Abs. 2 EStG als geringwertige Wirtschaftsgüter abgeschrieben werden, vgl. § 6 Abs. 2 Satz 1 EStG. Sie werden in der Praxis meistens auf einem besonderen Konto gebucht, § 6 Abs. 2 Satz 5 EStG. Zumindest ist aber ein besonderes Verzeichnis erforderlich, vgl. § 6 Abs. 2 Satz 4 EStG. Der Saldo dieses Kontos wird am Jahresende direkt als Aufwand in die GuV übernommen. Die über 410 Euro netto angeschafften Werkzeuge sind gem. § 7 Abs. 1 und 2 EStG entweder linear oder degressiv abzuschreiben. Gemäß § 6 Abs. 2a EStG können die Werkzeuge, deren Anschaffungswert 150 Euro, aber nicht 1.000 Euro übersteigen, im Rahmen eines Sammelpostens in 5 Jahren abgeschrieben werden; dies gilt für alle diese Wirtschaftsgüter, die innerhalb eines Jahres angeschafft, hergestellt oder eingelegt werden, d. h. auch für geringwertige

Wirtschaftsgüter zwischen 150 Euro und 410 Euro. Um einzelne AfA-Probleme zu vermeiden, kann auch ein Festwert gebildet werden, vgl. hierzu Fall 35.

Der **Kleinlaster,** den der Vater verschenkt, muss zunächst aus dessen Betrieb entnommen werden, da die Schenkung privat veranlasst ist. Damit ist der Laster **einkommensteuerrechtlich** Privatvermögen. Entnommen wird er mit dem Teilwert, § 6 Abs. 1 Nr. 4 EStG, hier 30.000 Euro. Die Schenkung an den Sohn erfolgt gem. § 11d Abs. 1 EStDV. Der Sohn erhält damit den Kleinlaster mit dem entnommenen Teilwert als Privatvermögen. Obwohl vom Vater innerhalb von drei Jahren angeschafft und verschenkt, ist der Kleinlaster vom Sohn Sonnberger mit dem Teilwert von 30.000 Euro in seinen Betrieb einzulegen und so in der Anfangsbilanz zu aktivieren, vgl. § 6 Abs. 1 Nr. 5 Satz 3 EStG. Vergleiche hierzu ausführlich Fall 41. Entstehen bei dieser Einlage Nebenkosten, z. B. GrESt, Maklerprovision, Notariats- und Grundbuchkosten bei Grundstücken, sind diese bei Ermittlung des Teilwerts zu berücksichtigen, BFH vom 29.04.1999, BStBl 2004 II S. 639. Nach Einlage ist der Laster linear mit 10.000 Euro jährlich (dreijährige Restnutzungsdauer) gem. § 7 Abs. 1 EStG abzuschreiben. Die degressive AfA gem. § 7 Abs. 2 EStG wäre zulässig, aber mit 25 % ungünstiger. Da die Einlage zum Beginn eines Rumpfwirtschaftsjahres erfolgte, kommt nur eine entsprechende zeitanteilige AfA in Betracht, im Jahr 03 $^4/_{12}$, d. h. 3.333 Euro.

Die Schenkung des Kleinlasters ist **umsatzsteuerrechtlich** für die Beteiligten sehr ungünstig. Beim Vater des Sonnberger ist die Entnahme gem. § 3 Abs. 1b Nr. 1 UStG umsatzsteuerpflichtig, während Sonnberger keine Vorsteuer geltend machen kann, weil er keine Rechnung mit Vorsteuerausweis erhält. Es hätte sich daher angeboten, dass der Vater den Kleinlaster dem Sohn verbilligt verkauft hätte. In diesem Fall hätte der Sohn den Vorsteuerabzug aus der Mindestbemessungsgrundlage geltend machen können (§ 10 Abs. 4 und 5 UStG; vgl. Lippross, Tz. 6.2.9 sehr ausführlich mit Beispielen).

Der **private PKW** wird zu mehr als 50 % betrieblich genutzt. Er ist daher zwingend als notwendiges Betriebsvermögen zum 01.09.03 einzulegen. Da er innerhalb von 3 Jahren angeschafft wurde, ist er mit den fortgeführten Anschaffungskosten einzulegen, § 6 Abs. 1 Nr. 5 Satz 1 Buchst. a und Satz 2 EStG. Dabei gehört die Vorsteuer zu den Anschaffungskosten, § 9b Abs. 1 EStG. Die Vorsteuer kann bei Erwerb von Privatvermögen beim Finanzamt nicht geltend gemacht werden. Die privaten Anschaffungskosten betragen daher 60.000 Euro einschließlich USt. Auch hier sind Anschaffungsnebenkosten (z. B. Zulassungsgebühren) zu berücksichtigen.

Im Privatvermögen kann nur linear abgeschrieben werden, weil die degressive AfA gem. § 7 Abs. 2 EStG Anlagevermögen voraussetzt. Anlagevermögen gibt es aber nur bei Gewinneinkünften. Außerdem ist der PKW zeitanteilig abzuschreiben, § 7 Abs. 1 Satz 4 EStG. Angebrochene Monate werden immer zugunsten des Steuerpflichtigen entweder mit berücksichtigt oder unberücksichtigt gelassen:

Angeschafft 02.02.01	für		60.000 €
AfA 01	$^{10}/_{12}$ von 20 %		10.000 €
AfA 02	20 %		12.000 €
AfA 03	$^{8}/_{12}$ von 20 %		8.000 €
Einlagewert 01.09.03			30.000 €

Nach der Eröffnung des Betriebs ist der PKW entweder linear auf seine Restnutzungsdauer oder degressiv abzuschreiben (mit zeitlichen Einschränkungen, R 7.4 Abs. 10 Nr. 1 EStR). Bei linearer AfA kann Sonnberger im Rumpfwirtschaftsjahr 03 noch 4.140 Euro AfA geltend machen (01.09.03 bis 01.02.06 = 29 Monate; für 03 noch 4 Monate, also 30.000 Euro : 29 × 4 = 1.035 Euro × 4). Im Jahr 04 beträgt die lineare AfA 12.420 Euro (12 × 1.035 Euro). Dieser Betrag ist höher als 12.000 Euro ($^{1}/_{5}$ von 60.000 Euro), weil der Einlagewert zugunsten von Sonnberger berechnet wurde. Ende 04 ist der 30-prozentige Privatanteil zu einkommensteuerlichen Zwecken aus den Kosten des PKW, d. h. auch aus dem AfA-Betrag, herauszurechnen. Umsatzsteuerlich ist nichts zu veranlassen. Da Sonnberger bei Erwerb des PKW keine Vorsteuer abgezogen hat, ist die private Verwendung auch keine sonstige Leistung (§ 3 Abs. 9a Nr. 1 UStG; siehe auch BMF vom 29.05.2000, BStBl 2000 I S. 819 Rn. 20). Vergleiche hierzu ausführlich Fall 12 und 63.

Der **private Schreibtisch** ist zum 01.09.03 mit dem Teilwert von 300 Euro einzulegen, § 6 Abs. 1 Nr. 5 EStG, und damit mit diesem Wert in der Eröffnungsbilanz zu erfassen. Da Sonnberger den Anschaffungszeitpunkt und die Anschaffungskosten nicht mehr kennt, kann unterstellt werden, dass der Vorgang schon einige Jahre zurückliegt, sodass die Vorschrift des § 6 Abs. 1 Nr. 5 Buchst. a EStG vernachlässigt werden kann. Im Rumpfwirtschaftsjahr 03 (= Wirtschaftsjahr der Einlage) kann der Schreibtisch als GWG abgeschrieben oder zum Sammelposten genommen werden, § 6 Abs. 2 und 2a EStG. Dabei müssen allerdings alle in die Wertgrenzen fallenden Wirtschaftsgüter einheitlich behandelt werden (vgl. § 6 Abs. 2a Satz 5 EStG).

Die neu erworbenen **Büroschränke** sind in der Eröffnungsbilanz mit den Anschaffungskosten von 40.000 Euro zu aktivieren und später entweder linear oder degressiv gem. § 7 Abs. 1 oder 2 EStG abzuschreiben. Einrichtungsgegenstände, die zum 01.09.03 noch nicht geliefert sind, können in der Eröffnungsbilanz auch noch nicht erfasst werden. Soweit schon Forderungen auf Lieferungen zivilrechtlich entstanden sind, ist nichts zu veranlassen, weil insoweit schwebende Geschäfte (vgl. Fall 20) vorliegen.

Das überwiesene Geld und die Valuta aus dem **Bankdarlehen** sind als Bankguthaben in der Eröffnungsbilanz zu aktivieren und das Bankdarlehen entsprechend zu passivieren. Probleme gibt es dabei nicht. Die Zinsen sind Aufwand.

2. Sonnberger hat keinen Betrieb erworben, sondern einen Betrieb eröffnet. § 1 Abs. 1a UStG, wonach bei Geschäftsveräußerungen keine USt entsteht, ist daher nicht anwendbar (vgl. Fall 47).

Soweit Wirtschaftsgüter von Sonnberger vor Betriebseröffnung mit Rechnungen zu betrieblichen Zwecken angeschafft wurden, ist die Vorsteuer als Forderung gegenüber dem Finanzamt schon in der Eröffnungsbilanz zu aktivieren.

Ersatzteile:	19 % von 40.000 €	=	7.600 €
Werkzeuge:	19 % von 50.000 €	=	9.500 €
Waren:	19 % von 30.000 €	=	5.700 €
Büroschränke:	19 % von 40.000 €	=	7.600 €
zusammen			30.400 €

Bei Einlagen (Kleinlaster, Privat-PKW, Privat-Schreibtisch) entsteht keine USt; Vorsteuer kann daher insoweit nicht geltend gemacht werden.

3. Aus allem ergibt sich folgende

Aktiva	Eröffnungsbilanz zum 01.09.03		Passiva
Inventar	40.300 €	Kapital	230.700 €
Fuhrpark	60.000 €	Darlehen	80.000 €
Werkzeuge	50.000 €	Verbindlichkeiten	30.000 €
Vorräte	40.000 €	sonstige	
Waren	30.000 €	Verbindlichkeiten	90.000 €
Vorsteuer	30.400 €		
Bank	180.000 €		
	430.700 €		430.700 €

Das Inventar setzt sich aus dem Teilwert des Schreibtisches und dem Kaufpreis der 20 Büroschränke zusammen, der Fuhrpark aus dem Teilwert des Kleinlasters und den fortgeführten Anschaffungskosten des PKW und die Position Bank aus dem Überweisungsbetrag und der Darlehensvaluta. Die Verbindlichkeiten beziehen sich auf die Wareneinkäufe, die sonstigen Verbindlichkeiten auf die Einkäufe Ersatzteile und Werkzeuge, und das Kapital errechnet sich aus den Werten des Kleinlasters (30.000 Euro), des PKW (30.000 Euro), des Schreibtisches (300 Euro), den privat bezahlten Büroschränken (40.000 Euro), der Geldüberweisung (100.000 Euro) und dem Vorsteuer-Anspruch (30.400 Euro).

Fall 63

Betriebsaufspaltung – umsatzsteuerliche Organschaft – Einlage einer wertgeminderten GmbH-Beteiligung – Teilwertabschreibung – außerbilanzieller Korrekturposten

Sachverhalt

Wolfgang Fink ist Alleingesellschafter der Fink-GmbH, die ein Brillengeschäft betreibt. Die GmbH-Beteiligung gehört zum Privatvermögen. Die Anschaffungskosten der GmbH-Beteiligung betragen 200.000 Euro im Jahr 01.

Die Fink-GmbH betreibt ihren Betrieb auf einem Grundstück, das der Ehefrau Angelika Fink gehört.

Am 18.09.05 erwirbt Wolfgang Fink das Grundstück von seiner Frau für 150.000 Euro zu Bedingungen wie unter Fremden. Wolfgang Fink vermietet das Grundstück zu diesem Zeitpunkt an die GmbH.

Der Steuerberater der Eheleute meint, ab 18.09.05 läge eine Betriebsaufspaltung vor. Er will daher sowohl das Grundstück als auch die GmbH-Beteiligung in das entstandene Besitz-Einzelunternehmen einbuchen. Der Teilwert der GmbH-Beteiligung beträgt zum 18.09.05 nur noch 120.000 Euro, da die GmbH bis zum 18.09.05 Anfangsverluste erzielte. Der Steuerberater geht von einer voraussichtlich dauernden Wertminderung aus, obwohl die GmbH ab 18.09.05 und im Jahr 06 einen geringen Gewinn erzielt hat. Der Steuerberater will zum 31.12.05 im Besitzunternehmen erstmals eine Bilanz erstellen.

Frage

1. Was sind die steuerlichen Rechtsfolgen des Erwerbs des Grundstücks mit der gleichzeitigen Vermietung an die GmbH?
2. Wie ist das Grundstück einzulegen?
3. Ist die GmbH-Beteiligung mit ihren Anschaffungskosten von 200.000 Euro oder mit ihrem Teilwert von 120.000 Euro in das Betriebsvermögen einzulegen?
4. Kann Wolfgang Fink die GmbH-Beteiligung zum Bilanzstichtag, dem 31.12.05, mit dem niedrigeren Teilwert von 120.000 Euro ansetzen und damit den Wertverlust von 80.000 Euro im Jahr 05 im Betrieb gewinnmindernd erfassen?
5. Kann die GmbH-Beteiligung trotzdem in der Steuerbilanz mit dem niedrigeren Teilwert angesetzt werden?

   Wenn ja, wie kann dies bilanztechnisch dargestellt werden, ohne dass sich eine Gewinnauswirkung ergibt? Diese Frage stellt sich insbesondere, wenn weitere Wertverluste entstehen.

Antwort

1. Der Erwerb und die gleichzeitige Vermietung des Grundstücks an die GmbH lässt ertragsteuerlich eine Betriebsaufspaltung entstehen. Sowohl das Grundstück als auch die GmbH-Beteiligung sind in das neu entstandene Besitzunternehmen einzulegen. Die Pacht und die Dividenden der GmbH sind Betriebseinnahmen beim Besitzunternehmen. Umsatzsteuerlich ist von einer Organschaft auszugehen.

2. Das Grundstück ist mit seinen Anschaffungskosten von 150.000 Euro in das Betriebsvermögen einzulegen.

3. Die GmbH-Beteiligung ist mit den Anschaffungskosten von 200.000 Euro in das Betriebsvermögen einzulegen. Die Wertminderung wird nach BFH betrieblich, nach Verwaltungsauffassung über § 17 EStG jeweils zum Zeitpunkt des Ausscheidens aus dem Betriebsvermögen erfasst.

4. Eine Teilwertabschreibung der GmbH-Beteiligung ist zum 31.12.05 nicht zulässig.

5. Der BFH lässt trotzdem zu, dass die GmbH-Beteiligung in der Steuerbilanz mit dem niedrigeren Teilwert angesetzt wird. Voraussetzung ist, dass das eintretende Ergebnis außerhalb der Bilanz durch eine außerbilanzielle Gewinnhinzurechnung oder durch einen steuerlichen Korrekturposten korrigiert wird.

Begründung

1. Dadurch, dass Wolfgang Fink das Grundstück, auf dem die GmbH ihr Unternehmen betreibt, erwirbt und an die GmbH vermietet, entsteht **ertragsteuerlich** eine **Betriebsaufspaltung.**

Nach der Rechtsprechung liegt ertragsteuerlich eine Betriebsaufspaltung vor, wenn eine sachliche und personelle Verflechtung zwischen dem Besitz- und dem Betriebsunternehmen gegeben ist. Einzelheiten in H 15.7 (4) EStH und Hottmann/Fanck Fälle 63 bis 71.

Eine sachliche Verflechtung ist gegeben, wenn die von dem Besitzunternehmen an das Betriebsunternehmen zur Nutzung überlassenen Wirtschaftsgüter für das Betriebsunternehmen mindestens eine seiner wesentlichen Betriebsgrundlagen darstellen (BFH vom 12.11.1985, BStBl 1986 II S. 296). Wirtschaftsgüter sind dann eine wesentliche Grundlage (hier das Grundstück), wenn sie zur Erreichung des Betriebszwecks erforderlich sind und für die Betriebsführung des Betriebsunternehmens (hier die GmbH) nach dem Gesamtbild der Verhältnisse ein besonderes wirtschaftliches Gewicht besitzen. Bei Vermietung von Grundstücken kann – wie hier – meistens davon ausgegangen werden. Vergleiche auch H 15.7 (5) EStH.

Eine personelle Verflechtung liegt vor, wenn die hinter beiden Unternehmen stehenden Personen einen einheitlichen geschäftlichen Betätigungswillen haben. Vergleiche BFH vom 08.11.1971, BStBl 1972 II S. 63, und

H 15.7 (6) „Allgemeines" EStH. Eine Einzelperson oder eine Personengruppe muss beide Betriebe tatsächlich beherrschen, muss in beiden Betrieben ihren Willen durchsetzen können. Die personelle Verflechtung liegt hier vor, weil Wolfgang Fink Alleineigentümer des Grundstücks und alleiniger Inhaber der GmbH-Beteiligung ist.

Liegt eine Betriebsaufspaltung vor, stellt das Besitzunternehmen einen Gewerbebetrieb gem. § 15 Abs. 2 EStG dar. Es unterliegt auch der GewSt. Damit wird das Grundstück und die GmbH-Beteiligung notwendiges Betriebsvermögen.

Die Rechtsprechung hat das Institut Betriebsaufspaltung entwickelt, weil die Vermietung und Verpachtung von wesentlichen Betriebsgrundlagen dann keine Vermögensverwaltung mehr sein kann, wenn Privatvermögen sehr stark in einen Gewerbebetrieb integriert wird. Wirtschaftlich werden die beiden Betriebe als Einheit betrachtet, BFH vom 12.11.1985, BStBl 1986 II S. 296.

Trotz der Idee einer einheitlichen Betrachtung ist ertragsteuerlich von zwei rechtlich selbständigen Unternehmen auszugehen. Beide Unternehmen bilanzieren getrennt, beide ermitteln ihren Gewinn und Verlust getrennt. Die Rechtsbeziehungen sind wie zwischen fremden Unternehmen zu beurteilen. Wolfgang Fink vermietet das Grundstück und die GmbH mietet es an. Das Besitzunternehmen besteht nur aus dem Grundstück und der GmbH-Beteiligung.

Da die Anteile an der Betriebs-GmbH zum notwendigen Betriebsvermögen des Besitzunternehmens gehören, sind auch die Gewinnausschüttungen, d. h. die Dividenden, der GmbH an das Besitzunternehmen zu den beim Besitzunternehmen zu erfassenden gewerblichen Einkünften zu rechnen. Diese Einkünfte unterliegen dem Teileinkünfteverfahren, § 3 Nr. 40 Buchst. d EStG.

Umsatzsteuerlich besteht zwischen dem Besitzunternehmen und der GmbH eine Organgesellschaft, da die GmbH finanziell, wirtschaftlich und organisatorisch als Organgesellschaft in das Besitzunternehmen, dem Organträger, eingegliedert ist, § 2 Abs. 2 Nr. 2 UStG, Abschn. 2.8 Abs. 6 Satz 7 UStAE.

Eine finanzielle Eingliederung liegt vor, wenn der Organträger in der Weise an der Organgesellschaft beteiligt ist, dass er über die Mehrheit der Stimmrechte in der Beteiligungsgesellschaft verfügt, BFH vom 19.05.2005, BStBl 2005 II S. 671.

Von einer wirtschaftlichen Eingliederung ist auszugehen, wenn die Organgesellschaft im Gefüge des übergeordneten Organträgers als dessen Bestandteil erscheint, z. B. als Vertriebsgesellschaft, vgl. BFH vom 17.01.2002, BStBl 2002 II S. 373. Die Tätigkeiten von Organträger und Organgesellschaft müssen sich fördern und ergänzen, BFH vom 03.04.2003, BStBl 2004 II S. 434.

Eine organisatorische Eingliederung ist gegeben, wenn der Organträger durch organisatorische Maßnahmen sicherstellt, dass sein Wille in der Organgesellschaft tatsächlich ausgeführt wird, Abschn. 2.8 Abs. 7 Satz 1 UStAE. Vor allem kann davon bei Personenidentität in den Leistungsgremien von Organträger und Organgesellschaft ausgegangen werden (BFH vom 03.04.2003, BStBl 2004 II S. 434, Abschn. 2.8 Abs. 7 Satz 2 UStAE).

Diese Voraussetzungen sind alle erfüllt, da Wolfgang Fink in beiden Betrieben als Alleineigentümer das alleinige Sagen hat. Überhaupt kann bei einer Betriebsaufspaltung mit einer GmbH im Allgemeinen auch von einer Organgesellschaft ausgegangen werden.

Die umsatzsteuerlichen Folgen sind, dass nur **ein** Unternehmen vorliegt. Damit stellen die Umsätze zwischen dem Besitzunternehmen und der GmbH – hier also die Mietzahlungen – nicht steuerbare Innenumsätze dar. Unternehmer ist der Organträger. Er ist Schuldner aus allen von den verbundenen Unternehmungen bewirkten Umsätzen, vgl. Lippross, Tz. 2.8.3.2.3.3 mit vielen Einzelheiten.

2. Das Grundstück ist mit seinen Anschaffungskosten von 150.000 Euro in das Betriebsvermögen einzulegen. Insoweit entstehen keine Probleme, weil das Grundstück am 18.09.05 sowohl angeschafft als auch eingelegt wurde. Anschaffungskosten und Teilwert sind gleich hoch. Selbst wenn der Teilwert aufgrund einer Fehlmaßnahme geringer wäre, vgl. Fall 58, käme es darauf nicht an, weil hier die Anschaffungskosten maßgebend sind, § 6 Abs. 1 Nr. 5a EStG. Der Dreijahreszeitraum ist maßgeblich.

3. Wird ein GmbH-Anteil in ein Betriebsvermögen eingelegt und ist der Steuerpflichtige an der GmbH gem. § 17 EStG wesentlich, d. h. zu mindestens 1 %, beteiligt, ist gem. § 6 Abs. 1 Nr. 5b EStG die Einlage mit dem Teilwert, höchstens mit den Anschaffungskosten, zu bewerten. Dabei ist immer der niedrigere der beiden Werte maßgebend. Sinn dieser Regelung ist, im Privatbereich entstandene Wertsteigerungen von wesentlichen GmbH-Anteilen bei einer späteren Veräußerung aus dem Betriebsvermögen zu erfassen. Legt man diese Vorschrift wörtlich aus, wäre der niedrigere Wert, also der Teilwert, einzulegen. Folge wäre, dass der im Privatvermögen eingetretene Wertverlust von 80.000 Euro (200.000 Euro ./. 120.000 Euro) verloren ginge. Die Einlage ist keine Veräußerung gem. § 17 EStG.

Dies hat den BFH veranlasst, in zwei Entscheidungen von den Anschaffungskosten auszugehen (BFH vom 25.07.1995, BStBl 1996 II S. 684, und vom 02.09.2008, BStBl 2010 II S. 162). § 6 Abs. 1 Nr. 5b EStG sei im Wege einer teleologischen Extension in der Weise anzuwenden, dass die eingelegten Anteile entgegen dem Wortlaut nicht mit dem niedrigeren Teilwert, sondern mit den höheren ursprünglichen Anschaffungskosten bewertet werden. Der vor der Einlage im Privatvermögen entstandene, jedoch nach § 17 EStG grundsätzlich steuerlich berücksichtigungsfähige Wertverlust könne dann im Betriebsvermögen realisiert werden. Nach Ansicht des BFH trägt eine Realisierung der Verluste innerhalb des Betriebsvermögens den gesetzgeberischen Wertungen am besten Rechnung. § 17 EStG werde von den Gewinnermittlungsvorschriften verdrängt.

Nach Ansicht der Finanzverwaltung ist die Beteiligung auch mit den Anschaffungskosten einzulegen. Der Wertverlust ist aber erst anzusetzen, wenn die Beteiligung veräußert wird (§ 17 Abs. 2 EStG) oder als veräußert gilt (§ 17 Abs. 4 EStG). Vergleiche H 17 (8) EStH.

Damit setzen sowohl der BFH als auch die Verwaltung bei Einlage der wertgeminderten GmbH-Beteiligung die Anschaffungskosten an und berücksichtigen den Verlust zum Zeitpunkt des Ausscheidens der Beteiligung aus dem Betriebsvermögen. Der Unterschied ist, dass der BFH den Verlust betrieblich und die Verwaltung den Verlust über § 17 EStG erfassen will.

Nur in Fällen, in denen eine wertgeminderte Beteiligung i. S. des § 17 Abs. 1 Satz 1 EStG aus dem Betriebsvermögen in das betriebliche Gesamthandsvermögen einer Personengesellschaft gegen Gewährung von Gesellschaftsrechten übertragen wird, will die Finanzverwaltung zwar auch die Anschaffungskosten ansetzen, aber die Wertminderung bereits bei Einbringung nach § 17 EStG berücksichtigen, weil in diesem Fall ein tauschähnlicher Vorgang vorliegt, H 17 (8) EStH mit weiteren Fundstellen.

4. Der BFH lässt eine Teilwertabschreibung nicht zu (BFH vom 02.09.2008, BStBl 2010 II S. 162). Er meint, dass die nicht realisierte Wertminderung einer Beteiligung i. S. des § 17 Abs. 1 EStG im Fall der Überführung dieser Beteiligung in das Betriebsvermögen des Steuerpflichtigen erst in dem Zeitpunkt steuermindernd zu berücksichtigen sei, in dem die Beteiligung veräußert wird oder gem. § 17 Abs. 4 EStG als veräußert gilt, sofern ein hierbei realisierter Veräußerungsverlust nach § 17 EStG zu berücksichtigen wäre. Aus diesem Grund sei § 6 Abs. 1 Nr. 2 Satz 2 EStG dem Gesetzeszweck entsprechend teleologisch dahin gehend zu reduzieren, dass eine Teilwertabschreibung nicht zulässig ist, soweit sie auf einer vor der Einlage der Beteiligung in das Betriebsvermögen eingetretenen (nicht realisierten) Wertminderung beruht.

Eine zulässige Teilwertabschreibung führe zu einem betrieblichen Aufwand und mindere daher den steuerlichen Gewinn des Wirtschaftsjahres, in dem die Teilwertabschreibung vorgenommen wird. Die betriebliche Veranlassung (§ 4 Abs. 4 EStG) ergebe sich im Normalfall daraus, dass sich der Erwerb einer Beteiligung im Rahmen eines bestehenden Betriebs als Fehlmaßnahme erweist oder zwischen dem Anschaffungs- bzw. dem Einlagezeitpunkt und einem nachfolgenden Bilanzstichtag Umstände eingetreten sind, die die Annahme rechtfertigen, die Wiederbeschaffungskosten am Bilanzstichtag würden die Anschaffungskosten bzw. den Einlagewert unterschreiten (BFH vom 31.10.1978, BStBl 1979 II S. 108). Daran fehle es, wenn die erstrebte Teilwertabschreibung ihre Ursache darin hat, dass die Beteiligung gem. § 6 Abs. 1 Nr. 5b EStG nicht mit dem niedrigeren Teilwert, sondern mit den höheren Anschaffungskosten in das Betriebsvermögen einzulegen ist. Bei dieser Sachlage beruhe die Wertminderung nicht auf betrieblichen Umständen, sondern auf solchen im (steuerverstrickten) Privatvermögen.

5. Der BFH meint, dass sich unüberwindbare Schwierigkeiten auch nicht im Hinblick auf künftige Veränderungen des Werts der im Betriebsvermögen gehaltenen Beteiligung ergeben würden. Insbesondere führe die Berücksichtigung eines weiteren Wertverfalls der im Betriebsvermögen gehaltenen Beteiligung, die nach der dann gegebenen Gesetzeslage insoweit eine gewinnmindernde Teilwertabschreibung zulässt, nicht zwingend dazu, dass die Beteiligung in der Bilanz mit einem unzulässigen Zwischenwert ausgewiesen wird.

Bilanztechnisch könne diesen Schwierigkeiten Rechnung getragen werden. Ein im Privatvermögen eingetretener Wertverlust, der bis zur Veräußerung der Beteiligung nicht steuermindernd berücksichtigt werden kann, könne bilanztechnisch in der Weise dargestellt werden, dass die Beteiligung in der Steuerbilanz mit dem niedrigeren Teilwert angesetzt wird, dieses Ergebnis aber außerhalb der Bilanz durch eine außerbilanzielle Gewinnhinzurechnung oder durch einen steuerlichen Korrekturposten korrigiert wird (vgl. BFH vom 12.12.1973, BStBl 1974 II S. 207).

Fall 64

Privatnutzung bei Fahrzeugen – Betriebsvermögen – Unternehmensvermögen – Anschaffungskosten – Gesamtkosten – 1 %-Regelung – Fahrtenbuchmethode – Schätzungsmethode – Verkauf

Sachverhalt

Manfred Modrow ist Inhaber eines Schulbuchverlags in Bremen. Er bilanziert gem. § 5 Abs. 1 EStG. Zum 05.01.02 erwirbt er einen neuen PKW mit Sonderausstattung zum Listenpreis von 42.000 Euro zzgl. 7.980 Euro USt. Er kann dabei einen Rabatt von 3.000 Euro aushandeln. An Überführungs- und Zulassungskosten hat er noch 400 Euro zu entrichten. Er fährt den PKW zu 30 % privat. Fahrten zwischen Wohnung und Betrieb fallen nicht an, weil Modrow zu Fuß zum Betrieb geht. Im Jahr 02 bucht er laufende Betriebskosten i. H. von 8.000 Euro als Betriebsausgaben und kann dabei 1.520 Euro (= 19 %) Vorsteuern geltend machen. Zusätzlich hat er noch im Jahr 02 laufende Betriebskosten ohne Vorsteuerabzug von 1.600 Euro, insbesondere Kfz-Steuern und -Versicherungen.

Modrow nimmt den PKW ins betriebliche Anlagevermögen und zieht die Vorsteuern voll ab. Außerdem führt er im Jahr 02 ein korrektes Fahrtenbuch, überlegt aber trotzdem am Jahresende 02, ob für ihn die 1 %-Regelung günstiger ist.

Modrow veräußert den PKW zum 30.12.03 für 28.000 Euro zzgl. USt.

Frage

1. Zu welchem Vermögen gehört der PKW?

2. Was zählt zu den Anschaffungskosten des PKW?

3. Wie sind die PKW-Gesamtkosten zu ermitteln?
   Spielt dabei die USt eine Rolle? Was ist bei der AfA zu berücksichtigen?

4. Wie **kann** ein Unternehmer den Privatanteil der PKW-Kosten ertragsteuerlich und umsatzsteuerlich ermitteln?

5. Wie hoch ist bei Modrow **konkret** der einkommensteuerliche und umsatzsteuerliche Privatanteil bei den verschiedenen Ermittlungsmethoden, wie viel hat er zu versteuern und wie viel USt hat er ans Finanzamt abzuführen? Wie wird er sich entscheiden bei einer angenommenen Ertragsteuerbelastung von insgesamt 45 %?

6. Wie ist der Verkauf des PKW zu behandeln?

Antwort

1. Einkommensteuerlich gehört der PKW zum notwendigen Betriebsvermögen und umsatzsteuerlich zum Unternehmensvermögen.

2. Zu den Anschaffungskosten rechnet der Kaufpreis, die Kosten eventueller Sonderausstattungen sowie die Überführungs- und Zulassungskosten abzüglich eines Rabatts.

3. Die PKW-Gesamtkosten ergeben sich aus der Begründung. Da die Bemessungsgrundlagen für die Privatnutzung ertragsteuerlich und umsatzsteuerlich nicht identisch sind, sollten die PKW-Kosten auf getrennten Konten gebucht werden, wobei die mit USt belasteten Kosten von den nicht mit USt belasteten Kosten aus praktischen Gründen zusätzlich getrennt werden sollten. Bei der AfA ist zu berücksichtigen, dass bei Neuwagen ertragsteuerlich von einer 6-jährigen und umsatzsteuerlich von einer 5-jährigen Nutzungsdauer auszugehen ist.

4. Der Privatanteil der PKW-Kosten kann ertragsteuerlich nach

   – der 1 %-Regelung (bei mehr als 50 % betrieblicher Nutzung) oder

   – der Fahrtenbuch-Methode bzw. anderer Beweisführung

   und umsatzsteuerlich zusätzlich nach

   – der Schätzungsmethode

   ermittelt werden.

5. Nach der 1 %-Regelung beträgt der einkommensteuerliche Privatanteil 5.997,60 Euro und der umsatzsteuerliche 4.798,08 Euro. Modrow hat 5.997,60 Euro zu versteuern und 911,64 Euro USt ans Finanzamt abzuführen.

Nach der Fahrtenbuchmethode beträgt der einkommensteuerliche Privatanteil 4.850,10 Euro und der umsatzsteuerliche 4.764 Euro. Modrow hat nach dieser Methode 4.850,10 Euro zu versteuern und 905,16 Euro USt ans Finanzamt abzuführen.

Nach der Schätzungsmethode müsste Modrow 5.997,60 Euro (entsprechend der 1 %-Regelung) versteuern und entweder 1.508,60 Euro oder 905,16 Euro USt ans Finanzamt abführen.

Im vorliegenden Fall wird sich Modrow aus steuerlichen Gründen für die Fahrtenbuchmethode entscheiden.

6. Modrow hat ertragsteuerlich die stillen Reserven zu versteuern.

Umsatzsteuerlich ist entscheidend, inwieweit er den PKW zum Unternehmensvermögen gezogen hat. Die Besteuerung ist dann entweder voll oder anteilig vorzunehmen.

Begründung

1. Betriebs- und Unternehmensvermögen

Ertragsteuerlich gehört ein PKW zum notwendigen **Betriebsvermögen,** wenn er – gemessen an der jährlich zurückgelegten Kilometerzahl – zu mehr als 50 % betrieblich genutzt wird. Beträgt die betriebliche Nutzung mindestens 10 %, aber nicht mehr als 50 %, hat der Unternehmer ein Wahlrecht, ob er den PKW zum gewillkürten Betriebsvermögen zieht oder ihn im Privatvermögen belässt, vgl. Fall 9. Bei einer betrieblichen Nutzung von weniger als 10 % gehört der PKW zum notwendigen Privatvermögen, R 4.2 Abs. 1 EStR. Laut Sachverhalt ist der PKW zwingend notwendiges Betriebsvermögen, weil er zu 70 % betrieblich genutzt wird.

Bei zumindest 10-prozentiger betrieblicher Nutzung hat der Unternehmer das Wahlrecht, den PKW entweder ganz oder entsprechend dem unternehmerischen Nutzungsanteil oder überhaupt nicht dem **umsatzsteuerlichen Unternehmensvermögen** zuzuordnen (BFH vom 31.12.2002, BStBl 2003 II S. 813). Ein weniger als 10 % betrieblich genutzter PKW darf dem Unternehmensvermögen nicht zugeordnet werden, § 15 Abs. 1 Satz 2 UStG. Laut Sachverhalt hat Modrow den PKW zum Unternehmensvermögen genommen, weil er die Vorsteuer beim Kauf geltend gemacht hat, vgl. auch Fall 12.

Fahrten zwischen Wohnung und Betrieb sowie Familienheimfahrten bei doppelter Haushaltsführung sind einkommensteuerlich dem betrieblichen Bereich und umsatzsteuerlich dem unternehmerischen Bereich zuzuordnen. Wie sie im Einzelnen steuerlich zu behandeln sind, vgl. Falterbaum/Bolk/

Reiß/Kirchner, Tz. 8.2.3.2, und Mertes, LSW 2009 Gruppe 14 S. 315, 320, jeweils mit Beispielen.

2. Anschaffungskosten

Zu den Anschaffungskosten eines PKW gehören der Kaufpreis, die Kosten eventueller Sonderausstattung sowie die Überführungs- und Zulassungskosten abzüglich eines eventuellen Rabatts. Probleme gibt es nur im Bereich der Sonderausstattung. Navigationsgeräte rechnen inzwischen zu den Anschaffungskosten unabhängig davon, ob sie neben Navigations-, Radio- oder Computerfunktionen auch Telekommunikationsfunktionen bieten (BFH vom 16.02.2005, BStBl 2005 II S. 563, und BMF vom 10.06.2002 – IV C 5 – S 2334 – 63/02 –, DStR 2002 S. 1667). Auch Diebstahlsicherungsgeräte und Klimaanlagen gehören dazu.

Dagegen ist das Autotelefon nicht zu den Anschaffungskosten zu rechnen, es ist vielmehr als GWG gem. § 6 Abs. 2 EStG zu behandeln, soweit die Anschaffungskosten 410 Euro nicht überschreiten (BFH vom 20.02.1997, BStBl 1997 II S. 360). Auch ein Sammelposten gem. § 6 Abs. 2a EStG ist denkbar.

3. Gesamtkosten – AfA

Ertragsteuerlich sind die Kosten anzusetzen, die durch den PKW veranlasst wurden, § 4 Abs. 4 EStG. Hierzu zählen z. B. die Kfz-Steuer, die Kfz-Versicherungsprämien (Haftpflicht, Kasko, Insassenunfall), Benzin, Öl, Reifen, Inspektions- und Reparaturkosten, Wagenpflege, Garagen- und Stellplatzmieten, Parkgebühren, Finanzierungskosten, Straßenbenutzungs-, TÜV- und AU-Gebühren, Radiogebühren. Auch die Kosten bei Urlaubsfahrten zählen dazu sowie die AfA. Nach Auffassung der Finanzverwaltung beträgt ertragsteuerlich die betriebsgewöhnliche Nutzungsdauer für einen Neuwagen 6 Jahre (BMF-Schreiben vom 15.12.2000, BStBl 2000 I S. 1531, 1535). Die Rechtsprechung geht von einer 8-jährigen Nutzungsdauer aus (BFH vom 09.12.1999, BStBl 2001 II S. 311, und FG München 12.08.2002, EFG 2002 S. 1511). Bei einem gebraucht erworbenen PKW ist die Restnutzungsdauer entsprechend zu schätzen. Diese Kosten zusammengenommen sind die **Gesamtkosten.**

Umsatzsteuerlich gehören gem. § 10 Abs. 4 Nr. 2 UStG die Kosten nicht zu den umsatzsteuerlichen Gesamtkosten, die nicht mit Vorsteuern belastet sind, z. B. Versicherungsprämien, denn diese sind gem. § 4 Nr. 10 UStG umsatzsteuerfrei. Für PKW-Fälle ist besonders wichtig, dass für die AfA bei Neuwagen für umsatzsteuerliche Zwecke gleichmäßig auf den **5-jährigen** Berichtigungszeitraum nach § 15a UStG abzustellen ist (vgl. Tz. 2 des BMF-Schreibens vom 13.04.2004, a. a. O.).

Zweckmäßig ist es, in der Buchhaltung für die PKW-Gesamtkosten getrennte Konten für einzelne PKW einzurichten oder entsprechende Nebenaufzeichnungen zu führen. Es ist nicht zulässig, einen Durchschnittskostensatz zu bilden, der aus den Gesamtkosten aller betrieblichen PKW abgeleitet wird.

Aus **umsatzsteuerlichen** Gründen sollten die Kosten, für die keine USt entrichtet wurde, von den anderen Kosten getrennt aufgezeichnet werden, z. B. Kfz-Steuer, Kfz-Versicherungsprämien (Haftpflicht, Kasko, Insassenunfall), Radiogebühren, Garagenmieten, falls der Vermieter nicht zur USt optiert hat, sowie die AfA des von einer Privatperson erworbenen PKW.

4. Der Privatanteil allgemein

Betriebliche PKW werden oft auch privat genutzt. Da die PKW-Kosten in der Praxis auch bei teilweiser Privatnutzung meistens voll als Betriebsausgaben gebucht werden, ist für den Privatanteil ein Ausgleich zu schaffen. Genauso ist es bei der USt, soweit die PKW-Kosten mit USt belastet sind. **Ertragsteuerlich** ist daher ein Entnahmetatbestand gem. § 4 Abs. 1 Satz 2 EStG erfüllt und **umsatzsteuerlich** liegt eine unentgeltliche Wertabgabe gem. § 3 Abs. 9a Nr. 1 UStG vor. Während ertragsteuerlich für den Privatanteil alle Kosten herangezogen werden, die durch den PKW veranlasst wurden, sind gem. § 10 Abs. 4 Satz 1 Nr. 2 UStG umsatzsteuerlich solche Kosten auszuscheiden, die nicht zum vollen oder teilweisen Vorsteuerabzug berechtigt haben.

Zieht ein Unternehmer beim Erwerb des PKW die Vorsteuern voll ab, gehört die AfA zur Bemessungsgrundlage der unentgeltlichen Wertabgabe gem. § 3 Abs. 9a Nr. 1 UStG. Zieht der Unternehmer die Vorsteuern überhaupt nicht ab, gehört auch die AfA nicht zur Bemessungsgrundlage für die unentgeltliche Wertabgabe (vgl. Lippross, Tz. 5.4.3 d) und e)). Macht ein Unternehmer bei einer 30-prozentigen privaten Nutzung die Vorsteuer beim Erwerb des PKW nur zu 70 % geltend – was in der Praxis so gut wie nie vorkommt –, hat er auch keine unentgeltliche Wertabgabe zu versteuern. Würde er in diesem Fall den PKW später nur noch zu 50 % betrieblich nutzen, müsste er die Differenz, nämlich 20 %, versteuern.

Bei den Unterhaltskosten gilt diese Regelung genauso. Nutzt der Unternehmer den PKW zu 70 % betrieblich, hat er auch für die Unterhaltskosten den Vorsteuerabzug i. H. von 70 %, und zwar gleichgültig, ob der PKW ganz oder nur zu 70 % dem Unternehmensvermögen zugeordnet wurde. Die Verwaltung lässt es in diesem Fall zu, dass der Unternehmer den Vorsteuerabzug aus den Unterhaltskosten in voller Höhe vornimmt und die nichtunternehmerische Nutzung als Verwendungstatbestand besteuert. (BMF vom 27.08.2004, BStBl 2004 I S. 864 Nr. 2; Lippross, Tz. 5.4.3 d) und e)).

Ertragsteuerlich hat der Unternehmer bei mehr als 50 % betrieblicher Nutzung die **Wahl** zwischen der 1 %-Regelung und der Fahrtenbuchmethode. Umsatzsteuerlich hat er zusätzlich noch die Möglichkeit, die Kosten nach der Schätzungsmethode zu ermitteln.

4.1 Anwendung der 1 %-Regelung

Nach § 6 Abs. 1 Nr. 4 Satz 2 EStG ist bei mehr als 50 % betrieblicher Nutzung die private Nutzung des PKW für jeden Kalendermonat mit 1 % des inländischen Listenpreises im Zeitpunkt der Erstzulassung zuzüglich der Kosten für Sonderausstattungen einschließlich der USt anzusetzen. Die Kosten für die Überführung und Zulassung gehören nicht dazu.

Als Listenpreis gilt der Neupreis unabhängig davon, ob

- der tatsächliche Kaufpreis, z. B. wegen eines Rabatts, niedriger war,
- ein Neu- oder Gebrauchtwagen erworben wurde,
- der PKW bereits in vollem Umfang abgeschrieben ist (FG Köln vom 14.11.2002, EFG 2003 S. 381),
- ein Oldtimer vorliegt, dessen Listenpreis vor Jahrzehnten niedrig war und kaum noch zu ermitteln ist.

Der Ansatz der Pauschale unterbleibt nur für volle Kalendermonate, in denen das Fahrzeug nachweislich nicht privat genutzt worden ist. Dauert z. B. eine Urlaubsreise ohne Nutzung des betreffenden PKW vom 13.01. bis 20.03., dann ist für Februar keine Pauschale anzusetzen. Dauert die Reise aber vom 03.03. bis 28.04., muss für beide Monate die Pauschale angesetzt werden (vgl. BMF vom 21.01.2002, BStBl 2002 I S. 148 Tz. 12, und Mertes, LSW 2009 Gruppe 14 S. 315, 322).

Ermittelt der Unternehmer für die Ertragsteuer den Wert der Nutzungsentnahme nach der 1 %-Regelung, kann er nach Ansicht der Finanzverwaltung (vgl. BMF-Schreiben vom 27.08.2004, BStBl 2004 I S. 864 Tz. 2.1) den sich danach ergebenden Betrag auch als Bemessungsgrundlage für die USt verwenden. Dabei ist aber für die nicht mit Vorsteuern belasteten Kosten von diesem Wert ein 20-prozentiger Abschlag vorzunehmen. Auf den sich danach ergebenden Betrag ist die USt mit 19 % aufzuschlagen. Dies gilt, obwohl im Ausgangswert, dem **Listenpreis,** bereits USt enthalten ist (a. A. BFH vom 11.03.1999 V R 78/98, DStR 1999 S. 848, und vom 07.12.2010 VIII R 54/07, DB 2011 S. 276: „Bemessungsgrundlage sind die Kosten").

4.2 Anwendung der Fahrtenbuchmethode

Nach § 6 Abs. 1 Nr. 4 Satz 3 EStG kann die private Nutzung eines PKW auch durch ein ordnungsgemäß geführtes Fahrtenbuch nachgewiesen werden. Diese Methode ist infolge der Aufzeichnungspflichten aufwendiger als die 1 %-Regelung, kann aber günstiger sein für die Steuerpflichtigen, bei denen der Anteil der privaten Fahrten an der Gesamtnutzung sehr gering ist, ein Fahrzeug mit hohem Listenpreis oder ein gebrauchtes Fahrzeug genutzt wird.

Die Fahrtenbuchmethode verlangt, dass ein Fahrtenbuch geführt wird, aus dem sich sämtliche privaten und betrieblichen Fahrten ergeben. Auch die Fahrten zwischen Wohnung und Betrieb und die Familienheimfahrten müssen ersichtlich sein. Sämtliche Kosten müssen eingetragen sein, d. h. nicht nur die laufenden Kosten wie Kraftstoffverbrauch, Reparaturen usw., sondern auch die fixen Kosten. Insbesondere muss die AfA zeitanteilig erfasst werden, wobei Sonderabschreibungen und erhöhte Absetzungen nicht in Betracht kommen (vgl. BMF-Schreiben vom 21.01.2002, BStBl 2002 I S. 148 Rn. 27, und BFH vom 25.03.1988, BStBl 1988 II S. 655). Das Fahrtenbuch muss dem Finanzamt im Original vorgelegt werden können, eine Reinschrift genügt nicht. Das Fahrtenbuch muss während des ganzen Jahres geführt werden. Bei jeder betrieblichen Fahrt sind folgende Daten zu vermerken (BMF-Schreiben vom 21.01.2002, BStBl 2002 I S. 148 Rn. 19):

– Datum und Kilometerstand zu Beginn und am Ende jeder einzelnen Fahrt,
– Reiseziel sowie Reiseroute bei Umwegen,
– Reisezweck und aufgesuchter Geschäftspartner.

Für bestimmte Berufsgruppen gibt es Aufzeichnungserleichterungen, z. B. Taxifahrer, Fahrlehrer, Handelsvertreter und Personen mit beruflicher Verschwiegenheitspflicht, wie Ärzte, Rechtsanwälte, Steuerberater, Geistliche (BMF-Schreiben vom 21.01.2002, a. a. O., Rn. 20 ff.; vgl. auch H 8.1 (9–10) LStH). Wird das Fahrtenbuch nicht ordnungsgemäß geführt, wird nach Verwaltungsauffassung bei über 50 % betrieblicher Nutzung die 1 %-Methode angewandt. Wird für ertragsteuerliche Zwecke die Fahrtenbuchmethode gewählt, muss sie auch für umsatzsteuerliche Zwecke angewandt werden (vgl. BMF-Schreiben vom 27.08.2004, BStBl 2004 I S. 864 Tz. 2.2). In die Bemessungsgrundlage dürfen dann nur die durch Vorsteuer belasteten Kosten einbezogen werden (BMF-Schreiben vom 27.08.2004, a. a. O., Tz. 2.2).

Befindet sich ein PKW im gewillkürten Betriebsvermögen (betriebliche Nutzung von mindestens 10 % bis zu 50 %), ist der Entnahmewert nach § 6 Abs. 1 Nr. 4 Satz 1 EStG zu ermitteln und mit den auf die geschätzte private Nutzung entfallenden Kosten anzusetzen. Die Führung eines Fahrtenbuchs ist dazu nicht zwingend erforderlich. Es ist auch eine andere Beweisführung möglich.

4.3 Anwendung der Schätzungsmethode

Diese Methode ist nur zu umsatzsteuerlichen Zwecken anwendbar, wenn der Unternehmer die Fahrtenbuchmethode nicht anwendet oder das Fahrtenbuch nicht ordnungsgemäß ist (vgl. Lippross, Tz. 5.4.3 e)). Bei der Schätzungsmethode hat der Unternehmer anhand geeigneter Unterlagen nachzuweisen, wie hoch der zu schätzende Privatanteil ist. Gelingt der Nachweis nicht, setzt die Finanzverwaltung einen Privatanteil von wenigstens 50 % an (BMF-Schreiben vom 27.08.2004, BStBl 2004 I S. 864 Tz. 2.3). Der BFH ging bei einem Zahnarzt sogar von einer 90-prozentigen Privatnutzung aus (BFH vom 09.12.1998 IV B 33/98, BFH/NV 1999 S. 916).

5. Der konkrete Privatanteil nach den verschiedenen Methoden

5.1 Anwendung der 1 %-Regelung

Will Modrow den Privatanteil des PKW nach der 1 %-Regelung ermitteln und diesen Wert auch für die USt zugrunde legen, ergibt sich folgende Berechnung gem. § 6 Abs. 1 Nr. 4 Satz 2 EStG und § 3 Abs. 9a Nr. 1 UStG:

1 % von 49.980 € (Listenpreis) × 12 =		5.997,60 €
Bemessungsgrundlage USt	5.997,60 €	
./. Pauschalabschlag 20 %	1.199,52 €	
	4.798,08 €	
4.798,08 € × 19 % USt		911,64 €
Ertragsteuerliche Entnahme		6.909,24 €

Damit hat Modrow zu buchen:

Entnahmen 6.909,24 €
        an Erlöse aus unentgeltlicher Wertabgabe (19 % USt)   4.798,08 €
        an Erlöse aus unentgeltlicher Wertabgabe (ohne USt)   1.199,52 €
        an USt-Schuld   911,64 €

Ertragsteuerlich sind damit von Modrow 5.997,60 Euro zu versteuern und 911,64 Euro USt ans Finanzamt abzuführen.

5.2 Anwendung der Fahrtenbuchmethode

Will Modrow nach der Fahrtenbuchmethode vorgehen, ergibt sich gem. § 6 Abs. 1 Nr. 4 Satz 3 EStG und § 3 Abs. 9a Nr. 1 i. V. m. § 10 Abs. 4 Nr. 2 UStG folgende Berechnung:

	ESt	USt
Laufende Kosten mit Vorsteuerabzug	8.000,00 €	8.000,00 €
Laufende Kosten ohne Vorsteuerabzug	1.600,00 €	–
Anschaffungskosten		
42.000 € + 400 € ./. 3.000 € = 39.400 €		
Lineare AfA: $1/6$	6.567,00 €	–
Anschaffungskosten verteilt auf		
5-jährigen Berichtigungszeitraum; $1/5$	–	7.880,00 €
Bemessungsgrundlage	16.167,00 €	15.880,00 €
USt 15.880 € × 30 % =		4.764,00 €
Davon 19 %		905,16 €
ESt 16.167 € × 30 % =	4.850,10 €	
USt für die Wertabgabe	905,16 €	
Ertragsteuerliche Entnahme	5.755,26 €	

Damit hat Modrow zu buchen:

Entnahmen 5.755,26 €
        an Erlöse aus unentgeltlicher Wertabgabe (19 % USt)   4.764,00 €
        an Erlöse aus unentgeltlicher Wertabgabe (ohne USt)   86,10 €
        an USt-Schuld   905,16 €

Ertragsteuerlich sind damit von Modrow 4.850,10 Euro zu versteuern und 905,16 Euro USt ans Finanzamt abzuführen.

Bei der Fahrtenbuchmethode ist nicht vom Listenpreis (48.720 Euro), sondern von den echten Anschaffungskosten auszugehen, also 42.000 Euro (ohne USt) + 400 Euro Zulassungs- und Überführungskosten (vgl. oben zu 2.) abzüglich 3.000 Euro Rabatt = 39.400 Euro. Außerdem ist die „AfA" bei der ESt und bei der USt verschieden anzusetzen (vgl. oben zu 3.). Die Erlöse aus der unentgeltlichen Wertabgabe ohne USt von 86,10 Euro ergeben sich aus dem Differenzbetrag (Mehr-„AfA" bei der USt [7.880 Euro ./. 6.567 Euro =} 1.313 Euro und laufende Kosten ohne USt 1.600 Euro = 287 Euro, davon 30 %).

5.3 Anwendung der Schätzungsmethode

Will Modrow – nur für die USt (vgl. oben 4.3) – die Schätzungsmethode anwenden, werden nur die PKW-Kosten Bemessungsgrundlage, bei denen ein Vorsteuerabzug möglich war. Dies sind im vorliegenden Fall 15.880 Euro (vgl. oben 5.2). Da die Finanzverwaltung, wenn kein Fahrtenbuch und keine sonstigen Unterlagen vorliegen, einen Privatanteil von wenigstens 50 % annimmt, sind 7.940 Euro mit 19 % USt anzusetzen. Modrow hat nach dieser Methode dann 1.508,60 Euro USt ans Finanzamt abzuführen, d. h., dies wäre im vorliegenden Fall viel ungünstiger als die 1 %-Regelung (vgl. oben 5., dort 911,64 Euro).

Würde das Fahrtenbuch oder sonstige Unterlagen vom Finanzamt akzeptiert, wäre nur ein Privatanteil von 30 % anzusetzen. Dies wären dann 4.764 Euro (30 % von 15.880 Euro). Modrow müsste dann wie bei der Fahrtenbuchmethode 905,16 Euro USt ans Finanzamt abführen.

Führt Modrow kein ordnungsgemäßes Fahrtenbuch, ist ertragsteuerlich zwingend die 1 %-Regelung anzuwenden; in diesem Fall kommt die 1 %-Regelung auch für die USt in Betracht, er hätte dann 5.997,60 Euro zu versteuern.

5.4 Wahl

Welche Methode am günstigsten ist, hängt von den jeweiligen Gegebenheiten ab. Im vorliegenden Fall wird sich Modrow für die Fahrtenbuchmethode entscheiden, weil so die geringste Steuerbelastung entsteht und er laut Sachverhalt ohnehin ein anzuerkennendes Fahrtenbuch geführt hat. Er muss dann mit 4.850,10 Euro gegenüber der 1 %-Regelung (5.997,60 Euro) 1.147,50 Euro weniger versteuern, was bei 45 % Ertragsteuerbelastung einer Steuerersparnis von 516,38 Euro entspricht. Umsatzsteuerlich verursacht die Fahrtenbuchmethode mit 905,16 Euro allerdings einen geringen Mehraufwand i. H. von 6,48 Euro gegenüber der 1 %-Regelung mit 911,64 Euro (Schätzungsmethode 1.508,60 Euro bzw. 905,16 Euro).

6. Verkauf

Da im vorliegenden Fall der PKW bei 70-prozentiger betrieblicher Nutzung zum notwendigen Betriebsvermögen gehört, muss Modrow die stillen Reserven, d. h. die Differenz zwischen dem Buchwert beim Verkauf und dem Verkaufserlös, versteuern. Dabei mindert der Veräußerungsgewinn nicht die Bemessungsgrundlage für den privaten Nutzungsanteil im Veräußerungsjahr (BFH vom 26.01.1994, BStBl 1994 II S. 353). Der Buchwert wird errechnet aus den Anschaffungskosten minus angesetzter AfA:

Anschaffungskosten, vgl. 5.2	39.400 €
AfA 02, vgl. 5.2	6.567 €
AfA 03	6.567 €
Buchwert 30.12.03	26.266 €

Da Modrow den PKW voll zum Unternehmensvermögen genommen hat, hat er den Veräußerungserlös von 28.000 Euro voll der USt zu unterwerfen.

Modrow bucht am 30.12.03:

sonstige Forderung	33.320 €	
an PKW		26.266 €
an USt		5.320 €
an sonstigen betrieblichen Ertrag		1.734 €

Ertragsteuerlich hat Modrow keine andere Möglichkeit.

Hat Modrow bei Erwerb des PKW diesen nur teilweise zum Unternehmensvermögen gezogen und dabei die Vorsteuer gem. § 15 UStG nur teilweise geltend gemacht, z. B. zu 70 %, stellt die Veräußerung umsatzsteuerrechtlich auch nur teilweise eine steuerbare und steuerpflichtige Lieferung im Rahmen des Unternehmens dar. Er müsste dann nur 19 % von 70 % des Veräußerungserlöses der USt unterwerfen, also nur 3.724 Euro USt bezahlen (70 % von 28.000 Euro = 19.600 Euro, davon 19 %), vgl. Lippross, Tz. 2.10.4.3 e) am Ende und Abschn. 15.2 Abs. 21 Nr. 2b UStAE.

Fall 65

Anschaffungskosten, Herstellungskosten und Teilwert bei Tieren

Sachverhalt

Sandra Weber betreibt in Tamm einen Schuheinzelhandel. Sie bilanziert. Wirtschaftsjahr ist das Kalenderjahr. Am 15.01.01 erwirbt sie einen jungen Schäferhund mit Namen Sissi für 600 Euro + USt. Ab dem 01.01.02 setzt sie Sissi nachts als Wachhund in ihrem großen Schuhwarenlager ein. Tagsüber verweilt Sissi zu ihrer und zur Sicherheit des Personals in den Verkaufsräumen. In der Zeit vom 15.01.01 bis zum 31.12.01 lässt Sandra Weber Sissi für 1.000 Euro + USt dressieren. In dieser Zeit muss Sissi öfter zum Tierarzt;

an Kosten für Arzt, Impfungen und Medikamente fallen 800 Euro + USt an. Futterkosten entstehen monatlich i. H. von 100 Euro inklusive USt. Insoweit sammelt Sandra Weber die Belege nicht. Die Hundesteuer beträgt im Jahr 01 für das Tier 120 Euro, die Haftpflichtversicherung 40 Euro.

Sandra Weber will Sissi bis zum 31.12.07 einsetzen, tatsächlich nimmt sie Sissi aber schon am 30.06.05 in ihre private Wohnung, weil sie zu diesem Termin für den Betrieb ein neues junges Tier erwerben kann. Obwohl ihr am 30.06.05 ein Tierhändler für das gut dressierte Tier als Kaufpreis noch 1.500 Euro ohne USt anbietet, veräußert sie Sissi nicht.

Frage

1. Wie sind die Kosten für den Erwerb und die Versorgung des Tieres bis zum 30.12.01 zu behandeln?

2. Wie sind die Kosten für den Erwerb und die Versorgung des Tieres ab dem 01.01.02 zu behandeln?

3. Wie ist der Vorgang am 30.06.05 zu beurteilen?

Antwort

1. Bis zum 31.12.01 sind alle anfallenden Kosten als Anschaffungs- bzw. Herstellungskosten zu aktivieren. Sissi ist am 31.12.01 als Wachhund mit 3.710 Euro anzusetzen. Eine Abschreibung kommt nicht in Betracht (strittig).

2. Ab dem 01.01.02, dem Einsatz des Tieres in dem Betrieb, ist der Bilanzansatz Wachhund abzuschreiben. Die weiteren Kosten sind abzugsfähige Betriebsausgaben.

3. Zum 30.06.05 ist Sissi zu entnehmen. Dabei entsteht für Sandra Weber eine USt-Pflicht von 285 Euro und bei linearer AfA in der Zeit davor ein sonstiger betrieblicher Ertrag von 571 Euro.

Begründung

1. Tiere sind im Steuerrecht Wirtschaftsgüter. Sie sind daher wie andere Wirtschaftsgüter zu behandeln, insbesondere zu bewerten. Vergleiche hierzu das ausführliche BMF-Schreiben vom 14.11.2001 (BStBl 2001 I S. 864). Dieses Schreiben ist zwar für die Land- und Forstwirtschaft erstellt worden. Es gilt aber auch für Gewerbebetriebe.

Der Schäferhund Sissi wird ausschließlich betrieblich benötigt, entweder zur Sicherung des Personals in den Verkaufsräumen oder als Wachhund im Lager. Damit ist Sissi notwendiges Betriebsvermögen.

Beim Erwerb ist Sissi mit ihren Anschaffungskosten i. H. von 600 Euro in die Bücher einzubuchen. Buchung „Wachhund 600 Euro, Vorsteuer 114 Euro an Geldkonto 714 Euro".

Mit der Anschaffung ist Sissi als Wachhund noch nicht einsetzbar. Das Tier ist – steuerlich ausgedrückt – noch nicht fertig gestellt. Daher ist es zu diesem Zeitpunkt auch noch nicht abschreibbar. Vergleiche Tz. 8 des BMF-Schreibens vom 14.11.2001 (a. a. O.). Zu den Anschaffungskosten kommen noch Herstellungskosten hinzu mit der Folge, dass am nächsten Bilanzstichtag die Anschaffungskosten und die bis dahin entstandenen Herstellungskosten aktiviert werden müssen. Steuerlich handelt es sich zu diesem Zeitpunkt um ein halbfertiges Wirtschaftsgut des Anlagevermögens.

Als Herstellungskosten kommen auch bei Tieren Material- und Lohneinzelkosten sowie Fertigungsgemeinkosten in Betracht, z. B. die Kosten für den Tierarzt, Medikamente, Tierversicherungen, Energie, Nahrung, Abwasser, Entsorgungskosten, AfA für Stallgebäude und Futterlager usw. Zu erfassen sind diese Gemeinkosten aus allen Herstellungsphasen, die bis zum Zeitpunkt der Fertigstellung entstehen. Vergleiche Tz. 3 des BMF-Schreibens vom 14.11.2001 (a. a. O.).

Sandra Weber hat daher den Wachhund am 31.12.01 wie folgt anzusetzen:

Anschaffungskosten	600 €
Dressurkosten	1.000 €
Kosten Tierarzt	800 €
Futterkosten monatlich 100 € × 11½ Monate	1.150 €
Hundesteuer	120 €
Haftpflichtversicherung	40 €
insgesamt	3.710 €

Weitere Kosten sind laut Sachverhalt nicht ersichtlich. Da für die Futterkosten keine Belege vorliegen, kann Sandra Weber insoweit die Vorsteuer nicht herausrechnen.

Die Herstellungskosten können während des Jahres entweder sofort dem Aktivkonto zugebucht oder als laufender Aufwand erfasst werden. Soweit sie als laufender Aufwand gebucht werden, ist diese Aufwandsbuchung durch eine entsprechende Ertragsbuchung zum Bilanzstichtag rückgängig zu machen. Die Dressurkosten können z. B. wie folgt gebucht werden:

1. Wachhund	an	Geldkonto	1.000 €	oder
2. Dressuraufwand	an	Geldkonto	1.000 €	und
Wachhund	an	Dressuraufwand	1.000 €	oder
3. Dressuraufwand	an	Geldkonto	1.000 €	und
Wachhund	an	sonstige betriebliche Erträge	1.000 €	

In der Praxis kommen alle drei Alternativen vor.

Anmerkung: In der Literatur ist es umstritten, ob die AfA bereits vom Zeitpunkt der Anschaffung oder Herstellung oder erst vom Zeitpunkt der Ingebrauchnahme des Wirtschaftsguts vorzunehmen ist. Vergleiche z. B.

Littmann/Bitz/Pust, § 7 Rn. 212, 213, und Schmidt/Drenseck, § 7 Rn. 90, beide mit weiteren Nachweisen, und insbesondere Fall 75.

Nach R 7.4 Abs. 1 Satz 1 EStR verlangt die Verwaltung, dass die AfA nach Anschaffung vorgenommen werden muss. Wollte man dem im vorliegenden Fall nachkommen, müssten die Anschaffungskosten von Sissi i. H. von 600 Euro schon ab dem 15.01.01 abgeschrieben werden. Die weiteren Herstellungskosten wären als nachträgliche Herstellungskosten zu aktivieren. Vergleiche Fall 75.

Diese Vorgehensweise wäre bei Tieren sehr kompliziert. Die Verwaltung will deshalb die Abschreibung bei Tieren erst zulassen, wenn der Herstellungsvorgang beendet ist. Vergleiche Tz. 8 des BMF-Schreibens vom 14.11.2001 (a. a. O.). Hier ist ausgeführt, dass bei Gebrauchstieren die erste Ingebrauchnahme maßgebend ist.

2. Ab dem 01.01.02 wird Sissi betrieblich eingesetzt, also genutzt. Da dies nur eine gewisse Zeit geschehen kann, ist sie als Wirtschaftsgut ab 01.01.02 abzuschreiben. Als AfA-Vorschriften kommen § 7 Abs. 1 oder 2 EStG infrage.

Nimmt Sandra Weber die lineare AfA gem. § 7 Abs. 1 EStG in Anspruch, dann hat sie Sissi in 6 Jahresbeträgen, also jeweils mit 618 Euro (3.710 Euro : 6), abzuschreiben. Sie selbst ging zunächst davon aus, dass sie Sissi bis zum 31.12.07 einsetzen kann, also insgesamt 6 Jahre. Dass Sissi aber tatsächlich nur bis zum 30.06.05 eingesetzt wurde, spielt für die ursprüngliche Schätzung der Nutzung keine Rolle. Der Buchwert des Hundes beträgt daher zum 30.06.05 929 Euro (3.710 Euro ./. 4,5 × 618 Euro).

Alle sonstigen Kosten sind in der Zeit vom 01.01.02 bis zum 30.06.05 laufender Aufwand, z. B. Futterkosten, Versicherungsbeiträge, Entsorgungskosten und die Kosten für den Tierarzt.

3. Am 30.06.05 nimmt Sandra Weber den Schäferhund zu sich in ihre private Wohnung. Damit wird Sissi mit dem Teilwert gem. § 6 Abs. 1 Nr. 4 EStG (1.500 Euro + USt) entnommen. Dies ist gleichzeitig umsatzsteuerlich eine Lieferung gem. § 3 Abs. 1b Nr. 1 UStG. Sandra Weber hat daher am 30.06.05 zu buchen:

„Entnahme 1.785 €	an	Wachhund	929 €
		USt	285 €
		sonstiger betrieblicher Ertrag	571 €"

In der Praxis ist der Teilwert eines Wirtschaftsguts sehr schwer zu ermitteln. Dies gilt umso mehr bei Tieren, weil hier häufig auch persönliche Beziehungen zu dem Tier eine Rolle spielen, die an sich nicht berücksichtigt werden können. Vergleiche hierzu die in den Fällen 58, 59 und 61 dargestellten Grundsätze. Da in vorliegendem Fall ein Tierhändler ein Kaufangebot gemacht hat, kann man davon ausgehen, dass der Teilwert diesem Kaufangebot entspricht, da persönliche Wertvorstellungen bei einem Tierhändler im Allgemeinen nicht gegeben sind.

Fall 66

Erbbaurecht – Abstandszahlung – immaterielles Wirtschaftsgut – Geschäftswert

Sachverhalt

Gustav Krieger ist Eigentümer einer Großdruckerei in Marbach am Neckar. Er bilanziert. Krieger hat sich am 20.02.01 notariell gegenüber der Bahnbau-KG zur Einräumung eines Erbbaurechts an dem betrieblichen Parkplatzgrundstück Uhlandstr. 10 innerhalb von 15 Jahren verpflichtet. Die KG sollte für die Dauer von 50 Jahren auf dem Grundstück ein Betriebsgebäude errichten dürfen. Ende des Jahres 10 drängte die KG auf Eintragung des Erbbaurechts. Da Krieger das Grundstück aber weiter selbst nutzen wollte, war die KG nach langen und schwierigen Verhandlungen schließlich bereit, gegen die Zahlung einer Abstandssumme von 60.000 Euro durch notariellen Vertrag vom 20.08.10 auf die Einräumung des Erbbaurechts zu verzichten. Krieger bezahlte der KG am 15.11.10 die verlangten 60.000 Euro und aktivierte diesen Betrag sofort. Am Bilanzstichtag (31.12.10) nahm Krieger keine Abschreibung auf den aktivierten Betrag vor.

Frage

Durfte Krieger den Betrag von 60.000 Euro aktivieren?

Antwort

Nein, es liegt sofort abzugsfähiger Aufwand vor.

Begründung

Krieger durfte, da die Bildung eines RAP nicht infrage kommt, eine Aktivierung nur vornehmen, wenn die Zahlung entweder den Anschaffungskosten oder den Herstellungskosten eines materiellen Wirtschaftsguts zugerechnet werden könnte oder wenn er ein immaterielles Wirtschaftsgut des Anlagevermögens entgeltlich erworben hätte, § 5 Abs. 2 EStG.

Krieger bezahlte der KG für deren Verzicht auf die Eintragung des Erbbaurechts 60.000 Euro. Wäre das Erbbaurecht im Grundbuch eingetragen worden, hätte die KG das Recht gehabt, auf oder unter der Oberfläche des Grundstücks ein Gebäude zu haben (vgl. § 1 ErbbauVO). Krieger hätte zwar sicherlich von der KG einen Erbbauzins erhalten, er hätte jedoch das Grundstück 50 Jahre lang nicht für seinen Betrieb nutzen können. Durch die Zahlung erlangte er den Vorteil der freien Verfügbarkeit über das Betriebsgrundstück.

Dieser Vorteil der freien Verfügbarkeit steht jedoch nicht mit der Anschaffung des Grundstücks im Zusammenhang, denn die Abstandszahlung diente nicht dem Erwerb des Grundstücks (vgl. BFH vom 02.03.1970, BStBl 1970 II S. 382, und vom 29.07.1970, BStBl 1970 II S. 810, sowie Fall 44). Eine Zurechnung zu den Anschaffungskosten ist daher nicht möglich.

Die Zahlung erfolgte im Wesentlichen zur Wiederherstellung normaler Eigentümerbefugnisse. Das vorangegangene Fehlverhalten sollte rückgängig gemacht werden. Der Betrag kann daher weder irgendwelchen Herstellungskosten zugerechnet werden noch ist ein selbständig bewertbares Wirtschaftsgut entstanden (BFH vom 14.10.1971, BStBl 1972 II S. 34, und vom 01.01.1975, BStBl 1976 II S. 184, sowie Fall 44).

Wegen des engen Zusammenhangs der Nutzung dieses Grundstücks mit dem betrieblichen Gesamtgeschehen handelt es sich um die Erwartung einer langfristigen Verbesserung der Gewinnchancen des Unternehmens im Ganzen. Die Aufwendungen gehen daher im Geschäftswert auf, jenem Inbegriff von Gewinnchancen, die der Erwerber eines Unternehmens über die Teilwerte der übrigen Wirtschaftsgüter hinaus dem Veräußerer vergüten würde (BFH vom 23.06.1981, BStBl 1982 II S. 56, und Schmidt/Weber-Grellet, § 5 Rn. 221 bis 233).

Der Geschäftswert ist ein einheitliches Wirtschaftsgut. Er darf nur aktiviert werden, wenn er entgeltlich erworben wurde, § 5 Abs. 2 EStG. Ein erworbener Geschäftswert liegt jedoch nur vor, wenn ein ganzes, lebendes Unternehmen erworben wurde (BFH vom 29.07.1982, BStBl 1982 II S. 650, und vom 07.11.1985, BStBl 1986 II S. 176). Durch die Zahlung der 60.000 Euro hat Krieger aber kein Unternehmen erworben, sondern seinem Betrieb ist durch diesen Aufwand nur ein gewisser Vorteil zugewachsen, d. h., der vorhandene (originäre) Geschäftswert, und zwar dessen Teilwert, hat sich erhöht. Denn der Erwerber hätte nach Auflösung des Vertrags für den Betrieb mehr bezahlt. Die Nichtaktivierung des originären Geschäftswerts und dessen Werterhöhung ist darin begründet, dass sich erst bei der Veräußerung des Betriebs herausstellt, ob ein Geschäftswert tatsächlich vorhanden ist und vergütet wird. Die vorherige Aktivierung würde den Ausweis eines nicht realisierten Gewinns darstellen.

Eine Aktivierung ist daher unter keinem Gesichtspunkt gerechtfertigt. Krieger muss die Zahlung der 60.000 Euro als sofort abzugsfähigen Aufwand behandeln (vgl. BFH vom 02.03.1970, BStBl 1970 II S. 382, und vom 14.10.1971, BStBl 1972 II S. 34).

V. Bewertung von Forderungen

Fall 67

Wertabschläge zu einzelnen Forderungen wegen des Ausfallrisikos – wegen niedriger Verzinslichkeit – wegen der zu erwartenden Einbehaltung von Skonto

Sachverhalt

Der bilanzierende, seine Umsätze der Regelbesteuerung unterwerfende Autogroßhändler Eugen Ernst will zum 31.12.04 Einzelwertberichtigungen bei drei Forderungen vornehmen:

a) bei einer Forderung von 23.800 Euro einschließlich USt, da ein Ausfall von etwa 50 % zu befürchten ist;

b) bei einer Forderung von 59.500 Euro einschließlich USt, da wegen der späten Fälligkeit dieses unverzinslichen Betrages eine Abzinsung von 3 % angemessen erscheint;

c) bei einer Forderung von 11.900 Euro einschließlich USt, weil damit zu rechnen ist, dass der Kunde bei Zahlung berechtigterweise 5 % Skonto einbehält.

Frage

In welcher Höhe kann Ernst aus diesen Gründen einen Abschlag vom Nennwert der Forderungen vornehmen?

Antwort

Der Abschlag ist insgesamt mit 12.285 Euro zu bemessen.

Begründung

Für die Bewertung von Forderungen gilt handelsrechtlich § 253 Abs. 4 HGB und steuerrechtlich § 6 Abs. 1 Nr. 2 EStG. Praxis und Rechtsprechung gehen davon aus, dass die Anschaffungskosten i. S. des § 6 Abs. 1 Nr. 2 EStG von Geldforderungen, die nicht entgeltlich durch Zession erworben worden sind, den Nennwerten entsprechen (BFH vom 30.11.1988, BStBl 1990 II S. 117, und vom 24.01.1990, BStBl 1990 II S. 639). Ein Abschlag ist nach § 253 Abs. 4 HGB in der Handelsbilanz zwingend vorzunehmen, unabhängig davon, ob eine vorübergehende oder eine voraussichtlich dauernde Wertminderung vorliegt. In der Steuerbilanz ist dagegen ein Abschlag nach § 6 Abs. 1 Nr. 2 Satz 2 EStG nur zum Ausweis eines wegen einer voraussichtlich dauernden Wertminderung niedrigeren Teilwerts möglich. Es ist daher wegen eines möglichen Teilwertabschlags zunächst zu prüfen, ob der Teilwert der Forderung am Bilanzstichtag niedriger als deren Nennwert ist. Da die Teilwerte von Forderungen, wenn die tatsächlichen Gegebenheiten erkennbar sind, leicht gefunden werden können, hebt die Rechtsprechung zu Teilwertabschlägen von den Nennwerten der Forderungen nicht auf die Teilwertvermutungen ab.

Zur Bestimmung des Teilwerts einer Forderung ist – entsprechend der Definition des Teilwerts in § 6 Abs. 1 Nr. 1 EStG – nur zu fragen, ob ein fiktiver Erwerber eines Betriebs wegen möglicherweise wertmindernder Umstände im Rahmen des Gesamtkaufpreises einen unter dem Nennwert liegenden Betrag für die zu bewertende Forderung angesetzt hätte.

Das trifft zu, wenn ein Forderungsausfall anzunehmen ist. Dabei würden für die Bemessung des Teilwerts nicht nur der voraussichtlich ausfallende Betrag, sondern auch zu erwartende Mahn- und Beitreibungskosten berücksichtigt. Allerdings erhält bei einem Forderungsausfall der Unternehmer nach § 17 Abs. 2 UStG die bei Sollbesteuerung bereits an die Finanzkasse gezahlte USt zurück. Das Ausfallrisiko bezieht sich bei Unternehmern mit Regelbesteuerung daher nur auf den Nettobetrag der Forderung (BFH vom 16.07.1981, BStBl 1981 II S. 766).

Der Erwerber eines Betriebs würde allgemein auch für eine unverzinsliche Forderung, die erst lange Zeit nach dem Stichtag fällig ist, nicht den vollen Nennwert zahlen, vielmehr seinen Zinsausfall berücksichtigen und den Nennwert „abzinsen" (es sei denn, es lägen besondere Umstände vor, wie bei nicht oder niedrig zu verzinsende Darlehen an Betriebsangehörige; BFH vom 24.01.1990, BStBl 1990 II S. 639). Das muss auch bei der Bemessung des Teilwerts berücksichtigt werden. Der Zinsausfall wegen einer zinslos gestundeten Forderung bezieht sich bei Sollbesteuerung auch auf den darin enthaltenen USt-Anteil, der vom Unternehmer bereits an die Finanzkasse gezahlt ist. Die Abzinsung ist daher vom Bruttobetrag vorzunehmen.

Der Erwerber eines Betriebs müsste es auch berücksichtigen, wenn anzunehmen ist, dass anstelle des Nennbetrages der Forderung eine um Skonti oder Rabatte geminderte Summe eingeht. (Die Entscheidung des BFH vom 27.02.1991, BStBl 1991 II S. 456, nach der ein möglicher Skontoabzug bei der Bewertung von Waren nicht zu berücksichtigen ist, steht, zumal sie von der Teilwertvermutung ausgeht, nicht der in der Praxis üblichen Berücksichtigung von möglichen Skonti bei der Forderungsbewertung entgegen.) Das kann jedoch bei einem Unternehmer mit Regelumsatzbesteuerung nur zu einem Teilwertabschlag hinsichtlich des Nettobetrags führen. Die in den einbehaltenen Skonti oder Rabatten enthaltene USt wird dem Unternehmer nach § 17 Abs. 1 UStG zurückerstattet.

Es ist weiter zu prüfen, ob die genannten Wertminderungen voraussichtlich dauernd sein werden (vgl. hierzu auch BMF vom 25.02.2000, BStBl 2000 I S. 372 Tz. 23). Dies ist bei Wertminderungen wegen des Ausfallrisikos allgemein anzunehmen (die Möglichkeit einer Sanierung eines kaum zahlungsfähigen Schuldners wird sich nur selten konkret abzeichnen), ebenso bei Wertminderungen, die entstehen, weil die Zahlungen voraussichtlich unter Einbehaltung von Skonti oder Rabatten geleistet werden. Obwohl die Möglichkeit, eine Rechnung unter Abzug von Skonto zu zahlen, zeitlich i. d. R. begrenzt ist, eine Forderung nach Ablauf dieses Zeitraums mit dem Nennbetrag beglichen werden muss, ist sie – wenn eine Zahlung abzüglich Skonto zu vermuten ist – während ihrer gesamten damit anzunehmenden (kurzen) Laufzeit im Wert gemindert. Auch bei nicht oder niedrig zu verzinsenden Forderungen liegt eine dauernde Wertminderung i. S. des § 6 Abs. 1 Nr. 2 Satz 2 EStG vor, obwohl ein Abzinsungsbetrag bei fortschreitender Laufzeit der Forderung ständig geringer wird. Es kann nicht dem Sinn der bilanzsteuerrechtlichen Regelung des § 6 Abs. 1 Nr. 2 Satz 2 EStG entsprechen, dass zu aktivierende Forderungen höher zu bewerten sind als entsprechende zu passivierende Verbindlichkeiten. Unverzinsliche Verbindlichkeiten sind aber grundsätzlich nach § 6 Abs. 1 Nr. 3 EStG abzuzinsen. Entsprechendes muss für nicht oder niedrigverzinsliche Forderungen gelten. Da ein Erwerber des Betriebs auch für unverzinsliche oder niedrigverzinsliche Forderungen mit einer Laufzeit von weniger als 12 Monaten einen unter dem Nennwert liegenden Betrag zahlen, die Abzinsung zudem nach den für ihn maßgebenden üblichen Zinsen berechnen würde, gelten die für die Bewertung von Verbindlichkeiten zu beachtenden Besonderheiten (Zinssatz, keine Abzinsung bei geringer Laufzeit) nicht für die Bewertung von Forderungen (so im Ergebnis Schmidt, § 6 Rn. 371).

Die Wertberichtigung zu den genannten Forderungen ist daher wie folgt zu berechnen:

a)	50 % aus 20.000 € (Nettobetrag)	10.000 €
b)	3 % aus 59.500 € (Bruttobetrag)	1.785 €
c)	5 % aus 10.000 € (Nettobetrag)	500 €
		12.285 €

Entsprechend ist bei der Berechnung einer grundsätzlich ebenfalls zulässigen Pauschalwertberichtigung zu Forderungen vorzugehen. Zunächst müssen die einzelnen wertmindernden Umstände ggf. nach den Erfahrungen in der Vergangenheit ermittelt und deren Auswirkungen beziffert werden. Daraus ergibt sich dann die Gesamtwertberichtigung (vgl. auch Fall 68).

Eine Wertberichtigung kann schließlich auch in einem „gemischten Verfahren" vorgenommen werden. Dabei wird ein Teil der Forderungen einzelwertberichtigt, die restlichen Forderungen werden pauschalwertberichtigt.

Fall 68

Pauschalwertberichtigung zu Forderungen wegen des Ausfallrisikos – Grundsatz der besseren Erkenntnis bei der Forderungsbewertung

Sachverhalt

Der bilanzierende Großhändler Konstantin Schlau hat einen großen, ständig wechselnden Kundenkreis. Nach den in der Vergangenheit gemachten Erfahrungen erscheint die Annahme gerechtfertigt, dass jeweils 3 % des vorhandenen Forderungsbestandes ausfallen werden. Bei Erstellung der Bilanz zum 31.12.06 – am 10.06.07 – stellt Schlau fest, dass sein Forderungsbestand am 31.12.06 59.500 Euro (einschließlich ausgewiesener USt von jeweils 19 %) beträgt. Bis zum Zeitpunkt der Bilanzerstellung sind hiervon glücklicherweise bereits 58.310 Euro eingegangen.

Frage

Welche Pauschalwertberichtigung wegen des Ausfallrisikos kann Schlau zum 31.12.06 bilden?

Antwort

Die Wertberichtigung zum 31.12.06 beträgt 1.000 Euro.

Begründung

Die Bemessung der Wertberichtigung mit 3 % des Forderungsnettobetrags (vgl. Fall 67, bei dem wegen des Ausfallrisikos vorzunehmenden Abschlag ist im Hinblick auf § 17 UStG die im Forderungsbetrag enthaltene USt außer Acht zu lassen) würde zu einem Abzug von 1.500 Euro führen. Zum Zeitpunkt der Bilanzerstellung steht demgegenüber fest, dass nur noch Forderungen i. H. von 1.000 Euro netto unbezahlt sind und uneinbringlich werden können.

Wenn auch der Kaufmann bei der Berechnung der Wertberichtigung von den Erfahrungen der Vergangenheit ausgehen muss, soweit diese Schlüsse für die Bilanzierung zum Stichtag zulassen, ist er doch gehalten, seine besseren Erkenntnisse über die Wertverhältnisse zu dem speziellen Stichtag, die er zum Zeitpunkt der Bilanzerstellung gewinnen konnte (Kenntnisse über werterhellende Tatsachen), zu berücksichtigen. Erst nach dem Zeitpunkt der Bilanzerstellung erlangte Kenntnisse sind allerdings unbeachtlich (BFH vom 20.08.2003, BStBl 2003 II S. 941). Eine werterhellende Tatsache ist auch der Eingang einer Forderung nach dem Bilanzstichtag bis zum Zeitpunkt der Bilanzerstellung. Nur wenn dies ausnahmsweise auf Umständen beruht, die erst nach dem Bilanzstichtag eingetreten sind, handelt es sich um eine zum Stichtag noch nicht berücksichtigungsfähige „wertbeeinflussende Tatsache" (z. B. der insolvente Schuldner macht nach dem Stichtag eine Millionenerbschaft). Beruht der Eingang einer Forderung nicht auf nachträglich entstandenen wertbeeinflussenden Tatsachen, so kann für sie z. B. wegen des Ausfallrisikos keine Einzelwertberichtigung gebildet werden (BFH vom 20.08.2003, BStBl 2003 II S. 941). Zur Pauschalwertberichtigung wegen des Forderungsausfalles folgt daraus, dass sie die Gesamtsumme der zum Zeitpunkt der Bilanzerstellung noch offenen Forderungen nicht übersteigen darf.

Im vorliegenden Fall sind Anhaltspunkte für die Annahme, die Forderungseingänge beruhten auf besonderen nach dem Stichtag eingetretenen Umständen, nicht ersichtlich. Damit ergibt sich folgende Berechnung:

Nettobetrag der am Stichtag offenen Forderungen	50.000 €
Ausfallrisiko nach den Erfahrungen der Vergangenheit (3 %)	1.500 €
Nettobetrag der zum Zeitpunkt der Bilanzerstellung noch offenen, bereits am 31.12.06 vorhandenen Forderungen	1.000 €
Pauschalwertberichtigung für Ausfallrisiko	1.000 €

Fall 69

Zahlung auf teilweise einzelwertberichtigte Forderung – Wertaufholungsgebot nach § 6 Abs. 1 Nr. 1 und 2 EStG

Sachverhalt

Der bilanzierende, seine Umsätze der Regelbesteuerung unterwerfende Bauunternehmer Krempel hat für einen Kunden im Jahr 05 Maurerarbeiten durchgeführt und hierfür 23.800 Euro einschließlich USt berechnet. Dieser Betrag ist auch als Forderungszugang gebucht. Der Kunde macht in einem gegen ihn wegen dieser Forderung geführten Zivilprozess geltend, er schulde wegen der mangelhaften Ausführung der Arbeiten allenfalls einen sehr geringen Betrag. Krempel hat hierauf in der Bilanz zum 31.12.05 die Forderung, für die noch keine Zahlung geleistet worden ist, auf den durch nicht zu beanstandende Schätzung ermittelten Teilwert von 13.800 Euro (50 % des Nettobetrags zuzüglich der gesamten USt, die Krempel in jedem Fall – entweder vom Finanzamt oder seinem Kunden – erhalten wird) abgeschrieben. Eine Berichtigung der USt nach § 17 Abs. 1 UStG hat er nicht vorgenommen. Im Folgejahr, nach Erstellung der Bilanz zum 31.12.05, wurde in dem Zivilprozess ein für Krempel günstiges Gutachten erstellt. Die Klage dürfte damit in vollem Umfang Erfolg haben.

Frage

Wie ist die wertberichtigte Forderung in der Folgezeit im Jahr 06 buchmäßig zu behandeln?

Antwort

Krempel ist verpflichtet, zum 31.12.06 die zum 31.12.05 auf den damaligen Teilwert abgeschriebene Forderung wieder aufzustocken.

Begründung

Nach § 6 Abs. 1 Nr. 1 Satz 4 und Nr. 2 Satz 3 EStG besteht für alle Wirtschaftsgüter, die zum vorausgegangenen Bilanzstichtag mit einem gegenüber dem Regelansatz niedrigeren Teilwert bewertet worden waren, ein grundsätzliches Wertaufholungsgebot. Wenn nicht weiterhin (nachweislich) von einem geringeren Teilwert auszugehen ist, müssen die Anschaffungs- oder Herstellungskosten, ggf. abzüglich AfA, angesetzt werden. Dies gilt nach § 253 Abs. 5 HGB auch für den Wertansatz in der Handelsbilanz.

Da Krempel nach dem im Jahr 06 erstellten Gutachten mit dem Gewinn des Prozesses rechnen muss und wegen der Zahlungsfähigkeit des Schuldners nach dem Sachverhalt wohl keine Bedenken bestehen, ist ein Ausfallrisiko nicht mehr gegeben. Auch eine Abzinsung kann nicht vorgenommen werden, weil Krempel nach § 288 BGB Verzugszinsen, jedenfalls nach § 291 BGB Prozesszinsen für den ausstehenden Betrag verlangen kann. Es kann nicht davon ausgegangen werden, dass die ihm hierfür zustehenden Zinsen geringer sind als die von Krempel im Übrigen zu zahlenden oder von ihm erzielten Zinsen.

Krempel hat deshalb die Forderung zum 31.12.06 mit ihrem Nennwert von 23.800 Euro anzusetzen. Der von ihm auszuweisende Gewinn erhöht sich damit um 10.000 Euro.

VI. Abschreibung

Fall 70

AfA bei Gebäuden und nachträgliche Herstellungskosten – bisherige AfA nach § 7 Abs. 4 Satz 1 Nr. 1 EStG und bisherige AfA nach § 7 Abs. 5 Satz 1 Nr. 1 EStG

Sachverhalt

Der bilanzierende Fabrikant Xaver Vogel hat ein Fabrikgebäude (i. S. des § 7 Abs. 4 Satz 1 Nr. 1 EStG) errichten lassen, das Anfang Januar 01 fertig gestellt war. Die Herstellungskosten betrugen 500.000 Euro. Im Jahr 18 ließ Vogel zu dem Fabrikgebäude einen nicht als selbständiges Gebäude anzusehenden Anbau errichten. Die Herstellungskosten des Anbaus betrugen 100.000 Euro, fertig gestellt war er am 01.10.18.

Es soll unterstellt werden, dass durch die Baumaßnahme kein neues selbständiges Wirtschaftsgut i. S. des R 7.3 Abs. 5 EStR geschaffen worden ist.

Frage

1. Wie ist die AfA für das Fabrikgebäude im Jahr 18 und in den folgenden Jahren zu bemessen, wenn die AfA bisher nach § 7 Abs. 4 Satz 1 Nr. 1 EStG mit dem im Jahr der Fertigstellung maßgebenden AfA-Satz von 4 % vorgenommen worden ist?

2. Wie ist die AfA für das Fabrikgebäude im Jahr 18 und in den folgenden Jahren zu bemessen, wenn die AfA bisher nach § 7 Abs. 5 Satz 1 Nr. 1 EStG vorgenommen worden ist (Baugenehmigungsantrag für Gebäude und Anbau vor dem 01.01.1994)?

Antwort

1. Die AfA für das Jahr 18 und für die folgenden Jahre beträgt jeweils 24.000 Euro (4 % aus 600.000 Euro).

2. Die AfA für das Jahr 18 und für die folgenden 7 Jahre beträgt 15.000 Euro (2,5 % aus 600.000 Euro). Bis zur vollen Abschreibung ist anschließend grundsätzlich eine AfA von 24.000 Euro (4 % aus 600.000 Euro) abzuziehen.

Begründung

Nach dem Sachverhalt ist der Anbau nicht als selbständiges Gebäude anzusehen, durch die Baumaßnahme ist auch insgesamt kein neues Wirtschaftsgut entstanden. Der Anbau muss daher zusammen mit dem Gebäudeteil, der schon zuvor bestanden hat, abgeschrieben werden.

Die Aufwendungen zur Errichtung des Anbaus sind zusätzliche nachträgliche Herstellungskosten des Fabrikgebäudes. Über die wegen der starren AfA-Regelung des § 7 Abs. 4 und 5 EStG für Gebäude problematische Behandlung solcher nachträglichen Herstellungskosten hat die Verwaltung in H 7.3 „Nachträgliche Anschaffungs- oder Herstellungskosten" EStH, R 7.4 Abs. 9 EStR und H 7.4 „AfA nach nachträglichen Anschaffungs- oder Herstellungskosten" Beispiele 2 und 3 EStH eine Regelung getroffen. Danach ist grundsätzlich die bisherige AfA-Methode und der bisherige AfA-Satz beizubehalten und der sich daraus ergebende AfA-Satz anzuwenden, gleichgültig, ob die AfA zuvor nach § 7 Abs. 4 Satz 1 oder Abs. 5 EStG abgesetzt worden ist. Die Bemessungsgrundlage der AfA ist jedoch wie folgt neu zu berechnen: ursprüngliche Bemessungsgrundlage (im Allgemeinen ursprüngliche Anschaffungs- oder Herstellungskosten) + nachträgliche Herstellungskosten.

Weil die nachträglichen Herstellungskosten gegenüber den ursprünglichen Anschaffungs- oder Herstellungskosten erst von einem späteren Zeitpunkt an in die Bemessungsgrundlage einbezogen werden, ergibt sich so eine

Verlängerung der gesamten Abschreibungsdauer. Das ist unbedenklich, wenn sich trotzdem eine vollständige Abschreibung innerhalb der Nutzungsdauer des Gebäudes ergibt. Ist dies nicht der Fall, muss durch eine entsprechend höhere AfA dem Steuerpflichtigen eine Abschreibung innerhalb der Nutzungsdauer ermöglicht werden. Dies ist ohne weiteres allerdings nur im Rahmen des § 7 Abs. 4 EStG durchführbar. H 7.4 „Nachträgliche Anschaffungs- oder Herstellungskosten" 3. Spiegelstrich EStH lässt in den Fällen, in denen die AfA zuvor nach § 7 Abs. 4 Satz 1 EStG berechnet wurde, aber eine vollständige Abschreibung innerhalb der Nutzungsdauer nach der beschriebenen Methode nicht erreicht werden kann, abweichend von der oben genannten Regelung eine Verteilung des Restwertes zuzüglich der nachträglichen Anschaffungs- oder Herstellungskosten auf die – neu zu schätzende – Restnutzungsdauer zu. Das Gleiche muss gelten, wenn die AfA zuvor nach § 7 Abs. 4 Satz 2 EStG bemessen wurde. Der Wortlaut des § 7 Abs. 5 EStG gestattet demgegenüber kein Abweichen von den dort genannten AfA-Sätzen.

Im Einzelnen ergibt sich für die 1. Alternative (bisher lineare AfA) Folgendes:

Im vorliegenden Fall ist nicht ersichtlich, dass die Restnutzungsdauer kürzer ist als die Abschreibungsdauer bei Anwendung der Regelung in H 7.3 EStH, R 7.4 Abs. 9 EStR und H 7.4 EStH. Ihr ist daher zu folgen. Die neue Bemessungsgrundlage setzt sich zusammen aus den ursprünglichen Herstellungskosten von 500.000 Euro zuzüglich den nachträglichen Herstellungskosten von 100.000 Euro. Sie beträgt daher 600.000 Euro. Nach R 7.4 Abs. 9 Satz 3 EStR können die nachträglichen Anschaffungs- oder Herstellungskosten im Jahr ihrer Entstehung bei der Bemessung der AfA so berücksichtigt werden, als seien sie zu Beginn dieses Jahres aufgewendet worden. Vogel kann daher bereits für das gesamte Jahr 18 die AfA mit 4 % aus 600.000 Euro (= 24.000 Euro) vornehmen.

Zu der 2. Alternative (bisher degressive AfA) gilt Folgendes:

Auch in diesem Fall ist vom 01.01.18 an von der erhöhten Bemessungsgrundlage 600.000 Euro auszugehen. Der AfA-Satz folgt weiterhin aus § 7 Abs. 5 Satz 1 Nr. 1 EStG. Er beträgt für das Jahr 18 und die folgenden 7 Jahre jeweils 2,5 %. (Ein Übergang von der AfA nach § 7 Abs. 5 EStG zur AfA nach § 7 Abs. 4 EStG ist nicht statthaft; BFH vom 10.03.1987, BStBl 1987 II S. 618.) Nach Ablauf der in § 7 Abs. 5 Satz 1 Nr. 1 EStG vorgesehenen Abschreibungsdauer ist allerdings noch ein Restwert i. H. von 80.000 Euro vorhanden. Dieser ist nach der Rechtsprechung des BFH vom 20.01.1987 (BStBl 1987 II S. 491) im Anschluss an die degressive AfA linear nach § 7 Abs. 4 EStG abzuschreiben. Die jährliche AfA beträgt dann nach § 7 Abs. 4 Satz 1 Nr. 1 EStG 24.000 Euro (4 % aus 600.000 Euro). Sollte allerdings die Restnutzungsdauer des Gebäudes geringer sein als die sich daraus ergebende weitere Abschreibungsdauer, ist nach § 7 Abs. 4 Satz 2 EStG der Restbetrag auf die Restnutzungsdauer zu verteilen.

Fall 71

AfA bei Gebäuden und nachträgliche Herstellungskosten – bisherige AfA nach § 7 Abs. 4 Satz 2 EStG

Sachverhalt

Der bilanzierende Bauunternehmer Emil Lutz hatte einen Anfang Januar 01 fertig gestellten Lagerschuppen für insgesamt 100.000 Euro errichten lassen. Die betriebsgewöhnliche Nutzungsdauer des Schuppens beträgt 20 Jahre. Entsprechend wurde die AfA bemessen. Im Jahr 08 ließ Lutz den Schuppen für insgesamt 39.000 Euro umbauen. Der Umbau war am 01.07.08 beendet, die Gesamtnutzungsdauer des Schuppens wurde dadurch nicht geändert.

Frage

Wie ist die AfA für den Schuppen im Jahr 08 und in den folgenden Jahren zu bemessen?

Antwort

Die AfA beträgt im Jahr 08 und in den folgenden Jahren jeweils 8.000 Euro.

Begründung

Da die Nutzungsdauer des Schuppens geringer ist als die Abschreibungsdauer nach § 7 Abs. 4 Satz 1 Nr. 1 EStG, war die AfA bisher nach § 7 Abs. 4 Satz 2 EStG entsprechend der tatsächlichen Nutzungsdauer linear zu berechnen. Lutz muss aber auch nach Anfall der nachträglichen Herstellungskosten in der Lage sein, den Restbuchwert und die zu aktivierenden nachträglichen Herstellungskosten während der Nutzungsdauer des Schuppens abzuschreiben. Dazu ist es erforderlich, Restbuchwert und nachträgliche Herstellungskosten auf die Restnutzungsdauer zu verteilen. Die Regelung des § 7 Abs. 4 Satz 2 EStG, die keine festen AfA-Sätze vorsieht, steht dem nicht entgegen.

Die nachträglichen Anschaffungs- oder Herstellungskosten können aus Vereinfachungsgründen im Jahr ihrer Entstehung bei der Bemessung der AfA so berücksichtigt werden, als seien sie zu Beginn dieses Jahres aufgewendet worden (R 7.4 Abs. 9 Satz 3 EStR).

Danach ergibt sich folgende Berechnung:

Zugang 01, Gebäude (Schuppen)	100.000 €
AfA 01 bis 07 (7 × 5 %)	35.000 €
Buchwert zum 31.12.07	65.000 €
Zugang Herstellungskosten des Umbaus	39.000 €
	104.000 €

Der so errechnete Betrag von 104.000 Euro ist auf die Restnutzungsdauer – vom 01.01.08 an 13 Jahre – zu verteilen. Dabei ergibt sich vom 01.01.08 an eine Jahres-AfA von 8.000 Euro.

Fall 72

AfA nach Einlage eines Gebäudes, das bisher der Erzielung von Einkünften aus Vermietung und Verpachtung gedient hat, in das Betriebsvermögen

Sachverhalt

Der bilanzierende Elektrogroßhändler Klaus Blitz hatte im Jahr 01 auf einem Grundstück, an dem ihm ein Erbbaurecht zusteht, ein Bürogebäude errichten lassen (Fertigstellung am 05.09.01; Bauantrag nach 1985). Die Herstellungskosten betrugen (umgerechnet) 480.000 Euro. Vom Zeitpunkt der Fertigstellung an wurde das Gebäude an einen anderen Unternehmer vermietet. Blitz behandelte das Gebäude zulässigerweise als Privatvermögen und schrieb es nach § 7 Abs. 4 Satz 1 Nr. 2 EStG linear mit 2 % = 9.600 Euro ab. Diesen Betrag machte er als Werbungskosten im Rahmen der Einkünfte aus Vermietung und Verpachtung geltend.

Im Jahr 11 benötigt Blitz das Gebäude für eigenbetriebliche Zwecke. Nach Beendigung des Vertragsverhältnisses mit dem Mieter übernahm er daher am 01.09.11 das Gebäude und brachte darin seine Einkaufs- und Buchhaltungsabteilung unter. Der Teilwert des Gebäudes betrug am 01.09.11 540.000 Euro, die Restnutzungsdauer 60 Jahre.

Frage

1. Mit welchem Wert muss das Gebäude ins Betriebsvermögen eingelegt werden?
2. Wie ist die betriebliche AfA für das Bürogebäude zu bemessen?
3. Wie hoch wäre die AfA, wenn der Teilwert = Einlagewert am 01.04.11 noch

   a) 450.000 Euro

   b) 350.000 Euro

   betragen würde?
4. Wie hoch wäre die AfA, wenn die Einlage bereits am 01.09.03 erfolgt wäre und der Teilwert an diesem Tag 470.000 Euro betragen würde?
5. Wie hoch ist die AfA in diesen Fällen in der Handelsbilanz?

Antwort

1. Das Gebäude muss mit dem Teilwert von 260.000 Euro ins Betriebsvermögen eingelegt werden.
2. Die AfA ist linear nach § 7 Abs. 4 Satz 1 Nr. 1 EStG mit 3 % aus 444.000 Euro vorzunehmen und beträgt 13.320 Euro. Das AfA-Volumen beträgt ebenfalls 444.000 Euro.

3. Die AfA beträgt nach § 7 Abs. 4 Satz 1 Nr. 1 EStG 3 % der AfA-Bemessungsgrundlage, im Fall a) somit 3 % von 384.000 Euro = 11.520 Euro und im Fall b) 3 % von 350.000 Euro = 10.500 Euro. Das AfA-Volumen entspricht jeweils der AfA-Bemessungsgrundlage, d. h. bei a) 384.000 Euro und bei b) 350.000 Euro.

4. Die AfA beträgt nach § 7 Abs. 4 Satz 1 Nr. 1 EStG 3 % der AfA-Bemessungsgrundlage von 460.800 Euro = 13.824 Euro. Das AfA-Volumen beträgt 460.800 Euro.

5. Die AfA beträgt nach § 253 Abs. 3 HGB grundsätzlich $1/60$ des jeweiligen Einlagewerts.

Begründung

1. Das Gebäude ist während der Zeit, in der es an einen Dritten vermietet war, zu Recht als Privatvermögen behandelt worden. Mit Beginn der eigenbetrieblichen Nutzung wurde das Gebäude aber notwendiges Betriebsvermögen. Blitz muss eine Privateinlage buchen und das Gebäude, da es vor mehr als drei Jahren hergestellt worden ist, mit dem Teilwert von 260.000 Euro (§ 6 Abs. 1 Nr. 5 EStG) ansetzen.

2. Zur Frage, wie das Gebäude künftig abgeschrieben werden muss, ist § 7 Abs. 1 Satz 5 i. V. m. § 7 Abs. 4 Satz 1 letzter Halbsatz EStG i. d. F. des JStG 2010 zu beachten. Diese Bestimmung lässt zwar § 6 Abs. 1 Satz 1 Nr. 5 EStG, nach dem Einlagen grundsätzlich mit dem Teilwert zu bewerten sind, unberührt, trifft aber zur AfA-Bemessungsgrundlage und zum AfA-Volumen eine besondere Regelung, wenn das eingelegte Wirtschaftsgut zuvor zur Erzielung von Einkünften i. S. des § 2 Abs. 1 Nr. 4 bis 7 EStG verwendet worden ist. Nach dieser Regelung ist bei diesen eingelegten Gebäuden die AfA-Bemessungsgrundlage wie folgt zu berechnen:

> Einlagewert (i. d. R. = Teilwert)
> ./. AfA
> ./. Sonderabschreibungen
> ./. erhöhte Absetzungen
> = Bemessungsgrundlage

Dabei sind **zwei Ausnahmen** zu beachten:

1. Die Kürzung des Einlagewerts um die AfA usw. erfolgt höchstens bis zu den fortgeführten Anschaffungskosten oder Herstellungskosten, d. h., diese stellen die Mindestbemessungsgrundlage für die AfA dar.

2. Ist der Einlagewert noch niedriger als die fortgeführten Anschaffungskosten oder Herstellungskosten, stellt dieser Einlagewert die AfA-Bemessungsgrundlage dar.

Diese gesetzliche Regelung führt dazu, dass der Unternehmer während der gesamten Abschreibungsdauer (Jahre vor der Einlage zuzüglich 33¹/₃ Jahre nach der Einlage) AfA grundsätzlich in Höhe des Einlagewerts = Teilwert, mindestens aber in Höhe seiner tatsächlichen Anschaffungskosten oder Herstellungskosten als Werbungskosten und Betriebsausgaben abziehen kann. Eine Ausnahme gilt nur dann, wenn der Einlagewert niedriger ist als die fortgeführten Anschaffungskosten oder Herstellungskosten. In diesem Fall kann ein Teil der tatsächlichen Anschaffungskosten oder Herstellungskosten nicht im Weg der AfA berücksichtigt werden.

Nach R 7.4 Abs. 10 Satz 1 Nr. 1 EStR kann für das (nicht im Jahr der Fertigstellung) eingelegte Gebäude – unabhängig von der bisherigen AfA-Art – nur lineare AfA nach § 7 Abs. 4 EStG vorgenommen werden, denn Einlagen und Entnahmen gelten als anschaffungsähnliche Vorgänge, der Einleger ist einem Erwerber gleichzustellen (BFH vom 02.07.1992, BStBl 1992 II S. 909).

Da die nach der Einlage zu schätzende (Rest-)Nutzungsdauer (R 7.4 Abs. 10 Satz 1 Nr. 1 EStR) mit mehr als 33 Jahren anzunehmen ist, beträgt der AfA-Satz nach § 7 Abs. 4 Satz 1 Nr. 1 EStG 3 %. Bemessungsgrundlage für die AfA ist der Einlagewert = Teilwert von 540.000 Euro abzüglich der bisher bei den Einkünften aus Vermietung und Verpachtung im Weg der AfA als Werbungskosten abgezogenen 96.000 Euro (10 × 9.600 Euro) = 444.000 Euro. Die AfA beträgt davon 3 % = 13.320 Euro. Nach Ablauf des AfA-Zeitraums im Betriebsvermögen von 33¹/₃ Jahren beträgt die von Blitz insgesamt abgezogene AfA (96.000 Euro + 444.000 Euro =) 540.000 Euro und entspricht damit den tatsächlichen Anschaffungskosten des Blitz. Somit verbleibt ein Restbuchwert des Gebäudes von (540.000 Euro ./. 444.000 Euro =) 96.000 Euro. Von diesem Betrag darf keine AfA mehr abgezogen werden; er wird erst bei einer Veräußerung oder Entnahme gewinnmindernd berücksichtigt. Allerdings können Teilwertabschreibungen auf diesen Restbuchwert vorgenommen werden.

3. Ist der Teilwert (450.000 Euro) geringer als die Anschaffungskosten oder Herstellungskosten des Gebäudes (480.000 Euro), aber nicht niedriger als der Restwert des Gebäudes (384.000 Euro), ist der Restwert des Gebäudes im Zeitpunkt der Einlage, d. h. die fortgeführten Anschaffungskosten oder Herstellungskosten, als AfA-Bemessungsgrundlage anzusehen, denn nach § 7 Abs. 1 Satz 5 EStG mindert sich der Einlagewert höchstens bis zu den fortgeführten Anschaffungskosten oder Herstellungskosten.

Ist der Einlagewert = Teilwert dagegen geringer als der Restwert des Gebäudes (350.000 Euro), stellt der Einlagewert die Bemessungsgrundlage für die AfA dar.

Die AfA beträgt somit im Fall a) 3 % von (450.000 Euro ./. 66.000 Euro =) 384.000 Euro = 11.520 Euro und im Fall b) 3 % von 350.000 Euro = 10.500 Euro. Die insgesamt von Blitz abgezogene AfA beträgt somit bei a) (96.000 Euro + 384.000 Euro =) 480.000 Euro und bei b) (96.000 Euro +

350.000 Euro =) 446.000 Euro. Im Fall a) entspricht die AfA den tatsächlichen Anschaffungskosten des Gebäudes. Im Fall b) können nicht die gesamten Anschaffungskosten des Gebäudes im Weg der AfA als Werbungskosten bzw. Betriebsausgaben abgezogen werden. Der Differenzbetrag von (480.000 Euro ./. 446.000 Euro =) 34.000 Euro stellt einen einkommensteuerlich unbeachtlichen Wertverlust im Privatvermögen dar. Im Fall a) beträgt der Restwert am Ende von 33^{1}/$_3$ Jahren 66.000 Euro und im Fall b) 0 Euro. Wie bei 2. darf von dem Betrag von 66.000 Euro keine AfA mehr abgezogen werden; er wird erst bei einer Veräußerung oder Entnahme gewinnmindernd berücksichtigt. Allerdings können Teilwertabschreibungen auf diesen Restbuchwert vorgenommen werden.

4. Erfolgt die Einlage innerhalb der ersten 3 Jahre seit der Anschaffung oder Herstellung, so ist die Einlage nach § 6 Abs. 1 Nr. 5 EStG zwar grundsätzlich mit dem Teilwert, höchstens aber mit den fortgeführten Anschaffungskosten oder Herstellungskosten zu bewerten. Die Einlage des Gebäudes erfolgt folglich mit (480.000 Euro ./. 9.600 Euro ./. 9.600 Euro =) 460.800 Euro. Dieser Einlagewert stellt nach § 7 Abs. 1 Satz 5 i. V. m. § 7 Abs. 4 Satz 1 letzter Halbsatz EStG auch die Bemessungsgrundlage für die AfA dar. Diese beträgt 3 % von 460.800 Euro = 13.824 Euro. Im Zeitraum von (2 Jahren + 33^{1}/$_3$ Jahren =) 35^{1}/$_3$ Jahren werden deshalb die gesamten Anschaffungskosten des Gebäudes von 480.000 Euro im Weg der AfA als Werbungskosten bzw. Betriebsausgaben abgezogen.

5. Nach § 253 Abs. 3 Satz 1 HGB sind bei Vermögensgegenständen des Anlagevermögens, deren Nutzung zeitlich begrenzt ist, die Anschaffungskosten oder Herstellungskosten um planmäßige Abschreibungen zu vermindern. Das HGB enthält keine Regelung für Fälle der Einlage von Vermögensgegenständen aus dem Privatvermögen des Kaufmanns. Die herrschende Literaturmeinung geht davon aus, dass die Bewertung dieses Vermögensgegenstandes höchstens mit dem Zeitwert zu erfolgen hat. Es wird aber nicht beanstandet, wenn die Bewertung – wie im Steuerrecht – mit den fortgeführten Anschaffungskosten oder Herstellungskosten erfolgt. Das HGB erläutert auch nicht den Begriff der planmäßigen Abschreibung, d. h., es gibt im HGB keine vergleichbare Regelung wie § 7 EStG. Unumstritten ist in der handelsrechtlichen Literatur, dass die Verteilung grundsätzlich auf die betriebsgewöhnliche Nutzungsdauer zu erfolgen hat. Diese beträgt im vorliegenden Fall noch 60 Jahre, sodass die jährliche AfA ^{1}/$_{60}$ des Einlagewerts (Zeitwert oder fortgeführte Anschaffungskosten) beträgt. Der Maßgeblichkeitsgrundsatz ist hier von vornherein nicht zu beachten, weil das Steuerrecht die AfA-Bemessungsgrundlage und den AfA-Satz zwingend vorschreibt und somit der Bewertungsvorbehalt des § 5 Abs. 6 EStG eingreift. Darüber hinaus wird es in der handelsrechtlichen Literatur nicht beanstandet, die AfA mit den Sätzen des § 7 Abs. 4 EStG zu berechnen. Das heißt, die AfA könnte in der Handelsbilanz auch mit 3 % von 460.800 Euro = 13.824 Euro abgezogen werden.

Fall 73

AfA bei Gebäuden nach Teilwertabschlag

Sachverhalt

Der bilanzierende Fabrikant Fridolin Pech hat auf einem ihm gehörenden Grundstück ein den Erfordernissen der Produktion besonders angepasstes Fabrikgebäude für 400.000 Euro errichten lassen. Das Gebäude war am 02.01.01 fertig gestellt. Es wurde in der Folgezeit nach § 7 Abs. 4 Satz 1 Nr. 1 EStG mit 3 % der Herstellungskosten abgeschrieben. Bei einer aus technischen Gründen erforderlichen Umstellung der Produktion im Jahr 08 erwies sich dieses Gebäude als für moderne Verfahren auf Dauer wenig geeignet.

Es ist davon auszugehen, dass der beizulegende Wert = Teilwert des Gebäudes am 31.12.08 auf Dauer nur noch 200.000 Euro beträgt und Pech nicht nur in der Handelsbilanz nach § 253 Abs. 3 HGB zwingend eine Abschreibung auf den niedrigeren beizulegenden Wert, sondern auch in der Steuerbilanz nach § 6 Abs. 1 Nr. 1 EStG eine Teilwertabschreibung auf den niedrigeren Teilwert von 200.000 Euro vorgenommen hat.

Frage

Wie muss Pech nach einem Teilwertabschlag zum 31.12.08 die AfA für das Jahr 09 und die folgenden Jahre für das Gebäude bemessen?

Antwort

Vom Jahr 09 an beträgt die Jahres-AfA 8.880 Euro.

Begründung

Da es sich um eine nachhaltige Wertminderung handelt, ist Pech handelsrechtlich verpflichtet, zum 31.12.08 den gegenüber den Herstellungskosten abzüglich planmäßiger Abschreibungen niedrigeren Wert anzusetzen (§ 253 Abs. 2 Satz 3 HGB). Steuerlich besteht nach § 6 Abs. 1 Satz 1 Nr. 1 Satz 2 EStG („kann") ein Wahlrecht zum Ausweis des niedrigeren Teilwerts. Das handelsrechtliche Gebot ist steuerlich nicht zu beachten (§ 5 Abs. 1 Satz 1 EStG), es bleibt also beim Wahlrecht in der Steuerbilanz (BMF vom 12.03.2010, BStBl 2010 I S. 601). Eine spätere Wertaufholung (§ 6 Abs. 1 Satz 1 Nr. 1 Satz 4 EStG) ist nach dem Sachverhalt nicht geboten.

Zur AfA bei Gebäuden nach einem Teilwertabschlag oder einer Absetzung für außergewöhnliche wirtschaftliche oder technische Abnutzung bestimmt § 11c Abs. 2 EStDV: Bemessungsgrundlage vom **folgenden** Wirtschaftsjahr an sind die Anschaffungs- oder Herstellungskosten abzüglich Teilwertabschlag. Der bisherige AfA-Satz ist nach dem Sinn dieser Vorschrift beizubehalten.

Danach ergibt sich folgende Berechnung:

Herstellungskosten (01)	400.000 €
AfA bis 31.12.07 (7 × 12.000 €)	84.000 €
Buchwert zum 31.12.07	316.000 €
planmäßige Abschreibung im Jahr 08	12.000 €
planmäßiger Buchwert zum 31.12.08	304.000 €
Teilwert	200.000 €
Teilwertabschlag	104.000 €

Die neue Bemessungsgrundlage beträgt daher 296.000 Euro (400.000 Euro ./. 104.000 Euro), die künftige Jahres-AfA 8.880 Euro (3 % aus 296.000 Euro).

Der Gebäudebestand ist in den Jahren 08 und 09 wie folgt zu entwickeln:

Bestand 31.12.07	316.000 €
AfA im Jahr 08	12.000 €
Teilwertabschlag	104.000 €
Bestand 31.12.08	200.000 €
AfA im Jahr 09	8.880 €
Bestand 31.12.09	191.120 €

Diese Berechnung der AfA ist auch in der Handelsbilanz zulässig.

Fall 74

AfA bei Gebäuden – Absetzung für außergewöhnliche wirtschaftliche oder technische Abnutzung – nachträglich angefallene Herstellungskosten

Sachverhalt

Der bilanzierende Fabrikant Karl Lebhaft hat ein Fabrikgebäude für 600.000 Euro errichten lassen. Es war am 02.01.01 bezugsfertig, abgeschrieben wurde es nach § 7 Abs. 4 Satz Nr. 1 EStG mit jährlich 3 % der Herstellungskosten.

Um eine Erweiterung der Produktion zu ermöglichen, wurde am 01.07.08 ein Teil des Gebäudes abgerissen und in der Folgezeit auf diesem Grundstücksteil ein Erweiterungsbau errichtet. Gleichzeitig wurde der stehen gebliebene Altgebäudeteil aufgestockt. Die neuerlichen Herstellungskosten beliefen sich insgesamt auf 150.000 Euro, Fertigstellungszeitpunkt war der 01.10.08. Von dem bisherigen Buchwert des Altgebäudes entfielen $\frac{1}{5}$ auf den abgerissenen Teil. Die Abbruchkosten betrugen 20.000 Euro ohne USt.

Es ist davon auszugehen, dass durch die verschiedenen Maßnahmen nicht ein wirtschaftlich als Neubau zu betrachtendes Gebäude entstanden ist.

Frage

1. Wie sind der Teilabbruch und die Erweiterung buchmäßig zu behandeln?
2. Wie ist im Jahr 08 und in den folgenden Jahren die AfA für das Fabrikgebäude zu bemessen?

Antwort

1. In Höhe des Buchwerts des abgebrochenen Gebäudeteils zum Zeitpunkt des Abbruchs (155.000 Euro) ist eine Absetzung für außergewöhnliche wirtschaftliche Abnutzung vorzunehmen, die Abbruchkosten sind sofort abzugsfähiger Aufwand. Die weiteren Herstellungskosten müssen mit dem bisherigen Gebäudewert aktiviert werden.
2. Die AfA (ohne die Absetzung für außergewöhnliche wirtschaftliche Abnutzung) beträgt 22.500 Euro im Jahr 08 und 17.850 Euro ab dem Jahr 09.

Begründung

1. Mit dem Abbruch von Betriebsgebäuden bringt der Kaufmann allgemein zum Ausdruck, dass diese für ihn zumindest wirtschaftlich verbraucht sind. Dieser Betrachtung ist auch steuerlich zu folgen (BFH vom 12.06.1978, BStBl 1978 II S. 620). Daraus ergibt sich, dass in diesen Fällen grundsätzlich eine Absetzung für außergewöhnliche Abnutzung möglich ist (vgl. zu den Ausnahmen bei Abbruch eines Gebäudes innerhalb einer kurzen Zeit nach dem Erwerb H 6.4 „Abbruchkosten" EStH und Fall 56).

Eine Absetzung für außergewöhnliche Abnutzung ist auch bei dem Abbruch nur eines Gebäudeteils vorzunehmen (H 7.4 „AfaA" EStH), also auch im vorliegenden Fall (vgl. Berechnung unter 2.). Die Abbruchkosten sind sofort als Betriebsausgaben abzugsfähig (H 6.4 „Abbruchkosten" 1. Fall EStH).

Da durch die Anbau- und Umbaumaßnahmen die Substanz des Gebäudes erhöht und sein Wesen verändert wurde, liegen aktivierungspflichtige nachträgliche Herstellungskosten vor.

2. Zur Berechnung der AfA im Jahr 08 und in den folgenden Jahren ist davon auszugehen, dass zwei verschiedene buchtechnische Maßnahmen zu treffen sind, die jeweils im Hinblick auf die künftige AfA unterschiedliche Rechtsfolgen haben. Es ist eine Absetzung für außergewöhnliche Abnutzung vorzunehmen – die Berechnung der weiteren AfA ergibt sich aus § 11c Abs. 2 EStDV. Ferner sind nachträgliche Herstellungskosten zu aktivieren – dazu ergibt sich die Berechnung der weiteren AfA aus H 7.3 „Nachträgliche Anschaffungs- oder Herstellungskosten" EStH, R 7.4 Abs. 9 EStR. Von besonderer Bedeutung ist, dass nach § 11c Abs. 2 EStDV eine Änderung der Bemessungsgrundlage erst vom folgenden Wirtschaftsjahr an eintritt, der Unternehmer also im Jahr der Absetzung für außergewöhnliche Abnutzung noch den bisherigen, gegenüber der künftigen AfA erhöhten Betrag abschreiben kann.

Für die Jahre 08 und 09 (sowie für die weiteren Jahre) sind folgende Bemessungsgrundlagen für die AfA maßgebend:

Für das Jahr **08:** noch keine Änderung der Bemessungsgrundlage wegen der Absetzung für außergewöhnliche Abnutzung (§ 11c Abs. 2 EStDV); die bisherige Bemessungsgrundlage ist aber wegen des Umbaus schon im Jahr 08 um die nachträglichen Herstellungskosten zu erhöhen; dies kann nach der Vereinfachungsregel des R 7.4 Abs. 9 Satz 3 EStR bereits mit Wirkung vom 01.01.08 an geschehen.

Für das Jahr **09:** Nach § 11c Abs. 2 EStDV ist vom Jahr 09 an die zuvor maßgebende Bemessungsgrundlage um die Absetzung für außergewöhnliche Abnutzung zu mindern.

Die Bemessungsgrundlage der AfA ab 01.01.09 wird wie folgt berechnet: bisherige Bemessungsgrundlage (vor Abbruch und Umbau) + nachträgliche Herstellungskosten ./. Absetzung für außergewöhnliche Abnutzung. Der AfA-Satz beträgt weiterhin 3 %.

Um die Bemessungsgrundlage ab 01.01.09 ermitteln zu können, muss zunächst der Betrag der Absetzung für außergewöhnliche Abnutzung errechnet werden. Hierfür gilt die Vereinfachungsregel des R 7.4 Abs. 9 Satz 3 EStR nicht. Es ist folgende **Hilfsrechnung** vorzunehmen:

ursprüngliche Herstellungskosten	600.000 €
AfA bis 31.12.07 (7 × 18.000 €)	126.000 €
Buchwert 31.12.07	474.000 €
planmäßige AfA bis 30.06.08 ($^6/_{12}$ des Jahresbetrags)	9.000 €
Wert 01.07.08 (Abbruch)	465.000 €
Absetzung für außergewöhnliche Abnutzung	155.000 €
(= $^1/_3$ des Werts zum 01.07.08)	

Die Bemessungsgrundlage der AfA beträgt damit vom 01.01.09 an: 600.000 Euro (ursprüngliche Herstellungskosten) + 150.000 Euro (nachträgliche Herstellungskosten) ./. 155.000 Euro (Absetzung für außergewöhnliche Abnutzung) = 595.000 Euro.

Die Buchwerte des Gebäudes sind in den Jahren 08 und 09 wie folgt zu entwickeln:

Buchwert 31.12.07	474.000 €
Absetzung für außergewöhnliche Abnutzung	./. 155.000 €
nachträgliche Herstellungskosten	+ 150.000 €
planmäßige AfA für das Jahr 08	
(Bemessungsgrundlage:	
600.000 € + 150.000 € = 750.000 €)	./. 22.500 €
Buchwert 31.12.08	446.500 €
AfA für das Jahr 09 (Bemessungsgrundlage 595.000 €)	./. 17.850 €
Buchwert 31.12.09	428.650 €

Auch die künftige Jahres-AfA beträgt 17.850 Euro.

Fall 75

AfA bei beweglichen Wirtschaftsgütern – Beginn der Absetzung – nachträgliche Anschaffungs- oder Herstellungskosten

Sachverhalt

Der bilanzierende Elektroinstallateur Wolfgang Strom hat 09 eine Maschine für das Anlagevermögen erstanden, deren Kaufpreis 100.000 Euro betrug (ohne USt). Dazu kamen noch Montagekosten von 8.000 Euro (ohne USt). Die Maschine wurde am 03.11.09 an Strom ausgeliefert, am 02.01. und 03.01.10 montiert und konnte dann genutzt werden. Ihre betriebsgewöhnliche Nutzungsdauer beträgt 10 Jahre.

Frage

Mit welchen Werten ist diese Maschine zum 31.12.09 und 31.12.10 mindestens anzusetzen, wenn

1. die Montage aufgrund des Kaufvertrags von dem Lieferanten durchgeführt wurde;

2. die Montage im Auftrag des Strom von einem Dritten durchgeführt wurde?

Antwort

Im zuerst genannten Fall kann Strom im Jahr 09 keine AfA abziehen. Im Jahr 10 ist die degressive AfA nach § 7 Abs. 2 Satz 3 EStG – wenn diese Regelung anwendbar ist – i. H. von 27.000 Euro am günstigsten. Der Buchwert beträgt 100.000 Euro zum 31.12.09 und 81.000 Euro zum 31.12.10.

Wenn die 2. Alternative gegeben ist, kann Strom für das Jahr 09 4.167 Euro absetzen, für das Jahr 10 25.957 Euro. Der Wert beträgt 95.833 Euro zum 31.12.09 und 77.874 Euro zum 31.12.10.

Begründung

Eine AfA ist handelsrechtlich und steuerrechtlich vorzunehmen, sobald das Wirtschaftsgut angeschafft oder hergestellt ist (R 7.4 Abs. 1 Satz 1 EStR). Hier ist daher zu prüfen, wann die Maschine angeschafft wurde. Das führt nach den genannten Alternativen zu verschiedenen Ergebnissen.

Wenn – wie nach der 1. Alternative – eine notwendige Montage vertragsgemäß durch den Lieferanten des Wirtschaftsguts durchgeführt wird, ist dessen Lieferung und damit nach § 9a EStDV beim Abnehmer die Anschaffung erst mit der Montage beendet (R 7.4 Abs. 1 Satz 3 EStR). Lässt hingegen – wie bei der 2. Alternative – der Abnehmer durch Dritte montieren oder übernimmt er selbst diese Arbeit, ist die Lieferung durch den Verkäufer bzw. die Anschaffung durch den Käufer bereits mit der Auslieferung des Gegenstands beendet (R 7.4 Abs. 1 Satz 4 EStR).

Der Zeitpunkt der Anschaffung ist daher nach der 1. Alternative der 03.01.10, nach der 2. Alternative der 03.11.09.

Die Anschaffungskosten der Maschine sind nach § 253 Abs. 3 Satz 1 HGB um **planmäßige** Abschreibungen zu mindern. Unter den Begriff „planmäßig" fallen mehrere Möglichkeiten, insbesondere die lineare, die degressive, die digitale, die progressive und die AfA nach Maßgabe der Leistung. Für steuerliche Zwecke schreibt § 7 EStG für bewegliche Wirtschaftsgüter im Einzelnen vor, welche AfA-Arten in Anspruch genommen werden dürfen. Dies sind nach § 7 Abs. 1 EStG die **lineare** AfA, nach § 7 Abs. 2 EStG die **degressive** AfA (diese ist allerdings begrenzt nur für Anschaffungen und Herstellungen bis zum 31.12.2010) und nach § 7 Abs. 1 Satz 6 EStG die AfA nach **Maßgabe der Leistung.**

Bei der Wahl der AfA-Art ist zu beachten, dass nach § 5 Abs. 1 Satz 1 EStG das Betriebsvermögen anzusetzen ist, das nach den handelsrechtlichen Grundsätzen ordnungsmäßiger Buchführung anzusetzen ist (sog. Maßgeblichkeitsgrundsatz), allerdings mit der Einschränkung, dass im Rahmen der Ausübung eines steuerlichen Wahlrechts ein anderer Ansatz gewählt wird oder wurde. Nach dem BMF-Schreiben vom 12.03.2010 (BStBl 2010 I S. 239 Rn. 18) kann folglich die AfA-Art in der Steuerbilanz unabhängig von der AfA-Art in der Handelsbilanz vorgenommen werden. Anders ausgedrückt, der Maßgeblichkeitsgrundsatz ist bei der Wahl der AfA-Art nicht anzuwenden.

Im Fall der 1. Alternative kann für das Jahr 09 noch keine AfA vorgenommen werden. Es ergibt sich daher bei Inanspruchnahme der degressiven AfA folgende Wertentwicklung:

Zugang Maschine im Jahr 09	100.000 €
Buchwert 31.12.09	100.000 €
zusätzliche Anschaffungskosten (Montage)	8.000 €
AfA (degressiv, 25 % aus 108.000 €)	27.000 €
Buchwert 31.12.10	81.000 €

Im Fall der 2. Alternative kann bereits im Jahr 09 mit der AfA begonnen werden. Die AfA ist zeitanteilig für 2 Monate vorzunehmen, allerdings nur aus den bis zum Bilanzstichtag angefallenen Anschaffungskosten. Bei degressiver AfA (25 %) können im Jahr 09 4.167 Euro abgezogen werden. Die im Jahr 10 anfallenden Montagekosten sind als nachträgliche Anschaffungskosten zu aktivieren. Der bisherige AfA-Satz ist auf die Summe aus Restbuchwert und nachträglichen Anschaffungskosten anzuwenden (BFH vom 25.11.1970, BStBl 1971 II S. 142). Es ergibt sich daher folgende Wertentwicklung:

Zugang Maschine 09	100.000 €
AfA (degressiv, für 2 Monate)	4.167 €
Buchwert 31.12.09	95.833 €

Übertrag:	95.833 €
Montagekosten	8.000 €
AfA (25 % aus 103.833 €)	25.959 €
Buchwert 31.12.10	77.874 €

Fall 76

AfA im Fall nachträglicher Anschaffungs- oder Herstellungskosten für bewegliche Wirtschaftsgüter, die bisher linear abgeschrieben wurden

Sachverhalt

Der bilanzierende Feinmechaniker Oskar Gründlich hat für das Anlagevermögen seines Betriebs im Jahr 04 für 10.000 Euro eine Werkzeugmaschine erstanden. Die Maschine wurde am 20.01.04 an Gründlich ausgeliefert. Ihre betriebliche Nutzungsdauer beträgt 5 Jahre, die AfA soll linear vorgenommen werden. Da die Maschine den Anforderungen des Betriebs nicht voll entsprach, ließ Gründlich sie im Februar 05 für 2.000 Euro (ohne USt) umbauen. Die Restnutzungsdauer der umgebauten Maschine beträgt nach neuer Schätzung vom 01.01.05 an noch 4 Jahre.

Frage

Wie ist die AfA für diese Maschine für die Jahre 04, 05 und die folgenden Jahre zu bemessen?

Antwort

Die AfA für das Jahr 04 beträgt 2.000 Euro, für die Jahre 05, 06, 07 und 08 jeweils 2.500 Euro.

Begründung

Die nachträglich angefallenen Umbaukosten sind zu aktivieren.

Zur Berechnung der nach dem Umbau vorzunehmenden Abschreibungen sind der Restbuchwert und die nachträglichen Umbaukosten auf die Restnutzungsdauer zu verteilen (H 7.3 „Nachträgliche Anschaffungs- oder Herstellungskosten" EStH). Das folgt insbesondere aus den Bestimmungen des § 7 Abs. 1 und 3 EStG, die zeigen, dass der Gesetzgeber grundsätzlich von einer gleichmäßigen Verteilung der abzuschreibenden Kosten ausgeht. Dieser Grundsatz gilt auch, wenn andere Umstände eintreten, die eine Änderung des bisherigen Abschreibungsbetrags bei beweglichen Anlagegütern mit bisheriger linearer AfA erfordern (z. B. nach Teilwertabschreibung, Absetzung für außergewöhnliche Abnutzung, Änderung der Nutzungsdauer).

Die Restnutzungsdauer ist nach R 7.4 Abs. 9 Satz 1 EStR im Zeitpunkt der Beendigung der nachträglichen Herstellungsarbeiten neu zu schätzen, am zweckmäßigsten bezogen auf die Zeit vom 01.01. des Jahres an, in dem der nachträgliche Um- oder Ausbau fertig gestellt wird; denn nach R 7.4 Abs. 9 Satz 3 EStR sind die nachträglichen Kosten für dieses Jahr so zu berücksichtigen, als seien sie zu dessen Beginn aufgewendet worden.

Danach ergibt sich folgende Wertentwicklung:

Zugang im Jahr 04	10.000 €
AfA im Jahr 04 (20 %, linear)	2.000 €
Buchwert 31.12.04	8.000 €
Zugang im Jahr 05	2.000 €
	10.000 €
AfA im Jahr 05 (10.000 € : 4)	2.500 €
Buchwert 31.12.05	7.500 €

Abschnitt C:
Wechsel der Gewinnermittlungsart

Fall 77

Gewinnermittlungsarten – Übergang von der Gewinnermittlung gem. § 4 Abs. 3 EStG zu § 5 EStG – Anfangsbilanz – Gewinnkorrekturen gem. R 4.6 EStR mit Anlage

Sachverhalt

Sabine Vine eröffnet am 01.01.01 eine Modeboutique. Zunächst ermittelt sie ihren Gewinn nach § 4 Abs. 3 EStG. Als das Geschäft größeren Umfang annimmt und sie buchführungspflichtig wird, geht sie am 01.01.06 zur Gewinnermittlung nach § 5 EStG über. Bis 31.12.05 versteuert Vine ihre Umsätze nach vereinnahmten Entgelten, ab 01.01.06 geht sie umsatzsteuerlich zur Sollbesteuerung über; sie ist Monatszahler. Einen Antrag auf Dauerfristverlängerung hat sie nicht gestellt. Vine erstellt folgende Anfangsbilanz zum 01.01.06:

Aktiva	Anfangsbilanz zum 01.01.06		Passiva
Firmenwert	15.000 €	Kapital	205.930 €
Grund und Boden	90.000 €	GewSt-Rückstellung	6.000 €
Maschine	18.000 €	Darlehen	60.000 €
GWG	0 €	Warenverbindlichkeiten	20.880 €
GmbH-Anteil	12.000 €	sonstige Verbindlichkeiten	
Warenbestand	54.000 €	(Sozialversicherung und LSt)	2.250 €
Warenforderungen	35.700 €	USt	1.140 €
Kasse und Bank	60.000 €	noch nicht fällige USt	5.700 €
Anzahlung (Maschine)	4.800 €		
Anzahlung (Lieferanten)	5.500 €		
Damnum	1.200 €		
RAP	5.700 €		
	301.900 €		301.900 €

Besonderheiten

– Der Firmenwert bezieht sich auf einen im Jahr 03 erworbenen Betrieb.

– Der Grund und Boden war im Jahr 01 für 30.000 Euro als notwendiges Betriebsvermögen angeschafft worden; der Teilwert beträgt am 01.01.06 90.000 Euro.

– Nach dem Anlageverzeichnis hat die Maschine am 01.01.06 einen Buchwert von 30.000 Euro, infolge einer Preissenkung jedoch nur einen Teilwert von 18.000 Euro (dauernde Wertminderung).

- Zur GmbH hat Vine sehr starke Wirtschaftsbeziehungen. Die GmbH produziert Modeartikel. Den GmbH-Anteil hat sie am 18.06.04 für 12.000 Euro erworben.
- Die Anschaffungskosten des Warenbestands zum 01.01.06 betragen 54.000 Euro, der Teilwert nur 51.000 Euro.
- Das Darlehen ist am 31.12.07 mit 60.000 Euro fällig. Vine hat am 31.12.02 nur 57.000 Euro ausbezahlt erhalten, muss aber Zinsen aus den 60.000 Euro zahlen.
- Der Rechnungsabgrenzungsposten wurde für im Voraus gezahlte Mietzinsen gebildet.
- Die USt-Zahllast i. H. von 1.140 Euro errechnet sich aus einer noch zu entrichtenden USt von 5.130 Euro und einer abzugsfähigen Vorsteuer von 3.990 Euro (Entstehungszeitraum Dezember 05). USt und Vorsteuer sind ausschließlich im Warenbereich entstanden. Der USt-Satz beträgt 19 %.
- Der Posten „noch nicht fällige USt" ist die USt, die in den Warenforderungen i. H. von 35.700 Euro enthalten ist.

Frage

1. In welcher Art kann der steuerliche Gewinn ermittelt werden?
2. Welches grundsätzliche Problem entsteht, wenn Vine am 01.01.06 zur Gewinnermittlung nach § 5 EStG übergeht?
3. Sind die Wertansätze der Anfangsbilanz zum 01.01.06 richtig?
4. Wie sind die Gewinnkorrekturen zur Anfangsbilanz zu ermitteln?
5. Welche Gewinnkorrekturen ergeben sich im Einzelnen?
6. Lassen sich allgemeine Grundsätze zu den Gewinnkorrekturen aufstellen?
7. Zu welchem Zeitpunkt sind die Gewinnkorrekturen dem Gewinn zuzurechnen?

Antwort

1. Der steuerliche Gewinn kann ermittelt werden:
   - Durch Betriebsvermögensvergleich gem. § 5 EStG.
   - Durch Betriebsvermögensvergleich gem. § 4 Abs. 1 EStG.
   - Durch Einnahmenüberschussrechnung gem. § 4 Abs. 3 EStG.
   - Aus Land- und Forstwirtschaft nach Durchschnittssätzen gem. § 13a EStG.
   - Bei Handelsschiffen im internationalen Verkehr nach § 5a EStG.
2. Vine hat ihren Gewinn in Form von Zu- und Abrechnungen zu korrigieren (vgl. R 4.6 EStR).

3. Bis auf eine Position sind alle Wertansätze der Anfangsbilanz zum 01.01.06 richtig. Der Grund und Boden ist nicht mit 90.000 Euro, sondern mit 30.000 Euro anzusetzen. Das Kapital beträgt folglich 145.930 Euro (205.930 Euro ./. 60.000 Euro).

4. Bei jedem Bilanzposten ist zu prüfen:

   – Wie hat sich die Entstehung, die Hereinnahme dieses Postens in der Zeit der Überschussrechnung nach § 4 Abs. 3 EStG gewinnmäßig ausgewirkt?

   – Wie wird sich dieser Posten bei Auflösung in der Zeit des Betriebsvermögensvergleichs nach § 5 EStG auswirken?

   – Wie soll sich dieser Posten (Entstehung und Auflösung) insgesamt gewinnmäßig auswirken?

   Ergibt sich danach z. B., dass sich ein Vorgang weder in der Zeit der Überschussrechnung noch in der Zeit des Betriebsvermögensvergleichs gewinnmäßig ausgewirkt hat, aus der Sicht des Betriebsvermögensvergleichs aber einmal Ertrag entstehen muss, ist ein Zuschlag zu machen.

5. Im Einzelnen sind folgende Gewinnkorrekturen vorzunehmen:

– Teilwertabschlag Maschine		./. 12.000 €
– Warenbestand	+ 54.000 €	
– Warenverbindlichkeiten		./. 20.880 €
– Warenforderungen	+ 35.700 €	
– Anzahlungen für Waren	+ 5.500 €	
– Damnum	+ 1.200 €	
– aktiver RAP	+ 5.700 €	
– GewSt-Rückstellung		./. 0 €
– sonstige Verbindlichkeiten		./. 2.250 €
– USt		./. 1.140 €
– noch nicht fällige USt		./. 5.700 €
insgesamt	+ 102.100 €	./. 41.970 €

   = Gewinnzuschlag von 60.130 €

6. Grundsätzlich sind die Aktivposten des Umlaufvermögens dem Gewinn zuzuschlagen und die Passivposten des Umlaufvermögens abzuschlagen.

7. Die Gewinnkorrekturen sind in dem Veranlagungsjahr dem laufenden Gewinn zuzuschlagen, in das die 1. Bilanz fällt.

Begründung

1. Die fünf Gewinnermittlungsarten

Nach dem EStG kann der Gewinn in fünf Gewinnermittlungsarten ermittelt werden:

- Durch Betriebsvermögensvergleich gem. § 5 EStG.
- Durch Betriebsvermögensvergleich gem. § 4 Abs. 1 EStG.
- Durch Einnahmenüberschussrechnung gem. § 4 Abs. 3 EStG.
- Aus Land- und Forstwirtschaft nach Durchschnittssätzen gem. § 13a EStG.
- Bei Handelsschiffen im internationalen Verkehr nach § 5a EStG.

Die nach § 162 AO mögliche Schätzung des Gewinns ist keine besondere Gewinnermittlungsart. Die Schätzung kann nur im Rahmen einer der fünf Gewinnermittlungsarten erfolgen, d. h. im Allgemeinen im Rahmen von § 5 oder § 4 Abs. 1 EStG.

Die Gewinnermittlungsart kann freiwillig geändert werden oder die Änderung aufgrund einer rechtlichen Verpflichtung vorzunehmen sein.

Die in der Praxis wohl wichtigste Änderung der Gewinnermittlungsart ist die von der Überschussrechnung gem. § 4 Abs. 3 EStG zu der gem. § 5 EStG. Sie ist jederzeit freiwillig möglich. Jedoch können einzelne Steuerpflichtige dazu auch verpflichtet sein, z. B. wenn ein Steuerpflichtiger mit Gewinnermittlung gem. § 4 Abs. 3 EStG

- buchführungspflichtig wird gem. §§ 140, 141 AO,
- seinen Betrieb aufgibt, R 4.5 Abs. 6 EStR,
- seinen Betrieb veräußert, R 4.5 Abs. 6 EStR,
- gem. § 162 AO nach § 5 EStG geschätzt wird.

2. Das Problem des Übergangs der Gewinnermittlung von § 4 Abs. 3 zu § 5 EStG

Die Überschussrechnung gem. § 4 Abs. 3 EStG unterscheidet sich vom Betriebsvermögensvergleich gem. § 4 Abs. 1 oder § 5 EStG im Wesentlichen dadurch, dass § 11 EStG anwendbar ist, d. h., Betriebsausgaben und Betriebseinnahmen können sich zu einem anderen Zeitpunkt auf den Gewinn auswirken, als dies beim Betriebsvermögensvergleich der Fall ist. Dies gilt uneingeschränkt für das Umlaufvermögen; hier kommt es bei der Überschussrechnung nur auf den Zeitpunkt des Zuflusses und Abflusses an. Eingeschränkt gilt § 11 EStG auch für das nicht abnutzungsfähige Anlagevermögen, § 4 Abs. 3 Satz 4 EStG, während im Bereich des abnutzungsfähigen Anlagevermögens, sieht man einmal von der Teilwertabschreibung ab, keine Unterschiede in den beiden Gewinnermittlungsarten bestehen, § 4 Abs. 3 Satz 3 EStG.

Durch diese Unterschiede ergibt die Überschussrechnung gem. § 4 Abs. 3 EStG einen völlig anderen Periodengewinn als der Betriebsvermögensvergleich. So wird z. B. bei einer Warenlieferung im Rahmen des Betriebsvermögensvergleichs die Forderung aktiviert, während bei der Überschussrechnung erst die Zahlung zu Betriebseinnahmen führt. Beim Betriebsvermögensvergleich stehen die Grundsätze der periodengerechten

Abgrenzung im Vordergrund (RAP, Rückstellungen usw.), während bei der Überschussrechnung der Geldzu- und -abfluss primär entscheidend ist.

Auf Dauer gesehen gleichen sich die unterschiedlichen Periodengewinne aus. Die interne Ausgleichsmöglichkeit wird aber dann durchbrochen, wenn eine Änderung der Gewinnermittlungsart erfolgt. Aus diesem Grunde verlangen Rechtsprechung und Verwaltung bei Änderung der Gewinnermittlungsart eine Gewinnkorrektur in Form von Zu- und Abrechnungen zum Gewinn, damit Betriebseinnahmen oder Betriebsausgaben weder überhaupt nicht noch doppelt, sondern nur einmal, und zwar so, wie es im Rahmen des Betriebsvermögensvergleichs sein soll, erfasst werden (R 4.6 EStR).

Weder im EStG noch in der EStDV ist eine besondere Regelung zu finden. Deshalb sieht der BFH (Urteile vom 26.05.1968, BStBl 1968 II S. 650, vom 01.07.1981, BStBl 1981 II S. 780, und vom 30.03.1994, BStBl 1994 II S. 852) hier eine offene Regelungslücke, zu deren Füllung die Gerichte berufen seien.

In der Literatur sind sich alle einig, dass sich die Notwendigkeit der Korrekturen aus der Systematik der Gewinnermittlungsbestimmungen ergibt (vgl. Schmidt/Heinicke, § 4 Rn. 652, und sehr ausführlich zur Gesamtproblematik Kanzler in FR 1999 S. 225). Der BFH meint in seinem Urteil vom 13.09.2001 (BStBl 2002 II S. 287), Rechtsgrundlage der Gewinnkorrekturen sei der Gewinnbegriff des § 4 Abs. 1 EStG.

Auf folgende BFH-Urteile hierzu sei zusätzlich verwiesen: vom 05.10.1973, BStBl 1974 II S. 303, vom 15.05.1974, BStBl 1974 II S. 518, vom 24.01.1985, BStBl 1985 II S. 255, vom 19.09.1987, BStBl 1988 II S. 327, vom 16.02.1989, BStBl 1989 II S. 708, und vom 30.04.1994, BStBl 1994 II S. 852.

3. Die Wertansätze der Anfangsbilanz

Gemäß H 4.6 „Bewertung von Wirtschaftsgütern" EStH (BFH-Urteil vom 23.11.1961, BStBl 1962 III S. 199) sind die einzelnen Wirtschaftsgüter beim Übergang zum Betriebsvermögensvergleich mit den Werten anzusetzen, mit denen sie zu Buch stehen würden, wenn von Anfang an der Gewinn durch Betriebsvermögensvergleich ermittelt worden wäre. Daraus ergeben sich für den vorliegenden Fall bei einigen Positionen Probleme:

a) Der Wertansatz für den **Grund und Boden** ist falsch. Wäre von Anfang an bilanziert worden, wäre der Grund und Boden entweder mit den Anschaffungskosten oder mit dem niedrigeren Teilwert anzusetzen gewesen, § 6 Abs. 1 Nr. 2 EStG. Da im Sachverhalt von einem niedrigeren Teilwert nicht die Rede ist, muss der Grund und Boden in der Anfangsbilanz mit den Anschaffungskosten, also mit 30.000 Euro, angesetzt werden. Ausnahmefälle sind nur im Rahmen des § 55 EStG denkbar.

b) Der Wertansatz für die **Maschine** ist richtig. Wäre von Anfang an bilanziert worden, hätte die Teilwertabschreibung spätestens zum 31.12.05/ 01.01.06 vorgenommen werden können (gemildertes Niederstwertprinzip – dauernde Wertminderung, § 253 Abs. 3 Satz 3 HGB und § 6 Abs. 1 Nr. 1 Satz 2 EStG). Die Regelungen hierzu im HGB und im EStG sind verschieden. Im Handelsrecht muss, im Einkommensteuerrecht kann der niedrigere Wert angesetzt werden. Der Maßgeblichkeitsgrundsatz des § 5 Abs. 1 Satz 1 EStG ist hier durchbrochen, weil in dieser Vorschrift ab dem Veranlagungszeitraum 2009 ein steuerliches Wahlrecht eingeräumt ist (vgl. BMF-Schreiben vom 12.03.2010, BStBl 2010 I S. 239 Rn. 15 und 24, sowie zur früheren Rechtslage die Vorauflage dieses Buches).

Dass sich die Teilwertabschreibung im Jahr 05 nicht auswirken konnte, weil sie in der Gewinnermittlung nach § 4 Abs. 3 EStG nicht möglich ist, spielt bei der Frage des Ansatzes der Maschine in der Bilanz keine Rolle.

c) Der Wertansatz für den **GmbH-Anteil** ist richtig. Aufgrund der starken Wirtschaftsbeziehungen ist er von Anfang an notwendiges Betriebsvermögen, daher mit den Anschaffungskosten anzusetzen. Wenn er nicht notwendiges Betriebsvermögen wäre, könnte ihn Vine in der Anfangsbilanz als gewillkürtes Betriebsvermögen bilanzieren, sofern sie ihn nicht schon in der Zeit der Gewinnermittlung gem. § 4 Abs. 3 EStG als gewillkürtes Betriebsvermögen erfasst hat (so BFH vom 02.10.2003, BStBl 2004 II S. 985, und BMF vom 17.11.2004, BStBl 2004 I S. 1064). Auch in diesem Fall wäre der Ansatz mit den Anschaffungskosten von 12.000 Euro richtig. Da innerhalb von 3 Jahren vor dem 01.01.06 angeschafft, wäre bei der Einlage zum 01.01.06 nicht der Teilwert, sondern es wären ebenfalls die Anschaffungskosten maßgebend, § 6 Abs. 1 Nr. 5 Buchst. a EStG.

d) Der Wertansatz für den **Warenbestand** ist richtig. Die Waren können mit 54.000 Euro angesetzt werden. Vine ist nicht verpflichtet, den niedrigeren Wert zu verwenden. Auch beim Ansatz des Umlaufvermögens in einer Anfangsbilanz gelten die Ausführungen zu b), vgl. § 253 Abs. 4 HGB und § 6 Abs. 1 Nr. 2 Satz 2 EStG.

e) Der Wertansatz für das **Damnum** ist richtig. Wäre von Anfang an bilanziert worden, hätte das Damnum am 31.12.02 mit 3.000 Euro aktiviert werden müssen. Bei einem jährlichen Abschreibungsbetrag von 600 Euro – insgesamt 5 Jahre Laufzeit – stünde es am 31.12.05/01.01.06 noch mit 1.200 Euro zu Buch.

f) Die GewSt kann ab dem VZ 2008 einkommensteuerlich nicht mehr als Betriebsausgabe abgezogen werden. Dies verbietet der neu eingefügte § 4 Abs. 5b EStG **(Betriebsausgabe-Abzugsverbot).** Handelsrechtlich ist die GewSt aber weiterhin Aufwand und beeinflusst das handelsbilanzielle Ergebnis. Deshalb ist nach dem Maßgeblichkeitsgrundsatz auch einkommensteuerlich die **Gewerbesteuer-Rückstellung** zu bilden; der

GewSt-Aufwand muss damit aber außerhalb der Steuerbilanz wieder hinzugerechnet werden (vgl. Schmidt/Heinicke, § 4 Rn. 614).

g) Auch der Wertansatz für die **USt** ist richtig.

Erfolgt der Wechsel von der Ist- zur Sollbesteuerung zum 01.01.06 bei einem Unternehmer, der verpflichtet ist, monatliche Voranmeldungen abzugeben, so ist die Umstellung mit der USt-Voranmeldung für den Januar 06 durchzuführen. Vine muss daher zum 10.01.06 die Ist-Umsätze des Dezember 05 anmelden und zum 10.02.06 die Soll-Umsätze des Januar 06. Für den Voranmeldungszeitraum Januar 06 (Anmeldung am 10.02.06) müssen zusätzlich die Umsätze hinzugerechnet werden, die schon vor dem Voranmeldungszeitraum Januar 06 erbracht, aber aufgrund der Istversteuerung mangels Zahlung noch nicht versteuert wurden. Vergleiche Lippross, Tz. 8.1.3.3.

In die Anfangsbilanz zum 01.01.06 muss daher die USt-Schuld eingestellt werden, die bis zum 31.12.05 aufgrund der Istbesteuerung entstanden ist. Die USt ist aber bis zum 31.12.05 nur insoweit aufgrund der Istbesteuerung entstanden, als Vine für ihre Lieferungen und Leistungen Zahlungen erhielt.

Daran ändert sich übrigens auch nichts, wenn Vine bei der Istbesteuerung bliebe, denn auch in diesem Fall ist die im Januar 06 von Vine zu bezahlende USt erst nach dem Bilanzstichtag entstanden.

Bei der Vorsteuer entstehen diese Probleme nicht. Denn der Vorsteuerabzug wird durch den Wechsel der Art der Steuerberechnung nicht beeinflusst. Der Vorsteuerabzug ist in keinem Fall bei der Istbesteuerung anders zu beurteilen als bei der Sollbesteuerung. Vergleiche Völkel/Karg, W 5.

h) Der Wertansatz **noch nicht fälliger USt** ist ebenfalls richtig.

Vine hat in ihrer Anfangsbilanz zum 01.01.06 einen Warenforderungsbestand von 35.700 Euro erfasst. In diesem Betrag sind 5.700 Euro USt enthalten, die jedoch beim Finanzamt infolge der Istbesteuerung bis Ende 05 noch nicht fällig sind, weil sie von den Kunden noch nicht bezahlt wurden. Hätte Vine diese Forderungen in der Buchführung einbuchen müssen, hätte sie wie folgt gebucht: „Forderungen 35.700 Euro an Warenverkauf 30.000 Euro und USt 5.700 Euro". Vine hat also eine Schuld, die noch nicht fällig ist. Diese USt entsteht, wie oben zu e) ausgeführt, durch den Übergang zur Sollbesteuerung erst mit Ablauf des Monats Januar 06. Diese Schuld muss aber in der Bilanz erfasst werden, weil sie in den entstandenen und daher zu bilanzierenden Forderungen enthalten ist.

4. Die Gewinnkorrekturen grundsätzlich

Nach Rechtsprechung und Literatur ist von folgender Feststellung auszugehen: Der Betriebsvermögensvergleich bildet die Regel. Die Überschussrechnung gem. § 4 Abs. 3 EStG ist nur ein Unterfall des Betriebsvermögensvergleichs nach § 4 Abs. 1 oder § 5 EStG. Die Überschussrechnung dient der Vereinfachung. Sie ist insbesondere für die Fälle gedacht, in denen wertmäßige Schwankungen im Betriebsvermögen keine größere Rolle spielen. Ein Steuerpflichtiger, der von der Überschussrechnung zum Betriebsvermögensvergleich wechselt, ist daher so zu stellen, als habe er den Gewinn seit Beginn des Betriebs durch Betriebsvermögensvergleich ermittelt. Hier kommt derselbe Grundgedanke zum Ausdruck, der die Rechtsprechung veranlasst hat, im Rahmen der Probleme zum Bilanzzusammenhang der richtigen Besteuerung des einzelnen Geschäftsvorfalls absoluten Vorrang vor dem Grundsatz der Abschnittsbesteuerung zu geben (BFH vom 02.05.1984, BStBl 1984 II S. 695, und vom 22.01.1985, BStBl 1985 II S. 308). Die **in der Antwort dargestellten Fragen** sind daher **bei jedem einzelnen Bilanzposten** zu stellen.

5. Die Gewinnkorrekturen im Einzelnen

a) Grund und Boden

Auszugehen ist von der berichtigten Anfangsbilanz, d. h. vom Bilanzansatz 30.000 Euro. Die Anschaffung des Grund und Bodens hat sich in der Zeit der Überschussrechnung nicht ausgewirkt. Denn die Anschaffungskosten für nicht abnutzbare Wirtschaftsgüter des Anlagevermögens sind erst im Zeitpunkt der Veräußerung oder Entnahme als Betriebsausgaben zu berücksichtigen, § 4 Abs. 3 Satz 4 EStG. Damit ist gleichzeitig vorgeschrieben, dass § 11 EStG insoweit nicht gilt, d. h., auch die Bezahlung in der Zeit der Überschussrechnung war bedeutungslos. Unterstellt, Vine veräußert den Grund und Boden in der Zeit des Betriebsvermögensvergleichs für einen Preis, der den ursprünglichen Anschaffungskosten entspricht, wirkt sich auch die Auflösung des Postens gewinnmäßig nicht aus (umschichtende Buchung: „Geldkonto an Grund und Boden 30.000 Euro"). Da sich vom Betriebsvermögensvergleich her gesehen die reinen Anschaffungskosten von nicht abnutzungsfähigen Anlagegütern im Gesamtvergleich Anschaffung und Verkauf nicht auswirken dürfen, ist auch kein Zu- oder Abschlag zu machen.

Sollte der Wert des Grund und Bodens in der Zeit seiner Betriebszugehörigkeit steigen (oder auch fallen), so muss sich diese Wertschwankung gewinnmäßig auswirken. Dies ist aber keine Frage des Übergangs von einer Gewinnermittlungsart zur anderen, sondern ein Ergebnis, das sich in allen Gewinnermittlungsarten gleichermaßen zeigt. In der Gewinnermittlung gem. § 4 Abs. 3 EStG wären in so einem Fall die Betriebseinnahmen größer (oder kleiner) als die Anschaffungskosten (= Betriebsausgaben) und beim Betriebsvermögensvergleich ergäbe sich in der Differenz ein sonstiger betrieblicher Ertrag (oder sonstiger betrieblicher Aufwand).

Aus allem ergibt sich: Ob Wertschwankungen vorliegen oder nicht, spielt keine Rolle; Zu- und Abrechnungen sind in keinem Fall erforderlich.

b) Maschine

Die Anschaffung oder Herstellung der Maschine hat sich in der Zeit der Überschussrechnung gewinnmäßig nicht ausgewirkt. Auch in der Überschussrechnung ist bei abnutzungsfähigen Wirtschaftsgütern nur die AfA als Betriebsausgabe anzusetzen, § 4 Abs. 3 Satz 3 EStG. § 11 EStG ist nicht anwendbar oder noch besser, abnutzungsfähige Wirtschaftsgüter – sieht man von Teilwertabschlägen ab – werden in der Gewinnermittlung gem. § 4 Abs. 3 EStG oder gem. § 4 Abs. 1, § 5 EStG gleich behandelt. Da der **Buchwert** der Maschine sich in der Zeit des Betriebsvermögensvergleichs bei einem möglichen Verkauf auch nicht gewinnerhöhend auswirkt, kommen Zu- und Abrechnungen wegen des Buchwerts nicht in Betracht.

Der von Vine bei Erstellung der Bilanz zum 01.01.06 vorgenommene **Teilwertabschlag** hat sich in der Zeit der Überschussrechnung nicht auswirken können. Teilwertabschläge sind in der Überschussrechnung gem. § 4 Abs. 3 EStG nicht zulässig; in dieser Gewinnermittlung wird nicht bilanziert und damit auch nicht bewertet. Der Ansatz mit dem niedrigeren Teilwert (§ 6 EStG) ist daher nur bei einem bilanzierenden Unternehmer denkbar und zulässig.

Verkauft Vine die Maschine in der Zeit des Betriebsvermögensvergleichs oder schreibt sie sie in dieser Zeit auf 0 ab, fehlt ihr genau der Teilwertabschlag i. H. von 12.000 Euro in den Betriebsausgaben. Ohne Teilwertabschlag hätte Vine diesen Betrag noch in der Zeit des Bestandsvergleichs abschreiben können. Aus der Sicht des Bestandsvergleichs muss sich ein Teilwertabschlag als Aufwand auswirken. Dieser Aufwand ginge Vine aber verloren, würde man ihr verwehren, beim Übergang zum Bestandsvergleich einen Abschlag vornehmen zu lassen.

Ergebnis: Abschlag von 12.000 Euro.

c) Firmenwert

Beim Firmenwert handelt es sich um ein abnutzbares Anlagegut (§ 7 Abs. 1 Satz 3 EStG). Da dieses in beiden Gewinnermittlungsarten gleich behandelt wird – sieht man von Teilwertabschlägen einmal ab –, wird beim Übergang von der einen zur anderen Gewinnermittlungsart nur die bisherige Abschreibung fortgesetzt. Die Ausführungen zur Maschine gelten auch hier.

Ergebnis: Kein Zu- oder Abschlag.

d) Geringwertige Wirtschaftsgüter (GWG)

GWGs sind abnutzungsfähige Wirtschaftsgüter. Aufgrund der Kann-Vorschrift des § 6 Abs. 2 EStG ist es allen Steuerpflichtigen, die einen Gewinn ermitteln, erlaubt, die Abschreibung sofort voll geltend zu machen. Dies gilt auch in der Gewinnermittlung gem. § 4 Abs. 3 EStG, d. h., GWGs werden in beiden Gewinnermittlungsarten gleich behandelt. Daraus folgt, dass, wie bei der Maschine oder dem Geschäftswert/Praxiswert, keine Zu- oder Abrechnungen zu machen sind.

Ergebnis: Kein Zu- oder Abschlag.

e) GmbH-Anteil

Der GmbH-Anteil ist ein nicht abnutzbares Anlagegut. Die Anschaffung und die Bezahlung hat sich daher in der Überschussrechnung nicht ausgewirkt, gleichgültig, ob er als Betriebsvermögen anzusehen war oder nicht. Die Anschaffungskosten sind erst bei Veräußerung Betriebsausgaben (§ 4 Abs. 3 Satz 4 EStG).

Eine spätere Veräußerung in der Zeit des Betriebsvermögensvergleichs hat hinsichtlich der Anschaffungskosten nur umschichtende Bedeutung. Buchung: „Geldkonto an GmbH-Anteil 4.000 Euro".

Vom Bestandsvergleich her gesehen müssen sich die Anschaffungskosten immer umschichtend auswirken. Daher sind keine Zu- und Abrechnungen vorzunehmen.

Für Wertschwankungen gilt das zum Grund und Boden Gesagte. Diese müssen erfasst werden, haben aber mit der Änderung der Gewinnermittlung nichts zu tun.

Ergebnis: Kein Zu- oder Abschlag.

f) Warenbestand / Warenverbindlichkeiten

Beim Warenbestand ist von dem Ansatz in der Eröffnungsbilanz, d. h. von 54.000 Euro, auszugehen. Die Waren gehören zum Umlaufvermögen, d. h., sie werden bei Bezahlung in der Gewinnermittlung gem. § 4 Abs. 3 EStG Betriebsausgaben. Dies ergibt sich aus dem Zufluss- und Abflussprinzip des § 11 EStG. In § 4 Abs. 3 EStG gelten – im Gegensatz zum Anlagevermögen – keine Sonderregelungen. Wie viel Waren bezahlt sind, lässt sich aber nur durch Gegenüberstellung des Warenbestands mit den Warenverbindlichkeiten ermitteln, in unserem Fall also 33.120 Euro (54.000 Euro ./. 20.880 Euro). Dieser Betrag ist damit während der Zeit der Überschussrechnung Betriebsausgabe geworden.

Aus Vereinfachungsgründen ist in der Anlage zu R 4.6 EStR vorgesehen, den Warenanfangsbestand zuzuschlagen und den Warenschuldenanfangsbestand abzuschlagen.

Bei den Warenposten unterstellt man dabei, dass es sich um Waren handelt, die bereits in der Überschussrechnung voll bezahlt sind. Dann haben wir in Höhe des gesamten Postens in der Überschussrechnung eine Betriebsausgabe. Da der gesamte Posten in der Zeit des Bestandsvergleichs über den Wareneinsatz nochmals Aufwand wird, muss der gesamte Posten beim Übergang zugeschlagen werden.

Bei den Warenverbindlichkeiten unterstellt man, dass die sie betreffenden Waren nicht mehr vorhanden sind. Dieser Warenposten hat dann während der Überschussrechnung nicht zu Betriebsausgaben geführt und die Bezahlung der Warenverbindlichkeit in der Zeit des Bestandsvergleichs bewirkt ebenfalls keinen Aufwand (umschichtende Buchung: „Warenverbindlichkeit an Geldkonto"), denn auch der Wareneinsatz wird nicht berührt, weil die Waren schon weg sind. Da der Warenposten aber einmal Aufwand werden muss, ist ein Abschlag in Höhe der Warenverbindlichkeit erforderlich. Der Abschlag erfolgt einschließlich der Vorsteuer, da sie bei Weiterführung der Überschussrechnung erfolgswirksam berücksichtigt werden müsste.

Ergebnis: Zuschlag i. H. von 54.000 Euro,
Abschlag i. H. von 20.880 Euro.

g) Warenforderungen

Die Entstehung der Forderung hat in der Zeit der Überschussrechnung keine Gewinnauswirkung gehabt. Denn erst der Geldeingang wäre als Betriebseinnahme angesetzt worden.

Die Bezahlung der Forderung in der Zeit des Bestandsvergleichs bewirkt ebenfalls keinen Ertrag (umschichtende Buchung: „Geldkonto an Forderungen").

Die Warenforderung muss aber, geht man vom Bestandsvergleich aus, einmal Ertrag werden. Wäre die Forderung in der Zeit des Bestandsvergleichs entstanden, hätten wir nämlich gebucht: „Forderung an Warenverkauf" und damit in voller Höhe einen Gewinn erzielt. Um die Forderung einmal ertragsmäßig zu erfassen, müssen wir daher einen Zuschlag machen.

Ergebnis: Zuschlag i. H. von 35.700 Euro.

h) Kasse, Bank, Darlehen

Alle Geldposten, auch Darlehen, werden in die Anfangsbilanz ohne jede steuerliche Auswirkung aufgenommen. Die Überschussrechnung gem. § 4 Abs. 3 EStG ist, unter dem Blickwinkel des Betriebsvermögensvergleichs gesehen, nichts anderes als die Mehrung bzw. die Minderung, die sich bei den Geldposten Kasse, Bank usw. im Laufe eines Wirtschaftsjahres (+ Entnahmen ./. Einlagen) ergeben hat. Änderungen bei den Geldposten werden somit in beiden Gewinnermittlungsarten (§ 4 Abs. 3 und § 5 EStG) gleich behandelt.

Ergebnis: Kein Zu- oder Abschlag.

i) Anzahlung (Maschine)

In der Überschussrechnung werden Anzahlungen grundsätzlich wie Zahlungen behandelt, d. h., es kommt darauf an, für welche Wirtschaftsgüter Anzahlungen geleistet werden.

Die Anzahlung von 4.800 Euro betraf den späteren Erwerb eines abschreibungsfähigen Wirtschaftsguts. Die Anzahlung konnte daher in der Überschussrechnung nicht als Betriebsausgabe abgesetzt werden. Entscheidend ist nicht die Zahlung, sondern die AfA.

Wird die Maschine in der Zeit des Betriebsvermögensvergleichs angeschafft, wird die Anzahlung umschichtend aufgelöst. Bei einem Anschaffungswert von z. B. 9.000 Euro + USt wäre zu buchen: „Geschäftsausstattung 9.000 Euro + Vorsteuer 1.710 Euro an Anzahlungen 4.800 Euro und sonstige Verbindlichkeiten 5.910 Euro".

Zahlungen und Anzahlungen auf abnutzbare Wirtschaftsgüter sind in beiden Gewinnermittlungsarten gleich zu behandeln, d. h., sie dürfen den Gewinn nicht beeinflussen. Da dies auch nicht geschehen ist, sind auch keine Zu- oder Abrechnungen zu machen.

Ergebnis: Kein Zu- oder Abschlag.

k) Anzahlung für Waren

Jetzt liegen Zahlungen für Umlaufvermögen vor, d. h., die Anzahlungen werden in jedem Fall in der Zeit der Überschussrechnung Betriebsausgaben.

Die für die Anzahlung erworbenen Waren erhöhen in der Zeit des Bestandsvergleichs zunächst den Warenbestand. Beim Abgang (Veräußerung, Schwund, Diebstahl usw.) erhöhen sie den Wareneinsatz und werden damit voll Aufwand.

Der Warenbestand soll in der Zeit des Betriebsvermögensvergleichs einmal Betriebsausgabe werden, da hier aber zweimal Betriebsausgaben entstehen, ist zum Ausgleich ein Gewinnzuschlag von 5.500 Euro zu machen.

Ergebnis: Gewinnzuschlag von 5.500 Euro.

l) Damnum

Das Damnum ist zusätzliches Entgelt für die Kreditgewährung und damit in jedem Fall zinsähnlicher Aufwand (BFH vom 21.04.1988, BStBl 1989 II S. 722/726). Im Allgemeinen ist das Damnum in der Überschussrechnung als Betriebsausgabe zu dem Zeitpunkt abzugsfähig, zu dem es bezahlt wird. Im vorliegenden Fall ist es bei Auszahlung des Darlehens bezahlt worden und damit auch Betriebsausgabe geworden. Da Vine Zinsen aus 60.000 Euro zu zahlen hat, aber nur 57.000 Euro erhielt, muss man von einer Art Aufrechnungslage oder einem abgekürzten Zahlungsvorgang ausgehen, d. h., Vine hatte zwar Anspruch auf 60.000 Euro, musste aber 3.000 Euro sofort zurückzahlen. Vom Zu- und Abflussprinzip her gesehen sind Vine zum gleichen Zeitpunkt 60.000 Euro zugeflossen und 3.000 Euro abgeflossen.

Wie oben schon dargestellt, ist beim Bestandsvergleich das Damnum auf die Laufzeit des Kredits zu verteilen, weil es sich wirtschaftlich um Zins für die ganze Laufzeit des Darlehens handelt. Dies hat aber zur Folge, dass der aktivierte Betrag von 1.200 Euro in der Zeit des Bestandsvergleichs nochmals Betriebsausgabe wird, und zwar durch zwei Buchungen an den

Bilanzstichtagen 31.12.06 und 31.12.07 mit jeweils: „Zinsaufwand an Damnum 600 Euro".

Damit ist ein Zuschlag i. H. von 1.200 Euro zu machen, weil sich dieser Zinsaufwand nicht doppelt, sondern nur einmal auswirken darf.

Mit Wirkung ab 01.01.2005 ist in § 11 Abs. 1 und Abs. 2 EStG jeweils ein neuer Satz 3 eingefügt worden. Hier ist § 11 Abs. 2 Satz 3 EStG einschlägig. Dort heißt es: „Werden Ausgaben für eine Nutzungsüberlassung von mehr als fünf Jahren im Voraus geleistet, sind sie insgesamt auf den Zeitraum gleichmäßig zu verteilen, für den die Vorauszahlung geleistet wird." Diese Gesetzesänderung zielt zwar auf Erbbauzinsen ab, aber auch ein Damnum ist eine Ausgabe für eine Nutzungsüberlassung. In § 11 Abs. 2 Satz 4 EStG wurde zusätzlich geregelt, dass die Vorschrift des Satzes 3 auf ein marktübliches Damnum nicht anwendbar ist.

Damit ist das Damnum im vorliegenden Fall kein abnutzbares Wirtschaftsgut und ist daher – wie ausgeführt – in der Zeit der Überschussrechnung sofort eine Betriebsausgabe.

Ergebnis: Gewinnzuschlag von 1.200 Euro.

m) Rechnungsabgrenzungsposten (RAP)

Wenn in der Zeit der Überschussrechnung Mietzinsen (für Räume, Maschinen oder dergleichen) vorausbezahlt wurden, dann wurden sie als Betriebsausgaben angesetzt.

In der Anfangsbilanz zum 01.01.06 einen RAP zu bilden, war richtig, wenn die Zinsen wirtschaftlich den Zeitraum danach betreffen. RAP sind zum Zwecke der periodengerechten Gewinnermittlung anzusetzen, auch in einer Anfangsbilanz. Durch die Auflösung des Postens in der späteren Zeit des Bestandsvergleichs, z. B. 06 oder 07, werden diese Zinsen nochmals Aufwand (Buchung: „Mietzins an RAP").

Da die Mietzinsen damit zweimal Aufwand werden, muss zum Ausgleich ein Zuschlag von 5.700 Euro gemacht werden.

Ergebnis: Gewinnzuschlag 5.700 Euro.

n) Gewerbesteuer-Rückstellung

Da kein Aufwand entstanden ist, ist auch kein Abschlag erforderlich.

Ergebnis: Kein Zu- oder Abschlag.

o) Sonstige Verbindlichkeiten

Laut Ergänzung in der Bilanz handelt es sich um noch abzuführende Lohnsteuer und Sozialversicherung. Da damit der Lohn in der Zeit der Überschussrechnung netto ausbezahlt wurde, ist nur eine Betriebsausgabe in Höhe des Nettolohns gegeben. Werden die Lohnsteuer und die Sozialversicherung später in der Zeit des Bestandsvergleichs bezahlt, liegt eine umschichtende Buchung vor: „sonstige Verbindlichkeiten an Geldkonto". Da die Lohnsteuer und die Sozialversicherung einmal Aufwand werden müssen, ist ein Abschlag zu machen. Dabei ist es gleichgültig, ob der Arbeitgeber- oder Arbeitnehmeranteil oder beide Anteile in der Zeit des Bestandsvergleichs zu zahlen sind, denn beide Anteile sollen Aufwand werden, der Arbeitnehmeranteil selbstverständlich im Rahmen des Bruttolohns.

Ergebnis: Abschlag von 2.250 Euro.

p) Umsatzsteuer

Dieser Bilanzposten setzt sich aus der USt i. H. von 5.130 Euro für die im Dezember 05 vereinnahmten Erlöse und der im Dezember 05 abzugsfähigen Vorsteuer i. H. von 3.990 Euro zusammen.

Diese beiden Positionen müssen zunächst getrennt betrachtet werden.

Vorsteuer für sich gesehen

Aus Vereinfachungsgründen unterstellen wir, dass Vine eine **Warenlieferung** mit **einer** Rechnung über 21.000 Euro netto plus 3.990 Euro USt erhalten hat. Jetzt besteht die Möglichkeit, dass Vine diese Rechnung an ihren Lieferanten in der Zeit der Überschussrechnung entweder bezahlt oder nicht bezahlt hat. Dass Vine diese Vorsteuer vom Finanzamt noch nicht erhalten oder von ihrer an das Finanzamt zu zahlenden USt noch nicht abgesetzt hat, steht dem nicht entgegen, denn die Zahlungstermine (an den Lieferanten und an das Finanzamt) sind meistens verschieden.

Ist die Rechnung vom Lieferanten in der Zeit der Überschussrechnung von Vine schon bezahlt worden, dann wurde die in der Rechnung enthaltene Vorsteuer wie die Zahlung der Ware als Betriebsausgabe erfasst. Da mit dem Finanzamt in der Zeit der Überschussrechnung nicht mehr abgerechnet wurde, konnte die Vorsteuer nicht mehr – wie sonst in der Überschussrechnung – Betriebseinnahme werden. Wird die Vorsteuer später in der Zeit des Bestandsvergleichs vom Finanzamt bezahlt oder mit einer USt-Schuld verrechnet, wirkt sie sich umschichtend, also gewinnneutral, aus (Buchung entweder „Geldkonto an Vorsteuer" oder „USt an Vorsteuer"). Da die Vorsteuer damit durch die Änderung in der Gewinnermittlung zwar einmal zur Betriebsausgabe, als Ausgleich aber nicht mehr zur Betriebseinnahme wurde, ist ein Gewinnzuschlag von 3.990 Euro zu machen.

Ist die Lieferantenrechnung von Vine noch nicht bezahlt worden in der Überschussrechnung, konnte sich die Vorsteuer gewinnmäßig nicht auswirken. Auch im späteren Betriebsvermögensvergleich wirkt sie neutral, d. h. umschichtend. Damit wäre in diesem Fall kein Gewinnzuschlag zu machen, stünden in der Bilanz nicht die Warenverbindlichkeiten. In den Warenverbindlichkeiten steckt nämlich noch die an die Lieferanten zu zahlende Vorsteuer (Buchung bei Wareneingang: „Wareneinkauf 21.000 Euro + Vorsteuer 3.990 Euro an Verbindlichkeiten 24.990 Euro"). Da wir aber hinsichtlich der Warenverbindlichkeiten einen vollen Abschlag zu machen haben, obwohl die darin enthaltene Vorsteuer sich neutral auswirken soll, ist zur

Berichtigung dieses zu hohen Abschlags ein Gewinnzuschlag in Höhe der darin enthaltenen Vorsteuer vorzunehmen.

Aus allem ergibt sich: Es ist unbedeutend, ob die Warenverbindlichkeiten in der Überschussrechnung schon bezahlt oder nicht bezahlt sind, es ist auf jeden Fall in Höhe der Vorsteuer ein Gewinnzuschlag zu machen. Zum selben Ergebnis kommt man auch, wenn man die Vorsteuer wie eine Forderung aus einem zugrunde liegenden Warengeschäft ansieht oder wie einen Posten des Umlaufvermögens.

Umsatzsteuer für sich gesehen

Die vereinnahmte USt i. H. von 5.130 Euro wurde bei der Überschussrechnung als Betriebseinnahme angesetzt. Zum Ausgleich erfolgt der Abzug der USt-Vorauszahlung als Betriebsausgabe. Dies ist beim Bestandsvergleich nicht mehr möglich, weil umschichtend gebucht wird. Deshalb ist ein Abschlag i. H. von 5.130 Euro vorzunehmen.

Umsatzsteuergesamtsicht

Im Normalfall sind die beiden Positionen Vorsteuer und USt miteinander verrechenbar, sodass es darauf ankommt, ob nur ein Posten Vorsteuer oder – wie üblich – nur ein Posten USt in der Anfangsbilanz steht. Die Position Vorsteuer(erstattung) ist zuzuschlagen, die USt(-Zahllast) – wie hier i. H. von 1.140 Euro – ist abzuschlagen.

Dabei kommt es nicht darauf an, ob der Unternehmer beim Wechsel der Gewinnermittlungsart gleichzeitig auch bei der USt von der Ist- zur Sollbesteuerung übergeht. Denn entscheidend ist, welche Position in der Anfangsbilanz steht. In der Anfangsbilanz kann aber nur die USt-Schuld erfasst sein, deren Lieferungen und Leistungen im letzten Monat vor dem Übergang bezahlt wurden.

Ein Hinweis sei noch erlaubt. Wenn in einer Übergangsbilanz sonstige Forderungen oder sonstige Verbindlichkeiten ausgewiesen sind, die sich auf Anlagegüter beziehen, kann ein Zuschlag der Vorsteuer oder ein Abschlag der USt nicht vorzunehmen sein, wenn die Rechnung erst zur Zeit des Bestandsvergleichs bezahlt wird.

Ergebnis: Gewinnabschlag 1.140 Euro.

q) Noch nicht fällige Umsatzsteuer

Wie oben zu 3. g) erwähnt, handelt es sich hier um die USt, die in den Warenforderungen steckt.

Die Rechnungen, die Vine ausgestellt hat, sind i. H. von 35.700 Euro noch nicht bezahlt. Die noch nicht fällige USt i. H. von 5.700 Euro hat sich mangels Zahlung daher gewinnmäßig in der Zeit der Überschussrechnung nicht ausgewirkt. Sie wird sich auch in Zukunft zur Zeit des Bestandsvergleichs bei Bezahlung an das Finanzamt gewinnmäßig nicht auswirken. Da die

Warenforderungen aber brutto zugeschlagen werden, ist die noch nicht fällige USt zum Ausgleich dieses Zuschlags abzuschlagen, weil sie sich neutral auswirken soll.

Ergebnis: Gewinnabschlag 5.700 Euro.

6. Gesamtsicht

Zieht man die Anlagepositionen (z. B. Grund und Boden, Gebäude, Maschinen) und die reinen Geldpositionen (Kasse, Bank, Darlehen) auf der Aktivseite vom Kapitalwert des Betriebs (einschließlich etwaiger Geldpositionen auf der Passivseite, z. B. Darlehen) ab, so kann man mit einem Blick erkennen, ob der Übergang von der Überschussrechnung zum Bestandsvergleich bei einem Betrieb insgesamt zu einem Gewinnzuschlag oder einem Gewinnabschlag führt. Dies ist deswegen leicht auszumachen, weil die meisten Posten des Umlaufvermögens, die auf der Aktivseite erfasst sind, zugeschlagen und die, die auf der Passivseite erfasst sind, abgeschlagen werden müssen. Daraus ergibt sich weiter, dass bei einem normalen Betrieb mit dem Kapital auf der Passivseite der Bilanz sich mit großer Wahrscheinlichkeit beim Übergang von der Überschussrechnung zum Bestandsvergleich insgesamt ein Gewinnzuschlag ergibt.

Da in jeder Anfangsbilanz Besonderheiten vorliegen können (vgl. z. B. den Teilwertabschlag bei der Maschine), sind alle einzelnen Positionen für sich zu durchdenken. So wären z. B. auch zuzuschlagen: halbfertige Arbeiten, Roh-, Hilfs- und Betriebsstoffe, Besitzwechsel aus Lieferungen oder Schecks, die nicht als Betriebseinnahmen behandelt wurden. Abzurechnen wären z. B. Schuldwechsel für erhaltene Lieferungen oder Kundenzahlungen für Lieferungen usw. (vgl. hierzu Zusammenstellung bei Ritzrow, StW 1988 S. 57 ff.).

7. Zeitpunkt der steuerlichen Berücksichtigung der Gewinnkorrekturen

Da der Bestandsvergleich die Grundlage und die Überschussrechnung nur eine vereinfachte Ausnahme darstellt, sind die Zu- und Abschläge beim Wechsel zum Bestandsvergleich eine einmalige Nachholung der bisher nicht berücksichtigten Teile des Totalgewinns der zurückliegenden Jahre. Deshalb sind sie dem ersten Bestandsvergleich, d. h. im ersten Jahr der geänderten Gewinnermittlung, hinzuzurechnen, also in unserem Ausgangsfall dem Veranlagungsjahr 06 (H 4.6 „Gewinnberichtigungen ..." EStH; BFH vom 25.06.1970, BStBl 1970 II S. 755, vom 24.01.1985, BStBl 1985 II S. 255, und vom 01.02.1990, BStBl 1990 II S. 495; Schmidt/ Heinicke, § 4 Rn. 663).

Vereinfacht ausgedrückt: Der Gewinn ist zu versteuern in dem Veranlagungsjahr, in das die erste Bilanz fällt. Geht daher ein laufender Betrieb zum Bestandsvergleich über, wird er dies meistens zum 01.01. des neuen Jahres tun, also Besteuerung im neuen Jahr. Bei Betriebsveräußerungen kann dies anders sein, weil es hier auf die Schlussbilanz ankommt.

Die Verwaltung lässt zur Vermeidung von Härten auf Antrag eine gleichmäßige Verteilung der Zurechnungsbeträge auf bis zu 3 Jahre zu (vgl. R 4.6 Abs. 1 Satz 4 EStR). Dies gilt nicht bei Buchwerteinbringung eines Betriebs in eine neu gegründete Sozietät mit gleichzeitigem Wechsel von der Überschussrechnung zum Bestandsvergleich (BFH vom 13.09.2001, BStBl 2002 II S. 287). Dies gilt auch nicht bei Betriebsaufgaben und -veräußerungen (BFH vom 03.08.1967, BStBl 1967 III S. 755), bei denen übrigens die Zu- und Abrechnungen nicht zum Veräußerungsgewinn zählen (R 4.6 Abs. 1 Satz 5 EStR, Schmidt/Heinicke, § 4 Rn. 668). Solchen Steuerpflichtigen sei daher empfohlen, ihren Betrieb nicht zum Jahresende, sondern zum Jahresanfang, also z. B. dem 02.01., zu veräußern, um den laufenden Gewinn, den Veräußerungsgewinn und die Zurechnungen nicht in einen Veranlagungszeitraum fallen zu lassen.

Abschnitt D:
Nicht- oder beschränkt abzugsfähige Betriebsausgaben

Fall 78

Einschränkung des Schuldzinsenabzugs nach § 4 Abs. 4a EStG – Überentnahmen/Unterentnahmen – Berechnung nichtabzugsfähiger betrieblicher Schuldzinsen

Sachverhalt

Bernig ist bilanzierender Einzelunternehmer. Er betreibt eine zu Beginn des Jahres 01 erworbene Kfz-Reparaturwerkstatt. Der Kaufpreis i. H. von 700.000 Euro (Umsatzsteuer fiel nach § 1 Abs. 1a UStG nicht an) wurde durch einen während der ersten vier Jahre seiner Laufzeit nicht zu tilgenden Kredit i. H. von 550.000 Euro und mit privaten Mitteln i. H. von 150.000 Euro finanziert. Die Eröffnungsbilanz Bernigs zum 01.01.01 weist folgende Werte aus:

Aktiva			Passiva
Anlagevermögen	500.000 €	Kapital	150.000 €
Umlaufvermögen	200.000 €	Darlehen	550.000 €

In den Jahren 01 bis 04 wurden die Kapitalansätze wie folgt entwickelt:

01	Anfangsbestand	150.000 €
	Einlagen	10.000 €
	./. Entnahmen	170.000 €
	Gewinn	20.000 €
	Bestand 31.12.01	10.000 €
02	Einlagen	—
	./. Entnahmen	40.000 €
	Gewinn	60.000 €
	Bestand 31.12.02	30.000 €
03	Einlagen	20.000 €
	./. Entnahmen	10.000 €
	./. Verlust	20.000 €
	Bestand 31.12.03	20.000 €
04	Einlagen	30.000 €
	./. Entnahmen	110.000 €
	Gewinn	40.000 €
	Bestand 31.12.04	./. 20.000 €

Folgende Zinsaufwendungen fielen in den Jahren 03 und 04 an:

03: 3.500 Euro für einen zu Beginn des Jahres aufgenommenen Kredit für die Errichtung einer weiteren Hebebühne; 44.000 Euro für das bei Betriebseröffnung aufgenommene Darlehen; 6.000 Euro für das betriebliche Girokonto, das nach Abhebung zur Entnahme bestimmter Beträge stets einen für Bernig positiven Saldo auswies.

04: 3.000 Euro für den zu Beginn des Jahres 03 aufgenommenen Kredit; 44.000 Euro für das bei Betriebseröffnung aufgenommene Darlehen; 10.000 Euro für das betriebliche Girokonto, das nach Abhebung zur Entnahme bestimmter Beträge stets einen für Bernig positiven Saldo auswies.

Frage

Für welche Jahre sind wegen „Überentnahmen" steuerlich nach § 4 Abs. 4a EStG Schuldzinsen als nicht abzugsfähig anzusehen? Welche Beträge sind ggf. vom Abzug ausgeschlossen?

Antwort

Überentnahmen i. S. des § 4 Abs. 4a EStG sind nur im Jahr 04 gegeben. Der Gewinn 04 ist um 1.200 Euro erhöht der Besteuerung zugrunde zu legen.

Begründung

Nach der im Jahr 1999 eingefügten Bestimmung des § 4 Abs. 4a EStG sind in Wirtschaftsjahren, in denen „Überentnahmen" getätigt worden sind, angefallene betriebliche Schuldzinsen (BFH vom 21.05.2005, BStBl 2006 II S. 125) nur beschränkt abzugsfähig (vgl. zur Abgrenzung betrieblicher und privater Schuldzinsen BMF vom 17.11.2005, BStBl 2005 I S. 1019 Rn. 2 ff.). Überentnahmen sind nach dem Wortlaut des § 4 Abs. 4a Satz 2 EStG gegeben, wenn die in einem Wirtschaftsjahr vorgenommenen Entnahmen die Summe der Einlagen und des Gewinns dieses Jahres übersteigen.

Im Beispielsfall könnten nur in den Jahren 03 und 04 Überentnahmen gegeben sein. Im Jahr 01 liegt trotz der im Verhältnis zu den ausgewiesenen Einlagen und dem erzielten Gewinn hohen Entnahmen keine Überentnahme vor, weil die Zuführung von Eigenmitteln i. H. von 150.000 Euro beim Erwerb des Betriebs ebenfalls eine Einlage darstellt.

Nach dem Gesetzeswortlaut wären Überentnahmen im Jahr 03 anzunehmen, denn die Entnahmen übersteigen die Summe aus Einlagen und (negativem) Gewinn. Ein derartiges Ergebnis – Annahme einer „Überentnahme" nur wegen des schlechten Betriebsergebnisses, obwohl die Einlagen die Entnahmen übersteigen – widerspräche jedoch dem Sinn und Zweck des § 4 Abs. 4a EStG. Davon geht auch die Finanzverwaltung aus (BMF vom 17.11.2005, a. a. O., Rn. 11). Ein Verlust ist im Jahr seines Entstehens nicht der Berechnung von Überentnahmen zugrunde zu legen. Er ist jedoch mit Unterentnahmen vergangener und zukünftiger Wirtschaftsjahre zu verrechnen. Im Beispielsfall ergeben sich folglich für das Jahr 03 keine Überentnahmen, weil der Verlust aus 03 mit der Unterentnahme aus 02 verrechnet werden kann.

Überentnahmen wurden jedoch im Jahr 04 vorgenommen. Sie sind wie folgt zu errechnen:

	Entnahmen	110.000 €
./.	Gewinn	40.000 €
./.	Einlagen	30.000 €
	Überentnahmen	40.000 €

Die nichtabzugsfähigen Schuldzinsen sind mit 6 % der Überentnahmen des Wirtschaftsjahres zuzüglich der Überentnahmen vorangegangener Wirtschaftsjahre, abzüglich der Unterentnahmen vorangegangener Wirtschaftsjahre zu bemessen (§ 4 Abs. 4a Satz 3 EStG). Allerdings ist nach § 4 Abs. 4a Satz 3 letzter Halbsatz EStG bei der Ermittlung der Überentnahmen „vom Gewinn ohne Berücksichtigung der nach Maßgabe dieses Absatzes nicht abziehbaren Schuldzinsen auszugehen". Das bedeutet, maßgebend ist der steuerliche Gewinn des jeweiligen Betriebs unter Berücksichtigung außerbilanzieller Hinzurechnungen vor Anwendung des § 4 Abs. 4a EStG (BFH vom 07.03.2006, BStBl 2006 II S. 588). Hierzu gehören auch Übergangsgewinne i. S. von R 4.6 EStR (BMF vom 17.11.2005, a. a. O., Rn. 8).

Zur Berechnung der für die das Jahr 04 nichtabzugsfähigen Zinsen sind noch die Unterentnahmen der Jahre 01 und 02 wie folgt zu ermitteln:

01	Gewinn	20.000 €
	+ Einlagen	160.000 €
	./. Entnahmen	170.000 €
	Unterentnahmen	10.000 €
02	Gewinn	60.000 €
	./. Entnahmen	40.000 €
	Unterentnahmen	20.000 €

Die Bemessungsgrundlage für die Berechnung der nichtabzugsfähigen Zinsen beträgt nach § 4 Abs. 4a Satz 3 EStG:

	Überentnahme 04	40.000 €
./.	Unterentnahmen 01 und 02	30.000 €
+	Teil des nicht berücksichtigten Verlustes 03 (Ausgleich mit Unterentnahmen der Vorjahre, BMF vom 17.11.2005, a. a. O., Rn. 11)	10.000 €
		20.000 €

Der Verlust des Jahres 03 kann nur mit dem Betrag der Unterentnahmen der Jahre 01 und 02 zu verrechnen sein, der sich bei seiner Berücksichtigung als Überentnahmen 03 ergeben hätte. Dies sind 10.000 Euro (10.000 Euro Entnahmen ./. 20.000 Euro Einlagen + 20.000 Euro Verlust).

Von der Bemessungsgrundlage sind 6 % (1.200 Euro) zur Besteuerung (außerhalb von Bilanz und GuV) dem Gewinn des Jahres 04 zuzurechnen, höchstens jedoch der um 2.050 Euro verminderte Betrag der im Wirtschaftsjahr angefallenen, der Kürzung nach § 4 Abs. 4a EStG unterliegenden Schuldzinsen (§ 4 Abs. 4a Satz 3 und 4 EStG).

Nicht der Kürzung unterliegen nach § 4 Abs. 4a Satz 5 EStG die Schuldzinsen für Darlehen zur Finanzierung von Anschaffungskosten oder Herstellungskosten der Wirtschaftsgüter des Anlagevermögens (vgl. zur Finanzierung über Kontokorrentkonten BMF vom 17.11.2005, a. a. O., Rn. 27). Im Beispielsfall sind dies im Jahr 04 3.000 Euro Zinsen für den zur Errichtung einer Hebebühne aufgenommenen Kredit. Aber auch das zum Erwerb des Betriebs aufgenommene Darlehen wurde zum Teil zur Anschaffung von Anlagegütern verwendet, denn mit der Darlehensvaluta von 550.000 Euro und mit 150.000 Euro Eigenmitteln wurden Anlagevermögen im Wert von 500.000 Euro und Umlaufvermögen im Wert von 200.000 Euro angeschafft. Eine genaue Zuordnung der eingesetzten Beträge ist allerdings nicht möglich. Die Finanzverwaltung ist der Auffassung, dass ein Darlehen, mit dem teilweise Wirtschaftsgüter des Anlagevermögens finanziert, teilweise aber auch sonstiger betrieblicher Aufwand gezahlt werde, nur insoweit als auf die Finanzierung des Anlagevermögens entfallend betrachtet werden könne, als dies nachweislich zutreffe (BMF vom 17.11.2005, a. a. O., Rn. 28). Derartig strenge Anforderungen können aber jedenfalls dann nicht gestellt werden, wenn ein einheitlicher Kredit zum Erwerb einer aus Anlage- und Umlaufvermögen bestehenden Sachgesamtheit aufgenommen worden ist. In solchen Fällen müssen Kredit und Zinsen in einer den allgemeinen wirtschaftlichen Gepflogenheiten und den Umständen des Einzelfalls gerecht werdenden Schätzung aufgeteilt werden. Dies wäre im Beispielsfall leicht, wenn der Betriebserwerb in vollem Umfang fremdfinanziert worden wäre und der Kredit entsprechend der erworbenen Werte dem Anlage- und Umlaufvermögen zugerechnet werden könnte. Hier ist aber ein Teil der erworbenen Werte – ohne eindeutige Zurechnungsmöglichkeit – eigenfinanziert. Es ist jedoch zu beachten, dass die Fremdfinanzierung durch einen langfristigen Kredit erfolgte. Derartige Darlehen werden i. d. R. für den Erwerb bzw. die Herstellung langfristig dem Betrieb dienender Güter, d. h. zur Schaffung von Anlagevermögen, aufgenommen und gegeben. Eigene Mittel und kurzfristige Darlehen, z. B. Kontokorrentkredite, werden demgegenüber eher für den Erwerb bald umsetzbarer Güter eingesetzt. Davon ist auch im Beispielsfall auszugehen, zumal die bei Betriebsgründung eingesetzten Eigenmittel bereits im folgenden Jahr wieder vollständig entnommen worden sind. Das aufgenommene langfristige Darlehen ist daher zunächst dem Anlagevermögen zuzurechnen (500.000 Euro), nur der für den Erwerb von Anlagevermögen nicht benötigte Betrag (50.000 Euro) dem Umlaufvermögen.

Der Kürzung nach § 4 Abs. 4a EStG unterliegen daher $^1/_{11}$ der Zinsen für das zu Beginn der Geschäftstätigkeit aufgenommene Darlehen (4.000 Euro) und, da nach dem Sachverhalt nicht von einer Verwendung von Kontokorrentkrediten für den Erwerb von Anlagevermögen auszugehen ist, die gesamten Zinsen für das Girokonto (vgl. hierzu BMF vom 17.11.2005, a. a. O., Rn. 27) i. H. von 10.000 Euro. Als privat veranlasst und damit als von vornherein vom Abzug ausgeschlossen können diese nicht angesehen werden, weil das betriebliche Girokonto nach Privatentnahmen keinen Schuldsaldo auswies (vgl. BMF vom 17.11.2005, a. a. O., Rn. 6).

Im Ergebnis sind daher folgende im Jahr 04 angefallenen betrieblichen Schuldzinsen steuerlich nicht abzugsfähig: 1.200 Euro (6 % aus 20.000 Euro), höchstens aber nach § 4 Abs. 4a Satz 4 EStG 11.950 Euro (14.000 Euro – Gesamtbetrag der im Jahr 04 angefallenen, der Kürzung unterliegenden Zinsen – abzüglich 2.050 Euro).

Zum Gewinn des Jahres 04 ist daher steuerlich ein Zuschlag von 1.200 Euro vorzunehmen.

Abschnitt E: Besonderheiten bei Personengesellschaften

Fall 79

Personengesellschaften – steuerliche Behandlung von Arbeits-, Miet- und Dienstleistungsverträgen zwischen Gesellschaft und Gesellschafter – Betriebsvermögen bei Personengesellschaften

Sachverhalt

Alfred Ander, Eugen Rauch und Karl Zack sind Gesellschafter einer OHG, die einen Großhandel mit Baustoffen betreibt. Der Gewinn und die stillen Reserven stehen den Gesellschaftern jeweils zu gleichen Teilen zu. In dem mit dem Kalenderjahr identischen Wirtschaftsjahr 08 werden zwischen der OHG und den einzelnen Gesellschaftern folgende Vereinbarungen getroffen und durchgeführt:

a) Ander übernimmt vom 01.01.08 an die gesamte Geschäftsführung und erhält dafür von der OHG ein monatliches Gehalt von 6.000 Euro zuzüglich USt.

b) Rauch, der noch einen weiteren inländischen Gewerbebetrieb als Einzelunternehmer betreibt, stellt der OHG vom 01.07.08 an ein ihm allein gehörendes unbebautes Grundstück für Lagerzwecke zur Verfügung. Dieses Grundstück hatte er im Februar 03 für 50.000 Euro erworben und seither mit diesem Betrag zulässigerweise als gewillkürtes Betriebsvermögen seines Einzelunternehmens bilanziert. Der Teilwert des Grundstücks beträgt am 01.07.08 80.000 Euro. Rauch erhält von der OHG eine monatliche Miete von 300 Euro. Auf die Steuerbefreiung nach § 4 Nr. 12 Buchst. a UStG wurde nicht verzichtet. Die Grundsteuer i. H. von jährlich 200 Euro zahlt Rauch vereinbarungsgemäß aus privaten Mitteln.

c) Zack ist Architekt mit eigenem Büro. In dieser Eigenschaft berät er die OHG bei einem kleinen Bauvorhaben. Die OHG zahlt dafür an sein Büro das für derartige Leistungen übliche Honorar von 595 Euro (einschließlich USt).

Die OHG hat die Vergütungen an ihre Gesellschafter i. H. von (72.000 Euro + 1.800 Euro + 500 Euro =) 74.300 Euro zutreffend als Aufwand gebucht und den Vorsteuerabzug vorgenommen. Der Steuerbilanzgewinn des Wirtschaftsjahres 08 beträgt 120.000 Euro.

Frage

1. Wie sind die an Ander geleisteten Gehaltszahlungen steuerlich zu behandeln?

2. Wie sind die Mietzahlungen an Rauch steuerlich zu behandeln?

3. Besteht ertragsteuerlich die Möglichkeit oder die Verpflichtung, das verpachtete Grundstück als Betriebsvermögen im Rahmen der OHG zu behandeln? Zu welchem Wert ist es ggf. anzusetzen?

4. Wie ist das an Zack gezahlte Honorar ertragsteuerlich bei der OHG zu behandeln?

5. Wie hoch ist der steuerliche Gesamtgewinn der OHG und wie ist dieser auf die Gesellschafter zu verteilen?

Antwort

1. Die Vergütung der OHG für die Geschäftsführung ihres Gesellschafters Ander i. H. von 72.000 Euro stellt eine Vergütung i. S. von § 15 Abs. 1 Satz 1 Nr. 2 Satz 1 Halbsatz 2 EStG dar (= Sonderbetriebseinnahme). Sie erhöht den steuerlichen Gesamtgewinn der OHG und den Gewinnanteil des Ander um 72.000 Euro.

2. Auch die dem Gesellschafter Rauch zustehenden Mietzinsen stellen – abzüglich der als Sonderbetriebsausgabe des Rauch anzusehenden Grundsteuer – eine Vergütung i. S. von § 15 Abs. 1 Satz 1 Nr. 2 Satz 1 Halbsatz 2 EStG dar (= Sonderbetriebseinnahme) und erhöhen den steuerlichen Gesamtgewinn der OHG und den Gewinnanteil des Rauch um 1.700 Euro.

3. Ertragsteuerlich ist das Grundstück notwendiges Sonderbetriebsvermögen des Gesellschafters Rauch. Es ist nach § 6 Abs. 5 Satz 2 EStG am 01.07.08 zwingend mit dem Buchwert von 50.000 Euro aus dem Einzelunternehmen des Rauch in sein Sonderbetriebsvermögen bei der OHG zu überführen und in seiner Sonderbilanz bei der OHG zum 31.12.08 mit 50.000 Euro anzusetzen.

4. Auch das an Zack gezahlte Honorar darf den steuerlichen Gesamtgewinn der OHG nicht mindern. Es ist Zack ebenfalls als Vergütung i. S. von § 15 Abs. 1 Satz 1 Nr. 2 Satz 1 Halbsatz 2 EStG zuzurechnen.

5. Der steuerliche Gesamtgewinn der OHG beträgt 194.200 Euro. Von diesem Betrag sind Ander 112.000 Euro, Rauch 41.700 Euro und Zack 40.500 Euro zuzurechnen.

Begründung

Nach § 15 Abs. 1 Satz 1 Nr. 2 EStG gehören zu den Einkünften aus Gewerbebetrieb auch die Vergütungen, die der (unbeschränkt oder beschränkt steuerpflichtige) Gesellschafter von der Personengesellschaft für seine Tätigkeit im Dienst der Personengesellschaft, für die Hingabe von

Darlehen oder für die Überlassung von Wirtschaftsgütern bezogen hat. Die Vergütungen mindern den Gewinn der Personengesellschaft, werden aber beim Gesellschafter in seiner Sonderbilanz erfasst und gehen so in den Gesamtgewinn der Mitunternehmerschaft ein. Konsequenterweise mindern die Aufwendungen, die mit diesen Vergütungen in einem Zusammenhang stehen, als Sonderbetriebsausgaben den Gewinn des Gesellschafters. Unerheblich ist es, ob der Gesellschafter wesentlich oder unwesentlich beteiligt ist, eine natürliche Person, eine andere Personengesellschaft oder eine Kapitalgesellschaft ist.

Für die Zuordnung von Vergütungen unter § 15 Abs. 1 Satz 1 Nr. 2 EStG reicht es aus, dass ein Gesellschafter der Personengesellschaft eine der bezeichneten Leistungen gegen Vergütung erbracht hat, ohne dass es darauf ankommt, ob die Leistungsbeziehung ihren Anlass im Gesellschaftsverhältnis hat. Ausgenommen davon sind nur Leistungen, bei denen Leistung und Mitunternehmereigenschaft des Leistenden nur zufällig zusammentreffen, vorübergehend sind und jeglicher wirtschaftliche Zusammenhang zwischen der Leistung und dem Mitunternehmerverhältnis ausgeschlossen erscheint (BFH vom 24.07.1980, BStBl 1980 II S. 269 und 271, vom 25.01.1980, BStBl 1980 II S. 275, und vom 22.01.1981, BStBl 1981 II S. 427).

Unter § 15 Abs. 1 Satz 1 Nr. 2 Satz 1 Halbsatz 2 EStG fallen folglich alle Leistungen, zu denen eine Personengesellschaft verpflichtet ist, aufgrund eines

- Arbeits- und Dienstvertrags,
- Werkvertrags,
- Geschäftsbesorgungsvertrags,
- Mietvertrags,
- Darlehensvertrags.

Keine Rolle spielt es, ob die Vergütungen angemessen, zu hoch oder zu niedrig sind. Die Höhe der Vergütungen hat nur Auswirkungen auf die Verteilung des Gewinns auf die einzelnen Gesellschafter.

Handelsrechtlich darf hingegen nur das Gesellschaftsvermögen bilanziert werden (weitere Einzelheiten zur Gesamtproblematik bei Zimmermann/Hottmann u. a., Abschnitt B, Tz. 1.2, 1.3 und 1.7, sowie bei Hottmann/Fanck, Fälle 12 bis 17).

Zum vorliegenden Fall ergibt sich daraus Folgendes:

1. Die Vergütungen für die Geschäftsführung an Ander durch die OHG dürfen deren steuerlichen Gesamtgewinn nach § 15 Abs. 1 Satz 1 Nr. 2 EStG nicht mindern. Der handelsrechtlich nach Abzug der Vergütung zutreffend ausgewiesene Gewinn der OHG und der Gewinnanteil des Ander sind um 72.000 Euro zu erhöhen. Dies kann aus Vereinfachungsgründen durch einen Zuschlag außerhalb der Bilanz und GuV der OHG geschehen. Richtigerweise muss jedoch die Vergütung in der Sonderbuchführung des Ander mit dem Buchungssatz: „Privatentnahmen 72.000 Euro an Erlöse aus Geschäftsführertätigkeit 72.000 Euro" erfasst werden.

2. Das Gleiche gilt für die an Rauch geleistete Miete. Hierbei ist noch zu berücksichtigen, dass die für das der OHG überlassene Grundstück zu zahlende Grundsteuer eine zusätzliche, Rauch persönlich betreffende Betriebsausgabe (Sonderbetriebsausgabe) darstellt. Der steuerliche Gesamtgewinn der OHG ist daher im Jahr 08 nur um 1.700 Euro zu erhöhen (1.800 Euro Miete abzüglich 100 Euro anteilige Grundsteuer für 6 Monate), ebenso der Gewinnanteil des Rauch. Weil in diesem Fall wegen der Bilanzierung des Grundstücks in der Sonderbilanz des Rauch ohnehin eine Sonderbuchführung eingerichtet werden muss, ist die Miete dort als Ertrag zu buchen.

3. Zu den Wirtschaftsgütern, die steuerlich dem Betrieb einer Mitunternehmerschaft zuzurechnen sind, gehört neben dem Betriebsvermögen der Personengesellschaft auch das Sonderbetriebsvermögen einzelner Gesellschafter. Das Betriebsvermögen der Personengesellschaft umfasst notwendig grundsätzlich alle – dem Betrieb der Mitunternehmerschaft unmittelbar dienenden und nicht dienenden – Gegenstände, die als Gesellschaftsvermögen im Gesamthandeigentum der Gesellschafter stehen (vgl. z. B. BFH vom 30.06.1987, BStBl 1988 II S. 418, und vom 27.04.1990 X R 11/88, BFH/NV 1990 S. 769; R 4.2 Abs. 2 Satz 1 EStR). Das Sonderbetriebsvermögen umfasst notwendig die nur einzelnen Gesellschaftern gehörenden und unmittelbar dem Betrieb der Personengesellschaft (sog. Sonderbetriebsvermögen I) oder der Beteiligung (sog. Sonderbetriebsvermögen II) dienenden Gegenstände (vgl. dazu und zur Möglichkeit, gewillkürtes Sonderbetriebsvermögen zu bilden, BFH vom 23.10.1990, BStBl 1991 II S. 401, vom 07.07.1992, BStBl 1993 II S. 328, vom 30.03.1993, BStBl 1993 II S. 864, vom 13.10.1998, BStBl 1999 II S. 357, vom 19.10.2000, BStBl 2001 II S. 335, und vom 18.12.2001, BStBl 2002 II S. 733). Da das von Rauch der OHG zur Nutzung überlassene Grundstück in vollem Umfang dem Betrieb der Mitunternehmerschaft dient, gehört es zum Sonderbetriebsvermögen (I) des Rauch, da es diesem allein gehört und sich nicht im Gesamthandeigentum der Gesellschafter befindet. Es ist in der Sonderbilanz des Rauch zu aktivieren und wie alle anderen Wirtschaftsgüter des Betriebsvermögens nach § 6 Abs. 1 EStG zu bewerten.

Die Überführung des Grundstücks aus dem Einzelunternehmen ins Sonderbetriebsvermögen des Rauch stellt keine Einlage dar, weil das Grundstück schon zuvor zum Betriebsvermögen des Rauch gehört hat. § 6 Abs. 5 Satz 2 EStG bestimmt daher, dass der bisherige Buchwert (50.000 Euro) fortzuführen ist.

4. Bei schuldrechtlicher Betrachtung erhält Zack das Honorar für eine Tätigkeit „im Dienst der Gesellschaft". Nach dem Wortlaut des § 15 Abs. 1 Satz 1 Nr. 2 EStG gehört deshalb das Honorar als Sonderbetriebseinnahme zu den gewerblichen Einkünften des Zack aus der Mitunternehmerschaft, obwohl dieser eine selbständige Praxis betreibt und ohnehin Einkünfte aus selbständiger Arbeit erzielt. § 15 Abs. 1 Satz 1 Nr. 2 EStG hat Vorrang vor der Zurechnung im Einzelunternehmen. Der steuerliche Gesamtgewinn der OHG und der Gewinnanteil des Zack sind um 500 Euro zu erhöhen. Dies kann wiederum aus Vereinfachungsgründen außerhalb der Bilanz und GuV der OHG geschehen.

5. Der handels- und steuerrechtlich für das Jahr 08 auszuweisende Gewinn der OHG i. H. von 120.000 Euro ist nach § 15 Abs. 1 Satz 1 Nr. 2 EStG um folgende Beträge zu erhöhen:

72.000 €	(Geschäftsführervergütung Ander)
1.700 €	(Miete Rauch abzüglich Grundsteuer für 6 Monate)
500 €	(Honorar Zack)

Der steuerliche Gesamtgewinn der OHG beträgt somit 194.200 Euro. Dieser steuerliche Gesamtgewinn ist wie folgt auf die Gesellschafter zu verteilen:

Gesamtgewinn	194.200 €	
Voraus Ander	72.000 €	
Voraus Rauch	1.700 €	
Voraus Zack	500 €	
Rest	120.000 €	(Verteilung: je ⅓)

Gewinnanteile insgesamt:

Ander	112.000 €
Rauch	41.700 €
Zack	40.500 €

Fall 80

Übertragung einzelner Wirtschaftsgüter von einer Personengesellschaft auf einen Gesellschafter zu dessen privater Nutzung (1. Alternative) oder zur weiteren Nutzung durch die Personengesellschaft (2. Alternative) oder zur Nutzung im Einzelunternehmen des übernehmenden Gesellschafters (3. Alternative)

Sachverhalt

Otto Fauth ist Komplementär einer KG, die Metallwaren produziert. Kommanditisten sind Franz Fauth (Sohn des Otto Fauth), Moll und Koller. Am Gründungskapital, am Gewinn und an den stillen Reserven der KG sind die Gesellschafter mit jeweils 25 % beteiligt.

Die KG übereignet Moll bürgerlich-rechtlich wirksam aus dem Gesamthandsvermögen ein 7 Jahre zuvor erworbenes unbebautes Grundstück. Der Teilwert und gemeine Wert des Grundstücks beträgt im Zeitpunkt des Eigentumswechsels 100.000 Euro (ohne Berücksichtigung der bei einem Erwerb üblicherweise anfallenden Nebenkosten), der Buchwert 40.000 Euro.

a) Moll zahlt als Kaufpreis an die KG 100.000 Euro.

b) Moll zahlt als Kaufpreis 75.000 Euro, der Differenzbetrag wird Moll geschenkt.

c) Moll erhält das Grundstück geschenkt.

Bei jeder Fallgestaltung betragen die von Moll zu zahlenden Nebenkosten des Erwerbs 6.000 Euro.

Die Gesellschafter-Geschäftsführer der KG sind von den Vorschriften des § 181 BGB befreit.

Frage

Wie sind die in den drei alternativ geschilderten Sachverhalten angegebenen Erwerbsvorgänge im Rahmen der KG (ggf. in Sonderbilanzen der Gesellschafter) sowie – bei der 3. Alternative – im Rahmen des Einzelunternehmens des Moll buchmäßig zu behandeln?

1. Alternative

Moll nutzt das erworbene Grundstück in der Folgezeit privat.

Antwort

a) (Kaufpreis 100.000 Euro) Der Verkauf ist insgesamt auch steuerlich als Veräußerungsgeschäft zu behandeln. Die KG hat einen sonstigen betrieblichen Ertrag von 60.000 Euro erzielt. Dieser Betrag kann einer Rücklage nach § 6b EStG zugeführt werden.

b) (Kaufpreis 75.000 Euro) Die Übertragung des Grundstücks ist aufzuteilen in eine (entgeltliche) Veräußerung (75 %) und in eine als Privatentnahme zu behandelnde (unentgeltliche) Schenkung. Die KG erzielt einen Veräußerungsgewinn von 45.000 Euro und einen Entnahmegewinn von 15.000 Euro. Einer Rücklage nach § 6b EStG können davon nur 45.000 Euro zugeführt werden.

c) (Kein Kaufpreis) Die Übereignung ist in vollem Umfang als Privatentnahme des Moll anzusehen. Der von der KG anzusetzende sonstige betriebliche Ertrag von 60.000 Euro kann nicht einer Rücklage nach § 6b EStG zugeführt werden.

Begründung

a) Zwischen der KG und ihrem Gesellschafter Moll ist bürgerlich-rechtlich wirksam ein Kaufvertrag nach § 433 BGB zustande gekommen, denn die KG kann unter ihrer Firma Rechte erwerben und Verbindlichkeiten eingehen (§ 124 Abs. 1 HGB). Die KG wird durch ihre Gesellschafter je einzeln vertreten (§ 125 Abs. 1 HGB). Die Gesellschafter-Geschäftsführer sind von der Vorschrift des § 181 BGB befreit. Nach § 311b BGB bedarf ein Kaufvertrag, durch den sich der andere Teil verpflichtet, das Eigentum an einem Grundstück zu übertragen, der notariellen Beurkundung. Laut Sachverhalt sind alle diese Voraussetzungen erfüllt, denn der Kaufvertrag ist bürgerlich-rechtlich wirksam zustande gekommen.

Veräußert eine Personengesellschaft ein Wirtschaftsgut an ihren Gesellschafter zu Bedingungen, die denen der Veräußerung des Wirtschaftsguts an einen Fremden entsprechen, so ist hiernach das Rechtsgeschäft ertragsteuerlich in vollem Umfang als Veräußerung anzusehen. § 6 Abs. 5 EStG ist in diesen Fällen nicht anwendbar. Das gilt unabhängig davon, ob das Wirtschaftsgut beim Gesellschafter Betriebsvermögen oder Privatvermögen wird (BFH vom 10.07.1980, BStBl 1981 II S. 84, vom 24.03.1983, BStBl 1983 II S. 598, und vom 11.12.2001, BStBl 2002 II S. 420; zustimmend z. B. BMF vom 07.06.2001, BStBl 2001 I S. 367).

Da somit im vorliegenden Fall insgesamt von einem Veräußerungsgeschäft auszugehen ist, kann die KG – weil auch die übrigen Voraussetzungen gegeben sind – den erzielten Veräußerungsgewinn i. H. von 40.000 Euro in vollem Umfang einer Rücklage nach § 6b EStG zuführen.

b) In dieser Fallgestaltung ist Moll – entsprechend seiner Beteiligung an der KG – i. H. von 25 % des Grundstückswerts von der Zahlung eines Entgelts freigestellt. Der vereinbarte Kaufpreis dient nur der Abgeltung der Berechtigungen der Mitgesellschafter des Moll. (In der Praxis wird diesen in solchen Fällen zumeist eine entsprechende Befugnis zur Entnahme der anteiligen Kaufpreiszahlung eingeräumt.)

Die teilentgeltliche Übertragung eines einzelnen Wirtschaftsguts ist nach der sog. Trennungstheorie im Verhältnis des zu leistenden Entgelts zum Verkehrswert in einen entgeltlichen Übertragungsvorgang und eine unentgeltliche Übertragung aufzuteilen. Dies gilt auch dann, wenn die Bezahlung dem Buchwert des Wirtschaftsguts entspricht. Der entgeltliche Teil stellt eine Veräußerung und eine Anschaffung dar. Damit kommt es insoweit zu einer anteiligen Realisierung der stillen Reserven in Höhe des Unterschiedsbetrags zwischen Teilentgelt und anteiligem Buchwert. Der Veräußerungsgewinn wird wie folgt berechnet:

Veräußerungspreis	75.000 €
./. anteiliger Buchwert (75 % von 40.000 €)	30.000 €
Veräußerungsgewinn	45.000 €

Beim unentgeltlichen Teil liegt eine Entnahme vor, weil das Grundstück ins Privatvermögen des Moll überführt wird. Die Entnahme des Grundstücks ist nach § 6 Abs. 1 Nr. 4 EStG mit dem Teilwert zu bewerten. Der Entnahmegewinn, der mangels vertraglicher Vereinbarung allen Gesellschaftern entsprechend ihrem Anteil am Gewinn und Verlust der KG zuzurechnen ist (BFH vom 28.08.1995, BStBl 1996 II S. 276), wird wie folgt berechnet:

	anteiliger Teilwert (25 % von 100.000 €)	25.000 €
./.	anteiliger Buchwert (25 % von 40.000 €)	10.000 €
	Entnahmegewinn	15.000 €

Die KG erzielt somit aus der Übertragung des Grundstücks einen Gesamtgewinn in Höhe der aufgedeckten stillen Reserven von 60.000 Euro, der mit je 15.000 Euro den vier Gesellschaftern zuzurechnen ist. Sofern von den Gesellschaftern gewünscht, kann die KG in ihrer Steuerbilanz eine Rücklage nach § 6b EStG bilden, allerdings nur in Höhe des (anteiligen) Veräußerungsgewinns von 45.000 Euro, weil Entnahmegewinne nicht nach § 6b EStG begünstigt sind. Das Wahlrecht der Gesellschafter kann von diesen unterschiedlich ausgeübt werden.

c) Die unentgeltliche Übertragung eines einzelnen Wirtschaftsguts aus dem Gesamthandsvermögen der KG ins Privatvermögen eines Gesellschafters stellt eine Entnahme gem. § 4 Abs. 1 EStG dar. Der Entnahmegewinn ist jedenfalls dann allen Gesellschaftern zuzurechnen, wenn der begünstigte Gesellschafter die in den Wirtschaftsgütern enthaltenen stillen Reserven geschenkt erhalten soll (BFH vom 23.09.1995, BStBl 1996 II S. 276). In anderen Fällen nimmt der BFH eine konkludente Änderung der allgemeinen Gewinnabrede an und rechnet den Entnahmegewinn nur dem begünstigten Gesellschafter zu, sofern nicht ausdrücklich eine anderweitige Vereinbarung getroffen wurde (BFH vom 06.08.1985, BStBl 1986 II S. 17). Das bedeutet im vorliegenden Fall, dass der Entnahmegewinn von 40.000 Euro allen Gesellschaftern zuzurechnen ist. Da die Voraussetzungen des § 6b EStG nicht vorliegen, kann keine Rücklage gebildet werden.

2. Alternative

Moll stellt das erworbene Grundstück mietweise der KG zur Verfügung.

Antwort

a) (Kaufpreis 100.000 Euro) Das Grundstück gehört nach der Eigentumsübertragung zum Sonderbetriebsvermögen des Moll. Auch steuerlich liegt in vollem Umfang ein Veräußerungsgeschäft vor. Moll hat in seiner Sonderbilanz die Anschaffungskosten (106.000 Euro) zu aktivieren. Die KG hat einen – allerdings nach § 6b EStG begünstigten – sonstigen betrieblichen Ertrag erzielt (60.000 Euro).

b) (Kaufpreis 75.000 Euro) Der Vorgang ist aufzuteilen in einen Verkauf (75 % des Grundstückswerts) und in eine Eigentumsübertragung mit gesellschaftsrechtlichem Ausgleich (25 % des Grundstückswerts). Soweit ein Veräußerungsgeschäft vorliegt, ist es als solches zu behandeln. Im Übrigen ist § 6 Abs. 5 Satz 3 Nr. 2 EStG anzuwenden. Moll muss insoweit in seiner Sonderbilanz den anteiligen Buchwert (zuzüglich Erwerbsnebenkosten) fortführen. Insgesamt ist daher das Grundstück von Moll mit 91.000 Euro anzusetzen (75.000 Euro Kaufpreis + 10.000 Euro anteiliger Buchwert + 6.000 Euro Erwerbsnebenkosten). Die KG hat einen nach § 6b EStG begünstigten Gewinn von 45.000 Euro auszuweisen.

c) (Kein Kaufpreis) In der Sonderbilanz des Moll ist nach § 6 Abs. 5 Satz 3 Nr. 2 EStG der Buchwert, den die KG ausgewiesen hatte, fortzuführen. Hinzuzuzählen sind die von Moll zu leistenden Erwerbsnebenkosten. Das Grundstück ist daher von Moll mit 46.000 Euro anzusetzen. Von der KG ist kein Ertrag auszuweisen.

Begründung

Nach jeder der drei geschilderten Fallgestaltungen bleibt das Grundstück Betriebsvermögen im Rahmen der KG, allerdings nunmehr notwendiges Sonderbetriebsvermögen des Moll. Im Einzelnen sind die Fälle wie folgt zu lösen:

a) Hier erfolgt die Veräußerung zu Bedingungen, die denen bei der Veräußerung an Fremde entsprechen. Auch steuerlich ist dieses Geschäft wie ein unter Fremden geschlossener Kaufvertrag zu behandeln (BFH vom 10.07.1980, BStBl 1981 II S. 84, vom 24.03.1983, BStBl 1983 II S. 598, und vom 11.12.2001, BStBl 2002 II S. 420). Die KG hat den vollen Veräußerungsgewinn realisiert, Moll muss das erworbene Grundstück mit den Anschaffungskosten i. H. von 106.000 Euro ansetzen. Die Bildung einer Rücklage nach § 6b EStG durch die KG ist möglich (vgl. wegen der Übertragung R 6b. 2 Abs. 7 EStR).

b) Die beiden Teilgeschäfte – entgeltliche Übertragung wie zwischen einander Fremden und unentgeltliche Übertragung – sind in ihrer steuerlichen Behandlung aufzuteilen (BMF vom 07.06.2001, BStBl 2001 I S. 367; BFH vom 11.12.2001, BStBl 2002 II S. 420). Moll muss in seiner Sonderbilanz zunächst den von ihm zu erbringenden Kaufpreis (75.000 Euro) erfassen. Wertmäßig ¼ des Grundstücks hat er unentgeltlich erhalten. Insoweit muss er nach § 6 Abs. 5 Satz 3 Nr. 2 EStG den anteiligen Buchwert (10.000 Euro) fortführen.

In dem zu behandelnden Sachverhalt ist allerdings eine gesetzlich nicht ausdrücklich geregelte Besonderheit gegeben. Moll hat 6.000 Euro Erwerbsnebenkosten zu tragen. Diese Aufwendungen stellen für ihn in jedem Fall Anschaffungskosten des Grundstücks dar (BFH vom 09.05.1995, BStBl 1996 II S. 588), die auch neben einem fortgeführten anteiligen Buchwert auszuweisen sind. Der Gewinn der KG wird durch die zusätzliche Aktivierung in der Sonderbilanz Moll nicht berührt.

Insgesamt hat Moll damit in seiner Sonderbilanz das erworbene Grundstück mit 91.000 Euro anzusetzen (75.000 Euro Kaufpreis + 10.000 Euro anteiliger bisheriger Buchwert + 6.000 Euro Erwerbsnebenkosten). Bei der KG ist ein sonstiger betrieblicher Ertrag von 45.000 Euro (85.000 Euro Erlöse [einschließlich übertragenem Buchwert] abzüglich 40.000 Euro Buchwert des Grundstücks) auszuweisen. Die Bildung einer Rücklage nach § 6b EStG durch die KG ist möglich, der Gewinn ist durch den als Veräußerung anzusehenden Teil des Geschäfts erzielt worden.

c) Nach dieser Fallgestaltung erfolgt die Übertragung des Grundstücks insgesamt unentgeltlich. Moll hat, wie unter b) ausgeführt, nach § 6 Abs. 5 Satz 3 Nr. 2 EStG den von der KG bisher ausgewiesenen Buchwert fortzuführen. Zusätzlich muss er die Erwerbsnebenkosten aktivieren. Das Grundstück ist daher mit insgesamt 46.000 Euro anzusetzen. Die KG hat bei dieser Sachverhaltsgestaltung keinen Gewinn auszuweisen.

3. Alternative

Moll nutzt das erworbene Grundstück für seinen als Einzelunternehmen geführten inländischen Gewerbebetrieb.

Antwort

a) (Kaufpreis 100.000 Euro) Moll hat in der Bilanz seines Einzelunternehmens das Grundstück mit den Anschaffungskosten (106.000 Euro) zu erfassen. Die KG hat einen – allerdings nach § 6b EStG begünstigten – Gewinn i. H. von 60.000 Euro erzielt.

b) (Kaufpreis 75.000 Euro) In der Bilanz des Einzelunternehmens ist das Grundstück mit einem Wert von 91.000 Euro anzusetzen. Entsprechend hat die KG einen nach § 6b EStG begünstigten Gewinn von 45.000 Euro auszuweisen.

c) (Kein Kaufpreis) In der Bilanz des Einzelunternehmens ist das Grundstück mit einem Wert von 46.000 Euro anzusetzen. Die KG hat keinen Gewinn auszuweisen.

Begründung

Auch bei dieser Alternative kommt – nach jeder geschilderten Kaufpreisvereinbarung – die Annahme einer Privatentnahme durch Moll nicht in Betracht. Das Grundstück wird nicht, auch nicht für eine logische Sekunde, Privatvermögen des Moll. Im Einzelnen ist wie folgt zu verfahren:

a) Die Veräußerung erfolgt unter Bedingungen, die denen bei der Veräußerung an Fremde entsprechen. Das Geschäft ist deshalb wie ein unter Fremden geschlossener Kaufvertrag zu behandeln (vgl. BMF vom 07.06.2001, BStBl 2001 I S. 367). Die KG hat den vollen Veräußerungsgewinn realisiert (60.000 Euro). Moll muss das erworbene Grundstück in der Bilanz seines Einzelunternehmens mit den Anschaffungskosten (106.000 Euro) ansetzen. Die KG kann eine Rücklage nach § 6b EStG i. H. von 60.000 Euro bilden.

b) Wie zur 2. Alternative unter b) ausgeführt, ist die zum Teil gegen Zahlung, zum Teil unentgeltlich erfolgte Übertragung auch steuerlich aufzuteilen. Das Kaufgeschäft ist steuerlich ebenfalls als solches zu behandeln. Bei

Übertragungen zwischen dem Vermögen einer Mitunternehmerschaft und dem Betriebsvermögen eines ihrer Gesellschafter, die unentgeltlich oder gegen die Gewährung oder Minderung von Gesellschaftsrechten erfolgen, sind nach § 6 Abs. 5 Satz 3 Nr. 1 EStG die bisherigen Buchwerte fortzuführen. Zudem muss Moll – wie zur 2. Alternative unter b) ausgeführt – die von ihm zu tragenden Anschaffungsnebenkosten erfassen. In der Bilanz seines Einzelunternehmens hat er das Grundstück daher mit insgesamt 91.000 Euro auszuweisen (75.000 Euro Kaufpreis + 10.000 Euro anteiliger bisheriger Buchwert + 6.000 Euro Erwerbsnebenkosten). Bei der KG entsteht dementsprechend ein Gewinn von 45.000 Euro. Dieser ist nach § 6b EStG begünstigt, weil er durch den als Veräußerung anzusehenden Teil der Übertragung erzielt wurde.

c) Nach dieser Fallgestaltung erfolgt die Übertragung des Grundstücks insgesamt unentgeltlich. In der Bilanz des Einzelunternehmens des Moll ist für das Grundstück daher nach § 6 Abs. 5 Satz 3 Nr. 1 EStG der bisherige Buchwert (40.000 Euro) anzusetzen. Hinzu kommen die Erwerbsnebenkosten i. H. von 6.000 Euro. Die KG hat keinen Gewinn auszuweisen. Zu b) und c) ist – ebenso wie zur 2. Alternative b) und c) – allerdings zu beachten, dass nach der Bestimmung des § 6 Abs. 5 Satz 4 EStG bei einer Veräußerung oder Entnahme des Grundstücks innerhalb der dort vorgesehenen Sperrfrist, soweit die bisherigen Buchwerte fortgeführt worden sind, rückwirkend auf den Zeitpunkt der Übertragung die Teilwerte anzusetzen sind.

Fall 81

Übertragung von Wirtschaftsgütern, die bisher zum Sonderbetriebsvermögen eines Gesellschafters gehört haben, in das Gesamthandsvermögen der Gesellschafter (1. Alternative), in das Privatvermögen des Eigentümers (2. Alternative) oder in das Eigentum eines anderen Gesellschafters (3. Alternative)

Sachverhalt

An der auch im vorangegangenen Fall genannten KG sind Otto Fauth als Komplementär, Franz Fauth (Sohn des Otto Fauth), Moll und Koller als Kommanditisten beteiligt. Der Anteil der Gesellschafter am Gründungskapital, am Gewinn und an den stillen Reserven der KG beträgt jeweils 25 %.

Als Sonderbetriebsvermögen des Otto Fauth wurde bisher richtigerweise ein Bürogebäude geführt, das aufgrund eines Erbbaurechts errichtet und der KG mietweise überlassen worden war. Das Gebäude wurde am 02.01.02 fertig gestellt (vor dem 31.12.2000). Die Herstellungskosten betrugen

200.000 Euro. Die AfA wurde von Otto Fauth nach § 7 Abs. 4 Satz 1 Nr. 1 EStG mit dem damals anzuwendenden Satz von 4 % bemessen. Der Buchwert des Gebäudes beträgt in der Sonderbilanz des Otto Fauth zum 31.12.09 136.000 Euro, der Teilwert und gemeine Wert am 01.07.10 180.000 Euro (ohne Berücksichtigung der bei einem Erwerb üblicherweise anfallenden Nebenkosten). Vom 01.07.10 an dürfte das Gebäude noch eine Restnutzungsdauer von 40 Jahren haben.

Frage

Wie sind die in den alternativ geschilderten Sachverhalten gegebenen Übertragungsvorgänge im Rahmen der KG einschließlich der Sonderbilanzen ihrer Gesellschafter zu behandeln?

1. Alternative

Otto Fauth überführt zum 01.07.10 das Bürogebäude in das Gesamthandseigentum der Gesellschafter. Hierfür fallen bei jeder der geschilderten Sachverhaltsgestaltungen zulasten der KG 7.000 Euro Erwerbsnebenkosten an.

a) Die KG zahlt als Kaufpreis 180.000 Euro.

b) Die KG zahlt als Kaufpreis 220.000 Euro.

c) Die KG zahlt als Kaufpreis 135.000 Euro. Außerdem werden die Gesellschaftsrechte des Otto Fauth um 45.000 Euro erhöht (Gutschrift auf seinem Kapitalkonto).

d) Die KG hat keinen Kaufpreis zu zahlen. Otto Fauth erhält Gesellschaftsrechte i. H. von 180.000 Euro (Gutschrift auf seinem Kapitalkonto I oder II).

Antwort

a) Die KG hat das Gebäude mit den Anschaffungskosten i. H. von 187.000 Euro anzusetzen. Die künftige AfA ist nach § 7 Abs. 4 Satz 1 Nr. 1 EStG mit 3 % zu bemessen. Otto Fauth hat im Rahmen der KG einen nach § 6b EStG begünstigten Gewinn i. H. von 48.000 Euro erzielt.

b) Der Ansatz des Gebäudes erfolgt wie bei der unter a) geschilderten Fallgestaltung. Ebenso ist die künftige AfA und der von Fauth erzielte Gewinn zu bemessen. Fauth hat zusätzlich eine Privatentnahme i. H. von 40.000 Euro vorgenommen.

c) Die KG hat für das Gebäude zunächst die zu entrichtenden Anschaffungskosten i. H. von 142.000 Euro (135.000 Euro Kaufpreis + 7.000 Euro Erwerbsnebenkosten) anzusetzen. Diesem Betrag sind ¼ des Buchwerts des Gebäudes zum 01.07.10 (33.000 Euro) zuzurechnen. Entsprechend hat Fauth im Rahmen seiner Sonderbilanz einen nach § 6b EStG begünstigten Gewinn i. H. von 36.000 Euro erzielt. Die künftige AfA der KG ist in entsprechender Anwendung des § 23 Abs. 3 Nr. 1 UmwStG mit 4 % aus 243.000 Euro zu bemessen.

d) In der Bilanz der KG ist der Buchwert des Gebäudes aus der Sonderbilanz des Otto Fauth fortzuführen. Hinzuzurechnen sind die zu zahlenden Erwerbsnebenkosten i. H. von 7.000 Euro. Fauth hat keinen Veräußerungsgewinn auszuweisen. Die künftige AfA der KG ist mit 4 % aus 207.000 Euro zu bemessen.

Begründung

a) Da der Kaufpreis bei sonst gleichen Bedingungen auch unter Fremden vereinbart worden wäre, ist der Vorgang steuerlich ebenfalls als Veräußerungsgeschäft zu betrachten (BMF vom 07.06.2001, BStBl 2001 I S. 367). Die KG hat das Gebäude mit den Anschaffungskosten (180.000 Euro Kaufpreis und 7.000 Euro Erwerbsnebenkosten) anzusetzen. Die von der KG vorzunehmende AfA ist wie die eines fremden Erwerbers zu bemessen. Da die Restnutzungsdauer mehr als 33$\frac{1}{3}$ Jahre beträgt, sind nach § 7 Abs. 4 Satz 1 Nr. 1 EStG jährlich 3 % abzusetzen. Der von Fauth im Rahmen seiner Sonderbilanz erzielte, nach § 6b EStG begünstigte Gewinn ist wie folgt zu errechnen (vgl. wegen der dazu jedenfalls im Hinblick auf § 6b EStG vorzunehmenden zeitanteiligen AfA bis zum Veräußerungszeitpunkt R 6b. 1 Abs. 2 EStR):

Gebäudewert am 31.12.09	136.000 €
AfA bis 30.06.10 ($\frac{1}{2}$ von 4 % von 200.000 €)	4.000 €
Wert zum 01.07.10	132.000 €
Verkaufserlös	180.000 €
Gewinn	48.000 €

b) Nach dieser Fallgestaltung zahlt die KG an Fauth einen Kaufpreis, der den an einen Fremden für ein solches Gebäude zu zahlenden Betrag um 40.000 Euro übersteigt. Da nicht angenommen werden kann, dass die anderen Gesellschafter Otto Fauth eine schenkweise Zuwendung machen wollten, ist diese Zahlung als Privatentnahme des Fauth zu betrachten (Schmidt, § 15 Rn. 661). Im Übrigen ist wegen der von der KG noch gezahlten 180.000 Euro auch steuerlich von einem Veräußerungsgeschäft mit allen zu a) geschilderten Folgen auszugehen.

c) Nach dieser Fallgestaltung ersetzt die KG nur $\frac{3}{4}$ des üblichen Verkaufspreises des Gebäudes durch die Kaufpreiszahlung. Das Rechtsgeschäft ist gedanklich in zwei Teile aufzuteilen, in einen Kauf und in eine Übertragung gegen Gewährung von Gesellschaftsrechten (BMF vom 07.06.2001, BStBl 2001 I S. 367). Soweit ein Kauf anzunehmen ist (zu $\frac{3}{4}$), muss die KG den Kaufpreis ansetzen. Für die Übertragung gegen Gewährung von Gesellschaftsrechten ist § 6 Abs. 5 Satz 3 Nr. 2 EStG anzuwenden und der anteilige Buchwert des Otto Fauth ($\frac{1}{4}$) von der KG fortzuführen (die Bestimmung des § 6 Abs. 6 Satz 1 EStG zur Gewinnrealisierung beim Tausch ist nicht anwendbar, weil § 6 Abs. 5 EStG nach § 6 Abs. 6 Satz 4 EStG Vorrang hat, s. auch BMF vom 07.06.2001, a. a. O. Rn. 1). Zusätzlich anzusetzen sind die von der KG zu tragenden Erwerbsnebenkosten i. H. von 7.000 Euro. Insgesamt hat die KG das Gebäude in ihrer Bilanz mit 175.000 Euro (135.000 Euro Kaufpreis + 33.000 Euro anteiliger Buchwert des Otto Fauth + 7.000 Euro Erwerbsnebenkosten) aufzunehmen. Entsprechend ist im Rahmen der Sonderbilanz des Otto Fauth ein nach § 6b EStG begünstigter Veräußerungsgewinn i. H. von 36.000 Euro (135.000 Euro Verkaufserlös abzüglich 99.000 Euro anteiliger Buchwert zum 01.07.10) auszuweisen.

Zur Bemessung der künftigen AfA durch die KG liegt es nahe, die Vorschriften des UmwStG zu wirtschaftlich vergleichbaren Übertragungsvorgängen entsprechend anzuwenden. Für den hier vorzunehmenden Ansatz mit einem insgesamt über dem bisherigen Buchwert, jedoch unter dem gemeinen Wert/Teilwert liegenden Betrag sieht § 23 Abs. 3 Nr. 1 UmwStG keinen Wechsel des bisherigen AfA-Satzes vor, als künftige Bemessungsgrundlage sollen jedoch die Anschaffungskosten oder Herstellungskosten des Einbringenden zuzüglich der Differenz zwischen dem bisherigen Buchwert im Zeitpunkt der Einbringung und dem nunmehr anzusetzenden Wert gelten. Entsprechend kann die Gesellschaft den bisherigen AfA-Satz des Otto Fauth (4 %) fortführen. Die für die KG maßgebende Bemessungsgrundlage setzt sich aus 200.000 Euro (Herstellungskosten des Fauth) und 43.000 Euro (175.000 Euro Wertansatz bei der KG abzüglich 132.000 Euro Buchwert des Gebäudes zum 30.06.10 in der Sonderbilanz des Fauth) zusammen. Sie beträgt insgesamt 243.000 Euro.

d) Nach dieser Fallgestaltung erfolgt die Übertragung des Gebäudes insgesamt gegen eine Mehrung der Gesellschaftsrechte des Otto Fauth. Nach § 6 Abs. 5 Satz 3 Nr. 2 EStG hat die KG den bisher in der Sonderbilanz des Otto Fauth ausgewiesenen Buchwert (zum 01.07.10: 132.000 Euro) fortzuführen. Zusätzlich hat sie die von ihr zu tragenden Erwerbsnebenkosten i. H. von 7.000 Euro zu aktivieren (vgl. Fall 80, 2. Alt. b)). Im Ergebnis ist das Gebäude daher mit 139.000 Euro einzubuchen. Im Rahmen der Sonderbilanz des Otto Fauth ist kein Veräußerungsgewinn auszuweisen.

Die künftige AfA der KG ist – wie bei der Fallgestaltung c) – in entsprechender Anwendung des § 23 Abs. 3 Nr. 1 UmwStG zu bemessen, da das Gebäude bei der KG im Ergebnis mit einem über dem bisherigen Buchwert, aber unter dem Teilwert liegenden Betrag anzusetzen ist. Daraus folgt, dass der AfA-Satz beizubehalten ist, die AfA-Bemessungsgrundlage aber nunmehr 207.000 Euro (bisherige Bemessungsgrundlage 200.000 Euro zuzüglich 7.000 Euro, um die der Ansatz bei der KG den bisherigen Buchwert übersteigt) beträgt. Das gleiche Ergebnis ist anzunehmen, wenn die Grundsätze über die AfA nach nachträglich angefallenen Anschaffungskosten oder Herstellungskosten angewendet werden (Bemessungsgrundlage = ursprüngliche Anschaffungskosten/Herstellungskosten + nachträgliche Anschaffungskosten/Herstellungskosten, vgl. Fall 70).

2. Alternative

Otto Fauth überführt das ab 01.07.10 nicht mehr der KG überlassene Bürogebäude zu diesem Zeitpunkt aus seinem Sonderbetriebsvermögen in sein Privatvermögen.

Antwort

Otto Fauth hat einen nicht nach § 6b EStG begünstigten Entnahmegewinn i. H. von 48.000 Euro auszuweisen.

Begründung

Das Gebäude, das bisher Sonderbetriebsvermögen des Otto Fauth war, gehört nunmehr zu dessen Privatvermögen; das heißt, es wurde von Fauth privat entnommen. Die Privatentnahme muss nach § 6 Abs. 1 Nr. 4 EStG mit dem Teilwert bewertet werden. Der Teilwert ist für das nicht mehr zur Nutzung im Rahmen des Betriebs bestimmte Gebäude mit dem üblichen Einzelveräußerungspreis von 180.000 Euro identisch. Der Entnahmegewinn beträgt 48.000 Euro (180.000 Euro Teilwert abzüglich 132.000 Euro Buchwert zum 30.06.10). Er kann nicht einer Rücklage nach § 6b EStG zugeführt werden, da nach § 6b EStG nur Veräußerungsgeschäfte begünstigt sind.

3. Alternative

Otto Fauth überträgt das Eigentum an dem Bürogebäude zum 01.07.10 auf seinen Sohn Franz Fauth für einen Kaufpreis von 90.000 Euro. Franz Fauth hat noch 5.000 Euro Erwerbsnebenkosten zu tragen und überlässt das Gebäude weiterhin mietweise der KG.

Antwort

Franz Fauth muss das Gebäude in seiner Sonderbilanz mit 161.000 Euro ansetzen. Otto Fauth hat einen nach § 6b EStG begünstigten Veräußerungsgewinn von 16.000 Euro erzielt.

Begründung

Das weiterhin der KG überlassene Gebäude bleibt Betriebsvermögen im Rahmen der KG, nunmehr als Sonderbetriebsvermögen des Franz Fauth.

Da die Übertragung zum Teil entgeltlich erfolgte, ist sie gedanklich aufzuteilen (BMF vom 07.06.2001, BStBl 2001 I S. 367; vgl. auch BFH vom 11.12.2001, BStBl 2002 II S. 420). Franz Fauth hat die Hälfte des üblichen Verkaufspreises zu zahlen. Insoweit ist von einem Kauf wie unter Fremden auszugehen und der Kaufpreis vom Erwerber zu aktivieren. Zur weiteren Hälfte wurde das Gebäude unentgeltlich übertragen. Insoweit ist nach § 6 Abs. 5 Satz 3 Nr. 3 EStG zwingend der bisher in der Sonderbilanz des Otto Fauth ausgewiesene Buchwert von Franz Fauth fortzuführen. Die von ihm zu tragenden Erwerbsnebenkosten hat Franz Fauth ebenfalls zu aktivieren.

Insgesamt setzt sich der von Franz Fauth zu erfassende Gebäudewert aus folgenden Beträgen zusammen:

Kaufpreis	90.000 €
½ des bisherigen Buchwerts zum 30.06.10	66.000 €
Erwerbsnebenkosten	5.000 €
	161.000 €

Otto Fauth hat demnach einen nach § 6b EStG begünstigten Veräußerungsgewinn von 24.000 Euro (90.000 Euro Erlös abzüglich 66.000 Euro anteiliger Buchwert) erzielt.

Die künftige AfA des Franz Fauth wird wie folgt berechnet:

1. Für den entgeltlich erworbenen Teil (50 %) nach § 7 Abs. 4 Satz 1 Nr. 1 EStG 3 % von 95.000 € = 2.850 €.

2. Hinsichtlich des unentgeltlich erworbenen Teils des Gebäudes tritt Franz Fauth in die Rechtsstellung des Otto Fauth ein. Die Bemessungsgrundlage beträgt folglich (50 % von 200.000 € =) 100.000 €, der AfA-Satz 4 %, die AfA 4.000 €.

Die AfA beträgt somit in Zukunft jährlich insgesamt 6.850 €.

Fall 82

Übertragung von bisher zum Betriebsvermögen eines Einzelunternehmens eines Gesellschafters gehörenden Wirtschaftsgütern in das Gesamthandsvermögen der Gesellschafter (1. Alternative), in sein Sonderbetriebsvermögen im Rahmen der Personengesellschaft (2. Alternative) und in das Eigentum eines anderen Gesellschafters, der sie dem Betrieb der Personengesellschaft überlässt (3. Alternative)

Sachverhalt

Gesellschafter der auch in den vorangegangenen Fällen genannten KG sind Otto Fauth als Komplementär, Franz Fauth (Sohn des Otto Fauth), Moll und Koller als Kommanditisten. Am Gründungskapital, am Gewinn und an den stillen Reserven der KG sind die Gesellschafter mit jeweils 25 % beteiligt.

Otto Fauth betreibt im Inland noch einen als Einzelunternehmen geführten gewerblichen Betrieb. Zum Betriebsvermögen dieses Unternehmens gehörte bisher ein im Jahr 06 für 20.000 Euro erworbenes und entsprechend bilanziertes unbebautes Grundstück. Am 01.07.10 beträgt dessen Teilwert und gemeiner Wert (ohne Berücksichtigung der bei einem Erwerb üblicherweise anfallenden Nebenkosten) 60.000 Euro.

Frage

Wie sind die in den alternativ geschilderten Sachverhalten gegebenen Übertragungsvorgänge im Rahmen der KG einschließlich der Sonderbilanzen ihrer Gesellschafter zu behandeln?

1. Alternative

Otto Fauth überführt zum 01.07.10 das unbebaute Grundstück in das Gesamthandseigentum der Gesellschafter. Hierfür fallen bei jeder weiteren Sachverhaltsgestaltung zulasten der KG 3.000 Euro Erwerbsnebenkosten an.

a) Die KG zahlt als Kaufpreis 60.000 Euro.

b) Die KG zahlt als Kaufpreis 45.000 Euro. Außerdem werden die Gesellschaftsrechte des Otto Fauth um 15.000 Euro erhöht (Gutschrift auf seinem Kapitalkonto I oder II).

c) Die KG hat keinen Kaufpreis zu zahlen. Otto Fauth erhält Gesellschaftsrechte i. H. von 60.000 Euro (Gutschrift auf seinem Kapitalkonto I oder II).

Antwort

a) Die KG hat das Grundstück mit den Anschaffungskosten i. H. von 63.000 Euro auszuweisen.

b) Die KG hat das Grundstück mit 53.000 Euro auszuweisen.

c) Die KG hat das Grundstück mit 23.000 Euro auszuweisen.

Begründung

a) Die Gesellschaft zahlt für den Erwerb des Grundstücks den auch bei einer Veräußerung an Fremde üblichen Preis. Derartige Geschäfte sind auch steuerlich als Kauf zu betrachten und entsprechend steuerlich zu behandeln (BMF vom 07.06.2001, BStBl 2001 I S. 367). Die KG hat das Grundstück mit den Anschaffungskosten (einschließlich der Erwerbsnebenkosten) von 63.000 Euro auszuweisen. Fauth erzielt im Rahmen seines Einzelunternehmens einen Gewinn von 40.000 Euro. Dieser ist nicht nach § 6b EStG begünstigt, weil das Grundstück weniger als 6 Jahre zu seinem Betriebsvermögen gehört hat (§ 6b Abs. 4 Nr. 2 EStG).

b) Die KG zahlt nur 75 % des bei der Veräußerung an einen Fremden unter sonst gleichen Bedingungen erzielbaren Preises. Der Vorgang ist gedanklich in Kauf und Übertragung gegen Mehrung der Gesellschaftsrechte zu trennen (BMF vom 07.06.2001, a. a. O.). Soweit die KG Geldbeträge für den Erwerb des Grundstücks aufwendet, sind diese als Anschaffungskosten anzusetzen. Im Übrigen hat die KG nach § 6 Abs. 5 Satz 3 Nr. 1 EStG den bisherigen Buchwert des Fauth fortzuführen. Die Bestimmung des § 6 Abs. 6 Satz 1 EStG zur Gewinnrealisierung beim Tausch ist nicht anwendbar, weil § 6 Abs. 5 EStG nach § 6 Abs. 6 Satz 4 EStG Vorrang hat. In der Steuerbilanz der KG sind daher für das Grundstück auszuweisen:

Kaufpreis	45.000 €
¹/₄ des bisherigen Buchwerts	5.000 €
Erwerbsnebenkosten	3.000 €
	53.000 €

Der von Fauth dementsprechend im Rahmen seines Einzelunternehmens erzielte Gewinn von (45.000 Euro ./. 15.000 Euro =) 30.000 Euro ist, wie oben ausgeführt, nicht nach § 6b EStG begünstigt.

c) Nach dieser Fallgestaltung erfolgt die Übertragung des Grundstücks insgesamt gegen eine Mehrung der Gesellschaftsrechte des Otto Fauth. Die KG hat nach § 6 Abs. 5 Satz 3 Nr. 1 EStG den bisherigen Buchwert des Fauth fortzuführen. Zusätzlich sind die von der KG zu zahlenden 3.000 Euro Erwerbsnebenkosten zu aktivieren (Ansatz insgesamt mit 23.000 Euro). Fauth hat im Rahmen seines Einzelunternehmens keinen Gewinn auszuweisen.

2. A l t e r n a t i v e
Otto Fauth überführt das unbebaute Grundstück am 01.07.10 aus dem Betriebsvermögen seines Einzelunternehmens in sein Sonderbetriebsvermögen im Rahmen der KG.

Antwort

Otto Fauth hat den bisherigen Buchwert fortzuführen.

Begründung

Es liegt weder ein tauschähnlicher Vorgang noch eine Entnahme des Grundstücks durch Otto Fauth, sondern die **Überführung** eines Wirtschaftsguts aus einem eigenen Betriebsvermögen des Gesellschafters in sein Sonderbetriebsvermögen (§ 6 Abs. 5 Satz 2 EStG) vor (vgl. auch R 4.3 Abs. 2 EStR). Das Grundstück bleibt ein Gegenstand des Betriebsvermögens des Otto Fauth. Er muss daher den Buchwert von 20.000 Euro auch in seiner Sonderbilanz im Rahmen der KG fortführen. Eine Gewinnauswirkung tritt nicht ein.

3. A l t e r n a t i v e
Otto Fauth überträgt das Eigentum an dem Betriebsgrundstück seines Einzelunternehmens am 01.07.10

a) für einen Kaufpreis von 60.000 Euro auf Koller. Koller hat ferner Erwerbsnebenkosten i. H. von 3.000 Euro zu tragen. Er überlässt das Grundstück künftig mietweise der KG;

b) unentgeltlich auf Franz Fauth, der es künftig der KG mietweise überlässt. Franz Fauth hat Erwerbsnebenkosten i. H. von 2.000 Euro zu tragen.

Antwort

a) Koller muss das Grundstück in seiner Sonderbilanz im Rahmen der KG mit 63.000 Euro ansetzen.

b) Franz Fauth muss das Grundstück in seiner Sonderbilanz im Rahmen der KG mit 62.000 Euro ansetzen.

Begründung

a) Es liegt ein Rechtsgeschäft unter Fremden vor. Daher besteht kein Grund, dieses steuerlich nicht als Veräußerungsgeschäft anzuerkennen. Koller hat seine Anschaffungskosten i. H. von 63.000 Euro zu aktivieren.

b) Der Anlass zu dieser unentgeltlichen Übertragung des Grundstücks vom Vater auf den Sohn liegt wesentlich im privaten Bereich. Es ist daher davon auszugehen, dass Otto Fauth das Grundstück dem Betrieb seines Einzelunternehmens entnommen und es dann privat im Wege der vorweggenommenen Erbfolge auf Franz Fauth übertragen hat. Franz Fauth hat es anschließend in sein Sonderbetriebsvermögen im Rahmen der KG eingelegt (so auch BMF-Schreiben vom 09.07.1993, DB 1993 S. 1492). Weil der (unentgeltliche) Erwerb privat erfolgte, hat Franz Fauth die Erwerbsnebenkosten ebenfalls im privaten Bereich aufgewendet. Sie stellen keine betrieblichen Anschaffungskosten dar.

Die Einlage des Grundstücks durch Franz Fauth hat nach § 6 Abs. 1 Nr. 5 EStG mit dem Teilwert zu erfolgen, höchstens jedoch, wenn das Grundstück innerhalb der letzten 3 Jahre vor der Zuführung angeschafft worden wäre, mit den Anschaffungskosten.

Trotz Zahlung der Erwerbsnebenkosten hat Franz Fauth das Grundstück durch Schenkung erworben. Eine Schenkung stellt jedoch keine Anschaffung i. S. des § 6 Abs. 1 Nr. 5 EStG dar (BFH vom 14.07.1993, BStBl 1994 II S. 15, und vom 05.12.1996, BStBl 1997 II S. 287). Franz Fauth muss deshalb als Einlagewert den Teilwert ansetzen. Dieser ist für ihn identisch mit den Wiederbeschaffungskosten (BFH vom 29.04.1999, BStBl 2004 II S. 639). Zu den Wiederbeschaffungskosten zählen auch die üblichen Anschaffungsnebenkosten (BFH vom 29.04.1999, a. a. O.). Franz Fauth hat deshalb das Grundstück in seiner Sonderbilanz mit 62.000 Euro auszuweisen.

Fall 83

Übertragung von bisher zum Privatvermögen eines Gesellschafters gehörenden Wirtschaftsgütern in das Gesamthandsvermögen der Gesellschafter (1. Alternative), in sein Sonderbetriebsvermögen im Rahmen der Personengesellschaft (2. Alternative) oder in das Eigentum eines anderen Gesellschafters, der sie dem Betrieb der Personengesellschaft überlässt (3. Alternative)

Sachverhalt

Gesellschafter der auch in den vorangegangenen Fällen genannten KG sind Otto Fauth als Komplementär, Franz Fauth (Sohn des Otto Fauth), Moll und Koller als Kommanditisten. Am Gründungskapital, am Gewinn und an den stillen Reserven der KG sind die Gesellschafter mit jeweils 25 % beteiligt.

Otto Fauth hat am 01.07.08 für 50.000 Euro ein unbebautes Grundstück erworben und dies richtigerweise als Privatvermögen behandelt. Der Teilwert und gemeine Wert dieses Grundstücks beträgt zum 01.07.10 80.000 Euro (ohne Berücksichtigung der bei einem Erwerb üblicherweise anfallenden Nebenkosten).

Frage

Wie sind die in den alternativ geschilderten Sachverhalten gegebenen Übertragungsvorgänge im Rahmen der KG einschließlich der Sonderbilanzen ihrer Gesellschafter zu behandeln?

1. Alternative

Otto Fauth überführt zum 01.07.10 das unbebaute Grundstück in das Gesamthandseigentum der Gesellschafter. Hierfür fallen bei jeder weiteren Sachverhaltsgestaltung zulasten der KG 4.000 Euro Erwerbsnebenkosten an.

a) Die KG zahlt als Kaufpreis 80.000 Euro.

b) Die KG zahlt als Kaufpreis 60.000 Euro. Außerdem werden die Gesellschaftsrechte des Otto Fauth um 20.000 Euro erhöht (Gutschrift auf seinem Kapitalkonto I oder II).

c) Die KG hat keinen Kaufpreis zu zahlen. Otto Fauth erhält Gesellschaftsrechte i. H. von 80.000 Euro (Gutschrift auf seinem Kapitalkonto I oder II).

Antwort

a) Die KG hat das Grundstück mit 84.000 Euro anzusetzen.

b) Die KG hat das Grundstück mit 84.000 Euro anzusetzen.

c) Die KG hat das Grundstück mit 84.000 Euro anzusetzen.

Begründung

a) Die KG zahlt den unter Fremden üblichen Kaufpreis. Dieser rechtsgeschäftlichen Gestaltung ist auch steuerlich zu folgen. Der Vorgang ist in vollem Umfang als Veräußerungsgeschäft zu betrachten (BFH vom 10.07.1980, BStBl 1981 II S. 84, und vom 24.03.1983, BStBl 1983 II S. 598; vgl. auch BMF vom 07.06.2001, BStBl 2001 I S. 367 Nr. 3). Die KG hat deshalb das Grundstück mit den von ihr zu tragenden Anschaffungskosten von insgesamt 84.000 Euro anzusetzen (80.000 Euro Kaufpreis + 4.000 Euro Erwerbsnebenkosten). Wenn die KG alle Beträge sofort zahlt, ist steuerlich zu buchen:

Grundstück	84.000 €	an	Geldkonto	84.000 €

Otto Fauth erzielt einen nach § 23 EStG steuerpflichtigen Veräußerungsgewinn i. H. von (80.000 Euro ./. 50.000 Euro =) 30.000 Euro.

b) Hier zahlt die KG nur $^3/_4$ des unter Fremden üblichen Kaufpreises und erhält i. H. von $^1/_4$ Gesellschaftsrechte. Dieser Vorgang ist nach der sog. Trennungstheorie im Verhältnis des zu leistenden Entgelts zum Teilwert in einen entgeltlichen Übertragungsvorgang und eine Übertragung gegen Gewährung von Gesellschaftsrechten aufzuteilen. Der entgeltliche Teil stellt eine Veräußerung und eine Anschaffung dar. Die Übertragung gegen Gewährung von Gesellschaftsrechten ist ein tauschähnlicher Vorgang und damit eine entgeltliche Veräußerung und eine Anschaffung. Die Anschaffungskosten der KG bemessen sich gem. § 6 Abs. 6 Satz 1 EStG nach dem gemeinen Wert des hingegebenen Wirtschaftsguts. § 6 Abs. 5 Satz 3 EStG ist nicht anzuwenden, weil das Grundstück bisher zum Privatvermögen des Otto Fauth gehört hat. Die KG hat daher anzusetzen:

Kaufpreis als Anschaffungskosten	60.000 €
Erwerbsnebenkosten als Anschaffungskosten	4.000 €
$^1/_4$ des gemeinen Werts des Grundstücks	20.000 €
	84.000 €

Wenn die KG sofort zahlt, ist steuerlich korrekt zu buchen:

Grundstück	84.000 €	an	Geldkonto	64.000 €
			Einlagen Otto Fauth	20.000 €

Otto Fauth erzielt einen nach § 23 EStG steuerpflichtigen Veräußerungsgewinn i. H. von 30.000 Euro.

c) Die Übertragung des Grundstücks aus dem Privatvermögen des Otto Fauth ins Gesamthandsvermögen der KG gegen Gewährung von Gesellschaftsrechten stellt einen tauschähnlichen Vorgang dar. Die KG hat das Grundstück erworben und muss es nach § 6 Abs. 6 Satz 1 EStG mit dem gemeinen Wert von 80.000 Euro aktivieren. § 6 Abs. 5 Satz 3 EStG ist nicht anzuwenden, weil das Grundstück bisher zum Privatvermögen des Otto Fauth gehört hat. Zusätzlich hat die KG die von ihr zu tragenden Erwerbsnebenkosten i. H. von 4.000 Euro zu aktivieren. Steuerlich ist deshalb zu buchen:

Grundstück	84.000 €	an	Geldkonto	4.000 €
			Einlagen Otto Fauth	80.000 €

2. Alternative

Otto Fauth überführt am 01.07.10 das unbebaute Grundstück aus seinem Privatvermögen in sein Sonderbetriebsvermögen im Rahmen der KG.

Antwort

Otto Fauth hat das Grundstück in seiner Sonderbilanz mit 50.000 Euro auszuweisen.

Begründung

Die Übertragung des Grundstücks aus dem Privatvermögen des Otto Fauth in dessen Sonderbetriebsvermögen im Rahmen der KG ist als Einlage anzusehen. Die Einlage hat nach § 6 Abs. 1 Nr. 5 Buchst. a EStG hier mit den früheren (fortgeführten) Anschaffungskosten des Otto Fauth zu erfolgen.

3. Alternative

Otto Fauth überträgt am 01.07.10 das Eigentum an dem Grundstück seines Privatvermögens

a) für 80.000 Euro an Koller, der noch 4.000 Euro Erwerbsnebenkosten aufwendet und das Grundstück mietweise der KG überlässt;

b) unentgeltlich an seinen Sohn Franz Fauth, der 3.000 Euro Erwerbsnebenkosten zu zahlen hat und das Grundstück mietweise der KG überlässt.

Antwort

a) Koller hat das Grundstück in seiner Sonderbilanz im Rahmen der KG mit 84.000 Euro anzusetzen.

b) Franz Fauth muss das Grundstück in seiner Sonderbilanz im Rahmen der KG mit 83.000 Euro ansetzen.

Begründung

a) Da dieses Geschäft zwischen verschiedenen Rechtsträgern getätigt wird, ist es auch steuerlich als Erwerbsvorgang zu behandeln. Koller muss das nunmehr zu seinem Sonderbetriebsvermögen gehörende Grundstück in seiner Sonderbilanz mit den Anschaffungskosten i. H. von insgesamt 84.000 Euro ausweisen.

b) Für diese – trotz der Übernahme der Erwerbsnebenkosten durch Franz Fauth – unentgeltliche Übertragung waren private Gründe maßgebend. Franz Fauth hat daher im privaten Bereich erworben und das Grundstück dann durch die Vermietung an die KG in ein Sonderbetriebsvermögen eingelegt. Die Einlage erfolgte allerdings unmittelbar nach dem Erwerb des Grundstücks. Eine Schenkung stellt jedoch keine Anschaffung i. S. des § 6

Abs. 1 Nr. 5 EStG dar (BFH vom 14.07.1993, BStBl 1994 II S. 15, und vom 05.12.1996, BStBl 1997 II S. 287). Dass der Schenker, Otto Fauth, das Grundstück nur 2 Jahre vor der Einlage erworben hatte, ist für die Bewertung der Einlage ebenfalls unerheblich (BFH vom 14.07.1993, a. a. O.). § 6 Abs. 1 Nr. 5 Satz 1 Buchst. a EStG ist daher nicht anzuwenden. Franz Fauth muss das Grundstück mit dem den Wiederbeschaffungskosten einschließlich Nebenkosten (BFH vom 29.04.1999, BStBl 2004 II S. 639) entsprechenden Teilwert von 83.000 Euro ansetzen (§ 6 Abs. 1 Nr. 5 EStG).

Fall 84

Gründung einer Personengesellschaft – Bilanzierungsmöglichkeiten bei Einbringung eines Einzelunternehmens

Sachverhalt

Oskar Mödel hat bis zum 31.12.09 eine Schmuckwarenfabrik als Einzelunternehmen betrieben. Zum 01.01.10 gründet er zusammen mit Benno Frisch eine OHG. In diese bringt Mödel sein Einzelunternehmen mit allen aktiven und passiven Beständen ein. Frisch leistet am 01.01.10 eine Bareinlage. Am Wert des Vermögens der OHG zum Gründungszeitpunkt und am Gewinn sollen Mödel zu 80 % und Frisch zu 20 % beteiligt sein.

Die Schlussbilanz des Mödel zum 31.12.09 weist folgende – vereinfacht dargestellte – Werte aus:

Aktiva	Schlussbilanz Mödel zum 31.12.09		Passiva
Grund und Boden	30.000 €	Kapital	80.000 €
Gebäude	81.600 €	Verbindlichkeiten und	
Maschinen	15.360 €	sonstige Passiva	100.000 €
sonstiges			
Anlagevermögen	8.640 €		
Umlaufvermögen	44.400 €		
	180.000 €		180.000 €

Die Gesellschafter sind sich darüber einig, dass ein bisher noch nicht ausgewiesener Firmenwert von 16.000 Euro besteht. Ferner betragen am 01.01.10 die stillen Reserven beim Grund und Boden 24.000 Euro, beim als Büro und zur Fabrikation genutzten Gebäude (Anfang Januar 02 fertig gestellt, Herstellungskosten 120.000 Euro, AfA bisher nach der damals noch anwendbaren Vorschrift des § 7 Abs. 4 Satz 1 Nr. 1 EStG a. F. mit 4 %, die Restnutzungsdauer beträgt 40 Jahre) 18.000 Euro sowie bei einer günstig beschafften Maschine (im Februar 07 für 30.000 Euro erworben, betriebsgewöhnliche Nutzungsdauer 10 Jahre, bisherige AfA nach § 7 Abs. 2 Satz 2 EStG 20 % degressiv, Buchwert zum 31.12.09 15.360 Euro) 6.000 Euro. Die in der Bilanz zum 31.12.09 nicht ausgewiesenen geringwertigen Anlagegüter haben einen Wert von 16.000 Euro.

Frage

1. Welchen Betrag muss Frisch am 01.01.10 der OHG zur Verfügung stellen, um seine Verpflichtung wie geplant zu erfüllen?
2. Welche steuerlichen Bilanzierungsmöglichkeiten hat die OHG beim Aufstellen der Eröffnungsbilanz zum 01.01.10?
3. Wie sind die Bilanzwerte zum 01.01.10 fortzuführen?

Antwort

1. Frisch muss 40.000 Euro in das Gesellschaftsvermögen einbringen.
2. Die OHG hat ein Wahlrecht. Die bisherigen Buchwerte des Einzelunternehmens können fortgeführt werden. Die OHG kann aber auch höhere Werte ansetzen. Die oberste Grenze bilden die gemeinen Werte der einzelnen Wirtschaftsgüter.
3. Wenn keine stillen Reserven aufgedeckt werden, sind die Werte wie beim Einzelunternehmen im Fall seines Fortbestehens fortzuführen, insbesondere sind die bisherigen AfA-Methoden weiter zu befolgen.

   Wenn die gesamten stillen Reserven aufgedeckt werden, ist bei den mit höheren Werten angesetzten abnutzbaren Anlagegütern künftig folgende AfA vorzunehmen:

   Gebäude: 3 % aus 99.600 Euro nach § 7 Abs. 4 Satz 1 Nr. 1 EStG (n. F.);

   Maschinen: degressiv mit dem bisherigen Satz (im Jahr 10 bezogen auf den Buchwert zum 01.01.10) oder linear nach der Restnutzungsdauer;

   GWG: erneute Absetzung nach § 6 Abs. 2 EStG;

   Firmenwert: lineare AfA, Nutzungsdauer 15 Jahre;

   Grund und Boden kann nicht planmäßig abgeschrieben werden.

   Werden die stillen Reserven nur teilweise aufgedeckt, bilden die Bemessungsgrundlage die um die aufgedeckten stillen Reserven erhöhten Anschaffungs- bzw. Herstellungskosten.

Begründung

1. Bei der Bemessung der nach dem Gesellschaftsvertrag von jedem Gründungsgesellschafter zu leistenden Einlage kann nicht von den Buchwerten zum 31.12.09 der von Mödel eingebrachten Gegenstände ausgegangen werden. Mödel hat nach dem Sachverhalt keinen Anlass, Frisch ohne Gegenleistung an den stillen Reserven seines Betriebs zu beteiligen. Es kann deshalb angenommen werden, dass Mödel und Frisch, wie es kaufmännisch üblich ist, bei der Gesellschaftsgründung von dem Zeitwert des Betriebs ausgehen. Der entspricht in diesem Fall, da der Betrieb fortgeführt werden soll, der Summe der Teilwerte = gemeinen Werte der Wirtschafts-

güter des Betriebs. Das sind 160.000 Euro (80.000 Euro Bilanzausweis, dazu sind noch zu rechnen: 16.000 Euro Firmenwert, 24.000 Euro stille Reserven Grund und Boden, 18.000 Euro stille Reserven Gebäude, 6.000 Euro stille Reserven Maschinenanlage und 16.000 Euro stille Reserven GWG). Da das Verhältnis der einzubringenden Werte 4 (Mödel) zu 1 (Frisch) sein soll, ist Frisch zu einer Bareinlage von 40.000 Euro verpflichtet.

2. Die OHG hat zum Zeitpunkt des Beginns ihrer unternehmerischen Tätigkeit – also zum 01.01.10 – eine Eröffnungsbilanz zu erstellen (§ 140 AO; §§ 238, 240 Abs. 1, § 6 Abs. 1 HGB). Nach § 24 Abs. 2 UmwStG hat die OHG das eingebrachte Betriebsvermögen in ihrer Bilanz einschließlich der Ergänzungsbilanzen für ihre Gesellschafter grundsätzlich mit den gemeinen Werten zum Zeitpunkt des Einbringens anzusetzen. Abweichend davon kann sie das übernommene Betriebsvermögen auf Antrag mit dem Buchwert oder einem höheren Wert, höchstens jedoch mit dem gemeinen Wert ansetzen, soweit das Recht der BRD hinsichtlich der Besteuerung des eingebrachten Betriebsvermögens nicht ausgeschlossen oder beschränkt wird.

Nach § 24 Abs. 3 UmwStG gilt der Wert, mit dem das eingebrachte Betriebsvermögen in der Bilanz der OHG (einschließlich der Ergänzungsbilanzen für ihre Gesellschafter) angesetzt wird, für den Einbringenden als Veräußerungspreis. Daraus folgt, dass der Einbringende einen Veräußerungsgewinn erzielt, wenn die eingebrachten Wirtschaftsgüter mit einem höheren Betrag als ihrem letzten Buchwert angesetzt werden. Die einkommensteuerlichen Begünstigungen nach § 16 Abs. 4 und § 34 Abs. 1 EStG sind jedoch – mit der Einschränkung nach § 16 Abs. 2 Satz 3 EStG – nur zu gewähren, wenn alle im eingebrachten Betriebsvermögen (auch im Sonderbetriebsvermögen) vorhandenen stillen Reserven (einschließlich eines etwa vorhandenen Firmenwerts) aufgedeckt werden (§ 24 Abs. 3 UmwStG; BFH vom 26.01.1994, BStBl 1994 II S. 458; die Steuervergünstigungen sind auch zu gewähren, wenn Zuzahlungen in das Privatvermögen des Einbringenden erfolgen, BFH vom 21.09.2000, BStBl 2001 II S. 178). Bei einer in beliebigem Umfang möglichen teilweisen Aufdeckung der stillen Reserven kann der Erhöhungsbetrag nicht nur einem Teil der eingebrachten Wirtschaftsgüter mit stillen Reserven zugerechnet werden (z. B. den sich schnell abnutzenden Wirtschaftsgütern). Eine willkürfreie Bilanzierung erfordert ein relativ gleiches Aufstocken der Werte aller Wirtschaftsgüter, bei denen stille Reserven vorhanden sind. Allerdings gestattet die Verwaltung, obwohl sie bei nur teilweisem Ausweis der stillen Reserven ebenfalls grundsätzlich vom Gebot einer gleichmäßigen Aufstockung der Buchwerte ausgeht, einen originären Geschäftswert erst zu berücksichtigen, wenn die übrigen Wirtschaftsgüter bis zum gemeinen Wert aufgestockt sind (BMF vom 25.03.1998, BStBl 1998 I S. 268 Tz. 24.13, 22.8).

Die den Gesellschaftern im vorliegenden Fall gebotenen Möglichkeiten zur Gestaltung der Eröffnungsbilanz mit Ergänzungsbilanzen sind vielfältig. Es sollen im Folgenden nur die wesentlichen Gestaltungen – ohne die Bildung negativer Ergänzungsbilanzen – aufgezeigt werden (wegen Einzelheiten s. Band 7 Besteuerung von Gesellschaften).

a) Aufdeckung aller stillen Reserven

Eröffnungsbilanz der OHG zum 01.01.10:

Aktiva	Eröffnungsbilanz OHG zum 01.01.10		Passiva
Firmenwert	16.000 €	Kapital Mödel	160.000 €
Grund und Boden	54.000 €	Kapital Frisch	40.000 €
Gebäude	99.600 €	Verbindlichkeiten und	
Maschinen	21.360 €	sonstige Passiva	100.000 €
sonstiges			
Anlagevermögen			
(einschl. GWG)	24.640 €		
Umlaufvermögen			
(einschl. Zahlung			
Frisch)	84.400 €		
	300.000 €		300.000 €

Mödel hat damit einen Veräußerungsgewinn von 80.000 Euro erzielt. Die Begünstigung nach § 16 Abs. 4, § 34 Abs. 1 EStG erstreckt sich jedoch nach § 24 Abs. 3 UmwStG, § 16 Abs. 2 Satz 3 EStG nur auf ¹/₅ dieses Betrags, weil Mödel im Übrigen selbst Mitunternehmer im Rahmen der übernehmenden OHG ist.

Zur Fortführung der Eröffnungsbilanzwerte bei vollständiger Aufdeckung der stillen Reserven bestimmt die nach § 24 Abs. 4 UmwStG entsprechend anwendbare Vorschrift des § 23 Abs. 4 UmwStG, dass die eingebrachten Wirtschaftsgüter als im Zeitpunkt der Einbringung von der OHG zum gemeinen Wert angeschafft gelten. Daraus ergibt sich für die abnutzbaren Anlagegüter, deren Werte zum 01.01.10 aufgestockt werden:

Gebäude: Eine lineare AfA mit dem Satz von 4 % nach § 7 Abs. 4 Satz 1 Nr. 1 EStG a. F. ist bei Anschaffungen nach dem 31.12.2000 nicht mehr statthaft. Die AfA muss, da die Restnutzungsdauer des Gebäudes mehr als 33¹/₃ Jahre beträgt, nach der nunmehr geltenden Fassung des § 7 Abs. 4 Satz 1 Nr. 1 EStG mit 3 % aus den Anschaffungskosten i. H. von 99.600 Euro bemessen werden.

Maschinen: Die AfA ist – ausgehend von 21.360 Euro Anschaffungskosten – nach der Restnutzungsdauer neu zu bemessen. Sie kann degressiv nach § 7 Abs. 2 Satz 2 EStG oder linear nach § 7 Abs. 1 EStG vorgenommen werden.

GWG: Die Werte dieser Gegenstände, die als im Jahr 10 angeschafft gelten, können, soweit der gemeine Wert der einzelnen Güter nicht 410 Euro übersteigt, nach § 6 Abs. 2 EStG im Jahr 10 voll abgeschrieben werden.

Firmenwert: Nach § 7 Abs. 1 Satz 3 EStG ist dieser, ausgehend von einer Nutzungsdauer von 15 Jahren, linear abzuschreiben.

Grund und Boden ist ein nicht abnutzbares Wirtschaftsgut, eine planmäßige Abschreibung ist hierzu nicht möglich.

b) Fortführung der Buchwerte

Eröffnungsbilanz der OHG zum 01.01.10:

Aktiva		Eröffnungsbilanz OHG zum 01.01.10		Passiva
Grund und Boden	30.000 €	Kapital Mödel		80.000 €
Gebäude	81.600 €	Kapital Frisch		40.000 €
Maschinen	15.360 €	Verbindlichkeiten und		
sonstiges		sonstige Passiva		100.000 €
Anlagevermögen	8.640 €			
Umlaufvermögen				
(einschl. Zahlung				
Frisch)	84.400 €			
	220.000 €			220.000 €

Mödel hat keinen Veräußerungsgewinn erzielt. Nach § 24 Abs. 4, § 23 Abs. 1, § 12 Abs. 3 UmwStG tritt die OHG, insbesondere wegen der Bemessung der AfA, in die Rechtsstellung des bisherigen Einzelunternehmers.

Die Kapitalbestände der Gesellschafter spiegeln bei einer solchen Eröffnungsbilanz die wahren Beteiligungsverhältnisse nicht wider. Dies ist jedoch nicht erheblich, da dafür ohnedies die gesellschaftsrechtlichen Vereinbarungen bestimmend sind. Die Gesellschafter können überdies, um zu sichern, dass die nicht ausgewiesenen stillen Reserven zum 01.01.10 bei einer etwaigen späteren Aufdeckung handelsrechtlich und steuerlich dem Mödel zugerechnet werden, vereinbaren, dass Mödel bei einer Veräußerung des Betriebs oder der am 01.01.10 vorhandenen Gegenstände mit stillen Reserven von dem dabei erzielten Gewinn ein Vorab in Höhe der zum 01.01.10 bestehenden stillen Reserven erhält, soweit diese nicht zwischenzeitlich verbraucht sind.

c) Teilweise Aufdeckung der stillen Reserven

Eine nicht vollständige Aufdeckung stiller Reserven tritt z. B. ein, wenn in der Eröffnungsbilanz der OHG zwar die Buchwerte fortgeführt werden, der Kapitalanteil des Mödel jedoch gegenüber dem Schlussbilanzwert zum 31.12.09 erhöht ausgewiesen wird. Die OHG könnte eine den Beteiligungsverhältnissen entsprechende Kapitalverteilung vornehmen und folgende Bilanz zum 01.01.10 aufstellen:

Aktiva	Bilanz OHG zum 01.01.10		Passiva
Grund und Boden	30.000 €	Kapital Mödel	96.000 €
Gebäude	81.600 €	Kapital Frisch	24.000 €
Maschinen	15.360 €	Verbindlichkeiten und	
sonstiges		sonstige Passiva	100.000 €
Anlagevermögen	8.640 €		
Umlaufvermögen			
(einschl. Zahlung			
an Frisch)	84.400 €		
	220.000 €		220.000 €

Das Kapital des Mödel ist gegenüber dem Ansatz in der Bilanz zum 31.12.09 um 16.000 Euro erhöht. Dieser Betrag entspricht dem Wert der bei einer solchen Bilanzierung als auf Frisch übertragen anzusehenden stillen Reserven ($\frac{1}{5}$ von 80.000 Euro). Frisch muss diese 16.000 Euro als Anschaffungskosten der auf ihn übergegangenen Anteile an den stillen Reserven in einer für ihn zu führenden Ergänzungsbilanz führen. Als Aktivwerte sind in der Ergänzungsbilanz Teile der bisherigen stillen Reserven des Betriebsvermögens auszuweisen. Der Betrag von 16.000 Euro ist – wie bereits ausgeführt wurde – entsprechend den Verhältnissen der stillen Reserven der einzelnen Wirtschaftsgüter zueinander auf die Gegenstände zu verteilen, wobei allerdings der Geschäftswert nur auszuweisen ist, wenn mit den Aufstockungen bei den anderen Wirtschaftsgütern die gemeinen Werte erreicht werden. Nach der vorliegenden Fallgestaltung ist ein Geschäftswert nicht anzusetzen, weil durch die zusätzlichen Aktivierungen – einschließlich des auf den anteiligen Geschäftswert entfallenden Betrags – die gemeinen Werte der übrigen stille Reserven enthaltenden Wirtschaftsgüter nicht erreicht werden (vgl. BMF vom 25.03.1998, BStBl 1998 I S. 268 Tz. 24.13, 22.8).

Die Aufstockung der Aktivwerte wird wie folgt berechnet:

stille Reserven ohne Firmenwert	64.000 €
davon aufzudecken	16.000 € = 25 %

Frisch hat demnach als zusätzliche Werte auszuweisen:

Grund und Boden:	25 % von 24.000 € = 6.000 €
Gebäude:	25 % von 18.000 € = 4.500 €
Maschinen:	25 % von 6.000 € = 1.500 €
GWG:	25 % von 16.000 € = 4.000 €

Mödel hat einen nicht begünstigten Gewinn von 16.000 Euro erzielt. Frisch muss folgende Ergänzungsbilanz zum 01.01.10 aufstellen:

Aktiva	Ergänzungsbilanz Frisch zum 01.01.10		Passiva
Mehrwert Grund und Boden	6.000 €	Kapital	16.000 €
Mehrwert Gebäude	4.500 €		
Mehrwert Maschinen	1.500 €		
Mehrwert GWG	4.000 €		
	16.000 €		16.000 €

3. Nach § 24 Abs. 4, § 23 Abs. 3 UmwStG sind die Abschreibungen von den insgesamt mit einem höheren Betrag als in der Bilanz zum 31.12.09 angesetzten Werten der abnutzbaren Anlagegüter nach der bisherigen Absetzungsmethode unter Berücksichtigung der Werterhöhung, also wie nach dem Anfall nachträglicher Anschaffungs- oder Herstellungskosten, zu bemessen. Das Gebäude ist demnach insgesamt weiter mit dem AfA-Satz von 4 % nach § 7 Abs. 4 Satz 1 Nr. 1 EStG abzuschreiben, jedoch ausgehend von einer um 4.500 Euro erhöhten Bemessungsgrundlage. Im Rahmen der Hauptbilanz ist die AfA – wie bisher – mit 4 % aus 120.000 Euro zu bemessen, im Rahmen der Ergänzungsbilanz des Frisch mit 4 % aus 4.500 Euro. Die Maschinenanlage kann, soweit nicht ein Übergang zur linearen AfA und eine Verteilung des Restwerts zum 31.12.09 zuzüglich der aufgedeckten stillen Reserven auf die Restnutzungsdauer sinnvoll erscheint, weiterhin degressiv nach § 7 Abs. 2 Satz 2 EStG abgeschrieben werden, allerdings insgesamt von einem um die aufgedeckten stillen Reserven erhöhten Restbuchwert (§ 23 Abs. 3 Satz 1 Nr. 2 UmwStG). In Haupt- und Ergänzungsbilanz muss, da es sich um ein Wirtschaftsgut handelt, einheitlich vorgegangen werden. Das AfA-Volumen im Rahmen der Hauptbilanz beträgt noch 15.360 Euro, im Rahmen der Ergänzungsbilanz 1.500 Euro.

Da Frisch seinen Anteil an den GWG erworben hat, hat er im Jahr 10 nach § 6 Abs. 2 EStG die Möglichkeit zu einer vollständigen Abschreibung der aufgedeckten Werte, soweit die Gesamtwerte der einzelnen Wirtschaftsgüter 410 Euro nicht überschreiten.

Der Grund und Boden ist ein nicht abnutzbares Wirtschaftsgut des Anlagevermögens. Eine planmäßige Abschreibung der aufgedeckten stillen Reserven ist daher nicht möglich.

Entsprechend ist zu verfahren, wenn die OHG z. B. in der Gesellschaftsbilanz stille Reserven in Höhe eines beliebigen anderen Betrags, jedoch nicht die gesamten vorhandenen stillen Reserven aufdeckt (vgl. zur Gesamtproblematik Zimmermann/Hottmann u. a., Abschnitt C, Tz. 1.4).

Fall 85

Eintritt und Ausscheiden von Gesellschaftern einer Personengesellschaft – Gesellschafterwechsel

Sachverhalt

Eine OHG, die einen Baustoffhandel betreibt, besteht aus den Gesellschaftern August Burg, Karl Klapp und Roland Schnell. Am Gründungskapital, an den stillen Reserven und am Gewinn sind alle Gesellschafter zu gleichen Teilen beteiligt (je ⅓). Zum 31.12.09 hat die OHG folgende Bilanz erstellt:

Aktiva	Bilanz OHG zum 31.12.09		Passiva
Grund und Boden	30.000 €	Kapital Burg	31.000 €
Gebäude	90.000 €	Kapital Klapp	29.000 €
sonstiges		Kapital Schnell	30.000 €
Anlagevermögen	18.000 €	Verbindlichkeiten und	
Waren	12.000 €	sonstige Passiva	150.000 €
sonstiges			
Umlaufvermögen	90.000 €		
	240.000 €		240.000 €

Es besteht ein nicht ausgewiesener Firmenwert von 21.000 Euro. Im Übrigen betragen die stillen Reserven zum 01.01.10 beim Grund und Boden 18.000 Euro, beim Gebäude (im September 05 fertig gestellt, Herstellungskosten 100.000 Euro, AfA nach § 7 Abs. 4 Satz 1 Nr. 1 EStG 3 %, Gesamtnutzungsdauer 50 Jahre) 12.000 Euro, beim Warenbestand 3.000 Euro (die betreffenden Waren werden im Jahr 10 veräußert). Die nicht in der Bilanz ausgewiesenen GWG haben einen Wert von 6.000 Euro.

Zum 01.01.10 ergeben sich die in den nachfolgenden sechs alternativen Sachverhalten angegebenen Umgestaltungen der OHG.

Frage

1. Welche Bilanzen kann oder muss die OHG bzw. welche Ergänzungsbilanzen können oder müssen einzelne Gesellschafter nach den geschilderten Änderungen im Gesellschaftsverhältnis zum 01.01.10 erstellen?
2. Wie sind die darin angesetzten Werte künftig fortzuführen?
3. Welche ertragsteuerlichen Folgen ergeben sich aus den geschilderten Änderungen im Gesellschaftsverhältnis?

1. Alternative

Als zusätzlicher Gesellschafter tritt Jonathan Neu ein. Alle – nunmehr vier – Gesellschafter sollen zu gleichen Teilen am Gewinn und an den stillen

Reserven beteiligt sein (je ¼). Neu leistet eine Einlage von 50.000 Euro in bar.

Antwort und Begründung

Nach Auffassung von Rechtsprechung (BFH vom 23.05.1985, BStBl 1985 II S. 695) und Verwaltung (vgl. BMF vom 25.03.1998, BStBl 1998 I S. 268 Tz. 24.01) handelt es sich in diesem Fall (anders als bei den folgenden Alternativen) um die Einbringung eines Betriebs in eine neu gegründete Personengesellschaft i. S. des § 24 UmwStG. Die OHG hat deshalb nach § 24 Abs. 2 UmwStG ein Wahlrecht. Sie kann die bisherigen Buchwerte fortführen oder höhere Beträge ausweisen, höchstens aber die gemeinen Werte. Die Gesellschafter Burg, Klapp und Schnell haben im Beispielsfall deshalb die Möglichkeit, alle stillen Reserven aufzudecken. Nur bei einer Aufdeckung aller stillen Reserven ist der auszuweisende Gewinn nach § 16 Abs. 4, § 34 Abs. 1 EStG im Grundsatz begünstigt (§ 24 Abs. 3 Satz 2 UmwStG). Aber selbst bei dieser Gestaltung trifft dies im hier anzunehmenden Sachverhalt nach § 16 Abs. 2 Satz 3 EStG nur für jeweils ¼ der den Altgesellschaftern zuzuweisenden Gewinnanteile zu, denn nur insoweit werden die stillen Reserven auf einen Dritten, den in die OHG eintretenden Jonathan Neu, übertragen. Im Übrigen sind die aufgedeckten stillen Reserven nach der getroffenen Absprache den bisherigen Gesellschaftern zuzurechnen. (Vergleiche zu den weiteren Rechtsfolgen, die sich aus der Einbringung eines Betriebs in eine Personengesellschaft ergeben, Fall 84.)

2. Alternative

Schnell scheidet aus und überträgt mit Zustimmung der anderen Gesellschafter seinen Anteil für 50.000 Euro auf Jonathan Neu.

Antwort

Neu übernimmt den in der Bilanz zum 31.12.09 mit 30.000 Euro ausgewiesenen Kapitalanteil des Schnell. Im Übrigen ist in der Bilanz der OHG keine Änderung gegenüber den Ansätzen zum 31.12.09 vorzunehmen. Neu hat aber eine Ergänzungsbilanz zum 01.01.10 aufzustellen. Darin sind auf der Passivseite 20.000 Euro Kapital, auf der Aktivseite für den Anteil am Firmenwert 7.000 Euro, für den Anteil am Grund und Boden 6.000 Euro, für den Anteil am Gebäude 4.000 Euro, für den Anteil am Warenbestand 1.000 Euro und für den Anteil an den GWG 2.000 Euro auszuweisen. Die künftige AfA für den Gebäudeanteil beträgt 3 % aus 4.000 Euro. Die Anteile am Warenbestand und am Wert der GWG können im Jahr 10 voll abgeschrieben werden. Die AfA für den Firmenwertanteil beträgt 6,66 % linear. Beim Grund und Boden sind keine planmäßigen Absetzungen möglich. Schnell hat einen nach § 16 Abs. 4, § 34 Abs. 1 EStG begünstigten Veräußerungsgewinn von 20.000 Euro erzielt.

Begründung

Obwohl die fortbestehende OHG nicht verpflichtet ist, zum 01.01.10 eine besondere, von der Schlussbilanz zum 31.12.09 abweichende Eröffnungsbilanz zu erstellen, entspricht ein Bilanzieren beim Eintritt oder Ausscheiden eines Gesellschafters der Praxis. Es wird deshalb auch hier eine besondere Eröffnungsbilanz erstellt.

Der Praxis entspricht es auch, dass der einen Anteil übernehmende neue Gesellschafter lediglich den Anteil seines Vorgängers am Buchkapital in der Bilanz der OHG erhält. Im Übrigen werden in der Bilanz der OHG die bisherigen Werte fortgeführt. Da in der Übernahme des Anteils eines ausscheidenden Gesellschafters gegen Entgelt ein Erwerbsgeschäft zu sehen ist (vgl. BFH vom 24.02.1999 IV B 75/98, BFH/NV 1999 S. 1201), muss der Käufer den Betrag, um den die Anschaffungskosten den ihm eingeräumten Kapitalanteil in der Bilanz der OHG übersteigen, in einer Ergänzungsbilanz ausweisen. Im vorliegenden Fall muss Neu, dem in der Bilanz der OHG der Kapitalanteil des Schnell i. H. von 30.000 Euro zugerechnet wird, die restlichen 20.000 Euro (das sind die Anschaffungskosten des Neu für seinen Anteil an den stillen Reserven, $\frac{1}{3}$ von 60.000 Euro) in einer Ergänzungsbilanz zum 01.01.10 wie folgt ausweisen:

Aktiva		Ergänzungsbilanz Neu zum 01.01.10		Passiva
Mehrwert Firmenwert	7.000 €	Kapital		20.000 €
Mehrwert Grund und Boden	6.000 €			
Mehrwert Gebäude	4.000 €			
Mehrwert GWG	2.000 €			
Mehrwert Waren	1.000 €			
	20.000 €			20.000 €

Schnell hat seinen gesamten Anteil an der OHG veräußert und damit einen nach § 16 Abs. 4, § 34 Abs. 1 EStG steuerlich begünstigten Veräußerungsgewinn von 20.000 Euro erzielt (§ 16 Abs. 1 Satz 1 Nr. 2 EStG). Weil alle aufgedeckten stillen Reserven auf Neu übertragen werden, ist § 16 Abs. 2 Satz 3 EStG nicht anwendbar.

Wegen der Fortführung der in den Eröffnungsbilanzen aufgestockten Werte sind § 24 Abs. 4, § 23 Abs. 3 UmwStG entsprechend anzuwenden (vgl. BFH vom 23.05.1985, BStBl 1985 II S. 695). Der zusätzliche Gebäudewert ist, da die Restnutzungsdauer nicht weniger als 33⅓ Jahre beträgt, nach § 7 Abs. 4 Satz 1 Nr. 1 EStG mit 3 % aus 4.000 Euro abzuschreiben. Der Wertanteil des Neu an den GWG kann im Jahr 07 voll abgesetzt werden, soweit der auf den einzelnen Gegenstand entfallende Betrag nicht 410 Euro übersteigt (vgl. Fall 84, drittletzter Absatz). Der Abgang des Warenwerts ist als Aufwand zu erfassen. Der Firmenwert ist nach § 7 Abs. 1 Satz 3 EStG mit 6,66 % linear abzuschreiben.

Damit ergibt sich zum 31.12.10 folgende Ergänzungsbilanz des Neu:

Aktiva	Ergänzungsbilanz Neu zum 31.12.10		Passiva
Mehrwert Firmenwert	6.533 €	Kapital	16.413 €
Mehrwert Grund			
und Boden	6.000 €		
Mehrwert Gebäude	3.880 €		
	16.413 €		16.413 €

Im Rahmen seiner Ergänzungsbilanz weist damit Neu für das Jahr 10 einen Verlust von 3.587 Euro aus.

3. Alternative

Schnell scheidet aus und erhält von den verbleibenden Gesellschaftern eine Barabfindung von 50.000 Euro.

Antwort

Die verbleibenden Gesellschafter haben zusätzlich zu den Werten nach der Bilanz zum 31.12.09 auf der Aktivseite der Bilanz der OHG zum 01.01.10 anzusetzen: Firmenwert 7.000 Euro, Grund und Boden 6.000 Euro, Gebäude 4.000 Euro, Warenbestand 1.000 Euro und GWG 2.000 Euro. Im Übrigen fehlt in der Bilanz zum 01.01.10 der an Schnell gezahlte Geldbetrag (oder es ist eine Abfindungsverbindlichkeit passiviert), ferner ist für Schnell kein Kapitalanteil mehr ausgewiesen. Der zusätzlich aktivierte Gebäudewert ist mit 3 % jährlich abzusetzen, der Firmenwert mit 6,66 %, der angesetzte Betrag für GWG kann im Jahr 07, soweit auf den einzelnen Gegenstand nicht mehr als 410 Euro entfallen, voll abgeschrieben werden. Die Erhöhung des Warenwerts vermehrt im Jahr 10 den Wareneinsatz. Für den Grund und Boden können keine planmäßigen Absetzungen vorgenommen werden. Schnell hat einen nach § 16 Abs. 4, § 34 Abs. 1 EStG begünstigten Veräußerungsgewinn erzielt.

Begründung

Obwohl bürgerlich-rechtlich der Gesellschaftsanteil des ausscheidenden Schnell den übrigen Gesellschaftern zuwächst (§ 105 Abs. 3 HGB, § 738 Abs. 1 BGB), ist steuerlich von einer Veräußerung des Anteils des Schnell an Burg und Klapp auszugehen (BFH vom 11.07.1973, BStBl 1974 II S. 50, und vom 10.03.1998, BStBl 1999 II S. 269). Schnell hat, weil er seinen gesamten Gesellschaftsanteil verkauft hat, einen nach § 16 Abs. 4, § 34 Abs. 1 EStG begünstigten Veräußerungsgewinn erzielt (§ 16 Abs. 1 Satz 1 Nr. 2 EStG). Burg und Klapp haben auch den Anteil des Schnell an den stillen Reserven erworben. Darauf entfällt der das Buchkapital des Schnell zum 31.12.09 übersteigende Teil des Kaufpreises, also 20.000 Euro (= ⅓ des Werts der gesamten stillen Reserven zum 31.12.09 von 60.000 Euro). Burg und Klapp haben diese 20.000 Euro Anschaffungskosten zusätzlich zu aktivieren (vgl. auch BFH vom 07.06.1984, BStBl 1984 II S. 584). Eine Eröffnungsbilanz zum 01.01.10 muss daher folgende Werte enthalten:

Aktiva	Eröffnungsbilanz OHG zum 01.01.10		Passiva
Firmenwert	7.000 €	Kapital Burg	31.000 €
Grund und Boden	36.000 €	Kapital Klapp	29.000 €
Gebäude	94.000 €	Verbindlichkeiten und	
sonstiges		sonstige Passiva	150.000 €
Anlagevermögen	20.000 €		
(einschl. GWG)			
Waren	13.000 €		
sonstiges			
Umlaufvermögen	40.000 €		
(nach Zahlung			
der Abfindung)			
	210.000 €		210.000 €

Die künftige AfA für aufgestockte abnutzbare Anlagegüter ist wie zur 2. Alternative geschildert zu bemessen. Da das Gebäude eine höhere Restnutzungsdauer als 33⅓ Jahre hat, sind nach § 7 Abs. 4 Satz 1 Nr. 1 EStG weiterhin 3 % abzusetzen, allerdings in entsprechender Anwendung des § 23 Abs. 3 UmwStG von einer Bemessungsgrundlage i. H. von 104.000 Euro (= ursprüngliche Bemessungsgrundlage von 100.000 Euro zuzüglich der aufgedeckten stillen Reserven). Der erworbene Anteil am Wert der GWG kann im Jahr 10 voll abgeschrieben werden, soweit nicht auf einzelne Gegenstände mehr als 410 Euro entfallen. Der Firmenwert ist nach § 7 Abs. 1 Satz 3 EStG mit 6,66 % linear abzuschreiben.

Die zusätzlich angesetzten Warenwerte erhöhen im Jahr 10 den Wareneinsatz der OHG. Vom Wert des Grund und Bodens können planmäßige Absetzungen nicht vorgenommen werden.

4. Alternative

Schnell scheidet aus der OHG aus und erhält das Alleineigentum an dem bisherigen Betriebsgrundstück übertragen. Zum Ausgleich zahlt Schnell an die OHG 100.000 Euro. Das Grundstück wird künftig von ihm privat genutzt.

Antwort

In einer Gesellschaftsbilanz zum 01.01.10 fehlen die Werte für das Grundstück. Zusätzlich zu den übrigen Werten nach der Bilanz zum 31.12.09 sind zu aktivieren: Firmenwert 7.000 Euro, Warenbestand 1.000 Euro und GWG 2.000 Euro. Die Kapitalanteile des Burg und des Klapp sind um jeweils 10.000 Euro zu erhöhen. Diese Gesellschafter haben einen entsprechenden, nicht steuerbegünstigten Ertrag erzielt. Die aufgestockten Werte sind wie nach der 3. Alternative fortzuführen. Der nach § 16 Abs. 4, § 34 Abs. 1 EStG begünstigte Veräußerungsgewinn des Schnell beträgt 20.000 Euro.

Begründung

Schnell erhält zur Abgeltung seines Auseinandersetzungsanspruchs i. H. von 50.000 Euro (= Teilwert oder Zeitwert seines Gesellschaftsanteils) das Grundstück, dessen Wert insgesamt 150.000 Euro beträgt (48.000 Euro Grund und Boden, 102.000 Euro Gebäude). Er hat deshalb einen Ausgleichsbetrag von 100.000 Euro zurückzuzahlen.

Es liegen hier zwei Veräußerungsgeschäfte vor, eine Veräußerung eines OHG-Anteils durch Schnell an Burg und Klapp, ferner eine Veräußerung des – nach dem Erwerb der Beteiligung des Schnell für eine logische Sekunde Burg und Klapp allein zuzurechnenden – Grundstücks durch Burg und Klapp an Schnell (vgl. BFH vom 24.05.1973, BStBl 1973 II S. 655, vom 24.08.1989, BStBl 1990 II S. 132, und vom 23.11.1995, BStBl 1996 II S. 194).

Der Erwerb des Gesellschaftsanteils des Schnell führt bei Burg und Klapp zu der zur 3. Alternative beschriebenen Folge. Der erworbene Anteil an den stillen Reserven ist zu aktivieren.

Schnell hat einen nach § 16 Abs. 4, § 34 Abs. 1 EStG steuerlich begünstigten Veräußerungsgewinn von 20.000 Euro erzielt (§ 16 Abs. 1 Satz 1 Nr. 2 EStG).

Durch die Veräußerung des Grundstücks ist für Burg und Klapp ein laufender Nettoertrag von 20.000 Euro entstanden (Buchwert des Grundstücks nach Übernahme des Anteils des Schnell und Zuaktivierung der bisher Schnell zustehenden Anteile an den stillen Reserven: 30.000 Euro zuzüglich 6.000 Euro Grund und Boden, 90.000 Euro zuzüglich 4.000 Euro Gebäude, insgesamt 130.000 Euro; Verkaufserlös [Befreiung von der Ausgleichsverbindlichkeit und Barzahlung des Schnell]: 150.000 Euro). Da das Grundstück künftig von Schnell privat genutzt wird, ist es nicht möglich, steuerlich von einem Gewinnausweis nach den Grundsätzen abzusehen, die zur Realteilung eines Betriebs bestehen (§ 16 Abs. 3 Satz 2 EStG).

Im Ergebnis müssen Burg und Klapp in einer Eröffnungsbilanz zum 01.01.10 unter Berücksichtigung des Abgangs des Grundstücks folgende Werte ausweisen:

Aktiva	Eröffnungsbilanz OHG zum 01.01.10		Passiva
Firmenwert	7.000 €	Kapital Burg	41.000 €
sonstiges		Kapital Klapp	39.000 €
Anlagevermögen	20.000 €	Verbindlichkeiten und	
(einschl. GWG)		sonstige Passiva	150.000 €
Waren	13.000 €		
sonstiges			
Umlaufvermögen	190.000 €		
(einschl. Zahlung			
Schnell)			
	230.000 €		230.000 €

Wie bereits zur 2. und 3. Alternative ausgeführt wurde, können die erworbenen Anteile an den Werten der GWG im Jahr 10 voll abgeschrieben werden, soweit auf die einzelnen Gegenstände nicht höhere Beträge als 410 Euro entfallen. Der zusätzlich aktivierte Warenwert erhöht den Wareneinsatz im Jahr 10. Der erworbene Firmenwertanteil kann planmäßig abgesetzt werden.

5. Alternative

Schnell ist drogenabhängig. Er verhält sich deshalb derartig geschäftsschädigend gegenüber Kunden und Lieferanten, dass bei seinem weiteren Verbleiben in der OHG der Bestand des Betriebs gefährdet wäre. Schnell scheidet aus der OHG aus. Um ihn dazu zu bewegen, haben ihm die verbleibenden Gesellschafter eine Barabfindung von 60.000 Euro zugesagt.

Antwort

Die verbleibenden Gesellschafter haben in einer Bilanz zum 01.01.10 Zuaktivierungen wie nach der 3. Alternative vorzunehmen. Auch die Fortführung dieser Werte entspricht dem zur 3. Alternative Gesagten. Das Umlaufvermögen ist wegen der Zahlung an Schnell um 60.000 Euro gegenüber dem Ansatz zum 31.12.09 vermindert auszuweisen. Die Kapitalanteile des Burg und des Klapp sind um jeweils 5.000 Euro gegenüber den Werten zum 31.12.09 herabzusetzen. Bei Burg und Klapp entstehen Aufwendungen von jeweils 5.000 Euro. Schnell hat einen nach § 16 Abs. 4, § 34 Abs. 1 EStG begünstigten Veräußerungsgewinn i. H. von 30.000 Euro erzielt.

Begründung

Schnell ist ein sog. „lästiger" Gesellschafter. Bei seinem Ausscheiden wird ihm im Hinblick darauf ein den Wert seines Anteils übersteigender Betrag gezahlt.

Die auch beim Ausscheiden eines lästigen Gesellschafters vergüteten Anteile an den stillen Reserven, die die verbleibenden Gesellschafter erwarben, sind zu aktivieren (BFH vom 29.10.1991, BStBl 1992 II S. 647, und vom

30.03.1993, BStBl 1993 II S. 706). Bei der Fortführung der zum 01.01.10 aus-gewiesenen Werte ist wie bei der 3. Alternative zu verfahren. Allerdings stellt der den Teilwert der Beteiligung des Schnell übersteigende Abfin-dungsbetrag für die verbleibenden Gesellschafter einen sofort abzugs-fähigen Aufwand dar (BFH vom 14.06.1994, BStBl 1995 II S. 246); er ist in einer Eröffnungsbilanz zum 01.01.10 von deren Kapital abzusetzen. Schnell hat einen nach § 16 Abs. 4, § 34 Abs. 1 EStG steuerlich begünstigten Veräußerungsgewinn von 30.000 Euro erzielt, weil er seinen gesamten Gesellschaftsanteil veräußert hat (§ 16 Abs. 1 Satz 1 Nr. 2 EStG).

In einer Eröffnungsbilanz zum 01.01.10 müssen Burg und Klapp folgende Werte ausweisen:

Aktiva	Eröffnungsbilanz OHG zum 01.01.10		Passiva
Firmenwert	7.000 €	Kapital Burg	26.000 €
Grund und Boden	36.000 €	Kapital Klapp	24.000 €
Gebäude	94.000 €	Verbindlichkeiten und	
sonstiges		sonstige Passiva	150.000 €
Anlagevermögen (einschl. GWG)	20.000 €		
Waren	13.000 €		
sonstiges Umlaufvermögen (nach Abzug der Zahlung an Schnell)	30.000 €		
	200.000 €		200.000 €

6. Alternative

Schnell überträgt die Hälfte seines Anteils für 25.000 Euro an Klapp.

Antwort

In der Bilanz der OHG zum 01.01.10 wird der von Schnell an Klapp veräu-ßerte Anteil mit einem Buchkapital von 15.000 Euro bei Klapp mit diesem Betrag angesetzt werden. Klapp hat noch zusätzlich in einer Ergänzungs-bilanz auszuweisen: auf der Aktivseite 3.500 Euro Mehrwert Firmenwert, 3.000 Euro Mehrwert Grund und Boden, 2.000 Euro Mehrwert Gebäude, 500 Euro Mehrwert Waren und 1.000 Euro Mehrwert GWG, auf der Passiv-seite 10.000 Euro Mehrkapital. Die AfA für den zusätzlichen Gebäudewert beträgt 3 % aus 2.000 Euro, die AfA für den Firmenwert 6,66 %. Der Anteil an den GWG kann im Jahr 10 voll abgeschrieben werden, soweit auf den einzelnen Gegenstand nicht mehr als 410 Euro entfällt. Der Mehrwert Waren kann in der Ergänzungsbilanz zum 31.12.10 nicht mehr erfasst wer-den und erhöht den Aufwand. Der zusätzliche Bodenwert kann nicht plan-mäßig abgeschrieben werden. Schnell hat einen nicht nach § 16 Abs. 4, § 34 Abs. 1 EStG begünstigten Veräußerungsgewinn von 10.000 Euro erzielt.

Begründung

Schnell hat einen Veräußerungsgewinn i. H. von 10.000 Euro erzielt, der allerdings, weil er nur einen Teil seines Anteils verkauft hat, nicht nach § 16 Abs. 4, § 34 Abs. 1 EStG begünstigt ist (§ 16 Abs. 1 Satz 2 EStG).

In der Praxis wird in der Bilanz der OHG lediglich der Buchwert des übertragenen Kapitalanteils beim Erwerber zusätzlich angesetzt, beim Veräußerer abgezogen. Das sind im vorliegenden Fall 15.000 Euro ($\frac{1}{2}$ des Kapitals des Schnell zum 31.12.09). Da Klapp seine gesamten Anschaffungskosten ausweisen muss, wird er den 15.000 Euro übersteigenden Teil des Kaufpreises (nämlich 10.000 Euro) in einer Ergänzungsbilanz führen. Die in der Ergänzungsbilanz auszuweisende Summe stellt die auf den verkauften Anteil des Schnell an den stillen Reserven entfallenden Anschaffungskosten dar ($\frac{1}{6}$ von 60.000 Euro). Es sind deshalb $\frac{1}{6}$ der zu einzelnen Gütern bestehenden stillen Reserven aufzudecken. Gesellschafts- und Ergänzungsbilanzen zum 01.01.10 müssen folgende Werte ausweisen:

Aktiva	Eröffnungsbilanz OHG zum 01.01.10		Passiva
Grund und Boden	30.000 €	Kapital Burg	31.000 €
Gebäude	90.000 €	Kapital Klapp	44.000 €
sonstiges		Kapital Schnell	15.000 €
Anlagevermögen	18.000 €	Verbindlichkeiten und	
Waren	12.000 €	sonstige Passiva	150.000 €
sonstiges			
Umlaufvermögen	90.000 €		
	240.000 €		240.000 €

Aktiva	Ergänzungsbilanz Klapp zum 01.01.10		Passiva
Mehrwert Firmenwert	3.500 €	Kapital	10.000 €
Mehrwert Grund			
und Boden	3.000 €		
Mehrwert Gebäude	2.000 €		
Mehrwert GWG	1.000 €		
Mehrwert Waren	500 €		
	10.000 €		10.000 €

Der zusätzliche Gebäudewert ist – entsprechend § 24 Abs. 4, § 23 Abs. 3 UmwStG – mit 3 % aus 2.000 Euro abzusetzen, da die Restnutzungsdauer des Gebäudes mehr als $33\frac{1}{3}$ Jahre beträgt, der Firmenwert nach § 7 Abs. 1 Satz 3 EStG mit 6,66 %. Die erworbenen Anteile am Wert der GWG können im Jahr 10 voll abgeschrieben werden, soweit auf einzelne Gegenstände nicht mehr als 410 Euro entfallen. Der Abgang des Warenwerts stellt einen Aufwand dar. Der Mehrwert des Grund und Bodens kann nicht planmäßig abgeschrieben werden.

Zum 31.12.10 wird Klapp demnach folgende Ergänzungsbilanz aufstellen:

Aktiva	Ergänzungsbilanz Klapp zum 31.12.10		Passiva
Mehrwert Firmenwert	3.266 €	Mehrkapital	8.206 €
Mehrwert Grund			
und Boden	3.000 €		
Mehrwert Gebäude	1.940 €		
	8.206 €		8.206 €

Im Rahmen der Ergänzungsbilanz wird damit für Klapp im Jahr 10 ein Verlust von 1.794 Euro ausgewiesen.

(Vergleiche zur gesamten Problematik des Austritts eines Gesellschafters Zimmermann/Hottmann u. a., Abschnitt J, Tz. 1 mit vielen Beispielen.)

Fall 86

Auflösung einer Personengesellschaft durch Realteilung ohne und mit Spitzenausgleich

Sachverhalt

Eine OHG, die einen Textilwareneinzelhandel mit zwei Läden betreibt, besteht aus den Gesellschaftern Alt und Bertram. Das gesamte Betriebsvermögen befindet sich im Gesamthandseigentum der Gesellschafter. Am Gewinn und an den vorhandenen stillen Reserven sind sie jeweils zur Hälfte beteiligt.

Zum 31.12.05 hat die OHG folgende Handels- und Steuerbilanz erstellt:

Aktiva	Bilanz OHG zum 31.12.05		Passiva
Grundstück I		Kapital Alt	370.000 €
Grund und Boden	90.000 €	Kapital Bertram	400.000 €
Gebäude	228.000 €	Verbindlichkeiten	
Grundstück II		(einschl. Rückstellungen	
Grund und Boden	80.000 €	für ungewisse	
Gebäude	272.000 €	Verbindlichkeiten)	120.000 €
Geschäftseinrichtung	40.000 €		
Waren	140.000 €		
Kasse/Bank	40.000 €		
	890.000 €		890.000 €

Stille Reserven sind am 31.12.05 lediglich bei den beiden Grundstücken und bei den in der Bilanz nicht ausgewiesenen GWG in folgender Höhe vorhanden:

414

Grundstück I	Grund und Boden	200.000 €
	Gebäude	50.000 €
Grundstück II	Grund und Boden	240.000 €
	Gebäude	60.000 €
GWG		20.000 €

Zum 01.01.06 soll die OHG einvernehmlich aufgelöst und das vorhandene Betriebsvermögen auf die Gesellschafter verteilt werden. Jeder Gesellschafter möchte eines der Ladengeschäfte als Einzelunternehmer fortführen. Zunächst soll deshalb jeder Gesellschafter eines der beiden vorhandenen Grundstücke mit Laden erhalten, Alt das Grundstück I und Bertram das Grundstück II.

1. Alternative

Die sonstigen Werte und Verbindlichkeiten sollen grundsätzlich jeweils zur Hälfte von den Gesellschaftern übernommen werden. Ein Ausgleich wegen der unterschiedlichen Höhe der Kapitalien und der Grundstückswerte soll in erster Linie bei der Zuweisung des Kassen-/Bankbestands, in zweiter Linie bei der Zuweisung der Waren erfolgen.

2. Alternative

Die sonstigen Werte sollen jeweils zur Hälfte von den Gesellschaftern übernommen werden. Zum Ausgleich wegen der unterschiedlichen Höhe der Kapitalien und der Werte der übernommenen Grundstücke soll der begünstigte Gesellschafter dem anderen Gesellschafter innerhalb eines Monats die Wertdifferenz erstatten.

Frage

1. Wie ist nach der in der 1. Alternative geschilderten Abrede das am 31.12.05 vorhandene Gesellschaftervermögen auf die Gesellschafter im Einzelnen zu verteilen?

2. Welcher Gesellschafter hat nach der in der 2. Alternative geschilderten Abrede welchen Ausgleichsbetrag zu zahlen?

3. Welche steuerlichen Möglichkeiten bestehen nach der 1. Alternative, welche Gesellschaftsbilanz zum 01.01.06 und Eröffnungsbilanzen für die Einzelunternehmen sind zu erstellen?

4. Welche steuerlichen Möglichkeiten bestehen nach der 2. Alternative, welche Gesellschaftsbilanz zum 01.01.06 und Eröffnungsbilanzen für die Einzelunternehmen sind zu erstellen?

Antwort

1. Alt erhält das Grundstück I, den gesamten Kassen-/Bankbestand, Waren im Wert von 77.000 Euro sowie jeweils wertmäßig die Hälfte der Geschäftseinrichtung und der GWG. Er muss – jedenfalls im Innenver-

hältnis zu Bertram – Verbindlichkeiten i. H. von 60.000 Euro begleichen. Bertram erhält das Grundstück II, Waren im Wert von 63.000 Euro sowie jeweils wertmäßig die Hälfte der Geschäftseinrichtung und der GWG. Er ist ebenfalls verpflichtet, Verbindlichkeiten i. H. von 60.000 Euro zu tragen.

2. Bertram muss an Alt als Spitzenausgleich 27.000 Euro zahlen.

3. Nach § 16 Abs. 3 Satz 2 EStG sind die Buchwerte zwingend fortzuführen. Die Kapitalstände in den Eröffnungsbilanzen für die nunmehr als Einzelunternehmen geführten Betriebe der bisherigen Mitunternehmer sind den übernommenen Werten anzugleichen, ohne dass sich daraus steuerlich Gewinnauswirkungen ergeben. Die bisherigen AfA-Methoden sind beizubehalten.

4. Auch bei Zahlung eines Spitzenausgleichs sind die bisherigen Buchwerte von den bisherigen Mitunternehmern grundsätzlich fortzuführen. Soweit allerdings mit der Zahlung des Spitzenausgleichs stille Reserven der bei der Teilung erhaltenen Wirtschaftsgüter abgegolten werden, sind deren Buchwerte entsprechend aufzustocken. Insoweit entsteht beim Empfänger des Spitzenausgleichs auch ein nicht nach § 16 Abs. 4, § 34 Abs. 1 EStG begünstigter Gewinn. Im Beispielsfall entfallen vom vereinbarten Spitzenausgleich 11.756 Euro auf stille Reserven. In gleicher Höhe hat Alt einen Gewinn erzielt. In der Eröffnungsbilanz des Einzelunternehmens des Bertram ist gegenüber den bisherigen Buchwerten der Wert des Grund und Bodens um 9.101 Euro, der Wert des Gebäudes um 2.276 Euro und der Wert der GWG um 379 Euro zu erhöhen. Die AfA ist, soweit keine stillen Reserven aufgedeckt werden, nach den bisherigen Methoden fortzuführen. Beim Gebäude, dessen stille Reserven zum Teil auszuweisen sind, ist der bisherige Satz beizubehalten, die Bemessungsgrundlage aber um die aufgedeckten stillen Reserven zu erhöhen. Der Ausweis für die geringwertigen Anlagegüter kann im Jahr 06 vollständig abgeschrieben werden.

Begründung

1. Zur Durchführung der Auseinandersetzung werden die Gesellschafter nicht von den Buchwerten der im Gesamthandseigentum stehenden Gegenstände, sondern von deren Teilwerten ausgehen. Es sind deshalb betragsmäßig 1.340.000 Euro (770.000 Euro Buchwerte und 570.000 Euro stille Reserven) zu verteilen. Hiervon erhalten zum Ausgleich ihrer unterschiedlichen Kapitalien Alt 370.000 Euro und Bertram 400.000 Euro. Der Rest von 570.000 Euro steht den Gesellschaftern jeweils zur Hälfte zu. Es erhalten damit wertmäßig Alt 655.000 Euro und Bertram 685.000 Euro. Im Einzelnen sind nach der getroffenen Vereinbarung die Gegenstände des bisherigen Betriebs wie folgt zu verteilen:

Alt sind zuzuweisen:

Grundstück I	568.000 €
½ Geschäftseinrichtung	20.000 €
½ GWG	10.000 €
½ Verbindlichkeiten	./. 60.000 €
	538.000 €
Aufstockung auf 655.000 €:	
Kasse/Bank	40.000 €
Waren	77.000 €
	655.000 €

Bertram sind zuzuweisen:

Grundstück II	652.000 €
½ Geschäftseinrichtung	20.000 €
½ GWG	10.000 €
Waren	63.000 €
½ Verbindlichkeiten	./. 60.000 €
	685.000 €

2. Nach der 2. Alternative sollen die vorhandenen Werte wie folgt verteilt werden:

	Alt	Bertram
Grundstück I	568.000 €	
Grundstück II		652.000 €
Geschäftseinrichtung	20.000 €	20.000 €
GWG	10.000 €	10.000 €
Waren	70.000 €	70.000 €
Kasse/Bank	20.000 €	20.000 €
Verbindlichkeiten	./. 60.000 €	./. 60.000 €
	628.000 €	712.000 €
zustehender Wert	655.000 €	685.000 €
Ausgleich	27.000 €	./. 27.000 €

Bertram hat deshalb an Alt 27.000 Euro zu zahlen.

3. Eine Auflösung einer Personengesellschaft und die Überführung ihres Betriebsvermögens in andere Unternehmen der bisherigen Mitunternehmer (im Beispielsfall in neu gegründete Einzelunternehmen) ändert an der Eigenschaft der verteilten Wirtschaftsgüter als Betriebsvermögen nichts. Allgemein (jedenfalls wenn das aufnehmende Unternehmen inländisch ist und die übernommenen Güter im Inland einsetzt bzw. verwertet) ist auch die (spätere) Besteuerung vorhandener stiller Reserven gesichert. Aus diesem Grund wurde in § 16 Abs. 3 Satz 2 bis 4 EStG eine Regelung zur Realteilung aufgenommen, die – sofern die Besteuerung der stillen Reserven sichergestellt ist (was im Beispielsfall unterstellt werden kann) – zwingend die Fortführung der Buchwerte vorsieht.

Eine Realteilung des vorhandenen Betriebsvermögens unter Beibehaltung der bisherigen Buchwerte führt zumeist zu einer nicht genau den bisherigen Kapitalausweisen entsprechenden Zuordnung der einzelnen Wirtschaftsgüter zu den aufnehmenden Betrieben. Da die aufnehmenden Unternehmen jedoch den ihnen überlassenen Werten einen identischen Kapitalansatz zuzuordnen haben, erfordert die Realteilung häufig eine gewinnneutrale Korrektur der bisherigen Kapitalausweise (BFH vom 10.12.1991, BStBl 1992 II S. 385, und vom 01.12.1992, BStBl 1994 II S. 607).

Da Alt und Bertram die vorhandenen stillen Reserven nicht aufdecken können, haben sie keine besondere Schlussbilanz der OHG zum 01.01.06 zu erstellen. Die in ihren Eröffnungsbilanzen fortzuführenden Buchwerte sind in der Bilanz der OHG zum 31.12.05 ausgewiesen.

Die bisherigen Gesellschafter Alt und Bertram haben folgende Eröffnungsbilanzen für ihre Einzelunternehmen zu erstellen:

Aktiva		Eröffnungsbilanz Alt zum 01.01.06		Passiva
Grund und Boden	90.000 €	Kapital		395.000 €
Gebäude	228.000 €	Verbindlichkeiten		60.000 €
Geschäftseinrichtung	20.000 €			
Waren	77.000 €			
Kasse/Bank	40.000 €			
	455.000 €			455.000 €

Aktiva		Eröffnungsbilanz Bertram zum 01.01.06		Passiva
Grund und Boden	80.000 €	Kapital		375.000 €
Gebäude	272.000 €	Verbindlichkeiten		60.000 €
Geschäftseinrichtung	20.000 €			
Waren	63.000 €			
	435.000 €			435.000 €

Die in den Eröffnungsbilanzen der Einzelunternehmen zu errechnenden Kapitalien entsprechen nicht den Kapitalanteilen der Gesellschafter in der Bilanz der OHG zum 31.12.05 (Kapital Alt in der Gesellschaftsbilanz 370.000 Euro, in der Eröffnungsbilanz 395.000 Euro; Kapital Bertram in der Gesellschaftsbilanz 400.000 Euro, in der Eröffnungsbilanz 375.000 Euro). Wie oben ausgeführt, ergeben sich aus diesen Änderungen jedoch keine Gewinnauswirkungen. Insgesamt erfolgt die Realteilung gewinnneutral.

Aus der getroffenen Auseinandersetzungsvereinbarung und der Fortführung der Buchwerte folgt, dass von den stillen Reserven der OHG (570.000 Euro) 260.000 Euro auf den Betrieb des Alt übergehen und 310.000 Euro auf den Betrieb des Bertram. Bei einer künftigen Aufdeckung der stillen Reserven ist daher Bertram steuerlich benachteiligt. Diese Benachteiligung kann nur durch eine – hier unterlassene – besondere Vereinbarung im Realteilungsvertrag, die z. B. dem Benachteiligten einen Ausgleich für die künftige steuerliche Mehrbelastung zugesteht, ausgeglichen werden.

4. Auch in dem zur 2. Alternative geschilderten Sachverhalt – Realteilung mit Spitzenausgleich – sind in den Eröffnungsbilanzen für die Einzelunternehmen der bisherigen Gesellschafter die Buchwerte der OHG fortzuführen, soweit der Ausgleichsbetrag beim Ausgleichsverpflichteten nicht aktiviert werden muss.

Der Ausgleichsbetrag stellt beim zum Ausgleich verpflichteten Realteiler Anschaffungskosten dar. Die in der Schlussbilanz der OHG ausgewiesenen Buchwerte der vom Zahlungspflichtigen übernommenen Wirtschaftsgüter sind daher in dessen Eröffnungsbilanz entsprechend aufzustocken (so z. B. BFH vom 05.07.1990, BStBl 1990 II S. 837, und vom 01.12.1992, BStBl 1994 II S. 607; Schmidt/Wacker, § 16 Rn. 548, 549). Dadurch ergibt sich eine Gewinnauswirkung in Höhe der Differenz zwischen Ausgleichszahlung und dem Wert der übernommenen Wirtschaftsgüter (so z. B. Schmidt/Wacker, § 16 Rn. 549).

Im zu besprechenden Fall könnte noch die Höhe der als Ausgleichsbetrag anzusehenden Summe fraglich sein. Denkbar wäre, zunächst eine Verrechnung mit dem Bertram überlassenen Kassen- und Bankbestand vorzunehmen, denn die zwischen Alt und Bertram getroffene Regelung könnte ihrem wirtschaftlichen Sinn nach dahin zu deuten sein, dass Alt diese flüssigen Mittel gegen Kürzung des Ausgleichsanspruchs in vollem Umfang erhält. Eine solche Gestaltung ist steuerlich statthaft. In der Literatur wird daher auch empfohlen, zur Vermeidung eines Gewinnausweises vor der Realteilung die für den Wertausgleich erforderlichen Mittel einzulegen (wenn dies in unmittelbarem Zusammenhang mit der Realteilung geschieht, könnte allerdings die Annahme einer Scheineinlage infrage kommen). Im Beispielsfall wurde aber die Übertragung aller flüssigen Mittel auf Alt nicht vereinbart. Eine solche Übertragung hätte auch wegen der verabredeten Stundung eine andere wirtschaftliche Wirkung als das von Alt und Bertram Gewollte. Nach dem gegebenen Sachverhalt sind daher die zu zahlenden 27.000 Euro in vollem Umfang als Spitzenausgleich zu betrachten.

Alt und Bertram sind, da in der Vereinbarung des Spitzenausgleichs ein Veräußerungsgeschäft zu sehen ist, konsequenterweise so zu stellen, als wenn Alt einen einem Wert von 27.000 Euro entsprechenden Teil seines Anteils am Gesellschaftsvermögen an Bertram verkauft hätte. Der Gesamtwert des von Bertram nunmehr geführten Betriebs beträgt, wie unter Nr. 2 ausgeführt, 712.000 Euro. Hiervon ist der 27.000 Euro entsprechende Teil, nämlich 3,792 %, entgeltlich erworben. Für eine Zuordnung des Ausgleichsbetrages nur zu einzelnen Wirtschaftsgütern (z. B. zu den GWG oder dem Gebäude) sind keine dies rechtfertigenden Gründe erkennbar. Es sind daher gedanklich von jedem Wirtschaftsgut des Betriebs (einschließlich

Verbindlichkeiten) Werte von jeweils 3,792 % abzuspalten und dieser Vermögensteil als entgeltlich erworben zu betrachten. Dem erworbenen Teil des Betriebs des Bertram sind demnach folgende Beträge zuzuordnen (jeweils 3,792 % der Gesamtwerte):

	Teilwerte	Buchwerte	Stille Reserven
Grund und Boden	12.135 €	3.034 €	9.101 €
Gebäude	12.590 €	10.314 €	2.276 €
Geschäftseinrichtung	758 €	758 €	–
GWG	379 €	–	379 €
Waren	2.655 €	2.655 €	–
Kasse/Bank	758 €	758 €	–
Verbindlichkeiten	./. 2.275 €	./. 2.275 €	–
	27.000 €	15.244 €	11.756 €

Das Ergebnis dieser Berechnungen ist, dass Alt einen Gewinn von nur 11.756 Euro erzielt hat. In Höhe der gegen Zahlung des Ausgleichsbetrages übertragenen Buchwerte kann ein Gewinn nicht entstanden sein. Der von Alt auszuweisende Gewinn ist nicht nach § 16 Abs. 4 und § 34 Abs. 1 EStG begünstigt.

Ferner folgt aus dieser Berechnung, dass Bertram die Summe von 11.756 Euro mit 9.101 Euro beim Grund und Boden, 2.276 Euro beim Gebäude sowie 379 Euro bei den GWG zusätzlich zu den bisherigen Buchwerten zu aktivieren hat. Im Übrigen sind von Alt und Bertram nach § 16 Abs. 3 Satz 2 EStG die bisherigen Buchwerte der OHG fortzuführen. Die Schlussbilanz der OHG zum 01.01.06 ist mit deren Handels- und Steuerbilanz zum 31.12.05 identisch. Die einander entsprechenden Ausgleichsforderungen und Ausgleichsverbindlichkeiten sowie die Aufstockungen sind darin noch nicht zu erfassen. Alt und Bertram haben folgende Eröffnungsbilanzen zu erstellen:

Aktiva	Eröffnungsbilanz Alt zum 01.01.06		Passiva
Grund und Boden	90.000 €	Kapital	395.000 €
Gebäude	228.000 €	Verbindlichkeiten	60.000 €
Geschäftseinrichtung	20.000 €		
Waren	70.000 €		
Kasse/Bank	20.000 €		
Forderung an Bertram	27.000 €		
	455.000 €		455.000 €

Aktiva	Eröffnungsbilanz Bertram zum 01.01.06		Passiva
Grund und Boden	89.101 €	Kapital	386.756 €
Gebäude	274.276 €	übernommene	
Geschäftseinrichtung	20.000 €	Verbindlichkeiten	60.000 €
GWG	379 €	Verbindlichkeiten	
Waren	70.000 €	an Alt	27.000 €
Kasse/Bank	20.000 €		
	473.756 €		473.756 €

Abschnitt F:
Gemischte Schenkung – Erbauseinandersetzung – Vorweggenommene Erbfolge

Fall 87

Gemischte Schenkung und Abgrenzung zum vollentgeltlichen Geschäft – Trennungstheorie – Einlage des unentgeltlichen Teils – AfA-Fortführung – gemischte Schenkung bei einer Betriebsübertragung – Einheitsbetrachtung

Sachverhalt

Martin Schnurpfeil hat seit einiger Zeit von seinem Onkel Ludwig Feghelm zu eigenbetrieblichen Zwecken ein Fabrikgrundstück gepachtet. Mit Wirkung vom 01.07.06 überträgt Ludwig Feghelm dieses Grundstück auf seinen Neffen Martin Schnurpfeil zum Kaufpreis von 300.000 Euro. Die Beteiligten sind sich einig, dass der Verkehrswert und Teilwert des Grundstücks 400.000 Euro beträgt, wovon auf den Grund und Boden 160.000 Euro entfallen. Schnurpfeil will das Grundstück weiter eigenbetrieblich nutzen. Er bilanziert gem. § 5 EStG. Feghelm hat den Grund und Boden zum 01.01.01 privat mit 100.000 Euro erworben und die Fabrikhalle zum 01.04.02 für 200.000 Euro hergestellt. Die Halle hat er gem. § 7 Abs. 4 Satz 1 Nr. 2 Buchst. a EStG als Privatvermögen mit 2 % jährlich abgeschrieben.

Frage

1. Ist das Grundstück vollentgeltlich oder teilentgeltlich übertragen worden?
2. Welche grundsätzlichen Folgen hat die Beantwortung der 1. Frage?
3. Wie hätte Schnurpfeil die Halle abzuschreiben, hätte er sie nicht in das Betriebsvermögen übernehmen müssen, sondern wie sein Onkel als Privatvermögen behandeln können?
4. Wie hat Schnurpfeil die Halle als Betriebsvermögen abzuschreiben?
5. Wie wäre zu entscheiden, wenn Feghelm, 70 Jahre alt, seinem Neffen Schnurpfeil einen Gewerbebetrieb für 300.000 Euro veräußern würde, dessen Verkehrswert 400.000 Euro und dessen Kapitalkonto 200.000 Euro betrüge? Stille Reserven seien nur im Anlagevermögen enthalten.

Aktiva	Bilanz Feghelm zum 01.07.06		Passiva
Anlagevermögen	150.000 €	Kapital	200.000 €
Umlaufvermögen	100.000 €	Verbindlichkeiten	50.000 €
	250.000 €		250.000 €

Antwort

1. Das Grundstück ist teilentgeltlich übertragen worden. Es liegt daher eine gemischte Schenkung vor.

2. **Soweit** Entgeltlichkeit gegeben ist, liegt beim Erwerber ein Anschaffungsgeschäft und beim Übergeber ein Veräußerungsgeschäft vor.

   Soweit Unentgeltlichkeit gegeben ist, sind die Rechtsgrundsätze gem. § 6 Abs. 3 EStG und § 11d Abs. 1 EStDV anzuwenden.

3. Im Jahr 06 hätte Schnurpfeil den entgeltlich erworbenen Teil der Halle gem. § 7 Abs. 4 EStG mit 1.800 Euro und den unentgeltlich erworbenen Teil gem. § 7 Abs. 4 EStG mit 500 Euro abschreiben können.

4. Im Jahr 06 hat Schnurpfeil den entgeltlich erworbenen Teil der Halle gem. § 7 Abs. 4 EStG mit 2.700 Euro und den unentgeltlich erworbenen Teil ebenfalls gem. § 7 Abs. 4 EStG mit 687 Euro abzuschreiben.

5. Feghelm hat gem. §§ 16, 34 EStG 55.000 Euro (100.000 Euro ./. 45.000 Euro) zu versteuern, und Schnurpfeil hat das übernommene Anlagevermögen mit 100.000 Euro aufzustocken.

Begründung

1. Die Übertragung eines Grundstücks – insbesondere auf nahestehende Personen – ist **vollentgeltlich,** wenn die Beteiligten subjektiv Leistung und Gegenleistung wie unter Fremden gegeneinander abgewogen haben (vgl. BFH-Urteile vom 26.01.1978, BStBl 1978 II S. 301, vom 22.09.1982, BStBl 1983 II S. 99, und vom 29.01.1992, BStBl 1992 II S. 465). Dies ist insbesondere der Fall, wenn die Beteiligten einen Kaufvertrag schließen und darin einen Kaufpreis vereinbaren, der dem Wert des Grundstücks annähernd entspricht.

Tragen die Beteiligten vor, dass sie mit dem Kaufpreis eine angemessene Gegenleistung für die Grundstücksübertragung vereinbaren wollen, so ist dem zu folgen, es sei denn, dass sich nach den Gesamtumständen des Einzelfalls Zweifel aufdrängen. Das kann z. B. der Fall sein, wenn Leistung und Gegenleistung so weit auseinanderfallen, dass die Differenz nicht mehr durch eine bloße Fehleinschätzung des Grundstückswerts erklärt werden kann. In diesen Fällen könnte ein entgeltlicher Erwerb nur angenommen werden, wenn die Beteiligten substantiiert darlegen, warum sie den vereinbarten Kaufpreis als objektiv zutreffend angesehen und wie sie ihn ermittelt haben. Andernfalls ist zu prüfen, ob eine gemischte Schenkung gegeben ist (vgl. Schmidt/Wacker, § 16 Rn. 39).

Die Übertragung eines Grundstücks auf nahestehende Personen ist **teilweise entgeltlich,** wenn in dem Vertrag eine Gegenleistung vereinbart wurde, die unter dem Verkehrswert des Grundstücks liegt, und die Parteien dies wussten oder für möglich hielten (BFH vom 17.07.1980, BStBl 1981 II S. 11, vom 13.08.1980, BStBl 1981 II S. 794, und vom 27.10.1981, BStBl 1982 II S. 83). Davon kann ausgegangen werden, wenn die Beteiligten in einem notariellen Kaufvertrag in Kenntnis eines möglichen höheren Verkehrswerts den Kaufpreis für das Grundstück bewusst ermäßigt haben.

In Zweifelsfällen muss der tatsächliche Parteiwille im Zeitpunkt des Vertragsabschlusses anhand der feststellbaren objektiven Kriterien ermittelt werden. Dabei kann auch den Formulierungen in dem zugrunde liegenden Vertrag entscheidende Bedeutung zukommen.

Aus dem Sachverhalt ergibt sich, dass die Beteiligten wussten, dass der Verkehrswert über dem Kaufpreis liegt. Damit liegt eine **gemischte Schenkung** vor.

Bei einer gemischten Schenkung von einzelnen Wirtschaftsgütern gilt nach der Rechtsprechung die sog. **Trennungstheorie** (BFH vom 27.07.2004, BStBl 2006 II S. 9). Danach sind, vor allem für die AfA, die Wirtschaftsgüter in einen vollentgeltlichen und in einen voll unentgeltlichen Teil aufzuteilen. Nach dem BMF-Schreiben vom 26.02.2007 (BStBl 2007 I S. 269) Tz. 14 sind der entgeltliche und der unentgeltliche Teil des Wirtschaftsguts nach dem Verhältnis des Entgelts (ohne Anschaffungsnebenkosten) zu dem **Verkehrswert** des Wirtschaftsguts zu berechnen, nicht nach der von den Parteien vorgenommenen Aufteilung, wie es der BFH mit Urteil vom 27.07.2004 (BStBl 2006 II S. 9) sieht.

2. Wenn und soweit Entgeltlichkeit gegeben ist (vollentgeltliches Geschäft oder entgeltlicher Teil einer gemischten Schenkung), führt dies ertragsteuerlich

beim Erwerber

zu einem Anschaffungsgeschäft mit Anschaffungskosten in Höhe des Entgelts, zu dem auch übernommene Verbindlichkeiten gehören.

Dies hat u. a. folgende steuerliche Auswirkungen:

- Die Gebäude-AfA ist aus den Anschaffungskosten zu berechnen.
- Reparaturen u. ä. Maßnahmen im Anschluss an den Erwerb können als anschaffungsnahe Herstellungskosten (§ 6 Abs. 1 Nr. 1a EStG) anzusehen sein.
- Bei einer privaten Veräußerung innerhalb von 10 Jahren nach dem Erwerb eines Grundstücks ist ein privates Veräußerungsgeschäft gem. § 23 Abs. 1 Nr. 1 EStG gegeben.
- Bei einer Einlage eines privaten Wirtschaftsguts in ein Betriebsvermögen innerhalb von 3 Jahren nach der Anschaffung ist § 6 Abs. 1 Nr. 5

Buchst. a EStG zu beachten, später gilt der Teilwert, § 6 Abs. 1 Nr. 5 Satz 1 EStG.

– Auf die Anschaffungskosten des erworbenen Grundstücks können bei Vorliegen der sonstigen Voraussetzungen § 6b-EStG-Rücklagen übertragen werden.

beim Veräußerer

zu einem Veräußerungsgeschäft mit einem Veräußerungserlös in Höhe des Entgelts. Aus diesem Entgelt ist eventuell ein privater oder betrieblicher Veräußerungsgewinn zu berechnen. Bei Vorliegen der sonstigen Voraussetzungen ist auf einen betrieblichen Veräußerungsgewinn § 6b EStG anwendbar.

Soweit der Vorgang unentgeltlich ist, gelten die Rechtsgrundsätze gem. § 6 Abs. 3 EStG und § 11d Abs. 1 EStDV. Insoweit sei auf die Fälle 41 und 88 bis 95 verwiesen.

3. Bei einer gemischten Schenkung von einzelnen Wirtschaftsgütern gilt – wie ausgeführt – die sog. **Trennungstheorie,** nach der der vollentgeltlich und der voll unentgeltlich erworbene Teil getrennt zu beurteilen sind.

Schnurpfeil hat deshalb das Grundstück zu 75 % entgeltlich erworben, Wert 400.000 Euro, Entgelt 300.000 Euro. Er hat damit Anschaffungskosten i. H. von 300.000 Euro. Die insoweit entstehende GrESt ist unbeachtlich (Anschaffungsnebenkosten). Hinsichtlich des letzten Viertels liegt ein unentgeltlicher Erwerb vor. Die dabei eventuell entstehende ErbSt spielt hier ebenfalls keine Rolle. Schnurpfeil ist insoweit an die AfA-Bemessungsgrundlage des Rechtsvorgängers Feghelm gebunden (§ 11d Abs. 1 EStDV).

Könnte Schnurpfeil die Halle im Privatvermögen halten, hätte er sie wie folgt abzuschreiben:

Entgeltlich erworbener Teil

AfA-Bemessungsgrundlage insgesamt 300.000 €, davon 60 % (Grund und Boden: 40 %; 160.000/400.000 €)	180.000 €
AfA gem. § 7 Abs. 4 Satz 1 Nr. 2 Buchst. a EStG: 2 % = 3.600 € jährlich, zeitanteilig im Jahr 06	1.800 €

Unentgeltlich erworbener Teil

AfA-Bemessungsgrundlage des Rechtsvorgängers 200.000 €, davon ¼	50.000 €
AfA weiter gem. § 7 Abs. 4 Satz 1 Nr. 2 Buchst. a EStG: 2 % jährlich = 1.000 €, zeitanteilig im Jahr 06	500 €

4. Wenn Schnurpfeil die Halle weiter betrieblich nutzt, hat er den entgeltlich erworbenen Teil betrieblich angeschafft, während er den unentgeltlich erworbenen Teil von seinem Onkel gem. § 11d Abs. 1 EStDV als Privatvermögen erworben und somit einzulegen hat (vgl. hierzu Fall 41).

Daraus ergibt sich eine andere Abschreibung:

Entgeltlich erworbener Teil

AfA-Bemessungsgrundlage (siehe 3.)	180.000 €
AfA gem. § 7 Abs. 4 Satz 1 Nr. 1 EStG (es sei unterstellt, dass der Bauantrag nach dem 31.03.1985 gestellt worden ist) 3 % = 5.400 €, im Jahr 06 zeitanteilig	2.700 €

Unentgeltlich erworbener Teil

Da dieser Teil eingelegt werden muss, die Einlage auch nicht innerhalb von drei Jahren nach Anschaffung durch den Rechtsvorgänger erfolgt, ist für die Einlage der anteilige Teilwert maßgeblich (vgl. § 6 Abs. 1 Nr. 5 EStG).

Das Gebäude ist daher mit 60.000 € einzulegen (400.000 € ./. 160.000 €, davon $\frac{1}{4}$). Der Grund und Boden ist mit 40.000 € einzulegen ($\frac{1}{4}$ von 160.000 €).

Die AfA des Gebäudes bemisst sich nach den fortgeführten Herstellungskosten (§ 7 Abs. 1 Satz 5 EStG, R 7.3 Abs. 6 Satz 1 EStR).

Diese betragen:

Herstellungskosten	200.000 €
AfA 02 $\frac{3}{4}$ von 2 %	3.000 €
AfA 03 2 %	4.000 €
AfA 04 2 %	4.000 €
AfA 05 2 %	4.000 €
AfA 06 $\frac{1}{2}$ von 2 %	2.000 €
AfA-Bemessungsgrundlage	183.000 €
davon $\frac{1}{4}$	45.750 €

AfA gem. § 7 Abs. 4 Satz 1 Nr. 1 (R 7.4 Abs. 10 Satz 1 Nr. 1 EStR): 3 % jährlich = 1.373 €, zeitanteilig im Jahr 06	687 €

5. Bei der gemischten Schenkung eines Betriebs gilt nach der Rechtsprechung die **Einheitsbetrachtung.** Das Teilentgelt wird mit dem Buchwert verglichen, und zusätzliche Anschaffungskosten sind nur zu berücksichtigen, wenn das Teilentgelt den Buchwert des Vorgängers überschreitet (BFH vom 30.01.1974, BStBl 1974 II S. 352, und vom 10.07.1986, BStBl 1986 II S. 811, sowie Tz. 35 des BMF-Schreibens vom 13.01.1993, BStBl 1993 I S. 80). Folgt man bei der Übergabe eines Unternehmens der Einheitsbetrachtung, ergibt sich ein Veräußerungsgewinn nur dann, wenn der Kaufpreis, d. h. der entgeltliche Teil des gemischten Geschäfts, das Kapitalkonto übersteigt.

Der BFH (Urteil vom 10.07.1986, BStBl 1986 II S. 811/814) hat hierzu wörtlich Folgendes ausgeführt:

> „Eine derartige Aufteilung des Vorgangs nach Art eines Doppelgeschäfts ist bei einer teilentgeltlichen Übertragung eines Betriebs oder eines Mitunternehmeranteils nicht angezeigt. Sie würde dazu führen, daß stets ein Teil des Betriebs oder des Mitunternehmeranteils als verkauft, der andere als unentgeltlich übertragen angesehen werden müßte; sofern der Verkehrswert des Unternehmens bzw. des Mitunternehmeranteils über seinem Buchwert bzw.

dem Kapitalkonto des Gesellschafters liegt, würde jede Gegenleistung einen Gewinn entstehen lassen. Demgemäß könnte der Erwerber die stillen Reserven nur in dem unentgeltlich übertragenen Anteil des Betriebsvermögens oder Mitunternehmeranteils fortführen. Wird die teilentgeltliche Übertragung dagegen als einheitlicher Vorgang betrachtet, ergibt sich ein Veräußerungsgewinn nur dann, wenn die Gegenleistung den Buchwert der Mitunternehmerbeteiligung übersteigt; der Erwerber kann gem. § 7 Abs. 1 der Einkommensteuer-Durchführungsverordnung (EStDV)* die stillen Reserven seines Vorgängers fortführen, soweit sie nicht durch die gewährte Gegenleistung aufgelöst worden sind. Das entspricht aber dem Sinn der Buchwertfortführung. Eine abweichende Auffassung ließe sich schwerlich mit dem Wortlaut des § 16 Abs. 2 EStG vereinbaren; danach ist der Veräußerungsgewinn durch Gegenüberstellung des Veräußerungspreises mit dem Buchwert des Betriebsvermögens bzw. des Mitunternehmeranteils am Betriebsvermögen zu ermitteln."

Daraus ergibt sich:

Feghelm hat unter Abzug eines eventuellen Freibetrags folgenden Veräußerungsgewinn gem. §§ 16, 34 EStG zu versteuern:

Veräußerungspreis	300.000 €
Kapitalkonto	200.000 €
Veräußerungsgewinn	100.000 €

Da Feghelm das 55. Lebensjahr vollendet hat, erhält er auf Antrag den Freibetrag gem. § 16 Abs. 4 EStG i. H. von 45.000 Euro.

Schnurpfeil muss die übernommenen Wirtschaftsgüter des Betriebs mit 300.000 Euro ansetzen, d. h., er hat die aufgedeckten stillen Reserven i. H. von 100.000 Euro im Anlagevermögen aufzustocken, da laut Sachverhalt nur im Anlagevermögen stille Reserven enthalten sind.

Seine Bilanz hat dann folgendes Bild:

Aktiva	Bilanz Schnurpfeil zum 01.07.06		Passiva
Anlagevermögen	250.000 €	Kaufpreis-	
Umlaufvermögen	100.000 €	verbindlichkeit	300.000 €
		bisherige	
		Verbindlichkeiten	50.000 €
	350.000 €		350.000 €

---

* Jetzt § 6 Abs. 3 EStG.

Fall 88

Erbauseinandersetzung über Betriebsvermögen – Veräußerung eines Mitunternehmeranteils – Realteilung ohne Spitzenausgleich – Betriebsaufgabe mit teilweiser Buchwertfortführung – Sachwertabfindung

Sachverhalt

Der bilanzierende Bauunternehmer Werner Mäule stirbt am 17.06.02. Er vererbt nur einen Gewerbebetrieb, denn Privatvermögen ist kaum vorhanden. Seine Erben sind zu je ½ seine beiden Töchter Heidrun und Gabi. Diese erstellen auf den Zeitpunkt des Erbfalls unter Fortführung der Buchwerte ihres Vaters folgende Bilanz:

Aktiva	Bilanz zum 17.06.02		Passiva
Grundstück I	200.000 €	Kapital Heidrun	500.000 €
Grundstück II	300.000 €	Kapital Gabi	500.000 €
sonstiges		Verbindlichkeiten	200.000 €
Anlagevermögen	400.000 €		
Forderungen	100.000 €		
Bank	200.000 €		
	1.200.000 €		1.200.000 €

Stille Reserven sind enthalten in:

Grundstück I	100.000 €
Grundstück II	300.000 €
sonstiges Anlagevermögen	
(mit Firmenwert)	200.000 €

1. Alternative

Heidrun will den Betrieb ab 18.06.02 allein fortführen. Sie zahlt daher an Gabi eine Abfindung von 700.000 Euro.

Die Höhe der Abfindung haben Heidrun und Gabi wie folgt ermittelt:

Kapitalkonto Gabi	500.000 €
+ ½ stille Reserven	300.000 €
./. ½ immanente Steuern, die Heidrun später für Gabi noch zu zahlen hat	100.000 €
	700.000 €

2. Alternative

Der Betrieb lässt sich gut in zwei lebensfähige Teilbetriebe aufteilen. Heidrun und Gabi einigen sich dahin gehend, jeweils einen Teilbetrieb zu übernehmen. Sie erstellen folgende Bilanzen:

Aktiva	Bilanz Heidrun zum 18.06.02		Passiva
Grundstück I	200.000 €	Kapital	500.000 €
sonstiges		Verbindlichkeiten	100.000 €
Anlagevermögen	200.000 €		
Forderungen	100.000 €		
Bank	100.000 €		
	600.000 €		600.000 €

Aktiva	Bilanz Gabi zum 18.06.02		Passiva
Grundstück II	300.000 €	Kapital	500.000 €
sonstiges		Verbindlichkeiten	100.000 €
Anlagevermögen	200.000 €		
Bank	100.000 €		
	600.000 €		600.000 €

3. Alternative

Heidrun und Gabi sehen sich außerstande, den Betrieb fortzuführen. Sie geben ihn daher im Laufe des Jahres 03 auf. Dabei gehen sie wie folgt vor:

Zunächst werden die Verbindlichkeiten über das Bankkonto bezahlt. Anschließend veräußern sie das Grundstück I für 300.000 Euro und das sonstige Anlagevermögen – der Firmenwert geht unter – für 500.000 Euro. Heidrun übernimmt dann das Grundstück II zum Wert von 600.000 Euro, die Forderungen i. H. von 100.000 Euro und von den Erlösen aus den Verkäufen 50.000 Euro. Gabi übernimmt die restlichen Erlöse i. H. von 750.000 Euro. Heidrun will das Grundstück II mit seinem Buchwert in ihren eigenen Betrieb überführen. Dieses Grundstück ist keine wesentliche Betriebsgrundlage.

4. Alternative

Heidrun übernimmt zum Todestag ihres Vaters den Betrieb. Gabi übernimmt das Grundstück II zum Verkehrswert von 600.000 Euro und überführt es ins Privatvermögen. Außerdem erhält sie noch 100.000 Euro vom Guthaben des Bankkontos. Wie in der 1. Alternative haben die beiden Frauen die Höhe der Abfindung mit 700.000 Euro berechnet.

Frage

Welche bilanz- und einkommensteuerlichen Folgen ergeben sich für Heidrun und Gabi?

1. Alternative

Antwort

Gabi hat einen Veräußerungsgewinn von 200.000 Euro gem. §§ 16, 34 EStG zu versteuern. Heidrun muss die 200.000 Euro als Anschaffungskosten auf die erworbenen und stille Reserven enthaltenden Wirtschaftsgüter aufstocken.

Begründung

Der Große Senat des BFH hat mit Beschluss vom 05.07.1990 GrS 2/89 (BStBl 1990 II S. 837) die frühere Rechtsprechung zur Erbauseinandersetzung über Betriebsvermögen wesentlich geändert. Hierzu erging auch ein ausführliches BMF-Schreiben vom 11.01.1993 (BStBl 1993 I S. 62), jetzt ersetzt durch BMF-Schreiben vom 14.03.2006 (BStBl 2006 I S. 253).

Folgende Leitsätze fassen die Entscheidung zusammen:

> „1. Im Einkommensteuerrecht ist grundsätzlich davon auszugehen, daß die Erbauseinandersetzung dem Erbfall als selbständiger Rechtsvorgang nachfolgt und mit diesem keine rechtliche Einheit bildet.
>
> 2. Abfindungszahlungen eines Erben im Rahmen der Erbauseinandersetzung und Aufwendungen für den Erwerb des Erbteils eines Miterben führen beim Leistenden grundsätzlich zu Anschaffungskosten; in gleicher Höhe entsteht beim weichenden Miterben ein Veräußerungserlös. Hierauf hat keinen Einfluß, ob die Leistungen aus dem erlangten Nachlaßvermögen erbracht werden."

Daraus folgt im Einzelnen:

Gehört zum Nachlass ein Betrieb, so geht dieser mit dem Erbfall auf die Erbengemeinschaft über. Die einzelnen Miterben sind sofort Mitunternehmer. Sie erzielen als Beteiligte der Erbengemeinschaft vom ersten Tag an Einkünfte aus Gewerbebetrieb oder aus Land- und Forstwirtschaft. War der Erblasser Freiberufler, so erzielt die Erbengemeinschaft i. d. R. gewerbliche Einkünfte, es sei denn, dass alle Erben die entsprechende freiberufliche Qualifikation besitzen (BFH vom 19.05.1981, BStBl 1981 II S. 665).

Scheidet ein Miterbe aus der von weiteren Erben fortgeführten Gemeinschaft aus, so erfolgt dies nach denselben Grundsätzen wie das Ausscheiden eines Mitunternehmers aus einer Personengesellschaft.

Erhält der ausscheidende Miterbe eine Geldabfindung, so erzielt er einen tarifbegünstigten Veräußerungsgewinn. Die verbleibenden Miterben stocken entsprechend die Buchwerte auf (vgl. Fall 85, 3. Alternative).

Auf vorliegende Alternative bezogen, heißt dies:

Gabi erzielt zum 18.06.02 einen Veräußerungsgewinn, der gem. §§ 16 und 34 EStG begünstigt besteuert wird:

Abfindung	700.000 €
Kapital	500.000 €
Veräußerungsgewinn	200.000 €

Diese 200.000 Euro hat Heidrun, weil sie einen Mitunternehmeranteil erworben hat, im Verhältnis der in den betreffenden Wirtschaftsgütern enthaltenen stillen Reserven aufzustocken (BFH vom 24.05.1984, BStBl 1984 II S. 747).

Heidrun bucht:

Kapital Gabi	500.000 €	
Grundstück I (¹/₆ von 200.000 €)	33.333 €	
Grundstück II (³/₆ von 200.000 €)	100.000 €	
sonstiges Anlagevermögen (²/₆ von 200.000 €)	66.667 €	
an sonstige Verbindlichkeiten		700.000 €

Die Bilanz hat dann folgendes Aussehen:

Aktiva	Bilanz Heidrun zum 18.06.02		Passiva
Grundstück I	233.333 €	Kapital Heidrun	500.000 €
Grundstück II	400.000 €	Verbindlichkeiten	200.000 €
sonstiges		sonstige	
Anlagevermögen	466.667 €	Verbindlichkeiten	700.000 €
Forderungen	100.000 €		
Bank	200.000 €		
	1.400.000 €		1.400.000 €

Im Einzelfall kommt auch die Aktivierung bislang nicht bilanzierter immaterieller Wirtschaftsgüter (BFH vom 31.07.1974, BStBl 1975 II S. 236), insbesondere die Aktivierung eines Geschäftswerts (BFH vom 28.03.1966, BStBl 1966 III S. 456), aber auch ein sofortiger Betriebsausgabenabzug (BFH vom 25.01.1979, BStBl 1979 II S. 302) in Betracht.

Da Gabi zum Todeszeitpunkt ausgeschieden ist, nimmt sie an den laufenden Einkünften aus dem Gewerbebetrieb nicht teil, d. h., bis zum 17.06.02 hat der Vater und ab dem 18.06.02 hat Heidrun zu versteuern. Aus Vereinfachungsgründen wird eine rückwirkende Zurechnung laufender Einkünfte für **6 Monate** anerkannt (BMF vom 14.06.2006, BStBl 2006 I S. 253 Rn. 8 und 9). Wäre Gabi nicht schon am 17.03.02, sondern spätestens bis zum 17.12.02 ausgeschieden, hätte sich nichts geändert. Hätten sich die beiden z. B. aber erst zum 31.12.02 auseinander gesetzt, hätten sie in der Zeit vom 18.06.02 bis 31.12.02 gemeinsame gewerbliche Einkünfte gehabt. Ausführlich hierzu Zimmermann u. a., Abschnitt O.

2. Alternative

Antwort

Heidrun und Gabi haben sich bilanzsteuerrechtlich richtig verhalten. Sie haben weder stille Reserven aufzustocken noch welche zu versteuern.

Begründung

Der Große Senat des BFH hat in seinem Beschluss vom 05.07.1990 ausgeführt, dass die Grundsätze der Realteilung auch auf die Erbauseinandersetzungsfälle anzuwenden sind. Da sich Heidrun und Gabi hier ohne Abfindung auseinandergesetzt haben, gilt für beide § 6 Abs. 3 EStG, d. h., stille Reserven sind nicht zu versteuern, auch dann nicht, wenn sie in den einzelnen Betrieben nicht genau anteilig, sondern verschieden hoch weiter bestehen bleiben. Im vorliegenden Fall hat Heidrun 200.000 Euro an stillen Reserven übernommen (Grundstück I 100.000 Euro, sonstiges Anlagevermögen 100.000 Euro), Gabi dagegen 400.000 Euro (Grundstück II 300.000 Euro, sonstiges Anlagevermögen 100.000 Euro). Weitere Einzelheiten zur Realteilung ergeben sich aus Fall 86. Vergleiche auch Rn. 10 des BMF-Schreibens vom 14.03.2006 (BStBl 2006 I S. 253).

3. Alternative

Antwort

Heidrun und Gabi haben die stillen Reserven aus dem Anlagevermögen aufgrund einer Betriebsaufgabe im Rahmen der §§ 16, 34 EStG zu versteuern.

Dies gilt jedoch nicht für das Grundstück II.

Begründung

Solange sie den Betrieb weiterführen, d. h. bis zum Beginn der Aufgabehandlungen, haben sie den laufenden Gewinn gemeinsam als Mitunternehmer zu versteuern. Hierzu zählt auch der Gewinn, der im Rahmen der Betriebsaufgabe aus der Veräußerung des Umlaufvermögens stammt (vgl. H 16 (9) „Abwicklungsgewinne" EStH).

Die Veräußerung des Anlagevermögens ist wie bei der Liquidation einer Personengesellschaft als Betriebsaufgabe zu werten (BFH vom 19.01.1982, BStBl 1982 II S. 456). Dabei ist als Aufgabegewinn der Betrag anzusetzen, um den der Veräußerungspreis der im Rahmen der Betriebsaufgabe veräußerten Wirtschaftsgüter zuzüglich des gemeinen Werts der ins Privatvermögen überführten Wirtschaftsgüter nach Abzug der Aufgabekosten den Buchwert des Betriebsvermögens im Zeitpunkt der Betriebsaufgabe übersteigt (vgl. § 16 Abs. 2 und 3 EStG).

Dabei finden aber nach Auffassung des Großen Senats die Grundsätze zur Realteilung (vgl. Fall 86) auch hier entsprechende Anwendung. Überführt daher ein Miterbe im Rahmen einer Betriebsaufgabe ein Wirtschaftsgut in sein eigenes Betriebsvermögen, ist insoweit eine Buchwertfortführung ohne Aufdeckung der stillen Reserven möglich (§ 16 Abs. 3 Satz 2 EStG). Die hierzu erforderliche Wahlrechtsausübung ist in der von der Erbengemeinschaft aufzustellenden Schlussbilanz vorzunehmen. Vergleiche auch Rn. 12 des BMF-Schreibens vom 14.03.2006 (BStBl 2006 I S. 253).

Heidrun und Gabi haben daher gemeinsam die aufgedeckten stillen Reserven zu versteuern:

beim Grundstück I	100.000 €
beim sonstigen Anlagevermögen	100.000 €
insgesamt	200.000 €

Entsprechend ihrer Beteiligungsquote von je ½ versteuern daher beide je 100.000 Euro gem. §§ 16, 34 EStG, wobei – bei Vorliegen der entsprechenden Voraussetzungen – auf Antrag der Freibetrag gem. § 16 Abs. 4 EStG zu gewähren ist.

Die stillen Reserven des Grundstücks II sind allerdings im Rahmen des Aufgabegewinns rückwirkend im Jahr 03 zu versteuern, wenn Heidrun das Grundstück innerhalb einer Sperrfrist von drei Jahren nach Abgabe der Steuererklärung für das Jahr der Betriebsaufgabe veräußert oder entnimmt, § 16 Abs. 3 Satz 3 EStG.

Ist das Grundstück II wesentliche Betriebsgrundlage, liegt keine Betriebsaufgabe vor (BFH vom 09.12.1986, BStBl 1987 II S. 342, und vom 26.10.1989, BStBl 1990 II S. 373; Schmidt/Wacker, § 16 Rn. 188; Littmann/Hörger/Rapp, § 16 Rn. 85). In diesem Fall müssten Heidrun und Gabi die 200.000 Euro als laufenden Gewinn versteuern. Zu diesem laufenden Gewinn kämen auch noch die stillen Reserven des Grundstücks II hinzu, wenn es innerhalb der erwähnten Sperrfrist von Heidrun veräußert oder entnommen würde.

4. Alternative

Antwort

Gabi hat gem. §§ 16, 34 EStG einen Veräußerungsgewinn von 200.000 Euro (eventuell abzüglich eines Freibetrags) und Heidrun einen laufenden Gewinn von 200.000 Euro zu versteuern.

Begründung

Da Gabi aus dem Betrieb ausscheidet und mit Wirtschaftsgütern aus dem Betrieb abgefunden wird, sind die bei Personengesellschaften geltenden Grundsätze zum Ausscheiden mit Sachwertabfindung anzuwenden (vgl. hierzu allgemein Fall 85, 4. Alternative, und Zimmermann u. a., Abschnitt J, Tz. 1.4 Rn. 153 ff.).

Gabi hat daher zunächst einen Veräußerungsgewinn gem. §§ 16, 34 EStG zu versteuern:

Abfindungsanspruch	700.000 €
Kapital	500.000 €
Veräußerungsgewinn	200.000 €

Wie in der 1. Alternative sind diese 200.000 Euro bei Heidrun aufzustocken. Nach dem Aufstocken steht das Grundstück II bei Heidrun mit 400.000 Euro zu Buch. Da Heidrun dieses Grundstück als Abfindung herausgibt, hat sie zu buchen:

sonstige Verbindlichkeiten 700.000 €

an	Geldkonto	100.000 €
	Grundstück II	400.000 €
	sonstige betriebliche Erträge	200.000 €

Heidrun macht daher noch einen laufenden Gewinn von 200.000 Euro.

Aus allem ergibt sich, dass die Sachwertabfindung bei all den vielen Möglichkeiten für die Beteiligten steuerlich die wohl ungünstigste ist, weil hier neben einem tarifbegünstigten Veräußerungsgewinn meistens noch zusätzlich ein laufender Gewinn entsteht.

Fall 89

Erbauseinandersetzung bei einem Mischnachlass – Teilung des Nachlasses ohne und mit Ausgleichszahlungen – Veräußerungsgewinne bei GmbH-Anteilen mit Teileinkünfteverfahren – Schuldaufnahme zur Finanzierung der Ausgleichszahlung – Einkünfte bei einer bestehenden Erbengemeinschaft mit einem Mischnachlass – Feststellungsverfahren nach § 180 AO

Sachverhalt

Hermann Küster stirbt. Seine Erben sind seine Kinder Jürgen und Britta. Zur Erbschaft gehören:

– Gewerbebetrieb I Kapitalkonto 500.000 Euro, Unternehmenswert 800.000 Euro
– Gewerbebetrieb II Kapitalkonto 150.000 Euro, Unternehmenswert 400.000 Euro
– Privates Mietwohngrundstück, Anschaffungskosten des Vaters 200.000 Euro, Verkehrswert 600.000 Euro, Grund-und-Boden-Anteil jeweils 20 %
– Private Aktien, Börsenwert 100.000 Euro
– Privater 20 %-GmbH-Anteil, Verkehrswert 300.000 Euro, Anschaffungskosten beim Vater 100.000 Euro

1. Alternative

Jürgen übernimmt den Betrieb I und den GmbH-Anteil und Britta das restliche Vermögen. Sie setzen sich unmittelbar nach dem Erbfall auseinander. Ein Ausgleich findet nicht statt.

2. Alternative

Jürgen übernimmt den Gewerbebetrieb I, den GmbH-Anteil und das Grundstück, Britta den Rest. Sie setzen sich unmittelbar nach dem Erbfall auseinander. Jürgen zahlt an Britta einen Ausgleich i. H. von 600.000 Euro, den er fremdfinanziert.

3. Alternative

Jürgen und Britta setzen sich erst nach ca. einem Jahr auseinander.

Frage

Welche bilanz- und einkommensteuerlichen Folgen ergeben sich für Jürgen und Britta?

1. Alternative

Antwort

Jürgen und Britta setzen die von ihnen übernommenen Wirtschaftsgüter gem. § 6 Abs. 3 EStG und § 11d Abs. 1 EStDV an. Es sind daher keine stillen Reserven zu versteuern. Die AfA des Rechtsvorgängers wird fortgeführt.

Begründung

Wird ein aus Privat- und Betriebsvermögen bestehender Nachlass in der Weise geteilt, dass einer der Miterben den Betrieb, der andere Miterbe dagegen Privatvermögen erhält, so kommt es weder im privaten noch im betrieblichen Bereich zu Anschaffungs- und Veräußerungsgeschäften, weil keine Abfindung gezahlt werden muss. Die Erbquote des Miterben kann sowohl mit Betriebsvermögen als auch mit Privatvermögen abgegolten werden. Tauschgrundsätze kommen nicht zur Anwendung. Es werden die Buchwerte im Betrieb und die Steuerwerte im Privatvermögen nach § 6 Abs. 3 EStG, § 11 d Abs. 1 EStDV fortgeführt (BFH vom 05.07.1990 GrS 2/89, BStBl 1990 II S. 837). Nach Rn. 8 und 9 des BMF-Schreibens vom 14.03.2006 (BStBl 2006 I S. 253) gilt dies zum Todeszeitpunkt, wenn die Auseinandersetzung innerhalb von 6 Monaten erfolgt.

Entscheidend ist daher, ob Abfindungen bezahlt werden. Werden sie – wie in dieser Alternative – nicht bezahlt, werden auch keine stillen Reserven aufgedeckt.

Dies gilt insbesondere auch für die Fälle, in denen Schulden übernommen werden. Bei Erbauseinandersetzungen ist es im Gegensatz zur vorweggenommenen Erbfolge (vgl. Fall 91) gleichgültig, ob die Schulden mit dem Betriebs- oder mit dem Privatvermögen zusammenhängen oder ob sie erst nach dem Erbfall aufgenommen werden, um die Erbschaft ohne Abfindungen teilen zu können. Bei Mischnachlässen gelten somit die Rechtsgrundsätze zur Realteilung beim Betriebsvermögen entsprechend (vgl. Fall 86 und ausführlich Zimmermann u. a., Abschnitt O).

2. Alternative

Antwort

Jürgen übernimmt den Betrieb I, den GmbH-Anteil und das Grundstück zu $^{6}/_{17}$ entgeltlich, im Übrigen unentgeltlich. Dabei hat Britta einen Veräußerungsgewinn i. H. von 105.882 Euro, eventuell abzüglich eines Freibetrages gem. §§ 16, 34 EStG, zu versteuern, während Jürgen diesen Betrag als Anschaffungskosten für die aufgedeckten stillen Reserven im Betrieb I aufzustocken hat.

Die Schuld ist aufzuteilen.

Britta übernimmt den Betrieb II und die Aktien gem. § 6 Abs. 3 EStG und § 11d Abs. 1 EStDV unentgeltlich.

Begründung

Nach dem Beschluss des Großen Senats vom 05.07.1990 (a. a. O.) gilt Folgendes:

Erhält ein Miterbe im Rahmen der Auseinandersetzung einen Betrieb, für den er deshalb weniger als den anteiligen Verkehrswert bezahlen muss, weil der andere Miterbe ebenfalls Nachlassgegenstände erhält, so stellt nur die tatsächlich zu leistende Abfindung Veräußerungsentgelt und Anschaffungskosten dar. Im Verhältnis der gezahlten Abfindung zum Wert des übernommenen Betriebs erwirbt der den Betrieb übernehmende Miterbe daher entgeltlich, im Übrigen unentgeltlich (vgl. ausführlich Zimmermann u. a., Abschnitt O).

Dabei empfiehlt sich – insbesondere bei mehreren Wirtschaftsgütern – folgende Vorgehensweise:

Zunächst ist festzustellen, wer für was an wen Abfindungen leistet. Maßgebend sind die gemeinen Werte:

Betrieb I	GmbH-Anteil	Grundstück	Betrieb II	Aktien
800.000 €	300.000 €	600.000 €	400.000 €	100.000 €

Jürgen übernimmt diese Werte und zahlt 600.000 €

Britta übernimmt diese Werte und erhält 600.000 €

Da Britta keine Ausgleichsleistungen zu erbringen hat, ihr vielmehr noch eine Ausgleichsforderung zusteht, erwirbt sie voll unentgeltlich. Sie setzt also den Betrieb II gem. § 6 Abs. 3 EStG fort. Sollten die Anschaffungskosten der privaten Aktien einmal eine Rolle spielen, zum Beispiel bei § 23 oder § 17 EStG, gelten diejenigen ihres Vaters, § 11d Abs. 1 EStDV.

Jürgen übernimmt entgeltlich im Verhältnis seiner Abfindungszahlung (= Anschaffungskosten) zu den Werten, die er übernimmt. Er zahlt 600.000 Euro und erhält Werte i. H. von 1.700.000 Euro. Er übernimmt also zu $^6/_{17}$ entgeltlich. Dieser Bruch ist dann im Verhältnis der Anrechnungswerte einzusetzen. Unentgeltlich übernimmt er den Rest, also zu $^{11}/_{17}$. Die Lösung entspricht einer gemischten Schenkung (vgl. Fall 87).

Entgeltlich

Betrieb I	$^6/_{17}$ von 800.000 €	=	282.353 €
GmbH-Anteil	$^6/_{17}$ von 300.000 €	=	105.882 €
Grundstück	$^6/_{17}$ von 600.000 €	=	211.765 €
Anschaffungskosten insgesamt			600.000 €

Unentgeltlich

Betrieb I	$^{11}/_{17}$ von 500.000 €	=	323.529 €
GmbH-Anteil	$^{11}/_{17}$ von 100.000 €	=	64.706 €
Grundstück	$^{11}/_{17}$ von 200.000 €	=	129.411 €

Soweit die Wirtschaftsgüter unentgeltlich übernommen sind, gilt § 6 Abs. 3 EStG bzw. § 11d Abs. 1 EStDV, d. h. zum Beispiel, dass beim Grundstück der Betrag von 129.411 Euro abzüglich des Grund-und-Boden-Anteils restliche AfA-Bemessungsgrundlage ist, von der Jürgen weiterhin so abschreiben muss, wie sein Vater bisher abgeschrieben hat, also entweder nach § 7 Abs. 4 oder nach Abs. 5 EStG. Das AfA-Volumen ist entsprechend zu kürzen.

Soweit entgeltlich erworben wurde, liegen Anschaffungskosten vor. Beim Grundstück bedeutet dies, dass die 211.765 Euro abzüglich Grund-und-Boden-Anteil neu abgeschrieben werden müssen, und zwar nach § 7 Abs. 4 EStG. Dieser Betrag ist sowohl AfA-Bemessungsgrundlage als auch AfA-Volumen.

Was den Gewerbebetrieb I angeht, ist zunächst festzustellen, dass Britta diesen anteilig veräußert hat. Der Veräußerungsgewinn, der von Britta gem. §§ 16, 34 EStG – eventuell nach Abzug eines Freibetrages – versteuert werden muss, wird wie folgt berechnet:

Veräußerungspreis	282.353 €
./. anteiliges Kapitalkonto (= $^6/_{17}$ von 500.000 €)	176.471 €
= Veräußerungsgewinn	105.882 €

Falsch wäre, die Hälfte des Kapitalkontos abzuziehen. Britta war zwar vor Erbauseinandersetzung zu $^1/_2$ an diesem Betrieb beteiligt, sie veräußert aber nicht $^1/_2$ des Betriebs, sondern nur $^6/_{17}$ des Betriebs. Der Bruch kommt nicht über die Tauschgrundsätze zustande, sondern über die Ausgleichszahlung; und diese wiederum ist abhängig von der Zahl der Erben, der Zahl und dem Wert der übernommenen Wirtschaftsgüter.

Den Betrag des Veräußerungsgewinns hat Jürgen auf die Werte der Wirtschaftsgüter anteilig aufzustocken, die stille Reserven enthalten. Gleichzeitig hat er die anteilige Auseinandersetzungsverbindlichkeit einzubuchen und das anteilige Kapitalkonto, d. h. den unentgeltlichen Teil vom **gesamten** Kapital, zu übernehmen.

Aktiva		Bilanz Jürgen		Passiva
bisherige Aktiva	500.000 €	Kapital		323.529 €
Aufstockungsbetrag	105.882 €	sonstige		
		Verbindlichkeiten		282.353 €
	605.882 €			605.882 €

Probe:

unentgeltlicher Erwerb	323.529 €
+ entgeltlicher Erwerb	282.353 €
	605.882 €
./. Gesamtkapital	500.000 €
= aufgedeckte stille Reserven	105.882 €

Jürgen bucht daher in der vom Vater übernommenen Bilanz:

verschiedene Wirtschaftsgüter	105.882 €
und Kapital	176.471 €
an sonstige Verbindlichkeiten	282.353 €

Den 20 %-GmbH-Anteil hat Britta anteilig veräußert. Den Veräußerungsgewinn hat sie im Teileinkünfteverfahren gem. § 17, § 3 Nr. 40 Buchst. c, § 3c Abs. 2 EStG zu versteuern.

Veräußerungspreis ($^6/_{17}$ von 300.000 €), davon 60 %	63.529 €
./. anteilige Anschaffungskosten ($^6/_{17}$ von 100.000 €), davon 60 %	21.176 €
= Veräußerungsgewinn	42.353 €

Der Tatbestand des § 17 EStG ist erfüllt, weil Britta beim Erwerb im Rahmen der Erbschaft gem. § 39 AO zu 10 % als beteiligt gilt. Im Teileinkünfteverfahren werden dann 60 % erfasst (§ 3 Nr. 40 Buchst. c i. V. m. § 3c Abs. 2 EStG).

Jürgen hat den GmbH-Anteil zu $^6/_{17}$ entgeltlich und zu $^{11}/_{17}$ unentgeltlich angeschafft. Von Bedeutung kann dies sein, wenn er den GmbH-Anteil ins Betriebsvermögen einlegt oder veräußert (§ 6 Abs. 1 Nr. 5, § 17 EStG).

Nehmen wir an, Jürgen veräußert den GmbH-Anteil für 340.000 Euro innerhalb eines Jahres nach der Erbauseinandersetzung. Angenommen, Vater Hermann Küster hat ihn drei Jahre vor seinem Tod erworben.

Der von Jürgen bei der Erbauseinandersetzung **entgeltlich** erworbene Teil fällt unter § 17 EStG i. V. m. § 3 Nr. 40 Buchst. c und § 3c Abs. 2 EStG, weil der Anteil entgeltlich angeschafft und veräußert wurde. Maßgeblich sind die Anschaffungskosten bei Erbauseinandersetzung.

Veräußerungspreis $^6/_{17}$ von 340.000 €, davon 60 %	72.000 €
Anschaffungskosten $^6/_{17}$ von 300.000 €, davon 60 %	63.529 €
Veräußerungsgewinn	8.471 €

Der von Jürgen bei der Erbauseinandersetzung **unentgeltlich** erworbene Teil fällt auch unter § 17 EStG i. V. m. § 3 Nr. 40 Buchst. c und § 3c Abs. 2 EStG, weil Jürgen vor der Auseinandersetzung gem. § 39 AO mit $^1/_2$ von

20 %, also mit 10 %, beteiligt war. Maßgeblich sind die Anschaffungskosten des Rechtsvorgängers, also die des Hermann Küster.

Veräußerungspreis $^{11}/_{17}$ von 340.000 €, davon 60 %	132.000 €
Anschaffungskosten $^{11}/_{17}$ von 100.000 €, davon 60 %	38.824 €
Veräußerungsgewinn	93.176 €

Laut Sachverhalt muss Jürgen die Ausgleichszahlung i. H. von 600.000 Euro fremdfinanzieren. Das Darlehen ist dabei wie die Anschaffungskosten zu behandeln, d. h., es entfällt jeweils in gleicher Höhe auf die „angeschafften" Wirtschaftsgüter. 211.765 Euro gehören daher zum Grundstück. Wenn es vermietet wird, sind die Zinsen daraus Werbungskosten. 282.353 Euro sind als betriebliches Darlehen einzubuchen. Buchung: „Entnahme an Darlehen", weil es sich um einen Privatvorgang handelt. 105.882 Euro gehören zum GmbH-Anteil. Die Zinsen sind daher Werbungskosten aus § 20 EStG.

Müsste Jürgen die Ausgleichszahlung nicht voll finanzieren, wäre sie entsprechend den Anschaffungskostenwerten aufzuteilen.

3. Alternative

Antwort

Im Gegensatz zur 1. und 2. Alternative sind nicht die Werte zum Todeszeitpunkt, sondern die zum Auseinandersetzungsstichtag maßgebend. Die Erben beziehen nicht nur gewerbliche Einkünfte, sondern Einkünfte aus verschiedenen Einkunftsarten. § 15 Abs. 3 Nr. 1 EStG ist nicht anwendbar.

Offen ist, wie viele gesonderte und einheitliche Feststellungen vorzunehmen sind.

Begründung

Bei der Auseinandersetzung selbst ist nur zu beachten, dass sich die Werte geändert haben können. Denn nach der Rechtsprechung kommt es bei der Auseinandersetzung nicht auf die Werte am Todestag, sondern auf die Werte an, die zum Auseinandersetzungsstichtag von den Beteiligten als Anrechnungswerte festgestellt werden.

In der Zwischenzeit erzielt die Erbengemeinschaft Einkünfte aus verschiedenen Einkunftsarten, so wie sie zuvor der Erblasser gehabt hat. Die Regelung des § 15 Abs. 3 Nr. 1 EStG, wonach die Tätigkeit einer nur teilweise gewerblich tätigen Personengesellschaft in vollem Umfang als Gewerbebetrieb gilt, ist auf Erbengemeinschaften nicht anwendbar (BFH vom 23.10.1986, BStBl 1987 II S. 120, und vom 05.07.1990, BStBl 1990 II S. 837/ 845).

Wäre dies anders, müssten Jürgen und Britta die privaten Wirtschaftsgüter (Grundstück, Aktien, GmbH-Anteil) zum Todestag ins Betriebsvermögen einlegen. Dabei wäre dann völlig offen, in welches Betriebsvermögen einzulegen wäre, ob die zwei Betriebe zu einer Einheit verschmelzen müssten oder ob man sich ein Gesamtbetriebsvermögen vorstellen müsste, unter dessen Dach die fünf Einkunftsquellen weiter für sich bestehen bleiben könnten. Bei der Auseinandersetzung später müssten dann zusätzliche stille Reserven versteuert werden. Es gäbe dann in diesen Fällen nur noch betriebliche Auseinandersetzungen. Die Rechtsprechung ist diesem Problem bewusst aus dem Wege gegangen.

In verfahrensrechtlicher Hinsicht ist noch nicht geklärt, ob für die gemeinschaftlichen Einkünfte jeder Einkunftsart eine separate gesonderte und einheitliche Feststellung vorgenommen werden muss oder ob für sämtliche Einkünfte nur eine Feststellung zulässig oder gar zwingend ist (Söhn in Hübschmann/Hepp/Spitaler, § 180 AO, Rn. 109, 110, und Ruban, DStR 1991 S. 65, 66 = einheitliches Feststellungsverfahren; a. A. Baum in Koch/Scholz, Rn. 10 zu § 180 AO = mehrere Feststellungsverfahren). Falls für die Feststellung verschiedene Finanzämter zuständig sind, § 18 AO, müssen getrennte Feststellungsverfahren durchgeführt werden (BFH vom 23.08.1968, BStBl 1968 II S. 831, und vom 28.08.1968, BStBl 1968 II S. 832).

Fall 90

Erbauseinandersetzung bei einem Mischnachlass – Übernahme eines Betriebs – Ausgleichszahlung bei Übernahme bestehender nicht betrieblicher Darlehen – Veräußerungsgewinn

Sachverhalt

Elisabeth Jung, Inhaberin eines Elektroeinzelhandels mit Buchführung, stirbt am 14.08.01. Laut Testament sind ihre Erben ihr Neffe Martin Voeth und ihre Nichte Andrea Voeth zu gleichen Teilen. Zum 31.12.01 setzen sich die zwei Erben auseinander. Andrea übernimmt den Hausrat und das vorhandene Barvermögen (Geld und Wertpapiere) im Wert von 300.000 Euro. Martin übernimmt den Betrieb (Wert: 900.000 Euro) und eine Eigentumswohnung (Wert: 600.000 Euro). Die Eigentumswohnung ist mit einem Hypotheken-Darlehen i. H. von 280.000 Euro (= Darlehen Nr. 1) belastet. Die ursprünglichen Anschaffungskosten der Eigentumswohnung der Erblasserin betragen 460.000 Euro. Außerdem besteht noch ein privates Darlehen (= Darlehen Nr. 2) i. H. von 120.000 Euro. Martin übernimmt auch diese Schulden und verpflichtet sich, seiner Schwester als Ausgleich 400.000 Euro zu zahlen. Vereinfacht:

Betrieb	Eigentumswohnung	Darlehen Nr. 1	Darlehen Nr. 2	Geldvermögen
900.000 €	600.000 €	280.000 €	120.000 €	300.000 €

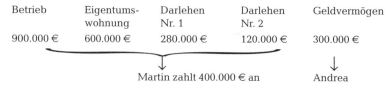

Martin zahlt 400.000 € an Andrea

Für den Elektroeinzelhandel erstellten die Erben folgende steuerrechtliche Bilanz

Aktiva	Bilanz zum 31.12.01		Passiva
Aktiva	700.000 €	Kapital	540.000 €
		Verbindlichkeiten	160.000 €
	700.000 €		700.000 €

Frage

1. Wie ist die Übernahme von Verbindlichkeiten im Rahmen einer Erbauseinandersetzung ertragsteuerlich zu behandeln?
2. Wie hoch sind die Anschaffungskosten bei Martin und wie sind sie auf die übernommenen Wirtschaftsgüter zu verteilen?
   Wie ist der unentgeltliche Teil zu berücksichtigen?
3. Wie hoch ist der Veräußerungsgewinn bei Andrea?
   Was ist bei der Bilanzerstellung bei Martin zunächst ohne die übernommenen Verbindlichkeiten zu beachten?
4. Wie ist das Darlehen Nr. 1 zu beurteilen?
5. Wie ist das Darlehen Nr. 2 zu beurteilen?
6. Wie sind die dem Betrieb zuzurechnenden Darlehensteile zu Nr. 1 und Nr. 2 zu behandeln?
7. Was haben die Erben in der Zeit vom 15.08.01 bis zum 31.12.01 ertragsteuerlich zu tun?
8. Was hat Martin in der Bilanz zum 31.12.01 zu veranlassen, wenn er die Ausgleichszahlung von 400.000 Euro i. H. von 200.000 Euro zu finanzieren hat?

Antwort

1. Bei Erbauseinandersetzungen führt die Schuldübernahme nicht zu neuen Anschaffungskosten. Der übernehmende Miterbe führt die Anschaffungskosten des Erblassers fort.
2. Die Anschaffungskosten betragen 400.000 Euro. Sie sind mit 240.000 Euro auf den Betrieb und mit 160.000 Euro auf die Eigentumswohnung aufzuteilen. Betrieb und Eigentumswohnung sind gem. § 6 Abs. 3 EStG und § 11d Abs. 1 EStDV i. H. von $^{11}/_{15}$ des Kapitals bzw. der ursprünglichen Anschaffungskosten unentgeltlich fortzuführen.
3. Andrea erzielt einen Veräußerungsgewinn i. H. von 96.000 Euro, den sie gem. §§ 16, 34 EStG zu versteuern hat.
   Martin hat in der Bilanz den Betrag von 96.000 Euro beim Aktivvermögen aufzustocken. In Höhe der auf den Betrieb entfallenden Anschaffungskosten hat er eine sonstige Verbindlichkeit einzubuchen

(240.000 Euro). Der unentgeltliche Teil des Kapitalkontos (396.000 Euro) ist fortzuführen.

4. Das Darlehen Nr. 1 ist i. H. von 44.800 Euro dem Betrieb und i. H. von 235.200 Euro der Eigentumswohnung zuzuordnen.

5. Das Darlehen Nr. 2 ist i. H. von 32.000 Euro umzuwidmen und dem Betrieb i. H. von 19.200 Euro und der Eigentumswohnung i. H. von 12.800 Euro zuzuordnen.

6. Die dem Betrieb zuzurechnenden Darlehensteile von insgesamt 64.000 Euro (44.800 Euro + 19.200 Euro) sind in der Bilanz über das Privatkonto einzubuchen.

7. Die gewerblichen Einkünfte in der Zeit vom 15.08.01 bis 31.12.01 können wahlweise entweder von beiden Erben oder nur von Martin versteuert werden.

8. In der Bilanz sind 120.000 Euro als zusätzliches Darlehen einzubuchen und die sonstigen Verbindlichkeiten entsprechend zu verringern.

Begründung

1. Aufgrund der Rechtsprechung des Großen Senats des BFH (Beschluss vom 05.07.1990, BStBl 1990 II S. 837) führt die Übernahme von Verbindlichkeiten im Rahmen einer Erbauseinandersetzung nicht zu Anschaffungskosten; dem hat sich auch die Verwaltung angeschlossen (vgl. Rn. 18 des BMF-Schreibens vom 14.03.2006, BStBl 2006 I S. 253).

Der Große Senat des BFH musste sich entscheiden, ob die Schuldübernahme wirtschaftlich oder rechtlich zu sehen ist.

Nehmen wir an, A und B erben ein Grundstück mit dem Verkehrswert von 500.000 Euro, das mit einer Hypothekenschuld von 500.000 Euro belastet ist. Der Wert der Erbschaft ist 0 Euro. Übernimmt nun A das Grundstück mit der Schuld, muss er aus eigenem Vermögen 500.000 Euro aufwenden, um das Grundstück auch wirtschaftlich zu erwerben. Bei einem Kauf von einem fremden Dritten hätte er 500.000 Euro neue Anschaffungskosten. So könnte man auch im Rahmen einer Erbauseinandersetzung denken.

Nehmen wir nun aber an, A sei Alleinerbe dieses mit der Hypothekenschuld belasteten Grundstücks. Dann müsste man, bliebe man konsequent, auch in diesem Fall die Entstehung von neuen Anschaffungskosten i. H. von 500.000 Euro annehmen. Da aber A zivilrechtlich durch die Übernahme des Grundstücks in die volle Rechtsstellung des Erblassers tritt (Universalsukzession), kann man dies bei einer Erbschaft wohl kaum annehmen. Dies hat den Großen Senat des BFH veranlasst, die Schuldübernahme bei Erbauseinandersetzungen nicht zu berücksichtigen. Der die Schuld übernehmende Miterbe führt daher nur die ursprünglichen Anschaffungskosten des Erblassers fort. Der BFH hat sich also zivilrechtlich entschieden.

Jetzt hat der IX. Senat des BFH im Urteil vom 14.12.2004 (BStBl 2006 II S. 296) eine andere Meinung vertreten. Danach sollen Schulden insoweit Anschaffungskosten darstellen, soweit ein Erbe diese über seine Erbquote hinaus übernimmt. Im Ausgangsfall wären dies 250.000 Euro neue Anschaffungskosten. Es läge zu je $^1/_2$ ein entgeltlicher und ein unentgeltlicher Vorgang vor. Da die Verwaltung dieses Urteil nicht allgemein anwenden will – vgl. Nichtanwendungsschreiben des BMF vom 30.03.2006 (BStBl 2006 I S. 306) –, bleiben wir bei unserer bisherigen Meinung, die sich mit der Rechtsprechung des Großen Senats des BFH deckt. Vergleiche ausführlich mit Beispielen Zimmermann, DB 2006 S. 1392.

2. Die Anschaffungskosten von Martin entsprechen der Ausgleichszahlung i. H. von 400.000 Euro. Diese sind aufzuteilen. Bei der Feststellung der Aufteilungsquoten sind die Darlehen rechnerisch nicht zu berücksichtigen. Die zu übernehmenden Darlehen wirken sich aber mittelbar dadurch aus, dass sich die Ausgleichsverpflichtung und dadurch die Anschaffungskosten verringern. Es ergibt sich ein **entgeltlicher** Bruch von 400.000 Euro Ausgleichszahlung zu den übernommenen Werten i. H. von 1.500.000 Euro (900.000 Euro + 600.000 Euro). Dieser Bruch ist ins Verhältnis zu setzen zu den übernommenen Gütern.

Der **unentgeltliche** Bruch ist beim Betrieb mit dem gesamten Kapital und bei der Eigentumswohnung mit den ursprünglichen Anschaffungskosten des Erblassers ins Verhältnis zu bringen. Daraus ergibt sich im Einzelnen:

Entgeltlich:

Betrieb $^4/_{15}$ von 900.000 €	240.000 €
Eigentumswohnung $^4/_{15}$ von 600.000 €	160.000 €
	400.000 €

Unentgeltlich:

Betrieb $^{11}/_{15}$ von 540.000 € (Kapital)	396.000 €
Eigentumswohnung $^{11}/_{15}$ von 460.000 €	337.333 €

Soweit die Werte unentgeltlich weitergeführt werden, gilt § 6 Abs. 3 EStG bzw. § 11d Abs. 1 EStDV (Fußstapfentheorie).

Würde sich die Ansicht des IX. Senats durchsetzen, wäre von 600.000 Euro Anschaffungskosten auszugehen (400.000 Euro Ausgleichszahlung + 200.000 Euro Hälfte der übernommenen Darlehen). Der entgeltliche Bruch betrüge dann $^6/_{15}$.

3. Andrea erhält für die Übergabe der Wirtschaftsgüter ein Entgelt. Soweit dieses Entgelt auf den Betrieb entfällt, veräußert sie ihren Anteil an diesem Betrieb und hat daher bei einem Überschuss gem. §§ 16, 34 EStDV einen Veräußerungsgewinn zu versteuern. Hierbei ist besonders wichtig, dass Andrea nicht entsprechend ihrer Erbquote von $^1/_2$ den Betrieb veräußert, sondern sie veräußert den über die Ausgleichszahlung zu errechnenden entgeltlichen Teil des ganzen Betriebs. Der Bruch von $^4/_{15}$ ist daher nur noch rechnerisch nachzuvollziehen (vgl. auch Fall 89, 2. Alternative). Der Veräußerungsgewinn ist wie folgt zu berechnen:

Veräußerungspreis (entgeltlicher Teil)		240.000 €
./. anteiliges Kapital ($^4/_{15}$ von 540.000 €)		144.000 €
= Veräußerungsgewinn		96.000 €

Martin hat diesen Betrag im Rahmen der Aktivgüter aufzustocken und in Höhe des entgeltlichen auf den Betrieb entfallenden Teils ($^4/_{15}$ von 900.000 Euro = 240.000 Euro) eine sonstige Verbindlichkeit zu buchen. Der unentgeltliche Teil des Kapitalkontos bleibt erhalten. Ohne die übernommenen Darlehen ergibt sich folgende Bilanz:

Aktiva	Bilanz zum 31.12.01 (nach Aufstockung)		Passiva
Aktiva	700.000 €	Kapital (unentgeltlicher	
Aufstockung	96.000 €	Teil = $^{11}/_{15}$ von 540.000 €)	396.000 €
		Verbindlichkeiten	160.000 €
		sonstige	
		Verbindlichkeiten	240.000 €
	796.000 €		796.000 €

4. Das Darlehen Nr. 1 i. H. von 280.000 Euro hängt laut Sachverhalt wirtschaftlich mit der Eigentumswohnung zusammen. Bleibt sein steuerlicher Charakter erhalten oder muss es umgewidmet werden? Der Große Senat des BFH hat dieses Problem nicht angesprochen. Da aber neue Anschaffungskosten entstehen, kommt man nicht daran vorbei, das Darlehen in Höhe des entgeltlichen Teils umzuwidmen.

Dies spielt wie hier bei anteilig entgeltlicher Übernahme eines Betriebs eine große Rolle. Der unentgeltlich übernommene Teil des Darlehens bleibt, was er bisher war, nämlich weiterhin wirtschaftlich verbunden mit der Eigentumswohnung.

Der entgeltliche Teil des Darlehens beträgt $^4/_{15}$ von 280.000 Euro = 74.667 Euro, der unentgeltliche Teil $^{11}/_{15}$ von 280.000 Euro = 205.333 Euro. Der entgeltliche Teil ist auf die beiden angeschafften Wirtschaftsgüter entsprechend deren Werten aufzuteilen, für den Betrieb also $^9/_{15}$ von 74.667 Euro = 44.800 Euro, für die Eigentumswohnung $^6/_{15}$ von 74.667 Euro = 29.867 Euro.

Daraus ergibt sich:

Betrieb entgeltlich	44.800 €
Eigentumswohnung entgeltlich	29.867 €
Eigentumswohnung unentgeltlich	205.333 €
zusammen	280.000 €

Ist die Eigentumswohnung vermietet, können die Zinsen aus (29.867 Euro + 205.333 Euro =) 235.200 Euro als Werbungskosten aus Vermietung und Verpachtung abgezogen werden. Der betriebliche Darlehensteil ist im Elektroeinzelhandelsbetrieb einzubuchen.

5. Das Darlehen Nr. 2 i. H. von 120.000 Euro ist genauso aufzuteilen. Der entgeltliche Teil ist den beiden übernommenen Wirtschaftsgütern zuzuordnen, der unentgeltliche Teil bleibt weiterhin eine Privatschuld. Dieser Teil ist uninteressant. Im Einzelnen:

entgeltlich $^4/_{15}$ von 120.000 €   32.000 €
davon $^9/_{15}$ für den Betrieb   19.200 €
und $^6/_{15}$ für die Eigentumswohnung   12.800 €

Ist die Eigentumswohnung vermietet, können die Zinsen aus dem 12.800 Euro-Darlehensteil wie die Zinsen aus dem Darlehen Nr. 1 als Werbungskosten aus Vermietung und Verpachtung abgezogen werden.

6. Die beiden Darlehensteile, die auf den Betrieb entfallen, sind einzubuchen. Auf den Betrieb entfallen 44.800 Euro (oben zu 4.) und 19.200 Euro (oben zu 5.), also insgesamt 64.000 Euro. Buchung: „Privatentnahme an Darlehen 64.000 Euro".

Aktiva		Bilanz zum 31.12.01 (endgültig)	Passiva
Aktiva	700.000 €	Kapital (396.000 €	
Aufstockung	96.000 €	$\div$ 64.000 €)	332.000 €
		Darlehen	64.000 €
		Verbindlichkeiten	160.000 €
		sonstige	
		Verbindlichkeiten	240.000 €
	796.000 €		796.000 €

7. Die Erben haben in der Zeit vom Todeszeitpunkt des Erblassers bis zum Jahresende im vorliegenden Fall ein Wahlrecht.

Da Erbfall und Erbauseinandersetzung zwei verschiedene Vorgänge sind, haben die beiden Erben grundsätzlich die Einkünfte gemeinsam bis zum Jahresende zu versteuern. Sie sind mit dem Tod des Erblassers Mitunternehmer geworden. Für den Zeitraum 15.08.01 bis 31.12.01 wird daher grundsätzlich eine gesonderte und einheitliche Gewinnfeststellung erstellt. Vergleiche Rn. 2 bis 5 des BMF-Schreibens vom 14.03.2006 (BStBl 2006 I S. 253) sowie Fälle 88 und 89.

Gemäß Rn. 8 und 9 des BMF-Schreibens vom 14.03.2006 (a. a. O.) lässt die Verwaltung eine Vereinfachung zu (vgl. auch Fälle 88 und 89). Wird die Auseinandersetzung innerhalb von sechs Monaten nach dem Todestag vollzogen, können die Erben die **laufenden Einkünfte** allein demjenigen Erben zurechnen lassen, der die entsprechenden Einkunftsquellen übernimmt. Da in vorliegendem Fall dies möglich wäre, könnte Martin den Betrieb schon zum 15.08.01 übernehmen und auch zu diesem Zeitpunkt die **Übernahmebilanz** erstellen. Gemäß Rn. 9 des BMF-Schreibens vom 14.03.2006 (a. a. O.) ist auch eine Vereinbarung zum Übergang von Nutzungen und Lasten zulässig. Im vorliegenden Fall gehen wir aber vom 31.12.01 aus.

8. Das neu aufgenommene Darlehen i. H. von 200.000 Euro für die Finanzierung der Anschaffungskosten ist entsprechend den Anschaffungskostenwerten aufzuteilen und diesen zuzuordnen (vgl. Fall 89, 2. Alternative).

Betrieb $^9/_{15}$ von 200.000 € =   120.000 €
Eigentumswohnung $^6/_{15}$ von 200.000 € =   80.000 €

Im Betrieb wäre daher zu buchen:

sonstige Verbindlichkeiten   120.000 €
an Darlehen   120.000 €

Die Bilanz hätte dann folgendes Bild:

Aktiva	Bilanz zum 31.12.01 bei Finanzierung der Ausgleichszahlung		Passiva
Aktiva	700.000 €	Kapital	332.000 €
Aufstockung	96.000 €	Darlehen	184.000 €
		Verbindlichkeiten	160.000 €
		sonstige	
		Verbindlichkeiten	120.000 €
	796.000 €		796.000 €

Was die Verbindlichkeiten insgesamt angeht, kann zusammengefasst gesagt werden: Im Rahmen einer Erbauseinandersetzung können bei einem **zum Ausgleich verpflichteten Erben** drei Arten von Verbindlichkeiten vorkommen:

– Beim Erblasser schon vorhandene Verbindlichkeiten, die im wirtschaftlichen Zusammenhang zu einer Einkunftsquelle stehen. Der entgeltlich übernommene Teil ist umzuwidmen auf die anteilig entgeltlich übernommenen Wirtschaftsgüter. Der unentgeltlich übernommene Teil bleibt der bisherigen Einkunftsquelle erhalten.

– Beim Erblasser schon vorhandene Verbindlichkeiten, die nicht im wirtschaftlichen Zusammenhang zu einer Einkunftsquelle stehen (sog. Privatschulden). Auch hier ist der entgeltlich übernommene Teil umzuwidmen auf die anteilig entgeltlich übernommenen Wirtschaftsgüter. Der unentgeltlich übernommene Teil bleibt Privatvermögen.

– Neu durch den Erben aufzunehmende Darlehen zur Finanzierung der Ausgleichszahlung. Da dies nur den entgeltlichen Teil der übernommenen Wirtschaftsgüter betrifft, sind diese Darlehen entsprechend dem Wert dieser Wirtschaftsgüter diesen Wirtschaftsgütern zuzuordnen.

In Rn. 18, 23 und 26 des BMF-Schreibens vom 14.03.2006 (BStBl 2006 I S. 253) sind einige Beispiele zur Behandlung von Nachlassverbindlichkeiten dargestellt. In diesen Beispielen kommt es jedoch nie dazu, dass der **zum Ausgleich verpflichtete Erbe** zu seiner Ausgleichszahlung zusätzlich noch vorhandene Verbindlichkeiten übernimmt, die er zu erfüllen hat. Entweder es kommt zu einer erfolgsneutralen Aufteilung (Beispiele 6 und 7 des BMF-Schreibens) oder der **Ausgleichsberechtigte** tilgt später die schon vorhandene Verbindlichkeit (Beispiele 8 und 9 des BMF-Schreibens).

Fall 91

Vorweggenommene Erbfolge bei Betriebsübertragung gegen Ausgleichs- und Abstandszahlungen – Übernahme eines Betriebs mit betrieblichen Verbindlichkeiten – Schuldaufnahme zur Finanzierung der Ausgleichsverpflichtung – Veräußerungsgewinn

Sachverhalt

Siegfried Lauer, 52 Jahre alt, überträgt mit Wirkung vom 01.01.06 im Wege vorweggenommener Erbfolge seinen Gewerbebetrieb I (Buchwert

200.000 Euro, gemeiner Wert 800.000 Euro) auf seinen Sohn Günter Lauer und seinen Gewerbebetrieb II (Buchwert 150.000 Euro, gemeiner Wert 200.000 Euro) auf seine Tochter Bernhild Lauer. Günter Lauer hat an seine Schwester einen Ausgleich von 200.000 Euro und an seinen Vater eine Abstandszahlung von 100.000 Euro zu leisten. Die Bilanz des Gewerbebetriebs I hat folgendes Bild:

Aktiva		Bilanz Siegfried Lauer zum 31.12.05	Passiva
Anlagevermögen	400.000 €	Kapital	200.000 €
Umlaufvermögen	150.000 €	Verbindlichkeiten	350.000 €
	550.000 €		550.000 €

Frage

1. Welche Rechtsgrundsätze gelten bei der vorweggenommenen Erbfolge seit dem Beschluss des Großen Senats des BFH vom 05.07.1990 (BStBl 1990 II S. 847)?

2. Wie ist weiter zu verfahren, wenn feststeht, dass zum Teil entgeltliche Leistungen vorliegen?

3. Welche bilanz- und einkommensteuerlichen Folgen ergeben sich für Bernhild, Günter und Siegfried Lauer?

Antwort

1. Der BFH hat mit seinem Beschluss vom 05.07.1990 (a. a. O.) bei der vorweggenommenen Erbfolge mit wenigen Ausnahmen wie bei der Erbauseinandersetzung die Entgeltlichkeit eingeführt. Sie liegt vor bei:

   – Abstandszahlungen,

   – Ausgleichszahlungen an Dritte,

   – Sachleistungen aus eigenem Vermögen,

   – Übernahme von Verbindlichkeiten bei Übergabe von einzelnen Wirtschaftsgütern.

   Dagegen ist weiter von einer Unentgeltlichkeit auszugehen bei:

   – Versorgungsleistungen,

   – Sachleistungen aus übernommenem Vermögen,

   – Übernahme von betrieblichen Verbindlichkeiten bei Übergabe von Betrieben und Mitunternehmeranteilen.

2. Bei der Übergabe von Privatvermögen gegen teilweises Entgelt gilt die Trennungstheorie, bei Übergabe von Betrieben und Mitunternehmeranteilen gegen teilweises Entgelt gilt beim Übertragenden die Einheitsbetrachtung.

3. Bernhild Lauer übernimmt den Betrieb II gem. § 6 Abs. 3 EStG unentgeltlich.

   Günter Lauer übernimmt den Betrieb I zum Teil entgeltlich, zum Teil unentgeltlich. Er hat 100.000 Euro aufzustocken. Muss er Darlehen aufnehmen, um seine Verpflichtungen aus der Übernahme des Betriebs erfüllen zu können, sind diese betrieblich veranlasst.

Siegfried Lauer erzielt gem. §§ 16, 34 EStG einen Veräußerungsgewinn i. H. von 100.000 Euro. Ein Freibetrag ist nicht zu gewähren.

Begründung

1. Nach der Rechtsprechung bis zum Beschluss des Großen Senats des BFH vom 05.07.1990 (a. a. O.) war die Schenkung eines Grundstücks oder eines Betriebs an nahestehende Personen unentgeltlich, wenn die Beteiligten das Grundstück oder den Betrieb zwar schenken wollten, diese Schenkung aber mit bestimmten Auflagen verbanden.

Gegenstand der Auflage konnten Leistungen des Beschenkten in verschiedenster Form sein. Sie konnten z. B. bestehen

– in der Zahlung von Gleichstellungsgeldern an künftige Miterben (BFH vom 26.11.1985, BStBl 1986 II S. 161),

– in der Übernahme von Verbindlichkeiten des Schenkers (BFH vom 31.05.1972, BStBl 1972 II S. 696),

– in der Übernahme von Versorgungsleistungen zugunsten des Veräußerers oder von dessen Angehörigen, wenn die Leistungen nach deren Bedürfnissen und nicht nach dem Wert des übertragenen Vermögens bemessen werden (vgl. Fall 93),

– in der Einräumung von Nutzungsrechten an einem übertragenen Grundstück zugunsten des Schenkers oder eines Dritten,

– in Abstandszahlungen an den Schenker.

Diese Rechtsprechung ist durch den Beschluss des Großen Senats des BFH vom 05.07.1990 (a. a. O.) geändert worden. Abgesehen von wenigen Ausnahmen geht nunmehr der BFH von der Entgeltlichkeit aus. Die Verwaltung ist dieser Rechtsprechung gefolgt, vgl. Rn. 7, 9 und 12 des BMF-Schreibens vom 13.01.1993 (BStBl 1993 I S. 80).

Da nach diesem BFH-Beschluss aber nicht alles Entgelt ist, was der Übernehmer aufzubringen bzw. zu leisten hat, muss man die einzelnen Leistungsarten unterscheiden:

Versorgungsleistungen

sind kein Entgelt (vgl. hierzu Rn. 4 bis 6, 25, 26 des BMF-Schreibens, a. a. O., und Fall 93).

Abstandszahlungen

Diese liegen vor, wenn einmalige Zahlungen des Übernehmers an den Übergeber vereinbart werden. Der Übernehmer erbringt hier eigene Aufwendungen, um das Vermögen übertragen zu erhalten. Der Übergeber erlangt einen Geldwert für das übertragene Vermögen. Die Voraussetzungen eines Anschaffungs- und Veräußerungsgeschäfts sind damit gegeben (vgl. Rn. 7 des BMF-Schreibens, a. a. O.).

Geldleistungen an Dritte

Hat der Übernehmer Geldleistungen an Dritte zu erbringen, liegt darin ein Entgelt, das der Übernehmer an den Übergeber leistet. Begründet wird dies damit, dass der Übernehmer die Geldleistung als Teilentgelt auch an den Übergeber habe erbringen können, damit dieser sie an die Ausgleichsberechtigten weiterleite; die direkte Leistung an die Ausgleichsberechtigten stelle nur eine Abkürzung des Zahlungsweges dar. Auf die zivilrechtliche Einordnung als Schenkungsauflage oder Gegenleistung aus einem Austauschvertrag komme es nicht an.

In diesen Geldleistungen sind daher Anschaffungskosten für die übertragenen Wirtschaftsgüter zu sehen. Für den bisherigen Vermögensinhaber ergibt sich ein Veräußerungsentgelt, das an die Stelle des übertragenen Vermögens tritt (vgl. Rn. 7 des BMF-Schreibens, a. a. O.).

Sachleistungen aus übernommenem Vermögen

Hier wird in einem Übergabevertrag vereinbart, dass der Übernehmer Bestandteile des übernommenen Vermögens an Dritte, insbesondere Angehörige, übertragen soll.

Aus steuerrechtlicher Sicht erwirbt der Übernehmer unentgeltlich, wenn er Teile des übertragenen Vermögens Angehörigen zu überlassen hat. Diese Verpflichtung ist keine Gegenleistung des Übernehmers für die Übertragung des Vermögens; sie mindert vielmehr von vornherein das übertragene Vermögen (vgl. Rn. 8 des BMF-Schreibens, a. a. O.).

Zu den Sachleistungen aus dem übergebenen Vermögen gehört auch die Verpflichtung zur Einräumung einer Gesellschaftsbeteiligung am übertragenen Vermögen, ebenso die Einräumung von Nutzungsrechten, insbesondere eines Nießbrauchs; das Nutzungsrecht wird vom Übergeber, nicht vom Übernehmer zugewendet (vgl. Groh, DB 1990 S. 2187).

Sachleistungen aus eigenem Vermögen

Insoweit hat der BFH keine spezielle Aussage getroffen. Da es aber gleichgültig ist, ob der Übernehmer Geld leistet oder anstelle dessen aus eigenem Vermögen eine Sachleistung erbringt, liegen auch hier Anschaffungskosten vor (vgl. Rn. 7 des BMF-Schreibens, a. a. O., und Groh, DB 1990 S. 2189).

Übernahme von Verbindlichkeiten

Der Große Senat (Beschluss vom 05.07.1990, BStBl 1990 II S. 847/853 f.) führt hierzu aus (vgl. auch Rn. 9, 27 bis 31 des BMF-Schreibens, a. a. O.):

> „In der Übernahme von Verbindlichkeiten des Veräußerers durch den Erwerber liegen in steuerrechtlicher Beurteilung grundsätzlich Anschaffungskosten des Wirtschaftsguts; die Begleichung der Verbindlichkeit führt zu Aufwendungen des Erwerbers, die er auf sich nimmt, um die Verfügungsmöglichkeit über das Wirt-

schaftsgut zu erlangen . . . Demgemäß ist auch bei Veräußerung eines Betriebs die Übernahme von Verbindlichkeiten durch den Erwerber zum Veräußerungsentgelt gezählt worden (BFH-Urteil vom 15.02.1957, BStBl 1957 III S. 134); das gewährte Entgelt kann allein in der Übernahme von Betriebsschulden bestehen (BFH-Urteile vom 31.05.1972, BStBl 1972 II S. 696; vom 17.01.1989, BStBl 1989 II S. 563). Hiervon ist im Grundsatz ebenfalls auszugehen, wenn ein Wirtschaftsgut unentgeltlich, jedoch unter Übernahme der auf ihm lastenden Verbindlichkeiten übertragen wird. Dabei ist wiederum nicht hinderlich, daß der Übergeber den Vorteil durch eine vom Übernehmer akzeptierte Auflage erhält; ausschlaggebend ist vielmehr, daß der Übergeber die Vermögensübertragung von der Gewährung des in der Übernahme der Verbindlichkeiten liegenden Vorteils durch den Übernehmer abhängig macht und dadurch ein Entgelt erlangt. Zu Recht betont der vorlegende Senat, daß es im Ergebnis keinen Unterschied machen kann, ob der Vermögensempfänger den zur Ablösung der Verpflichtung erforderlichen Betrag an den Übergeber zahlt oder ob er die Verpflichtung vom Übergeber übernimmt. "

Der BFH meint weiter:

„Eine abweichende Beurteilung ist jedoch geboten, wenn ein Betrieb oder ein Mitunternehmeranteil übertragen wird und zum Betriebsvermögen, wie es regelmäßig der Fall ist, Verbindlichkeiten gehören. Wie sich aus § 16 Abs. 1 und Abs. 3 EStG ergibt, führt die Übertragung eines Gewerbebetriebs ggf. zu einem Gewinn, wenn der Betrieb im ganzen veräußert oder aber vom bisherigen Betriebsinhaber aufgegeben wird; letzteres verlangt, daß der Betrieb als selbständiger Organismus des Wirtschaftslebens zu bestehen aufhört (BFH-Beschluß vom 07.10.1974, GrS 1/73, BStBl 1975 II S. 168; Urteile vom 29.11.1988, BStBl 1989 II S. 602, und vom 07.04.1989, BStBl 1989 II S. 874). Wird ein Betrieb im ganzen unentgeltlich an einen Dritten übertragen, ist weder der Tatbestand der Betriebsveräußerung noch der Betriebsaufgabe oder der Entnahme erfüllt. Da der Übergeber danach keinen Gewinn verwirklicht, muß der Übernehmer hinsichtlich der vorhandenen positiven und negativen Wirtschaftsgüter des Betriebs an die Buchwerte seines Vorgängers anknüpfen; § 7 Abs. 1 EStDV* beruht deshalb auf einer zutreffenden Gesetzesauslegung (BFH-Urteil vom 23.04.1971, BStBl 1971 II S. 686). Dies schließt es aus, im Übergang der Verbindlichkeiten ein Entgelt zu sehen (BFH in BStBl 1971 II S. 686; Urteil vom 24.08.1972, BStBl 1973 I S. 111)."

Vergleiche hierzu ausführlich Zimmermann u. a., Abschnitt P.

2. Der Große Senat lässt in seinem Beschluss offen, wie die Fälle weiter zu beurteilen sind, wenn feststeht, dass Anschaffungskosten entstanden sind. Ist der Vorgang in einen unentgeltlichen und entgeltlichen Teil aufzuteilen oder gilt eine Einheitsbetrachtung? Außerdem ist in Ausnahmefällen die Höhe des Entgelts selbst fraglich.

Übergabe von Privatvermögen

Hier gilt nach der Rechtsprechung die sog. **Trennungstheorie**, d. h., dem Teilentgelt wird der nach dem Verhältnis von Teilentgelt und Verkehrswert

---

* Jetzt § 6 Abs. 3 EStG.

ermittelte anteilige Buchwert gegenübergestellt (BFH vom 17.07.1980, BStBl 1981 II S. 11, und vom 22.09.1987, BStBl 1988 II S. 250; vgl. auch Rn. 14 und 15 des BMF-Schreibens vom 13.01.1993, BStBl 1993 I S. 80).

Dementsprechend setzen sich die Anschaffungskosten aus dem fortgeführten Buchwert (§ 11d EStDV) und dem Teilentgelt zusammen (vgl. Fall 87 zur gemischten Schenkung).

Übergabe von Betrieben und Mitunternehmeranteilen

Hier gilt nach der Rechtsprechung für den Übertragenden die **Einheitsbetrachtung.** Das Teilentgelt wird mit dem Buchwert verglichen, und zusätzliche Anschaffungskosten sind nur zu berücksichtigen, wenn das Teilentgelt den Buchwert des Vorgängers überschreitet (BFH vom 10.07.1986, BStBl 1986 II S. 811, und vom 30.01.1974, BStBl 1974 II S. 352; vgl. auch Rn. 35 bis 38 des BMF-Schreibens, a. a. O.). Folgt man bei der Übergabe eines Unternehmens der Einheitsbetrachtung, ergibt sich ein Veräußerungsgewinn nur dann, wenn die Ausgleichsleistungen (ggf. zuzüglich einer Abstandszahlung) das Kapitalkonto übersteigen; hierzu kann es vor allem bei der Hofübergabe kommen, wenn Ausgleichszahlungen im Hinblick auf vorhandenes Bauland ausbedungen werden (vgl. hierzu weiter Fall 87 zur gemischten Schenkung und ausführlich Zimmermann u. a., Abschnitt P).

3. Für Bernhild Lauer ergibt sich daher Folgendes: Da sie einen Ausgleich erhält, also nichts bezahlt, übernimmt sie den Betrieb II gem. § 6 Abs. 3 EStG voll unentgeltlich. Sie setzt daher die Buchwerte an. Dies gilt selbst dann, wenn sie betriebliche Schulden übernimmt. Denn diese Schulden sind bei Übernahme eines Betriebs kein Entgelt und damit keine Anschaffungskosten.

Günter Lauer hat bei Übernahme seines Betriebs zum Teil Anschaffungskosten. Diese bestehen in Höhe der Ausgleichszahlung an seine Schwester und in Höhe der Abstandszahlung an seinen Vater. Die übernommenen Verbindlichkeiten bleiben unberücksichtigt. Er hat daher 300.000 Euro Anschaffungskosten. Da bei Übernahme eines Betriebs nicht die Trennungstheorie, sondern die Einheitsbetrachtung gilt, sind die 300.000 Euro Entgelt mit dem Kapitalkonto von 200.000 Euro zu vergleichen (vgl. Fall 87 hierzu).

Da Günter Lauer einen Buchwert von 200.000 Euro übernimmt, sind von seinen 300.000 Euro Anschaffungskosten nur 100.000 Euro zu berücksichtigen; d. h., er hat auf die Werte der Wirtschaftsgüter, die stille Reserven enthalten, anteilige Anschaffungskosten aufzustocken. Er bucht je nach Zahlungsart: „diverse Wirtschaftsgüter 100.000 Euro an Bank, Darlehen, sonstige Verbindlichkeiten oder Einlage". Vergleiche auch Rn. 37 Abs. 2 des BMF-Schreibens, a. a. O.

Muss Günter Lauer für seine Zahlungsverpflichtungen ein höheres Darlehen als 100.000 Euro aufnehmen, ist auch dieser Teil des Darlehens ein betriebliches Darlehen. Der BFH hat schon im Rahmen seiner bisherigen Rechtsprechung in diesen Fällen betriebliche Darlehen angenommen, weil sie im wirtschaftlichen Zusammenhang mit den späteren betrieblichen Gewinnen stehen, also durch das Erzielen gewerblicher Einkünfte veranlasst sind (BFH vom 19.05.1983, BStBl 1983 II S. 380). Ein solches Darlehen hätte Günter Lauer über das Privatkonto einzubuchen (Entnahme an Verbindlichkeiten).

Wie ausgeführt hat Günter Lauer Anschaffungskosten von 300.000 Euro für den Betrieb. 100.000 Euro wurden aufgestockt. Die restlichen 200.000 Euro sind betrieblich veranlasst. Wenn Günter Lauer diese nicht sofort bezahlen kann, sind sie als sonstige Verbindlichkeiten in die Bilanz einzubuchen: „Kapital an sonstige Verbindlichkeiten 200.000 Euro". Konnte Günter Lauer beide Verbindlichkeiten nicht sofort bezahlen, ergibt sich folgende Bilanz:

Aktiva	Bilanz Günter Lauer zum 01.01.06		Passiva
Anlagevermögen	400.000 €	Kapital	0 €
Umlaufvermögen	150.000 €	Verbindlichkeiten	350.000 €
Aufstockung	100.000 €	sonstige Verbindlichkeiten	300.000 €
	650.000 €		650.000 €

Der Vater Siegfried Lauer erzielt einen Veräußerungsgewinn gem. §§ 16, 34 EStG i. H. von 100.000 Euro. Da die Altersgrenze nicht erreicht ist und auch keine dauernde Berufsunfähigkeit vorliegt, entfällt ein Freibetrag.

Fall 92

Vorweggenommene Erbfolge bei mehreren Wirtschaftsgütern – Übernahme eines Betriebs – Ausgleichszahlung und Übernahme bestehender nicht betrieblicher Darlehen – Veräußerungsgewinn – Ergänzung zu Fall 90

Sachverhalt

Sachverhalt wie im Fall 90 mit dem Unterschied, dass Frau Elisabeth Jung nicht verstirbt, sondern mit Wirkung zum 31.12.01 die im Sachverhalt angegebenen Wirtschaftsgüter Martin und Andrea Voeth schenkt. Nach dem Schenkungsvertrag sollen Martin den Betrieb sowie die Eigentumswohnung und Andrea das Geldvermögen erhalten. Martin soll auch die Verbindlichkeiten übernehmen und Andrea einen Ausgleich i. H. von 400.000 Euro bezahlen (wie im Auseinandersetzungsvertrag des Falls 90).

Vereinfacht

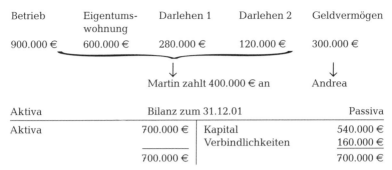

Betrieb	Eigentums- wohnung	Darlehen 1	Darlehen 2	Geldvermögen
900.000 €	600.000 €	280.000 €	120.000 €	300.000 €

Martin zahlt 400.000 € an   Andrea

Aktiva	Bilanz zum 31.12.01		Passiva
Aktiva	700.000 €	Kapital	540.000 €
		Verbindlichkeiten	160.000 €
	700.000 €		700.000 €

Frage

Was ändert sich – vor allem im betrieblichen Bereich – gegenüber dem Fall 90?

Antwort

Die übernommenen Darlehen werden zu Anschaffungskosten. Die Anschaffungskosten betragen daher jetzt 800.000 Euro. Auf den Betrieb entfallen $^8/_{15}$ von 900.000 Euro = 480.000 Euro. Der Veräußerungsgewinn für Elisabeth Jung beträgt 192.000 Euro. Martin Voeth muss diesen Betrag aufstocken und von den Darlehen insgesamt 128.000 Euro einbuchen.

Begründung

Bei der vorweggenommenen Erbfolge gelten mit wenigen Ausnahmen dieselben Grundsätze wie bei der Erbauseinandersetzung, vgl. Fall 91. Eine Ausnahme ist, dass übernommene Verbindlichkeiten, die nicht zu einem übergebenen Betriebsvermögen gehören, voll als Entgelt anzusehen sind, vgl. Fall 91 und Rn. 9 sowie 27 bis 31 des BMF-Schreibens vom 13.01.1993 (BStBl 1993 I S. 80).

Dies hat nun gegenüber Fall 90 zur Erbauseinandersetzung folgende Auswirkungen: Als Anschaffungskosten sind insgesamt 800.000 Euro anzusetzen (400.000 Euro Ausgleichsverpflichtung sowie Schuldübernahmen i. H. von 280.000 Euro und 120.000 Euro). Damit ist der Betrieb zu $^8/_{15}$ von 900.000 Euro = 480.000 Euro und die Eigentumswohnung zu $^8/_{15}$ von 600.000 Euro = 320.000 Euro entgeltlich erworben.

Obwohl der Betrieb teilentgeltlich übernommen wurde, ist auch hier die Einheitstheorie anzuwenden. Das Entgelt, hier das auf den Betrieb entfallende Teilentgelt, wird mit dem Buchwert des ganzen Betriebs verglichen. Einzelheiten sind im Fall 91, Tz. 2 a. E. nachzulesen. Da der Buchwert i. H. von 540.000 Euro das Teilentgelt i. H. von 480.000 Euro überschreitet, hat die Schenkerin Elisabeth Jung keinen Veräußerungsgewinn zu versteuern.

Dementsprechend hat ihr Neffe Martin Voeth auch nicht aufzustocken. Er übernimmt die Bilanz der Schenkerin mit ihren Buchwerten.

Die **übernommenen Darlehen** sind mit dem entgeltlichen Bruch von $^9/_{15}$ (Wert Betrieb 900.000 Euro zum übernommenen Gesamtwert von 1.500.000 Euro) anteilmäßig auf den Betrieb und die Eigentumswohnung aufzuteilen. Für den Betrieb gilt daher Folgendes:

entgeltlicher Teil $^9/_{15}$ von 400.000 €   240.000 €
(280.000 € + 120.000 €)

Buchung: „Privatentnahme an Darlehen 240.000 Euro".

Aktiva	Endgültige Bilanz zum 31.12.01	Passiva
Aktiva 700.000 €	Kapital (540.000 €	
	./. 240.000 €)	300.000 €
	Darlehen	240.000 €
	Verbindlichkeiten	160.000 €
700.000 €		700.000 €

Die **Ausgleichszahlung** entfällt i. H. von $^9/_{15}$ von 400.000 Euro = 240.000 Euro auf den Betrieb. Kann Martin Voeth diese Verpflichtung nicht sofort erfüllen, sind diese 240.000 Euro zulasten des Kapitalkontos als sonstige Verbindlichkeiten oder Darlehen in die Bilanz einzubuchen, da diese Verbindlichkeit im Zusammenhang mit dem Betrieb steht. Es entstünde dann ein Kapitalkonto i. H. von 60.000 Euro (300.000 Euro ./. 240.000 Euro).

Fall 93

Vorweggenommene Erbfolge bei Betriebsübertragung gegen Rentenleistungen – Veräußerungsrente – Unterhaltsrente – private Versorgungsrente

Sachverhalt

Manfred Schäfer überträgt im Wege der vorweggenommenen Erbfolge seinen Betrieb (Buchwert 600.000 Euro, gemeiner Wert 1.000.000 Euro) auf seinen Sohn Ewald Schäfer gegen eine monatliche Leibrente von 12.000 Euro. Der versicherungsmathematische Wert der Rente und der Wert nach dem BewG betragen:

a)   960.000 Euro
b)   2.400.000 Euro
c)   1.600.000 Euro
d)   700.000 Euro
e)   500.000 Euro

Frage

Wie hat der Sohn Ewald Schäfer den Betrieb anzusetzen? Hat der Vater Manfred Schäfer etwas zu versteuern?

Antwort

In der Alternative a) liegt eine Veräußerungsleibrente vor. Vater Manfred Schäfer versteuert die stillen Reserven des Betriebs entweder gem. §§ 16, 34 EStG (Rente dann gem. § 22 Nr. 1 Satz 3 Buchst. a Doppelbuchst. bb EStG mit dem Ertragsanteil) oder gem. §§ 15, 24 EStG voll, sobald und soweit der Buchwert überschritten ist. Sohn Ewald Schäfer hat Anschaffungskosten, stockt die Buchwerte auf, passiviert die Rentenverpflichtung und löst sie versicherungsmathematisch auf.

In den Alternativen b) bis e) ist zu überprüfen, ob die Erträge des Betriebs ausreichen, die Rente zu finanzieren. Ist dies nicht der Fall, liegt in der Alternative b) eine Unterhaltsrente vor und in den Alternativen c) bis e) ein teilentgeltliches Veräußerungsgeschäft mit verschiedenen Rechtsfolgen, die sich aus der Begründung ergeben. Reichen die Erträge aus, ist in allen Alternativen b) bis e) von einer Versorgungsrente auszugehen. Danach hat Vater Manfred Schäfer die wiederkehrenden Bezüge voll gem. § 22 Nr. 1 Satz 3 Buchst. a Doppelbuchst. bb EStG zu versteuern und Sohn Ewald Schäfer kann sie als Sonderausgaben in der Form der dauernden Last voll geltend machen. Der Betrieb ist gem. § 6 Abs. 3 EStG vom Sohn mit seinen Buchwerten weiterzuführen.

Begründung

Der Große Senat des BFH hat mit seinem Beschluss zur vorweggenommenen Erbfolge vom 05.07.1990 (BStBl 1990 II S. 847) die damalige Rechtsprechung zu den Rentenleistungen nicht geändert. Insbesondere hat er ausgeführt, dass die vom Vermögensübernehmer zugesagten **Versorgungsleistungen** weder Veräußerungsentgelt noch Anschaffungskosten darstellen. Vergleiche auch Rn. 4 bis 6, 25 und 26 des BMF-Schreibens vom 13.01.1993 (BStBl 1993 I S. 80) zur vorweggenommenen Erbfolge.

Die spätere Rechtsprechung des BFH hat allerdings den Begriff der privaten Versorgungsleistung stark eingeschränkt. Insbesondere hat der Große Senat des BFH mit zwei weiteren Beschlüssen vom 12.05.2003 (GrS 1/00, BStBl 2004 II S. 95, und GrS 2/00, BStBl 2004 II S. 100) neue Grundsätze zur steuerlichen Beurteilung der Vermögensübergabe gegen Versorgungsleistungen aufgestellt. Außerdem hat der Gesetzgeber für GmbH-Anteile ab 01.01.2008 die Abzugsmöglichkeit für Versorgungsleistungen erheblich eingeschränkt (§ 10 Abs. 1 Nr. 1a Buchst. c EStG). Die Finanzverwaltung hat mehrmals ihren Rentenerlass überarbeitet, sodass jetzt vier Erlasse vorliegen:

- BMF vom 23.12.1996, BStBl 1996 I S. 1508 = Rentenerlass I
- BMF vom 26.08.2002, BStBl 2002 I S. 893 = Rentenerlass II
- BMF vom 16.09.2004, BStBl 2004 I S. 922 = Rentenerlass III
- BMF vom 11.03.2010, BStBl 2010 I S. 227 = Rentenerlass IV

Die beiden ersten Erlasse sind aufgehoben. Grundsätzlich gilt der Rentenerlass IV. Einige Regelungen des Rentenerlasses III sind jedoch weiterhin anzuwenden (vgl. Rentenerlass IV, Rn. 80 bis 90).

Heute liegen in vielen Fällen keine Versorgungsleistungen mehr vor, die bis zum Beschluss des Großen Senats des BFH vom 05.07.1990 (a. a. O.) noch welche waren. Der Rentenerlass IV (= **Rentenerlass**) fasst die neuere Rechtsprechung umfassend zusammen. Wie bisher bleibt es bei **Vermögensübertragungen gegen wiederkehrende Leistungen** bei der grundsätzlichen Unterscheidung zwischen Veräußerungsleistungen, Unterhaltsleistungen und privaten Versorgungsleistungen.

- **Veräußerungsleistungen** sind wiederkehrende Leistungen, die im Austausch mit einer Gegenleistung stehen und eine nicht steuerbare oder steuerbare Vermögensumschichtung und einen steuerbaren Zinsanteil enthalten. Hier entstehen neue Anschaffungskosten (vgl. Rentenerlass, Rn. 5, 65 ff.).

- **Unterhaltsleistungen** sind Zuwendungen, die nach § 12 Nr. 2 EStG nicht abziehbar sind. Ausnahme: § 33a EStG. Sie sind beim Empfänger auch grundsätzlich nicht zu versteuern (vgl. § 22 Nr. 1 Satz 2 EStG). Hier entstehen keine neuen Anschaffungskosten des Beschenkten. Die Wirtschaftsgüter sind gem. § 6 Abs. 3 EStG oder § 11d Abs. 1 EStDV mit den Werten des Rechtsvorgängers anzusetzen.

- **Private Versorgungsleistungen** sind wiederkehrende Leistungen im Zusammenhang mit einer Vermögensübertragung, die beim Verpflichteten als Sonderausgaben nach § 10 Abs. 1 Nr. 1a EStG abzuziehen und bei dem Berechtigten als wiederkehrende Bezüge nach § 22 Nr. 1 EStG zu versteuern sind. Auch hier entstehen beim Übernehmer keine neuen Anschaffungskosten. Auch hier sind § 6 Abs. 3 EStG und § 11d Abs. 1 EStDV anzuwenden.

Eine **Versorgungsleistung** kann nach der neueren Rechtsprechung nur noch angenommen werden, wenn Vermögen mit Rücksicht auf die künftige Erbfolge übertragen wird und sich der Vermögensübergeber in Gestalt der Versorgungsleistungen typischerweise Erträge seines Vermögens vorbehält, die allerdings vom Vermögensübernehmer erwirtschaftet werden müssen (vgl. BFH vom 15.07.1991, BStBl 1992 II S. 78, und Rn. 3 des Rentenerlasses).

Als **Gegenstand der Vermögensübergabe** kommt nur noch eine die Existenz des Vermögensübergebers wenigstens teilweise sichernde Wirtschaftseinheit in Betracht, Rn. 7 und 26 ff. des Rentenerlasses. Es genügt nicht, wenn das übergebene Vermögen lediglich seiner Art nach existenzsichernd und ertragbringend ist, die erzielbaren laufenden Nettoerträge des übergebenen Vermögens jedoch die vereinbarten wiederkehrenden Leistungen nicht abdecken.

Eine **existenzsichernde Wirtschaftseinheit** liegt daher vor, wenn Vermögen übertragen wird, das als dauerhafte Anlage geeignet und bestimmt ist, dem Übernehmer die Fortsetzung des Wirtschaftens zu ermöglichen und dabei wenigstens teilweise die Existenz des Übergebers zu sichern. In Betracht kommen folgende Arten von Vermögensgegenständen (vgl. Rn. 7 des Rentenerlasses):

– Betriebe, Teilbetriebe;

– Mitunternehmeranteile (einschließlich atypisch stiller Beteiligungen);

– mindestens 50 % betragende Anteile an einer GmbH.

Keine existenzsichernde Wirtschaftseinheit ist dagegen Vermögen, das dem Übernehmer nicht zur Fortsetzung des Wirtschaftens überlassen wird (vgl. Rn. 7 und 21 des Rentenerlasses):

– Bargeld, Festgelt, Sparbücher, typische stille Beteiligungen;

– Hausrat, Wertgegenstände, Sammlungen;

– privater Grundbesitz.

Ein Mindestwert für die übertragene Wirtschaftseinheit wird nicht festgelegt. Es liegen nach Verwaltungsauffassung auch dann ein unentgeltlicher Übertragungsvorgang und eine Versorgungsleistung vor, die als Sonderausgabe abziehbar ist, wenn der übergehende Betrieb nicht über einen ausreichenden Unternehmenswert verfügt (Rn. 31 des Rentenerlasses).

Die ausreichend ertragbringende Wirtschaftseinheit muss nicht nur existenzsichernd, sondern auch ertragbringend sein. Eine ausreichend ertragbringende Wirtschaftseinheit ist dann gegeben, wenn nach überschlägiger Berechnung die Versorgungsleistungen nicht höher sind als die langfristig erzielbaren Erträge aus der übergebenen Wirtschaftseinheit. Die Erträge sind grundsätzlich nach den Regeln der Einkunftsermittlung festzustellen (vgl. Rn. 27 und 28 des Rentenerlasses).

Bei **unzureichenden Nettoerträgen** können nur Veräußerungs- oder Unterhaltsleistungen vorliegen. Die Abgrenzung richtet sich nach wie vor danach, ob der Wert des übertragenen Vermögens mindestens die Hälfte des Barwerts der wiederkehrenden Leistungen erreicht oder nicht (Rn. 35 und 66 des Rentenerlasses). Hierzu hat der Große Senat des BFH (Beschluss vom 12.05.2003, BStBl 2004 II S. 95) u. a. folgende Grundsätze aufgestellt: Hat das übergebene Vermögen beim Übergeber – etwa wegen dessen fortgeschrittenen Alters – nur geringe Erträge abgeworfen, sind jedoch beim Übernehmer ausreichende Erträge zu erwarten, obliegt es demjenigen, der sich darauf beruft, nachzuweisen, dass im Zeitpunkt der Vermögensübergabe für die Zukunft ausreichend hohe Nettoerträge zu erwarten sind. Insoweit kann insbesondere auch die tatsächliche spätere Entwicklung als Beweisanzeichen herangezogen werden. Bei Unternehmensübertragungen greifen Beweiserleichterungen ein. Im Fall der Übertragung eines gewerblichen Unternehmens gegen wiederkehrende Bezüge im Zuge der vorweggenommenen Erbfolge besteht eine nur in seltenen Ausnahmefällen widerlegbare Vermutung dafür, dass die Beteiligten im Zeitpunkt der Übertragung angenommen haben, der Betrieb werde auf Dauer ausreichend Gewinne erwirtschaften, um die wiederkehrenden Leistungen abzudecken. Das gilt jedenfalls dann, wenn der Betrieb tatsächlich vom Erwerber fortgeführt wird (vgl. Rn. 29 Rentenerlass).

Versorgungsleistungen, und damit unentgeltliche Übertragungen, liegen nur vor, wenn **Empfänger des Vermögens** entweder Abkömmlinge oder gesetzlich erbberechtigte entfernte Verwandte des Übergebers sind (Rn. 4 des Rentenerlasses). Ausnahmen sind denkbar, denn der BFH hat mit Urteil vom 16.12.1997 (BStBl 1998 II S. 718) Versorgungsleistungen mit steuerrechtlicher Wirkung auch unter Fremden für möglich erklärt. Die Finanzverwaltung hat dieses Urteil akzeptiert (vgl. Rn. 4 Rentenerlass).

Versorgungsleistungen liegen nach Rn. 50 des Rentenerlasses nur dann vor, wenn **Empfänger der Leistungen** bestimmte Personen sind. Hierzu zählen: der Übergeber, dessen Ehegatte sowie erb- und pflichtteilsberechtigte Abkömmlinge des Übergebers. Nicht dazu gehören Geschwister, Haushälterin, Lebensgefährte bei nicht eingetragener Lebenspartnerschaft.

Liegt eine Versorgungsleistung vor, ist immer eine **dauernde Last** anzunehmen (Rn. 52 Rentenerlass). Ein Hinweis in der Urkunde auf § 323 ZPO ist nicht erforderlich. Dies gilt auch bei Vereinbarung einer Wertsicherungsklausel, die die Rente mit einem Beamtengehalt, einer Sozialversicherungsrente oder mit dem Lebenshaltungskostenindex verknüpft.

Liegen keine Versorgungsleistungen vor, ist von Veräußerungsleistungen auszugehen (Rn. 57 und 65 ff. des Rentenerlasses), d. h., die Leistungen sind dann Entgelt und führen zu Anschaffungskosten. Dies ist der Fall, wenn

– kein begünstigtes Vermögen übertragen worden ist oder

– nicht auf Lebenszeit bezahlt wird (Rn. 57 des Rentenerlasses) oder

– nicht der begünstigte Personenkreis vorliegt (Rn. 58 des Rentenerlasses) oder

– die Leistungen kaufmännisch abgewogen sind.

Nach Rn. 66 des Rentenerlasses gilt dann Folgendes:

– Leistung und Gegenleistung ausgeglichen: vollentgeltlich (Rn. 66 des Rentenerlasses);

– Wert Vermögen höher als Barwert (Rn. 66 Satz 4 des Rentenerlasses): bis Barwert entgeltlich, Rest unentgeltlich;

- Barwert höher als Vermögen (Rn. 66 Satz 1 und 2 des Rentenerlasses): bis angemessener Kaufpreis entgeltlich, Rest § 12 Nr. 2 EStG;
- ist der Barwert mehr als doppelt so hoch wie der Vermögenswert, liegt insgesamt eine Unterhaltsrente vor (Rn. 66 Satz 3 des Rentenerlasses, § 12 Nr. 2 EStG).

Daraus ergibt sich im Einzelnen:

Alternative a):

Bei der geringen Differenz zwischen dem gemeinen Wert des Betriebs von 1.000.000 Euro und der Gegenleistung, Rentenwert 960.000 Euro, ist von einem entgeltlichen Geschäft auszugehen. Es ist anzunehmen, dass die Beteiligten zumindest subjektiv die Vorstellung hatten, dass Leistung und Gegenleistung sich ausgleichen. Es liegt eine **Veräußerungsrente** vor (vgl. Rn. 5 des Rentenerlasses sowie Fälle 87 und 46).

Der Vater veräußert daher den Betrieb. Er versteuert entweder gem. §§ 16, 34 EStG 360.000 Euro. Die Rente ist dann gem. § 22 Nr. 1 Satz 3 Buchst. a Doppelbuchst. bb EStG mit ihrem Ertragsanteil zu erfassen. Oder er versteuert die stillen Reserven gem. §§ 15, 24 EStG, sobald der Buchwert überschritten ist. Die Zinsen sind bei Veräußerungen ab 01.01.2004 bereits von Anfang an im Zeitpunkt des Zuflusses gem. §§ 15, 24 EStG zu erfassen (vgl. R 16 Abs. 11 Satz 7 EStR und Schmidt/Heinicke, § 4 Rn. 78). Der Sohn hat Anschaffungskosten i. H. von 960.000 Euro und muss daher die Buchwerte i. H. von 360.000 Euro aufstocken. Die Rente ist zu passivieren und versicherungsmathematisch – in Ausnahmefällen auch buchhalterisch – aufzulösen. Die Zinsen sind Betriebsausgaben.

Alternative b):

Zunächst ist zu prüfen, ob die Erträge des Betriebs ausreichen, die Leibrente zu finanzieren:

- Ist dies nicht der Fall, weil der Betrieb nur noch Verluste macht, liegt keine Versorgungsrente vor. Da dann der Barwert der Rente mehr als doppelt so hoch ist wie der Wert des übertragenen Vermögens, ist nach Rn. 66 Satz 3 des Rentenerlasses § 12 Nr. 2 EStG anzunehmen.

  Es liegt eine **Unterhaltsrente** vor. Damit hat der Vater nichts zu versteuern und der Sohn keine Abzugsmöglichkeit als Sonderausgaben. Der Sohn setzt den Betrieb gem. § 6 Abs. 3 EStG mit seinen Buchwerten an. Die Rentenschuld ist privat.

- Wirft der Betrieb zwar Erträge ab, sind diese jedoch nicht so hoch, dass die Leibrente damit voll finanziert werden kann, ist ebenfalls keine Versorgungsrente gegeben. Es liegt auch in diesem Fall eine **Unterhaltsrente** vor, weil in erster Linie die Versorgung des Vaters im Vordergrund steht. Für die Beteiligten ist § 12 Nr. 2 EStG maßgebend.

– Wirft der Betrieb genügend Erträge ab, um die Leibrente voll zu finanzieren, dann liegt eine Versorgungsrente vor. In diesem Fall ist der Betrieb vom Sohn gem. § 6 Abs. 3 EStG weiterzuführen. Die Rente ist beim Sohn als dauernde Last voll als Sonderausgabe abzugsfähig und beim Vater gem. § 22 Nr. 1 EStG voll zu versteuern.

Alternative c):

Auch hier ist zunächst zu überprüfen, ob die Erträge des Betriebs ausreichen, die Leibrente zu finanzieren:

– Macht der Betrieb nur noch Verluste oder reichen die Erträge nicht aus, die Leibrente voll zu finanzieren, liegt keine Versorgungsrente vor. Es ist dann von einer teilentgeltlichen Veräußerung des Betriebs auszugehen. Da der Barwert der Rente höher ist als der Wert des Betriebs, ist nach Rn. 66 Satz 1 des Rentenerlasses von einer Entgeltlichkeit in Höhe des angemessenen Kaufpreises auszugehen. Der übersteigende Betrag ist eine Zuwendung i. S. des § 12 Nr. 2 EStG (Rn. 66 Satz 2 des Rentenerlasses).

Geht man nun von einem Kaufpreis von 1.000.000 Euro aus, veräußert der Vater den Betrieb und hat wie in der Alternative a) zu verfahren. Also entweder Versteuerung gem. §§ 16, 34 EStG i. H. von 400.000 Euro (1.000.000 Euro ./. 600.000 Euro Buchwert). Die Rente ist dann gem. § 22 Nr. 1 Satz 3 Buchst. a Doppelbuchst. bb EStG mit dem Ertragsanteil zu erfassen. Oder die stillen Reserven sind gem. §§ 15, 24 EStG zu versteuern, sobald der Buchwert überschritten ist. Die Zinsen sind von Anfang an zu versteuern. Der Sohn hat Anschaffungskosten i. H. von 1.000.000 Euro und muss die Buchwerte um 400.000 Euro aufstocken. Die Rente ist zu passivieren und wie in Alternative a) aufzulösen. Die Zinsen sind Betriebsausgaben.

– Wirft der Betrieb genügend Erträge ab, um die Leibrente voll zu finanzieren, liegt eine Versorgungsrente vor. In diesem Fall ist die Rente beim Sohn grundsätzlich wie in der Alternative b) eine dauernde Last, also voll Sonderausgabe, und beim Vater gem. § 22 Nr. 1 EStG voll zu versteuern. Der Sohn hat den Betrieb mit seinen Buchwerten gem. § 6 Abs. 3 EStG weiterzuführen.

Alternative d):

– Reichen die Erträge des Betriebs nicht aus, die Leibrente voll zu finanzieren, liegt ein teilentgeltlicher Vorgang i. S. der Rn. 66 Satz 4 des Rentenerlasses vor. Es gilt hier die **Einheitsbetrachtung.** Das Teilentgelt wird mit dem Buchwert verglichen und zusätzliche Anschaffungskosten sind nur zu berücksichtigen, wenn das Teilentgelt den Buchwert überschreitet (BFH vom 10.07.1986, BStBl 1986 II S. 811, sowie Rn. 35 des BMF-Schreibens vom 13.01.1993, BStBl 1993 I S. 80). Folglich hat der Vater gem. §§ 16, 34 EStG unter Abzug eines eventuellen Freibetrags folgenden Veräußerungsgewinn zu versteuern:

Veräußerungspreis = 700.000 €
Buchwert = 600.000 €
Veräußerungsgewinn 100.000 €

Der Sohn hat die Buchwerte um 100.000 Euro aufzustocken. Die Rente ist vom Vater gem. § 22 Nr. 1 Satz 3 Buchst. a Doppelbuchst. bb EStG mit ihrem Ertragsanteil zu erfassen, beim Sohn ist sie zu passivieren und versicherungsmathematisch aufzulösen. Die Zinsen sind Betriebsausgaben.

Auch beim Teilentgelt hat der Vater das Wahlrecht, die stillen Reserven im Zuflusszeitpunkt nach §§ 15, 24 EStG in voller Höhe zu versteuern, sobald und soweit diese den Buchwert des Betriebs zuzüglich Veräußerungskosten übersteigen (Schmidt/Wacker, § 16 Rn. 228). Der Zinsanteil ist bereits von Anfang an im Zeitpunkt des Zuflusses als nachträgliche Betriebseinnahmen gem. §§ 15, 24 EStG zu erfassen (vgl. R 16 Abs. 11 Satz 7 EStR und Schmidt/Heinicke, § 4 Rn. 78).

- Wirft der Betrieb genügend Erträge ab, um die Leibrente voll zu finanzieren, liegt eine Versorgungsrente vor mit der Lösung wie in der Alternative c).

Alternative e):
Vorzugehen ist wie in der Alternative d), vgl. Rn. 66 Satz 4 Rentenerlass:

- Kann der Betrieb die Leibrente nicht voll finanzieren, ist auch hier das Teilentgelt mit dem Buchwert zu vergleichen. Da das Teilentgelt mit 500.000 Euro niedriger ist als der Buchwert mit 600.000 Euro, liegt ein unentgeltlicher Vorgang vor. Der Vater hat nichts zu versteuern und der Sohn setzt die Buchwerte des Betriebs gem. § 6 Abs. 3 EStG an. Die Rente ist Privatangelegenheit.

- Wirft der Betrieb genügend Erträge ab, um die Leibrente voll zu finanzieren, liegt auch hier eine Versorgungsrente vor mit der Lösung wie in der Alternative c).

Fall 94

Vorweggenommene Erbfolge bei einzelnen betrieblichen Wirtschaftsgütern ohne und mit Ausgleichszahlungen

Sachverhalt

Fritz Bandtel überträgt im Wege der vorweggenommenen Erbfolge auf seinen Stiefsohn Karl Ertle ein betriebliches Grundstück (Mietwohnhaus), das dieser ins Privatvermögen übernimmt (Buchwert 100.000 Euro; Teilwert und gemeiner Wert 300.000 Euro). Karl Ertle wird verpflichtet, an seine Schwester Anita Ertle 150.000 Euro zu zahlen.

Frage

Welche bilanz- und einkommensteuerlichen Folgen ergeben sich für die Beteiligten, wenn

1. Karl Ertle keine Ausgleichszahlung zu erbringen hat?
2. Karl Ertle – wie vorgegeben – eine Ausgleichsleistung erbringen muss?

Antwort

1. Ohne Ausgleichsleistung liegt bei Fritz Bandtel eine Entnahme und bei Karl Ertle eine Einlage vor.
2. Mit Ausgleichsleistung ist zum Teil ein entgeltlicher, betrieblicher und zum Teil ein unentgeltlicher, privater Vorgang gegeben. Im Ergebnis besteht der Unterschied zu 1. darin, dass Fritz Bandtel zum Beispiel § 6b EStG anwenden kann.

Begründung

1. Hat Karl Ertle keine Ausgleichsleistung zu erbringen, ist der Beschluss des Großen Senats des BFH vom 05.07.1990 (BStBl 1990 II S. 847) zur vorweggenommenen Erbfolge nicht einschlägig. Denn dieser Beschluss hat die Rechtslage nur insoweit geändert, als Gegenleistungen durch den Beschenkten zur Debatte stehen.

Damit liegt bei Fritz Bandtel eine Entnahme mit dem Teilwert vor. Er hat die Differenz zum Buchwert i. H. von 200.000 Euro als laufenden Gewinn zu versteuern (vgl. hierzu Rn. 33 des BMF-Schreibens vom 13.01.1993, BStBl 1993 I S. 80).

Karl Ertle übernimmt dann das Grundstück als Privatvermögen. Das Gebäude hat er gem. § 11d Abs. 1 EStDV, R 7.3 Abs. 6 Satz 4 und R 7.4 Abs. 10 Nr. 1 EStR mit dem Teilwert anzusetzen und die AfA gem. § 7 Abs. 4 EStG vorzunehmen. Dies gilt auch dann, wenn Fritz Bandtel das Grundstück innerhalb der letzten drei Jahre vor der Entnahme angeschafft hat (vgl. BFH vom 14.07.1993, BStBl 1994 II S. 15, und Fall 41). Hat Fritz Bandtel das Gebäude bisher nach § 7 Abs. 5 EStG abgeschrieben, ist eine Fortführung dieser AfA bei Karl Ertle nicht möglich, weil es sich bei einer Entnahme um einen anschaffungsähnlichen Vorgang handelt (vgl. auch Fall 72).

2. Die Ausgleichszahlung des Karl Ertle ist nach dem Beschluss des Großen Senats des BFH vom 05.07.1990 (a. a. O.) Entgelt. Damit liegt keine normale Entnahme bei Fritz Bandtel vor, denn eine Entnahme zum Zweck der Veräußerung gibt es nicht. Es lässt sich nicht sagen, dass der Übergeber Bandtel das Grundstück zunächst entnommen und dann als Privatvermögen teilentgeltlich veräußert hat (vgl. hierzu Groh, DB 1990 S. 2190).

Man muss daher annehmen, dass die Ausgleichsforderung beim Übergeber zunächst als betriebliches Entgelt entstanden und dann von ihm entnommen und dem Ausgleichsberechtigten zugewendet worden ist (Anklänge in BFH vom 11.11.1987, BStBl 1988 II S. 424, und vom 09.08.1989, BStBl 1990 II S. 128). Es liegt also zum Teil ein betrieblicher (= entgeltlicher Teil), zum Teil ein privater (= unentgeltlicher Teil) Vorgang vor (vgl. hierzu Rn. 34 des BMF-Schreibens, a. a. O.).

Bandtel bucht daher zunächst:

sonstige Forderung	150.000 €			
Entnahme	150.000 €	an	Grundstück	100.000 €
			sonstige betriebliche Erträge	200.000 €

Anschließend entnimmt er die Forderung, denn sie steht ja durch den Übergabevertrag der Anita Ertle zu. Man kann sich dies auch so vorstellen, dass Fritz Bandtel der Anita Ertle die Forderung geschenkt hat. Buchung:

Entnahme	150.000 €	an	sonstige Forderung	150.000 €

Buchungstechnisch betrachtet ist der Vorgang bei Fritz Bandtel wie eine reine Entnahme zu sehen. Da der Vorgang aber in Wirklichkeit zum Teil eine Veräußerung darstellt, ist bei Fritz Bandtel insoweit die Vergünstigung des § 6b EStG möglich.

Bei Karl Ertle liegen zu je ½ ein entgeltlicher und ein unentgeltlicher Vorgang vor. Hinsichtlich des entgeltlich erworbenen Teils ist als AfA von 150.000 Euro ausgehend § 7 Abs. 4 EStG anwendbar. Hinsichtlich des unentgeltlich erworbenen Teils ist, wie unter 1. ausgeführt, gem. § 11d Abs. 1 EStDV, R 7.3 Abs. 6 Satz 4 und R 7.4 Abs. 10 Nr. 1 EStR der halbe Teilwert (150.000 Euro) anzusetzen und die AfA gem. § 7 Abs. 4 EStG vorzunehmen. Da daher beide Teile gleich zu beurteilen sind, kann Karl Ertle von 300.000 Euro gem. § 7 Abs. 4 EStG abschreiben.

Fall 95

Kaufpreisrenten, Versorgungsrenten, Unterhaltsrenten bei einem verpachteten Gewerbebetrieb – vorweggenommene Erbfolge

Sachverhalt

Frau Edith Dukek betrieb bis Ende 05 eine Apotheke auf einem eigenen Grundstück in Ludwigsburg. Mit Wirkung zum 01.01.06 verpachtete sie die Apotheke an ihren Sohn Dieter Dukek. Eine Betriebsaufgabe erklärte sie nicht. Vier Jahre später, zum 01.01.10, übertrug sie den verpachteten Betrieb im Wege der vorweggenommenen Erbfolge auf ihren Sohn Dieter Dukek. Dieser verpflichtete sich, seiner Mutter lebenslängliche Versorgungsleistungen i. H. von monatlich 2.000 Euro ab 01.01.10 zu zahlen. Die Erträge der Apotheke reichen bei weitem aus, um die Versorgungsleistungen erbringen zu können.

Frage

1. Wie hat Dieter Dukek den Betrieb buchmäßig zu behandeln?
2. Sind die Rentenzahlungen bei Dieter Dukek steuerlich berücksichtigungsfähig?
3. Muss die Mutter die Rentenzahlungen versteuern?
4. Kann Dieter Dukek die Versorgungsleistungen weiterhin als Sonderausgaben abziehen, wenn er die Apotheke im Jahr 12 veräußert und dabei einen Gewinn von 180.000 Euro erzielt?

   Wie sieht es dann mit der Steuerpflicht bei seiner Mutter aus?
5. Wie ist die Rechtslage, wenn Dieter Dukek die Apotheke in Ludwigsburg an einen Dritten im Jahr 12 veräußert und mit dem Erlös von 180.000 Euro kurz danach eine größere Apotheke in Bietigheim erwirbt?

   Er muss allerdings noch 90.000 Euro zusätzlich bezahlen.

Antwort

1. Dieter Dukek kann den Betrieb gem. § 6 Abs. 3 EStG mit seinen Buchwerten fortführen.
2. Dieter Dukek kann die Rentenzahlungen in voller Höhe, also jährlich 24.000 Euro, als Sonderausgaben abziehen.
3. Die Mutter muss diese Zahlungen in voller Höhe versteuern. Sie kann dabei den Werbungskosten-Pauschbetrag von 102 Euro abziehen.
4. Nach Verkauf des Betriebs sind die Versorgungsleistungen bei Dieter Dukek nicht mehr als Sonderausgaben abzugsfähig und dementsprechend bei Edith Dukek auch nicht mehr zu versteuern.
5. Die Leistungen des Dieter Dukek sind insoweit weiterhin begünstigte Versorgungsleistungen, als die anteiligen Erträge ausreichen, diese Leistungen zu erbringen. Soweit dies nicht der Fall ist, liegen Unterhaltszahlungen vor.

Begründung

1. Entscheidend ist, ob Dieter Dukek Anschaffungskosten hat oder ob Versorgungsleistungen vorliegen. Hat er Anschaffungskosten, weil er eine Kaufpreisrente bezahlt, ist der Betrieb mit dem Rentenbarwert, aufgeteilt auf die einzelnen Wirtschaftsgüter in Höhe der Teilwerte, anzusetzen (vgl. Fälle 46 und 47). Dies wäre z. B. der Fall, wenn die Beteiligten nicht einen Übergabevertrag, sondern einen Kaufvertrag vereinbart hätten, also kaufmännisch abgewogene wiederkehrende Leistungen. Wenn sie ein Austauschgeschäft abschließen wollten, kann es sich schon begrifflich nicht um eine Vermögensübergabe handeln (BMF vom 11.03.2010 [Rentenerlass], BStBl 2010 I S. 227 Rn. 5).

Liegen dagegen Versorgungsleistungen vor, kann der Betrieb mit seinen Buchwerten fortgeführt werden (§ 6 Abs. 3 EStG).

Versorgungsleistungen sind gegeben, wenn sich der Übergeber in Gestalt der wiederkehrenden Leistungen Erträge des mit Rücksicht auf die künftige Erbfolge übertragenen Vermögens vorbehält. Diese Gestaltung ist steuerlich privilegiert. In § 10 Abs. 1 Nr. 1a EStG sind drei Alternativen festgelegt (vgl. Fall 93 mit Einzelheiten). Werden Versorgungsleistungen im Zusammenhang mit der Übertragung eines Betriebs vereinbart, gelten die Leistungen als Sonderausgaben (§ 10 Abs. 1 Nr. 1a Buchst. b EStG). Dies gilt aber nur dann, wenn

– Vermögen übertragen wird, das ausreichend Erträge abwirft, die vom Übernehmer zu erbringenden Versorgungsleistungen zu erbringen,

– der Empfänger der Versorgungsleistungen zum sog. Generationennachfolge-Verbund gehört (BFH vom 11.10.2007, BStBl 2008 II S. 123).

Die Voraussetzungen sind erfüllt. Laut Sachverhalt reichen die Erträge aus und der Betrieb wird von der Mutter auf den Sohn übertragen (Einzelheiten in Fall 93).

Jahrelang war umstritten, ob auch ein verpachteter Betrieb Gegenstand einer begünstigten Vermögensübergabe gegen Versorgungsleistungen sein kann. Im Rentenerlass ist in Rn. 12 ausgeführt, dass auch ein verpachteter Betrieb in Betracht kommt. Voraussetzung ist, dass keine Betriebsaufgabeerklärung abgegeben wurde. Dies ist laut Sachverhalt der Fall. Hätte die Mutter diese Erklärung abgegeben, wäre die Rente eine Unterhaltsrente. § 12 Nr. 2 EStG käme zur Anwendung.

Da Versorgungsleistungen vorliegen, ist der Vorgang privat zu beurteilen. Es geht nicht um Einkünfte. Daher ist der Buchwert des Betriebs gem. § 6 Abs. 3 EStG anzusetzen.

2. Dieter Dukek kann die Rentenzahlungen in voller Höhe, also jährlich 24.000 Euro, gem. § 10 Abs. 1 Nr. 1a Buchst. b EStG als Sonderausgaben abziehen. Es liegt eine dauernde Last vor.

In Neufällen ab 01.01.2008 ist nicht mehr zu unterscheiden, ob eine Leibrente nur abziehbar mit dem Ertragsanteil oder eine dauernde Last mit vollem Abzug vorliegt. § 323 ZPO ist uninteressant geworden (Rentenerlass Rn. 52 und 89).

3. Versorgungsleistungen im Zusammenhang mit einer begünstigten Vermögensübertragung sind beim Empfänger in vollem Umfang als Einnahmen i. S. von § 22 Nr. 1b EStG zu versteuern. Dabei kommt es nur darauf an, ob der Übernehmer zum Sonderausgabenabzug berechtigt ist. Es spielt keine Rolle, ob er die Versorgungsleistungen tatsächlich als Sonderausgaben abzieht oder ob sich bei ihm durch den Sonderausgabenabzug eine Steuerminderung ergibt (vgl. Rentenerlass Rn. 51).

§ 22 Nr. 1b EStG ist bei der Pauschbetrags-Regelung für Werbungskosten gem. § 9a Satz 1 Nr. 3 EStG nicht erwähnt. Trotzdem lässt die Verwaltung zu, dass der Pauschbetrag von 102 Euro abgezogen werden kann (Rentenerlass Rn. 52 Satz 3).

4. Der sachliche Zusammenhang der Versorgungsleistungen mit der begünstigten Vermögensübertragung endet grundsätzlich, wenn der Übernehmer den Betrieb an einen Dritten veräußert, den Betrieb aufgibt oder das übernommene Vermögen dem Übernehmer aus welchen Gründen auch immer steuerlich nicht mehr zuzurechnen ist (Rentenerlass Rn. 37).

Die Leistungen sind ab diesem Zeitpunkt Unterhaltsleistungen gem. § 12 Nr. 2 EStG mit der Folge, dass der Übernehmer Dieter Dukek diese Leistungen nicht mehr als Sonderausgaben abziehen kann. Bei der Mutter sind sie korrespondierend nicht mehr zu versteuern (BFH vom 31.03.2004, BStBl 2004 II S. 830).

5. Überträgt der Vermögensübernehmer das begünstigt übernommene Vermögen i. S. des § 10 Abs. 1 Nr. 1a Satz 2 EStG auf einen Dritten und erwirbt mit dem Erlös zeitnah anderes Vermögen im Sinne dieser Vorschrift, sind die nach der Übertragung an den Übergeber entrichteten wiederkehrenden Leistungen grundsätzlich weiterhin Versorgungsleistungen (Rentenerlass Rn. 41).

Die Besonderheit in vorliegender Alternative ist, dass der Erlös aus dem begünstigten Vermögen nicht ausreicht, die größere Apotheke zu erwerben. Trotzdem sind die Versorgungsleistungen weiterhin begünstigt, wenn die anteiligen Erräge der größeren Apotheke ausreichen, um die Versorgungsleistungen zu erbringen (Rentenerlass Rn. 41). Es stellt sich daher die Frage, ob $^2/_3$ der Erträge ausreichen (180.000 Euro zu 90.000 Euro).

Ist dies der Fall, sind die Versorgungsleistungen weiterhin bei Dieter Dukek Sonderausgaben und die Mutter muss sie voll versteuern. Ist dies nicht der Fall, sind die Leistungen entsprechend aufzuteilen. Sie sind dann zum Teil begünstigt als Versorgungsrente und zum Teil nicht begünstigt als Unterhaltsrente gem. § 12 Nr. 2 EStG.

Abkürzungen und zitierte Literatur

a. a. O.	am angegebenen Ort	bzw.	beziehungsweise
Abs.	Absatz	DB	Der Betrieb
Abschn.	Abschnitt	d. h.	das heißt
a. E.	am Ende	DM	Deutsche Mark
a. F.	alte Fassung	DMBilG	Gesetz über die Eröffnungs-
AfA	Absetzung für Abnutzung		bilanz in DM vom 23.09.1990
AG	Aktiengesellschaft		(BGBl 1990 I S. 1842)
AktG	Aktiengesetz	DStR	Deutsches Steuerrecht
Anm.	Anmerkung	DVR	Deutsche Verkehrsteuer-
a. o.	außerordentlich		Rundschau
AO	Abgabenordnung	EDV	elektronische
Ba-Wü	Baden-Württemberg		Datenverarbeitung
Baumbach/	Kommentar zum HGB,	EGHGB	Einführungsgesetz zum
Hopt	Beck-Verlag, München,		HGB
	33. Auflage 2008	einschl.	einschließlich
BB	Betriebsberater	ErbbauVO	Verordnung über das
BdF	Bundesminister der		Erbbaurecht
	Finanzen	ESt	Einkommensteuer
BetrVG	Betriebsverfassungsgesetz	EStDV	Einkommensteuer-
BewG	Bewertungsgesetz		Durchführungsverordnung
BFH	Bundesfinanzhof	EStG	Einkommensteuergesetz
BFHE	Sammlung der Ent-	EStH	Amtliches Einkommen-
	scheidungen des		steuer-Handbuch
	Bundesfinanzhofs	EStR	Einkommensteuer-
BFH/NV	Sammlung amtlich nicht		Richtlinien
	veröffentlichter Ent-	EuGH	Europäischer Gerichtshof
	scheidungen des BFH	Falterbaum/	Buchführung und Bilanz
BGB	Bürgerliches Gesetzbuch	Bolk/Reiß/	Erich Fleischer Verlag,
BGBl	Bundesgesetzblatt	Kirchner	Achim, 21. Aulage 2010
BGH	Bundesgerichtshof	ff.	und folgende
BGHZ	Entscheidungen des BGH	FR	Finanzrundschau
	in Zivilsachen	gem.	gemäß
BilMoG	Bilanzrechtsmoderni-	GmbH	Gesellschaft mit
	sierungsgesetz		beschränkter Haftung
BMF	Bundesministerium der	GrESt	Grunderwerbsteuer
	Finanzen	GWG	geringwertiges
Bruschke	Grunderwerbsteuer, Kraft-		Wirtschaftsgut
	fahrzeugsteuer und andere	GuV	Gewinn-und-
	Verkehrsteuern,		Verlust-Rechnung
	Erich Fleischer Verlag,	H	Hinweis aus dem EStH
	Achim, 6. Auflage 2011	Herrmann/	Kommentar zur ESt und KSt,
BStBl	Bundessteuerblatt	Heuer/	Dr. Otto Schmidt Verlag,
Buchst.	Buchstabe	Raupach	Köln, 21. Auflage, Loseblatt

HGB	Handelsgesetzbuch	OHG	offene Handelsgesellschaft
Horschitz/ Groß/ Fanck	Bilanzsteuerrecht und Buchführung, Schäffer-Poeschel Verlag, Stuttgart, 11. Auflage 2007	PKW	Personenkraftwagen
		R	Richtlinienabschnitt
		RAP	Rechnungs-abgrenzungsposten
Hottmann u. a.	Die GmbH im Steuerrecht, Erich Fleischer Verlag, Achim, 3. Auflage 2011	RGBl	Reichsgesetzblatt
		Rn.	Randnummer
Hübschmann/ Hepp/Spitaler	Kommentar zur AO, Dr. Otto Schmidt Verlag, Köln, 10. Auflage, Loseblatt	S.	Seite
		s.	siehe
i. d. R.	in der Regel	Schmidt	EStG-Kommentar Verlag C. H. Beck, München, 30. Auflage 2011
i. S.	im Sinne		
i. V. m.	in Verbindung mit	sog.	sogenannt
JStG	Jahressteuergesetz	stak	steuer-aktuell
KapErhStG	Gesetz über steuerrechtliche Maßnahmen bei Erhöhung des Nennkapitals aus Gesell-schaftsmitteln	StBp	Steuerliche Betriebsprüfung
		StRK	Steuerrechtsprechung in Karteiform
KG	Kommanditgesellschaft	StW	Steuerwarte
Komm.	Kommentar	u. a.	unter anderem
KSt	Körperschaftsteuer	UmwStG	Umwandlungssteuergesetz
Lippross	Umsatzsteuer, Erich Fleischer Verlag, Achim, 22. Auflage 2008	UntStFG	Gesetz zur Fortentwicklung des Unternehmenssteuer-rechts
Littmann/Bitz/ Pust	Kommentar zum EStG, Schäffer-Poeschel Verlag, Stuttgart, 15. Auflage, August 2011, Loseblatt	UR	Umsatzsteuer-Rundschau
		USt	Umsatzsteuer
		UStAE	Umsatzsteuer-Anwendungserlass
LKW	Lastkraftwagen	UStG	Umsatzsteuergesetz
lt.	laut	usw.	und so weiter
Maier/ Schmitt	Bürgerliches Recht und Steuerrecht, Schäffer-Poeschel Verlag, Stuttgart, 11. Auflage 2007	UVR	Umsatzsteuer und Verkehrs-recht
		vgl.	vergleiche
m. E.	meines Erachtens	Völkel/Karg	Umsatzsteuer, Schäffer-Poeschel Verlag, Stuttgart, 15. Auflage 2009
Mio.	Million		
MoMiG	Gesetz zur Modernisierung des GmbH-Rechts und zur Bekämpfung von Miss-bräuchen	VorSt	Vorsteuer
		VZ	Veranlagungszeitraum
m. w. N.	mit weiteren Nachweisen	z. B.	zum Beispiel
n. F.	neue Fassung	Zimmermann u. a.	Die Personengesellschaft im Steuerrecht, Erich Fleischer Verlag, Achim, 10. Auflage 2009
Nr.	Nummer		
NZB	Nichtzulassungsbeschwerde		

Paragraphenschlüssel

Stichwortverzeichnis